CONSEQUÊNCIAS DA REFORMA DA ADMINISTRAÇÃO PÚBLICA SOBRE O REGIME JURÍDICO DAS FÉRIAS, FALTAS E LICENÇAS DOS TRABALHADORES DA ADMINISTRAÇÃO PÚBLICA

(COLECTÂNEA DE LEGISLAÇÃO BÁSICA INCLUÍDA)

ABRANGE:

- Os regimes sobre a maternidade e paternidade e do trabalhador-estudante
- Liberdade e exercício sindicais na administração pública previsto e regulado no RCTFP

FRANCISCO PIMENTEL

Licenciado em Direito pela Universidade Católica Portuguesa de Lisboa
Inspector Superior Principal
Inspecção Administrativa Regional dos Açores

CONSEQUÊNCIAS DA REFORMA DA ADMINISTRAÇÃO PÚBLICA SOBRE O REGIME JURÍDICO DAS FÉRIAS, FALTAS E LICENÇAS DOS TRABALHADORES DA ADMINISTRAÇÃO PÚBLICA

(COLECTÂNEA DE LEGISLAÇÃO BÁSICA INCLUÍDA)

ABRANGE:

- Os regimes sobre a maternidade e paternidade e do trabalhador-estudante
- Liberdade e exercício sindicais na administração pública previsto e regulado no RCTFP

REGIME JURÍDICO DAS FÉRIAS, FALTAS E LICENÇAS DOS TRABALHADORES DA ADMINISTRAÇÃO PÚBLICA

AUTOR
FRANCISCO PIMENTEL

EDITOR
EDIÇÕES ALMEDINA, SA
Av. Fernão Magalhães, n.º 584, 5.º Andar
3000-174 Coimbra
Tel.: 239 851 904
Fax: 239 851 901
www.almedina.net
editora@almedina.net

PRÉ-IMPRESSÃO | IMPRESSÃO | ACABAMENTO
G.C. – GRÁFICA DE COIMBRA, LDA.
Palheira – Assafarge
3001-453 Coimbra
producao@graficadecoimbra.pt

Setembro, 2009

DEPÓSITO LEGAL
297508/09

Os dados e as opiniões inseridos na presente publicação são da exclusiva responsabilidade do(s) seu(s) autor(es).

Toda a reprodução desta obra, por fotocópia ou outro qualquer processo, sem prévia autorização escrita do Editor, é ilícita e passível de procedimento judicial contra o infractor.

Biblioteca Nacional de Portugal – Catalogação na Publicação

PIMENTEL, Francisco

Consequências da reforma da Administração
Pública sobre o regime jurídico das férias, faltas
e licenças dos trabalhadores da Administração
Pública
ISBN 978-972-40-3930-5

CDU 35.08

Às minhas filhas Filipa e Patrícia

PREFÁCIO

1. O Dr. Francisco José Duarte Pimentel, após ter feito o seu estágio de advocacia nos tempos de 1983/84, primeiro no Continente e depois em Angra do Heroísmo, ingressou na carreira do funcionalismo da Administração Pública Regional dos Açores, onde presentemente exerce as funções correspondentes ao cargo de Inspector Administrativo Assessor Principal da Inspecção Administrativa Regional. É notável como em tão pouco tempo conseguiu alcançar o topo da sua carreira.

2. Todavia, não fica por aqui a sua actividade, já que desempenha também funções dirigentes no Sindicato dos Trabalhadores da Administração Pública (SINTAP-AÇORES) como Secretário Coordenador Regional, em cuja sede tive a honra de, pouco depois da publicação do Código do Procedimento Administrativo, proferir algumas palavras sobre este importante texto legal, tentando relacioná-lo com as funções que na altura exercia como Provedor de Justiça, cargo que deixei no ano de 2000, depois de ter cumprido dois mandatos (limite legal de quatro anos cada um).

3. A actividade do Dr. Francisco Pimentel não se confina ao estrito cumprimento dos deveres funcionais, pois abrange também a de publicista dentro da matéria da função pública. Primeiro, com o seu interessante "Guia Prático sobre Concursos de Pessoal na Administração Pública" e, agora, com o excelente trabalho acerca do "Novo Regime Jurídico de Férias, Faltas e Licenças na Função Pública".

4. Sempre entendi a necessidade premente de compilar e explicar em termos acessíveis a miríade de diplomas legais sobre a função pública. A extraordinária (e, por vezes, em linguagem hermética) proliferação de diplomas sobre tão importante matéria torna imprescindíveis obras como esta que o Dr. Francisco Pimentel agora dá a conhecer.

5. A obra, em si, para além de uma compilação anexa muito útil, explica com pormenor e sobretudo com clareza, este importante sector que abrange cerca de 700.000 interessados. Por outro lado, trata-se de matéria básica para os funcionários e agentes administrativos da Administração Pública conhecerem os seus deveres e direitos de forma a poderem prestar um serviço efectivo.

6. Não há possibilidade de mudar nada sem uma administração capaz e eficiente. E, para tanto, constitui elemento básico de suporte da administração a assiduidade e pontualidade. Não se trata tão só de cumprir formalmente os horários mas de contribuir com estes para uma maior produtividade e simplificação. Só assim poderá ser constituído um Estado de Direito Democrático de cariz social que nos fala a Constituição.

Bem-haja, pois, Dr. Francisco Pimentel por este contributo notável. Para bem da Democracia.

Lisboa, Janeiro de 2002

Dr. José Meneres Pimentel

(Juiz Conselheiro Jubilado do Supremo Tribunal de Justiça, Ex--Secretário de Estado e Ex-Ministro da Justiça, Ex-Provedor de Justiça e Ex-Advogado)

NOTA PRÉVIA

O Programa do XVII Governo Constitucional presidido pelo Eng. José Sócrates previa um conjunto de medidas estratégicas para o desenvolvimento e o crescimento do País, sendo uma pequena mas importante parte delas dirigida à Reforma e Modernização da Administração Pública. Face a esta previsão e, simultaneamente, compromisso de acção por parte do Governo restava-nos, pois, antes de se proceder à tarefa de actualização desta obra, aguardar pelo evoluir dos acontecimentos e estar atento à eventual actividade legislativa que se iria produzir no âmbito do estatuto laboral da função pública.

Se até aí a prudência assim o aconselhava, após a divulgação do Relatório produzido pela Comissão de Revisão do Sistema de Carreiras e Remunerações na Função Pública em Setembro de 2006, presidida pelo Dr. Luís Fábrica, Director Faculdade de Direito de Lisboa da Universidade Católica Portuguesa, as conclusões e propostas algo radicais nele constantes deram-nos a certeza de que não havia mesmo outra alternativa senão esperar pelos resultados da prometida Reforma. Haveria, assim, que saber até onde nos conduziria esta Reforma da Administração Pública e, no caso particular que nos interessava, verificar em concreto qual o sentido, profundidade e, mais importante do que tudo, o resultado que a mesma acarretaria em sede de produção legislativa no âmbito do estatuto da função pública, nomeadamente no que diz respeito ao regime de férias, faltas e licenças dos respectivos trabalhadores.

Consequentemente, só após a conclusão do processo negocial com os sindicatos do sector do conjunto de propostas de diploma sobre a Reforma e Modernização da Administração Pública, que se verificou, embora de forma incompleta, apenas em finais de 2008, da consequente publicação dos diplomas sobre Vínculos, Carreiras e Remunerações e sobre o Regime Jurídico do Contrato de Trabalho em Funções Públicas (bem como sobre o Orçamento do Estado para 2009, na medida em que através dele se procedeu à alteração de alguns normativos respeitantes à matéria de férias, faltas e licenças, e não só), e, ainda, da publicação da Lei n.º 4/2009, de 29 de Janeiro, que «define a protecção social dos trabalhadores que exercem funções públicas», da Lei n.º 7/2009, de 12 de Fevereiro, que aprovou o novo Código do Trabalho e, através dele, procedeu à revogação das normas sobre a maternidade e paternidade contidas na Lei n.º 59/2008, de 11 de Setembro, e do Dec.-Lei n.º 89/2009, de 9 de Abril, que regulamenta a protecção na parentalidade, no âmbito da eventualidade maternidade, paternidade e adopção, no regime de protecção social convergente, é que nos foi possível abalançarmo-nos na tarefa de proceder, com alguma segurança, à actualização desta obra sobre o "Regime Jurídico das Férias, Faltas e Licenças dos Trabalhadores da Administração Pública". Não obstante não terem sido muitas, como se terá oportunidade de ver, as alterações substantivas havidas em matéria de férias, faltas e licenças destes trabalhadores, o facto daqueles diplomas legais mexerem com o âmago da relação jurídica de emprego, com a previsão de novos tipos de vínculos e regras em matéria de constituição daquela relação, obrigou-nos contudo a proceder a uma profunda revisão dos primeiros dois capítulos desta obra sobre "Algumas considerações introdutórias" e "Âmbito de aplicação subjectiva do regime jurídico de férias, faltas e licenças da função pública", de modo a melhor situar os trabalhadores nos vínculos que agora os passam a ligar à Administração Pública e a compreender o conjunto de direitos que se encontram associados a esses mesmos vínculos nesta área das férias, faltas e licenças. Por último, em virtude da publicação da Lei n.º 59/2008, de 11 de Setembro, que criou o Regime do Contrato de Trabalho em Funções Públicas, com a consequente revogação e eliminação da figura do contrato individual de trabalho na Administração Pública prevista na Lei n.º 23/2004, de 22 de Junho, surgiu um novo tipo de trabalhadores contratados para o exercício de funções públicas com um também novo estatuto jurídico contendo o seu conjunto de direitos e deveres próprios em matéria de feriados, férias e faltas que nos obrigou a rever todos os demais capítulos. Por tudo isto, e no seguimento da publicação da Lei n.º 4/2009, de 29 de Janeiro, da Lei n.º 7/2009, de 12 de Fevereiro, e do Dec.-Lei n.º 89/2009, de 9 de Abril, a tarefa de proceder à actualização deste livro acabou por se revelar bem mais morosa, complexa e absorvente do que à partida imaginávamos, devido à quantidade, prolixidade mesmo, e complexidade dos diplomas que constituem esta reforma administrativa, a um exagerado recurso à técnica remissiva e à adopção de uma sintaxe infeliz que atenta contra a clareza e precisão terminológica que as leis e o direito exigem. Eis, pois, o resultado deste esforço de actualização do Regime Jurídico das Férias, Faltas e Licenças dos Trabalhadores da Administração Pública, no qual se procurou preservar o seu objectivo inicial: o de ser uma obra prática de consulta e orientação para todos os sujeitos destinatários ou interessados nestas matérias.

Angra do Heroísmo, 18 de Junho de 2009

Francisco Pimentel

SIGLAS UTILIZADAS

FFL — Regime jurídico das Férias, Faltas e Licenças dos trabalhadores nomeados, constante do Dec.-Lei n.º 100/99, de 31 de Março.
LVCR — Lei de Vínculos, Carreiras e Remunerações dos trabalhadores que exercem funções públicas, aprovado pela Lei n.º 12-A/2008, de 27 de Fevereiro.
RCTFP — Regime do Contrato de Trabalho em Funções Pública, aprovado pela Lei n.º 59/2008, de 11 de Setembro.
EDTEFP — Estatuto Disciplinar dos Trabalhadores que Exercem Funções Públicas, aprovado pela Lei n.º 58/2008, de 9 de Setembro.
SIADAP — Sistema Integrado de Gestão e Avaliação do Desempenho na Administração Pública, aprovado pela Lei n.º 66-B/2007, de 28 de Dezembro.
LOE — Lei do Orçamento do Estado para 2009, aprovado pela Lei n.º 64-A/2008, de 31 de Dezembro.

CAPÍTULO I
Algumas considerações introdutórias. A relação jurídica de emprego público na Administração Pública

Antes de entrarmos na explanação, análise e desenvolvimento da matéria sobre férias, faltas e licenças na função pública convém fazer aqui algumas considerações sobre questões prévias essenciais à compreensão daquilo que é precisamente o tema deste trabalho, nomeadamente sobre aquelas questões que se prendem com a constituição das relações jurídicas de emprego entre a Administração Pública e os respectivos trabalhadores. Estas considerações tornam-se mesmo, mais do que pertinentes, necessárias na sequência das alterações verificadas com a publicação de todo um novo quadro jurídico-legal em matéria de vínculos, carreiras e remunerações na Administração Pública.

Neste contexto, temos a salientar, desde logo, que quando a Administração Pública estabelece uma relação jurídica de emprego com os seus trabalhadores, assume com eles uma série de deveres, reconhecendo-lhes, concomitantemente, um conjunto de direitos. Igualmente, o mesmo acontece com os próprios trabalhadores que, por força daquela relação de emprego, passam a ter um conjunto apreciável de novos direitos e deveres, sendo de destacar nesta última categoria, pelo seu interesse para o presente tema, **o dever do trabalhador prestar um serviço efectivo à Administração Pública de uma forma assídua e pontual.**

No âmbito da Reforma e Modernização da Administração Pública, prometida e encetada pelo XVII Governo Constitucional, surge-nos em 2008 a Lei n.º 12-A/2008, de 27 de Fevereiro (daqui em diante identificada apenas, por razões de economia e comodidade de escrita, através da sigla **LVCR – Lei de Vínculos, Carreiras e Remunerações), que veio definir e regular todo um conjunto de novos "regimes de vinculação, de carreiras e de remunerações dos trabalhadores que exercem funções públicas"** (art. 1.º, n.º 1) e proceder, com isso, à revogação do anterior quadro jurídico em matéria de princípios de emprego público e de constituição, modificação e extinção da respectiva relação jurídica de emprego (o seu art. 116.º, als. s) e x), revogou expressamente o Dec.-Lei n.º 184/89, de 2 de Junho, sobre "Princípios gerais em matéria de emprego público, remunerações e gestão de pessoal da Administração Pública", e o Dec.-Lei n.º 427/89, de 7 de Dezembro, referente à "Constituição, modificação e extinção da relação jurídica de emprego na Administração Pública"). Vejamo-la!

A **LVCR prescreve no seu art. 9.º que a «relação jurídica de emprego público constitui-se por:**

A) **NOMEAÇÃO**; ou por,

B) **CONTRATO DE TRABALHO EM FUNÇÕES PÚBLICAS, doravante designado por contrato»** (n.º 1), especificando-se mais à frente, no seu art. 21.º, n.º 1, que «**o contrato» pode revestir «as modalidades de:**

1 – Contrato por tempo indeterminado;

2 – Contrato a termo resolutivo», **que por sua vez se subdivide em:**

I – «Certo;

II – Incerto».

Da nova LVCR, mormente dos citados artigos, e sem prejuízo do preceituado no seu Capítulo VII sobre «Disposições finais e transitórias» (mormente dos seus arts. 88.º a 94.º, 117.º e 118.º), importa salientar e reter, desde já, o seguinte:

1.º Que doravante toda a relação de trabalho subordinado na, e para a, Administração Pública, em que um dos sujeitos, o trabalhador, presta o seu trabalho sob a autoridade, direcção e disciplina das entidades públicas referidas no seu art. 3.º, só se pode constituir e reger pelo disposto na própria LVCR (recorde-se que até à publicação deste diploma este tipo de relações era regulado pelo Dec.-Lei n.º 184/89, de 2 de Junho, que admitia o recurso ao contrato individual de trabalho, previsto e regulado no Código do Trabalho, como fundamento e forma de constituição das relações de emprego subordinado com o pessoal auxiliar (art.11.º-A aditado pela Lei n.º 25/98, de 26 de Maio), pelo Dec.-Lei n.º 427/89, de 7 de Dezembro, e pela Lei n.º 23/2004, de 22 de Junho);

2.º Que a relação de trabalho subordinado no seio da Administração Pública (exclui-se portanto a relação de trabalho autónomo ou independente, característica do contrato de prestação de serviços, em que, pelo facto de não existir aquela subordinação jurídica, o sujeito assume apenas o compromisso da prestação dos seus serviços e da apresentação do consequente resultado contratualizado – art. 35.° da LVCR) **assumirá futuramente apenas e só a forma de relação jurídica de emprego público de acordo com o preceituado no art. 9.° da LVCR** (o art. 18.° da Lei n.° 59/2008, de 11 de Setembro, que aprovou **Regime de Contrato de Trabalho em Funções Públicas – RCTFP**, determinou a revogação da Lei n.° 23/2004, de 22 de Junho, sobre o "regime jurídico do contrato individual de trabalho na Administração Pública", com excepção dos seus arts. 16.°, 17.° e 18.°, e, subsequentemente, o afastamento da figura da relação jurídica de emprego privado do âmbito da Administração Pública, isto a partir de 1 de Janeiro de 2009), **consagrando-se assim aquilo que parece ser uma nova opção legislativa direccionada no sentido de afastar do seio da Administração Pública a relação jurídica de emprego privado, sujeitando-se deste modo todos os seus trabalhadores a apenas um único regime jurídico-laboral de direito público, mormente administrativo** (com isto o legislador foi assim um pouco ao arrepio da tendência verificada nos últimos tempos para a privatização do estatuto da função pública iniciada com a publicação da Lei n.° 23/2004, de 22 de Junho; o surgimento deste último diploma, recorde-se, conduziu à sujeição dos trabalhadores da Administração Pública a dois regimes laborais algo díspares em matéria de direitos e deveres, regimes esses que acabaram por dar azo ao surgimento de desigualdades e injustiças geradoras de um mau estar entre trabalhadores de carreiras, categorias e conteúdos funcionais *a priori* iguais);

3.° **Que a qualificação de uma relação jurídica de trabalho subordinado como relação jurídica de emprego público passou a ser dada formalmente pela própria lei, isto é, a sua qualificação como tal depende apenas da sua constituição assumir uma das modalidades previstas no art. 9.° da LVCR;**

4.° **Que a LVCR pôs fim à distinção legal, no seio dos trabalhadores da Administração Pública, entre funcionários e agentes que se entrevia nos arts. 4.° e seguintes do Dec.-Lei n.° 184/89, de 2 de Junho, e vinha expressamente prevista e consagrada nos arts. 4.°, n.° 5 e 14.°, n.° 2 do Dec.-Lei n.° 427/89, de 7 de Dezembro** (note-se, contudo que estes diplomas não faziam mais do que conceptualizar os termos funcionário e agente usados desde logo pela própria Constituição da República, nomeadamente no seu art. 271.°); consequentemente,

5.º Que – ao ter deixado de existir aquela distinção legal entre funcionário e agente (não obstante a referência que a ela continua fazer a própria Constituição) – faz sentido falar, a partir de agora, apenas em trabalhadores da Administração Pública.

A questão que se nos coloca de seguida é a de saber quando é que a Administração Pública se pode socorrer das figuras da nomeação e do contrato de trabalho em funções públicas?

Os arts. 10.º e 20.º da LVCR dão-nos a resposta:

ARTIGO 10.º
Âmbito da nomeação

«São nomeados os trabalhadores a quem compete, em função da sua integração nas carreiras adequadas para o efeito, o cumprimento ou a execução de atribuições, competências e actividades relativas a:

a) Missões genéricas e específicas das Forças Armadas em quadros permanentes;
b) Representação externa do Estado;
c) Informações de segurança;
d) Investigação criminal;
e) Segurança pública, quer em meio livre quer em meio institucional;
f) Inspecção».

Este preceito deixa cair, assim, a nomeação do seu pedestal de modalidade regra de constituição das relações jurídicas de emprego público, destinada à satisfação de todas as necessidades próprias e permanentes da Administração Pública, circunscrevendo-a, agora, apenas àqueles trabalhadores a quem compete o exercício de funções de autoridade e soberania.

ARTIGO 20.º
Âmbito do contrato

«São contratados os trabalhadores que não devam ser nomeados e cuja relação jurídica de emprego público não deva ser constituída por comissão de serviço».

O contrato transformou-se assim na modalidade regra de constituição de uma relação jurídica de emprego público.

A forma como este preceito se encontra redigido leva-nos agora a indagarmo-nos em que casos ou situações é que há lugar ao recurso à comissão de serviço enquanto modalidade de constituição da relação jurídica de emprego público?

A resposta consta do art. 9.º, n.º 4 da LVCR que preceitua o seguinte:

«A relação jurídica de emprego público constitui-se ainda por comissão de serviço quando se trate:

a) Do exercício de cargos não inseridos em carreiras, designadamente dos dirigentes;

b) Da frequência de curso de formação específico ou da aquisição de certo grau académico ou de certo título profissional antes do período experimental com que se inicia a nomeação ou o contrato, para o exercício de funções integrado em carreira, em ambos os casos por parte de quem seja sujeito de uma relação jurídica de emprego público por tempo indeterminado constituída previamente».

Pelo exposto atrás, confirmamos assim que a relação jurídica de emprego público passou a ser a única relação de trabalho subordinado admissível na Administração Pública, e que a mesma só se pode constituir, sob pena de ilicitude, por via de uma das três modalidades enunciadas anteriormente, a saber:

1.º Por NOMEAÇÃO – caracterizada como o «acto unilateral da entidade empregadora pública cuja eficácia depende da aceitação do nomeado» (art. 9.º, n.º 2 da LVCR), **através da qual o trabalhador**, -que deixa de lhe ver reconhecida e atribuída por lei a qualidade de funcionário, **passa a integrar carreiras específicas na função pública pelo facto de as mesmas envolverem o exercício de funções de autoridade e soberania que têm a ver com a** *potestas* **ou o** *jus imperium* **públicos** (art. 10.º da LVCR). **Atente-se, porém, que na actual LVCR admite-se agora, e pela primeira vez, a possibilidade da nomeação poder assumir uma natureza provisória e precária quando, nomeadamente, no seu art. 11.º, n.º 3 se prevê e aceita que a figura da nomeação possa ser efectuada por tempo determinado ou determinável,** ficando sujeita às «disposições adequadas do Regime do Contrato de Trabalho em Funções

Públicas (RCTFP) relativas ao contrato a termo resolutivo» (art. 13.º do RCTFP). **Pode-se, assim, distinguir no âmbito da figura da nomeação entre:**

    a) <u>Nomeação definitiva</u>, que se caracteriza por ser «efectuada por tempo indeterminado, sem prejuízo do período experimental previsto e regulado no artigo seguinte» (art. 11.º, n.º 1 e 2 da LVCR);

    b) <u>Nomeação transitória</u>, que pode ser «efectuada por tempo determinado ou determinável» (art. 11.º, n.º 3 da LVCR), **havendo a distinguir aqui entre:**

    I – <u>Nomeação a termo resolutivo certo</u>;
    II – <u>Nomeação a termo resolutivo incerto</u>.

2.º Por <u>CONTRATO DE TRABALHO EM FUNÇÕES PÚBLICAS</u> – definido como um «acto bilateral celebrado entre uma entidade empregadora pública, com ou sem personalidade jurídica, agindo em nome e em representação do Estado» (ou de outra pessoa colectiva pública de população e território, como as Regiões Autónomas ou Autarquias Locais)**, «e um particular, nos termos do qual se constitui uma relação de trabalho subordinado, de natureza administrativa»**, com vista ao exercício por parte deste sujeito de funções predominantemente técnicas não enquadráveis, portanto, no âmbito das actividades de autoridade e soberania públicas, únicas susceptíveis de darem lugar ao recurso à figura da nomeação, nem abrangidas pela previsão dos casos em que há lugar ao recurso à comissão de serviço como forma de constituição de uma relação jurídica de emprego público (arts. 9.º, n.ºs 3 e 4 e 20.º da LVCR)**. Deste modo, e porque a grande maioria dos trabalhadores da Administração Pública se situam neste âmbito do exercício de funções predominantemente técnicas, o contrato passou a ser assim a modalidade regra da constituição das relações jurídicas de emprego público**, utilizável nos casos em que não há possibilidade de recurso às figuras excepcionais da nomeação ou da comissão de serviço (vd. art. 20.º da LVCR). Note-se que este contrato assume-se mais como um contrato de adesão na medida em que ao contratado, tirando a possibilidade que lhe é dada pelos arts. 55.º e 81.º, n.º 1, al. f) da LVCR de negociar alguns poucos aspectos do respectivo conteúdo contratual, praticamente não se lhe reconhece poder ou direito de introduzir alterações ao respectivo regime jurídico laboral constante da lei. **Por força do art. 21.º da LVCR o contrato de trabalho em funções públicas pode revestir, por sua vez, consoante a natureza definitiva ou provisória do vínculo laboral constituído, as modalidades de:**

a) Contrato por tempo indeterminado;
b) Contrato a termo resolutivo:

I – Certo;
II – Incerto.

Refira-se, a propósito, que **a apreciação de litígios emergentes dos contratos de trabalho em funções públicas passou a competir aos Tribunais Administrativos por força do disposto no art. 83.º, n.º 1 da LVCR e da nova redacção introduzida pelo art. 10.º da Lei n.º 59/2008, de 11 de Setembro, que aprovou o RCTFP, ao art. 4.º, n.º 3, al. d) da Lei n.º 13/2002, de 19 de Fevereiro, que aprovou o Estatuto dos Tribunais Administrativos e Fiscais**; contudo, o art. 23.º da Lei n.º 59/2008, de 11 de Setembro (que aprovou o RCTFP), fez depender a vigência desta regra da entrada em vigor do RCTFP, isto é, a partir de 1 de Janeiro de 2009, o que significou que, até esta data, as acções interpostas no âmbito de litígios resultantes dos contratos individuais de trabalho da Administração Pública, celebrados à sombra da Lei n.º 23/2004, de 22 de Junho, continuaram a correr termos nos tribunais até aí competentes – art. 83.º, n.º 2 da LVCR).

3.º Por COMISSÃO DE SERVIÇO – apesar da sua autonomização enquanto modalidade de constituição da relação jurídica de emprego público operada pela LVCR, esta figura não deixa de ser, na sua essência, uma espécie de nomeação na medida em que também aqui estamos perante um acto administrativo unilateral da entidade empregadora pública cuja eficácia depende de aceitação, que neste caso assume a forma de posse (art. 24.º da LVCR), por parte do trabalhador alvo da comissão de serviço, figura esta que o legislador resolveu, porém, destacar da nomeação através da determinação das situações concretas em que a comissão de serviço é de aplicação exclusiva, a saber, quando se trate:

a) «Do exercício de cargos não inseridos em carreiras, designadamente dos dirigentes;

b) **Da frequência de curso de formação específico ou da aquisição de certo grau académico ou de certo título profissional antes do período experimental com que se inicia a nomeação ou o contrato, para o exercício de funções integrado em carreira, em ambos os casos por parte de quem seja sujeito de uma relação jurídica de emprego público por tempo indeterminado constituída previamente»** (art. 9.º, n.º 4 da LVCR; vd. ainda os arts. 23.º e 24.º do mesmo diploma).

O facto de se prever no art. 117.º, n.º 2, al. b) da LVCR que «a partir da entrada em vigor da presente lei» -1 de Março de 2008, – «as relações jurídicas de emprego público constituem-se (…), para o exercício de cargos ou funções não abrangidas pela alínea anterior, por contrato de trabalho, nos termos da Lei n.º 23/2004, de 22 de Junho», não deve isso, a nosso ver, ser visto como uma quarta forma de constituição da relação jurídica de emprego público, como o parecem fazer os ilustres colegas Paulo Veiga e Moura e Cátia Arrimar na sua obra sobre «Os Novos Regimes de Vinculação, de Carreiras e de Remunerações dos Trabalhadores da Administração Pública», publicada pela Coimbra Editora, em Abril de 2008, nos comentários (2) ao art. 9.º da LVCR, a pág. 27, por três ordens de razões:

1.º Porque, em primeiro lugar, este contrato individual de trabalho deixou de estar contemplado no corpo previsional do art. 9.º da LVCR como modalidade de constituição da relação jurídica de emprego público;

2.º Porque aquele preceito (art. 117.º, n.º 2, al. b)) tinha, desde logo, uma natureza transitório, não só pelo seu enquadramento sistemático no Capítulo VII sobre «Disposições finais e transitórias» da LVCR, como também pela preocupação que nele parece claramente transparecer no sentido de fazer cessar de imediato (isto é, a partir da entrada em vigor da LVCR – 1 de Março de 2008, e até à entrada em vigor do RCTFP – 1 de Janeiro de 2009) com o recurso à utilização da figura da nomeação para aquelas situações em que, não estando em causa o exercício de funções de autoridade e soberania mas sim de natureza predominantemente técnica, esta mesma lei já preanunciara e prescrevera a utilização da figura do contrato de trabalho de funções públicas como modalidade de constituição da relação jurídica de emprego público;

3.º Finalmente, porque com a entrada em vigor do RCTFP, 1 de Janeiro de 2009, se procedeu à revogação da Lei n.º 23/2004, de 22 de

Junho, fazendo-se aí as exéquias fúnebres ao contrato individual de trabalho na Administração Pública.

Desaparecida a relação jurídica de emprego privado na Administração Pública por força da revogação da Lei n.º 23/2004, de 22 de Junho (com excepção dos seus arts. 16.º a 18.º), operada pelo art. 18.º, al. f) da Lei n.º 59/2008, de 11 de Setembro, que aprovou o RCTFP, a relação jurídica de emprego público passou – a partir de 1 de Janeiro de 2009 – a caracterizar e a constituir, assim, o padrão único informador e enformador de todas as relações de trabalho subordinado na função pública, sujeitando-as a um único ordenamento jurídico de natureza administrativa.

Seja como for, a prestação de trabalho por parte de todos estes trabalhadores da Administração Pública, que exercem funções públicas, pelo facto de estar intimamente imbuída e influenciada pela natureza e fim públicos da pessoa colectiva de direito público contratante (que pode implicar o exercício ou não de poderes de autoridade ou mesmo de soberania), **deve ser feita sempre com sujeição integral ao objectivo último da prossecução do interesse público e aos princípios da igualdade, da imparcialidade, da isenção e da lealdade** (princípios caracterizadores da própria Administração Pública e, enquanto tal, previstos na Constituição)**, de uma forma dedicada, competente e zelosa, com observância aí dos DEVERES DE ASSIDUIDADE E PONTUALIDADE** (art. 3.º, n.ºs 2, als. a), b), c), e), g), i) e j), 3, 4, 5, 7, 9 e 11 do **EDTEFP – Estatuto Disciplinar dos Trabalhadores que Exercem Funções Públicas, aprovado pela Lei n.º 58/2008, de 9 de Setembro**). Refira-se que o art. 1.º do EDTEFP, sobre «Âmbito de aplicação subjectivo», prescreve expressamente a aplicação deste Estatuto «a todos os trabalhadores que exercem funções públicas, independentemente da modalidade de constituição da relação jurídica de emprego público ao abrigo da qual exercem as respectivas funções» (n.º 1), acrescentando no seu n.º 2 que o mesmo é ainda «aplicável, com as necessárias adaptações, aos actuais trabalhadores com a qualidade de funcionário ou agente de pessoas colectivas que se encontrem excluídas do seu âmbito de aplicação objectivo» (vd. também o art. 2 sobre o âmbito de aplicação objectivo do EDTEFP).

A propósito dos direitos e deveres dos trabalhadores que exercem funções públicas aconselha-se a passar em revista o disposto nos arts. 25.º a 30.º da LVCR, sobre garantias de imparcialidade e conflitos de interesses resultantes do exercício de funções públicas com outras funções públicas ou de funções públicas com funções privadas (o art. 116.º, al. ab) da LVCR revogou expressamente o Dec.-Lei n.º 413/93, de 23 de Dezembro, que disciplinava «os conflitos de interesses resultantes do exercício de funções públicas»), bem como o preceituado no Dec.-Lei n.º 135/99, de 22 de Abril (alterado pelo Dec.-Lei n.º 29/2000, de 13 de Março), que «estabelece medidas de modernização administrativa, designadamente sobre acolhimento e atendimento dos cidadãos em geral e dos agentes económicos em particular, comunicação administrativa, simplificação de procedimentos, audição de utentes e sistema de informação para a gestão» (art. 1.º, n.º 1). Incontornável, também neste ponto, é o Código do Procedimento Administrativo (CPA), aprovado pelo Dec.-Lei n.º 442/91, de 15 de Novembro (rectificado através da Declaração n.º 22-A/92, inserta no Diário da República (D.R.), 1.ª Série, A, de 29 de Fevereiro de 1992), alterado pelo Dec.-Lei n.º 6/96, de 31 de Janeiro, pelo Decreto-Lei n.º 18/2008, de 29 de Janeiro, e pela Lei n.º 30/2008, de 10 de Julho.

Na sua obra «Conceitos Fundamentais do Regime Jurídico do Funcionalismo Público», I Volume, Almedina, Coimbra, 1985, página 462, o Dr. João Alfaia afirma que à situação de serviço efectivo «se assimilam os domingos, dias de descanso semanal (e complementar) e feriados que se lhe seguem ou que os antecedem, para efeitos de abono e de contagem de tempo de serviço e, bem assim, a frequência de estágios, realização de concursos e outras actividades relacionadas com a prestação de serviço». Este entendimento encontra-se hoje claramente assumido em letra e forma de lei no art. 94.º, n.º 2 do Dec.-Lei n.º 100/99, de 31 de Março, diploma que trata precisamente do regime jurídico de férias, faltas e licenças na função pública (este diploma, alerta-se, sofreu já razoáveis alterações introduzidas pela Lei n.º 117/99, de 11 de Agosto, pelo Dec.-Lei n.º 503/99, de 20 de Novembro, pelo Dec.-Lei n.º 70-A/2000, de 5 de Maio, pelo Dec.--Lei n.º 157/2001, de 11 de Maio, pelo Dec.-Lei n.º 169/2006, de 17 de Agosto, pelo Dec.-Lei n.º 181/2007, de 9 de Maio, pela Lei n.º 59/2008, de 11 de Setembro e, finalmente, pela Lei n.º 64-A/2008, de 31 de Dezembro (art. 26.º), que aprovou o orçamento do estado para 2009). Não obstante a inexistência de igual preceito no RCTFP, deve aquele entendimento considerar-se também extensível e aplicável aos trabalhadores contratados por força da leitura conjugada do disposto nos arts. 18.º, n.º 1, 21.º, n.º 2, 23, n.º 2, e 24.º da LVCR, nos arts. 117.º, 118.º, 166.º, n.º 2, 208.º, e 213.º, do Anexo I – «Regime», do RCTFP, e arts. 104.º a 107.º do Anexo II – «Regulamento», do RCTFP.

Temos assim que parte substancial do objecto da relação jurídica de emprego público se traduz no compromisso assumido pelo trabalhador perante a Administração Pública de lhe dar, em contrapartida pela remuneração e demais regalias recebidas desta, a prestação efectiva do seu serviço.

Para prestar este seu serviço, o trabalhador tem de comparecer diariamente no respectivo local de trabalho, dentro do horário de trabalho que lhe for fixado, observando assim escrupulosamente os seus deveres de assiduidade e pontualidade.

A ausência ao serviço, neste contexto, acaba por constituir, em princípio, uma situação excepcional, anómala, susceptível de dar origem, no que toca à relação jurídica de emprego público, à marcação de **FALTA INJUSTIFICADA** ou, em última instância, de ser mesmo considerada como **INFRACÇÃO DISCIPLINAR** nos termos do art. 18.º, n.º 1, al. g), do EDTEFP (caso em que haverá obrigatoriamente lugar à instauração do respectivo processo disciplinar).

Mas, note-se bem, que só haverá lugar a ilícito disciplinar quando o trabalhador "deixe de comparecer ao serviço durante 5 dias seguidos ou 10 interpolados sem justificação" (art. 18.º, n.º 1, al. g) do EDTEFP).

O art. 3.º, n.º 11 do EDTEFP dá-nos uma noção legal dos deveres de assiduidade e de pontualidade. Assim, **DEVER DE ASSIDUIDADE consiste em comparecer regular e continuamente ao serviço, isto é, todos os dias,** enquanto o **DEVER DE PONTUALIDADE se traduz em comparecer ao serviço dentro das horas que lhe forem designadas, ou seja, tem o dia como referência temporal.** Todos os trabalhadores que exercem funções públicas, independentemente da modalidade de vínculo que possuam ser de nomeação ou contrato de trabalho em funções públicas, estão sujeitos ao cumprimento destes deveres prescritos naquele EDTEFP.

Os deveres de assiduidade e de pontualidade estão intimamente relacionados com o regime da «duração e horário de trabalho na Administração Pública», matéria que se encontra regulada no Dec.-Lei n.º 259/98, de 18 de Agosto (rectificado pela Declaração de Rectificação n.º 13-E/98, de 31 de Agosto, alterado pelo Dec.-Lei n.º 169/2006, de 17 de Agosto, e pelo art. 25.º da LOE (Lei do Orçamento do Estado para 2009), concretamente, Lei n.º 64-A/2008, de 31 de Dezembro), e com o regime da «Duração e organização do tempo de trabalho» constante dos arts. 117.º a 193.º do Anexo I – «Regime» e dos arts. 104.º a 107.º do Anexo

II – «Regulamento», do RCTFP, aprovado pela Lei n.º 59/2008, de 11 de Setembro. **Assim, com a publicação deste último diploma, continuamos a ter na Administração Pública, embora mais mitigado ou aproximado, um duplo regime sobre a organização do tempo de trabalho. O do Dec.-Lei n.º 259/98, de 18 de Agosto, e o dos arts. 117.º a 193.º do Anexo I – «Regime», e arts. 104.º a 107.º do Anexo II – «Regulamento», do RCTFP.**

Temos assim que, enquanto o Dec.-Lei n.º 259/98, de 18 de Agosto, diploma que «estabelece as regras e os princípios gerais em matéria de duração e horário de trabalho na Administração Pública», **se aplica -por força do disposto no art. 25.º, n.º 2 da Lei n.º 64-A/2008, de 31 de Dezembro, que aprovou o Orçamento do Estado para 2009 – apenas aos trabalhadores nomeados, o disposto no RCTFP, tem, por seu turno, a sua aplicação circunscrita a todos os trabalhadores contratados, isto é, com contratos de trabalho em funções públicas.**

Neste contexto, <u>em matéria de duração e organização ou horário de trabalho, temos que distinguir entre:</u>

<ul><li><u>a) Trabalhadores nomeados,</u> que exercem funções de autoridade e soberania previstas no art. 10.º da LVCR – aplica-se-lhes o regime previsto no Dec.-Lei n.º 259/98, de 18 de Agosto (por força do disposto no art. 25.º, n.º 2 da LOE);</li>
<li><u>b) Trabalhadores contratados</u> (tenham eles vindo da situação *ante* de nomeados ou sejam desde logo contratados) – aplica-se o regime de duração e organização de trabalho previsto nos arts. 117.º a 193.º do Anexo I – «Regime» e arts. 104.º a 107.º do Anexo II – «Regulamento», do RCTFP.</li></ul>

Vejamos, então, cada um destes regimes!

Os trabalhadores nomeados e contratados têm hoje a mesma duração diária e semanal do trabalho, fixadas em 7 e 35 horas, respectivamente (vd. arts. 7.º, n.º 1 e 8.º, n.º 1 do Dec.-Lei nº 259/98, de 18 de Agosto, e no art. 126.º, n.º 1 do Anexo I – «Regime», do RCTFP).

Anote-se, porém, que, com a publicação da Lei n.º 23/2004, de 22 de Junho, que aprovou «o regime jurídico do contrato individual de trabalho da Administração Pública», ao lado dos então funcionários e agentes surgiu outro tipo de trabalhadores, a saber, os vinculados à Administração Pública por relações jurídicas de emprego privado, constituídas por contrato individual de trabalho, aos quais se aplicava «o regime do Código do Trabalho e respectiva legislação especial, com as especificidades constantes da presente lei» (art. 2.º, n.º 1). Ora, como esta lei era omissa em matéria de duração e organização do trabalho, por força desta remissão para o Código do Trabalho estes trabalhadores passaram a ser abrangidos pelo disposto no art. 163.º, n.º 1 deste diploma (entretanto revogado), ou seja, sujeitavam-se à possibilidade de praticar períodos normais de trabalho diário e semanal de 8 e 40 horas, respectivamente, auferindo contudo o mesmo vencimento que os seus colegas, funcionários ou agentes, auferiam com os seus horários de 35 horas. Embora muitos órgãos e serviços públicos tivessem adoptado soluções administrativas engenhosas mas de duvidosa legalidade para contornar e mitigar as injustiças resultantes desta dualidade de regimes para a função pública, o certo é que por via desta Lei n.º 23/2004, de 22 de Junho, se criaram condições concretas de tratamento diferenciado entre o mesmo tipo de trabalhadores que acabaram por gerar algum mau estar no seu seio que urgia resolver. Disto deram testemunho e veemente protesto os sindicatos do sector aquando das negociações sindicais sobre a LVCR e RCTFP, o que contribuiu para a solução legislativa adoptada no âmbito do diploma de RCTFP no sentido de manter, relativamente aos novos trabalhadores com contrato de trabalho em funções públicas, «os limites à duração de trabalho em vigor na Administração Pública, pelo que, em regra, o período normal de trabalho não pode exceder sete horas por dia nem trinta e cinco horas por semana», admitindo-se, porém, que estes limites possam ser alterados por instrumento de regulamentação colectiva de trabalho nas condições previstas no art.127.º do Anexo I – «Regime», do RCTFP (vd. ainda os arts. 120.º e 126.º, n.º 1 do Anexo I – «Regime», do RCTFP).

Tendo presente o disposto no Dec.-Lei **n.º 259/98, de 18 de Agosto** (vd. por curiosidade o Dec.-Lei n.º 110-A/81, de 14 de Maio, sucessivamente alterado, respeitante a "vencimentos e gratificações"), **bem como nos arts. 117.º a 193.º do Anexo I – «Regime», do RCTFP, a prestação efectiva de serviço por parte dos trabalhadores que exercem funções públicas pode ser classificada de acordo com os seguintes critérios:**

I – QUANTO AO PERÍODO DO DIA EM QUE SE REALIZA.

A – <u>No que toca aos trabalhadores nomeados</u>, a prestação de serviço pode ser:

a) **DIURNA** – quando o trabalho é prestado entre as 7 e as 20

horas (arts. 2.º, n.º 2, e 32.º, n.º 1 do Dec.-Lei n.º 259/98, de 18 de Agosto);

b) **NOCTURNA – quando o trabalho é prestado entre as 20 horas de um dia e as 7 horas do dia seguinte** (art. 32.º, n.º 1 do Dec.-Lei n.º 259/98, de 18 de Agosto).

B – <u>No que diz respeito aos trabalhadores contratados,</u> já a prestação de serviço (na ausência de disposição diversa fixada por instrumento de regulamentação colectiva de trabalho) pode ser:

a) **DIURNA – é aquela em que o trabalho é prestado entre as 7 e as 22 horas** (vd. art. 122.º, n.º 2, em conjugação com o disposto no art. 153.º, n.º 3 do Anexo I – «Regime», do RCTFP);

b) **NOCTURNA – quando o trabalho é prestado entre as 22 horas de um dia e as 7 horas do dia seguinte** (art. 153.º n.º 3 do Anexo I – «Regime», do RCTFP); a este propósito convém ter presente o disposto no art. 21.º do corpo da Lei n.º 59/2008, de 11 de Setembro, que aprovou o RCTFP, que se constitui como um preceito de salvaguarda de direitos adquiridos quando, nomeadamente, preceitua que «o trabalhador que tenha prestado, nos 12 meses anteriores à publicação da presente lei, pelo menos cinquenta horas entre as 20 e as 22 horas ou cento e cinquenta horas de trabalho nocturno depois das 22 horas mantém o direito ao acréscimo de remuneração sempre que realizar a sua prestação entre as 20 e as 22 horas».

II – <u>QUANTO À NATUREZA DO DIA EM QUE SE REALIZA.</u>

A – <u>No que toca aos trabalhadores nomeados</u>, a prestação de serviço pode ser feita:

a) **EM DIAS ÚTEIS** – é a regra de acordo com o art. 9.º do Dec.-Lei n.º 259/98, de 18 de Agosto;

b) **EM DOMINGOS (DESCANSO SEMANAL), DIAS DE DESCANSO COMPLEMENTAR (v.g., Sábados) E FERIADOS** – vem regulado nos arts. 9.º, n.ºs 2 a 4 e 33.º do Dec.-Lei n.º 259/98, de 18 de Agosto, sendo que o trabalho nestes dias constitui excepção à regra, logo alvo, em princípio, de uma compensação financeira especial;

c) **EM DIAS DE TOLERÂNCIA DE PONTO** – o trabalho prestado nestes dias, quando exigido pelo próprio serviço em função das suas características de funcionamento ou de necessidades pontuais determinadas pelos dirigentes dos respectivos serviços, sempre fundamentadas na salvaguarda do interesse público, deve considerar-se como prestado em dia útil sendo, assim, equiparado a trabalho normal e remunerado enquanto tal.

B – <u>No que diz respeito aos trabalhadores contratados,</u> a prestação de serviço pode também ser feita:

a) **EM DIAS ÚTEIS** – é a regra, agora, de acordo com o disposto no art. 166.º do Anexo I – «Regime», do RCTFP;

b) **EM DOMINGOS (DESCANSO SEMANAL), DIAS DE DESCANSO COMPLEMENTAR (v.g., Sábados) E FERIADOS** – vem prevista nos arts.158.º, 163.º, 164.º e 166.º, n.ºs 2 a 6 do Anexo I – «Regime», do RCTFP; acontece, porém, que, aqui, **a prestação de serviço nestes dias é considerada como prestação de trabalho extraordinário** (art. 163.º), não merecendo o tratamento autónomo que lhe é dado no Dec.-Lei n.º 259/98, de 18 de Agosto; de qualquer modo, o trabalho nestes dias continua a constituir uma excepção à regra, logo alvo, em princípio, de um descanso compensatório remunerado;

c) **EM DIAS DE TOLERÂNCIA DE PONTO** – o trabalho prestado nestes dias, quando exigido pelo próprio serviço em função das suas características de funcionamento ou de necessidades pontuais determinadas pelos dirigentes dos respectivos serviços, sempre fundamentadas na defesa do interesse público, deve considerar-se como prestado em dia útil sendo, assim, equiparado a trabalho normal e remunerado enquanto tal, não dando deste modo lugar a qualquer descanso compensatório remunerado.

III – <u>QUANTO AO TIPO DE NECESSIDADES QUE O SERVIÇO EFECTIVO VISA REALIZAR.</u>

A – <u>No que toca aos trabalhadores nomeados</u>, a prestação de serviço pode ser feita:

a) **EM REGIME DE SERVIÇO OU TRABALHO ORDINÁRIO** – é o trabalho prestado dentro do período normal de trabalho diário;

b) **EM REGIME DE SERVIÇO OU TRABALHO EXTRAOR-DINÁRIO** – é o trabalho prestado para além do número de horas do período normal diário de trabalho; no caso de horário flexível, considera-se extraordinário o trabalho prestado «para além do número de horas a que o trabalhador se encontra obrigado em cada um dos períodos de aferição ou fora do período de funcionamento normal do serviço» (art. 25.°, n.° 1, als. a) e b) do Dec.-Lei n.° 259/98, de 18 de Agosto).

B – <u>No que diz respeito aos trabalhadores contratados</u>, a prestação de serviço pode também ser feita:

a) **EM REGIME DE SERVIÇO OU TRABALHO ORDINÁRIO** – é o trabalho prestado dentro do período normal de trabalho diário;

b) **EM REGIME DE SERVIÇO OU TRABALHO EXTRAORDINÁRIO** – considera-se «aquele que é prestado fora do horário de trabalho» (art. 158.°, n.° 1 do Anexo I – «Regime», do RCTFP), **sendo este conceito de horário de trabalho fixado legalmente no art. 121.° deste diploma.**

IV – <u>QUANTO À DURAÇÃO DO SERVIÇO</u>.

A – <u>No que toca aos trabalhadores nomeados</u>, a prestação de serviço pode ser feita:

a) **A TEMPO INTEIRO** – é a regra (arts. 7.° e ss do Dec.-Lei n.° 259/98);

b) **A TEMPO NÃO INTEIRO** – aqui há, actualmente, a referenciar a existência de três tipos de regimes de trabalho a tempo não inteiro, a saber:

1.° REGIME DE TRABALHO A TEMPO PARCIAL – os trabalhadores nomeados podem requerer o exercício de funções a tempo parcial nos termos do disposto no art. 11.° do Dec.-Lei n.° 259/98, na nova redacção que lhe foi introduzida pelo art. 25.° da LOE (Lei n.° 64-A/2008, de 31 de Dezembro);

2.° REGIME ESPECIAL DE TRABALHO A TEMPO PARCIAL – de trabalhadores «de nomeação definitiva com mais de 55 anos de idade e que estejam a cinco ou menos anos da data em que, em condições normais, terão direito a passar à aposentação»; este regime traduz-se no cumprimento de metade da duração semanal ou mensal do trabalho, auferindo o trabalhador 50% do seu vencimento e demais remunerações complementares (arts. 1.º, n.º 2, 2.º, n.º 1 e 3.º, n.º 3 do Dec.-Lei n.º 324/99, de 18 de Agosto, sobre "regime especial de trabalho a tempo parcial"; atente-se que os arts. 5.º e 6.º deste diploma foram revogados pelo art. 116.º, al. au) da LVCR);

3.º REGIME DE PRESTAÇÃO DE TRABALHO DESIGNADO POR SEMANA DE 4 DIAS – abrange apenas os trabalhadores de nomeação definitiva que podem optar pela semana de 4 dias, tendo então direito a auferir 80% da respectiva retribuição (arts. 1.º, n.º 1, 2.º, n.º 1 e 3.º, n.º 3 do Dec.-Lei n.º 325/99, de 18 de Agosto, respeitante à "semana de quatro dias"; os seus arts. 6.º a 8.º foram também revogados pelo art. 116.º, al. av) da LVCR).

B – No que diz respeito aos trabalhadores contratados, a prestação de serviço pode também ser feita:

a) **A TEMPO INTEIRO** – é a regra fixada, agora, no art. 126.º, n.º 2 do Anexo I – «Regime», do RCTFP;

b) **A TEMPO PARCIAL** – vem prevista e regulada nos arts. 142.º a 148.º do Anexo I – «Regime», do RCTFP; «considera-se trabalho a tempo parcial o que corresponda a um período normal de trabalho semanal inferior ao praticado a tempo completo» (art. 142.º, n.º 1 deste diploma), sendo o conceito de tempo completo dado pelo art. 126.º, n.º 2, também deste diploma; de acordo com o disposto no art. 142.º, n.º 2 do Anexo I – «Regime», do RCTFP, este trabalho a tempo parcial pode assumir variadíssimas modalidades, mesmo as previstas naquelas leis especiais respeitantes aos trabalhadores nomeados, uma vez que a lei reconhece e deixa às partes a liberdade para fixarem e celebrarem os acordos que mais lhes convenham neste âmbito (vd. art. 143.º).

Sempre que o trabalhador da Administração Pública, nomeado ou contratado, não cumpra com os seus deveres de assiduidade e pontualidade, em desrespeito para com os horários de trabalho semanal e diário que lhe forem legal e superiormente determinados, sejam eles rígido, flexível, desfasado, contínuo, por turnos ou atípico, incorre numa situação anómala e ilegítima, susceptível de dar lugar à qualificação da mesma como:

a) **FALTA INJUSTIFICADA**; ou, então, como,
b) **INFRACÇÃO DISCIPLINAR**, prevista e punida no art. 18.º, n.º 1, al. g) do EDTEFP, **quando o trabalhador deixe de comparecer ao serviço, injustificadamente, durante 5 dias seguidos ou 10 dias interpolados, mas dentro do mesmo ano civil;** trata-se de uma infracção disciplinar relativamente grave pelo facto de para ela se prever, desde logo, a pena de demissão/despedimento como medida sancionatória disciplinar aplicável.

Há, porém, situações de ausência legítima ao serviço, aceites e justificadas como tal pela lei, que, por isso, não são susceptíveis de serem qualificadas como de falta injustificada ou de infracção disciplinar. Estas situações são, pois, excepções legítimas à regra acima referida da prestação efectiva de serviço.

Quais são essas situações de excepção legítima à regra da prestação efectiva de serviço por parte dos trabalhadores da Administração Pública?

AS SITUAÇÕES DE AUSÊNCIA LEGÍTIMA AO SERVIÇO PREVISTAS NA LEI, isto é, no Dec.-Lei n.º 100/99, de 31 de Março, e nos arts. 168.º a 193.º e 234.º e 235.º do Anexo I – «Regime», e arts. 40.º a 96.º do Anexo II – «Regulamento», do RCTFP, são de três tipos, a saber:

1. **FÉRIAS;**
2. **FALTAS;**
3. **LICENÇAS.**

Acrescentamos agora os **FERIADOS** apenas pelo facto do art. 168.º do Anexo I – «Regime», do RCTFP, lhes fazer referência expressa (o art. 3.º, n.º 3 da Lei n.º 59/2008, de 11 de Setembro, que aprovou o RCTFP, reconhece às Regiões Autónomas competência para estabelecer outros feriados para além dos fixados naquele art. 168.º). Trata-se contudo de uma realidade pacífica no âmbito da função pública (não merecedora de referência expressa no Dec.-Lei n.º 100/99, de 31 de Março) na medida em que sempre se entendeu que os feriados correspondem a dias não úteis, inexistindo aí qualquer obrigação legal de comparência ao serviço (vd. art. 25.º do Dec.-Lei n.º 259/98, de 18 de Agosto).

FÉRIAS – é o período de tempo de ausência legítima do trabalhador ao serviço reconhecido por lei como o direito deste a um descanso para recuperação das energias dispendidas após a prestação de um certo período mínimo de trabalho, geralmente referenciado ao período temporal de 1 ano (vd. art. 2.º do Dec.-Lei n.º 100/99, de 31 de Março, e art. 171.º do Anexo I – «Regime», do RCTFP).

FALTAS JUSTIFICADAS – são ausências ao serviço legitimadas por uma autorização superior, normalmente dada posteriormente à ocorrência da ausência. Reconhece-se, contudo, que o recurso a este critério da autorização à posteriori como elemento de destrinça doutrinária entre as figuras jurídicas das faltas e das licenças peca por defeito, uma vez que aquela autorização se encontra "a priori" concedida, na maioria das vezes, por força da verificação efectiva dos factos ou eventos subjacentes àquelas mesmas faltas tidas por lei como justificados (cfra. arts. 21.º e ss do Dec.-Lei n.º 100/99, de 31 de Março). É aliás a própria natureza desses factos ou eventos que determina a qualificação destas faltas como justificadas e as tornam assim legítimas e autorizadas por lei. Desde que os factos ou eventos ocorridos se enquadrem no âmbito previsional das normas que os qualificam como ausências legítimas, a sua relevação enquanto tal resulta assim dessa própria subsunção legal e não propriamente de uma autorização à posteriori e particular (note-se, porém, que no caso das faltas por conta das férias tem, pelo contrário, de haver uma autorização prévia, sob pena de, não a havendo, as mesmas serem consideradas injustificadas) – vd. arts. 21.º, 66.º e 67.º, n.º 1 do Dec.-Lei n.º 100/99, de 31 de Março, e arts. 184.º, n.º 1 e 188.º, n.º 3 do Anexo I – «Regime», do RCTFP.

LICENÇAS – são ausências ao serviço legitimadas por uma autorização prévia (cfra. arts. 72.º e ss do Dec.-Lei n.º 100/99, de 31 de Março, e art. 234.º, n.ºs 1 e 2 do Anexo I – «Regime», do RCTFP). Aqui sim, o critério da autorização prévia é efectivamente um factor caracterizador deste tipo de ausências legítimas ao serviço na medida em que se encontra presente em todas as suas modalidades.

Esta destrinça entre faltas justificadas e licenças com base no critério da autorização é a única possível na opinião do Dr. João Alfaia, expendida na sua obra «Conceitos fundamentais do regime jurídico do funcionalismo público», I Volume, Almedina, Coimbra, 1985, página 463. Dela nos socorremos pois aqui para proceder àquela destrinça, embora com a necessária cautela feita anteriormente quanto à figura das faltas.

Todas as faltas não reconhecidas ou justificadas por lei como ausência legítima ao serviço são consideradas **FALTAS INJUSTIFICADAS** (faltas estas que, como vimos anteriormente, quando repetidas nos termos do art. 18.º, n.º 1, al. g) do EDTEFP, Estatuto Disciplinar, passam a ser qualificadas como infracção disciplinar).

INFRACÇÃO DISCIPLINAR – é todo o «comportamento do trabalhador, por acção ou omissão, ainda que meramente culposo, que viole deveres gerais ou especiais inerentes à função que exerce» (art. 3.º, n.º 1 do EDTEFP).

A finalizar este Capítulo impõe-se-nos fazer uma chamada de atenção para o disposto nos arts. 66.º a 79.º, do Título V – Regime de Remunerações, e no art. 86.º da LVCR, para o Decreto Regulamentar n.º 14/2008, de 31 de Julho, «que identifica os níveis da tabela remuneratória única dos trabalhadores que exercem funções públicas correspondentes às posições remuneratórias das categorias das carreiras gerais de técnico superior, de assistente técnico e de assistente operacional», e para a Portaria n.º 1553--C/2008, de 31 de Dezembro, que aprovou a Tabela Remuneratória Única da função pública. É, porém, na LVCR, nomeadamente nos seus arts. 70.º e 85.º, que se define, o conceito de **remuneração base** e se afirma que ela integra a **remuneração de categoria** e a **remuneração de exercício**. A remuneração de categoria equivale a cinco sextos da remuneração base, enquanto a remuneração de exercício é de um sexto (art. 85.º, n.º 1 da LVCR). É importante ter presente esta destrinça pelas consequências ou efeitos que as faltas têm sobre o próprio estatuto remuneratório dos trabalhadores que exercem funções públicas (os arts. 66.º, n.ºs 4 e 5 e 85.º, n.º 2 da LVCR determinam que é a própria lei que prevê as situações e condições em que o direito remuneração é total ou parcialmente suspenso).

Antes de passarmos à exposição e análise do regime jurídico de férias, faltas e licenças dos trabalhadores da Administração Pública, ou que exercem funções públicas, e a enumerar as situações de ausência legítima ao serviço aí previstas, convém fazer também uma referência ao disposto no art. 100.º do Dec.-Lei n.º 100/99, de 31 de Março, que prescreve o seguinte:

«Os dias de descanso semanal ou complementar e os feriados, quando intercalados no decurso de uma licença ou de uma sucessão de faltas da mesma natureza, integram-se no conjunto dos respectivos

períodos de duração, salvo se a lei se referir expressamente a dias úteis». A contrario sensu, como as faltas por doença do próprio e as faltas determinadas pela necessidade de assistência a familiares são de natureza diferente, porque fundadas em motivos ou razões também diferentes, os dias de descanso semanal, complementar ou feriados que se intercalarem entre aquelas duas situações não integram nenhum conjunto dos respectivos períodos de duração. Não obstante a inexistência de igual preceito expresso no RCTFP, parece-nos perfeitamente razoável a extensão e aplicação deste entendimento ao regime de feriados, férias, faltas e licenças dos trabalhadores contratados.

Muito embora o regime jurídico de férias, faltas e licenças, aprovado pelo Dec.-Lei n.º 100/99, de 31 de Março, deixasse de ter uma norma expressa com conteúdo idêntico àquele que constava do art. 105.º do Dec.--Lei n.º 497/88, de 30 de Dezembro, entendemos ser de seguir aqui, à mesma, tal prescrição que determinava que quando o termo de qualquer dos prazos previstos no Dec.-Lei n.º 100/99 «caia em dia em que o serviço perante o qual deve ser praticado o acto não esteja aberto ao publico, ou não funcione durante o período normal, transfere-se para o primeiro dia útil seguinte». Isto, por força agora do disposto no art. 72.º, n.º 1, al. c) do Código do Procedimento Administrativo.

Uma nota ainda, de chamada de atenção, para referir que para além das situações de ausência legítima ao serviço elencadas no Dec.-Lei n.º 100/99, de 31 de Março, e no art. 185.º, n.º 2 do Anexo – «Regime», do RCTFP, outras há a ter em conta previstas em legislação avulsa, sobre as quais daremos notícia oportuna ao longo deste trabalho.

CAPÍTULO II
Âmbito de aplicação subjectivo e objectivo do regime jurídico de férias, faltas e licenças da Função Pública

Aos trabalhadores da Administração Pública detentores da qualidade de funcionários e agentes administrativos, por razões de opção política e legislativa fundadas na necessidade de salvaguarda da predominância do interesse público, por eles prosseguido, sobre o interesse privado, que se projecta não só ao nível da organização administrativa como também dos seus recursos humanos, era-lhes reconhecido um regime jurídico próprio sobre férias, faltas e licenças, regime esse aprovado pelo Dec.-Lei n.º 100/99, de 31 de Março, entretanto alterado pelo Lei n.º 117/99, de 11 de Agosto, pelo Dec.-Lei n.º 503/99, de 20 de Novembro, pelo Dec.-Lei n.º 70-A/2000, de 5 de Maio, pelo Dec.-Lei n.º 157/2001, de 11 de Maio, pelo Dec.-Lei n.º 169/2006, de 17 de Agosto, pelo Dec.-Lei n.º 181/2007, de 9 de Maio, pela Lei n.º 59/2008, de 11 de Setembro, e, finalmente, pela Lei n.º 64-A/2008, de 31 de Dezembro, que aprovou o Orçamento de Estado para 2009. Este regime revogou e substituiu o Dec.-Lei n.º 497/88, de 30 de Dezembro (sucessivamente alterado). **Por razões de economia expositiva doravante adoptaremos a terminologia "regime de FFL" para abranger este conjunto de diplomas sobre férias, faltas e licenças da função pública, reportado ao Dec.-Lei n.º 100/99, de 31 de Março.**

O art. 1.º do Dec.-Lei n.º 100/99 fixava claramente o âmbito de aplicação subjectivo do respectivo regime jurídico aos:

a) FUNCIONÁRIOS – eram, recorde-se, todos aqueles trabalhadores da Administração Pública que possuíam com ela uma relação jurídica de emprego público permanente e definitiva, constituída pelo acto de nomeação (arts. 4.º e 5.º do Dec.-Lei n.º 427/89, de 7 de Dezembro, diploma este aplicado à Região Autónoma dos Açores pelo Decreto Legislativo Regional (DLR) n.º 12/90/A, de

27 de Julho e à Administração Local pelo Dec.-Lei n.º 409/91, de 17 de Outubro (alterado pela Lei n.º 6/92, de 29 de Abril), este último, por sua vez, também adaptado aos Açores pelo DLR n.º 16/97/A, de 23 de Julho; aquele primeiro diploma sofreu ainda um aditamento normativo introduzido pelo Dec.-Lei n.º 175/98, de 2 de Julho, que consagrou, finalmente, a tão desejada intercomunicabilidade entre os trabalhadores das Administrações Central e Local e vice-versa; o Dec.-Lei n.º 427/89 foi, entretanto, alterado pelo Dec.-Lei n.º 353-A/98, de 16 de Outubro, pelo Dec.-Lei n.º 407/91, de 17 de Outubro, pelo Dec.-Lei n.º 175/95, de 21 de Julho, pelo Dec.-Lei n.º 102/96, de 31 de Julho, pelo Dec.-Lei n.º 218/98, de 17 de Junho, pela Lei n.º 23/2004, de 22 de Junho, e pela Lei n.º 60-A/2005, de 30 de Dezembro, para acabar, finalmente, por ser revogado pela LVCR).
b) AGENTES ADMINISTRATIVOS -eram aqueles trabalhadores que possuíam com a Administração Pública uma relação jurídica de emprego público assente numa base precária, isto é, não permanente nem definitiva, constituída através de contrato administrativo de provimento (arts. 14.º, n.ᵒˢ 1, al. a) e 2 e 15.º, n.º 1 do Dec.-Lei n.º 427/89).

O âmbito de aplicação subjectiva deste diploma sobre férias, faltas e licenças abrangia assim todos os funcionários e agentes administrativos que prestavam serviço na Administração Pública:

1 – CENTRAL (v. g., Estado);
2 – REGIONAL (v. g., Regiões Autónomas);
3 – LOCAL (v. g., Câmaras Municipais, Juntas de Freguesia);
4 – INDIRECTA (v. g., institutos públicos).

Os funcionários públicos e agentes administrativos em regime de tempo parcial eram também abrangidos pelo presente diploma.

Fora do âmbito de aplicação subjectiva daquele regime jurídico de férias, faltas e licenças ficavam assim os trabalhadores com contratos individuais de trabalho na Administração Pública a que se referia o art. 14.º, n.º 1, al. b) do Dec.-Lei n.º 427/89, de 7 de Dezembro, alterado na sequência da publicação da Lei n.º 23/2004, de 22 de Junho, sendo consequentemente estes trabalhadores abrangidos pelas regras sobre férias, feriados e faltas, e não só, constantes do então Código do Trabalho, aprovado pela

Lei n.º 99/2003, de 27 de Agosto. Assim o preceituava, sem quaisquer margens para dúvidas, o art. 6.º desta lei, nos seguintes termos:

«Ao trabalhador da pessoa colectiva pública que não seja funcionário ou agente da Administração Pública aplica-se o disposto no Código do Trabalho (e respectiva regulamentação, aprovada pela Lei n.º 35/2004, de 29 de Julho), nos termos previstos em legislação especial, sem prejuízo dos princípios gerais em matéria de emprego público».

Importa referir que esta Lei n.º 99/2003, de 27 de Agosto, que aprovou o Código do Trabalho, na esteira da já referida tendência para a privatização da função pública, determinava, ainda e expressamente, no seu art. 5.º que eram «aplicáveis à relação jurídica de emprego público que confira a qualidade de funcionário ou agente da Administração Pública, com as necessárias adaptações, as seguintes disposições do Código do Trabalho:

a) Artigos 22.º a 32.º, sobre igualdade e não discriminação;
b) Artigos 33.º a 52.º, sobre protecção da maternidade e paternidade;
c) Artigos 461.º a 470.º, sobre a constituição de comissões de trabalhadores;
d) Artigos 591.º a 606.º, sobre o direito à greve».

O Código do Trabalho passou igualmente a regular, no seu âmbito, o instituto do trabalhador-estudante, revogando assim a Lei n.º 116/97, de 4 de Novembro.

O art. 18.º, al. d) da Lei n.º 59/2008, de 11 de Setembro, que aprovou o RCTFP, revogou o art. 5.º da Lei n.º 99/2003, de 27 de Agosto (Código do Trabalho), passando todas aquelas matérias a serem previstas e reguladas no próprio RCTFP.

Face às alterações que a LVCR e o RCTFP introduziram na nossa função pública, entendida esta vulgarmente como o conjunto dos indivíduos que prestam o seu trabalho como profissionais ao serviço da Administração Pública (Diogo Freitas do Amaral, in «Curso de Direito Administrativo», 2ª Edição, Vol. I, Editora Almedina, Abril de 2002, pág. 38), **e no seu estatuto jurídico-laboral, sem que contudo se tenha com elas, alterações, chegado a pôr em causa o sistema de carreira que constitui o paradigma caracterizador da Administração Pública portuguesa, a questão que agora se coloca é a de saber que consequências**

é que aquelas mesmas alterações tiveram sobre o regime jurídico das férias, faltas e licenças dos respectivos trabalhadores, constante do Dec.-Lei n.º 100/99, de 31 de Março.

Na sequência da publicação da LVCR e do RCTFP acabou-se, como vimos anteriormente, com a distinção entre funcionários e agentes, fazendo sentido falar-se hoje apenas em trabalhadores da Administração Pública. **A forma como estes são admitidos ao serviço público, isto é, a modalidade de constituição da respectiva relação jurídica de emprego público, continua, contudo, a implicar algumas diferenças estatutárias juslaborais entre estes mesmos trabalhadores, que se reflectem nomeadamente sobre o respectivo conjunto de direitos e deveres no âmbito do seu regime jurídico de férias, faltas e licenças.** Precisamente, por causa da existência dessas diferenças de regime legal fundadas no tipo de vínculo laboral, impõe-se assim distinguir, agora, entre trabalhadores da Administração Pública:

a) **Nomeados;**
b) **Contratados.**

Não obstante os arts. 88.º, n.º 4 e 114.º, n.º 2 da LVCR terem salvaguardado expressamente a manutenção dos actuais regimes de cessação da relação jurídica de emprego público e de protecção social aos trabalhadores nomeados definitivamente que exercem funções em condições diferentes das referidas no art. 10.º, e que, por esse facto, passaram a ter um vínculo contratual à Administração Pública, nada do género se disse, porém, quanto ao seu regime de férias, faltas e licenças.

Qual é, então, o regime de férias, faltas e licenças aplicável aos trabalhadores da Administração Pública com contrato de trabalho em funções públicas, nomeadamente àqueles trabalhadores já nomeados que transitaram, por força da LVCR, para a situação de contratados?

O diploma que aprovou o RCTFP dá-nos a resposta através da transposição para o seu seio de parte substancial do regime de férias, faltas e licenças previsto e contido no DL n.º 100/99, de 31 de Março, aplicando-o a todos os trabalhadores em regime de contrato de trabalho em funções públicas. Isto é, o regime de férias, faltas e licenças destes trabalhadores passou a ser assim, e em primeira linha, o constante dos arts. 168.º a 193.º, 234.º e 235.º do Anexo I – «Regime», do RCTFP. Consequentemente, e por exclusão de partes, o âmbito de aplicação subjectivo do Dec.-Lei n.º 100/99, de 31 de Março, que abrangia originalmente as figuras dos funcionários e agentes, ficou agora circunscrito, por força do disposto na LVCR e no art. 26.º, n.º 3 da LOE, apenas aos **trabalhadores nomeados,** uma vez que era precisamente este vínculo de nomeação que identificava e caracterizava o conceito de funcionário, enquanto que o vínculo do agente era o do contrato administrativo de provimento, que foi entretanto revogado e substituído pelo contrato de trabalho de funções públicas.

Da leitura comparativo dos preceitos do RCTFP respeitantes à matéria das férias, faltas e licenças com os do Dec.-Lei n.º 100/99, de 31 de Março, verifica-se que, para além da existência entre eles de algumas diferenças, existem lacunas e omissões naquele primeiro regime em relação àquilo que se dispõe neste último, nomeadamente a ausência de regulamentação pormenorizada de alguns aspectos das diferentes figuras de ausência legítima ao serviço tipificadas no RCTFP relativamente às suas congéneres previstas no regime do Dec.-Lei n.º 100/99, que parecem, por isso, solicitar um esforço de integração da lei (vd. art. 10.º do Código Civil).

O art. 81.º, n.º 1, al. e) da LVCR, sobre «Fontes normativas do contrato», ao enumerar as fontes normativas que disciplinam a relação jurídica de emprego público constituída por contrato e, principalmente, ao hierarquizá-las, **determina a aplicação subsidiária a estes trabalhadores contratados (quer aos que transitaram da modalidade de nomeados para a de contratados quer aos novos contratados) das «leis gerais cujo âmbito de aplicação subjectivo se circunscreva aos então designados funcionários e agentes».** Com a consagração de um tal preceito o legislador parece ter tido a preocupação, e a pretensão, de evitar lacunas e omissões nesta área legislativa da função pública. Como consequência disto o regime de férias, faltas e licenças do próprio Dec.-Lei n.º 100/99, de 31 de Março, porque precisamente aplicável aos então designados funcionários e agentes, constituía-se assim aqui numa espécie de direito de aplicação subsidiária, a que se podia e devia recorrer em tudo aquilo em que o RCTFP fosse omisso. Porém, o art. 26.º, n.º 3 da LOE (Lei n.º 64-A/2008, de 31 de Dezembro, que aprovou o Orçamento do Estado para 2009), ao circunscrever expressamente o âmbito de aplicação subjectivo do Dec.-Lei n.º 100/99 apenas aos trabalhadores nomeados, parece ter vindo, de algum modo, contradizer e até afastar a natureza subsidiária que se pretendeu inicialmente atribuir a este diploma em relação ao RCTFP. Com esta alteração o legislador acabou por obstar aqui ao recurso a qualquer actividade integradora com vista a suprir eventuais omissões ou lacunas do RCTFP com base na natureza subsidiária do regime das FFL previsto no Dec.-Lei n.º 100/99, passando assim aquele RCTFP a regular de forma tendencialmente exclusiva a matéria das férias, faltas e licenças do pessoal em regime de contrato de trabalho em funções públicas. Há contudo duas áreas em que o RCTFP reconhece a aplicação subsidiária do regime de FFL, a saber:

    a) Em matéria de protecção social dos trabalhadores que exercem funções públicas, quando nomeadamente <u>no art. 19.º, n.º 3 do corpo da Lei n.º 59/2008, de 11 de Setembro, se preceitua que, até à regulamentação do regime de protecção social convergente, todos os trabalhadores vinculados por contrato de trabalho em funções públicas e beneficiários do regime de protecção social da função púbica se mantêm «sujeitos às normas que lhes eram aplicáveis à data da entrada em vigor da presente lei em matéria de protecção social ou segurança social, designadamente nas eventualidades de maternidade, paternidade e adopção e de doença»</u>, bem como às «demais normas (...) relativas à manutenção do direito à remuneração, justificação, verificação e efeitos das faltas por doença e por maternidade, paternidade e adopção» (n.º 4); concretizando, o art. 19.º da Lei n.º 59/2008, de 11 de Setembro, que aprovou o RCTFP, sobre «Regras especiais de aplicação no tempo relativas à protecção social dos trabalhadores que exercem funções públicas», distingue entre:

    I – Trabalhadores contratados que exercem funções públicas que sejam beneficiários do regime geral da segurança social e que estejam inscritos nas respectivas instituições para todas as eventualidades – determina que, quanto a estes, se aplica o disposto nas normas do Regime e do Regulamento do RCTFP (n.º 1);

    II – Os demais trabalhadores contratados que exercem funções públicas que sejam beneficiários do regime de protecção social da função pública – determina que, quanto a estes, até ao momento que se proceder à regulamentação do regime da protecção social convergente, se continua a aplicar as normas vigentes à data da entrada em vigor do RCTFP em matéria de protecção social ou segurança social, designadamente as relativas à manutenção do direito à remuneração, justificação, verificação e efeitos das faltas por doença e por maternidade, paternidade e adopção (n.ºs 2 e 3).

    b) Em matéria de licenças, quando concretamente se dispõe no art. 234.º, n.º 5 do Anexo I – «Regime», do RCTFP, que «as licenças sem remuneração para acompanhamento de cônjuge colocado no estrangeiro e para o exercício de funções em organismos internacionais são concedidas nos termos previstos na lei aplicável ao pessoal nomeado», ou seja, nos termos do Dec.--Lei n.º 100/99, de 31 de Março.

Neste contexto, <u>no que concerne ao âmbito de aplicação subjectivo, temos pois que distinguir, em matéria de regime jurídico de férias, faltas e licenças, entre:</u>

    a) <u>Trabalhadores nomeados</u> que exercem funções de autoridade e soberania previstas no art. 10.º da LVCR – aplica-se o regime previsto no Dec.-Lei n.º 100/99, de 31 de Março, a que chamamos, apenas por questão de comodidade expositiva, regime de FFL; este regime aplica-se igualmente aos trabalhadores das Administrações Regionais dos Açores e da Madeira já anteriormente nomeados que, por força do disposto no art. 7.º, n.º 1 do DLR n.º 26/2008/A, de 24 de Julho, e no art. 4.º, n.º 1 do DLR n.º 1/2009/M, de 17 de Janeiro, respectivamente, mantêm essa nomeação definitiva;

    b) <u>Trabalhadores contratados</u> (tenham eles vindo da situação *ante* de nomeados ou sejam desde logo contratados) – aplica-se o regime de férias, faltas e licenças previsto no RCTFP.

Note-se, porém, que o art. 117.º, n.º 2, al. b) da LVCR, ao preceituar que durante o período de tempo decorrido entre a entrada em vigor da LVCR, a saber, 1 de Março de 2008, e a entrada em vigor do RCTFP, 1 de Janeiro de 2009, as relações jurídicas de emprego público se constituíam, «para o exercício de cargos e funções não abrangidas pela alínea anterior (isto é, o exercício de funções meramente técnicas que nada tenham a ver com a autoridade e soberania do Estado), por contrato de trabalho, nos termos da Lei n.º 23/2004, de 22 de Junho», a LVCR acabou ela própria, e desta forma sui generis, por aceitar, no âmbito da função pública, a vigência, para aqueles trabalhadores concretos, de um terceiro regime de férias, faltas e licenças, embora apenas durante aquele período transitório, previsto no Código do Trabalho e respectiva Regulamentação. Decorrido, porém, que foi aquele período de tempo, os trabalhadores em causa passaram a ser abrangidos pelo disposto no RCTFP em matéria de férias, faltas e licenças.

Um outro aspecto a referir prende-se com a determinação concreta de quem é que da parte da Administração Pública pode socorrer-se destas modalidades de constituição da relação jurídica de emprego público, isto é, pode constituir-se como sujeito activo desta relação? A resposta é-nos dada pelo art. 3.º da LVCR, sob a epígrafe «**Âmbito de aplicação objectivo**». **Temos assim que a LVCR é aplicável:**

a) **Aos serviços da Administração Directa e Indirecta, a saber, institutos públicos** (nas suas modalidades de serviços personalizados, fundações públicas ou estabelecimentos públicos), **do Estado** (n.º 1);

b) **Aos serviços da Administração Directa e Indirecta das Regiões Autónomas dos Açores e da Madeira,** «com as necessárias adaptações, designadamente no que respeita às competências em matéria administrativa dos correspondentes órgãos de governo próprio» (n.º 2);

c) **Aos serviços da Administração Directa e Indirecta das Autarquias Locais, também com as necessárias adaptações** (n.º 2);

d) **Aos órgãos e serviços de apoio do Presidente da República, da Assembleia da República, dos tribunais e do Ministério Público e respectivos órgãos de gestão e de outros órgãos independentes**, «com as adaptações impostas pela observância das correspondentes competências» (n.º 3);

e) **Aos serviços periféricos externos do Estado,** com as devidas salvaguardas (n.º 4);

f) **Às entidades públicas empresariais que possuam ao seu serviço trabalhadores com a qualidade de funcionário ou agente** (art. 2.º, n.º 2 da LVCR).

Contudo, tirando a excepção contida nesta última alínea, **a LVCR «não é aplicável às entidades públicas empresariais nem aos gabinetes**

de apoio quer dos membros do Governo quer dos titulares dos órgãos referidos nos n.ᵒˢ 2 e 3» do art. 3.º da LVCR (seu n.º 5).

Por seu turno, o Dec.-Lei n.º 100/99, na sequência da nova redacção que lhe foi dada pelo art. 26.º, n.º 3 da Lei n.º 64-A/2008, de 31 de Dezembro, que aprovou o Orçamento do Estado para 2009, passou a ter o seu âmbito de aplicação subjectivo restrito apenas aos trabalhadores nomeados, que prestam serviço «à administração central, regional e local, incluindo os institutos públicos que revistam a natureza de serviços personalizados ou de fundos públicos» (art. 1.º).

Por último, e porque o objectivo principal presente na feitura, e agora na actualização, deste trabalho foi sempre o de expor com a maior clareza possível o regime jurídico das férias, faltas e licenças de todos os trabalhadores da Administração Pública, que exercem funções públicas, dadas as variantes deste regime decorrentes da forma como são constituídas as respectivas relações jurídicas de emprego público, optou-se por enunciar, distintamente, aquilo que são os direitos e deveres que competem neste âmbito aos trabalhadores nomeados daquilo que são os direitos e deveres que cabem aos trabalhadores com contrato de trabalho em funções públicas.

Passemos então a enunciar e expor as situações de ausência legítima ao serviço por parte dos trabalhadores da Administração Pública.

CAPÍTULO III
Situações de ausência legítima ao serviço. As férias

- **DIREITO:**
  ➢ **Dos Trabalhadores Nomeados**

Inicialmente as férias eram consideradas uma graça ou concessão por parte da Administração Pública ao funcionário ou agente administrativo (art. 12.º do Decreto com força de lei n.º 19.478, de 18 de Março de 1931 – aí falava-se mesmo em licença graciosa). Com o Dec.-Lei n.º 49.031, de 27 de Maio de 1969 (art. 6.º) e, mais tarde, com o Dec.-Lei n.º 497/88, de 30 de Dezembro, as férias passaram a constituir um direito subjectivo.

Hoje, este direito a férias encontra-se consagrado no Dec.-Lei **n.º 100/99, de 31 de Março, e tem como destinatários, seus beneficiários, todos os trabalhadores nomeados,** isto é, todos os trabalhadores da Administração Pública que possuam uma relação jurídica de emprego público constituída por nomeação (art. 1.º do Dec.-Lei n.º 100/99, na redacção que lhe foi dada pelo art. 26.º, n.º 3 da LOE). Assim, beneficiam deste regime jurídico de FFL não só os **trabalhadores nomeados que exerçam funções públicas de autoridade e soberania, como também todos aqueles trabalhadores das Administrações Regionais dos Açores e da Madeira, já anteriormente nomeados, que**, por força do disposto no art. 7.º, n.º 1 do DLR n.º 26/2008/A, de 24 de Julho, e no art. 4.º, n.º 1 do DLR n.º 1/2009/M, de 17 de Janeiro, respectivamente, **mantêm esse seu vínculo de nomeação**.

- **DIREITO:**
  ➢ **Dos Trabalhadores Contratados:**

Por força do disposto nos arts. 20.º a 22.º, 81.º, n.º 1, al. d) e 87.º da LVCR e dos arts. 171.º a 183.º do Anexo I – «Regime», do RCTFP, **os tra-**

balhadores da **Administração Pública com contrato de trabalho em funções públicas, doravante designados apenas por trabalhadores contratados, têm o direito a férias previsto e regulado agora no próprio RCTFP.**

- **PERÍODO:**

  ➢ **Dos Trabalhadores nomeados:**

Têm direito a um período, variável, de dias úteis de férias em cada ano civil calculado de acordo com dois critérios, a saber:

1.º O critério da IDADE;
2.º O critério do TEMPO DE SERVIÇO NA FUNÇÃO PÚBLICA.

Começando pelo critério da idade os trabalhadores nomeados podem ter, de acordo com o preceituado no art. 2.º, n.º 1 do Dec.-Lei n.º 100/99, na redacção que lhe foi dada pelo Dec.-Lei n.º 157/2001, de 11 de Maio, direito a um período de férias calculado de acordo com as seguintes regras:

  a) **25 DIAS ÚTEIS DE FÉRIAS até completarem 39 anos de idade;**
  b) **26 DIAS ÚTEIS DE FÉRIAS até completarem 49 anos de idade;**
  c) **27 DIAS ÚTEIS DE FÉRIAS até completarem 59 anos de idade;**
  d) **28 DIAS ÚTEIS DE FÉRIAS a partir de 59 anos de idade.**

Nos termos do n.º 2 deste mesmo artigo «a idade relevante para efeitos da aplicação do número anterior é aquela que o» trabalhador nomeado «completar até 31 de Dezembro do ano em que férias se vencem». Embora nos tivéssemos inclinado inicialmente para interpretação diferente, face à posição oficial adoptada pela Secretaria de Estado da Administração Pública, através do seu Ofício Circular datado de 24 de Setembro de 1998, temos assim que:

– Se um trabalhador fizer 59 anos até ao dia 31 de Dezembro de um determinado ano terá direito a gozar 28 DIAS ÚTEIS DE FÉRIAS apenas no ano seguinte, isto é, a partir dos 60 anos;

– Se o trabalhador fizer 49 anos até ao dia 31 de Dezembro de um certo ano terá então direito a gozar 27 DIAS ÚTEIS DE FÉRIAS no ano seguinte, e assim sucessivamente até ao ano imediatamente anterior àquele em que fizer 60 anos de idade;
– Se o trabalhador fizer 39 anos até ao dia 31 de Dezembro desse ano terá direito ao gozo de 26 DIAS ÚTEIS DE FÉRIAS no ano seguinte até ao ano imediatamente anterior àquele em que fizer 50 anos; consequentemente,
– Só o trabalhador com 39 anos de idade, inclusive, é que tem direito a 25 DIAS ÚTEIS DE FÉRIAS, passando a auferir mais 1 dia de férias no ano em que complete 40 anos.

«A aplicação do disposto no n.º 1 do artigo 2.º do Decreto-Lei n.º 100/99, de 31 de Março, na redacção dada pelo n.º 1 do artigo 1.º do» Dec.-Lei n.º 157/2001, de 11 de Maio foi *«feita de forma progressiva, até 2003, de acordo com as seguintes regras:*

a) 23, 24 e 25 dias úteis de férias até completarem 39 anos, respectivamente, nos anos de 2001, 2002 e 2003;
b) 24, 25 e 26 dias úteis até completarem 49 anos de idade, respectivamente, nos anos de 2001, 2002 e 2003;
c) 25, 26 e 27 dias úteis de férias até completarem 59 anos de idade, respectivamente, nos anos de 2001, 2002 e 2003;
d) 26, 27 e 28 dias úteis de férias a partir dos 59 anos de idade, respectivamente, nos anos de 2001, 2002 e 2003» (art. 2.º do Dec.--Lei n.º 157/2001, de 11 de Maio).

O art. 2.º do Dec.-Lei n.º 157/2001, de 11 de Maio, transcrito atrás, acolheu pois uma opção de passagem progressiva do período de 22 a 25 dias úteis de férias, anteriormente consagrado, para o novo período de 25 a 28 dias úteis.
O período de férias dos trabalhadores nomeados, calculado de acordo com as regras etárias enunciadas anteriormente, **poderá ver-se ainda acrescido através de um novo critério de cálculo baseado no TEMPO DE SERVIÇO introduzido pelo** art. 42.º do Dec.-Lei **n.º 70--A/2000, de 5 de Maio**, diploma que aprovou a execução do Orçamento Geral do Estado para o ano 2000. **Através deste preceito, alterou-se a redacção do n.º 3 do art. 2.º do Dec.-Lei n.º 100/99, por via da inclusão de um novo número, número esse que**, na sequência da última alte-

ração operada pelo Dec.-Lei n.º 157/2001, de 11 de Maio, **tem a seguinte redacção:**

«3 – Sem prejuízo do disposto no n.º 1, o pessoal abrangido pelo presente diploma tem ainda direito a mais um dia útil de férias por cada 10 anos de serviço efectivamente prestado».

O gozo deste direito a mais 1 dia de férias pode ter lugar no dia imediato àquele em que se completar cada módulo de 10 anos. Nos anos seguintes, os dias de férias assim acrescidos seguem a regra do n.º 6 do art. 2.º do Dec.-Lei n.º 100/99, isto é, podem ser gozados logo a partir do dia 1 de Janeiro.

Tem havido alguma dúvida instalada quanto ao tempo de serviço efectivamente prestado relevável para efeitos da atribuição deste acréscimo de férias. **A tese aqui há muito firmada é a que defende a relevância para este efeito apenas do tempo de serviço prestado pelo trabalhador enquanto sujeito titular de uma relação jurídica de emprego público, constituída então por nomeação ou por contrato administrativo de provimento. Consequentemente, o tempo de serviço prestado pelos trabalhadores enquanto titulares de uma relação jurídica de emprego privado, constituída sombra do contrato individual de trabalho, em nada relevava para este efeito.** O próprio âmbito subjectivo de aplicação do art. 1.º do Dec.-Lei n.º 100/99, quer na sua redacção primitiva, que se referia a «funcionários e agentes», quer na sua redacção actual, que faz referência apenas aos trabalhadores nomeados, e o seu art. 99.º, n.º 3 confirmam isto, nomeadamente quando neste último preceito se afirma que:

«O cômputo dos dias de férias a que o *trabalhador nomeado* tem direito em cada ano civil é realizado com base nas relações mensais de assiduidade relativas ao ano anterior» (redacção dada pelo art. 26.º, n.º 3 da LOE).

A duração do período de férias previsto atrás pode ainda ser acrescida na sequência do disposto no art. 52.º, n.ºs 4 e 5 do na Lei n.º 66-B/2007, de 28 de Dezembro, que aprovou o SIADAP (Sistema Integrado de Gestão e Avaliação do Desempenho na Administração Pública), nos seguintes moldes:

4 – «O reconhecimento de *Desempenho excelente* em três anos consecutivos confere ainda ao trabalhador, no ano seguinte, o direito a cinco dias de férias ou, por opção do trabalhador, à correspondente

remuneração» (vd. art. 52.º, n.º 4 do DLR N.º 41/2008/A, de 27 de Agosto, que aprovou o SIADAPRA, sistema integrado de gestão e avaliação do desempenho da administração pública da Região Autónoma dos Açores).

5 – «O reconhecimento de Desempenho relevante em três anos consecutivos confere ao trabalhador, no ano seguinte, o direito a três dias de férias ou, por opção do trabalhador, à correspondente remuneração» (vd. art. 52.º, n.º 5 daquele mesmo DLR n.º 41/2008/A).

O direito a férias vence-se no dia 1 Janeiro de cada ano e reporta--se, em regra, ao serviço prestado no ano civil anterior (art. 2.º, n.º 6 do Dec.-Lei n.º 100/99, de 31 de Março, na redacção do Dec.-Lei n.º 157/2001, de 11 de Maio).

Mas como é que as coisas se passam em matéria de férias quando o trabalhador nomeado ingressa na função pública um pouco ou muito antes do dia 1 de Janeiro? Terá que esperar até esta data para vencer o seu direito a férias?

O art. 3.º do Dec.-Lei n.º 100/99, de 31 de Março, na redacção que lhe foi dada pela Lei n.º 117/99, de 11 de Agosto, dá-nos a resposta da seguinte forma:

«No ano civil de ingresso, decorrido um período de 60 dias de prestação efectiva de serviço», o trabalhador nomeado **«tem direito a dois dias úteis de férias por cada um dos meses completos de serviço, até 31 de Dezembro desse ano».**

Com vista a uma melhor percepção do sentido e alcance deste preceito procuremos exemplificá-lo com uma situação de fronteira. Assim, se porventura um trabalhador nomeado entrar ao serviço efectivo no dia 2 de Novembro terá direito ao gozo, ainda nesse ano, de 4 dias úteis de férias porquanto no dia 31 de Dezembro fará 2 meses completos de serviço (note-se que nos termos do art. 94.º, n.º 1 do Dec.-Lei n.º 100/99, de 31 de Março, a antiguidade dos trabalhadores no serviço mede-se em anos, meses e dias, sendo o mês aqui considerado como período de 30 dias). Uma vez que nessa data dá-se o términos do período de 60 dias de prestação efectiva a que refere o art. 3.º do Dec.-Lei n.º 100/99, de 31 de Março, na redacção que lhe foi dada pela Lei n.º 117/99, de 11 de Agosto, tal facto habilita precisamente o trabalhador em causa ao gozo de 4 dias úteis de férias ainda nesse ano (note-se também aqui que, por força do disposto naquele mesmo art. 94.º, mas agora do seu n.º 2, os dias de descanso semanal, complementar e feriados contam para efeitos do cálculo do serviço efectivo).

Contudo, face à impossibilidade de facto do trabalhador poder gozar os seus 4 dias úteis de férias no próprio ano do vencimento do seu direito, precisamente porque ocorreu a cessação desse ano civil, deve a Administração Pública, neste caso, proceder oficiosamente à acumulação dos dias de férias em causa com os dias de férias que o trabalhador vier a adquirir no dia 1 de Janeiro do ano seguinte. E isto por um imperativo legal, -que tem a ver nomeadamente com a natureza imprescritível e irrenunciável do direito a férias, e de justiça uma vez que sobre o trabalhador em causa não deve ou não pode incidir qualquer penalização por uma responsabilidade ou consequência que lhe é alheia e cabe única e exclusivamente à Administração Pública, na medida em que é a ela que compete gerir o processo de recrutamento e selecção de pessoal na função pública e definir a oportunidade do seu desencadeamento.

Os arts. 13.º, n.º 4 e 54.º, n.º 4 do regime de FFL prescrevem que os trabalhadores nomeados têm direito a gozar sempre 8 dias úteis de férias em cada ano, ainda que o somatório das faltas e licenças verificadas no mesmo ano ou no ano transacto possa implicar descontos que reduzam as férias a período inferior.

Quanto à DURAÇÃO ESPECIAL DAS FÉRIAS, PERÍODO COMPLEMENTAR DE FÉRIAS, temos que (art. 7.º do regime de FFL):

1. O trabalhador nomeado que goze a TOTALIDADE do seu período de férias de 1 de Janeiro a 31 de Maio e/ou de 1 de Outubro a 31 de Dezembro tem direito à CONCESSÃO DE UM PERÍODO COMPLEMENTAR DE 5 DIAS ÚTEIS DE FÉRIAS A GOZAR NO PRÓPRIO ANO OU NO ANO IMEDIATAMENTE SEGUINTE, consoante a sua opção (art. 7.º, n.º 1 do regime de FFL);

2. A concessão deste PERÍODO COMPLEMENTAR DE FÉRIAS está condicionada à verificação dos seguintes requisitos:

    a) Apenas é possível ao trabalhador nomeado que tenha direito a, pelo menos, 15 dias úteis de férias, não relevando, para este efeito, o período complementar em apreço (art. 7.º, n.º 3 do regime de FFL);

    b) Não pode ser gozado nos meses de Julho, Agosto e Setembro (art. 7.º, n.º 1 do regime de FFL);

c) «Nos casos de acumulação de férias o período complementar de férias só pode ser concedido» desde que o seu gozo se faça fora dos meses de Julho, Agosto e Setembro (art. 7.º, n.º 5 do regime de FFL).

3. Desde que não haja inconveniência para o serviço, este período complementar pode ser gozado na sequência do período normal de férias (art. 7.º, n.º 2 do regime de FFL);
4. Este período complementar não releva para efeitos de atribuição do subsídio de férias (art. 7.º, n.º 4 do regime de FFL).

Nota – O trabalhador nomeado poderá ter direito ainda a **FÉRIAS ESPECIAIS:** quando preste horas extraordinárias podem estas ser compensadas, de acordo com a opção do próprio trabalhador, através de acréscimo do período ou períodos de férias no mesmo ano ou no ano seguinte, quando razões de serviço o justifiquem, até ao limite máximo de 5 dias úteis seguidos (art. 29.º, n.º 1, al. b) do Dec.-Lei n.º 259/98, de 18 de Agosto).

Quanto à figura da ACUMULAÇÃO DAS FÉRIAS, anote-se aqui o seguinte:

1. Em regra as férias devem ser gozadas no decurso do ano civil em que se vencem (art. 8.º do regime de FFL); porém,
2. De acordo com o art. 9.º do regime de FFL as férias respeitantes a determinado ano podem ser gozadas no ano civil imediato, seguidas ou não das férias vencidas neste ano, nos seguintes casos:

a) Por acordo entre o trabalhador e o serviço respectivo (art. 9.º, n.º 1 do regime de FFL);
b) Por conveniência de serviço, caso em que o trabalhador tem sempre o direito a gozar metade do período de férias vencidas no ano a que as mesmas se reportam, salvo acordo em contrário (art. 9.º, n.º 2 do regime de FFL). A conveniência de serviço invocada aqui «deve ser casuísta e devidamente fundamentada» (art. 9.º, n.º 3 do mesmo regime).

A forma como o art. 9.º do regime de FFL vem redigido parece apontar no sentido da figura jurídica da acumulação de férias abranger apenas os períodos de férias respeitantes a dois anos, nomeadamente quando aí se faz referência expressa ao gozo acumulado de férias de um «determinado ano» com as do «ano civil imediato». Porém, se por qualquer razão não for permitido o gozo das férias acumuladas no tempo legalmente indicado, mas apenas posteriormente, o trabalhador nomeado mantém na integralidade o seu direito de férias uma vez que estas são imprescritíveis (art. 8.º, n.º 2 do regime de FFL).

Pela própria natureza ou razão de ser da figura da acumulação das férias, e tendo em conta a parte final do preceito contido no art. 9.º, n.º 1, do regime de FFL («... , seguidas ou não das férias vencidas neste»), bem como o disposto no art. 7.º, n.ºs 2 e 5 do mesmo diploma, afigura-se-nos ser esta, claramente, uma situação de excepção ao limite dos 22 dias úteis de férias previsto no art. 5.º, n.º 1 do regime de FFL.

Além disso, é bom não perder de vista que este limite só surge, e como tal deve ser atendível, no quadro ou contexto do alargamento do período normal de férias a gozar em cada ano, de 22 a 25 dias para 25 a 28 dias úteis introduzido pelo Dec.-Lei n.º 157/2001, de 11 de Maio.

As férias, ou melhor dizendo, **este direito a férias caracteriza-se legalmente por ser um direito:**

1.º Irrenunciável – no sentido de que não pode ser substituído por qualquer compensação económica, mesmo que haja concordância do próprio interessado (art. 2.º, n.º 8 do regime de FFL);

2.º Imprescritível – isto é, é um direito que não prescreve com o decurso do tempo (art. 2.º, n.º 8 do regime de FFL);

3.º Exclusivo – na medida em que durante o gozo das férias não pode ser exercida qualquer actividade remunerada «salvo se a mesma já viesse sendo legalmente exercida» (art. 2.º, n.º 9 do regime de FFL).

Admitem-se, porém, algumas excepções legais a estas características do direito a férias (art. 2.º, n.ºs 8 e 9 "in fine" do regime de FFL).

O carácter irrenunciável do direito a férias, bem como a proibição do exercício de qualquer actividade remunerada durante o seu período de gozo, têm a sua razão de ser no facto de se pretender, com a consagração legal deste direito, a realização de um duplo objectivo, a saber:

a) Proporcionar, por um lado, ao próprio trabalhador um período de descanso que lhe permita recuperar, física e psiquicamente, das energias dispendidas ao longo de um ano inteiro de trabalho – **objectivo particular** (cfra. art. 2.º, n.º 5 do regime de FFL);

b) Reaver ou recuperar, em segundo lugar, para o serviço efectivo na Administração Pública trabalhadores com capacidades e energias renovadas que potenciem a acção da função pública – **objectivo público.**

Deve-se ainda referir que a proibição contida no n.º 9 do art. 2.º do regime jurídico de FFL, isto é, proibição do exercício de qualquer actividade remunerada (logo, e à «contrario sensu», permite-se assim o exercício de qualquer actividade não remunerada) durante o período de férias não é mais do que uma decorrência do preceituado no art. 269.º, n.ºs 1, 4 e 5 da Constituição da República Portuguesa (CRP), constituindo a violação desta proibição facto passível de responsabilização dos trabalhadores infractores, como tal susceptível de dar lugar à aplicação de penas disciplinares nos termos do disposto no art. 17.º, al. c) do EDTEFP (cfra. arts. 27.º a 29.º da LVCR).

- **PERÍODO:**

    ➤ **Dos Trabalhadores Contratados:**

O instituto das férias dos trabalhadores contratados consta dos arts. 171.º a 183.º do Anexo I – «Regime», do RCTFP, tendo também estes contratados direito a um período, variável, de dias úteis de férias em cada ano civil calculado de acordo com dois critérios, a saber:

1.º O critério da IDADE;
2.º O critério do TEMPO DE SERVIÇO NA FUNÇÃO PÚBLICA.

Começando pelo critério da idade os trabalhadores contratados têm direito a um período de férias calculado de acordo com as seguintes regras:

a) **25 DIAS ÚTEIS DE FÉRIAS até completarem 39 anos de idade;**
b) **26 DIAS ÚTEIS DE FÉRIAS até completarem 49 anos de idade;**
c) **27 DIAS ÚTEIS DE FÉRIAS até completarem 59 anos de idade;**
d) **28 DIAS ÚTEIS DE FÉRIAS a partir de 59 anos de idade.**

(cfra. art. 173.º, n.º 1 do Anexo I – «Regime», do RCTFP)

Nos termos do n.º 2 art. 173.º, n.º 1 do Anexo I – «Regime», do RCTFP «a idade relevante para efeitos da aplicação do número anterior é aquela que o trabalhador completar até 31 de Dezembro do ano em que férias se vencem». Assim, só no ano a seguir à do ano de aniversário é que o trabalhador adquire o direito a mais um dia de férias.

«**Ao período de férias previsto (...) acresce um dia útil de férias por cada 10 anos de serviço efectivamente prestado**» – critério baseado no tempo de serviço (art. 173.º, n.º 3).

O n.º 4 deste artigo chama ainda a atenção para o facto de: «**A duração do período de férias poder ainda ser aumentado no quadro de sistemas de recompensa do desempenho, nos termos previstos na lei ou em instrumento de regulamentação colectiva de trabalho**», o que nos atira assim para o disposto no art. 52.º, n.ºs 4 e 5, do SIADAP (vd. art. 52.º, n.ºs 4 e 5 do DLR n.º 41/2008/A, de 27 de Agosto, que aprovou o SIADAPRA), que reza assim:

4 – «O reconhecimento de *Desempenho excelente* em três anos consecutivos confere ainda ao trabalhador, no ano seguinte, o direito a cinco dias de férias ou, por opção do trabalhador, à correspondente remuneração».

5 – «O reconhecimento de Desempenho relevante em três anos consecutivos confere ao trabalhador, no ano seguinte, o direito a três dias de férias ou, por opção do trabalhador, à correspondente remuneração».

Resulta ainda do art. 173.º, n.º 4 «in fine» do Anexo I – «Regime», do RCTFP, que **a duração do período de férias pode, por último, ser ainda aumentada através de instrumento de regulamentação colectiva de trabalho.**

O art. 173.º, n.º **5 do Anexo I – «Regime», do RCTFP afirma que «para efeitos de férias, são dias úteis os dias de semana de segunda a sexta-feira, com excepção dos feriados, não podendo as férias ter início em dia de descanso semanal do trabalhador».**

«**O direito a férias adquire-se com a celebração do contrato e vence-se no dia 1 Janeiro de cada ano civil (...)**» (art. 172.º, n.º 1 do Anexo I – «Regime», do RCTFP).

«**No ano da contratação, o trabalhador tem direito, após seis meses completos de execução do contrato, a gozar 2 dias úteis de férias por cada mês de duração do contrato, até ao máximo de 20 dias úteis**» (art. 172.º, n.º 2 do Anexo I – «Regime», do RCTFP). Acrescenta-se, e bem, de seguida que: **«No caso de sobrevir o termo do ano civil antes de decorrido o prazo referido no número anterior ou antes de gozado o direito a férias, pode o trabalhador usufruí-lo até 30 de Junho do ano civil subsequente»** (art. 172.º, n.º 3 do Anexo I – «Regime», do RCTFP).

No caso **«do trabalhador admitido com contrato cuja duração total não atinja seis meses tem direito a gozar dois dias úteis de férias por cada mês completo de duração do contrato»**, equivalendo este mês completo ao conjunto de 30 dias, seguidos ou interpolados, em que foi prestado trabalho (art. 174.º, n.ºs 1 e 2 do Anexo I – «Regime», do RCTFP). Contudo, por força daquilo que resulta expresso no art. 171.º, n.º 1 do Anexo I – «Regime», do RCTFP, **esta prestação de trabalho não equivale ou significa prestação efectiva de serviço, referindo-se assim apenas ao período de tempo em que existe a obrigação de prestar trabalho** (vd. seu n.º 4). **Sempre que o trabalhador seja admitido por «contrato cuja duração total não atinja seis meses, o gozo das férias tem lugar no momento imediatamente anterior ao da cessação, salvo acordo das partes»** (art. 174.º, n.º 3 do Anexo I – Regime, do RCTFP).

Note-se que, por força do disposto no art. 171.º, n.º 4 do Anexo I – «Regime», do RCTFP, **«o direito a férias reporta-se, em regra, ao trabalho prestado no ano civil anterior e não está condicionado à assiduidade ou efectividade de serviço, sem prejuízo do disposto no n.º 2 do artigo 193»**.

Dos arts. 172.º, n.º 2, 173.º, n.º 6 e 193.º, n.º 2 do Anexo I – «Regime», do RCTFP, **resulta que os trabalhadores contratados têm direito ao gozo efectivo de 20 dias úteis de férias, no mínimo, em cada ano**, ou da correspondente proporção no caso de se tratar de férias no ano de admissão. Com a excepção dos casos previstos nos arts. 173.º, n.ºs 1 a 4, cálculo da duração do período de férias, e 175.º do Anexo I – «Regime», do RCTFP, sobre cumulação de férias, **«da aplicação do disposto nos n.ºs 2 e 3 não pode resultar para o trabalhador o direito ao gozo de um período de férias, no mesmo ano civil, superior a 30 dias úteis»** (art. 172.º, n.º 4 do Anexo I – «Regime», do RCTFP). Resumindo, temos que:

a) <u>O trabalhador contratado tem direito ao gozo efectivo de 20 dias úteis de férias, no mínimo, em cada ano;</u>
b) <u>O trabalhador contratado, tirando alguns casos pontuais, não pode gozar mais de 30 dias úteis de férias no mesmo ano civil.</u>

Por falta de previsão expressa no RCTFP a figura da DURAÇÃO ESPECIAL DAS FÉRIAS, PERÍODO COMPLEMENTAR DE 5 DIAS DE FÉRIAS (as chamadas férias frias), prevista no art. 7.º do regime de FFL para os trabalhadores nomeados, **não é aplicável aos trabalhadores contratados. Logo, os trabalhadores contratados não têm direito a este período complementar de férias.** Contudo, os trabalhadores anteriormente nomeados que, por força da LVCR, passaram a contratados, e adquiriram durante o ano de 2008 este direito ao período complementar de 5 dias de férias, e optaram pelo seu gozo apenas em 2009, podem ainda gozá-lo no decurso desse ano.

Quanto à figura da cumulação de férias: a regra é de que «as férias devem ser gozadas no decurso do ano civil em que se vencem, não sendo permitido acumular no mesmo ano férias de dois ou mais anos», admitindo-se, contudo, a título excepcional, que o trabalhador possa gozar as suas férias do ano anterior «no primeiro trimestre do ano civil seguinte, em acumulação ou não com as férias vencidas no início deste», desde que para tanto chegue a acordo com a entidade empregadora pública ou, em alternativa, sempre que o trabalhador «pretenda gozar as férias com familiares residentes no estrangeiro» (art. 175.º, n.ºs 1 e 2 do Anexo I – «Regime», do RCTFP). «Entidade empregadora pública e trabalhador podem ainda acordar na acumulação, no mesmo ano, de metade do período de férias vencido no ano anterior com o vencido no início desse ano» (n.º 3). Os trabalhadores que tenham acumulado férias de 2008 em 2009 não se encontram, contudo, sujeitos à limitação do seu gozo no primeiro trimestre, prevista no art. 175.º, n.º 2 do Anexo I – «Regime», do RCFP. Isto pelo simples facto de esta limitação legal ser uma novidade em relação ao regime anterior, e, como tal, não aplicável ás situações passadas em obediência ao princípio geral da não retroactividade das leis consagrado no art. 12.º, n.º 1 do Código Civil.

Estas férias dos trabalhadores contratados caracterizam-se por ser um direito:

1.º Parcialmente irrenunciável – no sentido de que «o trabalhador pode», aqui, renunciar parcialmente ao direito a férias, recebendo a remuneração e o subsídio respectivos, sem prejuízo de ser assegurado o gozo efectivo de 20 dias úteis de férias» (arts. 171.º, n.º 3 e 173.º, n.º 6 do Anexo I – «Regime», do RCTFP);

2.º Exclusivo – na medida em que durante o gozo das férias o trabalhador não pode exercer «qualquer outra actividade remunerada, salvo se já a viesse exercendo cumulativamente ou a entidade empregadora pública o autorizar a isso» (art. 182.º, n.º 1.º do Anexo I – «Regime», do RCTFP).

O carácter irrenunciável do direito a férias, bem como a proibição do exercício de qualquer actividade remunerada durante o seu período de gozo, têm a sua razão de ser fundada no facto de, com a consagração legal deste direito, se pretender a realização de um duplo objectivo, a saber:

a) Proporcionar, por um lado, ao próprio trabalhador um período de descanso que lhe permita recuperar, física e psiquicamente, das energias dispendidas no serviço e lhe assegure as «condições mínimas de disponibilidade pessoal, de integração na vida familiar e de participação social e cultural» – **objectivo particular** (cfra. art. 171.º, n.º 2 do Anexo I – «Regime», do RCTFP);

b) Reaver ou recuperar, em segundo lugar, para o serviço efectivo na Administração Pública trabalhadores com capacidades e energias renovadas que potenciem a acção da função pública – **objectivo público.**

- **FORMALIDADES:**

➢ **Dos Trabalhadores Nomeados:**

A) **Quanto à FORMA DE GOZAR O PERÍODO DE FÉRIAS** há referir o seguinte (art. 5.º, n.ºs 1 e 2 do regime jurídico de FFL, na redacção do Dec.-Lei n.º 157/2001, de 11 de Maio):

1. As férias podem ser gozadas de FORMA SEGUIDA, «não podendo ser gozados, seguidamente, mais de 22 dias úteis;

2. Ou de forma INTERPOLADA, caso em que um dos períodos não pode ser inferior a metade dos dias de férias a que o trabalhador tenha direito (a referência «a metade dos dias de férias a que o trabalhador tem direito» deve entender-se como feita ao período de férias reconhecido a todos os trabalhadores, isto é, 25 dias, sem se contar assim com os demais acréscimos previstos na lei);

3. Ou, ainda, em meios-dias, «no máximo de quatro meios-dias, seguidos ou interpolados por exclusiva iniciativa do trabalhador» (art. 2.º, n.º 7 do regime de FFL).

B) No que diz respeito à **ESCOLHA DO PERÍODO DE FÉRIAS A GOZAR** temos a salientar o seguinte (art. 5.º do regime jurídico de FFL):

1. **A primeira regra,** fixada no art. 5.º, n.º 2 do regime de FFL, **é a de que a administração não pode impor ao trabalhador o gozo interpolado das suas férias**, salvo nos casos de conveniência de serviço devidamente fundamentada; sobre a fundamentação dos actos administrativos veja-se o disposto nos arts. 124.º, n.º 1, al. a) e 125.º do Código do Procedimento Administrativo (esta exigência da fundamentação dos actos administrativos vinha já prevista no Dec.-Lei n.º 256-A/77, de 17 de Junho, hoje revogado pela Lei n.º 15/2002, de 22 de Fevereiro, que aprovou o Código do Processo nos Tribunais Administrativos);

2. **A segunda regra a ter em conta na marcação das férias é a de ela ser feita por acordo entre o serviço e o trabalhador**, salvaguardando-se sempre que desse acordo resulte assegurado o regular funcionamento dos serviços (art. 5.º, n.º 4 do regime de FFL);

3. **«Na falta de acordo, as férias são fixadas (unilateralmente) pelo dirigente competente entre 1 de Junho e 30 de Setembro**, podendo ser ouvidas as organizações representativas dos trabalhadores que abranjam o local de trabalho em que o interessado desempenha funções» (art. 5.º, n.º 5 do regime de FFL); contudo,

4. **Na fixação do período de férias por decisão unilateral do dirigente**, preceitua o art. 5.º, n.º 6 do regime de FFL que **deve ser feito um rateamento dos meses mais pretendidos de modo a beneficiar alternadamente cada interessado**, em função do mês gozado nos dois anos anteriores; sem prejuízo disto,

5. **Aos cônjuges que trabalham no mesmo serviço ou organismo é dada preferência na marcação de férias em período coincidente** (art. 5.º, n.º 7 do regime de FFL).

«A preferência prevista» aqui «é extensiva ao pessoal cujo cônjuge, caso seja também trabalhador nomeado, tenha por força da lei ou por natureza do serviço, de gozar férias num determinado período do ano» (art. 5.º, n.º 8 do regime de FFL, na redacção dada pelo art. 26.º da LOE). Estas regras aplicam-se às pessoas que vivam há mais de dois anos em condições análogas às dos cônjuges (art. 5.º, n.º 9 do regime de FFL). Trata-se da figura da união de facto introduzida no Código Civil, no seu art. 2020.º, pelo Dec.-Lei n.º 496/77, de 25 de Novembro, e hoje protegida pela Lei n.º 7/2001, de 11 de Maio (que revogou a Lei n.º 135/99, de 28 de Agosto).

C) Sobre as **FORMALIDADES A SEGUIR NA MARCAÇÃO DAS FÉRIAS** há que ter em conta que (arts. 6.º e 17.º do regime jurídico de FFL):

1. Até ao dia 30 de Abril de cada ano devem os serviços elaborar o MAPA DE FÉRIAS e dele dar conhecimento aos respectivos trabalhadores (art. 6.º, n.º 1 do regime de FFL); a homologação do mapa de férias dá ao trabalhador o direito de gozar férias nas datas nele fixadas, dispensando-o de mais formalidades, pelo que a sua mera ausência ao serviço na data prevista para o início das suas férias é suficiente para a presunção de que se encontra efectivamente de férias; de igual modo, se o trabalhador adoecer pouco antes do início das suas férias, para as iniciar não precisa de comparecer primeiro ao serviço, bastando apenas comunicar que deixa de estar na situação de ausência por doença e que vai entrar no gozo das suas férias na altura prevista;

2. Salvo nos casos expressamente previstos no Dec.-Lei n.º 100/99, **«o mapa de férias só pode ser alterado, posteriormente a 30 de Abril, por acordo entre o serviço e os interessados»** (art. 6.º, n.º 2 do regime de FFL);

3. Antes do início das férias o trabalhador «deve indicar, se possível, ao respectivo serviço a forma como poderá eventualmente ser contactado» (art. 17.º do regime de FFL).

NOTA – O cumprimento deste último preceito (do trabalhador ter de avisar o serviço da forma como poderá ser contactado durante as férias) deixou de constituir condição «sine qua non» para o próprio trabalhador adquirir o direito ao pagamento das despesas de transporte e à indemnização a que se refere o art.10.º, n.º 7 do regime de FFL, no caso de interrupção do gozo das férias por conveniência de serviço.

- **FORMALIDADES**

  ➢ **Dos Trabalhadores Contratados:**

  A) Quanto à **FORMA DE GOZAR O PERÍODO DE FÉRIAS:**

1. As férias podem ser gozadas de FORMA SEGUIDA, o que constitui a regra (vd. arts. 172.º, n.ᵒˢ 2 e 4, 173.º, n.º 6, 175.º, n.º 1 e 176.º do Anexo I – «Regime», do RCTFP);

2. Ou de FORMA INTERPOLADA, por acordo entre a entidade empregadora pública e o trabalhador, não podendo um dos períodos ser inferior a 11 dias úteis consecutivos (art. 176.º, n.º 6 do Anexo I – «Regime», do RCTFP).

B) No que diz respeito à **ESCOLHA DO PERÍODO DE FÉRIAS A GOZAR** temos a salientar o seguinte:

1. A primeira regra, resultante do disposto no art. art. 176.º, n.º 6 do Anexo I – «Regime», do RCTFP, **é a de que a entidade empregadora pública não pode impor ao trabalhador o gozo interpolado das suas férias, só mediante acordo entre as partes;**

2. A segunda regra a ter em conta na marcação das férias é a de ela ser feita por acordo entre a entidade empregadora pública e o trabalhador, (art. 176.º, n.º 1 do Anexo I – «Regime», do RCTFP);

3. «Na falta de acordo, cabe à entidade empregadora pública marcar as férias e elaborar o respectivo mapa, ouvindo para o efeito a comissão de trabalhadores ou, na sua falta, a comissão sindical ou intersindical ou os delegados sindicais»; neste caso, **«a entidade empregadora pública só pode marcar o período de férias entre 1 de Maio e 31 de Outubro, salvo parecer favorável em contrário das estruturas representativas»** dos trabalhadores **«ou disposição diversa de instrumento de regulamentação colectiva de trabalho»** (art. 176.º, n.ᵒˢ 2 e 3 do Anexo I – «Regime», do RCTFP) – recorde-se que no regime jurídico de FFL dos trabalhadores nomeados essa marcação unilateral só pode ocorrer entre 1 de Junho e 30 de Setembro; contudo,

4. Na fixação do período de férias por decisão unilateral da entidade empregadora pública, preceitua o art. 176.º, n.º 4.º, do Anexo I – «Regime», do RCTFP, que, **sempre que possível, deve ser feito um rateio dos meses mais pretendidos de modo a beneficiar alternadamente cada interessado**, em função dos períodos gozados nos dois anos anteriores; independentemente disto.

5. E desde que não haja prejuízo grave para aquela entidade empregadora pública, os cônjuges que trabalham no mesmo órgão ou serviço, bem como as pessoas que vivam em união de facto ou econo-

mia comum, devem gozar férias em idêntico período (art. 176.º, n.º 5 do Anexo I – Regime, do RCTFP).

C) Sobre as **FORMALIDADES A SEGUIR NA MARCAÇÃO DAS FÉRIAS** há que ter em conta que:

1. Até ao dia 15 de Abril de cada ano (até ao dia 30 de Abril para os trabalhadores nomeados, como se viu) **devem os serviços elaborar o MAPA DE FÉRIAS, com a indicação do início e termo dos períodos de férias de cada trabalhador, e proceder à sua afixação nos locais de trabalho desde aquela data e até 31 de Outubro** (art. 176.º, n.º 7 do Anexo I – «Regime», do RCTFP).

2. Depois de marcado o período de férias a entidade empregadora pública só pode determinar o adiamento ou a interrupção das férias já iniciadas apenas com base na invocação de exigências imperiosas do funcionamento do órgão ou serviço (art. 177.º, n.º 1 do Anexo I – «Regime», do RCTFP).

3. No caso de haver lugar a esta interrupção das férias, essa interrupção «não pode prejudicar o gozo seguido de metade do período a que o trabalhador tenha direito» (art. 177.º, n.º 2 do Anexo I – «Regime», do RCTFP).

4. Também «há lugar a alteração do período de férias sempre que o trabalhador, na data prevista para o seu início, esteja temporariamente impedido por facto que não lhe seja imputável, cabendo» neste caso **«à entidade empregadora pública, na falta de acordo, a nova marcação do período de férias, sem sujeição ao disposto no n.º 3»** do artigo 176.º, isto é, sem que seja obrigada a marcar as férias dentro do período aí previsto (art. 177.º, n.º 3 do Anexo I- «Regime», do RCTFP).

5. «Terminando o impedimento antes de decorrido o período anteriormente marcado, o trabalhador deve gozar os dias de férias ainda compreendidos neste, aplicando-se quanto à marcação dos dias restantes o disposto no número anterior» (art. 177.º, n.º 4 do Anexo I – «Regime», do RCTFP).

6. «Nos casos em que a cessação do contrato esteja sujeito a aviso prévio, a entidade empregadora pública pode determinar que o período de férias seja antecipado para o momento imediatamente anterior à data prevista para a cessação do contrato» (art. 177.º, n.º 5 do Anexo I – «Regime», do RCTFP).

7. Antes do início das férias o trabalhador «deve indicar, se possível, à respectiva entidade empregadora pública a forma como pode ser eventualmente ser contactado» (art. 183.º do Anexo I – «Regime», do RCTFP).

- **EFEITOS:**

➢ **Dos Trabalhadores Nomeados:**

A) CONSEQUÊNCIAS DO DIREITO A FÉRIAS SOBRE O ESTATUTO REMUNERATÓRIO DO TRABALHADOR NOMEADO:

1. Tem direito à remuneração por inteiro como se estivesse ao serviço efectivo (art. 4.º, n.º 1 do regime jurídico de FFL);

2. Desconta no subsídio de refeição (art. 4.º, n.º 1 do regime de FFL);

3. Tem direito a um subsídio de férias em cada ano civil, pagável por inteiro no mês de Junho ou «em conjunto com a remuneração mensal do mês anterior ao do gozo das férias, quando a aquisição do respectivo direito ocorrer em momento posterior» (art. 4.º, n.ºs 3 e 5 do regime de FFL; vd. ainda art. 10.º do Dec.-Lei n.º 496/80, de 20 de Outubro (alterado pelo Dec.-Lei n.º 184/91, de 17 de Maio) – Subsídios de Natal e de Férias, e n.º 5 do Despacho Normativo n.º 389/80, de 31 de Dezembro, preceito este aparentemente revogado por via da nova redacção introduzida pelo Dec.-Lei n.º 157/2001, de 11 de Maio, ao art. 4.º, n.º 5 do Dec.-Lei n.º 100/99, de 31 de Março);

4. «O período de férias relevante, em cada ano civil, para efeitos do abono do subsídio de férias não pode exceder 22 dias úteis» (art. 4.º, n.º 4 do regime de FFL).

5. «O gozo das férias em períodos de meios-dias, nos termos previstos no n.º 7 do artigo 2.º, implica a perda de um dia de subsídio de refeição por cada dois meios dias de férias» (art. 4.º, n.º 2 do regime de FFL).

B) CÁLCULO DO SUBSÍDIO DE FÉRIAS: é feito em função do número de dias úteis de férias a que o trabalhador tem direito a gozar, obtendo-se o valor do subsídio multiplicando a remuneração base diária pelo coeficiente 1,365 (art. 4.º, n.º 3 do regime jurídico de FFL).

Exemplo: Do montante do subsídio de férias relativo a um vencimento mensal de 600 Euros e a 17 dias úteis de férias.

Temos subsídio de férias = $\underline{600\ Euros}$ x 1,365 x 17 dias =
30 dias

Note-se que o subsídio de férias é calculado em função do número de dias úteis de férias a que o trabalhador tem direito a gozar, tendo-se sempre em conta para esse efeito o limite de 22 dias úteis fixado no art. 4.º, n.º 4 do regime de FFL.

As faltas dadas ao abrigo do art. 66.º do Dec.-Lei n.º 100/99, de 31 de Março (regime de FFL), não descontam no subsídio de férias uma vez que estas faltas correspondem a dias de férias gozados antecipadamente.

Também os acréscimos de duração do período de férias referidos nas alíneas a) a d) do n.º 1 e do n.º 3 do art. 2.º do regime de FFL «não relevam, em caso algum, para o abono do subsídio de férias», face à disposição imperativa contida no art. 4.º, n.º 4 daquele mesmo regime jurídico.

C) CASOS EM QUE HÁ LUGAR À INTERRUPÇÃO DAS FÉRIAS: estes casos são única e exclusivamente aqueles que vêm previstos no art. 10.º do regime jurídico de FFL, a saber:

1. POR MOTIVO DE MATERNIDADE, PATERNIDADE E ADOPÇÃO – as licenças por situação de risco clínico durante a gravidez, por interrupção de gravidez, por adopção e licença parental, **«suspendem o gozo das férias, devendo os dias remanescentes ser gozados após o seu termo, mesmo que tal se verifique no ano seguinte»** (art. 10.º, n.º 1 do regime de FFL e art. 65.º, n.º 3, al. a) do Código do Trabalho, aqui aplicável por força do disposto no art. 22.º da Lei n.º 59/2008, de 11 de Setembro, que aprovou o RCTFP); a imperatividade do verbo *dever* utilizado conduz-nos hoje pacificamente ao entendimento de que o gozo daquelas férias deve ter lugar imediatamente após o termo da licença.

2. POR DOENÇA (art. 10.º, n.º 2 do regime de FFL) – a doença constitui causa de interrupção das férias desde que o trabalhador:

a) **No caso de se encontrar a gozar férias em Portugal, faça a apresentação ao serviço de documento comprovativo** («declaração da doença passada por estabelecimento hospitalar, centro de saúde, incluindo as modalidades de atendimento complementar e permanente, ou instituições destinadas à prevenção ou reabilitação de toxicodependência ou alcoolismo, integrados no Serviço Nacional de Saúde, de modelo a aprovar por portaria conjunta dos membros do Governo responsáveis pelas áreas de saúde e da Administração Pública» ou, ainda, «através do preenchimento do modelo referido» anteriormente, «por médico privativo dos serviços, por médico de outros estabelecimentos públicos de saúde, bem como por médicos ao abrigo de acordos com quaisquer dos subsistemas de saúde da Administração Pública no âmbito da especialidade médica objecto do respectivo acordo» – art. 30.º, n.ºs 2 e 3 do regime de FFL, na redacção que lhe foi dada pelo Dec.-Lei n.º 181/2007, de 9 de Maio; vd. modelo aprovado *in* Portaria n.º 666- -A/2007, de 1 de Junho; na Região Autónoma dos Açores estes normativos foram alvo de adaptações introduzidas pelo DLR n.º 3/2008/A, de 19 de Fevereiro, e pela Portaria (regional) n.º 65/2008, publicada no Jornal Oficial da Região Autónoma dos Açores de 8 de Agosto) **da sua situação de doença no prazo de 5 dias úteis** contados nos termos do art. 72.º do Código do Procedimento Administrativo (art. 30.º, n.º 1 do regime de FFL, na redacção que lhe foi dada pelo Dec.-Lei n.º 181/2007, de 9 de Maio); isto é, as férias interrompem-se no dia do evento (doença) documentalmente declarado e comprovado, desde que, é claro, não tenha decorrido o prazo de 5 dias úteis entre a data daquele evento e a data da entrada no serviço do documento comprovativo da doença; ultrapassado aquele prazo, as férias são interrompidas apenas a partir da data da entrega deste documento, salvo se existir motivo fundamentado que justifique tal ultrapassagem do prazo (arts. 10.º, n.ºs 2 e 3 do regime de FFL).

No caso das férias serem interrompidas por motivo de doença «os restantes dias de férias serão gozados em momento a acordar com o dirigente do serviço até ao termo do ano civil imediato ao regresso ao serviço» (art. 10.º, n.º 4 do regime de FFL).

b) No caso de estar de férias no estrangeiro, o trabalhador que adoeça deve proceder à comunicação, «por si ou interposta pessoa», desse «**facto ao serviço no prazo de sete dias úteis** contados nos termos do art. 72.º do Código do Procedimento Administrativo» (art. 32.º, n.º 1 do regime de FFL) **e desde que faça a apresentação de documento comprovativo da doença** (visado pela autoridade competente da missão diplomática ou consular da área onde estiver) **no prazo de 20 dias úteis** contados, também, nos termos do art. 72.º daquele Código, «salvo a ocorrência de motivos que impossibilitem ou dificultem em termos que afastem a sua exigibilidade» (art. 32.º, n.ᵒˢ 1 e 2 do regime de FFL); «se a comunicação e o documento comprovativo da doença forem enviados através do correio, sob registo, releva a data da respectiva expedição para efeitos do cumprimento dos prazos referidos nos números anteriores, se a data da sua entrada nos serviços for posterior ao limite daqueles prazos (art. 32.º, n.º 3 do regime de FFL); «a falta de comunicação referida no n.º 1 ou da entrada dos documentos comprovativos da doença nos termos dos números anteriores implica, se não for devidamente fundamentada», a continuação do trabalhador, no caso em apreço, na situação jurídica de férias (cfra. art. 32.º, n.º 4 do regime de FFL).

3. POR ASSISTÊNCIA A FAMILIARES DOENTES (art. 10.º, n.º 2 do regime de FFL) – estas faltas interrompem igualmente o gozo do período de férias a que o trabalhador tem direito, aplicando-se-lhes «com as necessárias adaptações os respectivos regimes» (arts. 10.º, n.º 2 e 54.º do regime de FFL);

4. POR CONVENIÊNCIA DE SERVIÇO – constitui outro motivo para o adiamento ou a interrupção do gozo das férias, mas desde que baseada em razões imperiosas e imprevistas decorrentes do funcionamento do serviço (art. 10.º, n.º 5 do regime de FFL). Para haver lugar a este adiamento ou interrupção das férias tem de haver um despacho fundamentado do dirigente máximo do serviço. De qualquer modo é sempre garantida ao trabalhador a possibilidade do período de férias correspondente à interrupção ser gozado «em momento a acordar com o dirigente do serviço até ao termo do ano civil imediato» (art. 10.º, n.ᵒˢ 4 e 5 do regime de FFL). «No caso de acumulação de férias por conveniência de serviço» o trabalhador «não pode, salvo acordo nesse sentido, ser impedido de gozar metade dos dias de férias a que tiver direito no ano a que as mesmas se reportem» (art. 9.º, n.º 2 do regime de FFL). No caso de adiamento ou interrupção das férias recair sobre o dirigente máximo do serviço, o despacho, sempre fundamentado, será então do respectivo membro do governo (art. 10.º, n.º 6 do regime de FFL).

D) EFEITOS DA INTERRUPÇÃO DAS FÉRIAS POR CONVENIÊNCIA DE SERVIÇO (art. 10.º, n.ᵒˢ 7 e 8 do regime de FFL).
Nesta situação o trabalhador tem direito:
   a) «**Ao pagamento das despesas de transporte efectuadas**», quando as haja (art. 10.º, n.º 7, al. a) do regime de FFL); e, ainda;
   b) «**A uma indemnização igual ao montante das ajudas de custo por inteiro**, relativas aos dias de férias não gozadas nos termos da tabela em vigor para as deslocações no continente, salvo se outra mais elevada for de atribuir ao trabalhador nomeado, no caso de este o demonstrar inequivocamente» (art. 10.º, n.ᵒˢ 7, al. b) e 8 do regime de FFL); note-se que o trabalhador tem sempre direito a esta indemnização independentemente do local onde estiver a passar férias (art. 10.º, n.º 8 do regime de FFL); o adiamento ou a interrupção do direito subjectivo a férias, que radica e decorre da existência de uma relação jurídica de emprego público entre a Administração Pública e o trabalhador, acarreta eventuais prejuízos ou, pelo menos, inconvenientes na sua esfera jurídica, relativamente aos quais a lei não é indiferente, reconhecendo-lhe consequentemente o direito a uma indemnização que o compense ou repare daqueles prejuízos ou inconvenientes; estamos, assim, aqui perante a figura jurídica da indemnização que tem o seu valor expressamente fixado no art. 10.º, n.º 7, al. b) do regime de FFL, sendo este (valor) «igual ao montante das ajudas de custo por inteiro, relativamente aos dias de férias não gozados, nos termos da tabela em vigor...»; face à expressividade deste preceito, ancorado no princípio da legalidade, e tendo em conta que estamos precisamente perante a figura da indemnização e não da das ajudas de custo, ao montante daquela indemnização não há pois que deduzir o valor respeitante ao subsídio de refeição uma vez que esta dedução se reporta ao instituto das ajudas de custo propriamente dito e não à figura da indemnização;
   c) **A gozar os dias de férias interrompidas em momento a acordar com o dirigente até ao termo do ano civil imediato ao do regresso ao serviço** (art. 10.º, n.º 4 do regime das FFL);
   d) «**No caso de acumulação de férias por conveniência de serviço**» o trabalhador nomeado tem direito a gozar «**metade dos dias de férias a que tiver direito no ano em que as mesmas se reportam**» (art. 9.º, n.º 2 do regime de FFL).

E) REPERCUSSÃO DAS FALTAS E LICENÇAS NAS FÉRIAS (art. 13.º do regime de FFL):

1. As faltas injustificadas – descontam nas férias na proporção de um dia de férias por cada falta, mas sempre no período de férias do ano civil seguinte (art. 13.º, n.º 2 do regime de FFL);

2. As faltas justificadas do art. 66.º ou por conta do período de férias – descontam nas férias do próprio ano ou do ano seguinte, conforme opção do trabalhador (arts. 13.º, n.º 1 e 66.º, n.º 2 do regime de FFL);

3. As licenças descontam nas férias na forma prevista no respectivo regime jurídico de FFL (cf. arts. 75.º, n.os 2 a 4, 77.º, n.os 3 e 6 e 81.º do regime de FFL).

Do confronto entre o novo Estatuto Disciplinar dos Trabalhadores que Exercem Funções Públicas, aprovado pela Lei n.º 58/2008, de 9 de Setembro, mormente da leitura do seu art. 11.º, e o Estatuto Disciplinar anterior, constata-se que a pena de suspensão deixou de ter quaisquer repercussões sobre as férias do trabalhador.

F) REGIME DE FÉRIAS NOS CASOS DE SUSPENSÃO OU CESSAÇÃO DE FUNÇÕES (arts. 14.º, 15.º e 16.º do regime de FFL):

1.º Por prestação do serviço militar (art. 14.º do regime de FFL):

a) **Situação no ano do início do serviço militar** – se o trabalhador nomeado tiver de prestar serviço militar antes de ter gozado as férias que lhe cabe, tem direito a receber, nos 60 dias a seguir ao início do serviço militar, a remuneração correspondente ao período de férias não gozado, bem como o respectivo subsídio, caso ainda o não tenha recebido. Tenha ou não gozado férias antes, o trabalhador tem ainda direito a receber cumulativamente o vencimento correspondente ao período de férias relativo ao tempo prestado no ano do início do serviço militar, bem como o subsídio de férias correspondente (art. 14.º, n.os 1 e 2 do regime de FFL);

b) **No ano de regresso ao serviço** – o trabalhador (desde que faça prova através da apresentação de documento idóneo nesse sentido) que não gozou nesse ano parte ou a totalidade das férias, no seu regresso ao serviço, tem direito a gozar o remanescente ou a totalidade das férias não gozadas durante o serviço militar. Não pode, como é óbvio, é existir aqui quaisquer duplicações de férias e muito menos dos correspondentes abonos (art. 14.º, n.º 3 do regime de FFL). Veja-se a este propósito a Lei do Serviço Militar, isto é, a Lei n.º 174/99, de 21 de Setembro e, ainda, o art. 12.º, n.º 3 do Dec.-Lei n.º 427/89, de 7 de Dezembro. Com o fim do serviço militar obrigatório e a institucionalização do sistema do voluntariado e da profissionalização das forças armadas os preceitos anteriormente referidos perderam grande parte da sua actualidade e validade.

2.º Por autorização dada ao trabalhador nomeado para exercer funções em comissão de serviço ou requisição (agora substituída pela figura da cedência de interesse público a que se refere o art. 58.º da LVCR) em entidades sujeitas a regime diferente do vigente na função pública (art. 15.º, n.º 1 do regime de FFL) – aqui o trabalhador deve gozar as férias a que tem direito antes do início da comissão de serviço ou da cedência de interesse público. Em caso de manifesta impossibilidade do gozo das férias o trabalhador tem direito a receber, nos 60 dias subsequentes ao início da comissão de serviço ou cedência de interesse público, o seguinte:

a) A remuneração correspondente ao período de férias não gozado;
b) O subsídio de férias correspondente, caso ainda o não tenha recebido;
c) A remuneração correspondente ao período de férias relativo ao tempo de serviço prestado nesse ano;
d) O subsídio de férias correspondente (art. 15.º, n.ºs 2 e 3 do regime de FFL).

No ano de regresso ao serviço o trabalhador nomeado «que apresentar documento comprovativo de que não gozou nesse ano, a totalidade ou parte das férias tem direito, respectivamente, aos dias úteis de férias que lhe cabem nos termos do art. 2.º, n.º 1 ou aos dias restantes, não podendo verificar-se em qualquer caso duplicação de férias ou dos correspondentes abonos» (art. 15.º, n.º 4 do regime de FFL).

3.º Por cessação definitiva de funções (art. 16.º do regime de FFL) – quando o trabalhador cessa definitivamente funções tem direito cumulativamente:

a) À remuneração relativa a 2 dias úteis por cada mês completo de serviço efectivo prestado nesse ano;
b) Ao subsídio de férias proporcional (arts. 3.º, 4.º, n.º 2 e 16.º, n.ᵒˢ 2 e 3 do regime de FFL).

Se, porém, o trabalhador não tiver gozado antes de se desvincular da função pública, total ou parcialmente, as férias vencidas no dia 1 de Janeiro, assiste-lhe o direito a auferir de:

a) Uma remuneração mensal mais correspondente ao período de férias não gozado;
b) Um subsídio de férias correspondente ao período a que tinha direito (art. 16.º, n.º 1 do regime de FFL).

Nota – «O período de férias a que se referem os números anteriores ainda que não gozado, conta para efeitos de antiguidade, salvo disposição legal em contrário» *(*art. 16.º, n.º 4 do regime de FFL).

- **EFEITOS:**

  ➢ **Dos Trabalhadores contratados:**

  A) CONSEQUÊNCIAS DO DIREITO A FÉRIAS SOBRE O ESTATUTO REMUNERATÓRIO DO TRABALHADOR CONTRATADO:

  1. Tem direito à remuneração por inteiro como se estivesse ao serviço efectivo (arts. 171.º, n.º 1 e 208.º, n.º 1 do Anexo I – «Regime», do RCTFP);

  2. Desconta no subsídio de refeição (art. 208.º, n.º 1 do Anexo I – «Regime», do RCTFP);

  3. Tem direito a um subsídio de férias em cada ano civil, de valor igual a um mês de remuneração base mensal, pagável por inteiro no mês de Junho (arts. 173.º, n.º 6 e 208.º, n.º 2 do Anexo I – «Regime», do RCTFP);

  4. «A suspensão do contrato por doença do trabalhador não prejudica o direito ao subsídio de férias...» (art. 208.º, n.º 3 do Anexo I – «Regime», do RCTFP);

  5. «O aumento ou a redução do período de férias» previsto na lei não **«implicam o aumento ou a redução correspondentes na remune-**

ração ou no subsídio de férias» (art. 208.º, n.º 4 do Anexo I – «Regime», do RCTFP).

B) CÁLCULO DO SUBSÍDIO DE FÉRIAS: o subsídio de férias tem um valor igual a um mês de remuneração base mensal (art. 208.º, n.º 2 do Anexo I – «Regime», do RCTFP). O valor do subsídio de férias é proporcional ao tempo de serviço prestado no ano civil de admissão, de cessação ou de suspensão do trabalhador (vd. arts. 172, n.º 2, 174.º, 179.º e 180.º do Anexo I – «Regime», do RCTFP).

As faltas dadas por conta do período de férias previstas nos arts. 185.º, n.º 2, al. l) e 188.º do Anexo I – «Regime», do RCTFP, também não descontam no subsídio de férias uma vez que se tratam de faltas correspondentes a dias de férias gozados antecipadamente.

C) CASOS EM QUE HÁ LUGAR À INTERRUPÇÃO DAS FÉRIAS:

1. POR MOTIVO DE MATERNIDADE, PATERNIDADE, ADOPÇÃO E DE LICENÇA PARENTAL – as licenças por situação de risco clínico durante a gravidez, por interrupção de gravidez, por adopção e licença parental, «suspendem o gozo das férias, devendo os dias remanescentes ser gozados após o seu termo, mesmo que tal se verifique no ano seguinte» (art. 65.º, n.º 3, al. a) do Código do Trabalho, aqui aplicável por força do disposto no art. 22.º da Lei n.º 59/2008, de 11 de Setembro, que aprovou o RCTFP);

2. POR MOTIVO DE DOENÇA – as férias são suspensas por motivo de doença desde que o trabalhador informe disso a entidade empregadora pública, «prosseguindo, logo após a alta, o gozo dos dias de férias compreendidos ainda naquele período, cabendo à entidade empregadora pública, na falta de acordo, a marcação dos dias de férias não gozados, sem sujeição ao disposto no n.º 3 do artigo 176.º» (art. 178.º, n.º 1 do Anexo I – «Regime», do RCTFP). Na falta de acordo, cabe à entidade empregadora pública «a marcação dos dias de férias não gozados, que podem decorrer em qualquer período...» (art. 178.º, n.º 2 do Anexo I- «Regime», do RCTFP).

A prova da doença em férias deve ser «feita por estabelecimento hospitalar, por declaração do centro de saúde ou por atestado médico» (n.º 3 do art. 178.º em análise). A fiscalização desta doença pode ser feita por «médico designado pela segurança social, mediante requerimento da entidade empregadora pública» (n.º 4). No caso de a segurança social não indicar o médico no prazo de 24 horas, a entidade empregadora pública designa então o médico que entender para efectuar esta fiscalização, não podendo este ter qualquer vínculo contratual anterior com aquela entidade empregadora pública (n.º 5). Se houver desacordo entre os pareceres médicos quanto à situação de doença do trabalhador em férias, qualquer das partes pode pedir a intervenção da junta médica (n.º 6). «Em caso de incumprimento das obrigações previstas no artigo anterior e nos n.os 1 e 2, bem como de oposição, sem motivo atendível, à fiscalização referida nos n.os 4, 5 e 6, os dias de alegada doença são considerados dias de férias» (n.º 7). «O desenvolvimento do disposto no presente artigo consta do Anexo II – «Regulamento» (n.º 8) – vd. arts. 115.º a 126.º do Anexo II –«Regulamento», do RCTFP.

3. POR ASSISTÊNCIA A FAMILIARES DOENTES – o art. 185.º, n.º 2, al. e) do Anexo I – «Regime», e os arts. 127.º a 129.º do Anexo II – «Regulamento», do RCTFP, são omissos sobre esta questão em concreto; porém, se tivermos presentes a similitude desta situação com a de faltas por doença do próprio trabalhador e o disposto no art. 177.º, n.os 3 e 4 do Anexo I – «Regime», do RCTFP, tudo aponta no sentido de conferir a estas faltas a susceptibilidade de determinarem a suspensão do gozo das férias.

4. POR CONVENIÊNCIA DE SERVIÇO – é outro dos motivos, neste caso invocável pela entidade empregadora pública, susceptível de dar lugar ao adiamento ou a interrupção do gozo das férias, mas desde que baseada em exigências imperiosas do funcionamento do órgão ou serviço (art. 177.º, n.º 1 do Anexo I – «Regime», do RCTFP). De qualquer modo a lei dá ao trabalhador a possibilidade do período de férias em falta, correspondente à interrupção, ser gozado em momento a acordar com a respectiva entidade empregadora pública. No caso de não haver acordo cabe então a esta entidade fixar unilateralmente a data do seu gozo (art. 177.º, n.os 2, 3 e 4 do Anexo I – «Regime», do RCTF).

No caso da interrupção das férias por conveniência de serviço o trabalhador contratado tem direito:

a) **A uma indemnização, paga pela entidade empregadora pública, pelos «prejuízos que comprovadamente haja sofrido** na pressuposição de que gozaria integralmente as férias na época fixada» (art. 177.º, n.º 1, in fine do Anexo I – «Regime», do RCTFP);

b) Se a entidade empregadora pública, de forma culposa, obstar ao gozo das férias do trabalhador, violando assim o seu direito às férias, **o trabalhador tem direito a receber, «a título de compensação, o triplo da remuneração correspondente ao período em falta, que deve obrigatoriamente ser gozado no primeiro trimestre do ano civil subsequente»**, (art. 181.º do Anexo I – «Regime», do RCTFP) – a culpa é apreciada, nos termos do art. 10.º, n.º 1 da Lei n.º 67/2007, de 31 de Dezembro, que aprovou o «Regime da Responsabilidade Civil Extracontratual do Estado e das Demais Entidades Públicas» (alterada pela Lei n.º 31/2008, de 17 de Julho), «pela diligência e aptidão que seja razoável exigir, em função das circunstâncias de cada caso, de um titular de órgão» ou trabalhador «zeloso e cumpridor»; contudo, note-se que esta compensação só é devida apenas, e só, no caso de haver culpa provada na forma como a entidade empregadora pública agir aqui.

c) A gozar, sempre, metade do período de férias a que nesse ano tiver direito (art. 177.º, n.º 2 do Anexo I – «Regime», do RCTFP).

d) A gozar os dias de férias interrompidas em momento a acordar com entidade empregadora pública; na falta de acordo cabe a esta última entidade proceder à nova marcação do período de férias, «sem sujeição ao disposto no n.º 3 do artigo anterior» (art. 177.º, n.º 3; vd. art. 176.º, n.ºs 1, 2 e 3 do Anexo I – «Regime», do RCTFP).

D) REPERCUSSÃO DAS FALTAS E LICENÇAS NAS FÉRIAS:

1. As faltas que determinem perda de remuneração, nomeadamente as injustificadas (art. 192.º, n.º 1 do Anexo I – «Regime», do RCTFP) – podem **«ser substituídas, se o trabalhador expressamente assim o preferir, por dias de férias, na proporção de 1 dia de férias por cada dia de falta,** desde que seja salvaguardado o gozo efectivo de 20 dias úteis ou da correspondente proporção, se se tratar de férias no ano de admissão» (art. 193.º, n.º 2 do Anexo I – «Regime», do RCTFP);

2. As faltas justificadas por conta do período de férias – descontam nas férias do próprio ano ou do ano seguinte, conforme opção do trabalhador (arts. 185.º, n.º 2, al. l) e 188.º, n.º 2 do Anexo I – «Regime», do RCTFP);

F) REGIME DE FÉRIAS NOS CASOS DE SUSPENSÃO OU CESSAÇÃO DE FUNÇÕES:

1. No caso da suspensão do contrato por impedimento prolongado (art. 179.º do Anexo I – «Regime», do RCTFP) – «no ano da suspensão do contrato por impedimento prolongado, respeitante ao trabalhador, se se verificar impossibilidade total ou parcial do gozo do direito a férias já vencido, o trabalhador tem direito à remuneração correspondente ao período de férias não gozado e respectivo subsídio» (art. 179.º, n.º 1 do Anexo I – «Regime», do RCTFP); no ano em que cessar o impedimento prolongado o trabalhador contratado «tem direito às férias nos termos previstos no n.º 2 do artigo 172.º», ou seja, o trabalhador, só após 6 meses completos de execução do contrato, é que terá então direito a gozar 2 dias úteis de férias por cada mês de duração do contrato, até ao máximo de 20 dias úteis (art. 179.º, n.º 2 do Anexo I – Regime, do RCTFP). «No caso de sobrevir o termo do ano civil antes de decorrido o prazo referido no número anterior ou antes de gozado o direito a férias, pode o trabalhador usufruí-lo até 30 de Abril do ano civil subsequente» (art. 179.º, n.º 3 do Anexo I – «Regime», do RCTFP).

2.º No caso de cessação definitiva de funções (art. 180.º do Anexo I – «Regime», do RCTFP) – quando o contrato cessa, «o trabalhador tem direito a receber a remuneração correspondente a um período de férias proporcional ao tempo de serviço prestado até à data da cessação, bem como o respectivo subsídio» (n.º 1). «Se o contrato cessar antes de gozado o período de férias vencido no início do ano da cessação, o trabalhador tem ainda direito a receber a remuneração e o subsídio correspondentes a esse período, o qual é sempre considerado para efeitos de antiguidade» (n.º 2). «Da aplicação do disposto nos números anteriores ao contrato cuja duração não atinja, por qualquer causa, 12 meses não pode resultar um período de férias superior ao proporcional à duração do vínculo, sendo esse período considerado para efeitos da remuneração, subsídio e antiguidade» (n.º 3). «O disposto no número anterior aplica-se ainda sempre que o contrato cesse no ano subsequente ao da admissão» (art. 180.º, n.º 4 do Anexo I – «Regime», do RCTFP). No caso de cessação do «contrato após impedimento prolongado respeitante ao trabalhador, este tem direito à remuneração e ao subsídio de férias proporcional ao tempo de serviço prestado até à data da cessação, bem como ao respectivo subsídio» (art. 179.º, n.º 4 do Anexo I – «Regime», do RCTFP).

CAPÍTULO IV
As Situações de Ausência Legítima ao Serviço.
As Faltas Justificadas

A – <u>Conceito de falta no regime jurídico de FFL, que tem os TRABALHADORES NOMEADOS como destinatários</u>:

Logo a abrir o Capítulo III do Dec.-Lei n.º 100/99, de 31 de Março, regime jurídico de FFL, sucessivamente alterado, o art. 18.º dá-nos um conceito legal de **FALTA** como sendo a **«não comparência do trabalhador nomeado durante a totalidade ou parte do horário de trabalho a que está obrigado, bem como a não comparência em local a que o mesmo deva deslocar-se por motivo de serviço»**. Este conceito de falta abrange assim duas situações distintas, a saber:

a) A da não comparência do trabalhador durante a totalidade ou parte do período a que está obrigado no seu local de trabalho normal;

b) A da não comparência do trabalhador em local distinto do seu centro funcional normal de trabalho a que o mesmo deva deslocar-se por motivo de serviço.

«No caso de horários flexíveis» preceitua o art.18.º, n.º 2 do regime de FFL que «considera-se ainda como falta o período de tempo em débito apurado no final de cada período de aferição».

Segundo o art. 18.º, n.º 3 do regime de FFL **«as faltas contam-se por dias inteiros, salvo quando do presente diploma ou da legislação específica resultar o contrário»**. Assim, se o trabalhador se ausentar ao serviço por períodos de tempo inferiores ao período de trabalho diário a que se encontra obrigado, aqueles períodos de tempo serão adicionados até perfazerem um dia de trabalho.

A este propósito convém ter presente o disposto no art. 14.º do Dec.--Lei n.º 259/98, de 18 de Agosto (alterado, quanto ao seu art. 27.º, pelo

Dec.-Lei n.º 169/2006, de 17 de Agosto, e pelo art. 25.º, n.º 2 da Lei n.º 64--A/2008, de 31 de Dezembro), diploma que rege a "duração e horário de trabalho" na função pública, sobre o "modo de verificação dos deveres de assiduidade e pontualidade". Aí se preceitua que **«os trabalhadores nomeados devem comparecer regularmente ao serviço às horas que lhe forem designadas» e nele «permanecer continuamente, não podendo ausentar-se salvo nos termos e pelo tempo autorizado pelo respectivo superior hierárquico, sob pena de marcação de falta, de acordo com a legislação aplicável»** (n.º 1). Os serviços deverão possuir sistemas de registo automáticos, mecânicos ou de outra natureza para verificar o cumprimento dos deveres de assiduidade e de pontualidade dos seus trabalhadores (n.º 2). No caso de horários flexíveis tais sistemas deverão ser apenas de «registo automáticos ou mecânicos» (n.º 3). «Nos serviços com mais de 50 trabalhadores, a verificação» daqueles deveres «é efectuada por sistemas de registo automáticos ou mecânicos, salvo casos excepcionais, devidamente fundamentados e autorizados pelo dirigente máximo do serviço, com anuência do respectivo Ministro da tutela e do membro do Governo que tenha a seu cargo a Administração Pública, mediante despacho conjunto» (n.º 4).

B – Conceito de falta no RCTFP, que tem os TRABALHADORES CONTRATADOS como destinatários (art. 184.º, n.º 1 do Anexo I – «Regime», do RCTFP):

Aqui a lei dá-nos como conceito de **FALTA** a **«ausência do trabalhador no local de trabalho e durante o período em que devia desempenhar a actividade a que está adstrito»** (art. 184.º, n.º 1 do Anexo I – «Regime», do RCTFP).

Quando o trabalhador se ausente «por períodos inferiores ao período de trabalho a que está obrigado, os respectivos tempos são adicionados para determinação dos períodos normais de trabalho diário em falta» (n.º 2). «Para efeito do disposto no número anterior, caso os períodos de trabalho diário não sejam uniformes, considera-se sempre o de menor duração relativo a um dia completo de trabalho» (3).

C – Tipos de FALTAS, que têm os TRABALHADORES NOMEADOS como destinatários:

O **art. 20.º do regime de FFL** aponta para dois tipos de faltas, a saber:

1. Justificadas – são as ausências dos trabalhadores ao serviço legitimadas por lei (art. 21.º do regime de FFL);
2. Injustificadas – são as ausências ao serviço não legitimadas por lei (art. 71.º do regime de FFL).

Os meios de justificação ou de prova das faltas são aqueles que, em regra, vêm previstos na lei. Esses meios de prova ou processos de justificação, caso não estejam legalmente previstos, podem ser substituídos pela apresentação de outros meios adequados à prova da ocorrência dos motivos justificados das faltas que venham a ser exigidos pelo dirigente, quando este entender insuficiente a mera declaração, solicitação ou comunicação do interessado (art. 21.º, n.º 2 do regime de FFL).

As falsas declarações na justificação das faltas ao serviço constituem infracção disciplinar e são sancionadas com a pena de suspensão nos termos do art. 17.º, al. h) do EDTEFP, sendo ainda passíveis de responsabilização criminal por força do disposto no art. 71.º, n.º 3 do regime de FFL.

As faltas justificadas dos trabalhadores nomeados vêm enumeradas no art. 21.º, n.º 1 do regime jurídico de FFL, a saber:

a) FALTAS POR CASAMENTO;
b) FALTAS POR MATERNIDADE OU PATERNIDADE;
c) FALTAS POR NASCIMENTO (estas faltas, previstas no art. 24.º do regime de FFL, entendem-se hoje revogadas pelo disposto no art. 43.º do Código do Trabalho, sobre a licença parental exclusiva do pai);
d) FALTAS PARA CONSULTAS PRÉ-NATAIS E AMAMENTAÇÃO;
e) FALTAS POR ADOPÇÃO;
f) ALTAS POR FALECIMENTO DE FAMILIAR;
g) FALTAS POR DOENÇA;
h) FALTAS POR DOENÇA PROLONGADA;
i) FALTAS POR ACIDENTE EM SERVIÇO OU DOENÇA PROFISSIONAL;
j) FALTAS PARA REABILITAÇÃO PROFISSIONAL;
l) FALTAS PARA TRATAMENTO AMBULATÓRIO, REALIZAÇÃO DE CONSULTAS MÉDICAS E EXAMES COMPLEMENTARES DE DIAGNÓSTICO;

m) FALTAS PARA ASSISTÊNCIA A FAMILIARES;
n) FALTAS PARA ISOLAMENTO PROFILÁCTICO;
o) FALTAS COMO TRABALHADOR – ESTUDANTE;
p) FALTAS COMO BOLSEIRO OU EQUIPARADO;
q) FALTAS PARA DOAÇÃO DE SANGUE E SOCORRISMO;
r) FALTAS PARA CUMPRIMENTO DE OBRIGAÇÕES;
s) FALTAS PARA PRESTAÇÃO DE PROVAS DE CONCURSO;
t) FALTAS POR CONTA DO PERÍODO DE FÉRIAS;
u) FALTAS COM PERDA DE VENCIMENTO;
v) FALTAS POR DESLOCAÇÃO PARA A PERIFERIA;
x) FALTAS POR MOTIVOS NÃO IMPUTÁVEIS AO TRABALHADOR NOMEADO;
z) FALTAS POR MOTIVO DE PARTICIPAÇÃO NOS ORGÃOS E ESTRUTURAS DE ADMINISTRAÇÃO E GESTÃO DE ESTABELECIMENTOS DE ENSINO NOS TERMOS DA LEI.

D – Tipos de FALTAS, que têm os TRABALHADORES CONTRATADOS como destinatários:

O art. 185.º do Anexo I – «Regime», do RCTFP, à semelhança do que faz o regime de FFL, enuncia também aqui dois tipos de faltas:

1. As justificadas – são as ausências ao serviço do trabalhador legitimadas por lei elencadas no art. 185.º, n.ᵒˢ 2 e 3 do Anexo I – «Regime», do RCTFP

2. As injustificadas – por exclusão de partes, são todas aquelas que, por não se encontrarem previstas naqueles preceitos, não são admissíveis por lei para justificar a ausência ao serviço por parte do respectivo trabalhador (art. 185.º, n.º 4 do Anexo I – «Regime», do RCTFP).

As faltas justificadas dos trabalhadores contratados vêm enumeradas no art. 185.º, n.º 2 do Anexo I – «Regime», do RCTFP, a saber:

a) FALTAS POR CASAMENTO (art. 185.º, n.º 2, al. a));
b) FALTAS POR FALECIMENTO DE FAMILIAR (art. 185.º, n.º 2, al. b));
c) FALTAS MOTIVADAS PELA PRESTAÇÃO DE PROVAS EM ESTABELECIMENTO DE ENSINO, NOS TERMOS DA LEGISLAÇÃO ESPECIAL (art. 185.º, n.º 2, al. c));

d) **FALTAS MOTIVADAS POR IMPOSSIBILIDADE DE PRESTAR TRABALHO DEVIDO A FACTO QUE NÃO SEJA IMPUTÁVEL AO TRABALHADOR, NOMEADAMENTE:**

1. Doença;
2. Acidente;
3. Cumprimento de obrigações legais (art. 185.º, n.º 2, al. d)).

e) **FALTAS MOTIVADAS PELA NECESSIDADE DE PRESTAÇÃO INADIÁVEL E IMPRESCINDÍVEL A MEMBROS DO SEU AGREGADO FAMILIAR** (art. 185.º, n.º 2, al. e));
f) **FALTAS PARA TRATAMENTO AMBULATÓRIO, REALIZAÇÃO DE CONSULTAS MÉDICAS E EXAMES COMPLEMENTARES DE DIAGNÓSTICO** (art. 185.º, n.º 2, al. f)); estas faltas são extensivas à assistência ao cônjuge ou equiparado, ascendentes, descendentes, adoptandos, adoptados e enteados, menores ou deficientes, em regime de tratamento ambulatório, quando comprovadamente o trabalhador seja a pessoa mais adequada para o fazer (art. 185.º, n.º 3);
g) **FALTAS PARA ISOLAMENTO PROFILÁCTICO** (art. 185.º, n.º 2, al. g));
h) **AS AUSÊNCIAS NÃO SUPERIORES A QUATRO HORAS E SÓ PELO TEMPO ESTRITAMENTE NECESSÁRIO, JUSTIFICADAS PELO RESPONSÁVEL PELA EDUCAÇÃO DO MENOR, UMA VEZ POR TRIMESTRE, PARA A DESLOCAÇÃO À ESCOLA TENDO EM VISTA INTEIRAR-SE DA SITUAÇÃO EDUCATIVA DO FILHO MENOR** (art. 185.º, n.º 2, al. h));
i) **FALTAS PARA DOAÇÃO DE SANGUE E SOCORRISMO** (art. 185.º, n.º 2, al. i));
j) **FALTAS MOTIVADAS PELA NECESSIDADE DE SUBMISSÃO A MÉTODOS DE SELECÇÃO EM PROCEDIMENTO CONCURSAL** (art. 185.º, n.º 2, al. j));
l) **FALTAS DADAS POR CONTA DO PERÍODO DE FÉRIAS** (art. 185.º, n.º 2, al. l));
m) **FALTAS DADAS PELOS TRABALHADORES ELEITOS PARA AS ESTRUTURAS DE REPRESENTAÇÃO COLECTIVA** (art. 185.º, n.º 2, al. m));

n) **FALTAS DADAS POR CANDIDATOS A ELEIÇÕES PARA CARGOS PÚBLICOS, DURANTE O PERÍODO LEGAL DA RESPECTIVA CAMPANHA ELEITORAL** (art. 185.°, n.° 2, al. n));

o) **AS FALTAS QUE POR LEI FOREM COMO TAL QUALIFICADAS**, designadamente as previstas nos Decretos-leis n.ºs 220/84, de 4 de Julho, 272/88, de 3 de Agosto, 282/89, de 23 de Agosto, e 190/99, de 5 de Junho (art. 185.°, n.° 2, al. o)).

E – FALTAS PARA ASSISTÊNCIA À TUBERCULOSE E PARA O EXERCÍCIO DA ACTIVIDADE SINDICAL: para além daquelas faltas há ainda a referenciar as **FALTAS DADAS AO ABRIGO DA ASSISTÊNCIA A FUNCIONÁRIOS CIVIS TUBERCULOSOS** (e seus familiares) – AFCT, reguladas no Dec.-Lei n.° 48.359, de 27 de Abril de 1968, e as **AUSÊNCIAS LEGÍTIMAS AO SERVIÇO RELACIONADAS COM O EXERCÍCIO DA ACTIVIDADE SINDICAL**, previstas agora nos arts. 292.°, 293.°, 304.° e 339.° do Anexo I – «Regime» e 250.° a 253.° do Anexo II – «Regulamento», do RCTFP. Os regimes destas ausências legítimas ao serviço aplicam-se a todos os trabalhadores da Administração Pública, isto é, nomeados e contratados. Note-se, porém, que no art. 185.°, n.° 2, al. m) do Anexo I – «Regime», do RCTFP, faz-se referência ou menção expressa a este último tipo de faltas justificadas.

Antes de falarmos sobre os diferentes tipos de ausências legítimas ao serviço convém, desde já, chamar a atenção para as consequências ou efeitos que os regimes de protecção social dos trabalhadores da Administração Pública têm sobre aquelas ausências.

F – NOTA EXPLICATIVA SOBRE A DETERMINAÇÃO DOS EFEITOS QUE OS REGIMES DE PROTECÇÃO SOCIAL DOS TRABALHADORES QUE EXERCEM FUNÇÕES PÚBLICAS TÊM SOBRE AS AUSÊNCIAS (FALTAS E LICENÇAS) POR MATERNIDADE, PATERNIDADE, ADOPÇÃO (realidades agora integradas no novo conceito de protecção na parentalidade), DOENÇA, ACIDENTES DE TRABALHO E DOENÇAS PROFISSIONAIS:

A determinação dos efeitos das ausências (faltas, licenças e dispensas) por doença, maternidade, paternidade, adopção, acidentes de trabalho e doenças profissionais dadas pelos trabalhadores que exercem funções públicas depende hoje não tanto do tipo de vínculo laboral que os une à Administração Pública, mas fundamentalmente do regime de protecção social em que se encontram abrangidos, inscritos ou do qual são beneficiários.

O Regime de Protecção Social Específico da Função Pública em vigor até 31 de Dezembro 2005 abrangia, recorde-se, três componentes, a saber:

   a) **O regime especial de segurança social, para as eventualidades diferidas de invalidez, velhice e morte**, de que eram beneficiários os funcionários e agentes inscritos até 31 de Dezembro de 2005 na CGA (e alguns poucos trabalhadores com contrato individual de trabalho e outros vínculos atípicos desde que também inscritos na Caixa Geral de Aposentações – CGA), entidade gestora, processadora e pagadora dos respectivos direitos daqueles beneficiários;

   b) **Os subsistemas de saúde, nomeadamente o da ADSE, para as eventualidades imediatas de doença, maternidade, paternidade, adopção, acidentes de trabalho e doenças profissionais** de que eram beneficiários todos os trabalhadores inscritos nos respectivos subsistemas, v.g. ADSE, cabendo ao orçamento privativo dos serviços daqueles trabalhadores a responsabilidade pelo pagamento dos consequentes benefícios;

   c) **O sistema de acção social complementar** que era responsável pelos demais benefícios sociais atribuídos pelos diversos serviços e obras sociais da Administração Pública.

Como se sabe, até há pouco tempo, por força do disposto nos Decretos-Lei n.ºs 184/89, de 2 de Junho, e 427/89, de 7 de Dezembro, os trabalhadores que ingressavam na Administração Pública só o podiam fazer por via da nomeação ou do contrato administrativo de provimento (e, nalguns casos especiais, comissão de serviço), modalidades de constituição de uma relação jurídica de emprego público que lhes atribuía a qualidade de funcionários e agentes, respectivamente, e os sujeitavam assim, entre outras coisas, a um estatuto laboral próprio, com especial incidência no que dizia respeito ao seu regime de protecção social. Era, assim, originariamente, esta qualidade de funcionário e agente que determinava a sua sujeição ao regime de protecção social específico da função pública em todas as eventualidades, com especial incidência nas de invalidez, velhice, morte, doença, maternidade, paternidade, adopção, acidentes de trabalho e doenças profissionais. Com a publicação e entrada em vigor da Lei n.º 23/2004, de 22 de Junho, que instituiu a figura do contrato individual de trabalho na Administração Pública, ao lado daqueles funcionários e agentes passou a existir uma nova categoria de trabalhadores da Administração Pública, detentores de uma relação jurídica de emprego privado, que os sujeitava, desde que inscritos exclusivamente no sistema da segurança social, ao regime geral de protecção social deste sistema, nas eventualidades de invalidez, velhice, morte, doença, maternidade, paternidade, adopção, acidentes de trabalho e doenças profissionais. Assim, no que toca ao regime de protecção social, passaram a existir duas categorias de trabalhadores que exerciam funções públicas:

   a) Os funcionários e agentes, sujeitos ao regime de protecção social específico da função público (e alguns poucos trabalhadores com contrato individual de trabalho e outros vínculos atípicos desde que também inscritos na Caixa Geral de Aposentações – CGA); e,
   b) Os trabalhadores que exercem funções públicas com contrato individual de trabalho, celebrado á sombra do Dec.-Lei n.º 23/2004, de 22 de Junho, inscritos exclusivamente na segurança social, sujeitos deste modo ao regime geral da segurança social.

Com a publicação da Lei n.º 60/2005, de 29 de Dezembro, que veio estabelecer «mecanismos de convergência do regime de protecção social da função pública com o regime geral da segurança social no que respeita às condições de aposentação e cálculo de pensões», **determinou-se que todo «o pessoal que» iniciasse «funções (na Administração Pública) a partir de 1 de Janeiro de 2006», isto é, funcionários e agentes incluídos,** – «ao qual, nos termos da legislação vigente, fosse aplicável o regime de protecção social da função pública em matéria de aposentação, em razão da natureza da instituição a que venha a estar vinculado, do tipo de relação jurídica de emprego de que venha a ser titular ou de norma especial que lhe conferisse esse direito», **fosse «obrigatoriamente inscrito no regime geral da segurança social»** (art. 2.º, n.ºs 1 e 2). Como consequência disto, resultou que:

   a) A CGA deixou de aceitar inscrições de novos subscritores, funcionários e agentes, a partir daquela data;

b) Os novos trabalhadores admitidos a partir de 1 de Janeiro de 2006 passaram, assim, a ser inscritos nas instituições de segurança social, delas recebendo apenas os benefícios correspondentes às eventualidades até então cobertas pela CGA, a saber, em matéria de invalidez, velhice e morte;

c) No tocante às demais eventualidades de doença, maternidade, paternidade, adopção, acidentes de trabalho e doenças profissionais, os funcionários e agentes, mesmo os ingressados na função pública a partir de 1 de Janeiro de 2006, continuaram a poder usufruir dos benefícios da ADSE, na medida em que, quanto a estes últimos, o **Dec.-Lei n.º 234/2005, de 30 de Dezembro**, que alterou a redacção de alguns artigos do Dec.-Lei n.º 118/83, de 25 de Fevereiro, diploma que, por sua vez, institui e regula a ADSE, **veio determinar que os «funcionários e agentes da administração central, regional e local que» iniciassem «funções a partir de 1 de Janeiro de 2006» se pudessem continuar a inscrever como beneficiários titulares da ADSE, desde que assim o optassem «no prazo de três meses a contar da data do início de funções**, mediante o preenchimento do boletim de inscrição e confirmação do competente serviço processador de vencimentos» (o seu art. 1.º alterou a redacção do art. 12.º do Dec.-Lei n.º 118/83, de 25 de Fevereiro).

Mais tarde, o **Dec.-Lei n.º 55/2006, de 15 de Março**, diploma que definiu as regras de execução da Lei n.º 60/2005, de 29 de Dezembro, **veio especificar,** no seu art. 1.º, n.º 2, **que eram «obrigatoriamente abrangidos pelo regime geral da segurança social dos trabalhadores por conta de outrem**, adiante designado por regime geral, **os funcionários e agentes** e demais pessoal previsto no n.º 2 do art. 2.º da Lei n.º 60/2005, de 29 de Dezembro, **que iniciassem «funções a partir de 1 de Janeiro de 2006», clarificando, contudo, no seu art. 2.º que esta «protecção social garantida abrange (apenas) a cobertura das eventualidades de invalidez, velhice e morte, sem prejuízo da aplicação de normas favoráveis previstas em legislação especial, bem como de encargos familiares». Isto é, em matéria de faltas por doença, maternidade, paternidade, adopção, acidentes de trabalho e doenças profissionais, os trabalhadores que fossem detentores da qualidade de funcionário e agente, admitidos após 1 de Janeiro de 2006, e mesmo que não inscritos na ADSE, continuavam, pelo facto de deterem a qualidade de funcioná-**

rio e agente que os colocava ao abrigo do âmbito de aplicação subjectiva do Dec.-Lei n.º 100/99, de 31 de Março, sobre férias, faltas e licenças, do anterior Código do Trabalho e respectiva Regulamentação, com as especificidades da Administração Pública, em matéria de protecção da maternidade e paternidade, e do Dec.-Lei n.º 503/99, de 20 de Novembro, sobre acidentes de trabalho e doenças profissionais, a beneficiar do regime de protecção social específico para a função pública. Por seu turno, ao determinar-se no art. 2.º do Dec.-Lei n.º 117/2006, de 20 de Junho (diploma que definiu «a transição do regime obrigatório de protecção social aplicável dos funcionários públicos para o regime geral de segurança social dos trabalhadores por conta de outrem»), que «aos trabalhadores da Administração Pública que, nos termos legais, celebrem um contrato individual de trabalho com qualquer serviço ou organismo da administração directa ou indirecta do Estado, da administração regional ou local ou com entidade do sector empresarial do Estado, na sequência de um vínculo laboral em regime de direito público, sem que se verifique interrupção da prestação de trabalho», se aplicam também as regras do regime especial da protecção social da função pública previstas para as eventualidades de doença, maternidade, paternidade, adopção, acidentes de trabalho e doenças profissionais, admitiu-se aqui a existência de um núcleo de trabalhadores da Administração Pública com contratos individuais de trabalho à sombra do Dec.-Lei n.º 23/2004, de 22 de Junho, mesmo que não inscritos na ADSE, também sujeitos ao regime especial da protecção social da função pública. Com a disposição contida no art. 16.º, n.º 1 da Lei n.º 64-A/2008, de 31 de Dezembro (lei que aprovou o Orçamento do Estado para 2009), alargou-se ainda este núcleo de trabalhadores ao dar-se a possibilidade a todos os trabalhadores que exercessem funções públicas, «independentemente da modalidade de constituição da sua relação jurídica de emprego público», de se poderem inscrever «como beneficiários titulares da ADSE», desde que tal direito de inscrição fosse exercido no prazo de seis meses a contar de 1 de Janeiro de 2009», e de ficarem assim abrangidos pelo regime especial da protecção social da função pública.

Em 2008, através da publicação dos importantes diplomas que alteraram substancialmente o estatuto dos trabalhadores da função pública, nomeadamente em matéria de regimes de vínculos, carreiras e remunerações e de contrato de trabalho em funções públicas, a saber a Lei n.º 12-

-A/2008, de 27 de Fevereiro, e a Lei n.º 59/2008, de 11 de Setembro, respectivamente, a distinção até aí feita entre funcionários, agentes e trabalhadores com contrato individual de trabalho desaparece. Em sua substituição passou a falar-se somente em trabalhadores que exercem funções públicas, nomeados e contratados. No art. 114.º daquele primeiro diploma (LVCR) faz-se, contudo, a destrinça da protecção social destes trabalhadores que exercem funções públicas dos benefícios sociais concedidos pela entidade empregadora, enquanto entidade patronal, e que são constituídos pelos subsistemas de saúde, v.g., ADSE, e acção social complementar. Como consequência destes diplomas que constituem a chamada Reforma da Administração Pública, a partir de 1 de Janeiro de 2009, no âmbito dos recursos humanos da Administração Pública, passamos a ter o seguinte panorama:

1. Os antigos trabalhadores nomeados definitivamente, isto é, detentores da qualidade de funcionários, que exerciam funções nas condições referidas no art. 10.º da LVCR, mantiveram a sua nomeação definitiva (art. 88.º, n.º 1);

2. Os antigos trabalhadores contratados por tempo indeterminado que exerciam funções nas condições referidas no art. 10.º da LVCR, transitaram para a modalidade de nomeação definitiva (art. 88.º, n.º 2);

3. Os antigos trabalhadores contratados por tempo indeterminado que exerciam funções em condições diferentes das referidas no art. 10.º da LVCR, transitaram para a modalidade de contrato de trabalho em funções públicas por tempo indeterminado (art. 88.º, n.º 3);

4. Os antigos trabalhadores nomeados definitivamente que exerciam funções em condições diferentes das referidas no art. 10º da LVCR, transitaram para a modalidade de contrato de trabalho em funções públicas por tempo indeterminado (art. 88.º, n.º 4);

5. Os antigos trabalhadores com contratos administrativos de provimento transitaram, por sua vez, em «conformidade com a natureza das funções exercidas e com a previsível duração do contrato:

   a) Para a modalidade de nomeação definitiva, em período experimental;
   b) Para a modalidade de nomeação transitória;
   c) Para a modalidade de contrato por tempo indeterminado;
   d) Para a modalidade de contrato a termo resolutivo certo ou incerto» (art. 91.º, n.º 1 da LVCR).

6. Os antigos trabalhadores em contrato a termo resolutivo para o exercício de funções nas condições referidas no art. 10.º transitaram para a modalidade de nomeação transitória (art. 92.º, n.º 1);
7. Os demais trabalhadores em contrato a termo resolutivo que exerciam funções em condições diferentes das referidas no art. 10.º da LVCR, mantiveram esse contrato com o conteúdo decorrente do regime de contrato de trabalho em funções públicas (art. 92.º, n.º 2).

Ora, foi com o objectivo de clarificar os regimes de protecção social a que todos estes trabalhadores que exercem funções públicas se encontram sujeitos e são beneficiários que se verificou a publicação da **Lei n.º 4/2009, de 29 de Janeiro, diploma que «define a protecção social dos trabalhadores que exercem funções públicas»**. Nesta lei, para além de se ter procedido à distinção entre aquilo que são as responsabilidades do âmbito laboral e as respeitantes à protecção social, **determinou-se no seu art. 6.º** que «a protecção social dos trabalhadores que exercem funções públicas» concretiza-se pela integração» num dos seguintes regimes:

a) No regime de segurança social dos trabalhadores por conta de outrem, adiante designado por regime geral da segurança social, que, de acordo com o disposto no art. 7.º, integra e abrange:

1. Os trabalhadores titulares de relação jurídica de emprego público, independentemente da modalidade de vinculação, constituída a partir de 1 de Janeiro de 2006 (art. 7.º, al. a));

2. Os demais trabalhadores, titulares de relação jurídica de emprego constituída até 31 de Dezembro de 2005 com entidade empregadora (isto é, os trabalhadores com relação jurídica de emprego privado constituída à sombra do contrato individual de trabalho na Administração Pública instituído pela Lei n.º 23/2004, de 22 de Junho), **enquadrados no regime geral de segurança social** (art. 7.º, al. b)).

b) No regime de protecção social convergente, específico da função pública (definido na própria Lei n.º 4/2009, de 29 de Janeiro, integra as eventualidades de doença, maternidade, paternidade, adopção, desemprego, acidentes de trabalho, doenças profissionais, invalidez, velhice e morte – art. 13.º) **que se aplica «aos trabalhadores que sejam titulares de relação jurídica de emprego público, independentemente da modalidade de vinculação, constituída até 31 de Dezembro de 2005 e** que não estejam abrangidos pelo disposto na alínea b) do art. 7.º» (art. 11.º).

Preceitua-se, contudo, no art. 32.º, n.º 2 da Lei n.º 4/2009, de 29 de Janeiro, que este regime da protecção social convergente só entrará «em vigor, relativamente a cada uma das eventualidades referidas no artigo 13.º, na data do início de vigência dos decretos-lei que procedam à sua regulamentação». Até lá, os trabalhadores da Administração Pública que se encontravam abrangidos pelo regime especial de protecção social da função pública mantêm, integralmente, todos os direitos e benefícios sociais que caracterizavam este mesmo regime, com excepção do respeitante à eventualidade da maternidade, paternidade e adopção (parentalidade) por ter sido já alvo de regulamentação através do Dec.-Lei n.º 89/2009, de 9 de Abril. Por último, nos arts. 18.º, n.º 2 e 19.º da Lei n.º 4/2009, de 29 de Janeiro, esclarece-se que, no âmbito do regime de protecção social convergente, «as prestações sociais não são consideradas (...) como remuneração e que «os períodos em que não há prestação de trabalho efectivo, nos termos previstos na presente lei e demais legislação aplicável, bem como os correspondentes a outras situações previstas na lei, consideram-se equivalentes à entrada de quotizações e contribuições para a CGA, não havendo lugar ao pagamento das mesmas».

Do exposto anteriormente temos, assim, que:

1. Todos os funcionários e agentes admitidos na função pública até 31 de Dezembro de 2005 (inscritos, portanto, na Caixa Geral de Aposentações e na ADSE);

2. Todos os funcionários e agentes admitidos após 1 de Janeiro de 2006, enquanto detentores da qualidade de funcionários e agentes (por via da nomeação ou do contrato administrativo de provimento, respectivamente), independentemente de se encontrarem apenas inscritos no regime geral da segurança social ou neste e na ADSE;

3. Todos os trabalhadores da Administração Pública admitidos com contratos individuais de trabalho à sombra da Lei n.º 23/2004, de 22 de Junho, inscritos simultaneamente no regime geral da segurança social e na ADSE;

4. Todos os trabalhadores que, de acordo com o disposto no art. 2.º do Dec.-Lei n.º 117/2006, de 20 de Junho, tenham celebrado um

contrato individual de trabalho com qualquer serviço ou organismo da Administração Pública, na sequência de um vínculo laboral em regime de direito público, sem que se verificasse qualquer interrupção da prestação de trabalho, mesmo que não se encontrem inscritos na ADSE;

5. Todos os trabalhadores que exercendo funções públicas, independentemente do tipo de vínculo que possuam com a Administração Pública, tenham optado pela ADSE no prazo de 6 meses a contar de 1 de Janeiro a 30 de Junho de 2009, previsto no art. 16.º, n.º 2 da Lei n.º 64-A/2008, de 31 de Dezembro (a partir de 1 de Janeiro de 2009, por se considerar que o Dec.-Lei n.º 55/2006, de 22 de Maio, foi tacitamente revogado por força da entrada em vigor da Lei n.º 4/2009, de 29 de Janeiro, os funcionários e agentes que, por qualquer razão, não se encontravam inscritos na ADSE e não optaram por nela se inscrever no prazo legal de 1 de Janeiro a 30 de Junho de 2009 dado para esse efeito, as respectivas entidades empregadoras públicas são obrigadas a inscrevê-los no regime geral da segurança social, beneficiando assim da cobertura deste regime em matéria de doença, maternidade, paternidade, adopção, acidentes de trabalho e doenças profissionais);

Encontram-se abrangidos pelo regime específico de protecção social da função pública para as eventualidades de doença, maternidade, paternidade, adopção, acidentes de trabalho e doenças profissionais, que constitui, em última instância, o Regime de Protecção Social Convergente.

Consequentemente, somente os antigos trabalhadores com contratos individuais de trabalho admitidos à sombra da revogada Lei n.º 23/2004, de 22 de Junho, que se encontravam apenas inscritos no regime geral da segurança social (e que não tenham optado pela inscrição na ADSE nos prazos legalmente fixados), é que são abrangidos pelo regime geral da segurança social para aquelas eventualidades.

Os efeitos das ausências por motivo de doença, de maternidade, de paternidade, de adopção, realidades estas agora integradas no conceito de protecção na parentalidade, de acidentes de trabalho ou doenças profissionais, são assim determinados em função do regime de protecção social que o trabalhador possua, variando os mesmos consoante estejamos perante:

a) **Trabalhadores abrangidos pelo regime de protecção social**

convergente, específico da função pública (este regime encontra-se consubstanciado no Dec.-Lei n.º 100/99, de 31 de Março, e legislação complementar, e no RCTFP, no que diz respeito ao regime de férias, faltas e licenças, no Código do Trabalho, aprovado pela Lei n.º 7/2009, de 12 de Fevereiro, e no Dec.-Lei n.º 89/2009, de 9 de Abril, quanto à matéria da protecção na parentalidade, e no Dec.-Lei n.º 503/99, de 20 de Novembro, para as eventualidades de acidentes de trabalho e doenças profissionais); assim, nos termos do art. 19.º da Lei n.º 59/2008, de 11 de Setembro, os trabalhadores integrados neste regime de protecção social convergente mantêm-se sujeitos às normas que lhes eram já aplicáveis nas eventualidades de doença, maternidade, paternidade, adopção, acidentes de trabalho e doenças profissionais, até à regulamentação do respectivo regime de protecção social prevista no art. 29.º da Lei n.º 4/2009, de 29 de Janeiro;

b) **Trabalhadores abrangidos pelo regime geral da segurança social** (integra as eventualidades da invalidez, velhice, morte, doença, maternidade, paternidade, adopção, desemprego, acidentes de trabalho e doenças profissionais definidas na Lei de Bases da Segurança Social e demais legislação conexa); quanto aos trabalhadores que exercem funções públicas e descontam exclusivamente para a segurança social, admitidos à sombra da figura do contrato individual de trabalho prevista na Lei n.º 23/2004, de 22 de Junho, e que transitaram, a partir de 1 de Janeiro de 2009, para o contrato de trabalho em funções públicas, aplica-se aquilo que se dispõe no regime geral da segurança social para todas aquelas eventualidades, bem como o disposto no Dec.-Lei n.º 91/2009, de 9 de Abril, que regulamenta a eventualidade da parentalidade quanto a estes mesmos trabalhadores.

Posto isto, vejamos agora, em pormenor, cada uma das ausências legítimas ao serviço, ligando-as e identificando-as com os respectivos destinatários, trabalhadores nomeados e contratados ou trabalhadores abrangidos pelo regime de protecção social convergente ou pelo regime geral da segurança social.

Na enunciação e caracterização de cada uma das ausências legítimas ao serviço iremos seguir, tanto quanto possível, a ordem expositiva do art. 21.º, n.º 1 do regime de FFL.

1. FALTAS POR CASAMENTO:

A – FALTAS POR CASAMENTO DOS TRABALHADORES NOMEADOS (art. 22.º do regime de FFL):

- **DIREITO**: todos os **trabalhadores nomeados** (art. 1.º do regime FFL, na redacção da Lei n.º 64-A/2008, de 31 de Dezembro, que aprovou o OE para 2009).
- **PERÍODO: 11 dias úteis seguidos.**
- **FORMALIDADES: o trabalhador deve comunicar ao dirigente do serviço «com, pelo menos, 15 dias de antecedência relativamente à data em que pretende iniciar o período de faltas»** (art. 22.º, n.º 2 do regime de FFL).

A forma como vem redigida a parte final do art. 22.º, n.º 2 (quando se fala em «relativamente à data em que se pretende iniciar o período de faltas») permite legitimar o entendimento de que entre o casamento e o exercício ou gozo efectivo destas faltas possa existir ainda um hiato de tempo de prestação efectiva de serviço, se tal for do interesse do trabalhador e a tanto se não opuser o interesse do serviço, desde que obviamente esse hiato não seja muito longo de modo a não pôr em causa o requisito temporal da "ocasionalidade matrimonial", isto é, da proximidade do matrimónio. Como exemplo disto temos os casos do casamento por procuração ou da opção do trabalhador em gozar estes dias por ocasião do casamento católico, quando este não coincida com o casamento civil, que é o que releva para todos os efeitos legais.

- **EFEITOS: estas faltas são equiparadas a serviço efectivo, descontando apenas no subsídio de refeição** (vd. art. 2.º, n.º 2, al. c) do Dec.-Lei n.º 57-B/84, de 20 de Fevereiro, alterado pelo Dec.-Lei n.º 70-B/2000, de 5 de Maio, e art. 22.º, n.º 3 do regime de FFL).

B – FALTAS POR CASAMENTO DOS TRABALHADORES CONTRATADOS (art. 185.º, n.º 2, al. a)):

- **DIREITO**: todos os **trabalhadores contratados**.
- **PERÍODO: 15 dias seguidos.**
- **FORMALIDADES: porque previsível, o trabalhador deve comunicar esta sua ausência à entidade empregadora pública «com a antecedência mínima de cinco dias»** (art. 189.º, n.º 1 do Anexo I – «Regime», do RCTFP).

- **EFEITOS**: estas faltas não determinam a perda ou prejuízo de quaisquer direitos do trabalhador, descontando apenas no subsídio de refeição (vd. art.191.º, n.º 1 do Anexo I – «Regime», do RCTFP, e art. 2.º, n.º 2, al. c) do Dec.-Lei n.º 57-B/84, de 20 de Fevereiro, alterado pelo Dec.-Lei n.º 70-B/2000, de 5 de Maio).

2. AUSÊNCIAS LEGÍTIMAS AO SERVIÇO PARA O EXERCÍCIO DA PARENTALIDADE (MATERNIDADE E PATERNIDADE) POR PARTE DOS TRABALHADORES NOMEADOS E CONTRATADOS (art. 23.º do regime de FFL remete para **o regime de protecção da maternidade e da paternidade, regime esse que, sob o nome de protecção na parentalidade, consta agora dos art. 33.º a 65.º do Código do Trabalho, aprovado pela Lei n.º 7/2009, de 12 de Fevereiro, e do Dec.-Lei n.º 89/2009, de 9 de Abril; o disposto nestes diplomas em matéria de protecção da parentalidade é aplicável a todos os trabalhadores que exercem funções públicas independentemente do tipo de vínculo que possuam, isto é, aos nomeados e contratados**).

Antes da publicação e entrada em vigor do RCTFP, aprovado pela Lei n.º 59/2008, de 11 de Setembro, o regime da protecção da maternidade e paternidade encontrava-se previsto e regulamentado no Código do Trabalho e na respectiva Regulamentação. Note-se, contudo, que apesar da Lei n.º 99/2003, de 27 de Agosto, que aprovou o anterior Código do Trabalho, ter procedido à revogação expressa integral da Lei n.º 4/84, de 5 de Abril (através do seu art. 21.º, n.º 2, al. d)), o art. 10.º, n.º 2 da Lei n.º 35/2004, de 29 de Julho, que aprovou a Regulamentação daquele Código, manteve «em vigor os arts. 3.º a 8.º e 31.º da Lei n.º 4/84, de 5 de Abril, com a numeração e redacção constantes do Decreto-Lei n.º 70/2000, de 4 de Maio», repristinando assim parcialmente esta última lei. Assim, por via do art. 10.º, n.º 2 da Lei n.º 35/2004, de 29 de Julho, e na sequência de uma infeliz tendência do nosso legislador que tem contribuído para transformar o nosso acervo legislativo numa autêntica "manta de retalhos" ou quebra-cabeças jurídico, manteve-se em vigor os seguintes artigos da Lei n.º 4/84, de 5 de Abril, na redacção que lhe foi dada pelo Dec.-Lei n.º 70/2000, de 4 de Maio:

«Capítulo – Princípios Gerais
(…)

Art. 3.º (Igualdade dos pais)

1. São garantidas aos pais, em condições de igualdade, a realização profissional e a participação na vida cívica do País.
2. Os pais são iguais em direitos e deveres quanto à manutenção e educação dos filhos.
3. Os filhos não podem ser separados dos pais, salvo quando estes não cumpram os seus deveres fundamentais para com eles, e sempre mediante decisão judicial.
4. São garantidos às mães direitos especiais relacionados com o ciclo biológico da maternidade.

Art.4.º (Dever de informar sobre o regime de protecção da maternidade e paternidade)

1. Incumbe ao Estado o dever de informar e divulgar conhecimentos úteis referentes aos direitos das mulheres grávidas, dos nascituros, das crianças e dos pais, designadamente através da utilização dos meios de comunicação social e da elaboração e difusão gratuita da adequada documentação.
2. A informação prestada nos termos do número anterior deve procurar consciencializar e responsabilizar os progenitores, sem distinção, pelos cuidados e pela educação dos filhos, em ordem à defesa da saúde e á criação de condições favoráveis ao pleno desenvolvimento da criança.

Capítulo II – Protecção da saúde

Art. 5.º (Direito a assistência médica)

1. É assegurado à mulher o direito de efectuar gratuitamente as consultas e os exames necessários à correcta preparação e vigilância da gravidez, assim como durante os 60 dias após o parto.
2. O internamento hospitalar durante os períodos referidos no número anterior é gratuito.
3. Na preparação e no decurso da gravidez, e em função desta, serão igualmente assegurados ao outro progenitor os exames considerados indispensáveis pelo médico assistente da grávida.

Art. 6.º (Incumbências dos serviços de saúde)

Incumbe aos serviços de saúde, relativamente aos futuros pais, sem encargos para estes:

a) Assegurar as actividades necessárias para uma assistência eficiente e humanizada, na preparação e acompanhamento clínico da gravidez e do parto;
b) Assegurar o transporte de grávidas e recém-nascidos em situação de risco com utilização de meios próprios ou em colaboração com outros serviços;
c) Desenvolver, em cooperação com as escolas, autarquias locais e outras entidades públicas e privadas, acções de informação e esclarecimento sobre a importância do planeamento familiar, da consulta pré-concepcional, da vigilância médica da gravidez, da preparação para o parto, do parto assistido, das vantagens do aleitamento materno e dos cuidados com o recém-nascido.

Art. 7.º *(Protecção da criança)*

1. É assegurado à criança, nomeadamente, o direito de efectuar gratuitamente as consultas previstas no Programa de Acção-Tipo em Saúde Infantil e Juvenil do Ministério da Saúde, através da Direcção – Geral da Saúde.
2. É assegurado à criança, nomeadamente, o direito de efectuar gratuitamente as vacinações que constam do Programa Nacional de Vacinação.

Art. 8.º *(Incumbências especiais do Estado)*

Incumbe especialmente ao Estado para protecção na maternidade, da paternidade, do nascituro e da criança, no domínio dos cuidados de saúde:

a) Garantir a acessibilidade aos serviços de saúde reprodutiva, nomeadamente cuidados contraceptivos, pré-concepcionais e de vigilância da gravidez;
b) Dotar os centros de saúde dos meios humanos e técnicos necessários ao cumprimento do preceituado no número anterior;
c) Generalizar e uniformizar a utilização do Boletim de Saúde da Grávida e do Boletim de Saúde Infantil e Juvenil;
d) Incentivar o recurso aos métodos de preparação para o parto, assegurando as condições necessárias ao pleno exercício dos direitos do casal nos serviços públicos de saúde;

e) *Garantir o parto hospitalar e assegurar os meios humanos e técnicos que possibilitem a assistência eficaz e humanizada à grávida e ao recém-nascido;*
f) *Promover e incrementar a visitação domiciliária à grávida ou puérpera, assim como ao filho até aos 90 dias de idade, em caso de impedimento de deslocação aos serviços de saúde ou com a finalidade de desenvolver a promoção para a saúde;*
g) *Desenvolver uma rede nacional de atendimentos diurnos (creches, jardins-de-infância) e de espaços de jogo e de recreio, com estrito cumprimento do Decreto-Lei n.° 379/97, de 27 de Dezembro;*
h) *Apoiar as associações de doentes ou dos seus representantes, as associações de utentes e consumidores da saúde e as associações promotoras da saúde na área da saúde reprodutiva e da saúde infantil e juvenil;*
i) *Desenvolver as medidas adequadas à promoção do aleitamento materno;*
j) *Fomentar o ensino, a aprendizagem e a formação pré-graduada, pós-graduada e contínua aos profissionais de saúde nas áreas da saúde reprodutiva e da saúde infantil e juvenil;*
l) *Difundir, nomeadamente através da escola e dos órgãos de comunicação social as informações e conhecimentos úteis a que se refere o n.° 1 do artigo 4.°, bem como as medidas referentes à promoção da saúde e do bem-estar.*
(...)

Capítulo IV – Regimes de segurança social e acção social
(...)

Art. 31.° (Meios de apoio à infância)

1. *O Estado, em cooperação com as pessoas colectivas de direito público, com as instituições privadas de solidariedade social, organizações de trabalhadores e associações patronais, implementará progressivamente uma rede nacional de equipamentos e serviços de apoio aos trabalhadores com filhos em idade pré-escolar.*

2. *A rede de equipamentos e serviços prevista no número anterior visa a prestação de serviços em condições que permitam o acesso dos interessados, independentemente da sua condição económica, incluindo, nomeadamente:*

a) Estruturas de guarda de crianças, tais como creches, jardins-de-infância, serviços de amas e creches familiares, adequadamente dimensionadas e localizadas, dotadas de meios humanos, técnicos e em geral de condições apropriadas à promoção do desenvolvimento integral da criança;
b) Serviços de apoio domiciliário.

3. Os horários de funcionamento dos equipamentos e serviços previstos nos números anteriores serão compatibilizados com o exercício da actividade profissional dos pais».

Com a publicação da Lei n.º 59/2008, de 11 de Setembro, que aprovou o RCTFP, e com ele o regime sobre a protecção da maternidade e da paternidade de todos os trabalhadores que exercem funções públicas, sejam eles nomeados ou contratados, afastou-se do âmbito da função pública as disposições análogas existentes no anterior Código do Trabalho, e respectiva Regulamentação, ficando assim prejudicada e revogada a repristinação dos arts. 3.º a 8.º e 31.º da Lei n.º 4/84, de 5 de Abril, com a numeração e redacção constantes do Decreto-Lei n.º 70/2000, de 4 de Maio, operada pelo art. 10.º, n.º 2 da Lei n.º 35/2004, de 29 de Julho, que aprovou a Regulamentação do Código do Trabalho. **Contudo, a Lei n.º 59/2008, de 11 de Setembro, através da disposição contida no seu art. 22.º anunciava e avisava desde logo o seguinte:**
Que «a entrada em vigor do diploma que regular a matéria da **protecção da maternidade e da paternidade, revogando as disposições dos artigos 33.º a 52.º do Código do Trabalho, aprovado pela Lei n.º 99/2003, de 27 de Agosto, e dos artigos 66.º a 113.º da respectiva regulamentação, aprovada pela Lei n.º 35/2004, de 29 de Julho,»** determinará «a cessação da vigência dos artigos 24.º a 43.º do Regime e 40.º a 86.º do Regulamento, aplicando-se de imediato aos trabalhadores que exerçam funções públicas, nas modalidades de contrato de trabalho em funções públicas e de nomeação, com as necessárias adaptações, o disposto naqueles diplomas sobre a mesma matéria».

Assim, com a publicação do novo Código do Trabalho, aprovado pela Lei n.º 7/2009, de 12 de Fevereiro, diploma que passou a regular a matéria da protecção da maternidade e paternidade, agora sob a nova designação de protecção na parentalidade, verificou-se a revogação dos artigos 24.º a 43.º do Anexo I – «Regime» e 40.º a 86.º do

Anexo II – «Regulamento», do RCTFP, que versavam sobre esta mesma matéria. Contudo, em cumprimento do preceituado no art. 14.º, n.º 2 da Lei n.º 7/2009, de 12 de Fevereiro, que aprovou o novo Código do Trabalho, esta revogação só se tornou efectiva a partir do dia 1 de Maio de 2009, data em que se verificou a entrada em vigor do Dec.--Lei n.º 89/2009, de 9 de Abril, que «regulamenta a protecção na parentalidade, no âmbito da eventualidade maternidade, paternidade e adopção, no regime de protecção social convergente, e do Dec.-Lei n.º 91/2009, de 9 de Abril, que «regulamenta a protecção na parentalidade no âmbito da eventualidade maternidade, paternidade e adopção», agora «do sistema previdencial e do sub-subsistema de solidariedade».

Consequentemente, só a partir de 1 de Maio de 2009, é que os artigos 33.º a 65.º do novo Código do Trabalho, bem como todo o Dec.--Lei n.º 89/2009, de 9 de Abril, passaram a constituir o regime de protecção da maternidade e paternidade aplicável a todos os trabalhadores da Administração Pública, sejam eles nomeados ou contratados, rebaptizado agora sob a designação de protecção na parentalidade. Quanto ao Dec.-Lei n.º 91/2009, de 9 de Abril, aplica-se ele, na Administração Pública, apenas aos trabalhadores que exerçam funções públicas que se encontrem inscritos e sejam beneficiários do regime geral da segurança social. É, pois, com referência a estes regimes que passaremos a enunciar de imediato o conjunto de direitos e prerrogativas que os trabalhadores que exercem funções públicas possuem em matéria de protecção na parentalidade.

Antes de passarmos a enunciar o regime de protecção na parentalidade, refira-se que a paternidade e a maternidade constituem valores sociais eminentes reconhecidos pela própria Constituição da República Portuguesa, nomeadamente pelo seu art. 68.º, emprestando-lhes assim, a esse nível, a sua forte protecção e salvaguarda jurídicas. O art. 33.º, n.º 1 do Código do Trabalho repete-o, acrescentando no seu n.º 2, que «os trabalhadores têm direito à protecção da sociedade e do Estado na sua realização da sua insubstituível acção em relação ao exercício da parentalidade».

«A protecção na parentalidade concretiza-se», de acordo com o disposto no art. 35.º, n.º 1 do Código do Trabalho, **«através da atribuição dos seguintes direitos:**

    a) Licença em situação de risco clínico durante a gravidez;

b) **Licença por interrupção da gravidez;**
c) **Licença parental, em qualquer das modalidades;**
d) **Licença por adopção;**
e) **Licença parental complementar em qualquer das modalidades;**
f) **Dispensa da prestação de trabalho por parte de trabalhadora grávida, puérpera ou lactante, por motivo de protecção da sua segurança e saúde;**
g) **Dispensa para consulta pré-natal;**
h) **Dispensa para avaliação para adopção;**
i) **Dispensa para amamentação ou aleitação;**
j) **Faltas para assistência a filho;**
k) **Faltas para assistência a neto;**
l) **Licença para assistência a filho;**
m) **Licença para assistência a filho com deficiência ou doença crónica;**
n) **Trabalho a tempo parcial de trabalhadores com responsabilidades familiares;**
o) **Horário flexível de trabalhador com responsabilidades familiares;**
p) **Dispensa de prestação de trabalho em regime de adaptabilidade;**
q) **Dispensa de prestação de trabalho suplementar;**
r) **Dispensa de prestação de trabalho no período nocturno».**

O art. 35.º, n.º 2 do Código do Trabalho determina, porém, que os direitos de parentalidade «previstos no (seu) número anterior apenas se aplicam, após o nascimento do filho, a trabalhadores que não estejam impedidos ou inibidos totalmente do exercício do poder paternal, com excepção do direito da mãe a gozar 14 de semanas de licença parental inicial e dos referentes a protecção durante a amamentação».

O art. 36.º do Código do Trabalho dá-nos uma definição legal de:

a) **Trabalhadora grávida**, como sendo a «trabalhadora em estado de gestação que informe» a entidade empregadora pública «do seu estado, por escrito, com apresentação de atestado médico»;
b) **Trabalhadora puérpera**, como sendo «a trabalhadora parturiente e durante um período de 120 dias subsequentes ao parto que informe» a entidade empregadora pública «do seu estado, por escrito,

com apresentação de atestado médico ou certidão de nascimento do filho;
c) **Trabalhadora lactante,** como sendo «a trabalhadora que amamenta o filho e informe» a entidade empregadora pública «do seu estado, por escrito, com apresentação de atestado médico».

Vejamos, então, cada uma destas figuras de protecção da parentalidade.

A) LICENÇA EM SITUAÇÃO DE RISCO CLÍNICO DURANTE A GRAVIDEZ (arts. 35.°, n.° 1, al. a) e 37.° do Código do Trabalho):

- **DIREITO: todas as trabalhadoras grávidas que exerçam funções públicas, sejam elas nomeadas ou contratadas, e se encontrem em situação de risco clínico que ponha em causa a sua normal gravidez ou a do seu nascituro** (vd. arts. 8.°, al. d) e 22.° da Lei n.° 59/2008, de 11 de Setembro, que aprovou o RCTFP; este último preceito legal determinou, como se viu, a aplicabilidade do regime de protecção na parentalidade constante do novo Código do Trabalho, e demais legislação regulamentadora, a todos os trabalhadores que exercem funções públicas).
- **PERÍODO: na «situação de risco clínico para a trabalhadora grávida ou para o nascituro, impeditivo do exercício de funções,** independentemente do motivo que determine esse impedimento e esteja este ou não relacionado com as condições de prestação do trabalho, **caso o empregador não lhe proporcione o exercício de actividade compatível com o seu estado e categoria profissional, a trabalhadora tem direito a licença, pelo período de tempo que por prescrição médica for considerado necessário para prevenir o risco, sem prejuízo da licença parental inicial»** (art. 37.°, n.° 1 do Código do Trabalho).
- **FORMALIDADES: a trabalhadora tem aqui uma dupla obrigação, a saber:**

1. A de informar a entidade pública empregadora com uma antecedência de 10 dias ou, em caso de urgência comprovada pelo médico, logo que possível;

2. E a de apresentar atestado médico que indique o período previsível da licença (art. 37.°, n.° 2 do Código do Trabalho; o art. 9.° do

Dec.-Lei n.º 89/2009, de 9 de Abril, fala na necessidade de a trabalhadora apresentar um certificado do médico da especialidade no qual se declare, expressamente, a existência de uma situação de risco clínico e o período de tempo que ela necessita de se ausentar ao serviço para prevenir esse risco).

- **EFEITOS:**

   a) <u>Trabalhadores integrados no Regime da Protecção Social Convergente (ou específico da função pública) e, ainda, no regime geral da segurança social, mas que descontam para a ADSE</u> – o período em que não há prestação de trabalho efectivo desta licença:

   1. Não determina a perda de quaisquer direitos, salvo quanto à retribuição, e é considerada como prestação efectiva de trabalho (art. 65.º, n.º 1, al. a) do Código do Trabalho);

   2. Dá lugar à atribuição de um subsídio de risco clínico (que não depende da apresentação de qualquer requerimento) **durante a gravidez correspondente a 100% da remuneração de referência da beneficiária** (arts. 4.º, n.º 1, al. a), 9.º, 22.º, 23.º, n.º 1, 31.º, n.º 2 do Dec.-Lei n.º 89/2009, de 9 de Abril, diploma que «regulamenta a protecção na parentalidade, no âmbito da eventualidade maternidade, paternidade e adopção, no regime de protecção social convergente»); porém,

   3. O direito a este subsídio depende de o beneficiário, à data do facto determinante da protecção, ter cumprido um prazo de garantia de 6 meses civis, seguidos ou interpolados, com prestação efectiva ou equivalente a exercício de funções (art. 7.º, n.º 1 do Dec.-Lei n.º 89/2009, de 9 de Abril); para estes efeitos, «releva, se necessário, o mês em que ocorre o facto determinante desde que no mesmo se verifique prestação efectiva de trabalho» (n.º 2); quando se verificar uma não prestação de trabalho efectivo durante 6 meses consecutivos, «a contagem do prazo de garantia tem início a partir da data em que ocorra a prestação de trabalho efectivo» (n.º 3); consideram-se equivalentes a exercício de funções os períodos de não prestação de trabalho efectivo decorrente das demais eventualidades e os períodos em que, nos termos legais, haja percepção de remuneração sem a correspondente prestação de trabalho efectivo (n.º 4);

   4. Dá direito a que o respectivo subsídio seja pago mensalmente pela entidade empregadora da beneficiária na data do pagamento das

remunerações dos demais trabalhadores, com referência expressa aos dias e mês a que corresponde o impedimento para o trabalho, cabendo ainda àquela entidade o dever de comunicar ao beneficiário a decisão sobre a atribuição do subsídio em apreço, nos termos do Código do Procedimento Administrativo (arts. 31.º a 33.º do Dec.-Lei n.º 89/2009, de 9 de Abril);

5. **Porque dá direito à atribuição de um subsídio, e não de uma remuneração, sobre aquele subsídio não incidem quaisquer descontos que tenham como referência o conceito legal de remuneração, logo, sobre ele não incidem quaisquer descontos para a Caixa Geral de Aposentações** (arts. 18.º, n.º 2 e 19.º da Lei n.º 4/2009, de 29 de Janeiro e arts. 3.º, 4.º, n.º 1, al. a), 5.º, n.º 1, 21.º, 22.º e 23.º º do Dec.-Lei n.º 89/2009, de 9 de Abril);

6. **Considera-se equivalente à entrada de contribuições e quotizações para efeitos das eventualidades invalidez, velhice e morte, contando assim este tempo para efeitos de antiguidade para aposentação** (vd. art. 19.º da Lei n.º 4/2009, de 29 de Janeiro, art. 5.º, n.º 1 do Dec.-Lei n.º 89/2009, de 9 de Abril);

7. **Suspende o gozo das férias, devendo os dias remanescentes ser gozados após o seu termo, mesmo que tal se verifique no ano seguinte** (art. 65.º, n.º 3, al. a) o Código do Trabalho);

8. **Não prejudica o tempo já decorrido de estágio ou acção ou curso de formação, devendo o trabalhador cumprir apenas o período em falta para o completar** (art. 65.º, n.º 3, al. b) o Código do Trabalho);

9. **Adia a prestação de prova para progressão na carreira profissional, se tal for o caso, a qual deve ter lugar após o termo da licença** (art. 65.º, n.º 3, al. c) do Código do Trabalho);

10. **No termo da situação de licença, o trabalhador tem direito a retomar a sua actividade profissional para a qual foi admitido** (art. 65.º, n.º 5 do Código do Trabalho).

b) <u>Trabalhadores abrangidos pelo regime geral da segurança social, que descontam apenas para a segurança social</u> – o período em que não há prestação de trabalho efectivo desta licença:

1. **Não determina a perda de quaisquer direitos, salvo quanto à retribuição, e é considerada como prestação efectiva de trabalho** (art. 65.º, n.º 1, al. a) do Código do Trabalho);

2. Dá lugar à atribuição de um subsídio de risco clínico (que depende da apresentação de requerimento, em formulário de modelo próprio, pela própria beneficiária junto do serviço da segurança social directa; porém, há lugar à dispensa deste requerimento nas situações em que a certificação médica seja emitida pelos estabelecimentos ou serviços de saúde competentes do Serviço Nacional de Saúde através de formulário próprio) **durante a gravidez correspondente a 100% da remuneração de referência da beneficiária** (arts. 7.º, n.º 1, al. a), 9.º, 27.º, 28.º, 29.º e 86.º, n.º 1 do Dec.-Lei n.º 91/2009, de 9 de Abril, diploma que «regulamenta a protecção na parentalidade, no âmbito da eventualidade maternidade, paternidade e adopção, no regime do sistema previdencial (...)»);

3. O prazo de garantia para a atribuição deste subsídio é de 6 meses civis, seguidos ou interpolados, com registo de remunerações, à data do facto determinante da protecção (art. 25.º, n.º 1 do Dec.-Lei n.º 91/2009, de 9 de Abril); para estes efeitos «releva, se necessário, o mês em que ocorre o evento desde que no mesmo se verifique registo de remunerações» (n.º 2); na ausência deste registo durante 6 meses consecutivos, «a contagem do prazo de garantia tem início a partir da data em que ocorra um novo registo de remunerações» (n.º 3);

4. Dá direito a que o respectivo subsídio seja pago mensalmente pela competente entidade gestora da segurança social aos titulares do direito ou aos seus representantes legais, cabendo ainda àquela entidade o dever de comunicar ao beneficiário a decisão sobre a atribuição do subsídio em apreço, nos termos do Código do Procedimento Administrativo (arts. 2.º, 66.º, 80.º e 81.º, n.º 1 do Dec.-Lei n.º 91/2009, de 9 de Abril);

5. Dá lugar ao registo de remunerações por equivalência à entrada de contribuições durante o respectivo período de concessão do subsídio, sendo considerado como trabalho efectivamente prestado (art. 22.º, n.º 1 do Dec.-Lei n.º 91/2009, de 9 de Abril);

6. Suspende o gozo das férias, devendo os dias remanescentes ser gozados após o seu termo, mesmo que tal se verifique no ano seguinte (art. 65.º, n.º 3, al. a) o Código do Trabalho);

7. Não prejudica o tempo já decorrido de estágio ou acção ou curso de formação, devendo o trabalhador cumprir apenas o período em falta para o completar (art. 65.º, n.º 3, al. b) o Código do Trabalho);

**8. Adia a prestação de prova para progressão na carreira profissional, se tal for o caso, a qual, prova, deve ter lugar após o termo da licença (art. 65.°, n.° 3, al. c) do Código do Trabalho);

9. No termo da situação de licença, o trabalhador tem direito a retomar a sua actividade profissional para a qual foi admitido (art. 65.°, n.° 5 do Código do Trabalho).

B) LICENÇA POR INTERRUPÇÃO DA GRAVIDEZ (arts. 35.°, n.° 1, al. b) e 38.° do Código do Trabalho; vd. art. 142.° do Código Penal):

- **DIREITO: todas as trabalhadoras que exercem funções públicas, sejam elas nomeadas ou contratadas.**
- **PERÍODO:** no «caso de interrupção da gravidez (seja ela voluntária ou involuntária), **a trabalhadora tem direito a licença com a duração entre 14 e 30 dias»,** graduável, através de atestado médico (art. 38.°, n.° 1 do Código do Trabalho).
- **FORMALIDADES: a trabalhadora tem de informar a entidade pública empregadora e apresentar, logo que possível, atestado médico que indique o período previsível da licença, que não pode ser inferior a 14 nem superior a 30 dias** (art. 38.°, n.° 2 do Código do Trabalho).
- **EFEITOS:**

   a) <u>Trabalhadores integrados no Regime da Protecção Social Convergente (ou específico da função pública) e, ainda, no regime geral da segurança social, mas que descontam para a ADSE</u> – o período em que não há prestação de trabalho efectivo desta licença:

   1. Não determina a perda de quaisquer direitos, salvo quanto à retribuição, e é considerada como prestação efectiva de trabalho (art. 65.°, n.° 1, al. b) do Código do Trabalho);

   2. Dá lugar à atribuição de um subsídio por interrupção da gravidez (que não depende da apresentação de qualquer requerimento) **durante um período variável entre 14 e 30 dias consecutivos, nos termos da respectiva certificação médica, correspondente a 100% da remuneração de referência da beneficiária** (arts. 4.°, n.° 1, al. b), 10.°, 22.°, 23.°, n.° 1, 31.°, n.° 2 do Dec.-Lei n.° 89/2009, de 9 de Abril); porém,

   3. **O direito a este subsídio depende de o beneficiário, à data do facto determinante da protecção, ter cumprido um prazo de garantia**

de 6 meses civis, seguidos ou interpolados, com prestação efectiva ou equivalente a exercício de funções (art. 7.º, n.º 1 do Dec.-Lei n.º 89/2009, de 9 de Abril); para estes efeitos, «releva, se necessário, o mês em que ocorre o facto determinante desde que no mesmo se verifique prestação efectiva de trabalho» (n.º 2); quando se verificar uma não prestação de trabalho efectivo durante 6 meses consecutivos, «a contagem do prazo de garantia tem início a partir da data em que ocorra a prestação de trabalho efectivo» (n.º 3); consideram-se equivalentes a exercício de funções os períodos de não prestação de trabalho efectivo decorrente das demais eventualidades e os períodos em que, nos termos legais, haja percepção de remuneração sem a correspondente prestação de trabalho efectivo (n.º 4);

4. Dá direito a que o respectivo subsídio seja pago mensalmente pela entidade empregadora da beneficiária na data do pagamento das remunerações dos demais trabalhadores, com referência expressa aos dias e mês a que corresponde o impedimento para o trabalho, cabendo ainda àquela entidade o dever de comunicar ao beneficiário a decisão sobre a atribuição do subsídio em apreço, nos termos do Código do Procedimento Administrativo (arts. 31.º a 33.º do Dec.-Lei n.º 89/2009, de 9 de Abril);

5. Porque dá direito à atribuição de um subsídio, e não de uma remuneração, sobre aquele subsídio não incidem quaisquer descontos que tenham como referência o conceito legal de remuneração, logo, sobre ele não incidem quaisquer descontos para a Caixa Geral de Aposentações (arts. 18.º, n.º 2 e 19.º da Lei n.º 4/2009, de 29 de Janeiro e arts. 3.º, 4.º, n.º 1, al. b), 5.º, n.º 1, 21.º, 22.º e 23.º, n.º 1º do Dec.-Lei n.º 89/2009, de 9 de Abril);

6. Considera-se equivalente à entrada de contribuições e quotizações para efeitos das eventualidades invalidez, velhice e morte, contando assim este tempo para efeitos de antiguidade para aposentação (vd. art. 19.º da Lei n.º 4/2009, de 29 de Janeiro, art. 5.º, n.º 1 do Dec.-Lei n.º 89/2009, de 9 de Abril);

7. Suspende o gozo das férias, devendo os dias remanescentes ser gozados após o seu termo, mesmo que tal se verifique no ano seguinte (art. 65.º, n.º 3, al. a) do Código do Trabalho);

8. Não prejudica o tempo já decorrido de estágio ou acção ou curso de formação, devendo o trabalhador cumprir apenas o período em falta para o completar (art. 65.º, n.º 3, al. b) do Código do Trabalho);

9. Adia a prestação de prova para progressão na carreira profissional, se tal for o caso, a qual deve ter lugar após o termo da licença (art. 65.º, n.º 3, al. c) do Código do Trabalho);

10. No termo da situação de licença, o trabalhador tem direito a retomar a sua actividade profissional para a qual foi admitido (art. 65.º, n.º 5 do Código do Trabalho).

b) <u>Trabalhadores abrangidos pelo regime geral da segurança social, que descontam apenas para a segurança social</u> – o período em que não há prestação de trabalho efectivo desta licença:

1. Não determina a perda de quaisquer direitos, salvo quanto à retribuição, e é considerada como prestação efectiva de trabalho (art. 65.º, n.º 1, al. b) do Código do Trabalho);

2. Dá lugar à atribuição de um subsídio por interrupção da gravidez (que depende da apresentação de requerimento, em formulário de modelo próprio, pela própria beneficiária junto do serviço da segurança social directa; porém, há lugar à dispensa deste requerimento nas situações em que a certificação médica seja emitida pelos estabelecimentos ou serviços de saúde competentes do Serviço Nacional de Saúde através de formulário próprio) **durante um período variável entre 14 e 30 dias, medicamente certificado, correspondente a 100% da remuneração de referência da beneficiária** (arts. 7.º, n.º 1, al. b), 10.º, 27.º, 28.º, 29.º e 86.º, n.º 1 do Dec.-Lei n.º 91/2009, de 9 de Abril);

3. O prazo de garantia para a atribuição deste subsídio é de 6 meses civis, seguidos ou interpolados, com registo de remunerações, à data do facto determinante da protecção (art. 25.º, n.º 1 do Dec.-Lei n.º 91/2009, de 9 de Abril); para estes efeitos «releva, se necessário, o mês em que ocorre o evento desde que no mesmo se verifique registo de remunerações» (n.º 2); na ausência deste registo durante 6 meses consecutivos, «a contagem do prazo de garantia tem início a partir da data em que ocorra um novo registo de remunerações» (n.º 3);

4. Dá direito a que o respectivo subsídio seja pago mensalmente pela competente entidade gestora da segurança social aos titulares do direito ou aos seus representantes legais, cabendo ainda àquela entidade o dever de comunicar ao beneficiário a decisão sobre a atribuição do subsídio em apreço, nos termos do Código do Procedimento Administrativo (arts. 2.º, 66.º, 80.º e 81.º, n.º 1 do Dec.-Lei n.º 91/2009, de 9 de Abril);

5. Dá lugar ao registo de remunerações por equivalência à entrada de contribuições durante o respectivo período de concessão do subsídio, sendo considerado como trabalho efectivamente prestado (art. 22.º, n.º 1 do Dec.-Lei n.º 91/2009, de 9 de Abril);

6. Suspende o gozo das férias, devendo os dias remanescentes ser gozados após o seu termo, mesmo que tal se verifique no ano seguinte (art. 65.º, n.º 3, al. a) o Código do Trabalho);

7. Não prejudica o tempo já decorrido de estágio ou acção ou curso de formação, devendo o trabalhador cumprir apenas o período em falta para o completar (art. 65.º, n.º 3, al. b) do Código do Trabalho);

8. Adia a prestação de prova para progressão na carreira profissional, se tal for o caso, a qual, prova, deve ter lugar após o termo da licença (art. 65.º, n.º 3, al. c) do Código do Trabalho);

9. No termo da situação de licença, o trabalhador tem direito a retomar a sua actividade profissional para a qual foi admitido (art. 65.º, n.º 5 do Código do Trabalho).

C) **LICENÇA PARENTAL**, que assume as seguintes modalidades:

1. Licença parental inicial;
2. Licença parental inicial exclusiva da mãe;
3. Licença parental inicial a gozar pelo pai por impossibilidade da mãe;
4. Licença parental exclusiva do pai.
(vd. art. 39.º do Código do Trabalho)

Vejamos cada uma delas!

1. LICENÇA PARENTAL INICIAL (arts. 35.º, n.º 1, al. c), 39.º, al. a) e 40.º do Código do Trabalho):

- **DIREITO:** «mãe e o pai trabalhadores», que exerçam funções públicas, sejam eles nomeados ou contratados, têm direito, por nascimento de filho», a esta licença parental inicial (art. 40.º, n.º 1 do Código do Trabalho). A novidade introduzida pelo novo Código do Trabalho consiste na atribuição do direito de gozar esta licença parental inicial, correspondente à antiga licença de maternidade, também ao pai, em pé de igualdade com a mãe (salvaguardando, porém, o período de 6 semanas de licença parental exclusiva da mãe).

- **PERÍODO:** a mãe e o pai trabalhadores têm direito, por ocasião do nascimento do filho, a uma «**licença parental inicial de 120 ou 150 dias consecutivos, cujo gozo podem partilhar após o parto, sem prejuízo**» da obrigatoriedade que recai sobre a mãe do gozo de 6 semanas de licença a seguir ao parto (arts. 40.º, n.º 1 e 41.º, n.º 2 do Código do Trabalho; vd. art. 11.º, n.º 1 do Dec.-Lei n.º 89/2009, e art. 12.º, n.º 1 do Dec.-Lei n.º 91/2009, ambos de 9 de Abril).

Contudo, apenas à mãe é reconhecido o direito de poder «gozar até 30 dias de licença parental inicial antes do parto», total ou parcialmente (art. 41.º n.º 1 do Código do Trabalho). No caso da mãe optar pelo gozo, total ou parcial, destes 30 dias de licença parental inicial antes do parto, mantém-se ainda assim obrigada ao gozo das 6 semanas de licença a seguir ao parto.

O art. 40.º, n.º 2 do Código do Trabalho prescreve de seguida que aquela licença «é acrescida em 30 dias», desde que:

a) **Após o período de gozo obrigatório das 6 semanas da licença parental exclusiva da mãe a seguir ao parto;**
b) **Se verifique uma partilha da licença parental inicial;**
c) **Em que cada um dos progenitores goze, em exclusivo, um período de 30 dias consecutivos, ou dois períodos de 15 dias consecutivos** (vd. art. 11.º, n.º 2 do Dec.-Lei n.º 89/2009, de 9 de Abril, e art. 12.º, n.º 2 do Dec.-Lei n.º 91/2009, de 9 de Abril).

Neste caso, a licença parental inicial poderá passar dos 120 e 150 dias para os 150 e 180 dias, respectivamente (vd. art. 11.º, n.º 2 do Dec.-Lei n.º 89/2009, e art. 12.º, n.º 2 do Dec.-Lei n.º 91/2009, ambos de 9 de Abril).

Na eventualidade «de nascimentos múltiplos (gémeos), **o período de licença previsto nos números anteriores é acrescido de 30 dias por cada gemelar além do primeiro**» (art. 40.º, n.º 3 do Código do Trabalho; vd. art. 11.º, n.º 3 do Dec.-Lei n.º 89/2009, e art. 12.º, n.º 3 do Dec.-Lei n.º 91/2009, ambos de 9 de Abril).

- **FORMALIDADES:** no «caso de partilha do gozo da licença, a mãe e o pai informam os respectivos empregadores, até 7 dias após o parto, do início e termo dos períodos a gozar, por cada um, entregando para o efeito, declaração conjunta» (art. 40.º, n.º 4 do Código do Trabalho).

Se não houver lugar a partilha, «e sem prejuízo dos direitos da mãe a que se refere o artigo seguinte, **o progenitor que gozar a licença informa o respectivo empregador, até 7 dias após o parto, da duração da licença e do início do respectivo período, juntando declaração do outro progenitor da qual conste que o mesmo exerce actividade profissional e que não goza a licença parental inicial**» (art. 40.º, n.º 5 do Código do Trabalho). **Na falta desta declaração «a licença é gozada pela mãe»** (art. 40.º, n.º 6 do Código do Trabalho).

Quid juris se a mãe nada disser à respectiva entidade empregadora pública, no prazo de 7 dias após o parto, quanto ao período da licença parental inicial que pretende gozar? Neste caso, deve presumir-se, à semelhança do que vinha previsto no art. 42.º, n.º 2 do Anexo I – Regulamento, do RCTFP, entretanto revogado, que a licença tem a duração de 120 dias.

«**Em caso de internamento hospitalar da criança ou do progenitor que estiver a gozar a licença**» parental inicial (mãe ou pai) «**durante o período após o parto, o período de licença suspende-se, a pedido do progenitor, pelo tempo de duração do internamento**». **Esta suspensão da licença «é feita mediante comunicação ao empregador, acompanhada de declaração emitida pelo estabelecimento hospitalar**» (art. 40.º, n.ºs 7 e 8 do Código do Trabalho).

- **EFEITOS:**

    a) <u>Trabalhadores integrados no Regime da Protecção Social Convergente (ou específico da função pública) e, ainda, no regime geral da segurança social, mas que descontam para a ADSE</u> – o período em que não há prestação de trabalho efectivo desta licença:

    1. Não determina a perda de quaisquer direitos, salvo quanto à retribuição, e é considerada como prestação efectiva de trabalho (art. 65.º, n.º 1, al. c) do Código do Trabalho);

    2. Dá lugar à atribuição de um subsídio parental inicial (que não depende da apresentação de qualquer requerimento) **durante o período da respectiva licença correspondente a uma percentagem da remune-**

ração de referência do beneficiário (arts. 4.º, n.º 1, al. d), 11.º, 22.º, 23.º, n.ᵒˢ 2 e 3, 31.º, n.º 2 do Dec.-Lei n.º 89/2009, de 9 de Abril);

3. O montante diário do subsídio parental inicial a atribuir ao beneficiário varia, porém, consoante o período da licença, a sua partilha ou não e o número de filhos, pelo que esse montante:

a) É de 100%, no caso do período da licença ser de 120 dias, nos termos do art. 11, n.º 1;
b) É de 80%, no caso do período desta licença ser de 150 dias, nos termos do art. 11.º, n.º 1;
c) É de 100%, no caso do período da licença ser de 150 dias, em regime de partilha, nos termos do art. 11, n.º 2;
d) É de 83%, no caso do período da licença ser de 180 dias, em regime de partilha, nos termos do art. 11.º, n.º 2;
e) É de 100%, no caso de nascimentos múltiplos, sendo devido apenas em relação aos períodos acrescidos (art. 23.º, n.ᵒˢ 2 e 3 do Dec.-Lei n.º 89/2009, de 9 de Abril);

4. O direito a este subsídio depende de o beneficiário, à data do facto determinante da protecção, ter cumprido um prazo de garantia de 6 meses civis, seguidos ou interpolados, com prestação efectiva ou equivalente a exercício de funções (art. 7.º, n.º 1 do Dec.-Lei n.º 89/2009, de 9 de Abril); para estes efeitos, «releva, se necessário, o mês em que ocorre o facto determinante desde que no mesmo se verifique prestação efectiva de trabalho» (n.º 2); quando se verificar uma não prestação de trabalho efectivo durante 6 meses consecutivos, «a contagem do prazo de garantia tem início a partir da data em que ocorra a prestação de trabalho efectivo» (n.º 3); consideram-se equivalentes a exercício de funções os períodos de não prestação de trabalho efectivo decorrente das demais eventualidades e os períodos em que, nos termos legais, haja percepção de remuneração sem a correspondente prestação de trabalho efectivo (n.º 4); no caso de o outro progenitor ser trabalhador independente, a justificação a que se refere o art. 11.º, n.º 5 é substituída pela apresentação de certificado de não ter sido requerido o correspondente subsídio, emitido pelas respectivas entidades competentes (art. 11.º, n.º 6 do Dec.-Lei n.º 89/2009, de 9 de Abril); se não for apresentada declaração de partilha e o pai não justifique o gozo da licença, o direito ao subsídio parental inicial é reconhecido à mãe (n.º 7); «o subsídio parental inicial pelos períodos de

150, 180 ou o acréscimo de 30 dias por cada gémeo além do primeiro é atribuído apenas no caso de nado-vivo» (n.º 8);

5. **Dá direito a que o respectivo subsídio seja pago mensalmente pela entidade empregadora do beneficiário na data do pagamento das remunerações dos demais trabalhadores, com referência expressa aos dias e mês a que corresponde o impedimento para o trabalho, cabendo ainda àquela entidade o dever de comunicar ao beneficiário a decisão sobre a atribuição do subsídio em apreço, nos termos do Código do Procedimento Administrativo** (arts. 31.º a 33.º do Dec.-Lei n.º 89/2009, de 9 de Abril);

6. **Porque dá direito à atribuição de um subsídio, e não de uma remuneração, sobre aquele subsídio não incidem quaisquer descontos que tenham como referência o conceito legal de remuneração, logo, sobre ele não incidem quaisquer descontos para a Caixa Geral de Aposentações** (arts. 18.º, n.º 2 e 19.º da Lei n.º 4/2009, de 29 de Janeiro e arts. 3.º, 4.º, n.º 1, al. d), 5.º, n.º 1, 21.º, 22.º e 23.º do Dec.-Lei n.º 89/2009, de 9 de Abril);

7. **Considera-se equivalente à entrada de contribuições e quotizações para efeitos das eventualidades invalidez, velhice e morte, contando assim este tempo para efeitos de antiguidade para aposentação** (vd. art. 19.º da Lei n.º 4/2009, de 29 de Janeiro, art. 5.º, n.º 1 do Dec.-Lei n.º 89/2009, de 9 de Abril);

8. **Suspende o gozo das férias, devendo os dias remanescentes ser gozados após o seu termo, mesmo que tal se verifique no ano seguinte** (art. 65.º, n.º 3, al. a) o Código do Trabalho);

9. **Não prejudica o tempo já decorrido de estágio ou acção ou curso de formação, devendo o trabalhador cumprir apenas o período em falta para o completar** (art. 65.º, n.º 3, al. b) o Código do Trabalho);

10. **Adia a prestação de prova para progressão na carreira profissional, se tal for o caso, a qual deve ter lugar após o termo da licença** (art. 65.º, n.º 3, al. c) do Código do Trabalho);

11. **Suspende-se** (isto é, licença suspende-se) **no caso de doença do trabalhador, se este informar a entidade empregadora pública e apresentar atestado médico comprovativo, prosseguindo logo após a cessação desse impedimento** (art. 65.º, n.º 4, al. a) do Código do Trabalho);

12. **Não pode ser suspensa (a licença) por conveniência da entidade empregadora pública** (art. 65.º, n.º 4, al. b) do Código do Trabalho);

13. **Não prejudica o direito do trabalhador a ceder à informação

periódica emitida pela entidade empregadora pública para o conjunto dos trabalhadores (art. 65.º, n.º 4, al. c) do Código do Trabalho);

14. Termina com a cessação da situação que originou a respectiva licença que deve ser comunicada à entidade empregadora pública no prazo de 5 dias (art. 65.º, n.º 4, al. d) do Código do Trabalho);

15. No termo da situação de licença, o trabalhador tem direito a retomar a sua actividade profissional para a qual foi admitido (art. 65.º, n.º 5 do Código do Trabalho).

b) <u>Trabalhadores abrangidos pelo regime geral da segurança social, que descontam apenas para a segurança social</u> – o período em que não há prestação de trabalho efectivo desta licença:

1. Não determina a perda de quaisquer direitos, salvo quanto à retribuição, e é considerada como prestação efectiva de trabalho (art. 65.º, n.º 1, al. c) do Código do Trabalho);

2. Dá lugar à atribuição de um subsídio parental inicial (que depende da apresentação de requerimento, em formulário de modelo próprio, pelo próprio beneficiário junto do serviço da segurança social directa; porém, há lugar à dispensa deste requerimento nas situações em que a certificação médica seja emitida pelos estabelecimentos ou serviços de saúde competentes do Serviço Nacional de Saúde através de formulário próprio) **durante o período da respectiva licença correspondente a uma percentagem da remuneração de referência do beneficiário** (arts. 7.º, n.º 1, al. c), 11.º, al. a), 27.º, 28.º, 29.º, 30.º e 86.º, n.º 1 do Dec.-Lei n.º 91/2009, de 9 de Abril, diploma que «regulamenta a protecção na parentalidade, no âmbito da eventualidade maternidade, paternidade e adopção, no regime do sistema previdencial (…)»);

3. O montante diário do subsídio parental inicial a atribuir ao beneficiário varia, porém, consoante o período da licença, a sua partilha ou não e o número de filhos, pelo que:

  a) **É de 100%, no caso do período da licença ser de 120 dias** (art. 30.º, al. a) do Dec.-Lei n.º 91/2009, de 9 de Abril);
  b) **É de 80%, no caso do período desta licença ser de 150 dias** (art. 30.º, al. b) do Dec.-Lei n.º 91/2009, de 9 de Abril);
  c) **É de 1005, no caso do período da licença ser de 150 dias, mas em regime de partilha** (art. 30.º, al. c) do Dec.-Lei n.º 91/2009, de 9 de Abril);

d) **É de 83%, no caso do período da licença ser de 180 dias, também em regime de partilha** (art. 30.º, al. d) do Dec.-Lei n.º 91/2009, de 9 de Abril);
e) **É de 100%, no caso de nascimentos múltiplos, sendo devido apenas em relação aos períodos de acréscimo à licença parental inicial** (art. 32.º do Dec.-Lei n.º 91/2009, de 9 de Abril);

4. O prazo de garantia para a atribuição deste subsídio é de 6 meses civis, seguidos ou interpolados, com registo de remunerações, à data do facto determinante da protecção (art. 25.º, n.º 1 do Dec.-Lei n.º 91/2009, de 9 de Abril);

5. Dá direito a que o respectivo subsídio seja pago mensalmente pela competente entidade gestora da segurança social aos titulares do direito ou aos seus representantes legais, cabendo ainda àquela entidade o dever de comunicar ao beneficiário a decisão sobre a atribuição do subsídio em apreço, nos termos do Código do Procedimento Administrativo (arts. 2.º, 66.º, 80.º e 81.º, n.º 1 do Dec.-Lei n.º 91/2009, de 9 de Abril);

6. Dá lugar ao registo de remunerações por equivalência à entrada de contribuições durante o respectivo período de concessão do subsídio, sendo considerado como trabalho efectivamente prestado (art. 22.º, n.º 1 do Dec.-Lei n.º 91/2009, de 9 de Abril);

7. Suspende o gozo das férias, devendo os dias remanescentes ser gozados após o seu termo, mesmo que tal se verifique no ano seguinte (art. 65.º, n.º 3, al. a) do Código do Trabalho);

8. Não prejudica o tempo já decorrido de estágio ou acção ou curso de formação, devendo o trabalhador cumprir apenas o período em falta para o completar (art. 65.º, n.º 3, al. b) do Código do Trabalho);

9. Adia a prestação de prova para progressão na carreira profissional, se tal for o caso, a qual, prova, deve ter lugar após o termo da licença (art. 65.º, n.º 3, al. c) do Código do Trabalho);

10. Suspende-se (isto é, licença suspende-se) **no caso de doença do trabalhador, se este informar a entidade empregadora pública e apresentar atestado médico comprovativo, prosseguindo logo após a cessação desse impedimento** (art. 65.º, n.º 4, al. a) do Código do Trabalho);

11. Não pode ser suspensa (a licença) por conveniência da entidade empregadora pública (art. 65.º, n.º 4, al. b) do Código do Trabalho);

12. Não prejudica o direito do trabalhador a ceder à informação periódica emitida pela entidade empregadora pública para o conjunto dos trabalhadores (art. 65.°, n.° 4, al. c) do Código do Trabalho);
13. Termina com a cessação da situação que originou a respectiva licença que deve ser comunicada à entidade empregadora pública no prazo de 5 dias (art. 65.°, n.° 4, al. d) do Código do Trabalho);
14. No termo da situação de licença, o trabalhador tem direito a retomar a sua actividade profissional para a qual foi admitido (art. 65.°, n.° 5 do Código do Trabalho).

2. LICENÇA PARENTAL INICIAL EXCLUSIVA DA MÃE (arts. 35.°, n.° 1, al. c), 39.°, al. b) e 41.°, n.os 2 e 4 do Código do Trabalho):

- **DIREITO:** apenas tem direito a mãe trabalhadora que exerce funções públicas, seja ela nomeada ou contratada (art. 41.°, n.os 1 e 2 do Código do Trabalho).
- **PERÍODO:** a seguir ao parto é obrigatório o gozo, por parte da mãe, de 6 semanas de licença, que em caso algum as pode alienar. De igual modo, apenas a mãe trabalhadora pode gozar «até 30 dias da licença parental inicial antes do parto» (art. 41.°, n.os 1 e 2 do Código do Trabalho).
- **FORMALIDADES:** a trabalhadora deve:

1. Informar a entidade empregadora pública, com antecedência de 10 dias ou, em caso de urgência comprovada pelo médico, logo que possível, do seu propósito em gozar parte da licença antes do parto;
2. E apresentar atestado médico que indique a data previsível do mesmo.
(art. 41.°, n.° 3 do Código do Trabalho).

- **EFEITOS:**

a) <u>Trabalhadores integrados no Regime da Protecção Social Convergente (ou específico da função pública) e, ainda, no regime geral da segurança social, mas que descontam para a ADSE:</u>

«O subsídio parental inicial exclusivo da mãe pode ser atribuído por um período de até 30 dias antes do parto e, obrigatoriamente, por um período de 6 semanas após o parto, os quais se integram no período de atribuição de subsídio parental inicial» (art. 12.º do Dec.-Lei n.º 89/2009, de 9 de Abril).

Quanto ao montante diário do subsídio parental inicial exclusivo da mãe depende ele do período de licença parental inicial escolhido pelos progenitores e da sua eventual partilha ou não. Assim:

a) É de 100%, no caso do período da licença ser de 120 dias, nos termos do art. 11, n.º 1;
b) É de 80%, no caso do período da licença ser de 150 dias, nos termos do art. 11.º, n.º 1;
c) É de 100%, no caso do período relativo ser de 150 dias, em regime de partilha, nos termos do art. 11, n.º 2;
d) É de 83%, no caso do período da licença ser 180 dias, em regime de partilha, nos termos do art. 11.º, n.º 2 (arts. 11.º e 23.º, n.º 2 do Dec.-Lei n.º 89/2009, de 9 de Abril);
e) É de 100%, no caso de nascimentos múltiplos, sendo devido apenas em relação aos períodos acrescidos (art. 23.º, n.ºs 2 e 3 do Dec.-Lei n.º 89/2009, de 9 de Abril);

No resto, esta licença produz os mesmos efeitos da licença parental inicial.

b) Trabalhadores abrangidos pelo regime geral da segurança social, que descontam apenas para a segurança social:

Aqui não há particularidades especiais a referir a não ser a de «o subsídio parental inicial exclusivo da mãe é concedido por um período facultativo até 30 dias antes do parto e 6 semanas obrigatórias após o parto, os quais se integram no período de concessão correspondente ao subsídio parental inicial» (art. 13.º do Dec.-Lei n.º 91/2009, de 9 de Abril). No restante, segue de perto os efeitos da licença parental inicial, pelo que o montante do subsídio:

a) É de 100%, no caso do período da licença ser de 120 dias (art. 30.º, al. a) do Dec.-Lei n.º 91/2009, de 9 de Abril);
b) É de 80%, no caso do período desta licença ser de 150 dias (art. 30.º, al. b) do Dec.-Lei n.º 91/2009, de 9 de Abril);
c) É de 1005, no caso do período da licença ser de 150 dias, mas em regime de partilha (art. 30.º, al. c) do Dec.-Lei n.º 91/2009, de 9 de Abril);

d) É de 83%, no caso do período da licença ser de 180 dias, também em regime de partilha (art. 30.º, al. d) do Dec.-Lei n.º 91/2009, de 9 de Abril);

e) É de 100%, no caso de nascimentos múltiplos, sendo devido apenas em relação aos períodos de acréscimo à licença parental inicial (art. 32.º do Dec.-Lei n.º 91/2009, de 9 de Abril);

3. LICENÇA PARENTAL INICIAL A GOZAR PELO PAI POR IMPOSSIBILIDADE DA MÃE (arts. 35.º, n.º 1, al. c), 39.º, al. c) e 42.º do Código do Trabalho): esta modalidade de licença prevista no art. 39.º, al. c) do Código do Trabalho peca por imprecisão quando confrontada com a designação e conteúdo que lhe são dados no art. 42.º deste mesmo Código. Assim, para que haja uma verdadeira concordância entre aqueles preceitos e, fundamentalmente, com o sentido e objectivo último caracterizadores desta licença, presentes no art. 40.º, n.º 1 do Código do Trabalho, **dever-se-á aqui falar antes em LICENÇA PARENTAL INICIAL A GOZAR POR UM PROGENITOR EM CASO DE IMPOSSIBILIDADE DO OUTRO**.

- **DIREITO: «o pai ou a mãe», trabalhadores, têm direito a esta licença nos casos seguintes** (art. 42.º, n.º 1 do Código do Trabalho):

  a) **Incapacidade física ou psíquica do progenitor que estiver a gozar a licença, enquanto esta se mantiver;**

  b) **Morte do progenitor que estiver a gozar a licença».**

- **PERÍODO: nestes casos, «o pai ou a mãe tem direito a licença, com a duração referida nos n.ºs 1, 2 ou 3 do artigo 40.º (…)».**

Esclarece o art. 42.º, n.º 2 do Código do Trabalho que **«apenas há lugar à duração total da licença» referida no n.º 2 do art. 40.º «caso se verifiquem as condições aí previstas, à data dos factos referidos no número anterior».**

No **«caso de morte ou incapacidade física ou psíquica da mãe, a licença parental inicial a gozar pelo pai tem a duração mínima de 30 dias»** – art. 42.º, n.º 3 do Código do Trabalho.

Por seu turno, **«em caso de morte ou incapacidade física ou psíquica da mãe não trabalhadora»** – em contraponto à mãe trabalhadora – **«nos 120 dias a seguir ao parto, o pai tem direito a licença nos** termos do n.º 1, com a necessária adaptação, ou do número anterior» – art. 42.º, n.º 4 do Código do Trabalho.

- **FORMALIDADES:** de acordo com o disposto no art. 40.º, n.º 5 do Código do Trabalho, **«para efeitos do disposto nos números anteriores, o pai informa o empregador, logo que possível e, consoante a situação, apresenta atestado médico comprovativo ou certidão de óbito e, sendo caso disso, declara o período de licença já gozado pela mãe».**
- **EFEITOS:**

    a) <u>Trabalhadores integrados no Regime da Protecção Social Convergente (ou específico da função pública) e, ainda, no regime geral da segurança social, mas que descontam para a ADSE:</u>

    Estamos perante, recorde-se, uma situação excepcional motivadora da autonomização legal desta licença que não deixa contudo de fazer parte da figura da licença parental inicial, pelo que, neste contexto, os efeitos desta são os mesmos daquela. Importa, contudo, referir, como particularidade, que o «subsídio parental inicial de um progenitor em caso de impossibilidade do outro é atribuído até ao limite do período remanescente que corresponda ao período de licença parental inicial não gozada, em caso de:

        a) Incapacidade física ou psíquica, mediatamente certificada, enquanto se mantiver;
        b) Morte».
        (art. 13.º, n.º 1 do Dec.-Lei n.º 89/2009, de 9 de Abril)

Note-se que o que ficou dito anteriormente se aplica apenas no caso de nado-vivo (art. 13.º, n.º 5 do Dec.-Lei n.º 89/2009, de 9 de Abril).

Só haverá lugar à atribuição do subsídio pela totalidade do período previsto no art. 11.º, n.º 2 caso as condições aí previstas se verifiquem à data da incapacidade física ou psíquica, medicamente certificada, e enquanto esta se mantiver, ou da morte de um dos progenitores (art. 13.º, n.º 3 do Dec.-Lei n.º 89/2009, de 9 de Abril).

«Em caso de morte ou incapacidade física ou psíquica da mãe, o subsídio parental inicial a gozar pelo pai tem a duração mínima de 30 dias» (art. 13.º, n.º 3 do Dec.-Lei n.º 89/2009, de 9 de Abril).

«Em caso de morte ou incapacidade física ou psíquica de mãe não trabalhadora nos 120 dias a seguir ao parto, o pai tem direito ao remanescente do subsídio parental inicial nos termos do n.º 1, com as devidas adaptações, ou do seu número anterior» (art. 13.º, n.º 4 do Dec.-Lei n.º 89/2009, de 9 de Abril).

O montante deste subsídio parental inicial de um progenitor em caso de impossibilidade do outro depende do período de licença parental inicial escolhido pelos progenitores e da sua eventual partilha ou não (art. 23.º do Dec.-Lei n.º 89/2009, de 9 de Abril).

b) Trabalhadores abrangidos pelo regime geral da segurança social, que descontam apenas para a segurança social:

O montante deste subsídio depende do período de licença parental inicial escolhido pelos progenitores e da sua eventual partilha ou não (vd. arts 14.º e 30.º do Dec.-Lei n.º 91/2009, de 9 de Abril). Quanto aos demais efeitos, são eles iguais aos previstos para a licença parental inicial.

4. LICENÇA PARENTAL EXCLUSIVA DO PAI (arts. 35.º, n.º 1, al. c), 39.º, al. d) e 43.º do Código do Trabalho; a consagração desta licença no Código do Trabalho, porque coincidente com o objectivo e sentido das faltas por nascimento previstas no art. 24.º do regime de FFL, acabou por acarretar a revogação deste último preceito):

- **DIREITO: o pai trabalhador que exerce funções públicas, independentemente do seu vínculo laboral se ter constituído por nomeação ou contrato** (art. 43.º, n.º 1 do Código do Trabalho).
- **PERÍODO:** aqui o pai, mais do que um direito, **tem a obrigação de gozar «uma licença parental de 10 dias úteis, seguidos ou interpolados, nos 30 dias seguintes ao nascimento do filho, 5 dos quais gozados de modo consecutivos imediatamente a seguir a este»** mesmo nascimento (art. 43.º, n.º 1 do Código do Trabalho; vd. ainda o art. 14.º, n.º 1, al. a) do Dec.-Lei n.º 89/2009, de 9 de Abril, e art. 15.º, n.º 1, al. a) do Dec.-Lei n.º 91/2009, de 9 de Abril).

«Após o gozo da licença prevista no número anterior, o pai tem ainda direito», facultativamente, **«a 10 dias úteis de licença, seguidos ou interpolados, desde que gozados em simultâneo com o gozo da licença**

parental inicial por parte da mãe» (art. 43.º, n.º 2 do Código do Trabalho; vd. ainda o art. 14.º, n.º 1, al. b) do Dec.-Lei n.º 89/2009, de 9 de Abril, e art. 15.º, n.º 1, al. b) do Dec.-Lei n.º 91/2009, de 9 de Abri).

«**No caso de nascimentos múltiplos, à licença prevista nos números anteriores acrescem 2 dias por cada gémeo além do primeiro**», a **gozar imediatamente a seguir a cada um daqueles períodos** (art. 43.º, n.º 3 do Código do Trabalho, art. 14.º, n.º 2 do Dec.-Lei n.º 89/2009, de 9 de Abril, e art. 15.º, n.º 2 do Dec.-Lei n.º 91/2009, de 9 de Abril).

- **FORMALIDADES**: para usufruir desta licença **o pai «trabalhador deve avisar o empregador com a antecedência possível que, no caso previsto no n.º 2»** (licença facultativa de mais 10 dias úteis), «**não deve ser inferior a 5 dias**» (art. 43.º, n.º 4 do Código do Trabalho).
- **EFEITOS:**

    a) <u>Trabalhadores integrados no Regime da Protecção Social Convergente (ou específico da função pública) e, ainda, no regime geral da segurança social, mas que descontam para a ADSE</u> – o período em que não há prestação de trabalho efectivo desta licença:

    1. Não determina a perda de quaisquer direitos, salvo quanto à retribuição, e é considerada como prestação efectiva de trabalho (art. 65.º, n.º 1, al. c) do Código do Trabalho);

    2. Dá lugar à atribuição de um subsídio parental inicial exclusivo do pai (que não depende da apresentação de qualquer requerimento) **durante o período da respectiva licença correspondente a uma percentagem da remuneração de referência do beneficiário; no caso de gémeos, o subsídio é acrescido de 2 dias úteis por cada gémeo, além do primeiro, a gozar imediatamente a seguir a cada um dos períodos; acrescenta-se, porém, no art. 14.º, n.º 3 do Dec.-Lei n.º 89/2009, de 9 de Abril**, que «o subsídio previsto na alínea b) do» seu «n.º 1 bem como o correspondente aos dias acrescidos em caso de nascimentos múltiplos só são atribuídos no caso de nado-vivo» (arts. 4.º, n.º 1, al. d), 14.º, 22.º, 23.º, nº 4, e 31.º, n.º 2 do Dec.-Lei n.º 89/2009, de 9 de Abril);

    3. O montante diário do subsídio parental inicial exclusivo do pai a atribuir ao beneficiário é de 100% da remuneração de referência do beneficiário (art. 23.º, n.º 4, al. a) do Dec.-Lei n.º 89/2009, de 9 de Abril);

4. O direito a este subsídio depende de o beneficiário, à data do facto determinante da protecção, ter cumprido um prazo de garantia de 6 meses civis, seguidos ou interpolados, com prestação efectiva ou equivalente a exercício de funções (art. 7.º, n.º 1 do Dec.-Lei n.º 89/2009, de 9 de Abril);

5. Dá direito a que o respectivo subsídio seja pago mensalmente pela entidade empregadora do beneficiário na data do pagamento das remunerações dos demais trabalhadores, com referência expressa aos dias e mês a que corresponde o impedimento para o trabalho, cabendo ainda àquela entidade o dever de comunicar ao beneficiário a decisão sobre a atribuição do subsídio em apreço, nos termos do Código do Procedimento Administrativo (arts. 31.º a 33.º do Dec.-Lei n.º 89/2009, de 9 de Abril);

6. Porque dá direito à atribuição de um subsídio, e não de uma remuneração, sobre aquele subsídio não incidem quaisquer descontos que tenham como referência o conceito legal de remuneração, logo, sobre ele não incidem quaisquer descontos para a Caixa Geral de Aposentações (arts. 18.º, n.º 2 e 19.º da Lei n.º 4/2009, de 29 de Janeiro e arts. 3.º, 4.º, n.º 1, al. d) e n.º 2, al. d), 5.º, n.º 1, 21.º, 22.º e 23.º do Dec.-Lei n.º 89/2009, de 9 de Abril);

7. Considera-se equivalente à entrada de contribuições e quotizações para efeitos das eventualidades invalidez, velhice e morte, contando assim este tempo para efeitos de antiguidade para aposentação (vd. art. 19.º da Lei n.º 4/2009, de 29 de Janeiro, art. 5.º, n.º 1 do Dec.-Lei n.º 89/2009, de 9 de Abril);

8. Suspende o gozo das férias, devendo os dias remanescentes ser gozados após o seu termo, mesmo que tal se verifique no ano seguinte (art. 65.º, n.º 3, al. a) o Código do Trabalho);

9. Não prejudica o tempo já decorrido de estágio ou acção ou curso de formação, devendo o trabalhador cumprir apenas o período em falta para o completar (art. 65.º, n.º 3, al. b) o Código do Trabalho);

10. Adia a prestação de prova para progressão na carreira profissional, se tal for o caso, a qual deve ter lugar após o termo da licença (art. 65.º, n.º 3, al. c) do Código do Trabalho);

11. Suspende-se (isto é, licença suspende-se) no caso de doença do trabalhador, se este informar a entidade empregadora pública e apresentar atestado médico comprovativo, prosseguindo logo após a cessação desse impedimento (art. 65.º, n.º 4, al. a) do Código do Trabalho);

12. Não pode ser suspensa (a licença) por conveniência da entidade empregadora pública (art. 65.º, n.º 4, al. b) do Código do Trabalho);

13. Não prejudica o direito do trabalhador a ceder à informação periódica emitida pela entidade empregadora pública para o conjunto dos trabalhadores (art. 65.º, n.º 4, al. c) do Código do Trabalho);

14. Termina com a cessação da situação que originou a respectiva licença que deve ser comunicada à entidade empregadora pública no prazo de 5 dias (art. 65.º, n.º 4, al. d) do Código do Trabalho);

15. No termo da situação de licença, o trabalhador tem direito a retomar a sua actividade profissional para a qual foi admitido (art. 65.º, n.º 5 do Código do Trabalho).

b) <u>Trabalhadores abrangidos pelo regime geral da segurança social, que descontam apenas para a segurança social</u> – o período em que não há prestação de trabalho efectivo desta licença:

1. Não determina a perda de quaisquer direitos, salvo quanto à retribuição, e é considerada como prestação efectiva de trabalho (art. 65.º, n.º 1, al. c) do Código do Trabalho);

2. Dá lugar à atribuição de um subsídio parental inicial (que depende da apresentação de requerimento, em formulário de modelo próprio, pelo próprio beneficiário junto do serviço da segurança social directa; porém, há lugar à dispensa deste requerimento nas situações em que a certificação médica seja emitida pelos estabelecimentos ou serviços de saúde competentes do Serviço Nacional de Saúde através de formulário próprio) **durante o período da respectiva licença correspondente a uma percentagem da remuneração de referência do beneficiário; no caso de gémeos, o subsídio é acrescido de 2 dias úteis por cada gémeo, além do primeiro, a gozar imediatamente a seguir a cada um dos períodos; «a atribuição do subsídio parental exclusivo do pai depende de declaração dos períodos a gozar ou gozados pelo mesmo»** (arts. 7.º, n.º 1, al. c), 11.º, al. d), 15.º, 27.º, 28.º, 31.º e 86.º, n.º 1 do Dec.-Lei n.º 91/2009, de 9 de Abril);

3. O montante diário do subsídio parental inicial exclusivo do pai a atribuir ao beneficiário é de 100% da remuneração de referência do beneficiário (art. 31.º do Dec.-Lei n.º 91/2009, de 9 de Abril);

4. O prazo de garantia para a atribuição deste subsídio é de 6 meses civis, seguidos ou interpolados, com registo de remunerações, à data do facto determinante da protecção (art. 25.º, n.º 1 do Dec.-Lei n.º 91/2009, de 9 de Abril); **a atribuição deste subsídio «depende de declaração dos períodos a gozar ou gozados pelo mesmo»** (art. 15.º, n.º 3 do Dec.-Lei n.º 91/2009, de 9 de Abril);

5. Dá direito a que o respectivo subsídio seja pago mensalmente pela competente entidade gestora da segurança social aos titulares do direito ou aos seus representantes legais, cabendo ainda àquela entidade o dever de comunicar ao beneficiário a decisão sobre a atribuição do subsídio em apreço, nos termos do Código do Procedimento Administrativo (arts. 2.º, 66.º, 80.º e 81.º, n.º 1 do Dec.-Lei n.º 91/2009, de 9 de Abril);

6. Dá lugar ao registo de remunerações por equivalência à entrada de contribuições durante o respectivo período de concessão do subsídio, sendo considerado como trabalho efectivamente prestado (art. 22.º, n.º 1 do Dec.-Lei n.º 91/2009, de 9 de Abril);

7. Suspende o gozo das férias, devendo os dias remanescentes ser gozados após o seu termo, mesmo que tal se verifique no ano seguinte (art. 65.º, n.º 3, al. a) o Código do Trabalho);

8. Não prejudica o tempo já decorrido de estágio ou acção ou curso de formação, devendo o trabalhador cumprir apenas o período em falta para o completar (art. 65.º, n.º 3, al. b) o Código do Trabalho);

9. Adia a prestação de prova para progressão na carreira profissional, se tal for o caso, a qual, prova, deve ter lugar após o termo da licença (art. 65.º, n.º 3, al. c) do Código do Trabalho);

10. Suspende-se (isto é, licença suspende-se) **no caso de doença do trabalhador, se este informar a entidade empregadora pública e apresentar atestado médico comprovativo, prosseguindo logo após a cessação desse impedimento** (art. 65.º, n.º 4, al. a) do Código do Trabalho);

11. Não pode ser suspensa (a licença) por conveniência da entidade empregadora pública (art. 65.º, n.º 4, al. b) do Código do Trabalho);

12. Não prejudica o direito do trabalhador a ceder à informação periódica emitida pela entidade empregadora pública para o conjunto dos trabalhadores (art. 65.º, n.º 4, al. c) do Código do Trabalho);

13. Termina com a cessação da situação que originou a respectiva licença que deve ser comunicada à entidade empregadora pública no prazo de 5 dias (art. 65.º, n.º 4, al. d) do Código do Trabalho);

14. No termo da situação de licença, o trabalhador tem direito a retomar a sua actividade profissional para a qual foi admitido (art. 65.º, n.º 5 do Código do Trabalho).

D) LICENÇA POR ADOPÇÃO (arts. 35.º, n.º 1, al. d) e 44.º do Código do Trabalho):

- **DIREITO: têm direito a ela todos os trabalhadores que exercem funções públicas, sejam eles nomeados ou contratados, em caso da adopção de menor de 15 anos** (art. 44.º, n.º 1 do Código do Trabalho).
- **PERÍODO:** a mãe e o pai trabalhadores, candidatos a adoptantes de menor de 15 anos, **têm direito a licença por adopção de 120, 150 ou 180 dias, de acordo com o que vem previsto nos n.ºs 1 e 2 do art. 40.º do Código do Trabalho.**

«No caso de adopções múltiplas, o período de licença referido no número anterior é acrescido de 30 dias por cada adopção além da primeira» (art. 44.º, n.º 2 do Código do Trabalho).

Se houver «dois candidatos a adoptantes» – o que significa, a contrario sensu, que se admite a possibilidade de haver apenas um candidato a adoptante –, «a licença deve ser gozada nos termos dos n.ºs 1 e 2 do art. 40.º» do Código do Trabalho. Contudo, salvaguarda o art. 44.º, n.º 4 deste diploma que, **em caso de adopção de filho do cônjuge ou de pessoa com quem viva em união de facto,** «o candidato não tem direito a licença» por adopção.

«Em caso de incapacidade ou falecimento do candidato a adoptante durante a licença, o cônjuge sobrevivo, que não seja candidato a adoptante e com quem o adoptando vivia em comunhão de mesa e habitação, tem direito a licença correspondente ao período não gozado ou um mínimo de 14 dias» (art. 44.º, n.º 5 do Código do Trabalho).

A licença por adopção começa a contar a partir da confiança judicial ou administrativa, de acordo com o regime jurídico da adopção (art. 44.º, n.º 6 do Código do Trabalho).

«Quando a confiança administrativa consistir na confirmação da permanência do menor a cargo do adoptante, este tem direito a licença, pelo período remanescente, desde que a data em que o menor ficou de facto a seu cargo tenha ocorrido antes do termo da licença parental inicial» (art. 44.º, n.º 7 do Código do Trabalho).

«Em caso de internamento hospitalar do candidato a adoptante ou adoptando, o período de licença é suspenso pelo tempo de duração do internamento, devendo aquele comunicar esse facto ao empregador, apresentando declaração comprovativa passada pelo estabelecimento hospitalar» (art. 44.º, n.º 8 do Código do Trabalho).

- **FORMALIDADES: no caso de partilha do gozo da licença, os candidatos a adoptantes são obrigados a:**

a) Informar disso os respectivos empregadores;
b) Com a antecedência de 10 dias ou, em caso de urgência comprovada, logo que possível;
c) Fazer prova da confiança judicial ou administrativa do adoptando e da idade deste;
d) Entregando, simultaneamente, uma declaração conjunta da qual conste o início e termo dos períodos da licença a gozar por cada um.
(art. 44.º, n.º 9 do Código do Trabalho).

Se não houver lugar a partilha da licença por adopção, então «o candidato a adoptante que gozar a licença informa o respectivo empregador, nos prazos referidos no número anterior, da duração da licença e do início do respectivo período» (art. 44.º, n.º 10 do Código do Trabalho).

- **EFEITOS:**

a) <u>Trabalhadores integrados no Regime da Protecção Social Convergente (ou específico da função pública) e, ainda, no regime geral da segurança social, mas que descontam para a ADSE</u> – o período em que não há prestação de trabalho efectivo desta licença:

1. Não determina a perda de quaisquer direitos, salvo quanto à retribuição, e é considerada como prestação efectiva de trabalho (art. 65.º, n.º 1, al. d) do Código do Trabalho);

2. Dá lugar à atribuição de um subsídio por adopção (que não depende da apresentação de qualquer requerimento) **durante o período da respectiva licença correspondente a uma percentagem da remune-**

ração de referência do beneficiário; (arts. 4.°, n.° 1, al. c), 15.°, 22.°, 23.°, n.° 4, al. c) e 31.°, n.° 2 do Dec.-Lei n.° 89/2009, de 9 de Abril);

3. O montante diário do subsídio por adopção a atribuir ao beneficiário varia, porém, consoante o período da licença, a sua partilha ou não e o número de filhos adoptados, pelo que esse montante:

a) É de 100%, no caso do período da licença ser de 120 dias, nos termos do art. 11, n.° 1;
b) É de 80%, no caso do período desta licença ser de 150 dias, nos termos do art. 11.°, n.° 1;
c) É de 100%, no caso do período da licença ser de 150 dias, em regime de partilha, nos termos do art. 11.°, n.° 2;
d) É de 83%, no caso do período da licença ser de 180 dias, também em regime de partilha, nos termos do art. 11.°, n.° 2;
e) É de 100%, no caso de nascimentos múltiplos, sendo devido apenas em relação aos períodos acrescidos (arts. 15.°, n.° 3, 23.°, n.os 2, 3 e 4, al. c) do Dec.-Lei n.° 89/2009, de 9 de Abril);

4. O direito a este subsídio depende de o beneficiário, à data do facto determinante da protecção, ter cumprido um prazo de garantia de 6 meses civis, seguidos ou interpolados, com prestação efectiva ou equivalente a exercício de funções (art. 7.°, n.° 1 do Dec.-Lei n.° 89/2009, de 9 de Abril); **a atribuição deste subsídio aos candidatos a adoptantes está dependente da idade do adoptado, que tem de ser menor de 15 anos, carecendo a adopção de ser, devidamente comprovada, «excepto se se tratar de adopção de filho do cônjuge do beneficiário ou da pessoa com quem este viva em união de facto, e corresponde, com as devidas adaptações, ao subsídio parental inicial»** (art. 15.°, n.° 1 do Dec.--Lei n.° 89/2009, de 9 de Abril); «em caso de incapacidade física ou psíquica, medicamente comprovada, ou de morte, do beneficiário candidato a adoptante, sem que este tenha esgotado o direito ao subsídio, o cônjuge que seja beneficiário tem direito ao subsídio pelo período remanescente ou a um mínimo de 14 dias, ainda que não seja candidato a adoptante, desde que viva em comunhão de mesa e habitação com o adoptado» (art. 15.°, n.° 2 do Dec.-Lei n.° 89/2009, de 9 de Abril);

5. **Dá direito a que o respectivo subsídio seja pago mensalmente pela entidade empregadora do beneficiário na data do pagamento das remunerações dos demais trabalhadores, com referência expressa aos**

dias e mês a que corresponde o impedimento para o trabalho, cabendo ainda àquela entidade o dever de comunicar ao beneficiário a decisão sobre a atribuição do subsídio em apreço, nos termos do Código do Procedimento Administrativo (arts. 31.º a 33.º do Dec.-Lei n.º 89/2009, de 9 de Abril);

6. **Porque dá direito à atribuição de um subsídio, e não de uma remuneração, sobre aquele subsídio não incidem quaisquer descontos que tenham como referência o conceito legal de remuneração, logo, sobre ele não incidem quaisquer descontos para a Caixa Geral de Aposentações** (arts. 18.º, n.º 2 e 19.º da Lei n.º 4/2009, de 29 de Janeiro e arts. 3.º, 4.º, n.º 1, al. c), 5.º, n.º 1, 21.º, 22.º e 23.º do Dec.-Lei n.º 89/2009, de 9 de Abril);

7. **Considera-se equivalente à entrada de contribuições e quotizações para efeitos das eventualidades invalidez, velhice e morte, contando assim este tempo para efeitos de antiguidade para aposentação** (vd. art. 19.º da Lei n.º 4/2009, de 29 de Janeiro, art. 5.º, n.º 1 do Dec.-Lei n.º 89/2009, de 9 de Abril);

8. **Suspende o gozo das férias, devendo os dias remanescentes ser gozados após o seu termo, mesmo que tal se verifique no ano seguinte** (art. 65.º, n.º 3, al. a) o Código do Trabalho);

9. **Não prejudica o tempo já decorrido de estágio ou acção ou curso de formação, devendo o trabalhador cumprir apenas o período em falta para o completar** (art. 65.º, n.º 3, al. b) o Código do Trabalho);

10. **Adia a prestação de prova para progressão na carreira profissional, se tal for o caso, a qual deve ter lugar após o termo da licença** (art. 65.º, n.º 3, al. c) do Código do Trabalho);

11. **Suspende-se** (isto é, licença suspende-se) **no caso de doença do trabalhador, se este informar a entidade empregadora pública e apresentar atestado médico comprovativo, prosseguindo logo após a cessação desse impedimento** (art. 65.º, n.º 4, al. a) do Código do Trabalho);

12. **Não pode ser suspensa (a licença) por conveniência da entidade empregadora pública** (art. 65.º, n.º 4, al. b) do Código do Trabalho);

13. **Não prejudica o direito do trabalhador a ceder à informação periódica emitida pela entidade empregadora pública para o conjunto dos trabalhadores** (art. 65.º, n.º 4, al. c) do Código do Trabalho);

14. **Termina com a cessação da situação que originou a respectiva licença que deve ser comunicada à entidade empregadora pública no prazo de 5 dias** (art. 65.º, n.º 4, al. d) do Código do Trabalho);

15. No termo da situação de licença, o trabalhador tem direito a retomar a sua actividade profissional para a qual foi admitido (art. 65.º, n.º 5 do Código do Trabalho).

b) <u>Trabalhadores abrangidos pelo regime geral da segurança social, que descontam apenas para a segurança social</u> – o período em que não há prestação de trabalho efectivo desta licença:

1. **Não determina a perda de quaisquer direitos, salvo quanto à retribuição, e é considerada como prestação efectiva de trabalho** (art. 65.º, n.º 1, al. d) do Código do Trabalho);

2. **Dá lugar à atribuição de um subsídio por adopção** (que depende da apresentação de requerimento, em formulário de modelo próprio, pelo próprio beneficiário junto do serviço da segurança social directa; porém, há lugar à dispensa deste requerimento nas situações em que a certificação médica seja emitida pelos estabelecimentos ou serviços de saúde competentes do Serviço Nacional de Saúde através de formulário próprio) **durante o período da respectiva licença correspondente a uma percentagem da remuneração de referência do beneficiário** (arts. 7.º, n.º 1, al. e), 17.º, 27.º, 28.º, 30.º, 34.º e 86.º, n.º 1 do Dec.-Lei n.º 91/2009, de 9 de Abril);

3. Por força do disposto no art. 34.º do Dec.-Lei n.º 91/2009, de 9 de Abril, **o montante diário do subsídio por adopção a atribuir ao beneficiário varia, porém, consoante o período da licença, a sua partilha ou não e o número de filhos, pelo que aquele montante:**

   a) **É de 100%, no caso do período da licença ser de 120 dias** (art. 30.º, al. a) do Dec.-Lei n.º 91/2009, de 9 de Abril);
   b) **É de 80%, no caso do período desta licença ser de 150 dias** (art. 30.º, al. b) do Dec.-Lei n.º 91/2009, de 9 de Abril);
   c) **É de 100%, no caso do período da licença, em regime de partilha, ser de 150 dias** (art. 30.º, al. c) do Dec.-Lei n.º 91/2009, de 9 de Abril);
   d) **É de 83%, no caso do período da licença, também em regime de partilha, ser de 180 dias** (art. 30.º, al. d) do Dec.-Lei n.º 91/2009, de 9 de Abril);
   e) **É de 100%, no caso de nascimentos múltiplos, sendo devido apenas em relação aos períodos de acréscimo à licença paren-

tal inicial (arts. 17.º, n.º 3, 32.º e 34.º do Dec.-Lei n.º 91/2009, de 9 de Abril);

4. **O prazo de garantia para a atribuição deste subsídio é de 6 meses civis, seguidos ou interpolados, com registo de remunerações, à data do facto determinante da protecção** (art. 25.º, n.º 1 do Dec.-Lei n.º 91/2009, de 9 de Abril); **a atribuição deste subsídio aos candidatos a adoptantes depende também se se tratar «de adopção de menores de 15 anos, impeditivas do exercício de actividade laboral, excepto se se tratar de adopção de filho do cônjuge do beneficiário ou da pessoa com quem o beneficiário viva em união de facto, e corresponde, com as devidas adaptações, ao subsídio parental inicial e ao subsídio parental alargado»** (art. 17.º, n.º 1 do Dec.-Lei n.º 91/2009, de 9 de Abril); «em caso de incapacidade física ou psíquica, medicamente comprovada, ou de morte do beneficiário candidato a adoptante sem que este tenha esgotado o direito ao subsídio, o cônjuge que seja beneficiário tem direito ao subsídio pelo período remanescente ou a um mínimo de 14 dias, ainda que não seja candidato a adoptante, desde que viva em comunhão de mesa e habitação com o adoptado» (art. 17.º, n.º 2 do Dec.-Lei n.º 91/2009, de 9 de Abril);

5. **Dá direito a que o respectivo subsídio seja pago mensalmente pela competente entidade gestora da segurança social aos titulares do direito ou aos seus representantes legais, cabendo ainda àquela entidade o dever de comunicar ao beneficiário a decisão sobre a atribuição do subsídio em apreço, nos termos do Código do Procedimento Administrativo** (arts. 2.º, 66.º, 80.º e 81.º, n.º 1 do Dec.-Lei n.º 91/2009, de 9 de Abril);

6. **Dá lugar ao registo de remunerações por equivalência à entrada de contribuições durante o respectivo período de concessão do subsídio, sendo considerado como trabalho efectivamente prestado** (art. 22.º, n.º 1 do Dec.-Lei n.º 91/2009, de 9 de Abril);

7. **Suspende o gozo das férias, devendo os dias remanescentes ser gozados após o seu termo, mesmo que tal se verifique no ano seguinte** (art. 65.º, n.º 3, al. a) do Código do Trabalho);

8. **Não prejudica o tempo já decorrido de estágio ou acção ou curso de formação, devendo o trabalhador cumprir apenas o período em falta para o completar** (art. 65.º, n.º 3, al. b) do Código do Trabalho);

9. **Adia a prestação de prova para progressão na carreira profissional, se tal for o caso, a qual, prova, deve ter lugar após o termo da licença** (art. 65.°, n.° 3, al. c) do Código do Trabalho);
10. **Suspende-se** (isto é, licença suspende-se) **no caso de doença do trabalhador, se este informar a entidade empregadora pública e apresentar atestado médico comprovativo, prosseguindo logo após a cessação desse impedimento** (art. 65.°, n.° 4, al. a) do Código do Trabalho);
11. **Não pode ser suspensa (a licença) por conveniência da entidade empregadora pública** (art. 65.°, n.° 4, al. b) do Código do Trabalho);
12. **Não prejudica o direito do trabalhador a ceder à informação periódica emitida pela entidade empregadora pública para o conjunto dos trabalhadores** (art. 65.°, n.° 4, al. c) do Código do Trabalho);
13. **Termina com a cessação da situação que originou a respectiva licença que deve ser comunicada à entidade empregadora pública no prazo de 5 dias** (art. 65.°, n.° 4, al. d) do Código do Trabalho);
14. **No termo da situação de licença, o trabalhador tem direito a retomar a sua actividade profissional para a qual foi admitido** (art. 65.°, n.° 5 do Código do Trabalho).

E) <u>**DISPENSA PARA AVALIAÇÃO PARA A ADOPÇÃO**</u> (arts. 35.°, n.° 1, al. h) e 45.° do Código do Trabalho)**:**

- **DIREITO: todos os trabalhadores que exerçam funções públicas, sejam eles nomeados ou contratados, candidatos a adoptantes** (art. 45.° do Código do Trabalho).
- **PERÍODO: os candidatos a adoptantes, na fase prévia de realização de avaliação para adopção, têm direito a 3 dispensas de trabalho para deslocação aos serviços da segurança social ou recepção dos técnicos em seu domicílio** (art. 45.° do Código do Trabalho).
- **FORMALIDADES: os candidatos a adoptantes devem apresentar a devida justificação ao empregador** (art. 45.° do Código do Trabalho).
- **EFEITOS:**
- a) <u>**Trabalhadores integrados no Regime da Protecção Social Convergente (ou específico da função pública) e, ainda, no**</u>

regime geral da segurança social, mas que descontam para a ADSE – o período em que não há prestação de trabalho efectivo desta dispensa:

1. Não determina a perda de quaisquer direitos, salvo quanto à retribuição, e é considerada como prestação efectiva de trabalho (art. 65.º, n.º 1, al. j) do Código do Trabalho);

2. Não há lugar à atribuição de qualquer prestação pecuniária, denominada subsídio (vd. art. 4.º do Dec.-Lei n.º 89/2009, de 9 de Abril);

3. Não se deve considerar equivalente à entrada de contribuições e quotizações para efeitos das eventualidades invalidez, velhice e morte, uma vez que aqui não há lugar ao pagamento de qualquer subsídio substitutivo da remuneração perdida, pelo que desconta na antiguidade para efeitos de aposentação (vd. art. 5.º, n.º 1 do Dec.-Lei n.º 89/2009, de 9 de Abril);

4. No termo da dispensa, o trabalhador tem direito a retomar a sua actividade profissional para a qual foi admitido (art. 65.º, n.º 5 do Código do Trabalho).

b) **Trabalhadores abrangidos pelo regime geral da segurança social, que descontam apenas para a segurança social** – o período em que não há prestação de trabalho efectivo desta dispensa:

1. Não determina a perda de quaisquer direitos, salvo quanto à retribuição, e é considerada como prestação efectiva de trabalho (art. 65.º, n.º 1, al. j) do Código do Trabalho);

2. Não há lugar à atribuição de qualquer prestação pecuniária, denominada subsídio (art. 7.º do Dec.-Lei n.º 91/2009, de 9 de Abril);

3. Não se deve considerar equivalente à entrada de contribuições e quotizações para efeitos das eventualidades invalidez, velhice e morte, uma vez que aqui não há lugar ao pagamento de qualquer subsídio substitutivo da remuneração perdida, pelo que desconta na antiguidade para efeitos de aposentação (vd. arts. 2.º e 7.º do Dec.-Lei n.º 91/2009, de 9 de Abril);

4. No termo da dispensa, o trabalhador tem direito a retomar a sua actividade profissional para a qual foi admitido (art. 65.º, n.º 5 do Código do Trabalho).

F) <u>DISPENSA PARA CONSULTA PRÉ-NATAL</u> (arts. 35.°, n.° 1, al. g) e 46.° do Código do Trabalho):

- **DIREITO: a trabalhadora grávida que exerça funções públicas, nomeada ou contratada** (art. 46.°, n.° 1 do Código do Trabalho).
- **PERÍODO: tem direito a ser dispensada do serviço pelo tempo e número de vezes necessários para consultas pré-natais, devendo contudo a trabalhadora grávida procurar, sempre que possível, obter tais consultas fora do horário do trabalho** (art. 46.°, n.° 2 do Código do Trabalho). Para efeito da utilização desta dispensa a preparação para o parto é legalmente equiparada a consulta pré-natal (art. 46.°, n.° 4 do Código do Trabalho).

Pela primeira vez, nesta fase pré-natal, **o legislador reconheceu ao pai o direito a 3 dispensas do trabalho para acompanhar a trabalhadora grávida ás respectivas consultas** (art. 46.°, n.° 5 do Código do Trabalho).

- **FORMALIDADES:** quando a consulta pré-natal se faça durante o horário de trabalho, **a entidade pública empregadora pode exigir à trabalhadora:**

a) **Que faça prova de que essa consulta só é possível de se fazer durante o horário de trabalho;**
b) **Que comprove que realizou efectivamente aquela consulta; ou, então,**
c) **Que preste uma declaração daqueles mesmos factos.**
(art. 46.°, n.° 3 do Código do Trabalho)

- **EFEITOS:**

a) <u>**Trabalhadores integrados no Regime da Protecção Social Convergente (ou específico da função pública) e, ainda, no regime geral da segurança social, mas que descontam para a ADSE**</u> – o período em que não há prestação de trabalho efectivo desta dispensa:

1. Não determina a perda de quaisquer direitos, incluindo-se aqui o direito à remuneração, e é considerada como prestação efectiva de trabalho (art. 65.°, n.° 2 do Código do Trabalho);

2. No termo da dispensa, o trabalhador tem direito a retomar a sua actividade profissional para a qual foi admitido (art. 65.º, n.º 5 do Código do Trabalho).

b) <u>Trabalhadores abrangidos pelo regime geral da segurança social, que descontam apenas para a segurança social</u> – o período em que não há prestação de trabalho efectivo desta dispensa:

1. Não determina a perda de quaisquer direitos, incluindo-se aqui o direito à remuneração, e é considerada como prestação efectiva de trabalho (art. 65.º, n.º 2 do Código do Trabalho);

2. No termo da dispensa, o trabalhador tem direito a retomar a sua actividade profissional para a qual foi admitido (art. 65.º, n.º 5 do Código do Trabalho).

G) <u>DISPENSA PARA AMAMENTAÇÃO OU ALEITAÇÃO</u> (arts. 35.º, n.º 1, al. i), 47.º e 48.º do Código do Trabalho):

- **DIREITO: a)** A mãe trabalhadora que exerça funções públicas, nomeada ou contratada, desde que amamente o filho, tem direito a dispensa de trabalho durante o tempo que durar a amamentação (art. 47.º, n.º 1 do Código do Trabalho);
- **b) No caso de não haver amamentação, qualquer um dos progenitores, mãe ou pai, que exerçam actividade profissional ou ambos, consoante decisão conjunta, têm direito a dispensa para aleitação, até o filho perfazer 1 ano** (art. 47.º, n.º 2 do Código do Trabalho).

Têm ainda direito à dispensa para aleitação o adoptante, o tutor, a pessoa a quem for deferida a confiança judicial ou administrativa do menor, bem como o cônjuge ou a pessoa em união de facto com qualquer daqueles ou com o progenitor, desde que viva em comunhão de mesa e habitação com o menor (art. 64.º, n.º 1, al. a) do Código do Trabalho). O titular da tutela ou confiança judicial ou administrativa do menor, para a poder exercer este direito, tem de a mencionar expressamente essa qualidade junto da entidade empregadora pública (n.º 2).

- **PERÍODO:** a dispensa diária para amamentação ou aleitação é gozada em 2 períodos distintos, com a duração máxima de uma hora cada, salvo se outro regime for acordado com a entidade pública empregadora (art. 47.º, n.º 3 do Código do Trabalho).

   No caso de gémeos, a dispensa é acrescida de mais 30 minutos por cada gémeo além do primeiro (art. 47.º, n.º 4 do Código do Trabalho).
   «Se qualquer dos progenitores trabalhar a tempo parcial, a dispensa diária para amamentação ou aleitação é reduzida na proporção do respectivo período normal de trabalho, não podendo ser inferior a 30 minutos» (art. 47.º, n.º 5 do Código do Trabalho). Nesta situação de trabalho a tempo parcial, «a dispensa diária é gozada em período não superior a uma hora e, sendo caso disso, num segundo período com a duração remanescente, salvo se outro regime for acordado com» a entidade pública empregadora (art. 47.º, n.º 6 do Código do Trabalho).

- **FORMALIDADES:**

   1. No caso da dispensa para amamentação, basta a trabalhadora comunicar à entidade pública empregadora que amamenta o filho, com a antecedência de 10 dias relativamente ao início da dispensa, devendo contudo apresentar atestado médico se a dispensa se prolongar para além do primeiro ano de vida do filho (art. 48.º, n.º 1 do Código do Trabalho);
   2. No caso da dispensa para aleitação, o progenitor deve:

   a) **Comunicar à entidade pública empregadora que aleita o filho, também com antecedência de 10 dias relativamente ao início da dispensa;**

   b) **Apresentar documento de que conste a decisão conjunta;**

   c) **Declarar qual o período de dispensa gozado pelo outro progenitor, sendo caso disso;**

   d) **Provar que o outro progenitor exerce actividade profissional e, caso seja trabalhador por conta de outrem, que informou o respectivo empregador da decisão conjunta.**
   (art. 48.º, n.º 2 do Código do Trabalho).

- **EFEITOS:**

   a) <u>Trabalhadores integrados no Regime da Protecção Social</u>

Convergente (ou específico da função pública) e, ainda, no regime geral da segurança social, mas que descontam para a ADSE – o período em que não há prestação de trabalho efectivo desta dispensa:

1. Não determina a perda de quaisquer direitos, incluindo-se aqui o direito à remuneração, e é considerada como prestação efectiva de trabalho (art. 65.º, n.º 2 do Código do Trabalho);

2. No termo da dispensa, o trabalhador tem direito a retomar a sua actividade profissional para a qual foi admitido (art. 65.º, n.º 5 do Código do Trabalho).

b) **Trabalhadores abrangidos pelo regime geral da segurança social, que descontam apenas para a segurança social** – o período em que não há prestação de trabalho efectivo desta dispensa:

1. Não determina a perda de quaisquer direitos, incluindo-se aqui o direito à remuneração, e é considerada como prestação efectiva de trabalho (art. 65.º, n.º 2 do Código do Trabalho);

2. No termo da dispensa, o trabalhador tem direito a retomar a sua actividade profissional para a qual foi admitido (art. 65.º, n.º 5 do Código do Trabalho).

H) **FALTA PARA ASSISTÊNCIA A FILHO** (arts. 35.º, n.º 1, al. j) e 49.º do Código do Trabalho):

- **DIREITO: o trabalhador que exerce funções públicas, nomeado ou contratado, pode faltar ao trabalho para prestar assistência inadiável e imprescindível, em caso de doença ou acidente, a:**

    a) **Filho menor de 12 anos ou, independentemente da idade, a filho com deficiência ou doença crónica** (art. 49.º, n.º 1 do Código do Trabalho, art. 18.º, n.º 1, al. a) do Dec.-Lei n.º 89/2009, de 9 de Abril, e art. 19.º, n.º 1, al. a) do Dec.-Lei n.º 91/2009, de 9 de Abril);

    b) **Filho com 12 ou mais anos de idade que, no caso de ser maior, faça parte do seu agregado familiar** (art. 49.º, n.º 2 do Código do Trabalho, art. 18.º, n.º 1, al. b) do Dec.-Lei n.º 89/2009, de 9 de Abril, e art. 19.º, n.º 1, al. b) do Dec.-Lei n.º 91/2009, de 9 de Abril).

Esta possibilidade de faltar não pode, porém, ser exercida simultaneamente pelo pai e pela mãe (art. 49.º, n.º 4 do Código do Trabalho).

Têm ainda direito a faltar aqui o adoptante, o tutor, a pessoa a quem for deferida a confiança judicial ou administrativa do menor, bem como o cônjuge ou a pessoa em união de facto com qualquer daqueles ou com o progenitor, desde que viva em comunhão de mesa e habitação com o menor (art. 64.º, n.º 1, al. c) do Código do Trabalho). O titular da tutela ou confiança judicial ou administrativa do menor, para a poder exercer este direito, tem de a mencionar expressamente essa qualidade junto da entidade empregadora pública (n.º 2).

- **PERÍODO:**

    a) **Para prestar assistência inadiável e imprescindível em caso de doença ou acidente de filho menor de 12 anos ou, independentemente da idade, a filho com deficiência ou doença crónica, o trabalhador tem direito a faltar até 30 dias por ano ou durante todo o período de eventual de hospitalização** (art. 49.º, n.º 1 do Código do Trabalho, art. 18.º, n.º 1, al. a) do Dec.-Lei n.º 89/2009, de 9 de Abril, e art. 19.º, n.º 1, al. a) do Dec.-Lei n.º 91/2009, de 9 de Abril);

    b) **Para prestar assistência inadiável e imprescindível em caso de doença ou acidente a filho com 12 ou mais anos, ao trabalhador assiste o direito a faltar até 15 dias por ano** (art. 49.º, n.º 2 do Código do Trabalho, art. 18.º, n.º 1, al. b) do Dec.-Lei n.º 89/2009, de 9 de Abril, e art. 19.º, n.º 1, al. b) do Dec.-Lei n.º 91/2009, de 9 de Abril).

«Aos períodos de ausência previstos nos números anteriores acresce 1 dia por cada filho para além do primeiro» (art. 49.º, n.º 3 do Código do Trabalho, art. 18.º, n.º 2 do Dec.-Lei n.º 89/2009, de 9 de Abril, e art. 19.º, n.º 2 do Dec.-Lei n.º 91/2009, de 9 de Abril).

Relevam para o cômputo dos períodos máximos de atribuição do subsídio para assistência a filho os períodos de atribuição do subsídio a netos (vd. art. 18.º, n.º 5 do Dec.-Lei n.º 89/2009, de 9 de Abril, e art. 19.º, n.º 4 do Dec.-Lei n.º 91/2009, de 9 de Abril).

- **FORMALIDADES: como justificação da falta, a entidade pública empregadora pode exigir ao trabalhador:**

a) **Prova do carácter inadiável e imprescindível da assistência;**
b) **Declaração de que o outro progenitor tem actividade profissional e não falta pelo mesmo motivo ou está impossibilitado de prestar a assistência;**
c) **Em caso de hospitalização, declaração comprovativa passada pelo estabelecimento hospitalar.**
(art. 49.°, n.° 5 do Código do Trabalho)

• **EFEITOS:**

a) <u>Trabalhadores integrados no Regime da Protecção Social Convergente (ou específico da função pública) e, ainda, no regime geral da segurança social, mas que descontam para a ADSE</u> – o período em que não há prestação de trabalho efectivo nestas faltas:

1. Não determina a perda de quaisquer direitos, salvo quanto à retribuição, e é considerada como prestação efectiva de trabalho (art. 65.°, n.° 1, al. f) do Código do Trabalho);

2. Dá lugar à atribuição de um subsídio para assistência a filho em caso de doença ou acidente (que não depende da apresentação de qualquer requerimento) **durante o período da ausência correspondente a uma percentagem da remuneração de referência do beneficiário** (arts. 4.°, n.° 1, al. f), 18.°, 22.°, 23.°, n.° 4, al. d) e 31.°, n.° 2 do Dec.-Lei n.° 89/2009, de 9 de Abril);

3. O montante diário do subsídio para assistência a filho em caso de doença ou acidente corresponde a 65% da remuneração de referência do beneficiário (arts. 18.°, 23.°, n.° 4, al. d) do Dec.-Lei n.° 89/2009, de 9 de Abril);

4. O direito a este subsídio depende de o beneficiário, à data do facto determinante da protecção, ter cumprido um prazo de garantia de 6 meses civis, seguidos ou interpolados, com prestação efectiva ou equivalente a exercício de funções (art. 7.°, n.° 1 do Dec.-Lei n.° 89/2009, de 9 de Abril); **depende, ainda, de o outro progenitor ter actividade profissional e não exercer o direito ao respectivo subsídio pelo mesmo motivo ou, em qualquer caso, estar impossibilitado de prestar assistência e, no caso de filho maior, de este se integrar no agregado familiar do beneficiário** (art. 18.°, n.os 3 e 4 do Dec.-Lei n.° 89/2009, de 9 de Abril);

5. Dá direito a que o respectivo subsídio seja pago mensalmente pela entidade empregadora do beneficiário na data do pagamento das remunerações dos demais trabalhadores, com referência expressa aos dias e mês a que corresponde o impedimento para o trabalho, cabendo ainda àquela entidade o dever de comunicar ao beneficiário a decisão sobre a atribuição do subsídio em apreço, nos termos do Código do Procedimento Administrativo (arts. 31.º a 33.º do Dec.-Lei n.º 89/2009, de 9 de Abril);

6. Porque dá direito à atribuição de um subsídio, e não de uma remuneração, sobre aquele subsídio não incidem quaisquer descontos que tenham como referência o conceito legal de remuneração, logo, sobre ele não incidem quaisquer descontos para a Caixa Geral de Aposentações (arts. 18.º, n.º 2 e 19.º da Lei n.º 4/2009, de 29 de Janeiro e arts. 3.º, 4.º, n.º 1, al. f), 5.º, n.º 1, 21.º, 22.º e 23.º, n.º 4, al. d) do Dec.--Lei n.º 89/2009, de 9 de Abril);

7. Considera-se equivalente à entrada de contribuições e quotizações para efeitos das eventualidades invalidez, velhice e morte, contando assim este tempo para efeitos de antiguidade para aposentação (vd. art. 19.º da Lei n.º 4/2009, de 29 de Janeiro, e art. 5.º, n.º 1 do Dec.--Lei n.º 89/2009, de 9 de Abril);

8. Suspende-se no caso de doença do trabalhador, se este informar a entidade empregadora pública e apresentar atestado médico comprovativo, prosseguindo logo após a cessação desse impedimento (art. 65.º, n.º 4, al. a) do Código do Trabalho);

9. Não pode ser suspensa por conveniência da entidade empregadora pública (art. 65.º, n.º 4, al. b) do Código do Trabalho);

10. Não prejudica o direito do trabalhador a ceder à informação periódica emitida pela entidade empregadora pública para o conjunto dos trabalhadores (art. 65.º, n.º 4, al. c) do Código do Trabalho);

11. Termina com a cessação da situação que originou a respectiva ausência que deve ser comunicada à entidade empregadora pública no prazo de 5 dias (art. 65.º, n.º 4, al. d) do Código do Trabalho);

12. No termo da situação de ausência, o trabalhador tem direito a retomar a sua actividade profissional para a qual foi admitido (art. 65.º, n.º 5 do Código do Trabalho).

b) **Trabalhadores abrangidos pelo regime geral da segurança social, que descontam apenas para a segurança social** – o período em que não há prestação de trabalho efectivo nestas faltas:

1. Não determina a perda de quaisquer direitos, salvo quanto à retribuição, e é considerada como prestação efectiva de trabalho (art. 65.º, n.º 1, al. f) do Código do Trabalho);

2. **Dá lugar à atribuição de um subsídio para assistência a filho** (que depende da apresentação de requerimento, em formulário de modelo próprio, pelo próprio beneficiário junto do serviço da segurança social directa; porém, há lugar à dispensa deste requerimento nas situações em que a certificação médica seja emitida pelos estabelecimentos ou serviços de saúde competentes do Serviço Nacional de Saúde através de formulário próprio) **durante o período da respectiva licença correspondente a uma percentagem da remuneração de referência do beneficiário** (arts. 7.º, n.º 1, al. g), 19.º, 27.º, 28.º e 35.º do Dec.-Lei n.º 91/2009, de 9 de Abril);

3. **O montante diário do subsídio para assistência a filho em caso de doença ou acidente corresponde a 65% da remuneração de referência do beneficiário** (art. 35.º do Dec.-Lei n.º 91/2009, de 9 de Abril);

4. **O prazo de garantia para a atribuição deste subsídio é de 6 meses civis, seguidos ou interpolados, com registo de remunerações, à data do facto determinante da protecção** (art. 25.º, n.º 1 do Dec.-Lei n.º 91/2009, de 9 de Abril);

5. **Dá direito a que o respectivo subsídio seja pago mensalmente pela competente entidade gestora da segurança social aos titulares do direito ou aos seus representantes legais, cabendo ainda àquela entidade o dever de comunicar ao beneficiário a decisão sobre a atribuição do subsídio em apreço, nos termos do Código do Procedimento Administrativo** (arts. 2.º, 66.º, 80.º e 81.º, n.º 1 do Dec.-Lei n.º 91/2009, de 9 de Abril);

6. **Dá lugar ao registo de remunerações por equivalência à entrada de contribuições durante o respectivo período de concessão do subsídio, sendo considerado como trabalho efectivamente prestado** (art. 22.º, n.º 1 do Dec.-Lei n.º 91/2009, de 9 de Abril);

7. **Suspende-se no caso de doença do trabalhador, se este informar a entidade empregadora pública e apresentar atestado médico comprovativo, prosseguindo logo após a cessação desse impedimento** (art. 65.º, n.º 4, al. a) do Código do Trabalho);

8. Não pode ser suspenso por conveniência da entidade empregadora pública (art. 65.º, n.º 4, al. b) do Código do Trabalho);
9. Não prejudica o direito do trabalhador a ceder à informação periódica emitida pela entidade empregadora pública para o conjunto dos trabalhadores (art. 65.º, n.º 4, al. c) do Código do Trabalho);
10. Termina com a cessação da situação que originou a respectiva ausência que deve ser comunicada à entidade empregadora pública no prazo de 5 dias (art. 65.º, n.º 4, al. d) do Código do Trabalho);
11. No termo da situação de licença, o trabalhador tem direito a retomar a sua actividade profissional para a qual foi admitido (art. 65.º, n.º 5 do Código do Trabalho).

I) FALTAS PARA ASSISTÊNCIA A NETO (arts. 35.º, n.º 1, al. l) e 50.º do Código do Trabalho):

- **DIREITO: o trabalhador que exerce funções públicas, nomeado ou contratado, pode faltar a seguir ao nascimento de neto que consigo viva em comunhão de mesa e habitação e que seja filho de adolescente com idade inferior a 16 anos** (art. 50.º, n.º 1 do Código do Trabalho, art. 19.º, n.º 1, al. a) do Dec.-Lei n.º 89/2009, de 9 de Abril, e art. 21.º, n.º 1, al. a) do Dec.-Lei n.º 91/2009, de 9 de Abril).

«O trabalhador pode também faltar, em substituição dos progenitores, para prestar assistência inadiável e imprescindível, em caso de doença ou acidente, a neto menor ou, independentemente da idade, com deficiência ou doença crónica» (art. 50.º, n.º 3 do Código do Trabalho; vd. art. 19.º, n.º 1, al. b) do Dec.-Lei n.º 89/2009, de 9 de Abril, e art. 19.º, n.º 1, al. b) do Dec.-Lei n.º 91/2009, de 9 de Abril). Neste caso, «o pai ou a mãe informa o respectivo empregador da prestação de assistência em causa, sendo o seu direito referido nos n.ºs 1 ou 2 reduzido em conformidade» (arts. 50.º, n.º 3 e 49.º, n.º 6 do Código do Trabalho).

Este direito a faltar é reconhecido não só aos progenitores, mas também «ao tutor do adolescente, a trabalhador a quem tenha sido deferida a confiança judicial ou administrativa do mesmo, bem como ao seu cônjuge ou pessoa em união de facto» (art. 50.º, n.º 5 do Código do Trabalho).

No caso de haver dois titulares deste direito, «há apenas lugar a um período de faltas, a gozar por um deles, ou por ambos em tempo parcial ou em períodos sucessivos, conforme decisão conjunta» (art. 50.º, n.º 2 do Código do Trabalho).

Têm também direito a faltar aqui o adoptante, o tutor, a pessoa a quem for deferida a confiança judicial ou administrativa do menor, bem como o cônjuge ou a pessoa em união de facto com qualquer daqueles ou com o progenitor, desde que viva em comunhão de mesa e habitação com o menor (art. 64.º, n.º 1, al. c) do Código do Trabalho). O titular da tutela ou confiança judicial ou administrativa do menor, para a poder exercer este direito, tem de a mencionar expressamente essa qualidade junto da entidade empregadora pública (n.º 2).

- **PERÍODO: o trabalhador pode faltar até 30 dias consecutivos** (art. 50.º, n.º 1 do Código do Trabalho, art. 19.º, n.º 1 do Dec.-Lei n.º 89/2009, de 9 de Abril, e art. 21.º, n.º 1 do Dec.-Lei n.º 91/2009, de 9 de Abril).
- **FORMALIDADES: o trabalhador deve informar o empregador com a antecedência de 5 dias, declarando que:**
    a) **O neto vive consigo em comunhão de mesa e habitação;**
    b) **O neto é filho de adolescente com idade inferior a 16 anos;**
    c) **O cônjuge do trabalhador exerce actividade profissional ou se encontra física ou psiquicamente impossibilitado de cuidar do neto ou não vive em comunhão de mesa e habitação com este.**
    (art. 50.º, n.º 4 do Código do Trabalho)

No caso do trabalhador ter de faltar em substituição dos progenitores (art. 50.º, n.º 3 do Código do Trabalho), **então cabe-lhe o dever de informar a entidade pública empregadora com a antecedência de 5 dias ou, no caso de a ausência não ser previsível, logo que possível,** «declarando:

a) **O carácter inadiável e imprescindível da assistência;**
b) **Que os progenitores são trabalhadores e não faltam pelo mesmo motivo ou estão impossibilitados de prestar a assistência, bem como que nenhum outro familiar do mesmo grau falta pelo mesmo motivo».**
(art. 50.º, n.º 6 do Código do Trabalho)

- **EFEITOS:**

a) **Trabalhadores integrados no Regime da Protecção Social Convergente (ou específico da função pública) e, ainda, no regime geral da segurança social, mas que descontam para a ADSE** – o período em que não há prestação de trabalho efectivo nestas faltas:

1. Não determina a perda de quaisquer direitos, salvo quanto à retribuição, e é considerada como prestação efectiva de trabalho (art. 65.º, n.º 1, al. g) do Código do Trabalho);

2. Dá lugar à atribuição de um subsídio para assistência a neto (que não depende da apresentação de qualquer requerimento) **durante o período da ausência correspondente a uma percentagem da remuneração de referência do beneficiário** (arts. 4.º, n.º 1, al. g), 19.º, 22.º, 23.º, n.º 4, al. f) e 31.º, n.º 2 do Dec.-Lei n.º 89/2009, de 9 de Abril);

3. O montante diário do subsídio para assistência a neto:

a) **É de 100%, se for para assistência em caso de nascimento de neto;**

b) **É de 65%, se for apenas para assistência a neto;**
(arts. 19.º, 23.º, n.º 4, al. f) do Dec.-Lei n.º 89/2009, de 9 de Abril);

4. O direito a este subsídio depende de o beneficiário, à data do facto determinante da protecção, ter cumprido um prazo de garantia de 6 meses civis, seguidos ou interpolados, com prestação efectiva ou equivalente a exercício de funções (art. 7.º, n.º 1 do Dec.-Lei n.º 89/2009, de 9 de Abril); **depende, ainda, que «os progenitores exerçam actividade profissional e não exerçam o direito ao respectivo subsídio pelo mesmo motivo ou, em qualquer caso, estejam impossibilitados de prestar a assistência»** (art. 19.º, n.º 4 do Dec.-Lei n.º 89/2009, de 9 de Abril); **a atribuição deste subsídio depende também «de declaração médica comprovativa do parto e de declaração dos beneficiários relativa aos períodos a gozar ou gozados, de modo exclusivo ou partilhado»** (art. 19.º, n.º 2 do Dec.-Lei n.º 89/2009, de 9 de Abril); **«o subsídio para assistência em caso de nascimento de neto, nas situações em que não é partilhado pelos avós, é atribuído desde que o outro avô exerça actividade profissional e não tenha requerido o subsídio ou, em**

qualquer caso, esteja impossibilitado de prestar assistência» (art. 19.º, n.º 3 do Dec.-Lei n.º 89/2009, de 9 de Abril);

5. Dá direito a que o respectivo subsídio seja pago mensalmente pela entidade empregadora do beneficiário na data do pagamento das remunerações dos demais trabalhadores, com referência expressa aos dias e mês a que corresponde o impedimento para o trabalho, cabendo ainda àquela entidade o dever de comunicar ao beneficiário a decisão sobre a atribuição do subsídio em apreço, nos termos do Código do Procedimento Administrativo (arts. 31.º a 33.º do Dec.-Lei n.º 89/2009, de 9 de Abril);

6. Porque dá direito à atribuição de um subsídio, e não de uma remuneração, sobre aquele subsídio não incidem quaisquer descontos que tenham como referência o conceito legal de remuneração, logo, sobre ele não incidem quaisquer descontos para a Caixa Geral de Aposentações (arts. 18.º, n.º 2 e 19.º da Lei n.º 4/2009, de 29 de Janeiro e arts. 3.º, 4.º, n.º 1, al. g), 5.º, n.º 1, 21.º, 22.º e 23.º, n.º 4, al. f) do Dec.--Lei n.º 89/2009, de 9 de Abril);

7. Considera-se equivalente à entrada de contribuições e quotizações para efeitos das eventualidades invalidez, velhice e morte, contando assim este tempo para efeitos de antiguidade para aposentação (vd. art. 19.º da Lei n.º 4/2009, de 29 de Janeiro, art. 5.º, n.º 1 do Dec.-Lei n.º 89/2009, de 9 de Abril);

8. No termo da situação de ausência, o trabalhador tem direito a retomar a sua actividade profissional para a qual foi admitido (art. 65.º, n.º 5 do Código do Trabalho).

b) <u>Trabalhadores abrangidos pelo regime geral da segurança social, que descontam apenas para a segurança social</u> – o período em que não há prestação de trabalho efectivo nestas faltas:

1. Não determina a perda de quaisquer direitos, salvo quanto à retribuição, e é considerada como prestação efectiva de trabalho (art. 65.º, n.º 1, al. g) do Código do Trabalho);

2. Dá lugar à atribuição de um subsídio para assistência a neto (que depende da apresentação de requerimento, em formulário de modelo próprio, pelo próprio beneficiário junto do serviço da segurança social directa; porém, há lugar à dispensa deste requerimento nas situações em que a certificação médica seja emitida pelos estabelecimentos ou serviços de saúde competentes do Serviço Nacional de Saúde através de formulário próprio) **durante o período da ausência correspondente a uma percentagem da remuneração de referência do beneficiário** (arts. 7.º, n.º 1, al. i), 21.º, 27.º, 28.º e 37.º do Dec.-Lei n.º 91/2009, de 9 de Abril);

3. O montante diário do subsídio para assistência a neto:

a) **É de 100%, se for para assistência em caso de nascimento de neto;**
b) **É de 65%, se for apenas para assistência a neto;**
(art. 37.º do Dec.-Lei n.º 91/2009, de 9 de Abril);

4. O prazo de garantia para a atribuição deste subsídio é de 6 meses civis, seguidos ou interpolados, com registo de remunerações, à data do facto determinante da protecção (art. 25.º, n.º 1 do Dec.-Lei n.º 91/2009, de 9 de Abril); a atribuição deste subsídio «em caso de nascimento de neto depende de declaração dos beneficiários dos períodos a gozar ou gozados pelos avós, de modo exclusivo ou partilhado» (art. 21.º, n.º 2 do Dec.-Lei n.º 91/2009, de 9 de Abril); «o subsídio para assistência em caso de nascimento de neto, nas situações em que não é partilhado pelos avós, é concedido desde que o outro avô exerça actividade profissional, esteja impossibilitado de prestar assistência e não tenha requerido o correspondente subsídio» (art. 21.º, n.º 3 do Dec.-Lei n.º 91/2009, de 9 de Abril); quanto ao subsídio para assistência a neto, é o mesmo «concedido desde que os progenitores exerçam actividade profissional, estejam impossibilitados de prestar assistência e não exerçam o direito ao respectivo subsídio pelo mesmo motivo, e, ainda, que nenhum outro familiar do mesmo grau falte pelo mesmo motivo» (art. 21.º, n.º 4 do Dec.-Lei n.º 91/2009, de 9 de Abril);

5. Dá direito a que o respectivo subsídio seja pago mensalmente pela competente entidade gestora da segurança social aos titulares do direito ou aos seus representantes legais, cabendo ainda àquela entidade o dever de comunicar ao beneficiário a decisão sobre a atribuição do subsídio em apreço, nos termos do Código do Procedimento Administrativo (arts. 2.º, 66.º, 80.º e 81.º, n.º 1 do Dec.-Lei n.º 91/2009, de 9 de Abril);

6. Dá lugar ao registo de remunerações por equivalência à entrada de contribuições durante o respectivo período de concessão

do subsídio, sendo considerado como trabalho efectivamente prestado (art. 22.º, n.º 1 do Dec.-Lei n.º 91/2009, de 9 de Abril);

7. No termo da situação de licença, o trabalhador tem direito a retomar a sua actividade profissional para a qual foi admitido (art. 65.º, n.º 5 do Código do Trabalho).

J) LICENÇA PARENTAL COMPLEMENTAR (arts. 35.º, n.º 1, al. e) e 51.º do Código do Trabalho):

- **DIREITO: o pai e a mãe trabalhadores que exerçam funções públicas, sejam eles nomeados ou contratados, para assistência a filho menor ou adoptado com idade não superior a 6 anos** (art. 51.º, n.º 1 do Código do Trabalho).

Têm ainda direito a esta licença, em qualquer das suas modalidades, o adoptante, o tutor, a pessoa a quem for deferida a confiança judicial ou administrativa do menor, bem como o cônjuge ou a pessoa em união de facto com qualquer daqueles ou com o progenitor, desde que viva em comunhão de mesa e habitação com o menor (art. 64.º, n.º 1, al. b) do Código do Trabalho). O titular da tutela ou confiança judicial ou administrativa do menor, para a poder exercer este direito, tem de a mencionar expressamente essa qualidade junto da entidade empregadora pública (n.º 2).

- **PERÍODO: esta licença pode assumir 4 modalidades, a saber:**

    a) **Licença parental alargada, por 3 meses;**
    b) **Trabalho a tempo parcial durante 12 meses, com um período normal de trabalho igual a metade do tempo completo;**
    c) **Períodos intercalados de licença parental alargada e de trabalho a tempo parcial em que a duração total da ausência e da redução do tempo de trabalho seja igual aos períodos normais de trabalho de 3 meses;**
    d) **Ausências interpoladas ao trabalho com duração igual aos períodos normais de trabalho de 3 meses, desde que previstas em instrumento de regulamentação colectiva de trabalho.**
    (art. 51.º, n. 1 do Código do Trabalho)

O gozo de qualquer destas modalidades de licença parental complementar pode ser feito: a) De modo consecutivo;

b) Ou até 3 períodos interpolados, não sendo permitida a cumulação por um dos progenitores do direito do outro.
(art. 51.º, n.º 2 do Código do Trabalho)

«Se ambos os progenitores pretenderem gozar simultaneamente a licença e estiverem ao serviço do mesmo empregador, este pode adiar a licença de um deles com o fundamento em exigência imperiosas ligadas ao funcionamento (...) do serviço, desde que seja fornecida por escrito a respectiva fundamentação» (art. 51.º, n.º 3 do Código do Trabalho).

«Durante o período de licença parental complementar em qualquer das modalidades, o trabalhador não pode exercer outra actividade incompatível com a respectiva finalidade, nomeadamente trabalho subordinado ou prestação continuada de serviços fora da sua residência habitual» (art. 51.º, n.º 4 do Código do Trabalho).

- **FORMALIDADES: o trabalhador que pretenda gozar esta licença, nas suas diferentes modalidades, deve informar, em primeiro lugar, qual a modalidade pretendida e o início e o termo de cada período, dirigida por escrito à entidade pública empregadora com antecedência de 30 dias relativamente ao seu início** (art. 51.º, n.º 5 do Código do Trabalho).
- **EFEITOS:**

a) <u>**Trabalhadores integrados no Regime da Protecção Social Convergente (ou específico da função pública) e, ainda, no regime geral da segurança social, mas que descontam para a ADSE**</u> – o período em que não há prestação de trabalho efectivo desta licença:

1. Não determina a perda de quaisquer direitos, salvo quanto à retribuição, e é considerada como prestação efectiva de trabalho (art. 65.º, n.º 1, al. e) do Código do Trabalho);

2. Dá lugar à atribuição de um subsídio parental alargado (que não depende da apresentação de qualquer requerimento) **durante o período da respectiva licença, que pode ir até 3 meses, correspondente a uma percentagem da remuneração de referência do beneficiário** (arts. 4.º, n.º 1, al. d), 16.º, 22.º, 23.º, n.º 4, al. b), 31.º, n.º 2 do Dec.-Lei n.º 89/2009, de 9 de Abril); **este subsídio «é atribuído por período até 3 meses a qualquer um dos progenitores ou adoptantes, alternada-**

mente, durante o gozo de licença parental complementar alargada para assistência a filho integrado no agregado familiar, desde que gozada imediatamente após o período de atribuição do subsídio parental inicial ou do subsídio parental alargado do outro progenitor» (art. 16.º do Dec.-Lei n.º 89/2009, de 9 de Abril);

3. O montante diário do subsídio parental alargado a atribuir corresponde a 25% da remuneração de referência do beneficiário (art. 23.º, n.º 4, al. b) do Dec.-Lei n.º 89/2009, de 9 de Abril);

4. O direito a este subsídio depende de o beneficiário, à data do facto determinante da protecção, ter cumprido um prazo de garantia de 6 meses civis, seguidos ou interpolados, com prestação efectiva ou equivalente a exercício de funções (art. 7.º, n.º 1 do Dec.-Lei n.º 89/2009, de 9 de Abril);

5. Dá direito a que o respectivo subsídio seja pago mensalmente pela entidade empregadora do beneficiário na data do pagamento das remunerações dos demais trabalhadores, com referência expressa aos dias e mês a que corresponde o impedimento para o trabalho, cabendo ainda àquela entidade o dever de comunicar ao beneficiário a decisão sobre a atribuição do subsídio em apreço, nos termos do Código do Procedimento Administrativo (arts. 31.º a 33.º do Dec.-Lei n.º 89/2009, de 9 de Abril);

6. Porque dá direito à atribuição de um subsídio, e não de uma remuneração, sobre aquele subsídio não incidem quaisquer descontos que tenham como referência o conceito legal de remuneração, logo, sobre ele não incidem quaisquer descontos para a Caixa Geral de Aposentações (arts. 18.º, n.º 2 e 19.º da Lei n.º 4/2009, de 29 de Janeiro e arts. 3.º, 4.º, n.º 1, al. d), 5.º, n.º 1, 21.º, 22.º e 23.º, n.º 4, al. b) do Dec.--Lei n.º 89/2009, de 9 de Abril);

7. Considera-se equivalente à entrada de contribuições e quotizações para efeitos das eventualidades invalidez, velhice e morte, contando assim este tempo para efeitos de antiguidade para aposentação (vd. art. 19.º da Lei n.º 4/2009, de 29 de Janeiro, art. 5.º, n.º 1 do Dec.-Lei n.º 89/2009, de 9 de Abril);

8. Suspende-se (isto é, a licença suspende-se) **no caso de doença do trabalhador, se este informar a entidade empregadora pública e apresentar atestado médico comprovativo, prosseguindo logo após a cessação desse impedimento** (art. 65.º, n.º 4, al. a) do Código do Trabalho);

9. Não pode ser suspensa (a licença) por conveniência da entidade empregadora pública (art. 65.º, n.º 4, al. b) do Código do Trabalho);

10. Não prejudica o direito do trabalhador a ceder à informação periódica emitida pela entidade empregadora pública para o conjunto dos trabalhadores (art. 65.º, n.º 4, al. c) do Código do Trabalho);

11. Termina com a cessação da situação que originou a respectiva licença que deve ser comunicada à entidade empregadora pública no prazo de 5 dias (art. 65.º, n.º 4, al. d) do Código do Trabalho);

12. No termo da situação de licença, o trabalhador tem direito a retomar a sua actividade profissional para a qual foi admitido (art. 65.º, n.º 5 do Código do Trabalho).

b) <u>Trabalhadores abrangidos pelo regime geral da segurança social, que descontam apenas para a segurança social</u> – o período em que não há prestação de trabalho efectivo desta licença:

1. Não determina a perda de quaisquer direitos, salvo quanto à retribuição, e é considerada como prestação efectiva de trabalho (art. 65.º, n.º 1, al. e) do Código do Trabalho);

2. Dá lugar à atribuição de um subsídio parental alargado (que depende da apresentação de requerimento, em formulário de modelo próprio, pelo próprio beneficiário junto do serviço da segurança social directa; porém, há lugar à dispensa deste requerimento nas situações em que a certificação médica seja emitida pelos estabelecimentos ou serviços de saúde competentes do Serviço Nacional de Saúde através de formulário próprio) **durante o período da respectiva licença correspondente a uma percentagem da remuneração de referência do beneficiário** (arts. 7.º, n.º 1, al. d), 16.º, 27.º, 28.º e 33.º do Dec.-Lei n.º 91/2009, de 9 de Abril);

3. O montante diário do subsídio parental alargado corresponde a 25% da remuneração de referência do beneficiário (art. 33.º do Dec.-Lei n.º 91/2009, de 9 de Abril);

4. O prazo de garantia para a atribuição deste subsídio é de 6 meses civis, seguidos ou interpolados, com registo de remunerações, à data do facto determinante da protecção (art. 25.º, n.º 1 do Dec.-Lei n.º 91/2009, de 9 de Abril); **este subsídio «é concedido por um período até 3 meses a qualquer um ou a ambos os progenitores alternadamente, nas situações de exercício de licença parental alargada para assistência a filho integrado no agregado familiar, impeditivas do exercício de actividade laboral, desde que gozado imediatamente após o período de concessão do subsídio parental inicial ou subsídio parental alargado do outro progenitor» (art. 16.º do Dec.-Lei n.º 91/2009, de 9 de Abril);

5. **Dá direito a que o respectivo subsídio seja pago mensalmente pela competente entidade gestora da segurança social aos titulares do direito ou aos seus representantes legais, cabendo ainda àquela entidade o dever de comunicar ao beneficiário a decisão sobre a atribuição do subsídio em apreço, nos termos do Código do Procedimento Administrativo** (arts. 2.º, 66.º, 80.º e 81.º, n.º 1 do Dec.-Lei n.º 91/2009, de 9 de Abril);

6. **Dá lugar ao registo de remunerações por equivalência à entrada de contribuições durante o respectivo período de concessão do subsídio, sendo considerado como trabalho efectivamente prestado** (art. 22.º, n.º 1 do Dec.-Lei n.º 91/2009, de 9 de Abril);

7. **Suspende-se** (isto é, licença suspende-se) **no caso de doença do trabalhador, se este informar a entidade empregadora pública e apresentar atestado médico comprovativo, prosseguindo logo após a cessação desse impedimento** (art. 65.º, n.º 4, al. a) do Código do Trabalho);

8. **Não pode ser suspensa (a licença) por conveniência da entidade empregadora pública** (art. 65.º, n.º 4, al. b) do Código do Trabalho);

9. **Não prejudica o direito do trabalhador a ceder à informação periódica emitida pela entidade empregadora pública para o conjunto dos trabalhadores** (art. 65.º, n.º 4, al. c) do Código do Trabalho);

10. **Termina com a cessação da situação que originou a respectiva licença que deve ser comunicada à entidade empregadora pública no prazo de 5 dias** (art. 65.º, n.º 4, al. d) do Código do Trabalho);

11. **No termo da situação de licença, o trabalhador tem direito a retomar a sua actividade profissional para a qual foi admitido** (art. 65.º, n.º 5 do Código do Trabalho).

L) **LICENÇA PARA ASSISTÊNCIA A FILHO** (arts. 35.º, n.º 1, al. m) e 52.º do Código do Trabalho):

- **DIREITO: os progenitores,** trabalhadores que exerçam funções públicas em regime de nomeação ou contrato, **só têm direito a recorrer a esta licença para assistência a filho depois de esgotar a utilização do direito á licença complementar** referida no art. 51.º do Código do Trabalho (art. 52.º, n.º 1 deste diploma).

Têm ainda direito a esta licença o adoptante, o tutor, a pessoa a quem for deferida a confiança judicial ou administrativa do menor, bem como o cônjuge ou a pessoa em união de facto com qualquer daqueles ou com o progenitor, desde que viva em comunhão de mesa e habitação com o menor (art. 64.º, n.º 1, al. b) do Código do Trabalho). O titular da tutela ou confiança judicial ou administrativa do menor, para a poder exercer este direito, tem de a mencionar expressamente essa qualidade junto da entidade empregadora pública (n.º 2).

«O trabalhador tem direito a licença se o outro progenitor exercer actividade profissional ou estiver impedido ou inibido totalmente de exercer o poder paternal» (art. 52.º, n.º 3 do Código do Trabalho).

«Se houver dois titulares, a licença pode ser gozada por qualquer deles ou por ambos em períodos sucessivos» (art. 52.º, n.º 4 do Código do Trabalho).

- **PERÍODO: esta licença pode ir até 2 anos e pode ser gozada de modo consecutivo ou interpolado** (art. 52.º, n.º 1 do Código do Trabalho). «No caso de terceiro filho ou mais, a licença (...) tem o limite de três anos» (art. 52.º, n.º 2 do Código do Trabalho). Se o trabalhador não indicar o período da licença, esta tem uma duração de 6 meses (art. 52.º, n.º 7 do Código do Trabalho). O trabalhador pode ter o seu período de licença prorrogada desde que, observados os limites previstos naqueles n.ºs 1 e 2, proceda de acordo com o disposto no n.º 6 do art. 52.º do Código do Trabalho.
- **FORMALIDADES: para exercer este direito, o trabalhador tem de informar a entidade empregadora pública, por escrito e com a antecedência de 30 dias:**

a) Do início e do termo do período em que pretende gozar a licença;
b) Que o outro progenitor tem actividade profissional e não se encontra ao mesmo tempo em situação de licença, ou que está impedido ou inibido totalmente de exercer o poder paternal;
c) Que o menor vive com ele em comunhão de mesa e habitação;
d) Que não está esgotado o período máximo de duração da licença.
(art. 52.º, n.º 6 do Código do Trabalho)

- **EFEITOS:**

a) **Trabalhadores integrados no Regime da Protecção Social Convergente (ou específico da função pública) e, ainda, no regime geral da segurança social, desde que descontem para a ADSE** – o período em que não há prestação de trabalho efectivo desta licença:

1. Suspende os direitos, deveres e garantias das partes na medida em que pressuponham a efectiva prestação de trabalho, designadamente a retribuição, mas não prejudica os benefícios complementares de assistência médica e medicamentosa a que o trabalhador tenha direito (art. 65.º, n.º 6 do Código do Trabalho);

2. Não há lugar aqui à atribuição de qualquer prestação pecuniária de carácter social, denominada de subsídio, no âmbito do Dec.--Lei n.º 89/2009, de 9 de Abril; porém,

3. O período correspondente ao gozo desta licença é equivalente «à entrada de contribuições e quotizações para efeitos da taxa de formação das pensões de invalidez, velhice e morte, correspondente à segunda parcela com a designação de «P2», nos termos da Lei n.º 60/2005, de 29 de Dezembro, mediante comunicação do facto por parte da entidade empregadora à Caixa Geral de Aposentações (CGA)» (art. 5.º, n.º 3 do Dec.-Lei n.º 89/2009, de 9 de Abril);

4. «Durante o período de licença para assistência a filho, o trabalhador não pode exercer outra actividade incompatível com a respectiva finalidade, nomeadamente trabalho subordinado ou prestação continuada de serviços fora da sua residência habitual» (art. 52.º, n.º 5 do Código do Trabalho).

5. Cabe ainda à entidade empregadora pública, após o gozo desta licença, o dever de facultar ao trabalhador a participação em acções de formação e actualização profissional, de modo a facilitar e promover a sua plena reinserção profissional (art. 61.º do Código do Trabalho).

b) **Trabalhadores abrangidos pelo regime geral da segurança social, que descontam apenas para a segurança social** – o período em que não há prestação de trabalho efectivo desta licença:

1. Suspende os direitos, deveres e garantias das partes na medida em que pressuponham a efectiva prestação de trabalho, designada-

mente a retribuição, mas não prejudica os benefícios complementares de assistência médica e medicamentosa a que o trabalhador tenha direito (art. 65.º, n.º 6 do Código do Trabalho);

2. Não há lugar aqui à atribuição de qualquer prestação pecuniária de carácter social, denominada de subsídio, no âmbito do Dec.--Lei n.º 91/2009, de 9 de Abril; porém,

3. O período correspondente ao gozo desta licença, prevista no art. 52.º do Código do Trabalho, é tomado em «consideração para a taxa de formação no cálculo das pensões de invalidez e velhice do regime geral d segurança social, mediante comunicação do facto, por parte do trabalhador, à instituição de segurança social que o abranja» (art. 22.º, n.º 3 do Dec.-Lei n.º 91/2009, de 9 de Abril);

4. «Durante o período de licença para assistência a filho, o trabalhador não pode exercer outra actividade incompatível com a respectiva finalidade, nomeadamente trabalho subordinado ou prestação continuada de serviços fora da sua residência habitual» (art. 52.º, n.º 5 do Código do Trabalho).

5. Cabe ainda à entidade empregadora pública, após o gozo desta licença, o dever de facultar ao trabalhador a participação em acções de formação e actualização profissional, de modo a facilitar e promover a sua plena reinserção profissional (art. 61.º do Código do Trabalho).

M) LICENÇA PARA ASSISTÊNCIA A FILHO COM DEFICIÊNCIA OU DOENÇA CRÓNICA (arts. 35.º, n.º 1, al. n) e 53.º do Código do Trabalho):

- **DIREITO: os progenitores, trabalhadores que exercem funções públicas em regime de nomeação ou contrato, têm direito a esta licença para assistência a filho com deficiência ou doença crónica** (art. 53.º, n.º 1 do Código do Trabalho). A atribuição do respectivo subsídio depende, ainda, da verificação cumulativa das seguintes condições:

  a) Do filho viver em comunhão de mesa e habitação com o beneficiário; e,
  b) Do outro progenitor ter actividade profissional e não exercer o direito ao respectivo subsídio pelo mesmo motivo ou, em qualquer caso, estar impossibilitado de prestar assistência.
  (art. 20.º do Dec.-Lei n.º 89/2009 e art. 20.º do Dec.-Lei n.º 91/2009, ambos de 9 de Abril)

Têm ainda direito a esta licença o adoptante, o tutor, a pessoa a quem for deferida a confiança judicial ou administrativa do menor, bem como o cônjuge ou a pessoa em união de facto com qualquer daqueles ou com o progenitor, desde que viva em comunhão de mesa e habitação com o menor (art. 64.º, n.º 1, al. b) do Código do Trabalho). O titular da tutela ou confiança judicial ou administrativa do menor, para a poder exercer este direito, tem de a mencionar expressamente essa qualidade junto da entidade empregadora pública (n.º 2).

«O trabalhador tem direito a licença se o outro progenitor exercer actividade profissional ou estiver impedido ou inibido totalmente de exercer o poder paternal» (art. 52.º, n.º 3, por remissão do art. 53.º, n.º 3 do Código do Trabalho).

«Se houver dois titulares, a licença pode ser gozada por qualquer deles ou por ambos em períodos sucessivos» (art. 52.º, n.º 4, por remissão do art. 53.º, n.º 3 do Código do Trabalho).

- **PERÍODO: esta licença pode ir até 6 meses, prorrogável até 4 anos** (art. 53.º, n.º 1 do Código do Trabalho). Se o trabalhador não indicar o período da licença, esta tem uma duração de 6 meses (art. 52.º, n.º 7, por remissão do art. 53.º, n.º 3 do Código do Trabalho). O trabalhador pode ter o seu período de licença prorrogada desde que, observados os limites previstos no n.º 1 do art. 53.º, proceda de acordo com o disposto no n.º 6 do art. 52.º do Código do Trabalho (art. 53.º, n.º 3 deste Código).
- **FORMALIDADES: para exercer este direito, o trabalhador tem de informar a entidade empregadora pública, por escrito e com a antecedência de 30 dias:**

a) **Do início e do termo do período em que pretende gozar a licença;**
b) **Que o outro progenitor tem actividade profissional e não se encontra ao mesmo tempo em situação de licença, ou que está impedido ou inibido totalmente de exercer o poder paternal;**
e) **Que o menor vive com ele em comunhão de mesa e habitação;**
f) **Que não está esgotado o período máximo de duração da licença.**

(art. 52.º, n.º 6, por remissão do art. 53.º, n.º 3 do Código do Trabalho)

Se o filho com deficiência ou doença crónica tiver 12 ou mais anos de idade a necessidade de assistência tem de ser confirmada por atestado médico (art. 53.º, n.º 2 do Código do Trabalho).

- **EFEITOS:**

a) **Trabalhadores integrados no Regime da Protecção Social Convergente (ou específico da função pública) e, ainda, no regime geral da segurança social, mas que descontam para a ADSE** – o período em que não há prestação de trabalho efectivo desta licença:

1. Suspende os direitos, deveres e garantias das partes na medida em que pressuponham a efectiva prestação de trabalho, designadamente a retribuição, mas não prejudica os benefícios complementares de assistência médica e medicamentosa a que o trabalhador tenha direito (art. 65.º, n.º 6 do Código do Trabalho e art. 5.º, n.º 2 do Dec.-Lei n.º 89/2009, de 9 de Abril);

2. Dá, contudo, lugar à atribuição de um subsídio por assistência a filho com deficiência ou doença crónica deficiência (que não depende da apresentação de qualquer requerimento) **durante o período da ausência até 6 meses, prorrogável até o limite de 4 anos, correspondente a 65% da remuneração de referência do beneficiário, «tendo como limite máximo mensal o valor correspondente a duas vezes o indexante dos apoios sociais (IAS)»** (arts. 4.º, n.º 1, al. h), 20.º, 22.º, 23.º, n.º 4, al. e) e 31.º, n.º 2 do Dec.-Lei n.º 89/2009, de 9 de Abril);

3. O direito a este subsídio depende de o beneficiário, à data do facto determinante da protecção, ter cumprido um prazo de garantia de 6 meses civis, seguidos ou interpolados, com prestação efectiva ou equivalente a exercício de funções (art. 7.º, n.º 1 do Dec.-Lei n.º 89/2009, de 9 de Abril; para estes efeitos, «releva, se necessário, o mês em que ocorre o facto determinante desde que no mesmo se verifique prestação efectiva de trabalho» (n.º 2); quando se verificar uma não prestação de trabalho efectivo durante 6 meses consecutivos, «a contagem do prazo de garantia tem início a partir da data em que ocorra a prestação de trabalho efectivo» (n.º 3); consideram-se equivalentes a exercício de funções os períodos de não prestação de trabalho efectivo decorrente das demais eventualidades e os períodos em que, nos termos legais, haja percepção de remuneração sem a correspondente prestação de trabalho efectivo (n.º 4);

4. Dá direito a que o respectivo subsídio seja pago mensalmente pela entidade empregadora do beneficiário na data do pagamento das remunerações dos demais trabalhadores, com referência expressa aos dias e mês a que corresponde o impedimento para o trabalho, cabendo ainda àquela entidade o dever de comunicar ao beneficiário a decisão sobre a atribuição do subsídio em apreço, nos termos do Código do Procedimento Administrativo (arts. 31.º a 33.º do Dec.-Lei n.º 89/2009, de 9 de Abril);

5. Porque dá direito à atribuição de um subsídio, e não de uma remuneração, sobre aquele subsídio não incidem quaisquer descontos que tenham como referência o conceito legal de remuneração, logo, sobre ele não incidem quaisquer descontos para a Caixa Geral de Aposentações (arts. 18.º, n.º 2 e 19.º da Lei n.º 4/2009, de 29 de Janeiro e arts. 3.º, 4.º, n.º 1, al. h), 5.º, n.º 1, 20.º, 21.º, 22.º e 23.º, n.º 4, al. e) do Dec.-Lei n.º 89/2009, de 9 de Abril);

6. Considera-se equivalente à entrada de contribuições e quotizações para efeitos das eventualidades invalidez, velhice e morte, contando assim este tempo para efeitos de antiguidade para aposentação (vd. art. 19.º da Lei n.º 4/2009, de 29 de Janeiro, art. 5.º, n.º 1 do Dec.-Lei n.º 89/2009, de 9 de Abril);

7. A licença suspende-se por doença do trabalhador, se este informar a entidade empregadora pública e apresentar atestado médico comprovativo, e prossegue logo após a cessação desse impedimento (art. 65.º, n.º 4, al. a) do Código do Trabalho);

8. Não pode ser suspensa por conveniência da entidade empregadora pública (art. 65.º, n.º 4, al. b) do Código do Trabalho);

9. Não prejudica o direito do trabalhador a aceder à informação periódica emitida pela entidade empregadora pública para o conjunto dos trabalhadores (art. 65.º, n.º 4, al. c) do Código do Trabalho);

10. A licença termina com a cessação da situação que originou a respectiva licença que deve ser comunicada à entidade empregadora pública (art. 65.º, n.º 4, al. d) do Código do Trabalho);

11. No termo da situação de licença, o trabalhador tem direito a retomar a sua actividade profissional para a qual foi admitido (art. 65.º, n.º 5 do Código do Trabalho).

b) Trabalhadores abrangidos pelo regime geral da segurança social, que descontam apenas para a segurança social – o período em que não há prestação de trabalho efectivo desta licença:

1. Suspende os direitos, deveres e garantias das partes na medida em que pressuponham a efectiva prestação de trabalho, designadamente a retribuição, mas não prejudica os benefícios complementares de assistência médica e medicamentosa a que o trabalhador tenha direito (art. 65.º, n.º 6 do Código do Trabalho e art. 5.º, n.º 2 do Dec.-Lei n.º 89/2009, de 9 de Abril);

2. Dá, contudo, lugar à atribuição de um subsídio por assistência a filho com deficiência ou doença crónica deficiência durante o período da ausência até 6 meses, prorrogável até o limite de 4 anos, correspondente a 65% da remuneração de referência do beneficiário, «tendo como limite máximo mensal o valor correspondente a duas vezes o indexante dos apoios sociais (IAS)» (arts. 7.º, n.º 1, al. h), 20.º, 27.º, 28.º e 36.º do Dec.-Lei n.º 89/2009, de 9 de Abril);

3. O prazo de garantia para a atribuição deste subsídio é de 6 meses civis, seguidos ou interpolados, com registo de remunerações, à data do facto determinante da protecção (art. 25.º, n.º 1 do Dec.-Lei n.º 91/2009, de 9 de Abril); para estes efeitos «releva, se necessário, o mês em que ocorre o evento desde que no mesmo se verifique registo de remunerações» (n.º 2); na ausência deste registo durante 6 meses consecutivos, «a contagem do prazo de garantia tem início a partir da data em que ocorra um novo registo de remunerações» (n.º 3);

4. Dá direito a que o respectivo subsídio seja pago mensalmente pela competente entidade gestora da segurança social aos titulares do direito ou aos seus representantes legais, cabendo ainda àquela entidade o dever de comunicar ao beneficiário a decisão sobre a atribuição do subsídio em apreço, nos termos do Código do Procedimento Administrativo (arts. 2.º, 66.º, 80.º e 81.º, n.º 1 do Dec.-Lei n.º 91/2009, de 9 de Abril);

5. Dá lugar ao registo de remunerações por equivalência à entrada de contribuições durante o respectivo período de concessão do subsídio, sendo considerado como trabalho efectivamente prestado (art. 22.º, n.º 1 do Dec.-Lei n.º 91/2009, de 9 de Abril);

6. A licença suspende-se por doença do trabalhador, se este informar a entidade empregadora pública e apresentar atestado médico

comprovativo, e prossegue logo após a cessação desse impedimento (art. 65.º, n.º 4, al. a) do Código do Trabalho);

7. Não pode ser suspensa por conveniência da entidade empregadora pública (art. 65.º, n.º 4, al. b) do Código do Trabalho);

8. Não prejudica o direito do trabalhador a aceder à informação periódica emitida pela entidade empregadora pública para o conjunto dos trabalhadores (art. 65.º, n.º 4, al. c) do Código do Trabalho);

9. A licença termina com a cessação da situação que originou a respectiva licença que deve ser comunicada à entidade empregadora pública (art. 65.º, n.º 4, al. d) do Código do Trabalho);

10. No termo da situação de licença, o trabalhador tem direito a retomar a sua actividade profissional para a qual foi admitido (art. 65.º, n.º 5 do Código do Trabalho).

N) REDUÇÃO DO TEMPO DE TRABALHO PARA ASSISTÊNCIA A FILHO MENOR COM DEFICIÊNCIA OU DOENÇA CRÓNICA (este direito, embora não conste do elenco de direitos previstos no art. 35.º, n.º 1, vem contudo contemplado no art. 54.º do Código do Trabalho):

- **DIREITO: os trabalhadores que exerçam funções públicas, nomeados ou contratados, e sejam progenitores de menor com deficiência ou doença crónica, com idade não superior a um ano** (art. 54.º, n.º 1 do Código do Trabalho); não é possível, porém, recorrer a este direito quando um dos progenitores não exerça actividade profissional e não esteja impedido ou inibido totalmente de exercer o poder paternal (art. 54.º, n.º 2 do Código do Trabalho).

Têm direito a esta redução o adoptante, o tutor, a pessoa a quem for deferida a confiança judicial ou administrativa do menor, bem como o cônjuge ou a pessoa em união de facto com qualquer daqueles ou com o progenitor, desde que viva em comunhão de mesa e habitação com o menor (art. 64.º, n.º 1, al. d) do Código do Trabalho). O titular da tutela ou confiança judicial ou administrativa do menor, para a poder exercer este direito, tem de a mencionar expressamente essa qualidade junto da entidade empregadora pública (n.º 2).

- **PERÍODO: têm direito a redução de 5 horas do período normal de trabalho semanal, ou a outras condições de trabalho

especiais, para assistência ao filho com deficiência ou doença crónica com idde não superior a 1 ano (art. 54.º, n.º 1 do Código do Trabalho). A entidade pública empregadora «deve adequar o horário de trabalho resultante da redução do período normal de trabalho tendo em conta a preferência do trabalhador, sem prejuízo de exigências do funcionamento» do serviço (art. 54.º, n.º 4 do Código do Trabalho. «Se ambos os progenitores forem titulares do direito, a redução do período normal de trabalho pode ser utilizada por qualquer deles ou por ambos em períodos sucessivos» (art. 54.º, n.º 3 do Código do Trabalho).

- **FORMALIDADES: o trabalhador que pretender usufruir desta redução do período normal de trabalho semanal deve:**

a) **Comunicar à respectiva entidade empregadora pública essa sua intenção com a antecedência de 10 dias sobre a data em que pretende iniciar o seu gozo efectivo;**
b) **Apresentar atestado médico comprovativo da deficiência ou da doença crónica do filho menor, com idade não superior a um ano;**
c) **Declarar que o outro progenitor tem actividade profissional ou que está impedido ou inibido totalmente de exercer o poder paternal e, sendo caso disso, que não exerce ao mesmo tempo esse direito.**
(art. 54.º, n.º 6 do Código do Trabalho)

- **EFEITOS:**

a) <u>**Trabalhadores integrados no Regime da Protecção Social Convergente (ou específico da função pública) e, ainda, no regime geral da segurança social, mas que descontam para a ADSE:**</u>

§ Único – Esta redução do período normal de trabalho semanal **não determina a perda de quaisquer direitos consagrados na lei, «salvo quanto à retribuição, que só é devida na medida em que a redução, em cada ano, exceda o número de faltas substituíveis por perda de gozo de dias de férias»** (art. 54.º, n.º 5 do Código do Trabalho).

b) Trabalhadores abrangidos pelo regime geral da segurança social, que descontam apenas para a segurança social:

§ Único – Esta redução do período normal de trabalho semanal **não determina a perda de quaisquer direitos consagrados na lei, «salvo quanto à retribuição, que só é devida na medida em que a redução, em cada ano, exceda o número de faltas substituíveis por perda de gozo de dias de férias»** (art. 54.º, n.º 5 do Código do Trabalho).

O) **TRABALHO A TEMPO PARCIAL DE TRABALHADOR COM RESPONSABILIDADES FAMILIARES** (arts. 35.º, n.º 1, al. o) e 55.º do Código do Trabalho; vd. ainda art. 11.º do Dec.-Lei n.º 259/98, de 18 de Agosto, na redacção dada pelo 25.º da Lei n.º 64-A/2008, de 31 de Dezembro, que aprovou o Orçamento do Estado para 2009):

- **DIREITO: o trabalhador que exerça funções públicas, nomeado ou contratado, com filho menor de 12 anos ou, independentemente da idade, filho com deficiência ou doença crónica que com ele viva em comunhão de mesa e habitação, tem direito a trabalhar a tempo parcial** (art. 55.º, n.º 1 do Código do Trabalho). Este «direito pode ser exercido por qualquer dos progenitores ou por ambos em períodos sucessivos, depois da licença parental complementar, em qualquer das suas modalidades» (art. 55.º, n.º 2 do Código do Trabalho).

Têm direito a requerer este trabalho a tempo parcial o adoptante, o tutor, a pessoa a quem for deferida a confiança judicial ou administrativa do menor, bem como o cônjuge ou a pessoa em união de facto com qualquer daqueles ou com o progenitor, desde que viva em **comunhão de mesa e habitação com o menor** (art. 64.º, n.º 1, al. e) do Código do Trabalho). O titular da tutela ou confiança judicial ou administrativa do menor, para a poder exercer este direito, tem de a mencionar expressamente essa qualidade junto da entidade empregadora pública (n.º 2).

- **PERÍODO: «Salvo acordo em contrário, o período normal de trabalho a tempo parcial corresponde a metade do praticado a tempo completo numa situação comparável e, conforme o pedido do trabalhador, é prestado diariamente, de manhã ou de tarde, ou em três dias por semana»** (art. 55.º, n.º 3 do Código do Trabalho). Dispõe o art. 55.º, n.º 4 do Código do Trabalho que prestação de trabalho a tempo parcial pode ser prorrogada até dois anos ou, no caso de terceiro filho ou mais, três anos, ou ainda, no caso de filho com deficiência ou doença crónica, quatro anos».

«A prestação de trabalho a tempo parcial cessa no termo do período para que foi concedida ou no da sua prorrogação, retomando o trabalhador a prestação de trabalho a tempo completo» (art. 55.°, n.° 6 do Código do Trabalho).

- **FORMALIDADES: o trabalhador**, para poder beneficiar deste direito, **tem que o solicitar à entidade pública empregadora, por escrito, com a antecedência de 30 dias, com os seguintes elementos:**

a) **Indicação do prazo previsto, dentro do limite aplicável;**
b) **Declaração do qual conste:**

1. Que o menor vive com ele em comunhão de mesa e habitação;
2. Que não está esgotado o período máximo de duração da prestação de trabalho a tempo parcial;
3. Que o outro progenitor tem actividade profissional e não se encontra ao mesmo tempo em situação de trabalho a tempo parcial ou que está impedido ou inibido totalmente de exercer o poder paternal;

c) **A modalidade pretendida de organização do trabalho a tempo parcial.**
(art. 57.°, n.° 1 do Código do Trabalho)

A entidade empregadora pública tem 20 dias, contados a partir da data da recepção do pedido, para comunicar, por escrito, ao trabalhador a sua decisão (art. 57.°, n.° 3 do Código do Trabalho). Contudo, aquela decisão encontra-se condicionada pelo n.° 2 deste preceito, nomeadamente quando nele se dispõe que a entidade empregadora pública «apenas pode recusar o pedido com fundamento em exigências imperiosas do funcionamento» do serviço, «ou na impossibilidade de substituir o trabalhador se este for indispensável». Porém, antes da tomada da decisão definitiva de negação do pedido formulado, a entidade empregadora pública está obrigada a comunicar ao trabalhador a razão ou fundamento dessa sua recusa, podendo este apresentar, por escrito, uma apreciação no prazo de 5 dias a partir da recepção (n.° 4). «Nos cinco dias subsequentes ao fim do prazo para apreciação pelo trabalhador», a entidade empregadora pública «envia o processo para apreciação pela entidade competente na área da igualdade de oportunidades entre homens e mulheres, com cópia do pedido, do fundamento da intenção de o recusar e da apreciação do trabalhador» (n.º 5). Esta entidade competente tem de notificar no prazo de 30 dias a entidade empregadora pública e o trabalhador do seu parecer, o qual se considera favorável à intenção da entidade empregadora pública senão for emitido naquele prazo (n.º 6). No caso do parecer ser desfavorável, então a entidade empregadora pública só pode recusar o pedido após decisão judicial que reconheça a existência de motivo justificativo (n.º 7).

«Considera-se que a» entidade empregadora pública «aceita o pedido do trabalhador nos seus precisos termos:

a) Se não comunicar a intenção de recusa no prazo de 20 dias após a recepção do pedido;
b) Se, tendo comunicado a intenção de recusar o pedido, não informar o trabalhador da decisão sobre o mesmo nos cinco dias subsequentes à notificação referida no n.º 6 ou, consoante o caso, ao fim do prazo estabelecido nesse número;
c) Se não submeter o processo à apreciação da entidade competente na área da igualdade de oportunidades entre homens e mulheres dentro do prazo previsto no n.º 5».

(art. 57.º, n.º 8 do Código do Trabalho)

«Ao pedido de prorrogação é aplicável o disposto para o pedido inicial» (art. 57.º, n.º 9 do Código do Trabalho).

- **EFEITOS:**

  a) <u>Trabalhadores integrados no Regime da Protecção Social Convergente (ou específico da função pública) e, ainda, no regime geral da segurança social, mas que descontam para a ADSE:</u>

  1. Esta redução do período normal de trabalho semanal, à semelhança do que acontece na situação anterior, também **não determina a perda de quaisquer direitos consagrados na lei, salvo quanto à retribuição**. Ressalva-se, contudo, no art. 5.º, n.º 4 do Dec.-Lei n.º 89/2009, de 9 de Abril, que, para efeitos das eventualidades invalidez, velhice e morte, **durante os períodos de trabalho a tempo parcial do trabalhador com responsabilidades familiares são «consideradas as remunerações cor-**

respondentes ao trabalho a tempo completo, havendo lugar à equivalência à entrada de contribuições relativamente à diferença entre a remuneração auferida e a que auferirira se estivesse a tempo completo, mediante a comunicação do facto por parte da entidade empregadora à CGA»;

2. «Durante o período de trabalho em regime de tempo parcial, o trabalhador não pode exercer outra actividade incompatível com a respectiva finalidade, nomeadamente trabalho subordinado ou prestação continuada de serviços fora da sua residência habitual» (art. 55.°, n.° 5 do Código do Trabalho).

b) Trabalhadores abrangidos pelo regime geral da segurança social, que descontam apenas para a segurança social:

1. Esta redução do período normal de trabalho semanal **não determina a perda de quaisquer direitos consagrados na lei, salvo quanto à retribuição**. De igual modo, prescreve-se, agora no art. 22.°, n.° 2 do Dec.--Lei n.° 91/2009, de 9 de Abril, que **«durante os períodos de trabalho a tempo parcial de trabalhador com responsabilidades familiares (...) há lugar a registo adicional de remunerações por equivalência à entrada de contribuições por valor igual ao das remunerações registadas a título de trabalho a tempo parcial efectivamente prestado, com o limite do valor da remuneração média registada a título de trabalho a tempo completo**, mediante a comunicação do facto, por parte do trabalhador, à instituição de segurança social que o abranja, nos termos a regulamentar em legislação própria».

2. «Durante o período de trabalho em regime de tempo parcial, o trabalhador não pode exercer outra actividade incompatível com a respectiva finalidade, nomeadamente trabalho subordinado ou prestação continuada de serviços fora da sua residência habitual» (art. 55.°, n.° 5 do Código do Trabalho).

P) HORÁRIO FLEXÍVEL DE TRABALHADOR COM RESPONSABILIDADES FAMILIARES (arts. 35.°, n.° 1, al. p) e 56.° do Código do Trabalho):

- **DIREITO:** tem direito a trabalhar em regime de horário de trabalho flexível o trabalhador que exerça funções públicas, nomeado ou contratado, com filho menor de 12 anos ou, independentemente da idade, filho com deficiência ou doença crónica que com ele viva em comunhão de mesa e habitação (art. 56.º, n.º 1 do Código do Trabalho). Qualquer dos progenitores pode exercer este direito ou ambos simultaneamente.

Sobre os trabalhadores nomeados, e a propósito desta temática, veja-se o disposto no art. 22.º do Dec.-Lei n.º 259/98, de 18 de Agosto.

Têm direito a requerer este horário flexível o adoptante, o tutor, a pessoa a quem for deferida a confiança judicial ou administrativa do menor, bem como o cônjuge ou a pessoa em união de facto com qualquer daqueles ou com o progenitor, desde que viva em comunhão de mesa e habitação com o menor (art. 64.º, n.º 1, al. f) do Código do Trabalho). O titular da tutela ou confiança judicial ou administrativa do menor, para a poder exercer este direito, tem de a mencionar expressamente essa qualidade junto da entidade empregadora pública (n.º 2).

- **PERÍODO:** o art. 56.º, n.º 2 do Código do Trabalho define o horário flexível como sendo «aquele em que o trabalhador pode escolher, dentro de certos limites, as horas de início e termo do período normal de trabalho diário», para acrescentar logo de seguida no seu n.º 3 que este horário, a elaborar pela entidade empregadora pública, «deve:

    a) Conter um ou dois períodos de presença obrigatória, com duração igual a metade do período normal de trabalho diário;
    b) Indicar os períodos para início e termo do trabalho normal diário, cada um com a duração não inferior a um terço do período normal de trabalho diário, podendo esta duração ser reduzida na medida do necessário para que o horário se contenha dentro do período do funcionamento do serviço;
    c) Estabelecer um período para intervalo de descanso não superior a 22 horas».

«O trabalhador que trabalhe em regime de horário flexível pode efectuar até seis horas consecutivas de trabalho e até dez horas de trabalho em cada dia e deve cumprir o correspondente período normal de trabalho semanal, em média de cada período de quatro semanas» (art. 56.º, n.º 4 do Código do Trabalho).

- **FORMALIDADES: o trabalhador que pretenda trabalhar em regime de horário de trabalho flexível tem também que o solicitar à entidade pública empregadora, por escrito, com a antecedência de 30 dias, com os seguintes elementos:**
  a) **Indicação do prazo previsto, dentro do limite aplicável;**
  b) **Declaração do qual conste que o menor vive com ele em comunhão de mesa e habitação.**
  (art. 57.º, n.º 1 do Código do Trabalho)

A entidade empregadora pública tem 20 dias, contados a partir da data da recepção do pedido, para comunicar, por escrito, ao trabalhador a sua decisão (art. 57.º, n.º 3 do Código do Trabalho). Contudo, aquela decisão encontra-se condicionada pelo n.º 2 deste preceito, nomeadamente quando nele se dispõe que a entidade empregadora pública «apenas pode recusar o pedido com fundamento em exigências imperiosas do funcionamento» do serviço, «ou na impossibilidade de substituir o trabalhador se este for indispensável». Porém, antes da tomada da decisão definitiva de negação do pedido formulado, a entidade empregadora pública está obrigada a comunicar ao trabalhador a razão ou fundamento dessa sua recusa, podendo este apresentar, por escrito, uma apreciação no prazo de 5 dias a partir da recepção (n.º 4). «Nos 5 dias subsequentes ao fim do prazo para apreciação pelo trabalhador», a entidade empregadora pública «envia o processo para apreciação pela entidade competente na área da igualdade de oportunidades entre homens e mulheres, com cópia do pedido, do fundamento da intenção de o recusar e da apreciação do trabalhador» (n.º 5). Esta entidade competente tem de notificar no prazo de 30 dias a entidade empregadora pública e o trabalhador do seu parecer, o qual se considera favorável à intenção da entidade empregadora pública senão for emitido naquele prazo (n.º 6). No caso do parecer ser desfavorável, então a entidade empregadora pública só pode recusar o pedido após decisão judicial que reconheça a existência de motivo justificativo (n.º 7).

«Considera-se que a» entidade empregadora pública «aceita o pedido do trabalhador nos seus precisos termos:
  a) Se não comunicar a intenção de recusa no prazo de 20 dias após a recepção do pedido;
  b) Se, tendo comunicado a intenção de recusar o pedido, não informar o trabalhador da decisão sobre o mesmo nos cinco dias sub-

sequentes à notificação referida no n.º 6 ou, consoante o caso, ao fim do prazo estabelecido nesse número;
c) Se não submeter o processo à apreciação da entidade competente na área da igualdade de oportunidades entre homens e mulheres dentro do prazo previsto no n.º 5».
(art. 57.º, n.º 8 do Código do Trabalho)

«Ao pedido de prorrogação é aplicável o disposto para o pedido inicial» (art. 57.º, n.º 9 do Código do Trabalho).

- **EFEITOS:** estamos aqui perante uma situação de prestação efectiva de serviço que, para além do ajustamento do horário de trabalho às necessidades familiares do progenitor requerente, em nada afecta ou reduz os direitos inerentes à sua condição de trabalhador, independentemente do regime de protecção social para o qual desconte (art. 56.º do Código do Trabalho).

Q) DISPENSA DE PRESTAÇÃO DE TRABALHO EM REGIME DE ADAPTABILIDADE (arts. 35.º, n.º 1, al. q) e 58.º do Código do Trabalho):

- **DIREITO: apenas a trabalhadora grávida, puérpera ou lactante, que exerça funções públicas, em regime de nomeação ou de contrato, tem direito a ser dispensada de prestar trabalho em horário de trabalho organizado de acordo com regime de adaptabilidade, de banco de horas ou de horário concentrado** (art. 58.º, n.º 1 do Código do Trabalho). **Este direito contudo «aplica-se a qualquer dos progenitores em caso de aleitação, quando a prestação de trabalho nos regimes nele referidos afecte a sua regularidade»** (n.º 2).
- **PERÍODO:** quanto aos períodos de duração destas dispensas são eles determinados pela própria duração das condicionantes biológicas que afectam a trabalhadora ou, no caso do progenitor pai, quando a sua prestação de trabalho, nos regimes referidos, afecte ou prejudique o direito à aleitação do filho.
- **FORMALIDADES:** embora nada se diga em concreto quanto às formalidades a seguir nesta situação, decorre da lei que a dispensa de prestação de trabalho oneroso não carece de ser requerida mas apenas verificada, isto é, há que ver apenas se os trabalhadores

preenchem os requisitos legais para serem elegíveis como beneficiários últimos daquele diploma.
- **EFEITOS:** estamos também aqui perante uma situação de prestação efectiva de serviço que, para além da adaptabilidade do horário de trabalho da progenitora requerente, em nada afecta ou reduz os direitos inerentes à sua condição de trabalhadora. O mesmo é válido para o progenitor pai no caso de aleitação (art. 58.º do Código do Trabalho).

R) DISPENSA DE PRESTAÇÃO DE TRABALHO SUPLEMENTAR (arts. 35.º, n.º 1, al. r) e 59.º do Código do Trabalho):
- **DIREITO: «a trabalhadora grávida, bem como o trabalhador ou trabalhadora com filho de idade inferior a 12 meses, não está obrigada a prestar trabalho suplementar»** (art. 59.º, n.º 1 do Código do Trabalho). «A trabalhadora não está obrigada a prestar trabalho suplementar durante todo o tempo que durar a amamentação se for necessário para a sua saúde ou para a da criança» (n.º 2).
- **PERÍODO: esta dispensa de prestação de trabalho suplementar é dada apenas durante os períodos de tempo da gravidez da trabalhadora, até 12 meses de idade do filho do trabalhador ou trabalhadora filho ou de amamentação deste, caso seja necessário para a saúde da mãe ou para a da criança.**
- **FORMALIDADES:** a lei é aqui omissa mas resulta evidente que esta dispensa decorre da própria lei, devendo pois a entidade empregadora pública eximir-se da atribuição deste tipo de trabalho suplementar às pessoas abrangidas por este direito.
- **EFEITOS:** para além da própria dispensa não há quaisquer efeitos específicos a salientar (art. 59.º do Código do Trabalho).

S) DISPENSA DE PRESTAÇÃO DE TRABALHO NO PERÍODO NOCTURNO (arts. 35.º, n.º 1, al. s) e 60.º do Código do Trabalho):
- **DIREITO: a trabalhadora grávida, puérpera ou lactante** (art. 60.º, n.º 1 do Código do Trabalho).
- **PERÍODO:** «tem direito a ser dispensada de prestar trabalho nocturno entre as 20 horas de um dia e as 7 horas do dia seguinte:

a) **Durante um período de 112 dias antes e depois do parto, dos quais pelo menos metade antes da data previsível do mesmo;**
b) **Durante o restante período de gravidez, se for necessário para aa sua saúde ou para a do nascituro;**
c) **Durante todo o tempo que durar a amamentação, se for necessário para a sua saúde ou da criança».**
(art. 60.º, n.º 1 do Código do Trabalho)

À trabalhadora assim dispensada deve ser atribuído um horário de trabalho diurno compatível, sempre que possível, e só no caso de tal não ser possível é que então será pura e simplesmente dispensada do trabalho (art. 60.º, n.ºs 2 e 3 do Código do Trabalho).

- **FORMALIDADES: com uma antecedência de 10 dias sobre a data em que pretende iniciar o gozo deste direito, a trabalhadora,** que pretender ser dispensada de prestar trabalho nocturno, **deve:**

    a) **Informar disso a entidade empregadora pública;**
    b) **E apresentar atestado médico, no caso das alíneas b) ou c) do n.º 1 do art. 60.º do Código do Trabalho.**
    (art. 60.º, n.º 4 do Código do Trabalho)

No caso de urgência comprovada pelo médico, aquela informação pode ser feita independentemente daquele prazo (art. 60.º, n.º 5 do Código do Trabalho). «Sem prejuízo do disposto nos números anteriores, a dispensa da prestação de trabalho nocturno deve ser determinada por médico do trabalho sempre que este, no âmbito da vigilância da saúde dos trabalhadores, identificar qualquer risco para a trabalhadora grávida, puérpera ou lactante» (n.º 6).

- **EFEITOS:**

    a) <u>Trabalhadores integrados no Regime da Protecção Social Convergente (ou específico da função pública) e, ainda, no regime geral da segurança social, mas que descontam para a ADSE</u> – o período em que não há prestação de trabalho efectivo desta dispensa:
    1. Não determina a perda de quaisquer direitos, salvo quanto à

retribuição, e é considerada como prestação efectiva de trabalho (art. 65.º, n.º 1, al. h) do Código do Trabalho);

2. Em substituição da remuneração, há lugar à atribuição de um subsídio por riscos específicos (que não depende da apresentação de qualquer requerimento) **durante o período de dispensa, correspondente a 65% da remuneração de referência da beneficiária** (arts. 4.º, n.º 1, al. e), 17.º, 22.º, 23.º, n.º 4, al. d), 31.º, n.º 2 do Dec.-Lei n.º 89/2009, de 9 de Abril); porém,

3. O direito a este subsídio depende de o beneficiário, à data do facto determinante da protecção, ter cumprido um prazo de garantia de 6 meses civis, seguidos ou interpolados, com prestação efectiva ou equivalente a exercício de funções (art. 7.º, n.º 1 do Dec.-Lei n.º 89/2009, de 9 de Abril); para estes efeitos, «releva, se necessário, o mês em que ocorre o facto determinante desde que no mesmo se verifique prestação efectiva de trabalho» (n.º 2); quando se verificar uma não prestação de trabalho efectivo durante 6 meses consecutivos, «a contagem do prazo de garantia tem início a partir da data em que ocorra a prestação de trabalho efectivo» (n.º 3); consideram-se equivalentes a exercício de funções os períodos de não prestação de trabalho efectivo decorrente das demais eventualidades e os períodos em que, nos termos legais, haja percepção de remuneração sem a correspondente prestação de trabalho efectivo (n.º 4);

4. Dá direito a que o respectivo subsídio seja pago mensalmente pela entidade empregadora da beneficiária na data do pagamento das remunerações dos demais trabalhadores, com referência expressa aos dias e mês a que corresponde o impedimento para o trabalho, cabendo ainda àquela entidade o dever de comunicar ao beneficiário a decisão sobre a atribuição do subsídio em apreço, nos termos do Código do Procedimento Administrativo (arts. 31.º a 33.º do Dec.-Lei n.º 89/2009, de 9 de Abril);

5. Porque dá direito à atribuição de um subsídio, e não de uma remuneração, sobre aquele subsídio não incidem quaisquer descontos que tenham como referência o conceito legal de remuneração, logo, sobre ele não incidem quaisquer descontos para a Caixa Geral de Aposentações (arts. 18.º, n.º 2 e 19.º da Lei n.º 4/2009, de 29 de Janeiro e arts. 3.º, 4.º, n.º 1, al. e), 5.º, n.º 1, 21.º, 22.º e 23.º, n.º 4, al. d) do Dec.--Lei n.º 89/2009, de 9 de Abril);

**6. Considera-se equivalente à entrada de contribuições e quotiza-ções para efeitos das eventualidades invalidez, velhice e morte, contando assim este tempo para efeitos de antiguidade para aposentação (vd. art. 19.° da Lei n.° 4/2009, de 29 de Janeiro, art. 5.°, n.° 1 do Dec.-Lei n.° 89/2009, de 9 de Abril);

7. No termo da situação de licença, o trabalhador tem direito a retomar a sua actividade profissional para a qual foi admitido (art. 65.°, n.° 5 do Código do Trabalho).

b) <u>Trabalhadores abrangidos pelo regime geral da segurança social, que descontam apenas para a segurança social</u> – o período em que não há prestação de trabalho efectivo desta dispensa:

1. Não determina a perda de quaisquer direitos, salvo quanto à retribuição, e é considerada como prestação efectiva de trabalho (art. 65.°, n.° 1, al. a) do Código do Trabalho);

2. Em substituição da remuneração, há lugar à atribuição de um subsídio por riscos específicos durante o período de dispensa, correspondente a 65% da remuneração de referência da beneficiária (arts. 7.°, n.° 1, al. f), 18.°, 28.°, 35.°, 66.° e 67.° do Dec.-Lei n.° 91/2009, de 9 de Abril); porém,

3. O prazo de garantia para a atribuição deste subsídio é de 6 meses civis, seguidos ou interpolados, com registo de remunerações, à data do facto determinante da protecção (art. 25.°, n.° 1 do Dec.-Lei n.° 91/2009, de 9 de Abril); para estes efeitos «releva, se necessário, o mês em que ocorre o evento desde que no mesmo se verifique registo de remunerações» (n.° 2); na ausência deste registo durante 6 meses consecutivos, «a contagem do prazo de garantia tem início a partir da data em que ocorra um novo registo de remunerações» (n.° 3);

4. Dá direito a que o respectivo subsídio seja pago mensalmente pela competente entidade gestora da segurança social aos titulares do direito ou aos seus representantes legais, cabendo ainda àquela entidade o dever de comunicar ao beneficiário a decisão sobre a atribuição do subsídio em apreço, nos termos do Código do Procedimento Administrativo (arts. 2.°, 66.°, 80.° e 81.°, n.° 1 do Dec.-Lei n.° 91/2009, de 9 de Abril);

5. Dá lugar ao registo de remunerações por equivalência à entrada de contribuições durante o respectivo período de concessão do subsídio, sendo considerado como trabalho efectivamente prestado (art. 22.°, n.° 1 do Dec.-Lei n.° 91/2009, de 9 de Abril);

6. No termo da situação de licença, o trabalhador tem direito a retomar a sua actividade profissional para a qual foi admitido (art. 65.º, n.º 5 do Código do Trabalho).

T) DISPENSA DA PRESTAÇÃO DE TRABALHO POR PARTE DA TRABALHADORA GRÁVIDA, PUÉRPERA OU LACTANTE, POR MOTIVO DE PROTECÇÃO DA SUA SEGURANÇA E SAÚDE (arts. 35.º, n.º 1, al. f) e 62.º do Código do Trabalho):

- **DIREITO: a trabalhadora que exerça funções públicas, nomeada ou contratada, que se encontre grávida, puérpera ou lactante** tem direito a especiais condições de segurança e saúde nos locais de trabalho, de modo a evitar a exposição a riscos para a sua segurança e saúde (art. 62.º, n.º 1 do Código do Trabalho).
- **PERÍODO: as medidas de protecção a tomar destinadas á protecção da trabalhadora grávida, puérpera ou lactante terão a duração que, caso a caso, for considerada necessária para evitar a exposição desta mesma trabalhadora a riscos que ponham em causa a sua segurança e saúde** (art. 62.º, n.º 2 e 3 do Código do Trabalho).
- **FORMALIDADES:** quando se estiver perante actividade susceptível de apresentar um risco específico de exposição a agentes, processos ou condições de trabalho, **a entidade empregadora pública «deve proceder à avaliação da natureza, grau e duração da exposição de trabalhadora grávida, puérpera ou lactante, de modo a determinar qualquer risco para a sua segurança e saúde e as repercussões sobre a gravidez ou a amamentação, bem como as medidas a tomar»** (art. 62.º, n.º 2 do Código do Trabalho). Nestes casos, **a entidade pública empregadora deve tomar a medida necessária para evitar a exposição da trabalhadora a esses riscos, nomeadamente: a) Proceder à adaptação das condições de trabalho;**

b) **Se esta adaptação for impossível, excessivamente demorada ou demasiada onerosa, atribuir à trabalhadora outras tarefas compatíveis com o seu estado e categoria profissional; e**
c) **No caso da não viabilidade daquelas medidas, dispensar a trabalhadora de prestar trabalho durante o período necessário.** (art. 62.º, n.º 3 do Código do Trabalho)

A trabalhadora grávida, puérpera ou lactante tem, assim, «direito a ser informada, por escrito, dos resultados da avaliação referida no n.º 2 e das medidas de protecção adoptadas» (art. 62.º, n.º 4 do Código do Trabalho).

«É vedado o exercício por trabalhadora grávida, puérpera ou lactante de actividades cuja avaliação tenha revelado riscos de exposição a agentes ou condições de trabalho que ponham em perigo a sua segurança ou saúde ou o desenvolvimento do nascituro» (art. 62.º, n.º 5 do Código do Trabalho).

«As actividades susceptíveis de apresentarem um risco específico de exposição a agentes, processos ou condições de trabalho referidos no n.º 2, bem como os agentes e condições de trabalho referidos no número anterior, são determinados em legislação específica» (art. 62.º, n.º 6 do Código do Trabalho).

«A trabalhadora grávida, puérpera ou lactante, ou os seus representantes, têm direito de requerer ao serviço com competência inspectiva (...) na área laboral uma acção de fiscalização, a realizar com prioridade e urgência, se o empregador não cumprir as obrigações decorrentes deste artigo» (art. 62.º, n.º 7 do Código do Trabalho).

- **EFEITOS:**

    a) <u>Trabalhadores integrados no Regime da Protecção Social Convergente (ou específico da função pública) e, ainda, no regime geral da segurança social, mas que descontam para a ADSE</u> – o período em que não há prestação de trabalho efectivo desta dispensa:

    1. Não determina a perda de quaisquer direitos, salvo quanto à retribuição, e é considerada como prestação efectiva de trabalho (art. 65.º, n.º 1, al. i) do Código do Trabalho);

    2. Em substituição da remuneração, há lugar à atribuição de um subsídio por riscos específicos (que não depende da apresentação de qualquer requerimento) **durante o período de dispensa, correspondente a 65% da remuneração de referência da beneficiária** (arts. 4.º, n.º 1, al. e), 17.º, 22.º, 23.º, n.º 4, al. d), 31.º, n.º 2 do Dec.-Lei n.º 89/2009, de 9 de Abril); porém,

    3. O direito a este subsídio depende do beneficiário, à data do facto determinante da protecção, ter cumprido um prazo de garantia

de 6 meses civis, seguidos ou interpolados, com prestação efectiva ou equivalente a exercício de funções (art. 7.º, n.º 1 do Dec.-Lei n.º 89/2009, de 9 de Abril); para estes efeitos, «releva, se necessário, o mês em que ocorre o facto determinante desde que no mesmo se verifique prestação efectiva de trabalho» (n.º 2); quando se verificar uma não prestação de trabalho efectivo durante 6 meses consecutivos, «a contagem do prazo de garantia tem início a partir da data em que ocorra a prestação de trabalho efectivo» (n.º 3); consideram-se equivalentes a exercício de funções os períodos de não prestação de trabalho efectivo decorrente das demais eventualidades e os períodos em que, nos termos legais, haja percepção de remuneração sem a correspondente prestação de trabalho efectivo (n.º 4);

4. Dá direito a que o respectivo subsídio seja pago mensalmente pela entidade empregadora da beneficiária na data do pagamento das remunerações dos demais trabalhadores, com referência expressa aos dias e mês a que corresponde o impedimento para o trabalho, cabendo ainda àquela entidade o dever de comunicar ao beneficiário a decisão sobre a atribuição do subsídio em apreço, nos termos do Código do Procedimento Administrativo (arts. 31.º a 33.º do Dec.-Lei n.º 89/2009, de 9 de Abril);

5. Porque dá direito à atribuição de um subsídio, e não de uma remuneração, sobre aquele subsídio não incidem quaisquer descontos que tenham como referência o conceito legal de remuneração, logo, sobre ele não incidem quaisquer descontos para a Caixa Geral de Aposentações (arts. 18.º, n.º 2 e 19.º da Lei n.º 4/2009, de 29 de Janeiro e arts. 3.º, 4.º, n.º 1, al. e), 5.º, n.º 1, 21.º, 22.º e 23.º, n.º 4, al. d) do Dec.--Lei n.º 89/2009, de 9 de Abril);

6. Considera-se equivalente à entrada de contribuições e quotizações para efeitos das eventualidades invalidez, velhice e morte, contando assim este tempo para efeitos de antiguidade para aposentação (vd. art. 19.º da Lei n.º 4/2009, de 29 de Janeiro, art. 5.º, n.º 1 do Dec.-Lei n.º 89/2009, de 9 de Abril);

7. No termo da situação de licença, o trabalhador tem direito a retomar a sua actividade profissional para a qual foi admitido (art. 65.º, n.º 5 do Código do Trabalho).

> b) <u>Trabalhadores abrangidos pelo regime geral da segurança social, que descontam apenas para a segurança social</u> – o período em que não há prestação de trabalho efectivo desta dispensa:

1. Não determina a perda de quaisquer direitos, salvo quanto à retribuição, e é considerada como prestação efectiva de trabalho (art. 65.º, n.º 1, al. i) do Código do Trabalho);

2. Em substituição da remuneração, há lugar à atribuição de um subsídio por riscos específicos durante o período de dispensa, correspondente a 65% da remuneração de referência da beneficiária (arts. 7.º, n.º 1, al. f), 18.º, 28.º, 35.º, 66.º e 67.º do Dec.-Lei n.º 91/2009, de 9 de Abril); porém,

3. O prazo de garantia para a atribuição deste subsídio é de 6 meses civis, seguidos ou interpolados, com registo de remunerações, à data do facto determinante da protecção (art. 25.º, n.º 1 do Dec.-Lei n.º 91/2009, de 9 de Abril); para estes efeitos «releva, se necessário, o mês em que ocorre o evento desde que no mesmo se verifique registo de remunerações» (n.º 2); na ausência deste registo durante 6 meses consecutivos, «a contagem do prazo de garantia tem início a partir da data em que ocorra um novo registo de remunerações» (n.º 3);

4. Dá direito a que o respectivo subsídio seja pago mensalmente pela competente entidade gestora da segurança social aos titulares do direito ou aos seus representantes legais, cabendo ainda àquela entidade o dever de comunicar ao beneficiário a decisão sobre a atribuição do subsídio em apreço, nos termos do Código do Procedimento Administrativo (arts. 2.º, 66.º, 80.º e 81.º, n.º 1 do Dec.-Lei n.º 91/2009, de 9 de Abril);

5. Dá lugar ao registo de remunerações por equivalência à entrada de contribuições durante o respectivo período de concessão do subsídio, sendo considerado como trabalho efectivamente prestado (art. 22.º, n.º 1 do Dec.-Lei n.º 91/2009, de 9 de Abril);

6. No termo da situação de licença, o trabalhador tem direito a retomar a sua actividade profissional para a qual foi admitido (art. 65.º, n.º 5 do Código do Trabalho).

— —//— —

A finalizar esta matéria sobre a protecção na parentalidade cabe fazer referência ainda aos **direitos e garantias legais da trabalhadora grávida, puérpera ou lactante, ou de trabalhador em gozo de licença parental, em caso de despedimento.**

Assim, prescreve o art. 63.º do Código do Trabalho o seguinte:

a) Que o despedimento destes trabalhadores carece, em primeiro lugar, de parecer prévio da entidade competente na área da igualdade de oportunidades entre homens e mulheres (n.º 1);
b) Que o despedimento por facto imputável a trabalhadores nestas situações se presume sempre feito sem justa causa (n.º 2);
c) Que, para efeito do referido imediatamente atrás, a entidade empregadora pública deve remeter cópia do processo à entidade competente na área da igualdade de oportunidades entre homens e mulheres nos momentos indicados na lei (n.º 3);
d) Que a entidade competente na área da igualdade de oportunidades entre homens e mulheres deve comunicar, nos 30 dias subsequentes à recepção do processo, o seu parecer à entidade empregadora pública e ao trabalhador, considerando-se em sentido favorável ao despedimento quando não for emitido dentro do referido prazo (n.º 4);
e) Que cabe à entidade empregadora pública provar que solicitou o parecer em apreço (n.º 5);
f) Que no caso do parecer ser desfavorável ao despedimento, a entidade empregadora pública só o pode efectuar após decisão judicial que reconheça a existência de motivo justificativo, devendo a acção ser intentada nos 30 dias subsequentes à notificação do parecer (n.º 6);
g) Que a suspensão judicial do despedimento não pode ser decretada se o parecer favorável ao despedimento e o tribunal considerar que não existe probabilidade séria de verificação da justa causa (n.º 7);
h) Que se o despedimento for declarado ilícito, a entidade empregadora pública não se pode opor à reintegração do trabalhador e que este tem direito, em alternativa à reintegração, a uma indemnização (n.º 8).

3. FALTAS POR FALECIMENTO DE FAMILIAR:

A) **FALTAS POR FALECIMENTO DE FAMILIAR DOS TRABALHADORES NOMEADOS** (arts. 27.º e 28.º do regime de FFL):

- **DIREITO**: os trabalhadores nomeados.
- **PERÍODO**: têm direito a faltar:

1. «Até 5 dias consecutivos, por falecimento do cônjuge não separado de pessoas e bens ou de, parente ou afim no 1.º grau da linha recta», ou ainda de pessoa «que viva há mais de dois anos em condições análogas à dos cônjuges com o trabalhador nomeado» (art. 27.º, n.º 1, al. a) do regime de FFL);
2. «Até 2 dias consecutivos, por falecimento de parente ou afim em qualquer outro grau da linha recta e do 2.º e 3.º graus da linha colateral, incluindo-se nesta afinidade o falecimento dos próprios parentes familiares da pessoa com quem o trabalhador viva em união de facto (art. 27.º, n.º 1, al. b) do regime de FFL).

Estas faltas por falecimento de familiar, a gozar num único período, iniciam-se, por opção do próprio trabalhador, «no dia do falecimento, no dia do seu conhecimento ou no da cerimónia fúnebre» (art. 28.º, n.º 1 do regime jurídico de FFL).

- **FORMALIDADES: a participação do facto deve ser feita no próprio dia da ausência ou, excepcionalmente, no dia seguinte, sendo necessário que o trabalhador, logo que regresse ao serviço, faça a justificação da falta por escrito** (art. 28.º, n.º 2 do regime de FFL).
- **EFEITOS: são equiparadas a serviço efectivo, implicando porém desconto no subsídio de refeição** (art. 28.º, n.º 3 do regime de FFL).

NOTA – Com vista a uma melhor percepção da realidade subjacente às faltas por falecimento de familiares, ou seja, a das relações familiares, deixamos aqui transcritas algumas breves notas sobre esta matéria.
As relações familiares vêm reguladas no Livro IV – Direito da Família, do Código Civil (arts. 1576.º a 1586.º). Sucintamente temos a realçar o seguinte:

PARENTESCO – «é o vínculo que une duas pessoas, em consequência de uma delas descender de outra ou de ambas procederem de um progenitor comum» (art. 1578.º do Código Civil).
O parentesco determina-se pelas gerações que vinculam os parentes um ao outro, formando cada geração um grau, constituindo a série dos graus a linha do parentesco (art. 1579.º do Código Civil).

O parentesco pode ser na:

a) **Linha recta** – **quando um dos parentes descende do outro;**
b) **Linha colateral** – **quando nenhum dos parentes descende do outro, mas ambos procedem de um progenitor comum.**
(art. 1580.º do Código Civil)

A linha recta pode ser:

a) **Descendente** – quando se considera como partindo do ascendente para o que dele procede.
b) **Ascendente** – quando se considera como partindo do descendente para o progenitor.
(art. 1580.º do Código Civil)

O cômputo dos graus de parentesco vem previsto no art. 1581.º do Código Civil. Assim, na linha recta há tantos graus quantas as pessoas que formam a linha de parentesco, excluindo o progenitor, enquanto na linha colateral os graus contam-se pela mesma forma, subindo por um dos ramos e descendo pelo outro, mas sem contar o progenitor comum.

AFINIDADE é, de acordo com o art. 1584.º do Código Civil, **o vínculo que liga cada um dos cônjuges aos parentes do outro.**

Transpondo estes conceitos para o âmbito previsional dos arts. 27.º e 28.º do regime jurídico de FFL, deles se poderá fazer uma mais clara e rápida leitura prática através do seguinte esquema gráfico:

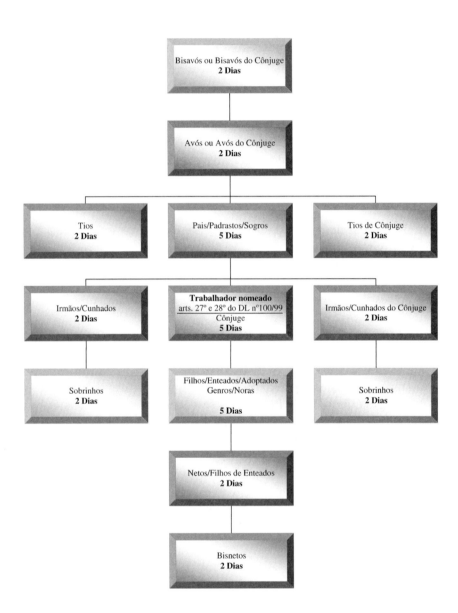

B) FALTAS POR FALECIMENTO DE FAMILIAR DOS TRABALHADORES CONTRATADOS (arts. 185.º, n.º 2, al. b) e 187.º do Anexo I – «Regime», do RCTFP):

- **DIREITO: trabalhadores contratados** (vd. arts. 2.º, 9.º, 20.º, 21.º, 22.º e 87.º da LVCR e art. 1.º da Lei n.º 59/2008, de 11 de Setembro, que aprovou o RCTFP).
- **PERÍODO:**

1. «Cinco dias consecutivos, por falecimento de cônjuge não separado de pessoas e bens ou de parente ou afim no 1.º grau da linha recta», ou ainda de pessoa «que viva em união de facto ou economia comum com o trabalhador nos termos previstos em legislação especial» (art. 187.º, n.ᵒˢ 1, al. a) e 2 do Anexo I – «Regime», do RCTFP);

2. «**Dois dias consecutivos por falecimento de outro parente ou afim na linha recta ou em 2.º grau da linha colateral**» (art. 187.º, n.º 1, al. b) do Anexo I – «Regime», do RCTFP).

Embora nada se diga expressamente quanto a este aspecto, entende-se que, à semelhança do que acontece com o mesmo tipo de faltas dos trabalhadores nomeados (art. 28.º, n.º 1 do regime jurídico de FFL), nada impede aqui que estas faltas por falecimento de familiar, a gozar num único período, se possam também iniciar, por opção do próprio trabalhador, «no dia do falecimento, no dia do seu conhecimento ou no da cerimónia fúnebre».

- **FORMALIDADES: estas faltas, porque imprevisíveis, devem ser obrigatoriamente comunicadas à entidade empregadora pública logo que possível** (art. 189.º, n.º 2 do Anexo I – «Regime», do RCTFP). «A comunicação tem de ser reiterada para as faltas justificadas imediatamente subsequentes às previstas» na comunicação anterior (art. 189.º, n.º 3 do Anexo I – «Regime», do RCTFP)
- **EFEITOS: «não determinam a perda ou prejuízo de quaisquer direitos do trabalhador (…)»** (art. 191.º, n.º 1 do Anexo I – «Regime», do RCTFP)**, implicando porém desconto no subsídio de refeição** (isto por força do disposto no art. 2.º, n.º 2 do Dec.-Lei n.º 57-B/84, de 20 de Fevereiro, e em respeito pelo adágio latino de que «legi special per generalem nom derogatur»).

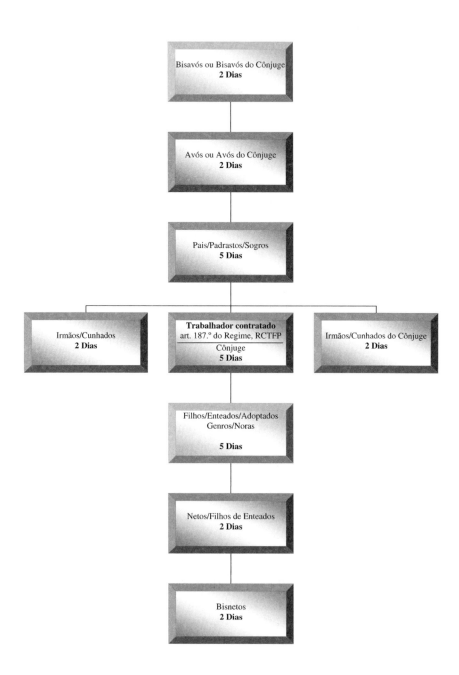

4. FALTAS POR DOENÇA: a sua previsão e regime variam consoante estejamos perante trabalhadores nomeados ou contratados, contudo, os efeitos destas faltas são também condicionados pelo regime de protecção social daqueles trabalhadores, pelo que se impõe proceder aqui, igualmente, à destrinça entre **trabalhadores integrados no Regime de Protecção Social Convergente (ou específico da função pública) e, ainda, no regime geral da segurança social, mas que descontam para a ADSE, e trabalhadores abrangidos pelo regime geral da segurança social, que apenas descontam para a segurança social.**

Conforme tivemos oportunidade de referir anteriormente, a Lei n.º 4/2009, de 29 de Janeiro, veio pela primeira vez definir a protecção social de todos os trabalhadores que exercem funções públicas, sejam eles nomeados ou contratados, integrando-os num dos dois regimes distintos nele previstos, a saber:

a) No Regime Geral da Segurança Social;
b) No regime de Protecção Social Convergente.

Não obstante se prever no art. 13.º da Lei n.º 4/2009, de 29 de Janeiro, que este regime da Protecção Social Convergente integra, entre outras, a eventualidade da doença, faz-se, contudo, mais à frente, no seu art. 32.º, n.º 2, depender a entrada em vigor do respectivo «Capítulo III (…), relativamente a cada uma das eventualidades referidas no artigo 13.º, *da* data do início da vigência dos decretos-lei que procedam à sua regulamentação». Ora, uma vez que não se verificou até à presente data a publicação e consequente entrada em vigor do diploma que procede á regulamentação da eventualidade da doença, qual, então, o regime jurídico de protecção na doença aplicável aos trabalhadores que exercem funções públicas?

O art. 114.º da LVCR dá-nos a resposta quando preceitua, nomeadamente no seu n.º 2, que **todos «os trabalhadores referidos nos artigos 88.º e seguintes mantêm «o regime de protecção social de que vinham beneficiando**, sem prejuízo da sua convergência com os regimes do sistema da segurança social, nos termos do artigo 104.º da Lei n.º 4/2007, de 16 de Janeiro».

Temos assim que todos os trabalhadores que, independentemente do tipo de vínculo que os unia à Administração Pública (nomeação, contrato administrativo de provimento e contrato individual de trabalho), **vinham exercendo funções públicas e transitaram, a partir de 1 de**

Janeiro de 2009, ou para o regime de nomeação ou para o regime de contrato de trabalho em funções públicas, mantêm na íntegra todos os direitos e benefícios sociais que constituem o anterior, e ainda vigente, regime de protecção social da função pública no âmbito da saúde, do qual faz parte integrante o Dec.-Lei n.º 100/99, de 31 de Março. O facto de descontarem para a ADSE só reforça ainda mais esta ideia. **Consequentemente, apenas aqueles trabalhadores vinculados à Administração Pública através de contratos individuais de trabalho à sombra da Lei n.º 23/2004, de 22 de Junho, que apenas descontavam para o sistema geral da segurança social, não abrangidos pois pela ADSE (e que por ela não fizeram opção até Junho de 2009), é que são hoje atingidos, como beneficiários, pelos efeitos deste sistema.**

A) <u>**FALTAS POR DOENÇA DOS TRABALHADORES NOMEADOS**</u> (arts. 29.º a 48.º do regime de FFL):

- **DIREITO:** todos os trabalhadores indicados nos arts. 1.º e 29.º, n.º 1 do regime de FFL (na redacção introduzida pelo art. 23.º, n.º 3 da LOE), ou seja, **apenas os nomeados**.
- **PERÍODO:**

1. ATÉ 60 DIAS SEGUIDOS – os primeiros 30 dias e o período de tempo igual que se lhe segue são justificados através de declarações de doença passadas por médicos de acordo com o que se dispõe nos arts. 30.º e 31.º, n.º 5, na redacção que lhes foi dada pelo Dec.-Lei n.º 181/2007, de 9 de Maio, e 36.º, n.º 1, al. a) do regime de FFL);

2. ATÉ 18 MESES (que inclui os 60 dias anteriores) o período de doença superior a 60 dias consecutivos é justificado mediante prévia sujeição do trabalhador a junta médica, sem prejuízo do disposto nos arts. 49.º e 50.º sobre faltas por doença prolongada ou por acidente em serviço ou doença profissional, respectivamente. Este período de tempo é contado por fracções de 30 dias até atingir o total de 18 meses (arts. 36.º, n.º 1, al. a) e 38.º, n.º 1 do regime de FFL).

Anote-se aqui que sempre que o trabalhador nomeado falte por motivo de doença durante vários dias consecutivos, os dias de descanso semanal, complementar e feriados ali intercalados integram-se no cômputo desta faltas por doença, uma vez que a lei não faz reportar estas faltas a dias úteis (vd. art. 100.º do Regime de FFL). Se no dia imediatamente anterior ou posterior a dias não úteis o trabalhador comparecer ao serviço, então estes dias não relevarão para o cômputo das faltas por doença.

- **FORMALIDADES: «a doença deve ser comprovada mediante:**

1) **Declaração passada:**
   a) **Por estabelecimento hospitalar;**
   b) **Centro de saúde, incluindo as modalidades de atendimento complementar e permanente;**
   c) **Instituições destinadas à prevenção ou reabilitação de toxicodependência ou alcoolismo;**
   d) **Integrados no Serviço Nacional de Saúde;**
   e) **De modelo a aprovar por portaria conjunta dos membros do Governo responsáveis pelas áreas da saúde e da Administração Pública».**
   (vd. art. 30.º, n.º 2 do Dec.-Lei n.º 100/99, de 31 de Março, na redacção que lhe foi dada pelo Dec.-Lei n.º 181/2007, de 9 de Maio)

2) **«A doença pode, ainda, ser comprovada, através do preenchimento do modelo referido no número anterior, por:**
   a) **Médico privativo dos serviços;**
   b) **Médico de outros estabelecimentos públicos de saúde;**
   c) **Médicos ao abrigo de acordos com quaisquer dos subsistemas de saúde da Administração Pública no âmbito da especialidade médica objecto do respectivo acordo».**
   (art. 30.º, n.º 3 do regime de FFL, na redacção que lhe foi dada pelo Dec.-Lei n.º 181/2007, de 9 de Maio)

3) **«Nas situações de internamento, a comprovação pode, igualmente, ser efectuada por estabelecimento particular com autorização legal de funcionamento, concedida pelo Ministério da Saúde».**
   (art. 30.º, n.º 4 do regime de FFL, na redacção que lhe foi dada pelo Dec.-Lei n.º 181/2007, de 9 de Maio)

***Validade da declaração da doença*: é válida pelo período indicado pelo médico como duração previsível da doença, a qual, porém, não pode exceder 30 dias**, devendo ser passada nova declaração se a situação de doença se mantiver para além do período da primeira declaração, «sendo aplicável o disposto nos n.ºs 1 e 5 do artigo anterior» (art. 31.º, n.ºs 3 e 4 do regime de FFL, na redacção que lhe foi dada pelo Dec.-Lei n.º 181/2007, de 9 de Maio).

Forma da declaração da doença: «**A declaração de doença deve ser devidamente assinada pelo médico, autenticada pelas entidades com competência para a sua emissão nos casos previstos no n.º 2 do artigo anterior e conter:**

a) A identificação do médico;
b) O número da cédula profissional do médico;
c) A identificação do acordo com um subsistema de saúde ao abrigo do qual é comprovada a doença;
d) O número do bilhete de identidade do trabalhador nomeado;
e) A identificação do subsistema de saúde e o número de beneficiário do trabalhador nomeado;
f) A menção da impossibilidade de comparência ao serviço;
g) A duração previsível da doença;
h) O facto de ter havido ou não lugar a internamento;
i) A menção expressa de que a doença não implica a permanência na residência ou local em que se encontra adoente, quando for o caso».
(art. 31.º, n.º 1 do regime de FFL, na redacção que lhe foi dada pelo Dec.-Lei n.º 181/2007, de 9 de Maio)

Quando o trabalhador nomeado adoecer no estrangeiro o comprovativo da doença passado no estrangeiro deve ser visado pela autoridade competente da missão diplomática ou consular portuguesa da área onde o interessado se encontra doente (art. 32.º, n.º 2 do regime de FFL).

«Os documentos comprovativos da doença podem ser entregues directamente nos serviços ou enviados aos mesmos através do correio, devidamente registado, relevando, neste último caso, a data da respectiva expedição para efeitos de cumprimento dos prazos de entrega fixados neste artigo, se a data da sua entrada nos serviços for posterior ao limite dos referidos prazos» (art. 30.º, n.º 6 do regime de FFL, na redacção que lhe foi dada pelo Dec.-Lei n.º 181/2007, de 9 de Maio).

«Quando tiver havido lugar a internamento e este cessar, o trabalhador nomeado deve apresentar-se ao serviço com o respectivo documento de alta ou, no caso de ainda não estar apto a regressar, proceder à comunicação e apresentar documento comprovativo da doença nos termos do disposto no artigo anterior, contando-se os prazos respectivos a partir do dia em que teve alta» (art. 31.°, n.° 2 do regime de FFL, na redacção que lhe foi dada pelo Dec.-Lei n.° 181/2007, de 9 de Maio).

Quanto ao prazo de justificação das faltas há que ter em conta o seguinte:

1.° Antes de tudo, convém frisar que, com o novo regime de FFL, **se deixou de exigir a comunicação da falta por doença,** quando ocorrida em território nacional, no próprio dia ou, excepcionalmente, no dia seguinte, pelo trabalhador ou por interposta pessoa ao serviço (conforme vinha previsto no art. 28.°, n.ºs 3 e 4 do anterior Dec.-Lei n.° 497/88, entretanto revogado pelo Dec.-Lei n.° 100/99, de 31 de Março, que aprovou o novo regime de FFL). **Mantém-se contudo o dever do trabalhador indicar o local onde se encontra doente** (art. 30.°, n.° 1 do regime de FFL, na redacção que lhe foi dada pelo Dec.-Lei n.° 181/2007, de 9 de Maio).

2.° É de **cinco dias úteis**, não se contando agora o primeiro dia de ausência ao serviço por motivo de doença, **o prazo para apresentação ou envio do documento comprovativo da doença** (art. 30.°, n.° 1 do regime de FFL, na redacção que lhe foi dada pelo Dec.-Lei n.° 181/2007, de 9 de Maio). No caso do documento ser enviado pelo correio, devidamente registado, é a data da respectiva expedição que conta se a data da sua entrada no serviço for posterior ao limite do prazo legal fixado (art. 30.°, n.° 6 do regime de FFL, na redacção que lhe foi dada pelo Dec.-Lei n.° 181/2007, de 9 de Maio). Sobre a contagem dos prazos é bom ter presente o disposto no art. 72.°, n.° 1, al. a) do Código do Procedimento Administrativo, aprovado pelo Dec.-Lei n.° 4/96, de 31 de Janeiro.

3.° É **de sete dias úteis o prazo para o trabalhador comunicar ao serviço a sua situação, por si ou por interposta pessoa, no caso de vir a adoecer no estrangeiro** (art. 32.°, n.° 1 do regime de FFL).

4.° É **de vinte dias úteis o prazo para o envio do documento comprovativo da doença do trabalhador ocorrida no estrangeiro,** contando-se este prazo «nos termos do art. 72.° do Código do Procedimento Administrativo» (art. 32.°, n.° 2 do regime de FFL).

«Se a comunicação e o documento comprovativo da doença forem enviados através do correio, sob registo, releva a data da respectiva expedição para efeitos do cumprimento dos prazos referidos» anteriormente, «se a data da sua entrada nos serviços for posterior ao limite daqueles prazos» (art. 32.º, n.º 3 do regime de FFL).

«A falta de comunicação referida no n.º 1 ou da entrega de documentos comprovativos da doença nos termos dos números anteriores implica, se não for devidamente fundamentada, a injustificação das faltas dadas até à data da recepção da comunicação ou da entrada dos documentos» (art. 32.º, n.º 4 do regime de FFL).

Verificação domiciliária da doença:

«Salvo nos casos de internamento, de» declaração médica passada «nos termos do n.º 2 do artigo 30.º e de doença ocorrida no estrangeiro, pode o dirigente competente, se assim o entender, solicitar a verificação domiciliária da doença» (art. 33.º, n.º 1 do regime de FFL). Deixou-se, assim, cair a obrigatoriedade legal anteriormente imposta ao dirigente de proceder à verificação domiciliária da doença no prazo de 8 dias após o primeiro dia de ausência.

«Quando a doença não implicar a permanência no domicílio, o respectivo documento comprovativo deve conter referência a esse facto» (art. 33.º, n.º 2 do regime de FFL), estando o trabalhador obrigado a **«fazer acompanhar o documento comprovativo da doença da indicação dos dias e das horas a que pode ser efectuada a verificação domiciliária, num mínimo de três dias por semana e de dois períodos de verificação diária, de duas horas e meia cada um, compreendidos entre as 9 horas e as 19 horas»** (art. 33.º, n.º 3 do regime de FFL). Se, porém, o trabalhador não indicar os dias e as horas em que aquela verificação domiciliária possa ser efectuada, a menção feita anteriormente, de que a sua situação de doença não implica a permanência no domicílio, é nula e de nenhum efeito, podendo assim a referida verificação ser feita a qualquer momento.

As faltas dadas pelo trabalhador desde o início da doença serão consideradas injustificadas quando:

    a) Por despacho do dirigente máximo do serviço emitido nesse sentido, o trabalhador não for encontrado no seu domicílio ou no

local onde tiver indicado estar doente, e não justificar a sua ausência, mediante a apresentação de meios de prova adequados, no prazo de 2 dias úteis a contar do conhecimento do facto, «que lhe será transmitido por carta registada, com aviso de recepção» (art. 33.º, n.º 4 do regime de FFL);
b) **O parecer do médico competente para a inspecção domiciliária for negativo**, caso em que as faltas serão «consideradas injustificadas (....) desde o dia seguinte ao da comunicação do resultado da inspecção feita através de carta registada, com aviso de recepção, e considerada a dilação de três dias úteis, e até ao momento em que efectivamente retome funções» (art. 33.º, n.º 5 do regime de FFL).

Quanto às áreas geográficas para verificação da doença podemos distinguir entre:

1 – ZONAS DEFINIDAS POR PORTARIA DO MINISTÉRIO DAS FINANÇAS – a verificação domiciliária cabe «aos médicos do quadro da ADSE ou por ela convencionados ou credenciados, neste caso por contrato de avença, de remuneração a fixar por despacho do Ministro das Finanças». O médico é requisitado directamente à ADSE pelo dirigente máximo do serviço, por escrito ou pelo telefone (art. 34.º, n.ᵒˢ 1 e 2 do regime de FFL).

2 – FORA DAS ZONAS DEFINIDAS NAQUELA PORTARIA, a verificação cabe às autoridades de saúde da área de residência habitual do trabalhador ou daquela em que ele se encontre doente (art. 35.º, n.º 1 do regime de FFL). «Sempre que da verificação domiciliária da doença efectuada fora daqueles zonas» da portaria «resultarem despesas de transporte, deverá o serviço de que depende o trabalhador nomeado inspeccionado promover a sua satisfação pela adequada verba orçamental» (art. 35.º, n.º 2 do regime de FFL).

Intervenção da junta médica: – «1. Com excepção dos casos de internamento, bem como daqueles em que o trabalhador nomeado se encontre doente no estrangeiro, **há lugar à intervenção da junta médica quando:**
a) O trabalhador nomeado tenha atingido o limite de 60 dias consecutivos de faltas por doença e não se encontre apto a regressar ao serviço;

b) A actuação do trabalhador nomeado indicie, em matéria de faltas por doença, um comportamento fraudulento» (art. 36.º, n.º 1 do regime de FFL).

O dirigente do serviço deve fundamentar o pedido de intervenção da junta médica no caso de comportamento fraudulento do trabalhador (art. 36.º, n.º 2 do regime de FFL).

No prazo de 5 dias imediatamente anteriores à data em que se completarem 60 dias seguidos de faltas por doença, deve o serviço de que dependa o trabalhador notificá-lo para se apresentar à junta médica, indicando o dia, hora e local onde a mesma se efectuará (art. 37.º, n.º 1 do regime de FFL).

A sujeição a junta médica pode também ser requerida pelo dirigente máximo do serviço, por despacho fundamentado, no caso do comportamento do trabalhador revelar perturbação psíquica que ponha em causa o normal desempenho das suas tarefas, ainda que o mesmo se encontre ao serviço efectivo, sendo esta sujeição à junta médica considerada de «manifesta urgência» (art. 39.º, n.ºs 1 e 2 do regime de FFL).

O trabalhador aqui pode, se quiser, indicar o seu médico assistente para integrar a junta médica (art. 39.º, n.º 3 do mesmo regime).

«O trabalhador nomeado pode (também), no decurso da doença, requerer a sua apresentação à junta médica da Caixa Geral de Aposentações, aplicando-se, com as devidas adaptações, o disposto, respectivamente, nos artigos 47.º e 45.º, conforme os casos» (art. 48.º do regime de FFL).

Contagem das faltas por doença – «o período de 60 dias consecutivos de faltas por doença conta-se seguidamente mesmo nos casos em que haja transição de um ano civil para o outro» (art. 37.º, n.º 3 do regime de FFL). Sobre a contagem das faltas por doença para efeitos do limite máximo de 18 meses vem a mesma prevista no art. 44.º do regime de FFL. Assim, as faltas a que se refere o art. 44.º, al. b) são as que têm lugar após o decurso dos 60 dias referenciados no art. 36.º, n.º 1 do regime de FFL, pelo que se deve fazer uma leitura correctiva daquele preceito no sentido de se entender que a referência aí feita a 30 dias se deve ter como feita a 60 dias. Não obstante isto, é entendimento pacífico que para efeitos do cômputo daqueles 18 meses se deve ter em conta todas as faltas seguidas ou interpoladas dadas, incluindo aqueles primeiros 60 dias, desde que entre elas não medeie um intervalo superior a 30 dias, nos quais não se incluem as férias, e isto, independentemente de se tratar da mesma doença ou de outra ou outras diferentes.

Comparência voluntária à junta médica – o trabalhador que deva ser submetido a junta médica no final do período de 60 dias, pode apresentar-se ao serviço antes que tal aconteça, «salvo nos casos previstos nos artigos 36.°, al. b) (comportamento fraudulento) e 39.° (perturbações psíquicas) -vd. art. 41.°, n.° 1 do regime de FFL. «Salvo impedimento justificado, a não comparência à junta médica para que o trabalhador nomeado tenha sido convocado implica que sejam consideradas injustificadas as faltas dadas desde o termo do período de faltas anteriormente concedido» (art. 41.°, n.° 2 do regime de FFL).

O trabalhador que revelar perturbação psíquica que afecte o normal desempenho das suas funções e não compareça à junta médica ordenada é considerado também «na situação de faltas injustificadas a partir da data em que a mesma deveria realizar-se, salvo se a não comparência for devidamente justificada, perante o serviço de que depende, no prazo de dois dias úteis a contar da data da não comparência» (art. 41.°, n.° 3 do regime de FFL). O trabalhador «que se encontre na situação de faltas por doença concedidas pela junta ou a aguardar a primeira apresentação à junta só pode regressar ao serviço antes do termo do período previsto mediante atestado médico que o considere apto a retomar a actividade, sem prejuízo de posterior apresentação à junta médica» (art. 43.°, n.° 1 do regime de FFL). A junta considera-se aqui de manifesta urgência (art. 43.°, n.° 2 do regime de FFL).

I – A DECISÃO DA JUNTA MÉDICA PODE TER NATUREZA DE:

A) DECISÃO PRELIMINAR – se a junta médica não tiver elementos suficientes que a permitam decidir sobre o estado de saúde do trabalhador, deve-lhe conceder um prazo para obtenção de tais elementos, findo o qual esse mesmo trabalhador deverá ser submetido a nova junta médica. A não sujeição do trabalhador aos exames clínicos solicitados pela junta, bem como a sua não comparência àquela mesma junta com os elementos por ela pedidos, acarretam «a injustificação das faltas dadas desde o termo do período das faltas anteriormente concedido», a menos que a obtenção dos exames fora do prazo não seja imputável ao próprio trabalhador. «Sempre que seja necessário, a junta médica pode requerer a colaboração de médicos especialistas e de outros peritos ou recorrer aos serviços especializados dos estabelecimentos oficiais, sendo os encargos suportados nos termos previstos na alínea a) do número 2» (art. 40.º, n.º 4 do regime de FFL).

B) PARECER FINAL DA JUNTA – deve ser comunicado ao trabalhador no próprio dia e enviado de imediato ao respectivo serviço (art. 42.º, n.º 1 do regime de FFL). No caso do trabalhador ser considerado apto ao serviço, as faltas dadas no período de tempo que decorre desde a data do pedido da submissão à junta e o parecer da junta são equiparadas a serviço efectivo (arts. 37.º, n.º 2 e 42.º, n.º 3 do regime de FFL). Caso a junta considere o trabalhador não apto, deve indicar a duração previsível da doença, que não poderá ultrapassar 30 dias, e marcar a data de sujeição a nova junta (art. 42.º, n.º 2 do regime de FFL).

Sobre a composição, competência e funcionamento da junta médica veja-se o disposto no art. 46.º do regime de FFL e no Decreto Regulamentar n.º 41/90, de 29 de Novembro (alterado pelo Decreto Regulamentar n.º 36/91, 1 de Julho, e Dec.-Lei n.º 503/99, de 20 de Novembro). Acresce referir que «os ministérios que tiverem serviços desconcentrados e (...) as autarquias locais poderão criar juntas médicas sedeadas junto dos respectivos serviços» (art. 46.º, n.º 3 do regime de FFL).

«**Para efeitos do limite máximo de 18 meses de faltas por doença**, previsto no número 1 do artigo 38.º, **contam-se sempre, ainda que relativos a anos civis diferentes**:

  a) **Todas as faltas por doença, seguidas ou interpoladas, quando entre elas não mediar intervalo superior a 30 dias, no qual não se incluem os períodos de férias;**
  b) **As faltas justificadas por doença correspondentes aos dias que medeiam, entre o termo do período de 30 dias consecutivos de faltas por doença e o parecer da junta médica que considere o trabalhador nomeado capaz para o serviço**» (art. 44.º do regime de FFL).

II – SITUAÇÃO NO FINAL DO PRAZO DE 18 MESES:

A) QUANTO AO PESSOAL PROVIDO POR NOMEAÇÃO – sem prejuízo do disposto no art. 51.º (faltas por reabilitação profissional) prescreve a lei que este pessoal pode socorrer-se de uma das seguintes prerrogativas legais:

1.º Requerer, no prazo de 30 dias e através do respectivo serviço, a sua apresentação à junta médica da Caixa Geral de Aposentações, desde que o trabalhador tenha o tempo mínimo para a aposentação – 5 anos – art. 47.º, n.º 1 al. a) do regime de FFL (vd. art. 37.º, n.º 2, al. a) do Dec.Lei n.º 498/72, de 9 de Dezembro – Estatuto da Aposentação, sucessivamente alterado);

2.º Requerer a passagem à situação de licença sem vencimento até 90 dias, por um ano ou de longa duração, independentemente do tempo de serviço prestado (art. 47.º, n.º 1, al. b) do regime de FFL).

No caso previsto na al. a) do n.º 1 do art. 47.º, no período de tempo que decorre entre a apresentação do requerimento para a submissão à junta e a decisão desta, o trabalhador é considerado na situação de faltas por doença (art. 47.º, n.º 2 do regime de FFL).

B) QUANTO AO PESSOAL PROVIDO EM REGIME DE CONTRATO ADMINISTRATIVO DE PROVIMENTO – em virtude da revogação desta modalidade de constituição da relação jurídica de emprego público operada pela LVCR, o preceito legal contido no art. 45.º do regime de FFL deve considerar-se consequentemente revogado.

Caso o trabalhador nomeado não reúna as condições para se sujeitar à junta da Caixa Geral de Aposentações, deve o respectivo serviço avisá-lo para, no dia imediatamente ao da notificação, retomar o exercício de funções, sob pena de passagem automática à situação de licença sem vencimento de longa duração (art. 47.º, n.º 4 do regime de FFL). Nesta situação de licença de longa duração é igualmente colocado o trabalhador nomeado que:

a) Não requerer a sua aposentação à junta no prazo de 30 dias após o terminus do período de 18 meses (art. 47.º, n.ºs 1 e 3 do regime de FFL);

b) Sendo considerado apto pela Junta da Caixa, volte a adoecer sem que tenha prestado mais de 30 dias de serviço consecutivos, nos quais, como já se referiu, não se incluem as férias (art. 47.º, n.º 5 do regime de FFL).

O trabalhador nomeado «está obrigado a sujeitar-se aos exames clínicos que a junta médica da Caixa Geral da Aposentações determinar, implicando a recusa da sua realização a injustificação das faltas dadas desde a data que lhe tiver sido fixado para a respectiva apresentação» (art. 47.º, n.º 6 do regime de FFL).

O trabalhador nomeado que tenha passado à situação de licença sem vencimento até 90 dias, por 1 ano ou de longa duração por motivos de doença, pode regressar quando quiser, não estando sujeito ao decurso de qualquer prazo (art. 47.º, n.º 7 do regime de FFL). Por último, há que referir que «os processos de aposentação previstos neste artigo têm prioridade absoluta sobre quaisquer outros, devendo tal prioridade ser invocada pelos serviços aquando da remessa do respectivo processo à Caixa Geral de Aposentações» (art. 47.º, n.º 8 do regime de FFL).

- **EFEITOS DAS FALTAS POR DOENÇA:**

1.º Salvo nos casos de internamento hospitalar, tais faltas determinam, nos primeiros 30 dias de ausência, seguidos ou interpolados, em cada ano civil, a perda do vencimento de exercício (art. 29.º, n.º 2 do regime de FFL). O dirigente máximo do serviço pode, contudo, a requerimento do trabalhador e tendo em conta a assiduidade e mérito profissional deste, nomeadamente através da sua última classificação de serviço, autorizar a recuperação do seu vencimento de exercício (art. 29.º, n.º 6 do regime de FFL; vd. art. 85.º da LVCR).

2.º Descontam na antiguidade para efeitos de carreira quando essas faltas ultrapassem 30 dias, seguidos ou interpolados, em cada ano civil (art. 29.º, n.º 3 do regime de FFL); porém,

3.º As faltas por doença dadas por deficientes, quando decorrentes da própria deficiência, não descontam na antiguidade para efeitos de carreira (art. 29.º, n.º 4 do regime de FFL);

4.º Descontam sempre no subsídio de refeição (art. 29.º, n.º 5 do regime de FFL);

5.º Não descontam na contagem do tempo de serviço para efeitos de aposentação enquanto o trabalhador nomeado mantiver a sua qualidade de subscritor da Caixa Geral de Aposentações (cfra. art. 35.º do Dec.-Lei n.º 498/72, de 9 de Dezembro, Estatuto da Aposentação).

AS FALTAS POR DOENÇA PODEM SER DADAS COMO INJUSTIFICADAS QUANDO:

1.º O trabalhador, que adoeça em território nacional, não apresentar documento comprovativo da doença no prazo de 5 dias úteis contados nos termos do art. 72.º do Código do Procedimento Administrativo (art. 30.º, n.º 5 do regime de FFL, na redacção que lhe foi dada pelo Dec.-Lei n.º 181/2007, de 9 de Maio).

2.º O trabalhador ausente no estrangeiro não comunique a sua doença no prazo de 7 dias úteis ou não entregue documento comprovativo da mesma no prazo de 20 dias úteis; sujeita-se, assim, à injustificação das faltas dadas até à data da recepção da comunicação ou da entrada dos documentos (art. 32.º, n.º 4 do regime de FFL).

3.º O trabalhador nomeado não for encontrado no domicílio ou no local que tiver indicado no caso de verificação domiciliária da doença (art. 33.º, n.º 4 do regime de FFL); a redacção deste preceito dá contudo a possibilidade do trabalhador em causa justificar a sua ausência, mediante a apresentação de meios de prova adequados, no prazo de dois dias úteis a contar do conhecimento do facto, que lhe será transmitido por carta registada com aviso de recepção.

4.º O parecer do médico que efectuar a verificação domiciliária for negativo (serão consideradas injustificadas todas as faltas dadas desde o dia seguinte ao da comunicação do resultado da inspecção feita através de carta registada, com aviso de recepção, e considerada a dilação de 3 dias úteis, até ao momento em que efectivamente retome funções) – art. 33.º, n.º 5 do regime de FFL.

5.º O trabalhador não compareça à junta médica solicitada pelo serviço (art. 41.º, n.º 3 do regime de FFL).

6.º O trabalhador falte aos exames ou não se apresente à junta com os exames por ela requeridos (art. 40.º, n.º 3 do regime de FFL).

B) FALTAS POR DOENÇA DOS TRABALHADORES CONTRATADOS (arts. 185.º, n.º 2, al. d), 189.º, 190.º e 191.º do Anexo I – «Regime», e arts. 130.º e 131.º do Anexo II – «Regulamento, do RCTFP):

- **DIREITO: os trabalhadores com contratos de trabalho em funções públicas** (arts. 2.º, 9.º, 10.º, 20.º, 87.º, 94.º e, principalmente, 114.º, n.º 2 da LVCR e arts. 1.º e 3.º da Lei n.º 59/2008, de 11 de Setembro, que aprovou o RCTFP).

- **PERÍODO:** tendo presente o disposto sobre a matéria, mormente nos arts. 185.º, n.º 2, al. d), 189.º, 190.º e 191.º do Anexo I – «Regime», do RCTFP, não se pode falar aqui propriamente em período, mínimo ou máximo, de ausência legítima ao serviço por motivo de doença. O trabalhador pode faltar ao serviço por motivo de doença pelo tempo necessário à sua recuperação desde que observe os preceitos legais em matéria de comunicação e prova da situação de doença (arts. 189.º e 190.º, n.º 2 do Anexo I – «Regime», do RCTFP). Contudo, quanto aos efeitos destas faltas por doença, podemos distinguir aqui entre ausência ao serviço por motivo de doença:

1. Até 30 dias seguidos – os primeiros 30 dias por doença determinam a perda de remuneração, desde que o trabalhador beneficie de um regime de protecção social na doença (art. 191.º, n.os 2, al. a) e 3 do Anexo I – «Regime», do RCTFP);

2. Superior a 30 dias – o período de doença superior a 30 dias consecutivos implica a suspensão da prestação do trabalho por impedimento prolongado (art. 191.º, n.º 3 do Anexo I – «Regime», do RCTFP).

- **FORMALIDADES:** porque a situação de doença reveste uma natureza imprevisível, as faltas dadas por este motivo são justificadas e obrigatoriamente comunicadas à entidade empregadora pública logo que possível (art. 189.º, n.º 2 do Anexo I – «Regime», do RCTFP); «a comunicação tem de ser reiterada para as faltas justificadas imediatamente subsequentes às previstas» na comunicação anterior (art. 189.º, n.º 3 do Anexo I – «Regime», do RCTFP); quanto à prova da situação de doença, é esta feita:

a) **Por declaração passada por estabelecimento hospitalar;**
b) **Por declaração do centro de saúde;**
c) **Por atestado médico.**
(art. 190.º, n.º 2 do Anexo I – «Regime», do RCTFP)

O RCTFP é omisso quanto à figura do **internamento hospitalar** pelo que a comunicação e a prova desta situação específica devem seguir as regras gerais em matéria de ausência por doença referidas anteriormente.

Validade da declaração da doença: embora também nada se diga expressamente sobre esta matéria no RCTFP, entende-se que **a declaração** de doença é válida pelo período indicado pelo médico como duração previsível da doença; no caso «do impedimento do trabalhador (por motivo de doença) se prolongar efectiva ou previsivelmente para além de um mês, aplica-se o regime de suspensão da prestação do trabalho por impedimento prolongado» (art. 191.º, n.º 3 do Anexo I – «Regime», do RCTFP).

Forma da declaração da doença: o RCTFP não exige que esta declaração assuma uma qualquer forma especial, bastando apenas que ela possua a idoneidade e autenticidade suficientes para provar a situação de doença perante a respectiva entidade empregadora pública (art. 190.º, n.º 2 do Anexo I – «Regime», do RCTFP).

Resumindo e concluindo as formalidades enunciadas anteriormente, **em caso de doença do trabalhador contratado deve este proceder da seguinte forma:**

a) **Quando previsíveis** (caso de um internamento para operação cirúrgica anteriormente marcada, por exemplo), **as faltas justificadas são obrigatoriamente comunicadas pelo trabalhador à entidade empregadora pública com a antecedência mínima de 5 dias seguidos** (art. 189.º, n.º 1 do Anexo I – «Regime», do RCTFP);

b) **Quando imprevisíveis, as faltas justificadas são obrigatoriamente comunicadas pelo trabalhador à entidade empregadora pública logo que possível** (art. 189.º, n.º 2 do Anexo I – «Regime», do RCTFP);

c) **«A comunicação tem de ser reiterada para as faltas justificadas imediatamente subsequentes às previstas nas comunicações indicadas»** anteriormente (art. 189.º, n.º 3 do Anexo I – «Regime», do RCTFP);

d) **Apresentar, logo que possível, uma declaração passada por estabelecimento hospitalar ou centro de saúde ou atestado médico comprovativa da sua situação de doença** (art. 190.º, n.º 2 do Anexo I – «Regime», do RCTFP); caso não faça,

e) **«A entidade empregadora pública pode (sempre), nos 15 dias seguintes à comunicação referida no artigo anterior, exigir ao trabalhador prova dos factos invocados para a justificação»** (art. 190.º, n.º 1 do Anexo I – «Regime», do RCTFP).

As formalidades enunciadas anteriormente são também de seguir, cum grano salis, no caso do trabalhador contratado adoecer no estrangeiro, podendo a entidade empregadora pública exigir, no âmbito das competências que lhe são reconhecidas e atribuídas pelo art. 190.°, n.ºs 1, 3 a 7 do Anexo I – «Regime», do RCTFP, e dos arts. 130.° e 131.° do Anexo II – «Regulamento», do RCTFP, que o comprovativo da doença passado no estrangeiro seja visado pela autoridade competente da missão diplomática ou consular portuguesa da área onde o interessado se encontra doente. Embora o RCTFP seja omisso nesta matéria, os documentos comprovativos da doença devem ser entregues directamente nos serviços ou enviados aos mesmos através do correio, devidamente registado, ou de outra qualquer forma segura e expedita a que a entidade empregadora pública reconheça idoneidade. Muito embora também nada se diga quanto a esta questão, **a efectividade do instituto da fiscalização da doença,** previsto no art. 190.°, n.ºs 3 a 7 do Anexo I – «Regime», do RCTFP, e nos arts. 130.° e 131.° do Anexo II – «Regulamento», do RCTFP, **importa para o trabalhador a assumpção do consequente dever de indicar o local onde se encontra doente.**

Fiscalização da doença:

1.° «**A doença do trabalhador pode ser fiscalizada por médico, mediante requerimento da entidade empregadora pública dirigido à segurança social»,** nomeadamente aos serviços da segurança social da área da residência habitual do trabalhador, devendo a entidade empregadora pública, na mesma data, informar o trabalhador do referido requerimento (art. 190.°, n.° 3 do Anexo I – «Regime», do RCTFP, e art. 116.°, n.ºs 1 e 2 do Anexo II – «Regulamento», do RCTFP, por remissão do art. 131.°, n.° 1 deste último «Regulamento»).

2.° «**No caso da segurança social não indicar»** médico «**no prazo de vinte e quatro horas, a entidade empregadora pública designa o médico para efectuar a fiscalização, não podendo este ter qualquer vínculo contratual anterior (e muito menos, presente) à entidade empregadora pública»** (art. 190.°, n.° 4 do Anexo I – «Regime», do RCTFP, vd. arts.117.° e 118.° do Anexo II – «Regulamento», do RCTFP, por remissão do art. 131.°, n.° 1 deste último «Regulamento»).

3.° «**A entidade que proceder à convocação do trabalhador para o exame médico** (seja ela a própria entidade empregadora pública ou os serviços da segurança social) **deve informá-lo de que a sua não comparência ao exame médico, sem motivo atendível, tem como consequência a não justificação das faltas dadas por doença, bem como que deve apresentar, aquando da sua observação, informação clínica e os elementos auxiliares de diagnóstico de que disponha, comprovativos da sua incapacidade»** (art. 131.º, n.º 2 do Anexo II – «Regulamento», do RCTFP; é pois esta a consequência que, no caso em apreço, deve constar da informação a que se refere o art. 117.º, n.º 1, al. d) do Anexo II – «Regulamento», do RCTFP);

4.º **Feita esta fiscalização da doença**, que assumirá na maioria dos casos a forma de verificação domiciliária (art. 122.º, n.º 2 do Anexo II – «Regulamento», do RCTFP), **«em caso de desacordo entre os pareceres médicos referidos»** anteriormente, **«pode ser requerida a intervenção de junta médica»** (art. 190.º, n.º 5 do Anexo I – «Regime», do RCTFP);

5.º Para efeitos do disposto no art. 190.º, n.º 5 do Anexo I – «Regime», do RCTFP, isto é, em caso de desacordo entre pareceres médicos, **«a reavaliação da situação da doença do trabalhador é feita por intervenção de comissão de reavaliação dos serviços da segurança social da área da residência habitual deste»**, que pode ser constituída por 3 ou por 2 médicos (art. 119.º, n.ᵒˢ 1 a 3 do Anexo II – «Regulamento», do RCTFP);

6.º **«Qualquer das partes pode requerer a reavaliação da situação de doença nas vinte e quatro horas subsequentes ao conhecimento do resultado da verificação da mesma, devendo, na mesma data, comunicar-se esse pedido à contraparte»** (art. 120.º, n.º 1 do Anexo II – «Regulamento», do RCTFP);

7.º «Os serviços da segurança social devem, no prazo de vinte e quatro horas a contar da recepção do requerimento, dar cumprimento ao disposto nas alíneas c) e d) do n.º 1 do artigo 117.º», para que, «no prazo de oito dias a contar da data da apresentação do requerimento, a comissão» possa e deva «proceder à reavaliação da situação de doença do trabalhador e comunicar o resultado da mesma a este e à entidade empregadora pública» (art. 121.º, n.ᵒˢ 1 e 2 do Anexo II – «Regulamento», do RCTFP);

8.º **«O trabalhador convocado para o exame médico fora do seu domicílio que, justificadamente, não se possa deslocar deve, em qualquer caso, informar dessa impossibilidade a entidade que o tiver convocado, até à data prevista para o exame ou, se não tiver sido possível, nas vinte e quatro horas seguintes»**, e **«consoante a natureza do impe-**

dimento» invocado pelo «trabalhador, é determinada nova data para o exame e, se necessário, a sua realização no domicílio do trabalhador, dentro das quarenta e oito horas seguintes» (art. 122.º, n.ºs 1 e 2 do Anexo II – «Regulamento», do RCTFP);

9.º «O médico que proceda à verificação da situação da doença só pode comunicar à entidade empregadora pública se o trabalhador está ou não apto para desempenhar a actividade, salvo autorização deste», devendo tal comunicação ser feita nas 24 horas subsequentes àquela verificação (art. 123.º, n.ºs 1 e 2 do Anexo II – «Regulamento», do RCTFP);

10.º As comunicações aqui previstas devem ser feitas «por escrito e por meio célere, designadamente telegrama, telefax ou correio electrónico» (art. 124.º do Anexo II – «Regulamento», do RCTFP);

11.º «A entidade empregadora pública não pode fundamentar qualquer decisão desfavorável para o trabalhador no resultado da verificação da situação de doença do mesmo, efectuada nos termos dos artigos 117.º ou 118.º, enquanto decorrer o prazo para requerer a intervenção da comissão de reavaliação, nem até à decisão final, se esta for requerida» (art. 125.º do Anexo II – «Regulamento», do RCTFP);

12.º «O requerente da nomeação de médico pelos serviços da segurança social ou da intervenção da comissão de reavaliação está sujeito a taxa, a fixar por portaria conjunta dos ministros responsáveis pelas áreas das finanças e laboral» (art. 126.º do Anexo II – «Regulamento», do RCTFP);

13.º **No caso do trabalhador:**

a) **Não cumprir com o seu dever de comunicação da sua ausência por motivo de doença** (art. 189.º do Anexo I – «Regime», do RCTFP);

b) **Não apresentar prova dessa sua situação de doença, quando exigida pela entidade empregadora pública** (art. 190.º, n.ºs 1 e 2 do Anexo I – «Regime», do RCTFP);

c) **Se opuser, sem motivo atendível, à fiscalização da doença**;

As faltas são consideradas injustificadas (art. 190.º, n.º 6 do Anexo I – «Regime», do RCTFP).

Não obstante o RCTFP ser omisso sobre esta questão entendemos que o preceito contido no art. 33.º, n.º 2 do regime de FFL é de aplicação analógica aqui, pelo que quando a doença não implicar a permanência no domicílio, o respectivo documento comprovativo de doença deve conter referência a esse facto.

Contagem das faltas por doença – parece resultar do disposto no art. 191.º, n.ᵒˢ 2, al. a) e 3 do Anexo I – «Regime», do RCTFP, que, à semelhança do que se dispõe no art. 37.º, n.º 1 do regime de FFL, os períodos destas faltas contam-se seguidamente mesmo, nos casos em que haja transição de um ano civil para o outro.

- **EFEITOS DAS FALTAS POR DOENÇA: aqui há que distinguir entre:**
a) **Trabalhadores abrangidos pelo regime da protecção social específica, agora convergente, da Administração Pública: os efeitos destas faltas são os mesmos das faltas por doença dos trabalhadores nomeados, enumerados anteriormente;**
b) **Trabalhadores abrangidos apenas pelo regime geral da segurança social, ou seja, aos trabalhadores que se encontravam anteriormente na situação de contrato individual de trabalho à sombra da Lei n.º 23/2004, de 22 de Junho (relativamente aos quais o art. 114.º, n.º 2 da LVCR salvaguardou também a manutenção do respectivo regime de protecção social de origem), e que, descontando exclusivamente para a segurança social, transitaram, a partir de 1 de Janeiro de 2009, para a modalidade de contrato de trabalho em funções públicas, ou aos trabalhadores que a partir desta data foram admitidos desde logo nesta modalidade de contrato, e até Junho de 2009, não tenham optado pela inscrição na ADSE ao abrigo do disposto no art. 16.º da LOE para 2009, na medida em que se encontravam, e se encontram, abrangidos apenas pelo Regime Geral da Segurança Social, beneficiando assim do que nele se dispõe em matéria de protecção social na doença, aplicam-se-lhes já o disposto no Dec.-Lei n.º 117/2006, de 20 de Junho, e no art. 191.º, n.ᵒˢ 2, al. a) e 3 do Anexo I – «Regime», do RCTFP, isto é:**

    1.º Os primeiros 30 dias de ausência por doença, embora não determinem a suspensão da prestação do trabalho, «determinam a perda da remuneração», sendo aqueles dias reembolsados pela segurança social;

    2.º Se o trabalhador faltar por motivo de doença ao serviço por

um período efectivo ou previsível superior a um mês, haverá então lugar à pura e simples «suspensão da prestação do trabalho por impedimento prolongado», com todas as consequências que daqui advêm em termos de contagem para efeitos de carreira e antiguidade (cfra. arts. 230.º a 233.º do Anexo I – «Regime», do RCTFP.

5.º FALTAS POR DOENÇA PROLONGADA DOS TRABALHADORES NOMEADOS (art. 49.º do regime de FFL):

- **DIREITO:** o trabalhador na situação prevista no art. 1.º, isto é, **o trabalhador nomeado que sofra de doença incapacitante que exija tratamento oneroso e prolongado** (art. 49.º, n.º 1 do regime de FFL); este tipo de faltas não se encontra previsto no art. 185.º do Anexo I – «Regime», do RCTFP, ficando o recurso a elas vedado assim aos trabalhadores contratados, que apenas podem socorrer-se do regime normal das faltas por doença.
- **PERÍODO:** o trabalhador beneficia do direito de se manter afastado do serviço por mais 18 meses, para além dos 18 meses previstos no regime geral, num total **de 36 meses** (art. 49.º, n.º 1 do regime de FFL).
- **FORMALIDADES: estas faltas carecem de documento médico comprovativo**, a emitir nos mesmos termos dos arts. 30.º e 32.º do regime das FFL, uma vez que inexiste aqui norma específica para a respectiva justificação, no qual se faça menção expressa de que o trabalhador sofre de doença prolongada constante do elenco de doenças a que se refere o Despacho Conjunto n.º A-179/89-XI, de 12 de Setembro, **devendo os trabalhadores, nestes casos, submeterem-se a sessões da junta médica findo cada período de 30 dias** (vd. Portaria n.º 666-A/2077, de 1 de Junho).

As doenças incapacitantes são as que vêm definidas no Despacho Conjunto n.º **A-179/89-XI, de 12 de Setembro,** dos Ministérios das Finanças e da Saúde, publicado no Diário da República, n.º 219, 2.ª Série, de 22 de Setembro de 1989 (art. 49.º, n.º 2 do regime de FFL). «As faltas dadas ao abrigo da Assistência a Funcionários Civis Tuberculosos regem-se pelo disposto no Decreto-Lei n.º 48359, de 27 de Abril de 1968» (art. 49.º, n.º 3 do regime de FFL).

No caso do trabalhador portador de doença prolongada vir a faltar por doença diferente das enunciadas no elenco das situações constantes do despacho Conjunto n.º A-179/89-XI, publicado no DR, II Série, de 22 de Setembro, então esta situação de ausência deve seguir, a nosso ver, o regime comum das faltas por doença previstas no art. 29.º do regime de FFL.

Caso de diagnóstico tardio: quando o diagnóstico da doença prolongada do trabalhador se vier a apurar apenas em data posterior à data do início das faltas por doença, o médico deve neste caso assinalar tal facto no novo atestado médico, aplicando-se assim retroactivamente àquela primeira data o regime mais favorável do art. 49.º, n.º 4 do regime de FFL.

- **EFEITOS:**

1.º **Descontam nos primeiros 30 dias, seguidos ou interpolados, em cada ano civil no vencimento de exercício** (art. 29.º, n.º 2 do regime de FFL);

3.º **Descontam no subsídio de refeição** (art. 29.º, n.º 5 do regime de FFL);

4.º **Não descontam para efeitos de antiguidade, promoção e progressão** (art. 49.º, n.º 4 do regime de FFL);

5.º Não descontam no tempo de serviço para efeitos de aposentação (art. 35.º do Dec.-Lei n.º 498/72, de 9 de Dezembro, Estatuto da Aposentação).

6.º <u>**FALTAS DADAS AO ABRIGO DA ASSISTÊNCIA A FUNCIONÁRIOS CIVIS TUBERCULOSOS – A.F.C.T.**</u> – (art. 49.º, n.º 3 do regime de FFL e Dec.-Lei n.º 48.359, de 27 de Abril de 1968; estas faltas não vêm previstas expressamente no Dec.-Lei n.º 100/99, de 31 de Março, sobre o regime de FFL, mas sim em diploma próprio; dada a sua natureza – relativa à saúde – entendeu-se por bem inseri-las aqui no conjunto das faltas por doença, facilitando-se assim a sua consulta por parte daqueles que lidam com estas matérias):

- **DIREITO:** abrange os **trabalhadores nomeados** «e demais serventuários – logo, também **os trabalhadores com contrato de trabalho em funções públicas – que contem mais de 365 dias de serviço efectivo, prestado contínua ou interpoladamente dentro de um período de três anos, desde que sejam subscritores da Caixa Geral de Aposentações ou de outra caixa legalmente equiparada», que sofram de tuberculose e sejam beneficiários da AFCT** (a qualidade de beneficiário obtém-se com a inscrição na Caixa Geral de Aposentações; cfra. arts. 1.º e 2.º do Dec.-Lei n.º

48.359; este preceito levanta a consequente questão de saber se os novos trabalhadores da Administração Pública admitidos após 1 de Janeiro de 2006, que ficaram assim impedidos de se inscrever na CGA a partir daquela data, deixaram ou não de ser beneficiários deste regime de ausências justificadas por assistência na tuberculose). A AFCT passou a ser da responsabilidade da Direcção-Geral dos Cuidados de Saúde Primária a partir de 1984.

Como se sabe, a admissão na função pública está condicionada à apresentação de atestado demonstrativo da posse de robustez física para o exercício da função a emitir por qualquer médico no exercício da sua profissão (vd. art. 8.º, al. d) da LVCR e Dec.-Lei n.º 319/99, de 11 de Agosto). Até há pouco tempo era requisito para ser beneficiário destas faltas que o trabalhador descontasse uma quota mensal para o AFCT. Com o art. 45.º, n.º 8 do Dec.-Lei n.º 353-A/89, de 16 de Outubro, aboliu-se tal desconto.

- **PERÍODO:** estas faltas justificadas terminam, em princípio, quando o trabalhador estiver curado, não existindo pois assim um período mínimo previsto para elas, mas sim um máximo de 4 anos, seguidos ou interpolados (art. 19.º, al. b) do Dec.-Lei n.º 48.359). Mesmo o período máximo de ausência justificada de 4 anos é passível de ser prorrogado por períodos de 6 meses, até ao máximo de um ano, quando haja expectativa de cura (art. 20.º do Dec.-Lei n.º 48.359). De acordo com o disposto no art. 20.º do Dec.-Lei n.º 48.359 poderá ainda ser concedida aos trabalhadores beneficiários deste regime de faltas uma segunda prorrogação pelo prazo de 2 anos, mediante despacho do director do Instituto de Assistência Nacional aos Tuberculosos, «desde que a junta médica da AFCT seja de parecer que a cura possa ser obtida em tal espaço de tempo e aqueles reúnam as seguintes condições:
    a) Hajam anteriormente usufruído da assistência e entre a última alta, por cura clínica, e o início de novo período de assistência tenha decorrido um mínimo de dois anos;
    b) Não tenham praticado durante todo o tempo de assistência, acções ou omissões prejudiciais ao tratamento da doença, pelas quais lhes tenham sido aplicadas penas superiores a repreensão escrita;

c) Hajam cumprido correctamente as prescrições clínicas quando assistidos em regime sanatorial, ambulatório ou domiciliário, ou ainda, quando ao serviço, mas em tratamento, ao abrigo do disposto no § único do artigo 22.°».

«Os servidores clinicamente curados poderão (ainda) gozar um período de convalescença até 3 meses, para consolidação da cura e gradual adaptação à vida profissional» (art. 23.° do Dec.-Lei n.° 48.359).

- **FORMALIDADES:**

1.° **Esta situação de faltas pode desencadear-se por iniciativa do próprio trabalhador através de requerimento apresentado para esse efeito** (a data do seu requerimento dá início a estas faltas mesmo que o resultado do exame médico a que o trabalhador se submeter seja negativo, devendo logo após este apresentar-se ao serviço; se o resultado do exame for positivo o trabalhador, nomeado ou contratado, continuará na situação de ausência justificada ao serviço por motivo de tuberculose – cfra. art. 9.°, do Dec.-Lei n.° 48.359.

2.° **Esta situação de faltas pode também ser desencadeada por iniciativa do serviço, que assim pedirá ao trabalhador que se sujeite a exame médico** (neste caso o trabalhador deve de imediato ser afastado do serviço; o início desta situação de faltas reporta-se à data do afastamento do serviço no caso do exame médico ser positivo; no caso de ser negativo, as faltas consideram-se igualmente relevadas desde o afastamento até à data do exame, não descontando para quaisquer efeitos). O resultado do exame deverá ser comunicado aos serviços a que o trabalhador pertencer, no prazo de 8 dias, a contar da sua conclusão, bem como ao próprio interessado, como é óbvio (art. 9.°, §§ 1 a 3 do Dec.-Lei n.° 48.359).

- **EFEITOS DESTE TIPO DE FALTAS:**

1.° **Dispensa do serviço, total ou parcial**, «quando exigida pelo tratamento ou pelo perigo de contágio» (art. 13.°, al. a) do Dec.-Lei n.° 48.359);

2.° **Direito ao vencimento por inteiro**, pago pelo respectivo serviço (art. 15.° do Dec.-Lei n.° 48.359);

3.° **Não desconta no tempo para aposentação** (art. 16.° do Dec.-Lei n.° 48.359; cfra. art. 35.° do Dec.-Lei n.° 498/72, Estatuto da Aposentação);

4.º Desconta no subsídio de refeição (art. 2.º, n.º 2, al. g) do Dec.--Lei n.º 57-B/84, de 20 de Fevereiro);
5.º Desconta na antiguidade para efeitos «de promoção ou de concurso» no caso do período de afastamento ao serviço ser total (art. 16.º, al. a) do Dec.-Lei n.º 48.359);
6.º Dá lugar à marcação de faltas injustificadas quando o trabalhador;

a) Se ausentar do estabelecimento de saúde onde estiver internado, sem a devida autorização;
b) Não comparecer à junta médica, serviço dispensarial ou outro onde tenha sido mandado apresentar por escrito, sem que apresente qualquer justificação (art.15.º, n.º 2 do Dec.-Lei n.º48.359).

7.º Dá lugar à passagem à aposentação quando se atingir o período máximo possível ao abrigo desta assistência e a junta médica da AFCT não julgar possível o trabalhador retomar o seu serviço (art. 21.º do Dec.--Lei n.º 48.359);
8.º Concurso: se o trabalhador estiver na situação de assistido só poderá apresentar-se a concurso quando para isso obtiver autorização do director do Instituto de Assistência Nacional aos Tuberculosos (art. 16.º, al. c) do Dec.-Lei n.º 48.359).

7.º FALTAS POR ACIDENTE DE TRABALHO OU DOENÇA PROFISSIONAL (vêm referenciadas no art. 21.º, n.º 1, al. i) do regime jurídico de FFL e reguladas no Dec.-Lei n.º 503/99, de 20 de Novembro (por sua vez, alterado pelo Dec.-Lei n.º 77/2001, de 5 de Março, pela Lei n.º 59/2008, de 11 de Setembro, que aprovou o RCTFP, -este diploma alterou a designação deste tipo de faltas que, em vez de faltas por acidente em serviço, passou a ser faltas por acidente de trabalho – e pela Lei n.º 64--A/2008, de 31 de Dezembro, que aprovou o Orçamento do Estado para 2009), que revogou o Dec.-Lei n.º 38.523, de 23 de Novembro de 1951):

- **DIREITO: têm direito** a este regime de faltas **«todos os trabalhadores que exercem funções públicas, nas modalidades de nomeação ou de contrato de trabalho em funções públicas**, nos serviços da Administração directa e indirecta do Estado» (n.º 1), nos serviços «das administrações regionais e autárquicas e nos órgãos e serviços de apoio do Presidente da República, da Assembleia da República, dos tribunais e do Ministério Público e respec-

tivos órgãos de gestão e de outros órgãos independentes» (n.º 2), bem como «aos membros dos gabinetes de apoio quer dos membros Governo quer dos titulares dos órgãos referidos» anteriormente (n.º 3, todos do art. 2.º do Dec.-Lei n.º 503/99, de 20 de Novembro, na redacção que lhe foi dada pelo art. 9.º da Lei n.º 59/2008, de 11 de Setembro, que aprovou o RCTFP).
- **PERÍODO:** não é estipulado na lei qualquer período fixo; o período é aqui contingente porquanto dependente da evolução da própria situação clínica do interessado alvo de acidente de trabalho ou de doença profissional.
- **FORMALIDADES:**

Estas faltas possuem um regime de justificação que lhe é próprio constante do Dec.-Lei n.º 503/99, distinto assim do previsto nos arts. 30.º e 31.º do Dec.-Lei n.º 100/99 e da Portaria n.º 666-A/2007, de 1 de Junho, para as faltas por doença.

A) **No plano da participação institucional do acidente** temos a salientar o seguinte:

1. «Ocorrido um acidente, o trabalhador, por si ou por interposta pessoa, deve participá-lo, por escrito ou verbalmente no, prazo de dois dias úteis ao respectivo superior hierárquico, salvo se este o tiver presenciado» (art. 8.º, n.º 1 do Dec.-Lei n.º 503/99).

2. «A participação por escrito deve, em princípio, ser feita mediante a utilização de impresso próprio fornecido pelo serviço» (art. 8.º, n.º 2 do Dec.-Lei n.º 503/99). **Em caso de manifesta impossibilidade de comunicação devidamente comprovada, o prazo de 2 dias úteis previsto no n.º 1 do art. 8.º deste diploma começa a contar-se a partir da cessação do impedimento** (art. 8.º, n.º 3 do Dec.-Lei n.º 503/99). **No primeiro dia útil a seguir à alta fica o trabalhador obrigado apresentar-se ao serviço munido do respectivo boletim de exame médico** (art. 20.º, n.º 1 do Dec.-Lei n.º 503/99).

3. No caso de doença profissional participada pelo próprio trabalhador, a referida participação consubstancia-se na entrega «ao respectivo superior hierárquico (de) cópia da participação» feita pelo médico ao Centro Nacional de Protecção contra Riscos Profissionais do seu caso clínico em que se presume a existência de doença profissional, **«ou declaração ou atestado médico de que consta o diagnóstico pre-**

suntivo, no prazo de dois dias úteis, contados da data da participação ou da emissão do documento médico» (art. 27.º, n.ºs 1 e 2 do Dec.-Lei n.º 503/99).

4. No caso da Administração Pública, cabe ao superior hierárquico participar, em impresso próprio, «ao dirigente máximo os acidentes e incidentes ocorridos com os seus trabalhadores, bem como os acontecimentos perigosos, **no prazo de um dia útil a contar da data em que, dos mesmos, teve conhecimento»** (art. 9.º, n.º 1 do Dec.-Lei n.º 503/99). «**Os serviços de saúde, públicos ou privados, que tenham prestado assistência a um acidentado devem participar a ocorrência à entidade empregadora do mesmo, no prazo de um dia útil, pela via mais expedita**» (art. 9.º, n.º 2 do Dec.-Lei n.º 503/99). **Quanto ao empregador,** estabelece o art. 9.º, n.º 3 do Dec.-Lei n.º 503/99 **que a ele incumbe ainda o dever de participar o acidente ou ocorrência às seguintes entidades:**

a) À respectiva delegação ou subdelegação **do Instituto de Desenvolvimento e Inspecção das Condições de Trabalho**, quando haja acidente mortal ou que evidencie uma situação particularmente grave, no prazo de 24 horas após a ocorrência;

b) **Ao delegado de saúde concelhio** da área onde ocorreu o acidente, no prazo de 6 dias úteis após a ocorrência do acidente;

c) Ao competente departamento estatístico do ministério responsável pela área de trabalho, nos termos da legislação em vigor;

d) À ADSE, no prazo de 6 dias úteis após o conhecimento da ocorrência;

e) À Caixa Geral de Aposentações, no prazo de 6 dias úteis, mas «nos casos previstos n.º 5 do artigo 20.º» (art. 9.º, n.º 3 do Dec.--Lei n.º 503/99).

Logo que se verifique a ocorrência de um acidente deve o superior hierárquico tomar as providências necessárias para que sejam imediatamente prestados ao acidentado os primeiros socorros médicos e transporte adequado com o seu estado de saúde e indicar-lhe o estabelecimento de saúde ou hospitalar onde pode tratar-se ou, na falta deste, o médico assistente (arts. 10.º, 11.º e 14.º do Dec.-Lei n.º 503/99). O direito aos aparelhos de prótese e ostótese é também garantido por lei (art. 13.º do Dec.-Lei n.º 503/99).

B) No plano da justificação das faltas, temos então que:

1. As faltas ao serviço por acidente em serviço são justificadas através de declaração emitida pelo médico que assistiu ao trabalhador ou por estabelecimento de saúde, quando ao sinistrado tenham sido prestados cuidados que não determinem incapacidade para o exercício de funções por período superior a 3 dias (art. 19.º, n.º 2, al. a));

2. A justificação faz-se, porém, por boletim de acompanhamento médico nos dias subsequentes (art. 19.º, n.º 2, al. b));

3. As faltas por doença profissional devem ser comprovadas, por sua vez, pela de cópia da participação ao Centro Nacional de Protecção contra os Riscos Profissionais ou, até à sua apresentação, por declaração ou atestado médico com o diagnóstico presuntivo, no prazo máximo de 5 dias úteis contado a partir do 1.º dia de ausência ao serviço (arts. 27.º e 30.º, n.º 2); as faltas subsequentes são justificadas mediante a apresentação do boletim de acompanhamento médico previsto no art. 12.º (art. 30.º, n.º 3).

- **EFEITOS DAS FALTAS:**

1.º Dão direito ao vencimento por inteiro (art. 15.º, 19.º, n.º 1, 30.º e 32.º do Dec.-Lei n.º 503/99);

2.º Não descontam no subsídio de refeição (confira art. 19.º, n.º 1 do Dec.-Lei n.º 503/99 e art. 2.º, n.º 2, al. g) do Dec.-Lei n.º 57-B/84, de 20 de Fevereiro, aplicado à Região Autónoma dos Açores pelo Decreto Regulamentar Regional n.º 14/84/A, de 4 de Maio);

3.º Não descontam na antiguidade para efeitos de aposentação, promoção e progressão (arts. 19.º, n.º 1 e 30.º do Dec.-Lei n.º 503/99);

4.º Quanto aos direitos dos trabalhadores acidentados ou que padeçam de doenças profissionais, consistem eles:

- a) **No direito à prestação imediata dos primeiros socorros em caso de acidente em serviço** (art. 10, n.º 2 do Dec.-Lei n.º 503/99);
- b) **No direito à assistência médica e medicamentosa paga em estabelecimento de saúde público em caso de acidente ou doença profissional** (arts. 11.º, n.º 1 e 29.º do Dec.-Lei n.º 503/99);
- c) **No direito à assistência médica paga em estabelecimento de saúde privado quando haja situação de socorro de urgência ou não seja possível a prestação de cuidados de saúde em serviço

oficial de saúde, caso contrário o trabalhador terá apenas direito a receber da parte do Estado a importância que seria dispendida se tivesse sido tratado em estabelecimento de saúde pública, sendo o excesso encargo do próprio (arts. 11.º, n.ᵒˢ 1, 2 e 5 e 29.º do Dec.--Lei n.º 503/99);

d) **No direito aos aparelhos de prótese e ostótese em caso de acidente ou doença profissional** (art. 13.º e 29.º do Dec.-Lei n.º 503/99);

e) **No direito a transportes e estada pagos quando motivados pelo acidente ou doença profissional** (arts. 14.º e 29.º do Dec.-Lei n.º 503/99);

f) **Na possibilidade de haver lugar ao pagamento das despesas de um acompanhante** (arts. 14.º, n.º 5 e 29.º do Dec.-Lei n.º 503/99);

g) **No direito ao pagamento de subsídio por assistência a terceira pessoa destinada a assegurar os «actos indispensáveis à satisfação das necessidades básicas da vida quotidiana» do trabalhador sinistrado** (art. 16.º, n.º 1, 32.º e 35.º do Dec.-Lei n.º 503/99);

h) **No pagamento de despesas com o funeral** (até ao limite de quatro vezes a remuneração mínima mensal garantida mais elevada, que será aumentada para o dobro se houver trasladação) se do acidente resultar a morte do trabalhador, e subsídio por morte (de montante igual a doze vezes a remuneração mínima mensal garantida mais elevada -cfra arts. 18.º, n.ᵒˢ 1 e 3, 32.º e 34.º do Dec.--Lei n.º 503/99);

i) **No direito à reintegração profissional, quando possível, em trabalho compatível com o seu estado, podendo ser dispensado do serviço para comparecer às consultas e tratamentos necessários** (arts. 23.º e 29.º do Dec.-Lei n.º 503/99);

j) **No direito a subsídio para readaptação de habitação no caso de ser atribuída ao trabalhador uma incapacidade permanente e absoluta pela junta médica da Caixa Geral de Aposentações** (art. 36.º do Dec.-Lei n.º 503/99);

l) **No direito a um subsídio especial para situações de elevada incapacidade permanente** (art. 37.º do Dec.-Lei n.º 503/99);

m) **No direito a um regime especial de aposentação** (arts. 34.º e ss. do Dec.-Lei n.º 503/99; vd. Dec.-Lei n.º 498/72, de 9 de Dezembro, Estatuto da Aposentação, sucessivamente alterado, e art. 4.º do Dec.-Lei n.º 74/70, de 2 de Março).

NOTA 1 – ACIDENTE EM SERVIÇO "VERSUS" ACEITAÇÃO DO NOMEADO:

Quando a aceitação do trabalhador nomeado deva ocorrer durante o período de ausência por acidente em serviço «a percepção de remuneração decorrente de nomeação definitiva retroage à data da publicitação do respectivo acto», retroagindo também àquela data a contagem de tempo de serviço (art. 18.º, n.ºˢ 2 e 3 da LVCR).

NOTA 2 – As faltas por acidente de trabalho ou doença profissional abrangem duas situações distintas, a saber:

1.º Situação de ACIDENTE EM SERVIÇO (ou de trabalho) – é considerado acidente em serviço «todo o que ocorre nas circunstâncias em que se verifica o acidente de trabalho, nos termos do regime geral, incluindo o ocorrido no trajecto de ida e regresso para e do local de trabalho» (art. 7.º, n.º 1 do Dec.-Lei n.º 503/99). Note-se que o art. 3.º deste diploma dá-nos, desde logo, uma definição legal dos conceitos nele utilizados, considerando assim, entre outras coisas, como:

Regime geral – «o regime jurídico dos acidentes de trabalho e das doenças profissionais constante da Lei n.º 100/97, de 13 de Setembro, e legislação complementar» (al. a)).

Acidente em serviço – «o acidente de trabalho que se verifique no decurso da prestação de trabalho (...)» (al. b).

Incidente – é «todo o evento que afecta determinado trabalhador, no decurso do trabalho ou com ele relacionado, de que resultem lesões corporais diagnosticadas de imediato, ou em que estas só necessitem de primeiros socorros» (al. e)).

Outros conceitos vêm enumerados no art. 3.º do Dec.-Lei n.º 503/99, pelo que chamamos atenção para a necessidade de os ter em devida conta na aplicação deste diploma às situações concretas que se possam vir a colocar à sua sombra.

O Parecer da Procuradoria Geral da República (PGR) inscrito no Diário do Governo, II Série, de 18 de Abril de 1975, dá-nos outra definição, ainda actual, a ter em conta, de **ACIDENTE EM SERVIÇO** como sendo" o evento em que uma causa externa, súbita e violenta, atinja um servidor do Estado, no local e no tempo de serviço ou em situações equiparadas, provocando-lhe directa ou indirectamente lesão, perturbação funcional ou doença, ainda que o acidentado tenha predisposição patológica para tal resultado, desde que este não surja unicamente em consequência de tal predisposição e esta não tenha sido dolosamente ocultada".

Com vista a ultrapassar um pouco as tradicionais e recorrentes polémicas surgidas em torno da qualificação de acidente em serviço, através do art. 7.º do Dec.-Lei n.º 503/99 optou-se por fixar legalmente o respectivo conceito, esclarecendo-se no seu n.º 2, que quando «a lesão corporal, perturbação funcional ou doença for reconhecida a seguir a um acidente, presume-se consequência deste». Mas acrescenta-se logo no seu n.º 3, que no caso daquela lesão, perturbação ou doença não ser reconhecida a seguir ao acidente, «compete ao sinistrado ou aos beneficiários legais provar que foi consequência dele». Contudo, é à entidade empregador pública que cabe, em primeira linha, «a qualificação do acidente» como acidente em serviço, a ser efectuada «no prazo máximo de 30 dias consecutivos, contado da data em que do mesmo teve conhecimento e, nos casos previstos no n.º 4, da data em que se comprovou a existência do respectivo nexo de causalidade» (art. 7.º, n.º 7 do Dec.-Lei n.º 503/99). Este prazo pode, excepcionalmente, e em casos fundamentados, ser prorrogado (art. 7.º, n.º 8 do Dec.-Lei n.º 503/99).

«Pode considerar-se ainda como acidente em serviço», de acordo com o n.º 4 do art. 7.º do Dec.-Lei n.º 503/99, «o incidente ou acontecimento perigoso de que venha a resultar lesão corporal, perturbação funcional ou doença, em que se comprove a existência do respectivo nexo de causalidade».

Por seu turno, afirma-se no n.º 5 deste mesmo artigo que a «predisposição patológica ou a incapacidade anterior ao acidente não implica a sua descaracterização, nem prejudica o direito à reparação, salvo quando tiverem sido ocultadas».

«Não se considera acidente em serviço aquele em que se verifique quaisquer condições de descaracterização do acidente de trabalho previstas no regime geral, sem prejuízo da obrigação de o empregador garantir a prestação dos primeiros socorros ao trabalhador e o seu transporte ao local onde possa ser clinicamente assistido» (art. 7.º, n.º 6 do Dec.-Lei n.º 503/99).

Há aqui que fazer referência à questão do **ACIDENTE "IN ITINERE"**, isto é, aquele que acontece durante o trajecto de ida e de regresso para e do local de trabalho, quando o trabalhador, por razões inerentes à relação jurídica de emprego público, está sujeito a um risco não comum à generalidade das pessoas que, na altura, utilizam o mesmo percurso (vd. PGR, in DR, II Série, n.º 253, de 4 de Novembro de 1953).

Esta figura do acidente "in itinere" mereceu acolhimento legal no corpo do art. 7.º, n.º 1 do Dec.-Lei n.º 503/99, sendo aí necessário apurar a existência de um nexo de causalidade (cfra. também o art. 7.º, n.ºs 3 e 4 do diploma em apreço).

2.º Situação de DOENÇA PROFISSIONAL – o art. 25.º do Dec.--Lei n.º 503/99 estipula que «são doenças profissionais as constantes da lista de doenças profissionais publicadas no Diário da República e as lesões, perturbações funcionais ou doenças não incluídas na referida lista, desde que sejam consequência necessária e directa da actividade exercida pelo trabalhador e não representem normal desgaste do organismo». Aquela lista de doenças profissionais e o respectivo índice codificado constam hoje do Decreto Regulamentar n.º 6/2001, de 5 de Maio.

Para além desta enunciação, o art. 3.º, n.º 1 al. c) do Dec.-Lei n.º 503/99 dá-nos uma **definição genérica de doença profissional como sendo «a lesão corporal, perturbação funcional ou doença que seja consequência necessária e directa da actividade exercida pelo trabalhador** e **não represente normal desgaste do organismo».**

«O diagnóstico e a caracterização como doença profissional e, se for caso disso, a atribuição da incapacidade temporária ou a proposta do grau de incapacidade permanente são da responsabilidade dos serviços médicos do Centro Nacional de Protecção contra os Riscos Profissionais (...)» (art. 26.º, n.º 1 do Dec.-Lei n.º 503/99). Já a «confirmação e graduação da incapacidade permanente são da competência da junta médica prevista na alínea b) do n.º 1 do artigo 38.º» (art. 26.º, n.º 2 do Dec.-Lei n.º 503/99).

NOTA 3 – Intervenção da junta médica: no caso da ausência exceder um período de 90 dias consecutivos será determinado superiormente a apresentação do trabalhador a exame da junta médica afim de se verificar o seu estado de saúde (art. 19.º, n.º 4 do Dec.-Lei n.º 503/99). Se a junta médica entender oportuno e necessário a realização de novos exames, deverá esta indicar as datas mais convenientes para os fazer sendo as faltas dadas aí consideradas como motivadas pelo acidente em serviço (art. 19.º, n.º 5 do Dec.-Lei n.º 503/99).

Após a alta, na eventualidade do trabalhador acidentado ser dado como permanentemente incapaz ou se a sua incapacidade temporária tiver durado mais de 36 meses seguidos ou interpolados, terá este mesmo trabalhador que ser submetido pela entidade empregadora a junta médica da Caixa Geral de Aposentações para «efeitos de confirmação ou de verificação da eventual incapacidade permanente resultante do acidente e da avaliação do respectivo grau de desvalorização» (art. 20.º, n.º 5 do Dec.-Lei n.º 503/99).

«A situação clínica do sinistrado, até à alta, deve ser registada», competindo ao médico assistente ou à junta médica preencher, no início dos tratamentos, um boletim de modelo próprio, no qual se descrevem, entre outras coisas, as lesões e a sintomatologia do trabalhador acidentado (art. 12.º, n.ᵒˢ 1 a 3 do Dec.-Lei n.º 503/99). Quando terminar o tratamento e o trabalhador se encontrar curado ou em condições de trabalhar regularmente, o médico assistente ou a junta médica dar-lhe-á alta no seu boletim de acompanhamento médico (art. 20.º, n.º 1 do Dec.-Lei n.º 503/99).

No caso de ser dada alta ao trabalhador, deverá este apresentar-se no primeiro dia útil a seguir à alta ao serviço, devendo levar consigo o boletim devidamente preenchido (art. 20.º, n.º 1 do Dec.-Lei n.º 503/99). Se após a alta, o trabalhador não se sentir com forças para retomar o serviço pode requerer à entidade empregadora para ser presente à junta médica e, mediante parecer favorável, ser-lhe prolongado o prazo de justificação das faltas (art. 20.º, n.º 2 do Dec.-Lei n.º 503/99).

NOTA 4 – RECIDIVA, AGRAVAMENTO OU RECAÍDA: o art. 3.º, n.º 1, als. o) a q) do Dec.-Lei n.º 503/99, dá-nos as seguintes definições sobre:

Recidiva – é a «lesão ou doença ocorridas após a alta relativa a acidente em serviço, em relação às quais seja estabelecido nexo de causalidade com o mesmo» (al. o));

Agravamento – trata-se da «lesão ou doença que, estando a melhorar ou estabilizadas, pioram ou se agravam» (al. p));

Recaída – é a «lesão ou doença que, estando aparentemente curadas, reaparecem» (al. q)).

«No caso do trabalhador se considerar em situação de recidiva, agravamento ou recaída, ocorrida no prazo de 10 anos contado da alta, deve apresentar à entidade empregadora requerimento de submissão à junta médica referida no artigo 21.º, fundamentado em parecer médico» (art. 24.º, n.º 1 do Dec.-Lei n.º 503/99).

«O reconhecimento» daquelas situações «pela junta médica determina a reabertura do processo, que seguirá, com as necessárias adaptações, os trâmites previstos para o acidente e confere ao trabalhador o direito à reparação prevista no artigo 4.°» (art. 24.°, n.° 2 do Dec.-Lei n.° 503/99).

NOTA 5 – APOSENTAÇÃO POR INCAPACIDADE RESULTANTE DE ACIDENTE EM SERVIÇO OU DE DOENÇA PROFISSIONAL (art. 34.° do Dec.-Lei n.° 503/99): «Se do acidente em serviço ou da doença profissional resultar incapacidade permanente ou morte», prescreve o art. 34.°, n.° 1 do Dec.-Lei n.° 503/99, que o trabalhador terá «direito às pensões e outras prestações previstas no regime geral». A passagem à situação de aposentação depende aqui do parecer da junta médica da própria Caixa Geral de Aposentações, sendo as respectivas pensões, e outras prestações, atribuídas e pagas por aquela Caixa (art. 34.°, n.° 4 do Dec.-Lei n.° 503/99).

«No cálculo das pensões é considerada a remuneração sujeita a desconto para o respectivo regime de segurança social» (art. 34.°, n.° 5 do Dec.-Lei n.° 503/99).

As **DESPESAS RESULTANTES DE ACIDENTE EM SERVIÇO**, com excepção da pensão por morte e da pensão de aposentação extraordinária, são pagas:

a) **Pelo próprio serviço** – no caso dos serviços com autonomia administrativa e financeira e daqueles que tenham receitas próprias (art. 6.°, n.° do Dec.-Lei n.° 503/99);

b) **Pelo Ministério das Finanças** – nos restantes casos (art. 6.°, n.° 2, deste mesmo diploma). Nos Açores e na Madeira, em atenção às novas realidades autonómicas e às suas administrações públicas regionais, as despesas em apreço deverão caber aos respectivos departamentos governamentais responsáveis pelas finanças públicas.

NOTA 6 – MORTE DO ACIDENTADO – CONSEQUÊNCIAS LEGAIS:

1. Despesas com o funeral do trabalhador acidentado no exercício de funções públicas: estas despesas correm por conta do serviço ou organismo até ao limite de 4 vezes a remuneração mínima mensal garantida mais elevada, que será aumentada para o dobro se houver trasladação (art. 18.°, n.° 1 do Dec.-Lei n.° 503/99).

2. Pensão por morte, a família do trabalhador falecido tem direito a esta pensão cujo montante, concessão e usufruto vêm regulados na Lei n.º 100/97, de 13 de Setembro. Esta pensão varia conforme o grau de parentesco ou situação do beneficiário em relação ao trabalhador falecido (vd. Dec.-Lei n.º 466/99, de 6 de Novembro, que revogou o Dec.-Lei n.º 404/82, de 24 de Setembro).

Para a atribuição da pensão por morte os beneficiários de cada grupo preferem aos do grupo seguinte (vd. arts. 5.º e 8.º do Dec -Lei n.º 466/99, de 6 de Novembro).

8.º FALTAS PARA REABILITAÇÃO PROFISSIONAL DOS TRABALHADORES NOMEADOS (art. 51.º do regime de FFL):

- **DIREITO:** tem direito a estas faltas apenas os **trabalhadores nomeados** que forem considerados pela junta médica como incapazes para o exercício das suas funções, mas aptos para o desempenho de outras; neste caso, os trabalhadores poderão requerer a sua reconversão ou reclassificação profissional (art. 51.º, n.º 1 do regime de FFL); os trabalhadores com contrato de trabalho em funções públicas não beneficiam deste tipo de faltas em virtude do mesmo não vir previsto no elenco de faltas justificadas a que se refere o art. 185.º do Anexo I – «Regime», do RCTFP.
- **PERÍODO:** enquanto estiver a correr o processo de reconversão ou reclassificação profissional o trabalhador nomeado encontra-se neste regime de faltas; este período tem a duração de 6 meses, podendo ser alvo de prorrogação por 2 vezes, por períodos não superiores a 3 meses (art. 51.º, n.ºs 5 e 6 do regime de FFL).
- **FORMALIDADES:** o trabalhador nomeado tem de requerer, por escrito, o processo de reconversão ou reclassificação até ao termo do prazo de 18 meses previsto no art. 38.º, n.º 1 (faltas por doença) e no art. 49.º (faltas por doença prolongada), consoante os casos – cfr. art. 51.º, n.º 2, do regime de FFL. O processo de reconversão profissional será definido em decreto regulamentar, «a publicar no prazo de 180 dias», coisa que até ao momento não ocorreu (art. 51.º, n.º 3 do regime de FFL). Na ausência desta regulamentação específica, temos como possível o recurso aqui à figura da reconversão profissional prevista no Dec.-Lei n.º 497/99, de 19 de Novembro

(cfra. seus arts. 8.º a 11.º, bem como o Dec.-Lei n.º 50/98, de 11 de Março, sobre «formação profissional»).

Quanto à reclassificação profissional é decidida casuisticamente pelo dirigente máximo do serviço, com base no parecer da junta médica e tendo em conta as funções que o trabalhador se encontre apto a desempenhar, «sem prejuízo das habilitações literárias exigíveis para o efeito» (art. 51.º, n.º 4 do regime de FFL).

- **EFEITOS:**

1.º Estas faltas, ao contrário das faltas por doença, **não descontam no vencimento de exercício nos primeiros 30 dias** (art. 51.º, n.º 7 do regime de FFL);
2.º **Descontam no subsídio de refeição** (arts. 29.º, n.º 5 e 51.º, n.º 7 do regime de FFL);
3.º **Descontam na antiguidade para efeitos de carreira quando ultrapassem 30 dias seguidos ou interpolados em cada ano civil** (arts. 29.º, n.º 3 e 51.º, n.º 7 do regime de FFL);
4.º Às situações de faltas para reabilitação motivadas por acidente em serviço ou doença profissional é aplicável o disposto agora no art. 19.º, n.º 1 do Dec.-Lei n.º 503/99, de 20 de Novembro, que revogou o art. 50.º do Dec.-Lei n.º 100/99, de 31 de Março (art. 51.º, n.º 8 do regime de FFL).

9.º FALTAS PARA TRATAMENTO AMBULATÓRIO, REALIZAÇÃO DE CONSULTAS MÉDICAS E EXAMES COMPLEMENTARES DE DIAGNÓSTICO (arts. 52.º e 53.º do regime de FFL; art. 185.º n.º 2, al. f) do Anexo I – «Regime», do RCTFP):

A) **FALTAS PARA TRATAMENTO AMBULATÓRIO, REALIZAÇÃO DE CONSULTAS MÉDICAS E EXAMES COMPLEMENTARES DE DIAGNÓSTICO DOS TRABALHADORES NOMEADOS** (arts. 52.º e 53.º do regime de FFL):

- **DIREITO:** tem direito o **trabalhador nomeado** que, encontrando-se ao serviço, necessite, em virtude de doença, deficiência ou acidente em serviço de tratamento ambulatório que não possa efectuar-se fora do período normal de trabalho (art. 52.º, n.º 1 do regime de FFL). O disposto no art. 52.º, n.º 1 é extensivo à assistência ao cônjuge ou equiparado, ascendentes, descendentes, adop-

tandos, adoptados e enteados, menores ou deficientes, em regime de tratamento ambulatório, quando comprovadamente o trabalhador seja a pessoa mais indicada para o fazer (vd. art. 53.º, n.º 1 do regime de FFL).
- **PERÍODO**: aquele trabalhador tem direito a faltar durante o tempo estritamente necessário para o efeito (art. 52.º, n.º 1 do regime de FFL). Estas faltas implicam assim ausências pontuais ao serviço entremeadas com períodos de prestação efectiva de serviço, pelo que a sua utilização para justificar situações de ausência prolongada deve ser considerada como contrária à lei.
- **FORMALIDADES:** este regime de faltas depende de declaração médica, pública ou privada, na qual conste a necessidade de ausência ao serviço do próprio trabalhador para tratamento ambulatório, realização de consultas médicas e exames complementares de diagnóstico e os termos em que essa ausência ocorrerá (art. 52.º, n.ºs 2 e 5 do regime de FFL).

As faltas para tratamento ambulatório, realização de consultas médicas e exames complementares de diagnóstico do cônjuge, ascendentes, descendentes e equiparados carece de documento comprovativo de que o trabalhador é a pessoa mais adequada para prestar tal apoio (art. 53.º, n.º 1 do regime de FFL). O trabalhador tem de apresentar ainda, no serviço de que depende, um plano de tratamento ou, na sua falta, e neste caso, por cada ausência para tratamento, documento comprovativo da sua comparência aos tratamentos nos locais previstos (um documento por cada ausência; cfra art. 52.º, n.º 3 do regime de FFL).

Cômputo das faltas: faz-se através da soma das horas utilizadas e da sua conversão em dias completos de faltas (art. 52.º, n.º 4 do regime de FFL). No caso dessa soma exceder dias completos de faltas, somos do entendimento que o remanescente transita de um mês para o outro, até ao final do ano civil, mas sempre dentro deste período de tempo, de modo a somar e perfazer mais um dia de falta (é o que resulta, por analogia, do disposto no art. 18.º do Dec.-Lei n.º 100/99 e no art. 16.º do Dec.-Lei n.º 259/98, de 18 de Agosto).

Este cômputo é seguido também na realização de consultas médicas e exames complementares de diagnóstico dos familiares do trabalhador (art. 53.º, n. n.ºs 1 e 2 do regime de FFL).

- **EFEITOS:**

Estas faltas, quando forem dadas pelo próprio trabalhador e por sua causa, são consideradas, para todos os efeitos legais, como serviço efectivo (art. 52.º, n.º 4" in fine" do regime de FFL). A conversão das horas utilizadas por motivo de tratamento ambulatório, realização de consultas médicas e exames complementares de diagnóstico em dias completos não é feita com o objectivo de retirar daí eventuais efeitos contrários ao disposto na parte final daquele art. 52.º, n.º 4, sob pena da violação grosseira da sua estatuição, de que tais faltas são consideradas como serviço efectivo, mas sim para efeitos meramente estatísticos ligados à elaboração do respectivo balanço social.

Quando se tratem de faltas deste tipo mas para assistência a familiares os seus efeitos são os mesmos das faltas para assistência a familiares (art. 53.º, n.º 2 do regime de FFL).

B) FALTAS PARA TRATAMENTO AMBULATÓRIO, REALIZAÇÃO DE CONSULTAS MÉDICAS E EXAMES COMPLEMENTARES DE DIAGNÓSTICO DOS TRABALHADORES CONTRATADOS (art. 185.º n.º 2, al. f) do Anexo I – «Regime», do RCTFP):

- **DIREITO:** têm direito os **trabalhadores contratados com contrato de trabalho em funções públicas** que, encontrando-se ao serviço, necessite, em virtude de doença, deficiência ou acidente em serviço de tratamento ambulatório, realização de consultas médicas e exames complementares de diagnóstico que não possa efectuar-se fora do período normal de trabalho (art. 185.º, n.º 2, al. f) do Anexo I – «Regime», do RCTFP). O disposto neste preceito é extensivo à assistência ao cônjuge ou equiparado, ascendentes, descendentes, adoptandos, adoptados e enteados, menores ou deficientes, em regime de tratamento ambulatório, quando comprovadamente o trabalhador seja a pessoa mais indicada para o fazer (vd. art. 185.º, n.º 3 do Anexo I – «Regime», do RCTFP).
- **PERÍODO:** embora omisso, atento á natureza destas faltas, o período de ausência do trabalhador será apenas o estritamente necessário para o efeito.
- **FORMALIDADES:** estas faltas justificadas, quando previsíveis, são obrigatoriamente comunicadas á entidade empregadora pública com a antecedência mínima de 5 dias, quando imprevisíveis, são

comunicadas logo que possível (art. 189.º, n.ºs 1 a 3 do Anexo I – «Regime», do RCTFP); contudo, a natureza destas faltas, que apontam desde logo no sentido da previsibilidade, permitem à entidade empregadora pública exigir ao trabalhador declaração comprovativa passada por entidade considerada idónea, nomeadamente por instituição ou profissional de saúde pública ou privada, na qual conste a necessidade de ausência ao serviço do próprio trabalhador para tratamento ambulatório, realização de consultas médicas e exames complementares de diagnóstico e os termos em que essa ausência ocorrerá. As faltas para tratamento ambulatório, realização de consultas médicas e exames complementares de diagnóstico do cônjuge, ascendentes, descendentes e equiparados carece, para além daquela declaração, de documento comprovativo de que o trabalhador é a pessoa mais adequada para prestar tal apoio. A entidade empregadora pública pode também solicitar ao trabalhador que lhe apresente ainda um plano de tratamento ou, na sua falta, e neste caso, por cada ausência para tratamento, documento comprovativo da sua comparência aos tratamentos nos locais previstos (um documento por cada ausência; vd. art. 189.º, n.º 3 do Anexo I – «Regime», do RCTFP; os arts. 52.º e 53.º do regime de FFL servem-nos aqui de direito subsidiário lógico).

- **EFEITOS:**

Estas **«faltas justificadas não determinam a perda ou prejuízo de quaisquer direitos do trabalhador», entrando contudo no cômputo das faltas que implicam o desconto no vencimento de exercício** (art. 189.º, n.º 3 do Anexo I – «Regime», do RCTFP).

10.º **FALTAS PARA ASSISTÊNCIA A FAMILIARES** (art. 54.º do regime de FFL e art. 185.º, n.º 2, al. e) do Anexo I – «Regime», e arts. 127.º a 129.º do Anexo II – «Regulamento», ambos do RCTFP, e arts. 8.º, al. d) e 22.º da Lei n.º 59/2008, de 11 de Setembro, que aprovou aquele RCTFP; estamos aqui, como teremos a oportunidade de demonstrar de seguida, perante uma daquelas situações pantanosas, confusas e infelizes criadas pela recente e prolixa actividade legislativa em matéria da função pública, que urge interpretar de modo a que se faça alguma luz clarificadora sobre aquilo que verdadeiramente importa ter em conta como estando em vigor nesta área da assistência a familiares):

De acordo com o disposto no art. 54.º do regime de FFL, têm direito a estas faltas todos os trabalhadores nomeados que possuam familiares doentes (nada se especificando contudo quanto à linha ou grau de parentesco daqueles familiares eventualmente abrangidos pelo seu âmbito de aplicação subjectivo), esclarecendo de seguida no seu n.º 1 que estas ausências «se regem pelo disposto nas Leis n.ᵒˢ 4/84, de 5 de Abril, 15/95, de 9 de Junho, 102/97, de 13 de Setembro, e 18/98, de 28 de Abril». Acrescentava-se depois no seu n.º 2 que «as faltas para assistência especial a filhos, filhos do cônjuge ou de pessoa em união de facto que com este residam e adoptados, menores de 3 anos, regem-se pelo disposto, na parte aplicável na legislação referida do número anterior». Ora, aconteceu que toda aquela legislação foi entretanto revogada, tendo-se por fim acabado por consagrar toda esta matéria no regime sobre a protecção da maternidade, paternidade e adopção constante dos art. 24.º a 43.º do Anexo I – «Regime», e dos arts. 40.º a 86.º do Anexo II – «Regulamento», do RCTFP, aprovado pela Lei n.º 59/2008, de 11 de Setembro, que se aplicava por força do disposto no respectivo art. 8.º, al. d) também aos trabalhadores nomeados. Posteriormente, e em cumprimento do disposto no art. 22.º deste último diploma, com a publicação do novo Código do Trabalho, aprovado pela Lei n.º 7/2009, de 12 de Fevereiro, operou-se uma vez mais a revogação daquele regime sobre a protecção da maternidade e paternidade constante do RCTFP, que se viu assim substituído por um novo contido nos arts. 33.º a 65.º do Código do Trabalho, que entrou em vigor, como se viu, em 1 de Maio de 2009, na sequência da publicação e entrada em vigor do Dec.-Lei n.º 89/2009, de 9 de Abril, agora rebaptizada sob a designação de protecção na parentalidade.

Como consequência de tudo isto, torna-se forçoso concluir pois que o art. 54.º do regime de FFL, no que toca à assistência especial a filhos, se encontra hoje revogado pelo art. 49.º do actual Código do Trabalho, sendo, assim, este o regime vigente e imperante nesta matéria, aplicável à assistência a filhos menores de 12 e maiores de 12, devendo estes últimos, quando de maior idade, fazer parte do agregado familiar do trabalhador.

Mas *quid juris* quanto às demais faltas para assistência a familiares doentes, que não a de filhos, previstas no art. 54.º do regime de FFL? Devem elas considerarem-se pura e simplesmente revogadas ou, pelo contrário, devem as mesmas serem entendidas hoje como aquelas que integram o instituto das faltas para assistência a familiares previsto e contido no art. 185.º, n.º 2, al. e) do Anexo I – «Regime» e nos arts. 127.º a 129.º do Anexo II – «Regulamento», do RCTFP? Na medida em que o art. 54.º do regime de FFL remetia esta mesma matéria para o âmbito da legislação sobre a protecção da maternidade e paternidade, que durante algum tempo integrou e fez parte do RCTFP, era pois nesta sede que se deveria procurar, a nosso ver, a resposta para esta pertinente questão. Ora, tendo em linha de conta que este instituto das faltas para assistência a familiares doentes (que não a filhos) constante do RCTFP, não foi alvo de revogação e substituição pelo disposto no Código do Trabalho, por não se integrar no âmbito previsional do art. art. 22.º da Lei n.º 59/2008, de 11 de Setembro, somos assim da opinião que o mesmo está em vigor e se aplica, não só aos trabalhadores contratados, como também aos trabalhadores nomeados, por remissão do art. 54.º do regime de FFL, sob pena de, a entender-se o contrário, se vedar a estes mesmos trabalhadores nomeados o acesso a um direito que lhes é expressamente previsto e garantido em sede do próprio art. 54.º do regime de FFL. Isto, e o facto deste instituto das faltas para assistência a familiares se encontrar, por sistema e lógica jurídicas, tradicionalmente ligado à matéria da agora chamada protecção da parentalidade, só vem reforçar aquela nossa conclusão, a saber, que os arts. 127.º a 129.º do Anexo II – «Regulamento», do RCTFP, são os preceitos concretizadores e reguladores da figura das faltas para assistência a familiares prevista no art. 54.º do regime de FFL, sendo como tais aplicáveis aos trabalhadores nomeados. Chegada a esta conclusão, impõe-se, contudo, alertar para o facto do art. 128.º do Anexo II – «Regulamento», do RCTFP, se encontrar parcialmente revogado ou derrogado no que diz respeito às faltas para assistência a filhos, adoptados ou enteados na medida em que tal realidade passou a ser absorvida e detalhadamente regulamentada no art. 49.º do Código do Trabalho. Por todas estas razões, temos assim que o actual regime de faltas para assistência a membros do agregado familiar constante do art. 185.º, n.º 2, al. e) do Anexo I – «Regime» e dos arts. 127.º a 129.º do Anexo II – «Regulamento», do RCTFP, abrange apenas as situações de assistência inadiável e imprescindível em caso de doença ou acidente ao cônjuge, parente ou afim na linha recta ascendente ou no 2.º grau da linha colateral, com a consequente exclusão aqui do filho, adoptado ou enteado (uma vez que estes últimos já se encontram contemplados pela previsão do art. 49.º do Código do Trabalho). Feito este esclarecimento, passemos então a enunciar o regime destas faltas:

- **DIREITO:** têm direito a estas faltas todos os **trabalhadores nomeados e contratados para prestar assistência inadiável e imprescindível em caso de doença ou acidente de cônjuge, parente ou afim na linha recta ascendente ou no 2.º grau da linha colateral** – ficam assim de fora deste tipo de faltas os casos de assistência a filho, adoptado ou enteado, pelo facto de disporem de normativo expresso que os contempla (art. 54.º do regime de FFL e art. 185.º, n.º 2, al. e) do Anexo I – «Regime», e arts. 127.º a 129.º do Anexo II – «Regulamento», ambos do RCTFP).
- **PERÍODO: até 15 dias por ano** (art. 128.º, n.º 1 do Anexo II – «Regulamento», do RCTFP).
- **FORMALIDADES:** estas faltas para serem justificadas carecem, nomeadamente de:

a) Prova do carácter inadiável e imprescindível da assistência;
b) Declaração de que os outros membros do agregado familiar, caso exerçam actividade profissional, não faltaram pelo mesmo motivo ou estão impossibilitados de prestar assistência.
(art. 128.º, n.º 4 do Anexo II – «Regulamento», do RCTFP)

- **EFEITOS:**

De acordo com o disposto no art. 129.º do Anexo II – «Regulamento», do RCTFP, **estas faltas para assistência a familiares «não determinam a perda de quaisquer direitos e são consideradas, salvo quanto à remuneração como prestação efectiva de serviço».** Esclarece-se e clarifica-se depois, no art. 191.º, n.º 1 do Anexo I – «Regime», do RCTFP, que estas **«faltas justificadas (previstas no art. 185.º, n.º 2, al. e) daquele mesmo Anexo I) não determinam a perda ou prejuízo de quaisquer direitos do trabalhador»,** incluindo o seu direito à remuneração. Os efeitos concretos destas faltas são, contudo, condicionados pelo regime de protecção social de que beneficia o trabalhador em concreto. Assim, temos que distinguir entre:

a) <u>Trabalhadores integrados no Regime da Protecção Social Convergente (ou específico da função pública) e, ainda, no regime geral da segurança social, mas que descontam para a ADSE:</u>

1.º Porque seguem de perto o regime das faltas por doença dos próprios, tais faltas entram no cômputo dos primeiros 30 dias de

ausência, seguidos ou interpolados, em cada ano civil, que determinam a perda do vencimento de exercício (art. 29.º, n.º 2 do regime de FFL). O dirigente máximo do serviço pode, contudo, a requerimento do trabalhador e tendo em conta a assiduidade e mérito profissional deste, nomeadamente através da sua última classificação de serviço, autorizar a recuperação do seu vencimento de exercício (art. 29.º, n.º 6 do regime de FFL; vd. art. 85.º da LVCR).

2.º Descontam na antiguidade para efeitos de carreira quando essas faltas, somadas às de doença do próprio, ultrapassem 30 dias, seguidos ou interpolados, em cada ano civil (art. 29.º, n.º 3 do regime de FFL);

3.º Descontam sempre no subsídio de refeição (art. 54.º, n.º 5 do regime de FFL);

b) <u>Trabalhadores abrangidos pelo regime geral da segurança social, que descontam apenas para a segurança social</u>: estas faltas entram no cômputo dos primeiros 30 dias de ausência por doença do próprio para os efeitos previstos no art. 191.º, n.ºs 2 e 3 do Anexo I – «Regulamento».

11.º <u>FALTAS POR ISOLAMENTO PROFILÁCTICO</u> (arts. 55.º a 58.º do regime de FFL e art. 185.º, n.º 2, al. g) do Anexo I – «Regime», do RCTFP):

A) <u>**FALTAS POR ISOLAMENTO PROFILÁCTICO DOS TRABALHADORES NOMEADOS**</u> (arts. 55.º a 58.º do regime de FFL):

- **DIREITO:** têm direito **os trabalhadores nomeados** que, embora não atingidos por doença infecto-contagiosa ou já restabelecidos da mesma, estiverem impedidos de comparecer ao serviço em cumprimento da determinação emanada «pela autoridade sanitária da respectiva área ao abrigo da legislação em vigor sobre doenças dessa natureza...» (art. 55.º, n.º 1 do regime de FFL).
- **PERÍODO: é fixado por determinação da respectiva autoridade sanitária** (art. 55.º, n.º 2 do regime de FFL).
- **FORMALIDADES:** o regime destas faltas **depende de declaração passada pela autoridade sanitária competente, da qual conste obrigatoriamente a menção do período previsível do iso-**

lamento, devendo esta declaração ser remetida ao serviço no prazo de 8 dias úteis contados desde o dia da primeira falta ao serviço** (art. 55.º, n.º 2 do regime de FFL). Porém, a data certa do fim do período de isolamento pode não ser indicada, devendo, contudo, a autoridade sanitária «marcar os exames laboratoriais ou de outra natureza que entender serem necessárias, e fixar prazo para apresentação, pelo interessado, dos resultados desses exames» (art. 56.º, n.º 1 do regime de FFL). Este prazo pode ser prorrogável nos termos do art. 56.º, n.º 3 do mesmo diploma. **A autoridade sanitária deve comunicar, ao trabalhador e ao seu serviço, a data certa para o termo do isolamento, logo que lhe sejam apresentados os resultados daqueles exames** (art. 56.º, n.º 2 do regime de FFL).
- **EFEITOS: estas faltas são hoje equiparadas a serviço efectivo, não implicando sequer a perda do subsídio de refeição,** ao contrário do que se dispunha no Dec.-Lei n.º 497/88, de 30 de Dezembro (art. 57.º do regime de FFL e art. 2.º, n.º 2 do Dec.-Lei n.º 57-B/84, de 20 de Fevereiro).

Injustificação das faltas: «São consideradas injustificadas as faltas dadas entre o termo do prazo determinado pela autoridade sanitária para a apresentação dos resultados dos exames médicos referidos no artigo 56.º e a data de apresentação dos mesmos quando o atraso for da responsabilidade do trabalhador nomeado, e deverá ser comunicado aos serviços, pela autoridade sanitária nos termos do n.º 2 do artigo 55.º» (art. 58.º do regime de FFL).

B) – <u>FALTAS POR ISOLAMENTO PROFILÁCTICO DOS TRABALHADORES CONTRATADOS</u> (art. 185.º, n.º 2, al. g) do Anexo I – «Regime», do RCTFP):
- **DIREITO:** têm direito **os trabalhadores contratados**.
- **PERÍODO:** tendo em conta a natureza destas faltas, **o período de ausência**, à semelhança das faltas congéneres previstas no regime de FFL, **só pode ser fixado por determinação da competente autoridade médico-sanitária**.
- **FORMALIDADES:** estas faltas, **quando previsíveis, são obrigatoriamente comunicadas pelo próprio trabalhador à entidade empregadora pública com a antecedência mínima de 5 dias e, quando imprevisíveis, são comunicadas logo que possível** (art.

189.º, n.ºˢ 1e 2 do Anexo I – «Regime», do RCTF). Sem prejuízo do que ficou atrás dito, não se pode deixar de ter presente que a natureza deste tipo de faltas faz depender a sua legitimidade da existência **de uma qualquer declaração passada por autoridade médico-sanitária competente, da qual conste, preferencialmente, a menção do período previsível do isolamento, declaração esta que pode ser exigida ao trabalhador, como prova dos factos invocados para a sua justificação, pela entidade empregadora pública nos 15 dias seguintes àquela comunicação** (art. 190, n.º1.º do Anexo I – «Regime», do RCTF). Sobre o controlo e fiscalização deste tipo de faltas é de seguir o disposto no art. 190.º do Anexo I – «Regime», do RCTF, arts. 130.º e 131.º do Anexo II – «Regulamento», do RCTFP).

- **EFEITOS**: estas faltas não determinam a perda ou prejuízo de quaisquer direitos do trabalhador (art. 191, n.º 1 do Anexo I – «Regime», do RCTF).

12.º FALTAS COMO TRABALHADOR – ESTUDANTE (arts. 52.º a 58.º e 185.º, n.º 2, al. c) do Anexo I – «Regime», e arts. 87.º a 96.º Anexo II – «Regulamento», do RCTFP):

- **DIREITO: o trabalhador nomeado ou contratado que detenha simultaneamente a qualidade de estudante** (vd. art. 8.º al. e) da Lei n.º 59/2008, de 11 de Setembro, que aprovou o RCTFP). De acordo com o art. 52.º, n.º 1 do Anexo I – «Regime», do RCTFP, **trabalhador-estudante é «aquele que frequenta qualquer nível de educação escolar, bem como curso de pós-graduação, mestrado ou doutoramento em instituição de ensino, ou ainda curso de formação profissional com duração igual ou superior a seis meses»**.

Reunidas as condições exigidas por lei para o reconhecimento ao trabalhador da sua qualidade de trabalhador – estudante, tem aquele, depois, que se preocupar apenas com a obtenção de aproveitamento escolar que lhe garanta não só o sucesso da aposta feita na sua realização académica pessoal como também a própria manutenção do seu estatuto de trabalhador-estudante (o art. 52.º, n.º 2 do Anexo I – «Regime», do RCTFP, faz depender expressamente a manutenção deste estatuto da verificação de uma simples e única condição: a obtenção de aproveitamento escolar).

- **PERÍODO:** o trabalhador-estudante tem direito a:

   1.º Facilidades de horário para poder frequentar as suas aulas, devendo beneficiar de horários de trabalho específicos, com flexibilidade ajustável á frequência das aulas e à inerente deslocação para os respectivos estabelecimentos de ensino (art. 53.º, n.º 1 do Anexo I – «Regime», do RCTFP; vd. ainda art. 11.º do Dec.-Lei n.º 259/98, de 18 de Agosto, alterado pelo art. 25.º da Lei n.º 64-A/2008, de 31 de Dezembro).

   2.º No caso de não ser viável a fixação daquele horário, o trabalhador-estudante beneficia da possibilidade de dispensa de trabalho para frequência das aulas até 6 horas semanais, sem perda de quaisquer direitos (art. 53.º, n.º 2 do Anexo I – «Regime», do RCTFP), contando como prestação efectiva de serviço, se assim o exigir o respectivo horário escolar (art. 89.º, n.º 1 do Anexo II – «Regulamento», do RCTFP). **Esta dispensa poderá ser utilizada de um só vez ou fraccionadamente, à escolha do trabalhador-estudante**, dependendo do período normal de trabalho semanal aplicável, nos seguintes termos:

   a) Duração de trabalho igual ou superior a 20 horas e inferior a 30 horas – **dispensa até três horas semanais;**
   b) Duração de trabalho igual ou superior a 30 horas e inferior a 34 horas -**dispensa até quatro horas semanais;**
   c) Duração de trabalho igual ou superior a 34horas e inferior a 38 horas -**dispensa até cinco horas semanais;**
   d) Duração de trabalho igual ou superior a 38 horas – **dispensa até seis horas semanais** (art. 89.º, n.º 2 do Anexo II – «Regulamento», do RCTFP).

Nesta transposição normativa do estatuto do trabalhador-estudante para o texto do RCTFP parece que o legislador se esqueceu de transcrever aquela alínea d), pelo que se a dá a mesma aqui por transcrita na medida em que a mesma faz parte da redacção original deste normativo, caso contrário deixaria de fazer qualquer sentido a referência que o n.º 1 do art. 89.º em apreço faz às 6 horas (trata-se de um esquecimento só explicável no contexto da recente ânsia e voracidade do nosso legislador administrativo de mudar tudo em pouco tempo e de assim deixar a sua marca reformadora no panteão da história). Espera-se que em breve haja tempo para se proceder a esta, e outras correcções, que o corpo do diploma do RCTFP pertinentemente começa a carecer e a exigir.

Com a publicação do Dec.-Lei n.º 259/98, de 18 de Agosto, sobre o horário de trabalho na função pública, fixou-se em 35 horas a duração semanal de trabalho nos serviços públicos. O art. 126.º, n.º 1 do Anexo I – «Regime», do RCTFP, fixou também em 35 horas por semana o limite máximo do período de trabalho dos trabalhadores contratados.

Como consequência, **todo o trabalhador-estudante dos serviços públicos, nomeado ou contrato**, na medida em que a prestação da sua actividade nos serviços públicos se encontra sujeita ao cumprimento por parte destes daquelas regras sobre o horário de trabalho na função pública, **passou a beneficiar de 5 horas semanais de dispensa de trabalho para frequência das aulas**.

«A entidade empregadora pública pode, nos 15 dias seguintes á utilização da dispensa de trabalho, exigir a prova da frequência de aulas, sempre que o estabelecimento de ensino proceder ao controlo da frequência» (art. 89.º, n.º 3 do Anexo II – «Regulamento», do RCTFP).

«O trabalhador-estudante que preste serviço em regime de turnos tem os direitos conferidos no art. 53.º» do Anexo I – «Regime», do RCTFP, «desde que o ajustamento dos períodos de trabalho não seja totalmente incompatível com o funcionamento daquele regime» (art. 55.º, n.º 1 do Anexo I – «Regime», do RCTFP). Porém, se não for possível atribuir aqueles direitos ao trabalhador-estudante por causa do seu horário por turnos, concede-lhe então o n.º 2 deste último artigo o direito à «preferência na ocupação de postos de trabalho compatíveis com a sua aptidão profissional e com a possibilidade de participar nas aulas que se proponha frequentar».

3.º **Dispensas para prestação de provas de avaliação, sem perda de vencimento ou de qualquer outra regalia** – esta dispensa, prevista no art. 54.º do Anexo I – «Regime», do RCTFP, pode ser dada nas seguintes condições:

a) **Por cada prova de avaliação: até 2 dias, sendo um o da realização da prova e o outro o anterior, incluindo sábados, domingos e feriados** (art. 91.º, n.º 1, al. a) do Anexo II – «Regulamento», do RCTFP);

b) **Por provas em dias consecutivos ou mais de uma prova no mesmo dia: nestes casos de provas em dias consecutivos ou de mais de uma prova no mesmo dia, os dias anteriores serão tantos quantos as provas de avaliação a efectuar, aí se incluindo**

sábados, domingos e feriados (art. 91.º, n.º 1, al. b) do Anexo II – «Regulamento», do RCTFP). Por exemplo, se o trabalhador-estudante tiver um exame na segunda-feira e outro na terça, para além das ausências legítimas a que tem direito nesses dias, tem ainda direito a mais dois dias anteriores de ausência, a saber o domingo e o sábado, como consequência do número de provas a efectuar. Caso aqueles dois exames coincidam num mesmo dia, quarta-feira por hipótese, então o dito trabalhador-estudante terá direito a ausentar-se nesse dia e nos dois imediatamente anteriores, a saber segunda e terça, por assim o impor o número de provas a prestar.

c) Há contudo que ter em conta que **«os dias de ausência referidos nas alíneas anteriores não poderão exceder um máximo de quatro por disciplina em cada ano lectivo»** (art. 91.º, n.º 1, al. c) do Anexo II – «Regulamento», do RCTFP).

Estas facilidades, enunciadas anteriormente, **só podem ser exercidas em 2 anos lectivos relativamente a cada disciplina** (art. 91.º, n.º 2 do Anexo II – «Regulamento», do RCTFP).

Quando o n.º 3 do art.91.º do Anexo II – «Regulamento», do RCTFP, começa por afirmar que: «Consideram-se **ainda** ...», o que se pretende dizer com isso é que, para além daquelas ausências legítimas ao serviço, **são também de considerar como «justificadas as faltas dadas pelo trabalhador-estudante na estrita medida das necessidades impostas pelas deslocações para prestar provas de avaliação, não sendo retribuídas, independentemente do número de disciplinas, mais de 10 faltas».**

Provas de avaliação consideram-se, para efeitos deste diploma, «os exames e outras provas escritas ou orais, bem como a apresentação de trabalhos, quando estes os substituem ou os complementam, desde que determinem directa ou indirectamente o aproveitamento escolar» (n.º 4 do art. 91.º do Anexo II – «Regulamento», do RCTFP).

4.º À dispensa da obrigatoriedade da prestação de trabalho extraordinário: o art. 90.º, n.º 1 do Anexo II – «Regulamento», do RCTFP, determina expressamente que «ao trabalhador-estudante não pode ser exigida a prestação de trabalho extraordinário, excepto por motivo de força maior, nem exigida a prestação de trabalho em regime de adaptabilidade, sempre que colidir com o seu horário escolar ou com a prestação de provas de avaliação». Porém, se o trabalhador-estudante «realizar trabalho em regime de adaptabilidade tem direito a um dia por mês de dispensa de trabalho, sem perda de quaisquer direitos, contando como prestação efectiva de serviço» (n.º 2). «No caso do trabalhador-estudante realizar trabalho extraordinário, o descanso compensatório previsto no artigo 163.º do Regime é, pelo menos, igual ao número de horas de trabalho extraordinário prestado» (n.º 3).

5.º **Prioridade na marcação das férias:** os trabalhadores-estudantes têm direito a marcar as férias de acordo com as suas necessidades escolares, a não ser que daí resulte incompatibilidade comprovada com o mapa de férias elaborado pela entidade empregadora pública (art. 56.º, n.º 1 do Anexo I – «Regime», do RCTFP). Neste contexto, é reconhecido e atribuído àqueles trabalhadores o direito a marcar o gozo de 15 dias úteis de férias interpolados à sua escolha, sem prejuízo do número de dias de férias a que têm direito (art. 92.º, n.º 1 do Anexo II – «Regulamento», do RCTFP).

6.º **Direito a beneficiar de licença especial:** em cada ano civil, o trabalhador-estudante, justificando-se por motivos escolares, tem direito a beneficiar de uma licença especial (art. 56.º, n.º 2 do Anexo I – «Regime», do RCTFP), que «pode utilizar, seguida ou interpoladamente, até 10 dias úteis sem remuneração, desde que o requeira nos seguintes termos:

- a) Com quarenta e oito horas de antecedência ou, sendo inviável, logo que possível, no caso de pretender um dia de licença;
- b) Com oito dias de antecedência, no caso de pretender dois a cinco dias de licença;
- c) Com 15 dias de antecedência, caso pretenda mais de 5 dias de licença» (art. 92.º, n.º 2 do Anexo II – «Regulamento», do RCTFP).

7.º **Preferência no preenchimento dos cargos:** «Ao trabalhador-estudante devem ser proporcionadas oportunidades de promoção profissional adequadas à valorização obtida nos cursos ou pelos conhecimentos adquiridos» (art. 57.º do Anexo I – «Regime», do RCTFP).

- • **FORMALIDADES: o trabalhador-estudante**, para poder beneficiar das facilidades previstas nos arts 52.º a 58.º do Anexo I – «Regime», **tem de «comprovar** perante a entidade empregadora pública:

a) **A sua condição de estudante, nomeadamente através da entrega de certificado de matrícula ou de qualquer outro documento comprovativo em como se encontra a estudar nalgum grau oficial de ensino; e**
b) **Apresentar igualmente o respectivo horário escolar»** (art. 88.º, n.º 1 do Anexo II – «Regulamento», do RCTFP).

Além disso, **para que possa manter o seu estatuto de trabalhador- -estudante, «o trabalhador deve comprovar:**

a) **Perante a entidade empregadora pública, no final de cada ano lectivo, o respectivo aproveitamento escolar; e,**
b) **Perante o estabelecimento de ensino, a sua qualidade de trabalhador»** (art. 88.º, n.º 2 do Anexo II – «Regulamento», do RCTFP).

De acordo com o n.º 3 do art. 88.º do Anexo II – «Regulamento», do RCTFP, **«considera-se aproveitamento escolar** o trânsito de ano ou a aprovação em, pelo menos, metade das disciplinas em que o trabalhador-estudante esteja matriculado ou, no âmbito do ensino recorrente por unidades capitalizáveis no 3.º ciclo do ensino básico e no ensino secundário, a capitalização de um número de unidades igual ou superior ao dobro das disciplinas em que aquele se matricule, com um mínimo de uma unidade de cada uma dessas disciplinas».

O trabalhador que não consiga cumprir com o disposto anteriormente «por causa de ter gozado a licença por maternidade ou licença parental não inferior a um mês ou devido a acidente de trabalho ou doença profissional» é considerado, apesar disso, com aproveitamento escolar (n.º 4 do art. 88.º do Anexo II – «Regulamento», do RCTFP). Por último, «o trabalhador-estudante tem o dever de escolher, de entre as possibilidades existentes no respectivo estabelecimento de ensino, o horário escolar compatível com as suas obrigações profissionais, sob pena de não poder beneficiar dos inerentes direitos» (n.º 5 do art. 88.º do Anexo II – «Regulamento», do RCTFP).

Sobre a cessação de direitos do trabalhador-estudante veja-se o disposto no art. 93.º do Anexo II – «Regulamento», do RCTFP que determina o seguinte:

1. «Os direitos conferidos ao trabalhador-estudante em matéria de horário de trabalho, de férias e licenças, previstos nos artigos 53.º e 56.º

do Regime e nos artigos 89.º e 92.º, cessam quando o trabalhador-estudante não conclua com aproveitamento o ano escolar ao abrigo de cuja frequência beneficiou desses mesmos direitos» (n.º 1);

2. Que os demais direitos terminam quando o trabalhador-estudante «não tenha aproveitamento em dois anos consecutivos ou três interpolados» (n.º 2).

3. Todos aqueles direitos «cessam imediatamente no ano lectivo em causa em caso de falsas declarações relativamente aos factos de que depende a concessão do estatuto ou a factos constitutivos de direitos, bem como quando tenham sido utilizados para fins diversos» (n.º 3).

4. «No ano lectivo subsequente àquele em que cessaram os direitos previstos no Regime e neste capítulo, pode ao trabalhador-estudante ser novamente concedido o exercício dos mesmos, não podendo esta situação ocorrer mais do que duas vezes» (n.º 4).

No caso de haver excesso de candidatos a trabalhadores-estudantes num mesmo órgão ou serviço que «se revele, manifesta e comprovadamente, comprometedora do normal funcionamento do serviço, **fixa-se, por acordo entre a entidade empregadora pública, trabalhador interessado e comissão de trabalhadores ou, na sua falta, comissão intersindical, comissões sindicais ou delegados sindicais, as condições em que é decidida a pretensão apresentada»** (art. 94.º, n.º 1 do Anexo II – «Regulamento», do RCTFP).

Na falta daquele acordo cabe então à entidade empregadora pública decidir fundamentadamente, informando por escrito o trabalhador interessado (art. 94.º, n.º 2 do Anexo II – «Regulamento», do RCTFP).

Especificidades da frequência de estabelecimento de ensino: não existe qualquer obrigatoriedade legal para o trabalhador-estudante de frequentar «um número mínimo de disciplinas de determinado curso, em graus de ensino em que isso seja possível, nem a regimes de prescrição ou que impliquem mudança de estabelecimento de ensino» (art. 94.º, n.º 2 do Anexo II – «Regulamento», do RCTFP) e muito menos se exige a ele legalmente, como condição para aproveitamento escolar, a frequência de um número mínimo de aulas por disciplina (n.º 2 deste mesmo artigo). Também «o trabalhador-estudante não está sujeito a limitações quanto ao número de exames a realizar na época de recurso» (n.º 3). Em caso de não haver época de recurso, este trabalhador «tem direito, na medida do legalmente possível, a uma época especial de exame em todas as disciplinas» (n.º 4). «O estabelecimento de ensino com horário pós-laboral deve assegurar que os exames e as provas de avaliação, bem como serviços mínimos de apoio ao trabalhador-estudante decorram, na medida do possível, no mesmo horário» (n.º 5). Por último, «o trabalhador-estudante tem direito a aulas de compensação ou de apoio pedagógico que sejam consideradas imprescindíveis pelos órgãos do estabelecimento de ensino» (n.º 6).

- **EFEITOS:**

Estas faltas como trabalhador-estudante:

1.º Integram o conceito de faltas justificadas, não determinando assim a perda ou prejuízo de quaisquer direitos do trabalhador, nomeadamente no que concerne ao direito à percepção da respectiva remuneração (arts. 185.º, n.º 2, al. c) e 191.º, n.º 1 do Anexo I – «Regime», do RCTFP), implicando contudo **descontos no subsídio de refeição** por dia útil (art. 2.º, n.º 2 al. l) do Dec.-Lei n.º 57-B/84, de 20 de Fevereiro); porém, há lugar ao abono daquele subsídio de refeição se o trabalhador-estudante que faltar para a prestação das provas conseguir cumprir, pelo menos, três horas e meio de trabalho;

2.º Implicam a impossibilidade de prestação de trabalho remunerado nos dias de falta ou dispensa;

3.º Não descontam nas férias (art. 13.º, n.º 1 do regime de FFL e art. 193.º do Anexo I – «Regime», do RCTFP);

4.º Contam para todos os efeitos legais, nomeadamente acesso na carreira e aposentação;

5.º «O trabalhador-estudante não pode cumular perante o estabelecimento de ensino e a entidade empregadora pública os benefícios conferidos no Regime e neste capítulo com quaisquer regimes que visem os mesmos fins, nomeadamente no que respeita à inscrição, dispensa de trabalho para frequência de aulas, licenças por motivos escolares ou prestação de provas de avaliação» (art. 96.º do Anexo II – «Regulamento», do RCTFP).

13.º FALTAS DADAS NA SITUAÇÃO DE BOLSEIRO OU EQUIPARADO (art. 60.º do regime de FFL e art. 185.º, n.º 2, al. o) do Anexo I – «Regime», do RCTFP; vd. o Dec.-Lei n.º 220/84, de 4 de Julho, que prevê o caso das bolsas de estudo para o estrangeiro, o Dec.-Lei n.º

272/88, de 3 de Agosto, diploma que equipara a bolseiro no país os funcionários da Administração Pública, e o Dec.-Lei n.º 282/89, de 23 de Agosto, sobre a equiparação a bolseiro fora do país; estas faltas abrangem assim três situações distintas de ausência legítima ao serviço que passaremos a enunciar de imediato):

A) – FALTAS DOS TRABALHADORES NOMEADOS DADAS NA SITUAÇÃO DE BOLSEIRO OU EQUIPARADO (art. 60.º do regime de FFL):

• **DIREITO:**

1.º Tendo presente o Dec.-Lei n.º 220/84, de 4 de Julho, podemos definir o **bolseiro, no seio da Administração Pública, como sendo o trabalhador da Administração Pública a quem é concedido um subsídio ou bolsa para frequência no estrangeiro de cursos, estágios ou seminários e realização de estudos ou trabalhos de reconhecido interesse cultural, estando por isso dispensado temporariamente do exercício das respectivas funções.**

As Portarias n.os 609/84 e 610/84, ambas de 17 de Agosto, aprovaram os Regulamentos das Bolsas de Estudo de Curta e Longa Duração no estrangeiro, respectivamente (cfra. o Dec.-Lei n.º 220/84, de 4 de Julho).

2.º O conceito de **equiparado a bolseiro fora do País é-nos dado de uma forma genérica** pelo Dec.-Lei n.º 282/89, de 23 de Agosto, **através da atribuição do direito a esta equiparação a bolseiro fora do País aos trabalhadores da Administração Pública da Administração Pública, «quando se proponham realizar programas de trabalho e estudo ou frequentar cursos ou estágios, desde que tais iniciativas se revistam de reconhecido interesse público»** (art. 1.º do Dec.-Lei n.º 282/89), só podendo essa equiparação ser «concedida desde que não origine acréscimo de encargos com pessoal, salvo o disposto no n.º 2 do artigo 2.º do Decreto-Lei n.º 272/88, de 3 de Agosto» (art. 3.º do Dec.-Lei n.º 282/89), ou seja, salvaguarda-se aqui as despesas resultantes da possibilidade do respectivo lugar ser preenchido em regime de substituição no caso de se tratar de cargos dirigentes. «O regime aplicável à duração e situação de equiparação a bolseiro, bem como a competência para a respectiva autorização, regulam-se pelo disposto no n.º 2 do artigo1.º e nos artigos 2.º e 3.º do Decreto-Lei n.º 272/88, de Agosto» (cfra. art. 2.º, n.º 1 do Dec.-Lei n.º 282/89, de 23 de Agosto).

3.º Quanto ao conceito de equiparado a bolseiro no País é-nos também ele dado de forma genérica pelo Dec.-Lei n.º 272/88, de 3 de Agosto, dizendo-se aí apenas que **tem direito a esta equiparação todos os trabalhadores da Administração Pública «que se proponham realizar programas de trabalho e estudo, bem como frequentar cursos ou estágios de reconhecido interesse público» cuja duração não seja inferior a 3 meses** (no caso daqueles programas de trabalho ou estudo, cursos ou estágios terem duração inferior não pode ser concedida autorização para esta equiparação – cfra. art. 1.º, n.ºs 1 e 2 do Dec.-Lei n.º 272/88, de 3 de Agosto).

Em suma, tendo presente o disposto no art. 8.º da Lei n.º 59/2008, de 11 de Setembro, que aprovou o RCTFP, e o conjunto das faltas justificadas, aplicável apenas aos trabalhadores com contrato de trabalho em funções públicas, previsto no art. 185.º do Anexo I – «Regime», do RCTFP, (cuja previsão não abarca, como se vê, este tipo de faltas), **apenas têm direito a estas faltas dadas na situação de bolseiro ou equiparado os trabalhadores nomeados.**

- **PERÍODO:** a duração do período de faltas dadas na **situação de bolseiro** será, em princípio, **o da duração da própria acção a frequentar** (Dec.-Lei n.º 220/84). **Quanto à situação de equiparado a bolseiro fora do País o respectivo período de duração é o da frequência da acção, com a ressalva contudo de ela não poder ser inferior a 3 meses** por força do disposto no art. 2.º, n.º 1 do Dec.-Lei n.º 282/89, que remete para o art. 1.º, n.º 2 do Dec.-Lei n.º 272/88.

Admite-se, porém, no art. 2.º, n.º 2 do Dec.-Lei n.º 282/89, **a possibilidade de ser concedida a equiparação a bolseiro, excepcionalmente, para participação em congressos, seminários ou reuniões com duração inferior a 3 meses, desde que possuam um reconhecido interesse público.** No que concerne à **equiparação a bolseiro no País é a duração que for fixada no despacho que autorizar a equiparação, não podendo contudo ser inferior a 3 meses** (arts. 1.º, n.ºs 1 e 2 e 3.º, n.ºs 1 do Dec.--Lei n.º 272/88, de 3 de Agosto).

- **FORMALIDADES:** para melhor exposição e compreensão desta matéria vamos autonomizar as situações de bolseiro, equiparado a bolseiro fora do País e equipado a bolseiro no País da seguinte forma:

1. **Bolseiro,** a concessão de subsídios e bolsas de estudo a trabalhadores da Administração Pública neste âmbito, **carece de requerimento feito nesse sentido pelo trabalhador e da subsequente autorização do respectivo superior hierárquico** (art. 3 do Dec.-Lei n.º 220/84). No caso daqueles trabalhadores se proporem à frequência de cursos, estágios ou seminários e à realização de estudos ou trabalhos de reconhecido interesse cultural no estrangeiro podem os mesmos serem colocados na situação de equiparados a bolseiro directamente por despacho do Ministério da cultura, precedido de autorização do respectivo superior hierárquico (art. 4.º, n.º 1 do Dec.-Lei n.º 220/84). **A concessão pelo Ministro da Cultura destes subsídios e bolsas para frequência no estrangeiro de acções de reconhecido interesse cultural encontra-se regulamentado nas Portarias n.ºs 609/84 e 610/84, ambas de 17 de Agosto.**

2. **Equiparação a bolseiro fora do país** (vd. art. 2.º, n.º 1 do Dec.-Lei n.º 282/89, de 23 de Agosto, e arts. 1.º, 2.º e 3.º do Dec.-Lei n.º 272/88, de 3 de Agosto): para ter direito a estas faltas o **trabalhador tem que apresentar o devido requerimento e obter parecer favorável do respectivo serviço ou organismo. Só depois disso é que haverá, então, lugar à emissão do despacho de autorização do membro do governo responsável pelo sector, «que fixará a respectiva duração, condições e termos»** (art. 2.º, n.º 1 do Dec.-Lei n.º 282/89, que remete para o art. 3.º, n.º 1 do Dec.-Lei n.º 272/88). Esta autorização «é revogável a todo o tempo, com fundamento no incumprimento das obrigações a que ficou sujeito o equiparado» (vd. art. 2.º, n.º 1 do Dec.-Lei n.º 282/89 e, por remissão deste, o art. 3.º, n.º 2 do Dec.-Lei n.º 272/88). Acrescenta por fim o art. 2.º, n.º 3 do Dec.-Lei n.º 282/89, que «a cada requerente só pode ser concedida a equiparação a bolseiro referida no número anterior uma vez em cada ano civil».

3. **Equiparação a bolseiro no país** (vem regulado no Dec.-Lei n.º 272/88, de 3 de Agosto): **o direito ao gozo destas faltas depende também do requerimento do próprio trabalhador nesse sentido, e do inevitável despacho de autorização do membro do governo competente, após parecer favorável, do serviço a que o trabalhador pertença.**

O despacho que concede a equiparação a bolseiro está sujeito a publicação no Diário da República, 2ª Série, quando ela envolva:

a) Dispensa total do exercício de funções;
b) Ou seja concedida por período igual ou superior a seis meses (art. 3.º, n.ᵒˢ 1 e 3 do Dec.-Lei n.º 272/88)

A todo o tempo pode, contudo, ser aquela autorização revogada «com fundamento no incumprimento das obrigações a que ficou sujeito o equiparado» (art. 3.º, n.º 2 do Dec.-Lei n.º 272/88).

- **EFEITOS:** os efeitos das faltas dadas variam de acordo com a situação de bolseiro, equiparado a bolseiro fora do País ou equiparado a bolseiro no País em que o trabalhador for colocado. Assim, temos:

1. Quanto à situação de bolseiro: o trabalhador tem, em primeiro lugar, e como característica específica, o **direito à percepção de um subsídio ou bolsa** para frequência no estrangeiro de cursos, estágios ou seminários e realização de estudos ou trabalhos de reconhecido interesse cultural, sendo o seu quantitativo fixado por despacho do Ministro da Cultura (arts. 1.º e 2.º do Dec.-Lei n.º 220/84, de 4 de Julho); além disso, o trabalhador **«conserva (ainda) as regalias inerentes ao efectivo desempenho dos seus cargos, designadamente o abono da respectiva remuneração e a contagem do tempo de serviço para todos os efeitos legais»** (art. 3.º do Dec.-Lei n.º 220/84; compreende-se que seja assim porquanto a concessão desta situação de bolseiro depende da verificação de um requisito de natureza pública e que é o da existência aí, em concreto, de um interesse cultural). Há, contudo, lugar á **perda do subsídio de refeição** por inobservância dos requisitos para a sua concessão previstos no art. 2.º, n.º 1 do Dec.-Lei n.º 57-B/84, de 20 de Fevereiro. O bolseiro, por essa sua condição, é obrigado a «regressar ao País no termo da bolsa e a colaborar com o Estado» (art. 5.º, n.º 1 do Dec.-Lei n.º 220/84). Porém, se para tanto apresentar motivo justificado, o bolseiro «poderá ser dispensado de qualquer das obrigações referidas no número anterior por despacho do Ministro da Cultura» (art. 5.º, n.º 2 do Dec.-Lei n.º 220/84). Quando o bolseiro deixar de cumprir injustificadamente «as obrigações constantes do n.º 1 (do art. 5.º) constitui-se na obrigação de reembolsar o Gabinete das Relações Culturais Internacionais de todas as importâncias que dele haja recebido durante o período em que beneficiou da situação de bolseiro, não podendo beneficiar de nova bolsa ou subsídio do Ministério da Cultura» (art. 5.º, n.º 3 do Dec.-Lei n.º 220/84). Sem prejuízo da penalização de reembolso prevista anteriormente, o trabalhador nomeado faltoso está ainda sujeito à obrigação de «regressar ao País e manter o vínculo ao Estado por um período mínimo de um ano ou igual ao da duração da bolsa, se esta tiver sido concedida por tempo superior, sob pena de não lhe ser concedida qualquer outra bolsa ou subsídio pelo Ministro da Cultura» (art. 5.º, n.º 4 do Dec.-Lei n.º 220/84).

2.º **Quanto à situação de equiparado a bolseiro fora do País:** «implica a dispensa temporária, total ou parcial, de funções do» trabalhador nomeado, «sem prejuízo das regalias inerentes ao seu efectivo desempenho, designadamente o abono da respectiva remuneração e a contagem de tempo de serviço para todos os efeitos legais» (art. 2.º, n.º 1 do Dec.-Lei n.º 272/88 por remissão expressa do art. 2.º, n.º 1 do Dec.-Lei n.º 282/89); dá lugar à perda do subsídio de refeição (cfra. art. 2.º, n.ºs 1 e 2 do Dec.-Lei n.º 57-B/84, de 20 de Fevereiro); não dá origem à abertura de vaga, podendo contudo o respectivo lugar ser preenchido em regime de substituição nos termos legais, no caso de se tratar de cargos dirigentes (art. 2.º, n.º 2 do Dec.-Lei n.º 272/88, para o qual remete, repita-se, o art. 2.º, n.º 1 do Dec.-Lei n.º 282/89); sendo assim esta a única excepção ao preceito imperativo contido no art. 3.º do Dec.-Lei n.º 282/89 que determina que «a equiparação a bolseiro só será concedida desde que não origine acréscimo de encargos com o pessoal».

3.º **Situação de equiparado a bolseiro no País:** implicam estas faltas a dispensa temporária do exercício de funções, total ou parcialmente; o direito à remuneração na sua totalidade; a perda do subsídio de refeição (art. 2.º, n.ºs 1 e 2 do Dec.-Lei n.º 57-B/84); a contagem do tempo de serviço para todos os efeitos legais; não implica a abertura de vaga, embora possa dar origem ao preenchimento do respectivo lugar, em regime de substituição, no caso de se tratar de cargo dirigente (vd. art. 2.º, n.º 2 do Dec.-Lei n.º 272/88 e art. 21.º da Lei n.º 49799, de 22 de Junho).

B) – FALTAS DOS TRABALHADORES CONTRATADOS DADAS NA SITUAÇÃO DE BOLSEIRO OU EQUIPARADO (art. 185.º, n.º 2, al. o) do regime de FFL):

- **DIREITO: de acordo com o disposto no art. 185.º, n.º 2, al. o) do Anexo I – «Regime», do RCTFP, podem também recorrer a

estas faltas ou ausências previstas nos Decretos – Lei n.ºˢ 220/84, de 4 de Julho, 272/88, de 3 de Agosto, e 282/89, de 23 de Agosto, os trabalhadores contratados.
• **PERÍODO:** a duração do período de faltas dadas na **situação de bolseiro** será, em princípio, **o da duração da própria acção a frequentar** (Dec.-Lei n.º 220/84). **Quanto à situação de equiparado a bolseiro fora do País o respectivo período de duração é o da frequência da acção, com a ressalva contudo de ela não poder ser inferior a 3 meses** por força do disposto no art. 2.º, n.º 1 do Dec.-Lei n.º 282/89, que remete para o art. 1.º, n.º 2 do Dec.-Lei n.º 272/88. **Admite-se**, porém, no art. 2.º, n.º 2 do Dec.-Lei n.º 282/89, **a possibilidade de ser concedida a equiparação a bolseiro, excepcionalmente, para participação em congressos, seminários ou reuniões com duração inferior a 3 meses, desde que possuam um reconhecido interesse público.** No que concerne à **equiparação a bolseiro no País é a duração que for fixada no despacho que autorizar a equiparação, não podendo contudo ser inferior a 3 meses** (arts. 1.º, n.ºˢ 1 e 2 e 3.º, n.ºˢ 1 do Dec.-Lei n.º 272/88, de 3 de Agosto).
• **FORMALIDADES:** as formalidades a seguir aqui são as mesmas que ficaram enunciadas para os trabalhadores nomeados, a saber:

1. Bolseiro, a concessão de subsídios e bolsas de estudo a trabalhadores neste âmbito **carece de requerimento feito nesse sentido pelo trabalhador e da subsequente autorização do respectivo superior hierárquico** (art. 3 do Dec.-Lei n.º 220/84). No caso daqueles trabalhadores se proporem á frequência de cursos, estágios ou seminários e à realização de estudos ou trabalhos de reconhecido interesse cultural no estrangeiro podem os mesmos serem colocados na situação de equiparados a bolseiro directamente por despacho do Ministério da cultura, precedido de autorização do respectivo superior hierárquico (art. 4.º, n.º 1 do Dec.-Lei n.º 220/84). **A concessão pelo Ministro da Cultura destes subsídios e bolsas para frequência no estrangeiro de acções de reconhecido interesse cultural encontra-se regulamentado nas Portarias n.ºˢ 609/84 e 610/84, ambas de 17 de Agosto.**

2. Equiparação a bolseiro fora do país (vd. art. 2.º, n.º 1 do Dec.--Lei n.º 282/89, de 23 de Agosto, e arts. 1.º, 2.º e 3.º do Dec.-Lei n.º 272/88, de 3 de Agosto): para ter direito a estas faltas o trabalhador **tem**

que apresentar o devido requerimento e obter parecer favorável do respectivo serviço ou organismo. Só depois disso é que haverá, então, lugar à emissão do despacho de autorização do membro do governo responsável pelo sector, «que fixará a respectiva duração, condições e termos» (art. 2.º, n.º 1 do Dec.-Lei n.º 282/89, que remete para o art. 3.º, n.º 1 do Dec.-Lei n.º 272/88). Esta autorização «é revogável a todo o tempo, com fundamento no incumprimento das obrigações a que ficou sujeito o equiparado» (vd. art. 2.º, n.º 1 do Dec.-Lei n.º 282/89 e, por remissão deste, o art. 3.º, n.º 2 do Dec.-Lei n.º 272/88). Acrescenta por fim o art. 2.º, n.º 3 do Dec.-Lei n.º 282/89, que «a cada requerente só pode ser concedida a equiparação a bolseiro referida no número anterior uma vez em cada ano civil».

3. Equiparação a bolseiro no país (vem regulado no Dec.-Lei n.º 272/88, de 3 de Agosto): **o direito ao gozo destas faltas depende também do requerimento do próprio trabalhador nesse sentido, e do inevitável despacho de autorização do membro do governo competente, após parecer favorável, do serviço a que o trabalhador pertença.** O despacho que concede a equiparação a bolseiro está sujeito a publicação no Diário da República, 2ª Série, quando ela envolva:

a) Dispensa total do exercício de funções;
b) Ou seja concedida por período igual ou superior a seis meses (art. 3.º, n.ºs 1 e 3 do Dec.-Lei n.º 272/88)

A todo o tempo pode, contudo, ser aquela autorização revogada «com fundamento no incumprimento das obrigações a que ficou sujeito o equiparado» (art. 3.º, n.º 2 do Dec.-Lei n.º 272/88).

- **EFEITOS:** para além dos efeitos previstos em cada um dos diplomas específicos sobre bolseiro, equiparação a bolseiro fora do país e no país, há que referir que, por força do disposto no art. 191.º, n.ºs 1 e 2 do Anexo I – «Regime», do RCTFP, **estas faltas são justificadas e não determinam a perda ou prejuízo de quaisquer direitos do trabalhador (n.º 1), implicando contudo a perda da remuneração quando superiores a 30 dias por ano (n.º 2, al. b)).**

14.º <u>FALTAS POR DOAÇÃO DE SANGUE E SOCORRISMO</u> (arts. 61.º e 62.º do regime de FFL e art. 185.º, n.º 2, al. i) do Anexo I – «Regime», do RCTFP):

A) – FALTAS POR DOAÇÃO DE SANGUE E SOCORRISMO DOS TRABALHADORES NOMEADOS (arts. 61.º e 62.º do regime de FFL):

- **DIREITO:** têm direito os trabalhadores nomeados que faltem ao serviço para doação benévola de sangue ou que façam parte de associações de bombeiros voluntários ou associações humanitárias, v.g., Cruz Vermelha Portuguesa, e que tenham necessidade de faltar «para acorrer a incêndios ou quaisquer outros acidentes ou eventos em que a sua presença seja exigida pelos regulamentos aplicáveis» (arts. 61.º, n.º 1 e 62.º, n.º 1 do regime de FFL).
- **PERÍODO:** não há qualquer período fixo previsto na lei, limitando-se esta a afirmar que a **ausência se deverá apenas verificar pelo «tempo ou períodos necessários»** (arts. 61.º, n.º 1 e 62.º, n.º 1 do regime de FFL).
- **FORMALIDADES:** para faltar para doação de sangue **o trabalhador necessita de autorização prévia do superior hierárquico;** a recusa do pedido por parte do superior hierárquico apenas se pode fundamentar em motivos urgentes ou de carácter inadiável decorrentes do funcionamento do próprio serviço (art. 61.º, n.º 1 "in fine" e n.º 2 do regime de FFL).

Na situação de faltas para socorrismo as associações das quais os trabalhadores fazem parte devem apresentar uma declaração justificativa da ausência, no prazo de 2 dias úteis contados após o regresso ao serviço do trabalhador nomeado (art. 62.º, n.º 2 do regime de FFL). **Estas faltas não estão, assim, sujeitas a qualquer autorização prévia do dirigente do serviço do trabalhador, uma vez que elas possuem uma natureza contingente ou imprevisível.**

- **EFEITOS:** estas faltas **não implicam a perda de quaisquer direitos ou regalias, nem sequer do subsídio de refeição**. São assim equiparadas para todos os efeitos legais a serviço efectivo (art. 61.º, n.º 3 e 62.º, n.º 3 do regime de FFL; cfra. art. 2.º do Dec.-Lei n.º 57-B/84).

B) – FALTAS POR DOAÇÃO DE SANGUE E SOCORRISMO DOS TRABALHADORES CONTRATADOS (art. 185.º, n.º 2, al. i) do Anexo I – «Regime», do RCTFP):

- **DIREITO:** embora o RCTFP não seja nesta matéria tão específico como o regime das FFL, a natureza e as características deste tipo de faltas levam-nos, por analogia, a concretizar aqui que apenas têm direito a elas os trabalhadores contratados que faltem ao serviço para doação benévola de sangue ou que façam parte de associações de bombeiros voluntários ou associações humanitárias, v.g., Cruz Vermelha Portuguesa, e que tenham necessidade de faltar para acorrer a incêndios ou quaisquer outros acidentes ou eventos em que a sua presença se torne imperiosa.
- **PERÍODO:** a própria natureza e as características deste tipo de faltas determinam que a **ausência ao serviço se deverá apenas limitar ao tempo estritamente necessário exigido por estes motivos.**

FORMALIDADES: no caso de estarmos perante **faltas deste tipo mas de natureza previsível**, o trabalhador contratado deve-as obrigatoriamente comunicar à entidade empregadora pública com a antecedência mínima de 5 dias; nesta situação, o trabalhador que tiver que faltar por estes motivos, nomeadamente para dar sangue, necessitará assim sempre da necessária autorização prévia da respectiva entidade empregadora pública, sendo entendimento consensual pacífico que uma a proibição de ausência ao serviço por parte do superior hierárquico aqui apenas se pode fundamentar em motivos urgentes ou de carácter inadiável decorrentes do funcionamento do próprio serviço; **se aquelas faltas, pelo contrário, revestirem um carácter imprevisível**, são então as mesmas obrigatoriamente comunicadas logo que possível; em qualquer dos casos, não esquecer que aquela entidade empregadora pública pode sempre exigir ao trabalhador, nos 15 dias seguintes àquela comunicação, prova dos factos indicados para a justificação (art. 190.º, n.º 1 do Anexo I – «Regime», do RCTFP).

- **EFEITOS:** estas faltas **não determinam a perda ou prejuízo de quaisquer direitos do trabalhador** (art. 191.º, n.º 1 do Anexo I – «Regime», do RCTFP).

15.º **FALTAS PARA CUMPRIMENTO DE OBRIGAÇÕES LEGAIS** (arts. 63.º e 64.º do regime de FFL e art. 185.º, n.º 2, al. d) "in fine" do Anexo I – «Regime», do RCTFP):

A) – **FALTAS PARA CUMPRIMENTO DE OBRIGAÇÕES LEGAIS DOS TRABALHADORES NOMEADOS** (arts. 63.º e 64.º do regime de FFL):

- **DIREITO:** estas faltas abrangem os **trabalhadores nomeados** que tiverem que dar cumprimento a obrigações legais ou que resultarem de imposição de autoridade judicial, policial ou militar (art. 63.º, n.º 1 do regime de FFL). A situação de prisão é abrangida por este tipo de faltas (art. 64.º do regime de FFL).
- **PERÍODO:** embora omisso, **o tempo de ausência destas faltas é aquele que decorre da natureza das próprias situações em que os trabalhadores são confrontados.**
- **FORMALIDADES:**

1.º No caso do cumprimento de obrigações legais ou resultantes de imposição de autoridade judicial, policial ou militar, embora a lei seja omissa quanto a este aspecto, **entende-se que a comparência do trabalhador perante estas autoridades deverá ser formalizada através de documento da autoridade requisitante, apresentado ou enviado com a devida antecedência ao serviço do respectivo trabalhador ou então justificada por este, à posteriori, através da apresentação de documento oficial comprovativo dessa sua presença junto do respectivo serviço** (sobre as formas de notificação veja-se o disposto no art. 258.º do Código do Processo Civil e nos arts. 113º e 114.º do Código do Processo Penal);

2.º **No caso de prisão** – embora a lei nada diga a este respeito entende-se igualmente que esta situação deverá ser participada ao serviço do trabalhador, por este ou por terceira pessoa, a pedido daquele, devendo o serviço obter confirmação oficial junto do próprio tribunal, no caso deste, por iniciativa própria ou a pedido do próprio prisioneiro, o não comunicar. Contudo, na eventualidade de não haver lugar a tal comunicação, as faltas dadas por este motivo devem ser sempre consideradas justificadas (art. 64.º do regime de FFL).

- **EFEITOS: as faltas** para cumprimento de obrigações legais ou que resultem de imposição de autoridade judicial, policial ou militar **não implicam a perda de quaisquer direitos ou regalias** (art. 63.º, n.º 2 do regime de FFL). Quanto às faltas resultantes de prisão há que distinguir entre as situações de:
- **1.º Prisão preventiva – as suas consequências sobre a relação jurídica de emprego público são:**

a) **Suspensão de funções sem prejuízo da justificação das faltas;**

b) **Perda de vencimento de exercício desde o primeiro dia;**
c) **Perda do subsídio de refeição.**

No caso de revogação ou extinção da prisão preventiva a perda do vencimento de exercício e do subsídio de refeição é reparada ao trabalhador. Porém, tal não acontecerá se o trabalhador for alvo de condenação judicial definitiva (art. 64.º, n.º 2 do regime de FFL).

2.º Prisão definitiva – neste caso haverá lugar a perda da totalidade do vencimento e demais remunerações acessórias, bem como à não contagem desse tempo para qualquer efeito legal (art. 64.º, n.º 3 do regime de FFL).

«Nos casos em que, na sequência da prisão preventiva» o trabalhador nomeado «venha a ser condenado definitivamente, aplica-se ao período de prisão preventiva que não exceda a pena de prisão que lhe for aplicada, o disposto no número anterior» (art. 64.º, n.º 4 do regime de FFL).

No âmbito das faltas para cumprimento de obrigações previsto no art. 63.º do regime de FFL, devem considerar-se integradas as faltas ao serviço motivadas por actividades relacionadas com:

1.º CANDIDATURAS POLÍTICAS: durante o período da campanha eleitoral para a Assembleia da República, Assembleias Regionais e Autarquias, os cidadãos, e neste caso os trabalhadores da função pública também, têm direito às dispensas ao serviço previstas em legislação especial, contando esse tempo de ausência para todos os efeitos legais como serviço efectivo (art. 8.º da Lei n.º 14/79, de 16 de Maio, sucessivamente alterada pela Lei n.º 14-A/85, de 10 de Julho, pelo Dec.-Lei n.º 55/88, de 26 de Fevereiro, pela Lei n.º 5/89, de 17 de Março, pela Lei n.º 18/90, de 24 de Julho, pela Lei n.º 31/91, de 20 de Julho, pela Lei n.º 55/91, de 10 de Agosto, pela Lei n.º 72/93, de 30 de Novembro, pela Lei n.º 10/95, de 7 de Abril, pela Lei n.º 35/95, de 18 de Agosto, Lei Orgânica n.º 1/99, de 22 de Junho, e Lei Orgânica n.º 2/2001, de 25 de Agosto; o art. 8.º da Lei Orgânica n.º 1/2001, de 14 de Agosto, alterada pelas Leis Orgânicas n.ºs 5-A/2001, de 26 de Novembro e 3/2005, de 29 de Agosto, «que regula a eleição dos titulares dos órgãos das autarquias locais...», preceitua que «durante o período da campanha eleitoral, os candidatos efectivos e os candidatos suplentes, no mínimo legal exigível, têm direito à dispensa do exercício das respectivas funções, sejam públicas ou privadas, contando esse tempo para todos os efeitos, incluindo o direito à retribuição, como tempo de serviço efectivo»).

2.º A REALIZAÇÃO DOS PRÓPRIOS ACTOS ELEITORAIS: os cidadãos, trabalhadores da função pública incluídos, que participem como membros das mesas eleitorais são dispensados do dever de comparência ao serviço no dia das eleições e no dia seguinte, contando esse tempo para todos os efeitos legais (art. 48.º da Lei n.º 14/79 e art. 81.º da Lei orgânica n.º 1/2001, de 14 de Agosto).

3.º O EXERCÍCIO DE FUNÇÕES DE ELEITO LOCAL: a legislação específica sobre esta matéria encontra-se na Lei n.º 29/87, de 30 de Junho (Estatuto dos Eleitos Locais), sucessivamente alterada pela Lei n.º 97/89, de 15 de Novembro, pela Lei n.º 1/91, de 10 de Janeiro, pela Lei n.º 11/91, de 17 de Maio, pela Lei n.º 11/96, de 18 de Abril, pela Lei n.º 127/97, de 11 de Dezembro, pela Lei n.º 50/99, de 24 de Junho, pela Lei n.º 86/2001, de 10 de Agosto, pela Lei n.º 22/2004, de 17 de Junho, e pela Lei n.º 52-A/2005, de 10 de Outubro). Vejamos o preceito que nos interessa, a saber:

«Os membros de órgãos executivos que não exerçam as respectivas funções em regime de permanência ou de meio tempo serão dispensados das suas actividades profissionais, mediante aviso antecipado à entidade empregadora, para o exercício de actividades no respectivo órgão, nas seguintes condições:

- *a) Nos municípios: os vereadores, até trinta e duas horas mensais cada um;*
- *b) Nas freguesias de 20000 ou mais eleitores: o presidente da junta, até trinta e duas horas mensais, e dois membros, até vinte e quatro horas;*
- *c) Nas freguesias com mais de 5000 e até 20000 eleitores: o presidente da junta, até trinta e duas horas mensais, e dois membros, até dezasseis horas;*
- *d) Nas restantes freguesias: o presidente da junta, até trinta e duas horas, e um membro, até dezasseis horas».*

(n.º 3 do art. 2.º da Lei n.º 29/87, de 30 de Junho, na redacção da Lei n.º 86/2001, de 10 de Agosto)

4.º O EXERCÍCIO DE FUNÇÕES GOVERNAMENTAIS (vd. Dec.-Lei n.º 467/79, de 7 de Dezembro, diploma que estabelece garantias quanto ao reassumir das funções profissionais por quem seja chamado ao exercício de funções governativas).

Os membros do Governo, quer da República, quer Regionais, têm o respectivo tempo de serviço prestado nestes cargos contado para todos os efeitos legais no lugar de origem. Enquanto membros do governo devem cessar todas as actividades profissionais, públicas ou privadas, a partir do momento da posse.

5.º O CUMPRIMENTO DE SUSPENSÃO PREVENTIVA DO EXERCÍCIO DE FUNÇÕES NO DECURSO DE PROCESSO DISCIPLINAR OU O CUMPRIMENTO DE PENA DISCIPLINAR DE SUSPENSÃO:

a) No primeiro caso – **CUMPRIMENTO DE SUSPENSÃO PREVENTIVA NO DECURSO DO PROCESSO DISCIPLINAR**, dispõe o art. 45.º do Estatuto Disciplinar, aprovado pela Lei n.º 58/2008, de 9 de Setembro, que o trabalhador que exerce funções públicas, nomeado ou contratado, «pode ser, sob proposta da entidade que tenha instaurado o procedimento disciplinar ou do instrutor, e mediante despacho do dirigente máximo do órgão ou serviço, preventivamente suspenso do exercício das suas funções, sem perda da remuneração base, até decisão do procedimento, mas por prazo não superior a 90 dias, sempre que a sua presença se revele inconveniente para o serviço ou para o apuramento da verdade» (n.º 1). Remuneração base engloba aqui a integralidade da remuneração a que o trabalhador tem direito de acordo com o que se dispõe no art. 85.º da LVCR. Contudo, esta medida cautelar só é legalmente admissível em caso de infracção ser punível com pena de suspensão ou superior (n.º 2). Esta suspensão implica, contudo, a perda do respectivo subsídio de refeição (art. 2.º, n.º 2, al. m) do Dec.-Lei n.º 57-B/84, de 20 de Fevereiro).

b) **PENA DE SUSPENSÃO**, implica o não exercício de funções pelo período de tempo fixado, que pode ser graduado:

I – Entre 20 e 90 dias, por cada infracção;
II – Num máximo de 240 dias por ano (vd. arts. 9.º, n.º 1, al. c) e 10.º, n.º 4 da EDTEFP).

• **EFEITOS** destas penas disciplinares:

a) Ambas implicam o não exercício do cargo ou função durante o período fixado; contudo,

b) A pena disciplinar final de suspensão determina, por tantos dias quantos os da sua duração, a perda das remunerações correspondentes e da contagem do tempo de serviço para a antiguidade (carreira e aposentação) e do subsídio de refeição (art 2.º, n.º 2, al. m) do Dec.-Lei n.º 57-B/84); porém, esta não prejudica o direito do trabalhador à manutenção, nos termos legais, das prestações do respectivo regime de protecção social (art. 11.º, n.ºs 1 a 3 do EDTEFP).

6.º A PRESTAÇÃO DE SERVIÇO MILITAR: todo o tempo de serviço militar efectivo nas Forças Armadas conta «para efeitos de promoção, aposentação ou reforma e não prejudica outras regalias conferidas por estatutos profissionais ou resultantes de contrato de trabalho» (art. 46.º, n.º 1 da Lei n.º 174/99, de 21 de Setembro, «sobre os direitos e garantias resultantes do cumprimento dos deveres militares»). «Em caso de ausência por (…) prestação de serviço militar, o prazo» para aceitação, de 20 dias contado, continuamente, da data de publicitação do acto de nomeação, «é automaticamente prorrogado para o termo de» tal situação, retroagindo, contudo, a contagem do tempo de serviço decorrente de nomeação definitiva à data da publicitação do respectivo acto (vd. art. 17.º, n.º 3 e art. 18.º, n.º 3 da LVCR).

«Os trabalhadores dos serviços e organismos da administração central, local e regional autónoma, incluindo os institutos públicos nas modalidades de serviços personalizadas do Estado e de fundos públicos, impedidos de prestar provas ou comparecer a entrevistas em concursos de acesso ou de ingresso noutras carreiras, por se encontrarem a prestar serviço ao abrigo das situações previstas no artigo 34.º, têm direito a requerer o adiamento das mesmas, para data a acordar entre o respectivo organismo e as Forças Armadas» (art. 46.º, n.º 3 da Lei n.º 174/99, de 21 de Setembro).

B) – FALTAS PARA CUMPRIMENTO DE OBRIGAÇÕES LEGAIS DOS TRABALHADORES CONTRATADOS (art. 185.º, n.º 2, al. d) "in fine" do Anexo I – «Regime», do RCTFP):

- **DIREITO:** os **trabalhadores contratados** que tiverem que dar cumprimento a obrigações legais ou que resultarem de imposição de autoridade judicial, policial ou militar. A situação de prisão é também aqui abrangida.

- **PERÍODO:** embora omisso, **o tempo de ausência destas faltas é aquele que decorre da natureza das próprias situações legais em que os trabalhadores são confrontados.**
- **FORMALIDADES:** no caso de estarmos perante **faltas deste tipo mas de natureza previsível**, o trabalhador contratado deve-as obrigatoriamente comunicar à entidade empregadora pública com a antecedência mínima de cinco dias; se **aquelas faltas, pelo contrário, revestirem um carácter imprevisível**, são então as mesmas obrigatoriamente comunicadas logo que possível; em qualquer dos casos, não esquecer que aquela entidade empregadora pública pode sempre exigir ao trabalhador, nos 15 dias seguintes àquela comunicação, prova dos factos indicados para a justificação (vd. arts. 189.º e 190.º, n.º 1 do Anexo I – «Regime», do RCTFP).

No caso do cumprimento de obrigações legais ou resultantes de imposição de autoridade judicial, policial ou militar, embora a lei seja omissa quanto a este aspecto, **entende-se que a comparência do trabalhador perante estas autoridades deverá ser formalizada através de documento da autoridade requisitante, apresentado ou enviado com a devida antecedência ao serviço do respectivo trabalhador ou então justificada por este, à posteriori, através da apresentação de documento oficial comprovativo dessa sua presença junto do respectivo serviço** (sobre as formas de notificação veja-se o disposto no art. 258.º do Código do Processo Civil e nos arts. 113.º e 114.º do Código do Processo Penal). Também somos do entendimento que no caso de prisão deverá a mesma ser participada ao serviço do trabalhador, por este ou por terceira pessoa, a pedido daquele, devendo o serviço obter confirmação oficial junto do próprio tribunal, no caso deste, por iniciativa própria ou a pedido do próprio prisioneiro, o não comunicar. Contudo, na eventualidade de não haver lugar a tal comunicação, as faltas dadas por este motivo devem ser sempre consideradas justificadas.

- **EFEITOS: as faltas** para cumprimento de obrigações legais ou que resultem de imposição de autoridade judicial, policial ou militar **não determinam a perda ou prejuízo de quaisquer direitos do trabalhador** (art. 191.º, n.º 1 do Anexo I – «Regime», do RCTFP). Contudo, **no caso do impedimento do trabalhador contratado se prolongar efectiva ou previsivelmente para além de um mês**, nomeadamente em virtude de prisão daquele trabalhador, **aplica-se o regime de suspensão da prestação do trabalho por**

impedimento prolongado, que implica assim a suspensão da correspondente remuneração base.

No âmbito das faltas para cumprimento de obrigações legais previsto no art. 185.º, n.º 2, al. d), "in fine" do Anexo I – «Regime», do RCTFP, devem considerar-se ainda integradas as faltas ao serviço motivadas por actividades relacionadas com:

1.º Candidaturas políticas;
2.º O exercício de funções de eleito local;
3.º O exercício de funções governamentais;
4.º O cumprimento de suspensão preventiva do exercício de funções no decurso de processo disciplinar ou o cumprimento de pena disciplinar de suspensão;
5.º A prestação de serviço militar.

(vd. art. 185.º, n.º 2, al. o), 2 do Anexo I – «Regime», do RCTFP, na parte em que se refere que são consideradas ainda faltas justificadas, para além das previstas nos seus números 2 e 3, «as que por lei forem como tal qualificadas»)

Embora por natureza passíveis de serem enquadradas na categoria de faltas para cumprimento de obrigações legais, o art. 185, n.º 2, al. n) do Anexo I – «Regime», do RCTFP, optou por relevar, na sua enunciação, as faltas «dadas por candidatos a eleições para cargos públicos, durante o período legal da respectiva campanha eleitoral», como uma nova categoria ou tipo autónomo de faltas. Assim sendo, impõe-se proceder aqui ao destaque expositivo desta nova tipologia de faltas justificadas dos trabalhadores contratados da seguinte forma:

C) **FALTAS DADAS POR TRABALHADORES CONTRATADOS CANDIDATOS A ELEIÇÕES PARA CARGOS PÚBLICOS, DURANTE O PERÍODO LEGAL DA RESPECTIVA CAMPANHA ELEITORAL** (art. 185.º, n.º 2, al. n) do Anexo I – «Regime», do RCTFP):

- **DIREITO: os trabalhadores contratados.**
- **PERÍODO: o da duração o período legal da campanha eleitoral** (art. 8.º da Lei n.º 14/79, de 16 de Maio, sucessivamente alterada pela Lei n.º 14-A/85, de 10 de Julho, pelo Dec.-Lei n.º 55/88, de 26 de Fevereiro, pela Lei n.º 5/89, de 17 de Março, pela Lei n.º

18/90, de 24 de Julho, pela Lei n.º 31/91, de 20 de Julho, pela Lei n.º 55/91, de 10 de Agosto, pela Lei n.º 72/93, de 30 de Novembro, pela Lei n.º 10/95, de 7 de Abril, pela Lei n.º 35/95, de 18 de Agosto, Lei Orgânica n.º 1/99, de 22 de Junho, e Lei Orgânica n.º 2/2001, de 25 de Agosto; o art. 8.º da Lei Orgânica n.º 1/2001, de 14 de Agosto, alterada pelas Leis Orgânicas n.ºs 5-A/2001, de 26 de Novembro e 3/2005, de 29 de Agosto, «que regula a eleição dos titulares dos órgãos das autarquias locais...», preceitua que «durante o período da campanha eleitoral, os candidatos efectivos e os candidatos suplentes, no mínimo legal exigível, têm direito à dispensa do exercício das respectivas funções, sejam públicas ou privadas, contando esse tempo para todos os efeitos, incluindo o direito à retribuição, como tempo de serviço efectivo»).

- **FORMALIDADES:** são as que decorrem do art. 189.º do Anexo I – «Regime», do RCTFP, ou seja, tratando-se de faltas a priori de natureza previsível, **o trabalhador candidato a eleições deve-as comunicar à entidade empregadora pública com a antecedência mínima de 5 dias** (n.º 1), devendo tal comunicação ser reiterada para as faltas justificadas imediatamente subsequentes às previstas na comunicação anterior (n.º 3).

- **EFEITOS: estas faltas são justificadas e não determinam a perda ou prejuízo de quaisquer direitos do trabalhador**, salvo o disposto no art. 191.º, n.º 4 do Anexo I – «Regime», do RCTFP, que preceitua que «no caso previsto na alínea *n)* do n.º 2 do artigo 185.º, **as faltas justificadas conferem, no máximo, direito à remuneração relativa a um terço do período de duração da campanha eleitoral, só podendo o trabalhador faltar meios dias ou dias completos com aviso prévio de quarenta e oito horas».**

16.º <u>FALTAS PARA PRESTAÇÃO DE PROVAS DE CONCURSO/MOTIVADAS PELA NECESSIDADE DE SUBMISSÃO A MÉTODOS DE SELECÇÃO EM PROCEDIMENTO CONCURSAL</u> (art. 65.º do regime de FFL e art. 185.º, n.º 2, al. j) do Anexo I – «Regime», do RCTF):

A) – **<u>FALTAS PARA PRESTAÇÃO DE PROVAS DE CONCURSO DOS TRABALHADORES NOMEADOS</u>** (art. 65.º do regime de FFL):

- **DIREITO:** os **trabalhadores nomeados** que pretendam prestar provas de concurso público para serviços das administrações central, regional e local, institutos públicos e organismos internacionais, União Europeia incluída, desde que, neste caso, os lugares se encontrem reservados a cidadãos nacionais ou se tratem de lugares considerados de interesse para o País. A lei não define o que considera ser aqui o "interesse para o País", deixando assim tal consideração ao juízo discricionário do dirigente do serviço (art. 65.º, n.º 1 do regime de FFL).
- **PERÍODO:** não há qualquer delimitação legal desse período, pelo que **esse tempo deverá entender-se como o necessário à prestação das provas de concurso** (art. 65.º, n.º do regime de FFL).
- **FORMALIDADES**: a lei também nada diz e exige aqui, porém, somos do entendimento que **o trabalhador tem o dever de comunicar a sua ausência por este motivo ao respectivo serviço, isto é, ao seu dirigente, com a necessária antecedência, apresentando à posteriori um qualquer documento probatório idóneo da sua presença nas provas.**
- **EFEITOS:** estas faltas contam para todos os efeitos legais como **serviço efectivo** (art. 65.º, n.º 2 do regime de FFL).

B)– FALTAS MOTIVADAS PELA NECESSIDADE DE SUBMISSÃO A MÉTODOS DE SELECÇÃO EM PROCEDIMENTO CONCURSAL DOS TRABALHADORES CONTRATADOS (art. 185.º, n.º 2, al. j) do Anexo I – «Regime», do RCTFP):

- **DIREITO:** os **trabalhadores contratados** que pretendam prestar provas em procedimento concursal para quaisquer órgãos e serviços da Administração Pública central, regional e local, institutos públicos e organismos internacionais, União Europeia incluída.
- **PERÍODO:** não há qualquer delimitação legal desse período, pelo que **esse tempo deverá entender-se como o necessário à prestação das provas de concurso**.
- **FORMALIDADES**: no caso de estarmos perante **faltas deste tipo mas de natureza previsível**, o trabalhador contratado deve-as obrigatoriamente comunicar à entidade empregadora pública com a antecedência mínima de cinco dias; **se aquelas faltas, pelo contrário, revestirem um carácter imprevisível**, são então as mes-

mas obrigatoriamente comunicadas logo que possível; em qualquer dos casos, não esquecer que aquela entidade empregadora pública pode sempre exigir ao trabalhador, nos 15 dias seguintes àquela comunicação, prova dos factos indicados para a justificação (vd. arts. 189.º e 190.º, n.º 1 do Anexo I – «Regime», do RCTFP).
- **EFEITOS:** tratam-se de faltas justificadas que **não determinam a perda ou prejuízo de quaisquer direitos do trabalhador** (art. 191.º, n.º 1 do Anexo I – «Regime», do RCTFP).

17.º FALTAS POR CONTA DO PERÍODO DE FÉRIAS (art. 66.º do regime de FFL e arts. 185.º, n.º 2, al. l) e 188.º do Anexo I – «Regime», do RCTFP):

A) – FALTAS POR CONTA DO PERÍODO DE FÉRIAS DOS TRABALHADORES NOMEADOS (art. 66.º do regime de FFL):

- **DIREITO:** todos os **trabalhadores nomeados** a que faz referência o art. 1.º do regime de FFL.
- **PERÍODO: dois dias por mês**, por conta do período de férias, **até ao máximo de 13 dias por ano**, podendo estas faltas ser gozadas no último dia de um mês e no primeiro dia do mês seguinte ou ser utilizadas em períodos de meios dias, num total anual de 26 meios dias (art. 66.º, n.º 1 do regime de FFL).
- **FORMALIDADES:** o gozo destas faltas **tem de ser comunicado por escrito na véspera ou, não sendo possível, no próprio dia, oralmente, ao dirigente competente, para que este possa ter possibilidade de recusa fundamentada, devendo porém a participação ser reduzida a escrito no dia do regresso ao serviço** (art. 67.º, n.ºs 1 e 2 do regime de FFL). Note-se, assim, que compete ao dirigente do serviço autorizar previamente estas faltas, pelo que se o mesmo não as autorizar, fundamentadamente, atento o interesse do serviço, são as mesmas dadas como faltas injustificadas.
- **EFEITOS:**

  a) **Descontam nas férias do próprio ano ou do ano seguinte**, conforme opção do próprio trabalhador (art. 66.º, n.º 1 do regime de FFL);

b) **Descontam no subsídio de refeição** (art. 2.º, n.º 2, al. b) do Dec.--Lei n.º 57-B/84, de 20 de Fevereiro); porém, quando as faltas por conta do período de férias se derem em períodos de meios-dias, o processamento ou não do subsídio de refeição ficará dependente da prestação de trabalho ter, ou não, atingido o limite das três horas e meia;
c) **Não descontam no tempo de serviço para efeitos de antiguidade na carreira e aposentação**;
d) **Não descontam no subsídio de férias**, uma vez que estas faltas correspondem a férias gozadas antecipadamente.
e) **«As faltas por conta do período de férias não afectam o direito ao período complementar de férias, desde que as não reduzam a menos de 15 dias»** (art. 7.º, n.º 6 do regime de FFL).

B) – FALTAS POR CONTA DO PERÍODO DE FÉRIAS DOS TRABALHADORES CONTRATADOS (arts. 185.º, n.º 2, al. l) e 188.º do Anexo I – «Regime», do RCTFP):

- **DIREITO:** os **trabalhadores contratados.**
- **PERÍODO:** sem prejuízo do disposto em lei especial, o trabalhador pode faltar **dois dias por mês**, por conta do período de férias, **até ao máximo de 13 dias por ano**, podendo estas faltas ser utilizadas em períodos de meios-dias (art. 188.º, n.º 1 do Anexo I – «Regime», do RCTFP).
- **FORMALIDADES:** o gozo destas faltas **tem de ser comunicado com a antecedência mínima de 24 horas ou, se não for possível, no próprio dia, e estão sujeitas a autorização, que pode ser recusada se forem susceptíveis de causar prejuízo para o normal funcionamento do órgão ou serviço** (art. 188.º, n.º 3 do Anexo I – «Regime», do RCTFP). Note-se também aqui que compete ao dirigente do serviço autorizar previamente estas faltas, pelo que se o mesmo não as autorizar, fundamentadamente, atento o interesse do serviço, são as mesmas dadas como faltas injustificadas.

- **EFEITOS:**

a) **Descontam nas férias do próprio ano ou do ano seguinte,** conforme opção do próprio trabalhador (art. 188.º, n.º 2 do Anexo I – «Regime», do RCTFP);

b) **Descontam no subsídio de refeição** (art. 2.º, n.º 2, al. b) do Dec.--Lei n.º 57-B/84, de 20 de Fevereiro);
c) **Não descontam no tempo de serviço para efeitos de antiguidade na carreira e aposentação;**
d) **Não descontam no subsídio de férias, uma vez que estas faltas correspondem a férias gozadas antecipadamente** (vd. art. 193.º, n.º 3 do Anexo I – «Regime», do RCTFP).

18.º FALTAS COM PERDA DE VENCIMENTO DOS TRABALHADORES NOMEADOS (art. 68.º do regime de FFL):

- **DIREITO:** têm direito os trabalhadores na situação do art. 1.º do regime de FFL, isto é, **apenas os trabalhadores nomeados. Os trabalhadores contratados não têm direito a este tipo de faltas por as mesmas não se encontrarem previstas no art. 185.º do Anexo I – «Regime», do RCTFP.**
- **PERÍODO:** o trabalhador pode faltar excepcionalmente **1 dia por mês, não podendo ultrapassar o total de 6 dias por ano.** Nada impede o gozo destas faltas antes ou depois de feriados coincidentes com sexta ou segunda-feira, isto é, livremente (art. 68.º, n.º 2 do regime de FFL).
- **FORMALIDADES: a utilização destas faltas tem de ser solicitada na véspera, por escrito. Não sendo isto possível, tem de ser comunicada no próprio dia, oralmente, devendo, porém, o pedido ser reduzido a escrito logo que o trabalhador regresse ao serviço. A utilização destas faltas carece de autorização do respectivo dirigente,** a qual deve ser solicitada nos termos anteriormente enunciados e que são os do art. 67.º, n.ºs 1 e 2 do regime de FFL (art. 68.º deste regime).

A autorização pode ser recusada por conveniência de serviço devidamente fundamentada (art. 67.º, n.º 1, por remissão do art. 68.º, n.º 1, ambos do regime de FFL).

- **EFEITOS:**
    a) **Descontam no vencimento;**
    b) **Descontam no subsídio de refeição;**
    c) **Descontam na antiguidade para efeitos de carreira e aposentação;**

d) O desconto no vencimento e no subsídio de refeição é feito no vencimento do mês de Dezembro ou no último vencimento recebido, nos casos de suspensão ou cessação definitiva de funções (art. 68.º, n.º 3 do regime de FFL).

19.º FALTAS POR DESLOCAÇÃO PARA A PERIFERIA (art. 69.º do regime de FFL; trata-se de um período reconhecido e justificado legalmente ao trabalhador nomeado para que este possa tratar dos assuntos ligados à mudança da sua residência familiar e profissional, inclusivé dos seus móveis, resultante da alteração do seu centro funcional de trabalho para outra localidade – vd. art. 538.º, n.º 2 do Código Administrativo, no que toca aos trabalhadores da Administração Local):

- **DIREITO:** tem direito o pessoal, **trabalhador nomeado,** das carreiras do regime geral, bem como o pessoal das carreiras de regime especial nos casos em que para os mesmos não se encontrem previstos, em legislação própria, incentivos de idêntica natureza (art. 69.º, n.º 1 do regime de FFL e art. 2.º, n.ºs 1 e 3 do Dec.-Lei n.º 190/99, de 5 de Junho, «sobre incentivos à mobilidade de recursos humanos», que revogou e substituiu o Dec.-Lei n.º 45/84, de 3 de Fevereiro, que se encontra ainda referenciado naquele primeiro diploma). **Deste tipo de faltas encontram-se, assim, excluídos os trabalhadores contratados** em virtude do mesmo não se encontrar previsto no elenco das faltas justificadas do art. 185.º do Anexo I – «Regime», do RCTFP.
- **PERÍODO:** os trabalhadores abrangidos **têm direito a faltar até 5 dias seguidos, no período imediatamente anterior ao início de funções no serviço de destino** (art. 69.º, n.º 1 do regime de FFL e art. 13.º, n.º 1do Dec.-Lei n.º 190/99, de 5 de Junho).
- **FORMALIDADES:** praticamente nenhumas porquanto a própria deslocação para a periferia efectua-se em função do próprio interesse público e com o conhecimento oficial do serviço.
- **EFEITOS:** estas faltas **contam para todos os efeitos legais** como se de serviço efectivo se tratasse (art. 69.º, n.º 2 do regime de FFL e art. 13.º, n.º 2 do Dec.-Lei n.º 190/99, de 5 de Junho).

20.º FALTAS POR MOTIVOS NÃO IMPUTÁVEIS AO TRABALHADOR (art. 70.º do regime de FFL e art. 185.º, n.º 2, al. d) do Anexo I – «Regime», do RCTFP):

A) – FALTAS POR MOTIVOS NÃO IMPUTÁVEIS AO TRABALHADOR NOMEADO (art. 70.º do regime de FFL):

- **DIREITO:** os trabalhadores na situação do art. 1.º do regime de FFL, **os nomeados**, que se confrontem com situações consideradas pelo Conselho de Ministros como de **calamidade pública** – vd. art. 70.º, n.º 1 do regime de FFL.«Consideram-se, igualmente, justificadas as **faltas ocasionadas por factos não imputáveis ao trabalhador nomeado e determinados por motivos não previstos no» regime jurídico de FFL,** como seja o caso de **greve nos transportes públicos «que impossibilitem o cumprimento do dever de assiduidade ou o dificultam em termos que afastem a sua exigibilidade»** (art. 70.º, n.º 2 do regime de FFL).
- **PERÍODO: indeterminado** porque resultante de causas estranhas, alheias à vontade do próprio trabalhador e que extravasam qualquer hipótese de previsão legal.
- **FORMALIDADES:** estas faltas **têm de ser comunicadas ao dirigente pelo próprio trabalhador, ou por terceira pessoa, logo que possível, preferencialmente no próprio dia ou no dia seguinte; no dia do regresso ao serviço o trabalhador tem de apresentar justificação escrita da ausência** (art. 70.º, n.º 3 do regime de FFL).
- **EFEITOS:** estas faltas **são consideradas justificadas para todos os efeitos legais**, não dando lugar sequer a desconto no subsídio de refeição (art. 70.º, n.º 4 do regime de FFL).

B) – FALTAS POR MOTIVOS NÃO IMPUTÁVEIS AO TRABALHADOR CONTRATADO (art. 185.º, n.º 2, al. d) do Anexo I – «Regime», do RCTFP):

- **DIREITO:** os **trabalhadores contratados impossibilitados de prestar trabalho devido a facto que não lhes seja imputável**, nomeadamente facto motivado por razões de força maior, alheias à sua vontade, como sejam, por exemplo, o de calamidade pública ou de greve nos transportes públicos que impossibilitem o cumprimento do dever de assiduidade ou o dificultem em termos que afastem a sua exigibilidade (art. 185.º, n.º 2, al. d) do Anexo I – «Regime», do RCTFP).

- **PERÍODO: indeterminado** porque resultante de causas estranhas, alheias à vontade do próprio trabalhador e que extravasam qualquer hipótese de previsão legal.
- **FORMALIDADES:** no caso de estarmos perante **faltas deste tipo mas de natureza previsível**, o que parece difícil aqui, o trabalhador contratado deve-as obrigatoriamente comunicar à entidade empregadora pública com a antecedência mínima de cinco dias; **se aquelas faltas, pelo contrário, revestirem um carácter imprevisível**, são então as mesmas obrigatoriamente comunicadas logo que possível; em qualquer dos casos, a entidade empregadora pública pode sempre exigir ao trabalhador, nos 15 dias seguintes àquela comunicação, prova dos factos indicados para a justificação (vd. arts. 189.º e 190.º, n.º 1 do Anexo I – «Regime», do RCTFP).
- **EFEITOS:** estas faltas **são consideradas justificadas para todos os efeitos legais**, não determinando a perda ou prejuízo de quaisquer direitos do trabalhador (art. 191.º, n.º 1 do Anexo I – «Regime», do RCTFP).

21.º *FALTAS POR MOTIVOS ESCOLARES* (a autonomização deste tipo de faltas visa apenas localizar aqui as faltas congéneres dos trabalhadores nomeados e contratados com o objectivo de facilitar a consulta pelos eventuais interessados -art. 21.º, n.º 1, al. z) do regime de FFL e art. 185.º, n.º 2, al. h) do Anexo I – «Regime», do RCTFP):

A) – FALTAS POR MOTIVO DE PARTICIPAÇÃO NOS ORGÃOS DE ADMINISTRAÇÃO E GESTÃO DOS ESTABELECIMENTOS DE ENSINO NOS TERMOS PREVISTOS NA LEI (art. 21.º, n.º 1, al. z) do regime de FFL; Dec.-Lei n.º 115-A/98, de 4 de Maio, sobre o "regime de autonomia, administração e gestão dos estabelecimentos da educação pré-escolar e dos ensinos básico e secundário", alterado pela Lei n.º 24/99, de 22 de Abril, e revogado pelo Dec.-Lei n.º 75/2008, de 22 de Abril, sem prejuízo da aplicação nos termos provisórios nele previstos; vd. DLR n.º 12/2005/A, de 16 de Junho, que «estabelece o regime jurídico da criação, autonomia e gestão das unidades orgânicas do sistema educativo da Região Autónoma dos Açores», alterado pelo DLR n.º 35/2006/A, de 6 de Setembro, e pelo DLR n.º 21/2007/A, de 30 de Agosto; vd. igualmente o Dec.-Lei n.º 372/90, de 27 de Novembro, alterado pelo Dec.-Lei n.º 80/99, de 16 de Março, pela Lei n.º 29/2006, de 4 de Julho, e pela Lei n.º 40/2007, de 24 de Agosto, que aprovou «o regime que disciplina a constituição das associações de pais e encarregados de educação, adiante designadas por associações de pais, e define os direitos e deveres das referidas associações, bem como das suas federações e confederações» e, «ainda, os direitos dos pais e encarregados de educação enquanto membros dos órgãos de administração e gestão dos estabelecimentos públicos de educação pré-escolar e dos ensinos básico e secundário e respectivas estruturas de orientação pedagógica»):

- **DIREITO: estas faltas vem tão somente previstas no elenco das faltas justificadas do art. 21.º, n.º 1 do regime das FFL, o que as torna aplicáveis, logo invocáveis, pelos trabalhadores nomeados; este tipo de faltas encontra-se, porém, ausente do elenco das faltas justificadas do art. 185.º, n.º 2 do Anexo I – «Regime», do RCTFP, aspecto este que, em confronto com o que se dispõe logo mais à frente no seu n.º 4, induz-nos a concluir no sentido da sua pura e simples não aplicação aos trabalhadores com contrato de trabalho em funções públicas. Será assim? A especificidade da matéria regulada no Dec.-Lei n.º 372/90, de 27 de Novembro**, alterado pelo Dec.-Lei n.º 80/99, de 16 de Março, pela Lei n.º 29/2006, de 4 de Julho, e pela Lei n.º 40/2007, de 24 de Agosto, **aliada à especial protecção constitucional que a nossa Constituição dá às questões da educação e da participação democrática no ensino (arts. 43.º e 77.º), faz com que nos inclinemos no sentido oposto, ou seja, que «o regime que disciplina a constituição das associações de pais e encarregados de educação (…), e define os direitos e deveres (…) dos pais e encarregados de educação enquanto membros dos órgãos de administração e gestão dos estabelecimentos públicos de educação…», constante daquele Dec.-Lei n.º 372/90, de 27 de Novembro, se aplica também aos trabalhadores em regime de contrato de trabalho em funções públicas, isto é, aos trabalhadores contratados. Assim, temos como sujeitos titulares do direito de recurso a este tipo de faltas:**

    a) **Os trabalhadores nomeados e contratados, que sejam pais ou encarregados de educação, titulares dos órgãos sociais das associações de pais, ou das suas estruturas representativas,** para efeitos do estabelecido na alínea b) do n.º 2 do artigo 9.º e do artigo 12.º do Dec.-Lei n.º 372/90 (art. 15.º, n.º 1 do Dec.-Lei n.º 372/90, de 27 de Novembro, na redacção que lhe foi dada pela Lei n.º 29/2006, de 4 de Julho);

b) Os trabalhadores nomeados e contratados, que sejam pais ou encarregados de educação, membros dos órgãos de administração e gestão dos estabelecimentos públicos de educação pré-escolar e dos ensinos básico e secundário (art. 15.º, n.º 2 daquele diploma).

- **PERÍODO:**

1.º Não existe qualquer limite legal quanto ao número de faltas a dar pelos titulares dos órgãos sociais das associações de pais, ou das suas estruturas representativas (estas faltas determinam a perda da respectiva retribuição);

2.º Quanto «aos pais ou encarregados de educação membros dos órgãos de administração e gestão dos estabelecimentos públicos de educação pré-escolar e dos ensinos básico e secundário têm direito, para a participação em reuniões dos órgãos para as quais tenham sido convocados, a gozar um crédito de dias remunerado, nos seguintes termos:

a) **Assembleia, um dia por trimestre;**
b) **Conselho pedagógico, um dia por mês;**
c) **Conselho de turma, um dia por trimestre;**
d) **Conselho municipal de educação, sempre que reúna;**
e) **Comissão de protecção de crianças e jovens, ao nível municipal, um dia por bimestre»**

(art. 15.º, n.º 2 do Dec.-Lei n.º 372/90, de 27 de Novembro, alterado pela Lei n.º 29/2006, de 4 de Julho).

No caso destas últimas faltas excederem o crédito enunciado anteriormente, e que comprovadamente se destinem ao mesmo fim, consideram-se igualmente justificadas, mas determinam a perda da retribuição correspondente (art. 15.º, n.º 4 do Dec.-Lei n.º 372/90, de 27 de Novembro, alterado pela Lei n.º 29/2006, de 4 de Julho).

Todas as faltas a que se refere o art. 15.º do diploma em apreço podem ser dadas em períodos de meio dia (art. 15.º, n.º 5 do Dec.-Lei n.º 372/90, de 27 de Novembro, na redacção da Lei n.º 29/2006, de 4 de Julho).

- **FORMALIDADES: as presentes faltas são justificadas «mediante a apresentação da convocatória e de documento comprovativo da presença passado pela entidade ou órgão que convocou a reunião»** (art. 15.º, n.º 5 do Dec.-Lei n.º 372/90, de 27 de Novembro, na redacção da Lei n.º 29/2006, de 4 de Julho).
- **EFEITOS: as faltas dadas nos termos do n.º 2 do art. 15.º «consideram-se justificadas e contam, para todos os efeitos legais, como serviço efectivo, salvo no que respeita ao subsídio de refeição»; contudo, já haverá lugar ao pagamento deste subsídio de refeição quando o trabalhador faltar em períodos de meios-dias sem deixar de ter cumprido, pelo menos, 3 horas e meia de trabalho** (art.15.º, n.º 3 do Dec.-Lei n.º 372/90, de 27 de Novembro, na redacção da Lei n.º 29/2006, de 4 de Julho; vd. art. 2.º, n.º 1, al. b) do Dec.-Lei n.º 57-B/84, de 20 de Fevereiro).

Quanto às faltas dadas pelos titulares dos órgãos sociais das associações de pais, ou das suas estruturas representativas, consideram-se elas igualmente justificadas, com a diferença de que o seu gozo aqui implica a perda da retribuição correspondente (art. 15.º, n.º 1 do Dec.--Lei n.º 372/90, de 27 de Novembro, alterado pela Lei n.º 29/2006, de 4 de Julho). **Determinam também a perda da remuneração correspondente as faltas para participação em reuniões dos órgãos dos estabelecimentos de ensino que excedam o crédito referido no n.º 2** (art. 15.º, n.º 3 do Dec.-Lei n.º 372/90, de 27 de Novembro, alterado pela Lei n.º 29/2006, de 4 de Julho).

B) – AS AUSÊNCIAS NÃO SUPERIORES A QUATRO HORAS E SÓ PELO TEMPO ESTRITAMENTE NECESSÁRIO, JUSTIFICADAS PELO RESPONSÁVEL PELA EDUCAÇÃO DE MENOR, UMA VEZ POR TRIMESTRE, PARA DESLOCAÇÃO À ESCOLA TENDO EM VISTA INTEIRAR-SE DA SITUAÇÃO EDUCATIVA DO FILHO MENOR (art. 185.º, n.º 2, al. h) do Anexo I – «Regime», do RCTFP):

- **DIREITO:** estas faltas vêm apenas previstas no elenco das faltas justificadas do art. 185.º, n.º 2 do Anexo I – «Regime», do RCTFP,

aplicáveis e **recorríveis, assim, somente pelos trabalhadores com contrato de trabalho em funções públicas.**
- **PERÍODO: ausência não superior a 4 horas e só pelo tempo estritamente necessário, a utilizar uma vez por trimestre** (art. 185.º, n.º 2 do Anexo I – «Regime», do RCTFP).
- **FORMALIDADES: estas faltas têm de ser justificadas pelo trabalhador responsável pela educação do menor, para deslocação à escola tendo em vista inteirar-se da situação educativa do filho menor** (art. 185.º, n.º 2 do Anexo I – «Regime», do RCTFP). Quanto ao resto é de seguir as formalidades de comunicação previstas no art. 189.º do Anexo I – «Regime», do RCTFP, sabendo-se, de antemão, que a entidade empregadora pública pode sempre exigir ao trabalhador prova dos factos invocados aqui (art. 190.º, n.º 1, do Anexo I – «Regime», do RCTFP).
- **EFEITOS: não determinam a perda ou prejuízo de quaisquer direitos do trabalhador** (art. 191.º, n.º 1 do Anexo I – «Regime», do RCTFP).

22.º FALTAS POR ACTIVIDADE SINDICAL E POR GREVE OU DADAS PELOS TRABALHADORES ELEITOS PARA AS ESTRUTURAS DE REPRESENTAÇÃO COLECTIVA, NOS TERMOS DO ART. 293.º DO REGIME (vd. arts. 185.º, n.º 2. al. m), 292.º e 293.º **do Anexo I – «Regime», do RCTFP**; estas faltas deixaram de estar previstas e reguladas no Dec.-Lei n.º 84/99, de 19 de Março – diploma que assegurava a liberdade sindical dos trabalhadores da Administração Pública e regulava o seu exercício, para passarem agora a ser contempladas no RCTFP aprovado pela Lei n.º 59/2008, de 11 de Setembro, a saber nos arts. 298.º a 307.º do seu Anexo I – «Regime» e 205.º a 239.º do seu Anexo II – «Regulamento», sobre constituição de comissões de trabalhadores, nos **arts. 308.º a 339.º do seu Anexo I – «Regime» e 240.º a 253.º do seu Anexo II – «Regulamento», sobre a liberdade sindical** propriamente dita, e nos **arts. 392.º a 407.º do seu Anexo I – «Regime», sobre o direito à greve**).
- **DIREITO: têm direito a estes créditos ou faltas por actividade sindical os trabalhadores da Administração Pública, nomeados e contratados, que sejam membros da direcção das associações sindicais** (art. 339.º do Anexo – «Regime» e arts. 250.º a 253.º do Anexo II – «Regulamento»), **das comissões e subcomissões de trabalhadores e comissões coordenadoras** (art. 304.º do Anexo I

– «Regime»), **bem como os delegados sindicais** (art. 338.º do Anexo I – «Regime» e art. 250.º, n.º 8 do Anexo II – «Regulamento»; vd. art. 8.º, als. g), h) e i) da Lei n.º 59/2008, de 11 de Setembro). A **greve** é um direito a faltar ao serviço reconhecido pela Constituição e pela lei a todos os trabalhadores, sejam eles nomeados ou contratados da Administração Pública (arts. 392.º a 407.º do Anexo I – «Regime»).

- **PERÍODO:** a este propósito há que ter em conta que **no âmbito das ausências legítimas ao serviço por razões sindicais há que destrinçar entre**:

a) **Crédito de horas dos membros da direcção da associação sindical** – é a dispensa ao serviço correspondente **a 4 dias de trabalho por mês,** referida ao período normal de trabalho, reconhecida e dada por lei aos trabalhadores eleitos membros da direcção da associação sindical para que possam exercer as suas funções sindicais, contando para todos os efeitos legais como serviço efectivo (arts. 292.º e 339.º do Anexo I – «Regime», do RCTFP, e art. 250.º, n.º 6 do Anexo II – «Regulamento», do RCTFP; as condições para atribuição destes créditos vêm previstas nos n.ºs 1 a 5 deste último preceito).

b) **Faltas sindicais dos membros da direcção da associação sindical – são as ausências justificadas ao serviço,** referidas ao período normal de trabalho, reconhecidas e dadas por lei aos trabalhadores eleitos membros da direcção da associação sindical para que possam exercer as suas funções sindicais, **que excedam aquele crédito de horas, contando como tempo de serviço efectivo, salvo para efeito de remuneração** (arts. 293.º, n.º 1 e 339.º, n.º 2 do Anexo I – «Regime», do RCTFP):

I. **Os membros da direcção com direito a crédito de horas** (referidos nos n.ºs 6 e 9 do art. 250.º do Anexo II – «Regulamento», do RCTFP) **têm ainda direito a usufruir destas faltas sindicais, sem qualquer limite anual, não podendo contudo aquelas faltas se prolongar para além de 1 mês sob pena de se aplicar o regime de suspensão do contrato por facto respeitante ao trabalhador; esta disposição não se aplica aos membros da direcção cuja ausência no local de trabalho, para além de um mês, seja determinada pela cumulação do crédito de horas** (art. 253.º, n.ºs 1 e 2 do Anexo II – «Regulamento», do RCTFP).

II. Os demais membros da direcção que não usufruem daquele direito a crédito de horas têm ainda direito a usufruir destas faltas sindicais até ao limite de 33 faltas por ano (art. 252.º, n.º 1 do Anexo II – «Regulamento», do RCTFP).

   c) **Crédito de horas dos delegados sindicais – é a dispensa ao serviço correspondente a 12 horas por mês,** referida ao período normal de trabalho, reconhecida e dada por lei aos trabalhadores eleitos delegados sindicais para que possam exercer as suas funções sindicais de âmbito local, contando para todos os efeitos legais como serviço efectivo (art. 338.º do Anexo I – «Regime», do RCTFP, e art. 250.º, n.º 8 do Anexo II – «Regulamento», do RCTFP). Para além destes créditos, os delegados sindicais apenas dispõem de ausências justificadas que forem «motivadas pela prática de actos necessários e inadiáveis no exercício das suas funções, as quais contam, salvo para efeito de remuneração, como tempo de serviço efectivo» (art. 293.º, n.º 2 do Anexo I – «Regime», do RCTFP).

   d) **Licença especial para desempenho de funções em associação sindical –** a requerimento da associação sindical interessada, e para nela prestar serviço, pode ser concedida licença sem vencimento por 1 ano, que pode ser sucessiva e tacitamente renovada, a trabalhador nomeado que conte mais de 3 anos de antiguidade no exercício de funções públicas, devendo este requerimento ser instruído com declaração do trabalhador em que este manifeste de forma expressa o seu acordo (art. 101-A, do Dec.-Lei n.º 100/99, de 31 de Março, aditado pela Lei n.º 59/2008, de 11 de Setembro).

Como vimos, **«para o exercício das suas funções, cada membro da direcção (sindical) beneficia,** nos termos» dos rácios fixados nos n.ºs 1 a 5 do art. 250.º do Anexo II – «Regulamento», do RCTFP, **do crédito de horas correspondente a quatro dias de trabalho por mês, que pode utilizar em períodos de meio-dia, mantendo o direito à remuneração** (art. 250.º, n.º 6 do Anexo II – «Regulamento», do RCTFP).

Este crédito pode ser acumulado, por ano civil, mediante recurso:

1.º A crédito mensal anteriormente não utilizado do próprio dirigente (art. 250.º, n.º 9 do Anexo II – «Regulamento», do RCTFP; vd.

Despacho n.º 701/SEAP/2008, de 23 de Dezembro de 2008, do Secretário de Estado da Administração Pública);
2.º A crédito de outros dirigentes do mesmo sindicato e do mesmo serviço (art. 250.º, n.º 9 do Anexo II – «Regulamento», do RCTFP);
3.º A crédito de outros dirigentes do mesmo sindicato mas de serviço diferente (art. 250.º, n.º 9 do Anexo II – «Regulamento», do RCTFP).

Quanto aos delegados sindicais têm direito a um crédito de não trabalho de 12 horas por mês remuneradas para o exercício das suas funções (art. 338.º, n.º 1 do Anexo I – «Regime», do RCTFP). **Do confronto entre o que se dispunha anteriormente sobre esta matéria no art. 19.º, n.ºs 2 e 3 do Dec.-Lei n.º 84/99 e o que se prescreve nos arts. 338.º do Regime e 250.º, n.º 8 do Regulamento, ambos do RCTFP, verifica-se que se deixou de prever aqui a possibilidade dos delegados sindicais acumularem créditos seus anteriormente não gozadas ou de outros colegas sindicais, isto dentro do mesmo ano civil.**

Quanto ao crédito de horas dos membros das comissões e subcomissões de trabalhadores e das comissões coordenadoras vem o mesmo previsto no art. 304.º do Anexo I – «Regime», do RCTFP.

No caso de greve os trabalhadores têm direito a faltar pelo período que for declarado como greve pelas associações sindicais, entidades a quem compete em exclusivo o direito de decidir e declarar o recurso à greve (arts. 393.º, n.º 1 do Anexo I – «Regime», do RCTFP; excepcionalmente, o n.º 2 deste preceito reconhece a possibilidade de as assembleias de trabalhadores poderem decidir do recurso à greve).

- **FORMALIDADES: no caso dos dirigentes sindicais, são os respectivos sindicatos que devem comunicar, por escrito, aos órgão ou serviços onde exercem funções aqueles dirigentes, e com um dia útil de antecedência, as datas e o número de dias que os mesmos necessitam para o exercício das suas funções sindicais. Na eventualidade de essa comunicação prévia não ser possível, deve então a mesma ser feita num dos dois dias úteis imediatamente a seguir ao primeiro dia de falta** (art. 250.º, n.º 8 do Anexo II – «Regulamento», do RCTFP; note-se, contudo, que o art. 292.º, n.º 3 do Anexo I – «Regime», do RCTFP, sobre «crédito de horas», já fala em aviso feito com uma «antecedência mínima de dois dias, salvo motivo atendível», o que parece apontar no sentido da existência de alguma contradição entre a sua prescrição e a do artigo anterior; porém, se as analisarmos atentamente estes preceitos e o seu enquadramento normativo sistemático, verificamos que este último artigo se aplica genericamente a todos os representantes dos trabalhadores, sejam eles das associações sindicais, comissões ou subcomissões de trabalhadores ou comissões coordenadoras, enquanto que o disposto no art. 250.º, n.º 8, se reporta especificamente aos membros das direcções das associações sindicais, pelo que quanto a estes é este o preceito que se aplica, aplicação extensiva aos delegados sindicais no que toca ao respectivo crédito de horas por força daquilo que se dispõe expressamente no art. 338.º, n.º 2 do Anexo I – «Regime», do RCTFP).

No caso da direcção da associação sindical atribuir créditos de horas a outros membros da mesma, que passam assim a ficar numa situação de gozo acumulado de créditos sindicais, deve a mesma comunicar tal facto à Direcção-Geral da Administração e Emprego Público e ao órgão e serviço em que aqueles exercem funções com a antecedência mínima de 15 dias (art. 250.º, n.º 9 do Anexo II – «Regulamento», do RCTFP).

Estes créditos sindicais, como se viu, **têm apenas de ser comunicadas, não carecendo de qualquer autorização superior, prévia ou à posteriori, uma vez que se tratam de ausências fundadas e legitimadas no exercício de um direito constitucional** (art. 55.º da CRP). Por essa mesma razão, **ao dirigente serviço está vedada qualquer possibilidade de indagar o dirigente sindical ou a respectiva associação representativa dos trabalhadores a que pertence sobre o tipo ou natureza das actividades exercidas à sombra daqueles créditos**, sob pena de intromissão e devassa da vida interna sindical.

A possibilidade de «a acumulação ou cessão de créditos só» poder «ser recusada por razões de grave prejuízo para a realização do interesse público, por despacho fundamentado do membro do governo que superintenda ou tutela o serviço ou organismo a que» pertencia «o interessado», que vinha prevista no art. 18.º, n.º 1 da Lei n.º 84/99, de 19 de Março, deixou de vir prevista no RCTFP, pelo que se deve entender afastada hoje tal prerrogativa do âmbito das competências da entidade empregadora pública, que fica assim impedida de poder recusar, seja por que motivo for, quaisquer situações de acumulação do gozo de créditos.

O art. 250.º, n.º 7 do Anexo II – «Regulamento», do RCTFP, impõe, por fim, à **associação sindical o dever de «comunicar a identificação dos membros que beneficiam do crédito de horas à Direcção-Geral da Administração e do Emprego Público e ao órgão ou serviço em que exercem funções, até 15 de Janeiro de cada ano civil e nos 15 dias posteriores a qualquer alteração da composição da respectiva direcção, salvo se especificidade do ciclo de actividade justificar calendário diferente».**

Quanto aos delegados sindicais encontram-se estes obrigados às **formalidades de comunicação previstas no art. 250.º, n.º 8 do Anexo II – «Regulamento», do RCTFP**, por remissão do art. 338.º, n.º 2 do Anexo I – «Regime», do RCTFP. De acordo com aquele primeiro preceito, **é ao sindicato que cabe o dever de «comunicar aos órgãos ou serviços onde exercem funções os membros da direcção (…) as datas e o número de dias de que os mesmos necessitam para o exercício das respectivas funções com um dia de antecedência ou, em caso de impossibilidade, num dos dois dias úteis imediatos».**

No que diz respeito às faltas por motivo de greve, os trabalhadores que a ela aderirem não estão sujeitos a quaisquer formalidades legais; desde que as respectivas organizações sindicais decidam o recurso à greve e cumpram com o disposto no art. 396.º do Anexo II – «Regulamento», do RCTFP, sobre o pré-aviso de greve, aos trabalhadores caberá apenas decidirem, de acordo com a sua consciência e interesse, se aderem ou não à greve; à entidade empregadora pública não assiste qualquer direito de perguntar previamente aos respectivos trabalhadores se vão ou não aderir à greve, e muito menos coagi-los nesse sentido.

Com vista à participação em processos eleitorais, como sejam a realização de assembleias constituintes de associações sindicais ou de congressos, «para efeitos de alteração de estatutos ou eleição de corpos gerentes, os trabalhadores gozam dos seguintes direitos:

a) Dispensa de serviço para os membros da assembleia geral eleitoral e da comissão fiscalizadora eleitoral, até ao limite de sete membros, num máximo de 10 dias úteis, com possibilidade de utilização de meios-dias;

b) Dispensa de serviço para os elementos efectivos e suplentes que integram as listas candidatas pelo período máximo de seis dias úteis, com possibilidade de utilização de meios dias;

c) Dispensa de serviço para os membros da mesa, até ao limite de 3 ou até ao limite do número de listas concorrentes, se o número destas for superior a três, por período não superior a um dia;
d) Dispensa de serviço aos trabalhadores com direito de voto, pelo tempo necessário para o exercício do respectivo direito;
e) Dispensa de serviço aos trabalhadores que participem em actividades de fiscalização do acto eleitoral durante o período de votação e contagem dos votos».
(art. 241.º, n.º 1 do Anexo II – «Regulamento», do RCTFP)

No que diz respeito a formalidades a seguir em matéria de notificação relacionada com a realização dos processos eleitorais a que se refere o art. 241.º do Anexo II – «Regulamento», do RCTFP, a lei é omissa quanto à forma e prazo a seguir na comunicação dos créditos sindicais previstos no n.º 1 daquele artigo, pelo que, neste contexto, entendemos ser de adoptar aqui o disposto no art. 242.º do mesmo diploma (o sindicato deverá assim comunicar estes créditos, por meios idóneos e seguros, por escrito de preferência, com antecedência não inferior a 10 dias). Alerta-se para o facto destas dispensas para processos eleitorais não poderem serem imputadas (descontadas) nos demais créditos sindicais referidos anteriormente (art. 241.º, n.º 3 do Anexo II – «Regulamento», do RCTFP).

«O pedido das associações sindicais ou das comissões promotoras da respectiva constituição, é permitida a instalação e funcionamento de mesas de voto nos locais de trabalho durante as horas de serviço» (art. 241.º, n.º 2 do Anexo II – «Regulamento», do RCTFP).

De acordo com o art. 242.º do Anexo II – «Regulamento», do RCTFP, temos que:

«1. A comunicação para a instalação e funcionamento das mesas de voto» nos locais de trabalho «deve ser, por meios idóneos e seguros, apresentada ao dirigente máximo do serviço com antecedência não inferior a 10 dias, e dela deve constar:

a) A identificação do acto eleitoral;
b) A indicação do local pretendido;
c) A identificação dos membros da mesa ou substitutos;
d) O período de funcionamento.

2. A instalação e funcionamento das mesas de voto consideram-se autorizados se nos três dias imediatos à apresentação da comunicação não

for proferido despacho em contrário e notificado à associação sindical ou comissão promotora».

O exercício destes direitos é quase pleno no sentido de que «só pode ser impedido com fundamento, expresso e por escrito, em grave prejuízo para a realização do interesse público» (art. 241.º, n.º 5, do Anexo II – «Regulamento», do RCTFP).

Formalidades a seguir quanto a outras actividades sindicais, como sejam o direito de **reunião nos locais de trabalho:**

a) **Se esta for feita fora do horário de trabalho,** deve ser feita «mediante convocação do órgão competente da associação sindical, do delegado sindical ou da comissão sindical ou intersindical, sem prejuízo do normal funcionamento, no caso de trabalhos por turnos ou de trabalho extraordinário» (art. 331.º, n.º 1, do Anexo I – «Regime», do RCTFP), devendo a respectiva comunicação ser feita «à entidade empregadora pública, com a antecedência mínima de 24 horas, e conter a data, hora, número previsível de participantes e local em que» se pretenda que ela se efectue (art. 248.º, n.º 1, do Anexo II – «Regulamento», do RCTFP).

b) **Se esta for feita durante o horário de trabalho**, mediante a invocação de «motivos excepcionais» por parte dos sindicatos, a respectiva comunicação deve também ser feita à entidade empregadora pública com a antecedência mínima de 24 horas pelos sindicatos ou respectivos delegados, que apresentarão as razões justificativas da excepcionalidade, podendo este tipo de reuniões realizar-se «até um período máximo de 15 horas por ano, que contam como tempo de serviço efectivo, desde que assegurem o funcionamento dos serviços de natureza urgente e essencial» (art. 331.º, n.º 2 do Anexo I – «Regime», do RCTFP).

É aos sindicatos que compete, contudo, «reconhecer a existência das circunstâncias excepcionais que justificam a realização da reunião» (art. 247.º, n.º 2, do Anexo II – «Regulamento», do RCTFP).

«Os membros da direcção das associações sindicais que não trabalhem no órgão ou serviço podem participar nas reuniões mediante comunicação dos promotores à entidade empregadora pública com a antecedência mínima de seis horas» (art. 248.º, n.º 4, do Anexo II – «Regulamento», do RCTFP).

- **EFEITOS:** aqui há que distinguir entre:

a) **Crédito de horas dos dirigentes e delegados sindicais** – estas ausências **contam para todos os efeitos legais como tempo de serviço efectivo, mantendo-se o direito à remuneração** (arts. 292.°, n.° 2, 293.°, n.° 2, 338.° e 339.° do Anexo I – «Regime», do RCTFP, e 250.°, n.° 6 do Anexo II – «Regulamento», do RCTFP);

b) **Faltas/ausências sindicais dos dirigentes e delegados sindicais – são ausências justificadas, que excedem aqueles créditos de horas, e contam, salvo para efeito de remuneração, como tempo de serviço efectivo** (arts. 293.°, n.° 2 do Anexo I – «Regime», do RCTFP e 252.° do Anexo II – «Regulamento», do RCTFP).

Quanto aos efeitos das faltas por greve:

– **Descontam no vencimento;**
– **Implicam perda do subsídio de refeição;**
– **Não descontam nas férias, nem na antiguidade para efeitos de carreira e aposentação** *(veja-se o disposto no art. 7.° da Lei n.° 65/77).*

➢ **OUTRAS SITUAÇÕES DE AUSÊNCIA LEGÍTIMA AO SERVIÇO:**

Conforme tivemos oportunidade de referir, para além das situações de faltas justificadas enunciadas anteriormente, previstas no art. 21.° do regime de FFL, no que toca aos trabalhadores nomeados, e no art. 185.°, n.° 2 do Anexo I – «Regime», do RCTFP, no que concerne aos trabalhadores contratados, existem outras situações de ausência legítima ao serviço, que se encontram consagradas e reguladas em legislação específica, aplicáveis e invocáveis por aqueles trabalhadores (vd. art. 185.°, n.° 2, al. o) do Anexo I – «Regime», do RCTFP, que admite expressamente a possibilidade de lei avulsa criar novas faltas justificadas). Aqui, há a referir, apenas a título de exemplo, o DLR n.° 9/2000/A, de 10 de Maio, diploma legal da Região Autónoma dos Açores, que consagra a possibilidade dos trabalhadores da Administração Pública Regional e Local serem dispensados do serviço efectivo de funções, por períodos limitados, para participação em actividades sociais, culturais, associativas e desportivas.

CAPÍTULO V
Situações de ausência ilegítima ao serviço. As faltas injustificadas

Todas as ausências ao serviço que não caiam no âmbito da previsão legal das faltas justificadas enunciadas anteriormente, ou que não venham previstas como tal em legislação especial, constituem-se como **ausências ilegítimas ao serviço** e, como tal, integram o conceito de **FALTAS INJUSTIFICADAS** (art. 71.º do regime de FFL e art. 185.º, n.º 4 do Anexo I – «Regime», do RCTFP). O próprio princípio da legalidade previsto no art. 266.º, n.º 2 da CRP e no art. 3.º do Código do Procedimento Administrativo, que se traduz na sujeição da Administração Pública ao dever de actuar em obediência à lei e ao direito, aponta precisamente nesse sentido.

A) <u>NO QUE TOCA AOS TRABALHADORES NOMEADOS</u>:

➢ Tendo presente o disposto no art. 71.º do regime de FFL, **CONSIDERAM-SE FALTAS INJUSTIFICADAS:**

1.º As faltas dadas por motivos não previstos no n.º 1 do art. 21.º do regime de FFL (art. 71.º, n.º 1, als. a) e b) do regime de FFL);

2.º As faltas ao serviço sem a apresentação de qualquer justificação ou prova, ou com a apresentação de falsa justificação ou de declarações falsas (art. 71.º, n.º 1, al. b) do regime de FFL);

3.º A não apresentação ou a apresentação do documento comprovativo da doença fora do prazo de 5 dias úteis ou de 20 dias úteis, consoante a doença ocorra no País ou no estrangeiro, respectivamente (arts. 30.º, n.º 4 e 32.º, n.º 4 do regime de FFL; se, porém, o trabalhador comprovar, por si ou por interposta pessoa, que lhe foi impossível cumprir aqueles prazos, e que os motivos por ele apresentados nesse sentido são releváveis pelo respectivo dirigente, estas faltas deixam assim de ser consideradas injustificadas – vd. art. 30.º, n.º 5);

4.º Impossibilidade da verificação domiciliária da doença em virtude do trabalhador não se encontrar na residência ou no local que tiver indicado estar doente (art. 33.º, n.º 4 do regime de FFL);

5.º Parecer negativo do médico competente para a verificação domiciliária da doença (art. 33.º, n.º 5 do regime de FFL);

6.º Falta de comparência injustificada à junta médica pedida pelo serviço (art. 41.º, n.ºs 2 e 3 do regime de FFL);

7.º Não comparência aos exames médicos marcados pelas juntas médicas, a menos que essa não comparência não seja imputável ao trabalhador (art. 40.º, n.º 3 do regime de FFL);

8.º Ausência do sanatório ou estabelecimento hospitalar em que o trabalhador se encontrar em tratamento de tuberculose ou não comparência à junta médica ou outro local que por esta lhe for determinado (v.g., centro de tratamento de toxicodependência ou alcoolismo; vd. art. 15.º, § 2 do Dec.-Lei n.º 48.359, de 27 de Abril de 1968);

9.º Não apresentação ao serviço do trabalhador regressado do serviço militar, nos termos legais (art. 14.º do regime de FFL e Lei n.º 174/99, de 21 de Setembro);

10.º No caso das faltas por isolamento profiláctico, a não apresentação da declaração da autoridade sanitária, no prazo e nos termos por ela estabelecidos, ou dos resultados dos exames laboratoriais ou de outra natureza por aquela determinados (art. 58.º do regime de FFL);

11.º A utilização para outros fins da dispensa concedida para doação de sangue, socorrismo, exames ou provas e outras (arts. 61.º, 62.º, 65.º e 71.º do regime jurídico de FFL).

➢ **EFEITOS DAS FALTAS INJUSTIFICADAS** (art. 71.º do regime de FFL):

1.º Perda total do vencimento (art. 71.º, n.º 2 do regime de FFL), **bem como do subsídio de refeição** (art. 2.º, n.º 2, al. i) do Dec.-Lei n.º 57-B/84, de 20 de Fevereiro);

2.º Implicam desconto na antiguidade para efeitos de carreira (art. 71.º, n.º 2 do regime de FFL) **e de aposentação** (art. 27.º do Estatuto da Aposentação, aprovado pelo Dec.-Lei n.º 498/72, de 9 de Dezembro, profusamente alterado);

3.º Descontam no período de férias do ano seguinte e no respectivo subsídio, na proporção de um dia de férias por cada falta (art. 13.º, n.º 2 e 71.º, n.º 2 do regime de FFL);

4.º Têm eventuais consequências disciplinares, incorrendo na pena de demissão o trabalhador que, dentro do mesmo ano civil, dê 5 faltas seguidas ou 10 interpoladas sem justificação (art. 71.º, n.º 2 do regime de FFL e art. 18.º, n.º 1, al. g) do EDTEFP);

5.º No caso dos motivos invocados pelo trabalhador nomeado para justificar as faltas dadas se traduzirem na prestação de falsas declarações, há ainda lugar a eventual responsabilidade criminal a apurar em processo e sede judicial próprios (art. 71.º, n.º 3 do regime de FFL).

B) NO QUE TOCA AOS TRABALHADORES CONTRATADOS:

➢ São consideradas injustificadas:

1.º As faltas não previstas nos n.ᵒˢ 2 e 3 do art. 185.º do Anexo I – «Regime», do RCTFP, não esquecendo, porém, que nestes números se incluem as faltas justificadas aí não expressamente previstas mas que «que por lei» avulsa «forem como tal qualificadas» (n.º 2, al. o); art. 185.º, n.º 4 do Anexo I – «Regime», do RCTFP);

2.º As faltas ao serviço que não observem as obrigações de comunicação e de prova previstas no art. 189.º e nos n.ᵒˢ 1 e 2 do art. 190.º ou que sejam dadas com a apresentação de falsa justificação ou de declarações falsas (art. 190.º, n.º 6 do Anexo I – «Regime», do RCTFP; vd. art. 17.º, al. h) do EDTEFP).

3.º As faltas em relação às quais o trabalhador, sem motivo atendível, se oponha à fiscalização médica referida nos n.ᵒˢ 3, 4 e 5 (art. 190.º, n.º 6 do Anexo I – «Regime», do RCTFP).

4.º As faltas anteriormente dadas por doença quando o trabalhador, sem motivo atendível, não compareça ao exame médico convocado pela entidade competente (art. 131.º, n.º 2 do Anexo II – «Regulamento», do RCTFP).

➢ **EFEITOS DAS FALTAS INJUSTIFICADAS** (art. 192.º do Anexo I – «Regime», do RCTFP):

1.º Perda total da remuneração (n.º 1), **bem como do subsídio de refeição** (art. 2.º, n.º 2, al. i) do Dec.-Lei n.º 57-B/84, de 20 de Fevereiro);

2.º Implicam desconto na antiguidade do trabalhador (n.º 2);

**3.º As faltas injustificadas, porque determinam perda de remuneração, «podem ser substituídas, se o trabalhador expressamente assim o preferir, por dias de férias, na proporção de 1 dia de férias por cada dia de falta, desde que seja salvaguardado o gozo efectivo de 20 dias úteis de férias ou da correspondente proporção, se se tratar de férias no ano de admissão» (art. 193.º, n.º 2 do Anexo I – «Regime», do RCTFP);

4.º Têm eventuais consequências disciplinares, incorrendo na pena de despedimento o trabalhador que, dentro do mesmo ano civil, der 5 faltas seguidas ou 10 interpoladas sem justificação (art. 18.º, n.º 1, al. g) do EDTEFP);

5.º «Tratando-se de faltas injustificadas a um ou meio período normal de trabalho diário, imediatamente anteriores ou posteriores aos dias ou meios dias de descanso ou feriados, considera-se que o trabalhador praticou uma infracção grave» (art. 192.º, n.º 2 do Anexo I – «Regime», do RCTFP);

6.º «No caso de a apresentação do trabalhador, para início ou reinício da prestação de trabalho, se verificar com atraso injustificado superior a trinta ou sessenta minutos, pode a entidade empregadora pública recusar a aceitação da prestação durante parte ou todo o período normal de trabalho, respectivamente» (art. 192.º, n.º 3 do Anexo I – «Regime», do RCTFP).

A finalizar esta matéria das faltas importa referir que a sua regulação e ou alteração só pode ser feita por lei, uma vez que, **através do art. 186.º do Anexo I – «Regime», do RCTFP, se veda a possibilidade de «as disposições relativas aos tipos de faltas e à sua duração» poderem ser objecto de instrumento de regulamentação colectiva de trabalho.**

CAPÍTULO VI
Situações de ausência legítima ao serviço. As licenças

Na sequência da publicação do conjunto de diplomas que constitui a chamada Reforma da Administração Pública, nomeadamente da LVCR e do RCTFP, passou também a haver dois regimes jurídicos das licenças, a saber um para os trabalhadores nomeados e outro para os contratados. É deles que iremos tratar de imediato, começando desde logo pelo regime das licenças dos trabalhadores nomeados.

A) AS LICENÇAS DOS TRABALHADORES NOMEADOS:

O art. 72.º do regime de FFL dá-nos uma definição legal de **LICENÇA** como sendo a "**ausência prolongada ao serviço mediante autorização**" **prévia** (elemento este que caracteriza e distingue a licença em relação à figura da falta justificada na opinião do Dr. João Alfaia expendida na sua obra anteriormente citada).

O art. 73.º do regime de FFL enumera, de seguida, os diversos tipos de licença, a saber:

1.º Licença sem vencimento até 90 dias;
2.º Licença sem vencimento por 1 ano;
3.º Licença sem vencimento de longa duração;
4.º Licença sem vencimento para acompanhamento do cônjuge colocado no estrangeiro;
5.º Licença sem vencimento para o exercício de funções em organismos internacionais.

A concessão de todas estas licenças está, porém, dependente de uma condição que se traduz na sua sujeição a uma apreciação prévia da sua inconveniência para o serviço. Mas, no caso das licenças enunciadas nas als. b) a e) do art. 73.º, n.º 1 do regime de FFL, exige-se ainda uma outra condição, a saber, que antes da sua concessão seja verificada e ponderada a existência aí de um eventual interesse público, «sendo motivo especial atendível (aqui) a valorização profissional do trabalhador nomeado».

1.º LICENÇA SEM VENCIMENTO ATÉ 90 DIAS (arts. 74.º e 75.º do regime de FFL):

- **DIREITO**: o **trabalhador nomeado**, independentemente do tempo de serviço prestado na função pública (art. 74.º, n.º 1 do regime de FFL).
- **PERÍODO: sem período mínimo e com um máximo de 90 dias**, podendo o seu gozo ser seguido ou interpolado. O limite de 90 dias é de respeitar e aplicar mesmo nos casos em que o período da licença se inicie no final de um ano civil e termine no ano imediato. A lei permite que o trabalhador requeira uma licença desta em cada ano civil. O regresso ao serviço pode ser antecipado através de requerimento, apresentado nesse sentido, pelo próprio trabalhador (art. 74.º, n.ºs 1 a 3 do regime de FFL).
- **FORMALIDADES: a concessão da licença depende de requerimento do trabalhador e da consequente autorização prévia do dirigente do serviço** (arts. 72.º e 74.º, n.º 1 do regime de FFL).
- **EFEITOS:**

a) **Implica a perda total das remunerações** (art. 75, n.º 1 do regime de FFL);

b) **Desconta na antiguidade para efeitos de carreira, aposentação e sobrevivência** (art. 75.º, n.º 1 do mesmo regime);

c) **No caso da licença ter o seu início e fim no mesmo ano civil, no ano seguinte o trabalhador tem direito a um período de férias proporcional ao tempo de serviço prestado no ano da licença** (art. 75.º, n.º 2 do regime de FFL);

d) **Se a licença abranger dois anos civis, no ano de regresso e no ano seguinte, o trabalhador terá direito a um período de férias proporcional ao tempo de serviço prestado**, respectivamente, no ano da suspensão de funções e no ano de regresso à actividade (art. 75.º, n.º 3 do regime de FFL). Neste caso o trabalhador terá sempre direito a um período de 8 dias úteis de férias consecutivos (art. 75.º, n.º 4 do regime de FFL).

2.º LICENÇA SEM VENCIMENTO POR 1 ANO (arts. 76.º e 77.º do regime de FFL):

- **DIREITO**: têm direito os trabalhadores **nomeados** (art. 76.º, n.ºˢ 1 e 4 do regime de FFL).
- **PERÍODO**: **1 ano renovável até ao limite de 3 anos** (art. 76.º, n.º 1 do regime de FFL).
- **FORMALIDADES:** com a alteração introduzida pelo Dec.-Lei n.º 169/2006, de 17 de Agosto, que aditou ao Dec.-Lei n.º 100/99, de 31 de Março, o art. 73.º-A**, a concessão desta licença carece de:**

a) **De despacho do dirigente máximo do serviço, comunicado ao respectivo membro do Governo;**

b) **De despacho de autorização do membro do governo de que depende aquele trabalhador, o membro do Governo em apreço pode, contudo, obstar à concessão desta licença «no prazo de 10 dias e por motivos de conveniência de serviço» (art. 73.º-A, n.º 2);**

c) **Não obstante o art. 9.º do Dec.-Lei n.º 169/2006, de 17 de Agosto, ter operado a revogação expressa do n.º 2 do art. 76.º do Dec.-Lei n.º 100/99, continuamos a sustentar a necessidade da existência de um requerimento devidamente fundamentado feito pelo trabalhador interessado como elemento despoletador desta licença; confirma-o a própria lei quando faz depender a concessão desta licença da verificação da existência de circunstâncias de interesse público que a justifiquem**; ora, é sempre ao trabalhador interessado que cabe obviamente o ónus de invocar essas circunstâncias no momento da apresentação do respectivo pedido ou requerimento (art. 76.º, n.º 1 do regime de FFL). Quando essas circunstâncias que determinaram a concessão da licença cessarem, o trabalhador pode requerer o regresso antecipado ao serviço (art. 76.º, n.º 3 do regime de FFL).

- **EFEITOS:**

a) **Implica a perda total das remunerações** (art. 77.º, n.º 1 do regime de FFL);

b) **Determina o desconto na antiguidade para efeitos de carreira, aposentação, sobrevivência e fruição dos benefícios da ADSE,**

a não ser que o interessado mantenha os correspondentes descontos com base na remuneração auferida á data da concessão da licença (art. 77.º, n.ºs 1 e 2 do regime de FFL);
c) **Quanto às férias, o trabalhador deve gozá-las no ano civil de passagem à situação desta licença, antes do início da mesma** (art. 77.º, n.º 3 do regime de FFL); no caso de manifesta impossibilidade desse gozo, o «trabalhador nomeado tem direito a receber, nos 60 dias subsequentes ao início daquela situação de licença, a remuneração correspondente ao período de férias não gozado, bem como o respectivo subsídio, e a gozar as férias vencidas em 1 de Janeiro desse ano» (art. 77.º, n.º 4 do regime de FFL).

«No ano de regresso e no seguinte, o trabalhador nomeado tem direito a um período de férias proporcional ao tempo de serviço prestado no ano da suspensão de funções», direito esse que terá sempre que observar o «período mínimo de 8 dias úteis de férias», em princípio, consecutivos (art. 77.º, n.ºs 5 e 6 e art. 13.º, n.º 4 do regime de FFL).

3.º LICENÇA SEM VENCIMENTO DE LONGA DURAÇÃO (arts. 78.º a 83.º do regime de FFL):

- **DIREITO: o trabalhador nomeado e que conte, pelo menos, 5 anos de serviço efectivo**, ainda que em diversas situações e interpoladamente. Este requisito da prestação de pelo menos 5 anos de serviço efectivo é dispensado no caso do trabalhador ter atingido o prazo máximo de 18 meses na situação de faltas por doença (art. 78.º, n.º 1 e, por remissão deste, o art. 47.º, n.º 1, al. b), ambos do regime de FFL).
- **PERÍODO: não poderá ser inferior a 1 ano, não havendo qualquer limite fixado para a sua duração máxima** (art. 79.º do regime de FFL).
- **FORMALIDADES:** também na sequência da alteração introduzida pelo Dec.-Lei n.º 169/2006, de 17 de Agosto, ao Dec.-Lei n.º 100/99, de 31 de Março, que lhe aditou o art. 73.º-A, **a concessão desta licença carece de:**

a) **Do despacho do dirigente máximo do serviço comunicado ao respectivo membro do Governo;**

b) **De despacho de autorização prévia do membro do Governo de que aquele depende** (art. 78.º, nº 1 do regime de FFL); este despacho de autorização da licença não carece de publicação no Diário da República, de acordo com o que se prescreve no art. 5.º, n.º 1 do Dec.-Lei n.º 328/87, de 16 de Setembro (diploma sobre publicações no Diário da República), exigindo-se aí apenas que os respectivos serviços promovam a sua «comunicação aos interessados, bem como aos departamentos envolvidos, nomeadamente ao Tribunal de Contas, à Direcção-Geral da Contabilidade Pública, à Caixa Geral de Aposentações, ao Montepio dos Servidores do Estado, à Direcção-Geral da Protecção Social dos Funcionários e Agentes da Administração Pública (ADSE) e ao Instituto de Informática do Ministério das Finanças»; o membro do Governo pode, contudo, obstar á concessão desta licença no prazo de 10 dias e por motivos de conveniência de serviço (art. 73.º-A, n.º 2 do Dec.-Lei n.º 100/99, de 31 de Março, na sequência da alteração introduzida pelo Dec.-Lei n.º 169/2006, de 17 de Agosto);

c) **Não obstante o art. 9.º do Dec.-Lei n.º 169/2006, de 17 de Agosto, ter operado também a revogação expressa do n.º 2 do art. 78.º do Dec.-Lei n.º 100/99, continuamos igualmente a sustentar a necessidade da existência aqui de um requerimento feito pelo trabalhador nomeado interessado como elemento despoletador desta licença (é o próprio art. 78.º, n.º 1 do Dec.--Lei n.º 100/99 que assim o determina quando afirma: «...podem requerer...»).**

Formalidades para o regresso da licença: o trabalhador em gozo desta licença só pode requerer o regresso ao serviço desde que tenha decorrido o prazo mínimo de 1 ano, «cabendo-lhe uma das vagas existentes ou a primeira da sua categoria que venha ocorrer no serviço de origem, podendo, no entanto, candidatar-se a concurso interno geral para a categoria que detém, ou para a categoria superior, se preencher os requisitos legais, desde que o faça depois de ter manifestado vontade de regressar ao serviço efectivo, e sem prejuízo do disposto no artigo 83.º» (art. 82.º, n.º 1 do regime de FFL). Este regresso carece de despacho favorável do respectivo membro do Governo, despacho esse para o qual já se exige a sua publicação no Diário da República (quando se tratem de trabalhadores nomeados da Administração Central) ou nos Jornais Oficiais das Regiões

Autónomas, quando sejam trabalhadores das respectivas administrações regionais) – cfra. art. 82.º, n.º 2 do regime de FFL.

Quando se trate de regresso ao serviço de trabalhador que esteja há mais de 2 anos na situação de licença sem vencimento de longa duração este regresso só pode ocorrer após inspecção médica pela entidade competente para inspeccionar os candidatos ao exercício de função pública (art. 83.º do regime de FFL).

- **EFEITOS:**

  a) **Determina a abertura de vaga e a suspensão da relação jurídica de emprego público** a partir da data do despacho de autorização (art. 80.º, n.º 1 do regime de FFL);
  b) **Perda total das remunerações** (art. 80.º, n.º 2 do regime de FFL);
  c) **Desconto na antiguidade para efeitos de carreira, aposentação e sobrevivência,** a não ser que o trabalhador requeira a contagem desse mesmo tempo para esses efeitos e proceda, nos termos legais aplicáveis, ao pagamento das respectivas quotas (art. 80.º, n.ºs 2 e 3 do regime de FFL); no caso de continuar a proceder a tais descontos, pode o trabalhador nomeado, na pendência da licença sem vencimento de longa duração, pedir a sua passagem à aposentação, desde que reúna os requisitos legais para este efeito;
  d) **Quanto aos efeitos em matéria de férias, devem elas ser gozadas no ano civil da passagem à situação de licença e antes do seu início** (art. 81.º, n.º 1 do regime de FFL); no caso de se verificar manifesta impossibilidade do seu gozo tem o trabalhador nomeado o direito a receber, nos 60 dias subsequentes ao início da licença, a remuneração correspondente ao período de férias não gozado, bem como o respectivo subsídio (art. 81.º, n.º 2 do regime de FFL); além disso, goze ou não férias antes do início da licença, o trabalhador recebe ainda a remuneração correspondente ao período de férias relativas ao tempo de serviço prestado nesse ano, bem como o proporcional subsídio de férias (art. 81.º, n.º 3 do regime de FFL); **após o termo da licença, no regresso ao serviço, o trabalhador nomeado tem direito a gozar férias nos termos dos arts. 2.º e 3.º do regime jurídico de FFL** (art. 81.º, n.º 4 do regime de FFL);

e) O trabalhador no gozo desta licença está ainda impedido de ser provido em lugares dos quadros dos serviços e organismos abrangidos pelo âmbito de aplicação do regime jurídico de FFL, enquanto se mantiver nessa situação; contudo, nada obsta a que exerça outras funções públicas desde que de natureza temporária (art. 78.º, n.º 3 do regime de FFL).

4.º LICENÇA SEM VENCIMENTO PARA ACOMPANHAMENTO DO CÔNJUGE NO ESTRANGEIRO (arts. 84.º a 88.º do regime de FFL):

- **DIREITO**: têm direito os **trabalhadores nomeados** que tenham o respectivo cônjuge, independentemente deste ter ou não a qualidade de trabalhador nomeado, «colocado no estrangeiro por período de tempo superior a 90 dias ou indeterminado, em missões de defesa ou representação de interesses do País ou em organizações internacionais de que Portugal seja membro» (art. 84.º do regime de FFL).
- **PERÍODO: superior a 90 dias e indeterminado quanto ao seu período máximo de duração** (o indeterminado aqui terá, porém, a mesma duração que a da colocação do cônjuge no estrangeiro). Este período contudo pode iniciar-se depois da colocação do cônjuge, desde que o interessado alegue conveniência nesse sentido, e terminar antes do período previamente fixado se o trabalhador requerer o regresso antecipado ao serviço (art. 86.º, n. n.ºs 1 a 3 do regime de FFL).
- **FORMALIDADES: depende de requerimento do trabalhador devidamente fundamentado e da obtenção de autorização do dirigente competente** (art. 85.º, n.º 1 do regime de FFL).

Finda a colocação do cônjuge no estrangeiro o trabalhador apresentará requerimento ao dirigente máximo do serviço, pedindo o seu «regresso à actividade no prazo de 90 dias a contar da data do termo da situação de colocação daquele no estrangeiro» (art. 87.º, n.º 1 do regime de FFL). «O não cumprimento do disposto no número anterior determina, conforme os casos, a exoneração ou a rescisão do contrato» (art. 87.º, n.º 2 do regime de FFL).

- **EFEITOS:**

a) **Perda de todas as remunerações** (art. 84.° do regime de FFL);
b) **Determina a abertura da vaga, no caso de pessoal do quadro, quando concedida por período superior a um ano** (art. 85.°, n.° 2 do regime de FFL);
c) **Exoneração do lugar no caso do trabalhador nomeado não requerer o regresso à actividade no prazo de 90 dias a contar da data do termo da situação de colocação do cônjuge no estrangeiro** (art. 87.°, n.° 2 do regime de FFL);
d) **Não contagem do tempo para quaisquer efeitos,** excepto para aposentação, sobrevivência e fruição dos benefícios da ADSE, mas apenas quando o interessado mantiver os correspondentes descontos, com base na remuneração auferida à data da concessão da licença (art. 85.°, n.° 4 do regime de FFL);
e) **Quanto às férias,** se a licença for inferior a 2 anos (art. 85.°, n.° 3 do regime de FFL), o trabalhador tem direito, no ano de regresso e no seguinte, a um período de férias proporcional ao tempo de serviço prestado no ano de suspensão das funções (art. 77.°, n.° 5 do regime de FFL), mantendo em qualquer dos casos, sempre o direito a gozar o período mínimo de 8 dias úteis de férias consecutivos (art. 77.°, n.° 6 do regime de FFL). Se a licença for igual ou superior a 2 anos (art. 85.°, n.° 3 do regime de FFL), aplica-se o disposto no art. 80.° do regime de FFL, isto é:

I – A concessão da licença determina a abertura da vaga e a suspensão do vínculo com a Administração Pública a partir da data do despacho que a concede, sem prejuízo do disposto no art. 82.° do regime de FFL (realce-se, contudo, que daqui parece resultar a existência de alguma contradição, nomeadamente com o disposto no art. 85.°, n.° 2 do regime de FFL que prescreve que há lugar à abertura de vaga quando a concessão da licença for dada logo por período superior a um ano; inclinamo-nos aqui para a tese que sustenta a vigência do preceito específico sobre este tipo de licença contido no art. 85.°, n.° 2 do regime de FFL, isto é, de que a concessão desta licença por período superior a um ano determina a abertura de vaga, devendo-se assim entender a remissão feita no seu n.° 3 como reportada ao art. 80.°, mas na parte não conflituante com o disposto no art. 85, n.° 2 do regime de FFL);

II – Implica a perda total da remuneração e o desconto na antiguidade para todos os efeitos legais de carreira, aposentação e sobrevivência, a não ser que o trabalhador nomeado requeira que se lhe continue a contar esse tempo para a aposentação e sobrevivência, mediante o pagamento, nos termos legais, das respectivas quotas (art. 80.º, n.ᵒˢ 2 e 3, por remissão do art. 85.º, n.º 3, ambos do regime de FFL).

f) Situação após o termo da licença (art. 88.º do regime de FFL):

I – Se tiver sido preenchida a respectiva vaga, o trabalhador nomeado fica a aguardar, como supranumerário, a primeira vaga que vier a ocorrer na sua categoria do serviço de origem, mantendo, até lá, todos os direitos inerentes à efectividade de funções (vencimento, subsídio de refeição, ADSE, etc; art. 88.º, n.º 1 do regime de FFL);

II – O regresso do trabalhador nomeado desta licença faz-se mediante despacho do respectivo membro do Governo publicado no Diário da República, se for funcionário ou agente da administração central, ou no jornal oficial, se se tratar de trabalhador da administração regional (art. 88.º, n.º 2 e, por remissão, o art. 82.º, n.º 2 do regime de FFL);

III – O trabalhador nomeado, pelo facto de ter requerido o regresso ao serviço, não tem qualquer prioridade no preenchimento de vagas que foram postas a concurso à data da apresentação do requerimento, bem como na ocupação de lugares através do recurso à figura de mobilidade desde que, à data da entrega do seu pedido, tenha já sido proferido o despacho de autorização de preenchimento desses mesmos lugares;

IV – O trabalhador tem direito a regressar ao serviço desde que seja para:

    a) A mesma categoria;
    b) A categoria resultante de revalorização entretanto havida;
    c) A categoria equivalente à que possuía, no caso de ter sido extinta a que possuía à data do inicio da licença.

5. LICENÇA SEM VENCIMENTO PARA O EXERCÍCIO DE FUNÇÕES EM ORGANISMOS INTERNACIONAIS (art. 89.º, n.º 1, al. b) do regime de FFL):

- **DIREITO: os trabalhadores nomeados** (art. 89.º, n.ᵒˢ 1 e 2 do regime de FFL).
- **PERÍODO:** corresponde ao período do exercício das funções (art. 91.º, n.º 1 do regime de FFL).

- **FORMALIDADES:** depende de requerimento do próprio interessado e consequente despacho de autorização da competência conjunta do Ministério dos Negócios Estrangeiros e do membro do Governo sob cuja dependência se encontra o serviço do interessado. Além do requerimento o trabalhador tem de apresentar prova da sua situação face ao organismo internacional, a emitir pelo mesmo, quer no início, quer no regresso (art. 92.º, n.ºs 1 e 2 do regime de FFL). Para regressar ao serviço o trabalhador terá que apresentar requerimento nesse sentido, carecendo este de despacho favorável das mesmas entidades que conferiram a licença (art. 92.º, n.º 2 do regime de FFL).

- **EFEITOS:**

a) **Perda total de remuneração** (art. 91.º, n.º 3 e, por remissão, art. 90.º, n.º 2 do regime de FFL);
b) **O tempo de serviço conta para efeitos de antiguidade na carreira, cálculo das pensões de aposentação e sobrevivência e fruição dos benefícios da ADSE,** devendo porém o trabalhador continuar a efectuar os descontos legais com base na remuneração auferida à data do início da licença (art. 91.º, n.º 3 e art. 90.º, n.ºs 2 e 3 do regime de FFL);
c) **Determina a abertura da vaga,** ficando o trabalhador, no seu regresso, como supranumerário enquanto a mesma não ocorrer (art. 91.º, n.ºs 1 e 2 do regime de FFL);
d) **Em matéria de férias** aplica-se o disposto no art. 81.º por força do disposto no art. 91.º, n.º 3, ambos do regime de FFL;
e) **O regresso ao serviço** do trabalhador nomeado faz-se nos termos do art. 82.º do regime de FFL, na sequência do que se dispõe no seu art. 91.º, n.º 3.

NOTA – «Se durante o decurso da licença sem vencimento de longa duração, licença para o acompanhamento do cônjuge colocado no estrangeiro e licença para exercício de funções em organismos internacionais se verificar a reestruturação ou extinção do serviço, o regresso à actividade no serviço para o qual, de acordo com a respectiva legislação ordinária, tenham passado as atribuições do primeiro depende de uma apreciação prévia da necessidade desse recrutamento, de acordo com a política de gestão de efectivos» (art. 101.º, n. 1 do regime de FFL).

Por força do preceituado no n.º 2 deste mesmo art. 101.º do regime de FFL, aos trabalhadores nomeados que não possam regressar à actividade na sequência do preceituado na parte final do número anterior é aplicável o disposto na al. d) do art. 2.º do Dec.-Lei n.º 13/97, de 17 de Janeiro, diploma que criou o departamento de reclassificação, reconversão e colocação de pessoal a funcionar no seio da Direcção-Geral da Administração pública (em virtude da revogação do Dec.-Lei n.º 497/88, de 30 de Dezembro, operada pelo Dec.-Lei n.º 100/99, de 31 de Março, a legislação a que se refere o art. 2.º, al. d) do Dec.-Lei n.º 13/97, de 17 de Janeiro, deve hoje entender-se como reportada ao art. 101.º, n.º 2 do Dec.-Lei n.º 100/99, de 31 de Dezembro).

6. LICENÇA ESPECIAL PARA DESEMPENHO DE FUNÇÕES EM ASSOCIAÇÃO SINDICAL – trata-se de uma licença especial introduzida pelo art. 13.º da Lei n.º 59/2008, de 11 de Setembro, no corpo do Dec.-Lei n.º 100/99, de 31 de Março, que está mais ligada à actividade sindical, pelo que a sua inserção sistemática neste corpo de diploma não foi porventura a mais feliz. Não obstante isto, fazemos menção aqui desta licença. Temos assim, que a requerimento da associação sindical interessada, e para nela prestar serviço, pode ser concedida licença sem vencimento por 1 ano, que pode ser sucessiva e tacitamente renovada, a trabalhador nomeado que conte mais de 3 anos de antiguidade no exercício de funções públicas, devendo este requerimento ser instruído com declaração do trabalhador em que este manifeste de forma expressa o seu acordo (art. 101-A, do Dec.-Lei n.º 100/99, de 31 de Março, aditado pela Lei n.º 59/2008, de 11 de Setembro).

B) AS LICENÇAS DOS TRABALHADORES CONTRATADOS:

Aos trabalhadores contratados é também reconhecido o direito de recorrerem à figura da licença sem remuneração prevista nos arts. 234.º e 235.º do Anexo I – «Regime», do RCTFP. Ao contrário do que acontece com o regime das FFL, constante do Dec.-Lei n.º 100/99, de 31 de Março, o RCTFP enuncia e regula o instituto da licença sem contudo o tipificar, uma vez que deixa à autonomia da vontade, concertada entre as partes, a fixação da duração e do objectivo da licença. Porém, a redacção adoptada naqueles arts. 234.º e 235.º prenuncia de certa forma uma tipologia de licenças, nomeadamente quando aí se fala em licenças de longa duração, por contraposição eventualmente às de curta duração, de duração inferior a 1 ano, fundadas em circunstâncias de interesse público, para acompanhamento de cônjuge colocado no estrangeiro e para o exercício de funções em organismos internacionais (art. 234.º, n.ᵒˢ 2, 4 e 5).

Neste contexto, no que toca ao **critério da sua vigência temporal**, é possível **classificar estas licenças em**:

1. Licença sem remuneração de longa duração (a que for superior a 60 dias; art. 234.º, n.º 4 do Anexo I – «Regime», do RCTFP);

2. Licença sem remuneração de curta duração a contrario sensu, (a que for inferior aos tais 60 dias);

3. Licença sem remuneração superior a 1 ano (art. 235.º, n.ᵒˢ 4 e 5 do Anexo I – «Regime», do RCTFP);

4. Licença sem remuneração inferior a 1 ano (art. 235.º, n.º 4 do Anexo I – «Regime», do RCTFP; a forma como este preceito vem redigido parece apontar no sentido de que todas as licenças inferiores a 1 ano se devem fundar em circunstâncias de interesse público).

Com base no critério da produção de efeitos, podemos classificar as licenças ainda em:

1. Licença sem remuneração superior a 1 ano (art. 235.º, n.ᵒˢ 4 e 5 do Anexo I – «Regime», do RCTFP);

2. Licença sem remuneração inferior a 1 ano (art. 235.º, n.º 4 do Anexo I – «Regime», do RCTFP;);

3. Licença sem remuneração fundada em circunstâncias de interesse público (art. 235.º, n.º 4 do Anexo I – «Regime», do RCTFP);

4. Licença sem remuneração fundada em motivos de interesse particular (as restantes; art. 235.º, n.º 5 do Anexo I – «Regime», do RCTFP);

5. Licença sem remuneração para acompanhamento de cônjuge colocado no estrangeiro (art. 234.º, n.º 5 do Anexo I – «Regime», do RCTFP);

6. Licença sem remuneração para o exercício de funções em organismos internacionais (art. 234.º, n.º 5 do Anexo I – «Regime», do RCTFP).

Quanto ao **critério do interesse subjacente ou motivante da licença, podemos distinguir entre:**

1. Licença sem remuneração fundada em circunstâncias de interesse público (art. 235.º, n.º 4 do Anexo I – «Regime», do RCTFP);
2. Licença sem remuneração fundada em motivos de interesse particular (as restantes, ou seja, as que forem superior a 1 ano; art. 235.º, n.º 5 do Anexo I – «Regime», do RCTFP);
3. Licença sem remuneração para acompanhamento de cônjuge colocado no estrangeiro (art. 234.º, n.º 5 do Anexo I – «Regime», do RCTFP);
4. Licença sem remuneração para o exercício de funções em organismos internacionais (art. 234.º, n.º 5 do Anexo I – «Regime», do RCTFP).

As licenças vêm previstas no Título II – Contrato, no Capítulo V, sobre as «Vicissitudes contratuais», do Anexo I – «Regime», do RCTFP, o que significa que para o legislador estas licenças se constituem assim numa verdadeira e própria vicissitude contratual. Vejamos então esta figura das licenças do RCTFP.

- **DIREITO:** os **trabalhadores contratados** abrangidos pelo RCTFP, especificando-se no art. 234.º, n.º 2 do Anexo I – «Regime» que, «sem prejuízo do disposto em legislação especial ou em instrumento de regulamentação colectiva de trabalho, o trabalhador tem direito a licenças sem remuneração de longa duração para frequência de cursos de formação ministrados sob responsabilidade de uma instituição de ensino ou de formação profissional ou no âmbito de programa específico aprovado por autoridade competente e executado sob o seu controlo pedagógico ou frequência de cursos ministrados em estabelecimento de ensino». Considera-se de longa duração a licença superior a 60 dias (art. 234.º, n.º 4).
- **PERÍODO:** tendo presente o disposto no art. 234.º, n.º 2 e 4 do Anexo I – «Regime», do RCTFP, e com base no critério da sua vigência temporal, é desde logo possível distinguir entre **licenças de longa duração** e de **curta duração**. Enquanto para as de **longa duração** se determina expressamente que **não podem ser inferiores a 60 dias**, não se lhes fixando contudo qualquer limite temporal máximo, para as de **curta duração** ficam, a contrario sensu, aqueles **60 dias como respectivo limite temporal máximo**, nada se dizendo porém quanto ao seu período mínimo de tempo. A regra

que importa reter aqui é, pois, a de que o período de vigência das licenças sem remuneração é fixado por acordo entre as partes.
- **FORMALIDADES: a concessão de quaisquer licenças sem remuneração depende de um pedido formulado nesse sentido pelo próprio trabalhador interessado.** Isto é, a entidade empregadora pública só pode conceder uma qualquer licença sem remuneração se houver um pedido expressamente formulado pelo trabalhador interessado nesse sentido, ou seja, o pedido constitui-se numa verdadeira e própria *conditio sine qua non* para a concessão destas licenças (art. 234.º, n.º 1). Feito o pedido, a concessão da licença depende, depois, da consequente autorização dada pela respectiva entidade empregadora pública. O art. 234.º, n.º 3 do Anexo I – «Regime», do RCTFP, cinge, contudo, a faculdade de recusa da concessão da licença por parte da entidade empregadora pública, prevista no seu n.º 2, apenas e tão só às condições aí previstas, a saber:

«a) Quando ao trabalhador tenha sido proporcionada formação profissional adequada ou licença ou licença para o mesmo fim, nos últimos 24 meses;
b) Quando a antiguidade do trabalhador no órgão ou serviço seja inferior a três anos;
c) Quando o trabalhador não tenha requerido a licença com uma antecedência mínima de 90 dias em relação à data do seu início;
d) Para além das situações referidas nas alíneas anteriores, tratando-se de trabalhadores titulares de cargos dirigentes que chefiam equipas multidisciplinares ou integrados em carreiras ou categorias de grau 3 de complexidade funcional, quando não seja possível a substituição dos mesmos durante o período da licença, sem prejuízo sério para o funcionamento do órgão ou serviço».

«As licenças sem remuneração para acompanhamento de cônjuge colocado no estrangeiro e para o exercício de funções em organismos internacionais são», por seu turno, «concedidas nos termos previstos na lei aplicável ao pessoal nomeado» (art. 234.º, n.º 5 do Anexo I – «Regime», do RCTFP).

- **EFEITOS:** encontram-se enunciados no art. 235.º do Anexo I – «Regime», do RCTFP, a saber:

1. A concessão da licença determina a suspensão do contrato, mantendo-se contudo durante a suspensão os direitos, deveres e garantias das partes na medida em que não pressuponham a efectiva prestação do trabalho, com a ressalva de que a suspensão não interrompe o decurso do prazo para efeitos de caducidade, nem obsta a qualquer das partes faça cessar o contrato nos termos gerais (n.º 1, que remete para os n.ºs 1 e 3 do art. 231.º do Anexo I – «Regime», do RCTFP).

2. Em princípio o período de tempo da licença não conta para efeitos de antiguidade, a não ser que o trabalhador, nas situações de licença previstas no n.º 5 do art. 234.º do Anexo I – «Regime», do RCTFP, e noutras licenças fundadas em circunstâncias de interesse público, requeira «que lhe seja contado o tempo para efeitos de reforma, aposentação e fruição de benefícios sociais (por exemplo, a ADSE), mantendo os correspondentes descontos com base na remuneração auferida à data da concessão da licença» (n.ºs 2 e 3).

3. «Nas licenças de duração inferior a um ano, nas previstas no n.º 5 do artigo anterior e noutras licenças fundadas em circunstâncias de interesse público, o trabalhador tem direito à ocupação de um posto de trabalho no órgão ou serviço quando terminar a licença» (art. 235.º, n.º 4 do Anexo I – «Regime», do RCTFP).

4. «Nas restantes licenças, o trabalhador que pretenda regressar ao serviço e cujo posto de trabalho se encontre ocupado, deve aguardar a previsão, no mapa de pessoal, de um posto de trabalho não ocupado, podendo candidatar-se a procedimento concursal para outro órgão ou serviço para o qual reúna os requisitos exigidos» (art. 235.º, n.º 5 do Anexo I – «Regime», do RCTFP).

5. «Ao regresso antecipado do trabalhador em gozo de licença sem remuneração é aplicável o disposto no número anterior» (art. 235.º, n.º 6 do Anexo I – «Regime», do RCTFP).

CAPÍTULO VII
Antiguidade. Conceitos. Listas de antiguidade

I – Dos trabalhadores nomeados

O art. 93.º do regime de FFL começa logo por preceituar que «os serviços e organismos devem organizar em cada ano listas de antiguidade dos seus trabalhadores nomeados, com referência a 31 de Dezembro do ano anterior», sem que contudo nos dê qualquer conceito legal de antiguidade. Porém, partindo dos preceitos contidos no Capítulo V do Dec.-Lei n.º 100/99 de 31 de Dezembro, podemos definir:

Antiguidade como sendo o tempo de serviço efectivo prestado (e respectiva contagem), de forma contínua ou interpolada, isto é, sem ou com interrupção de funções, ou a ele equiparado por lei, à Administração Pública, seja ela central, regional ou local, e sejam quais forem os seus organismos, pelo trabalhador nomeado, na mesma ou em diferentes categorias.

A contagem desta antiguidade varia, porém, conforme os fins, objectivos ou efeitos a que se reportam. Assim, as principais modalidades de contagem da antiguidade podem reportar-se à contagem:

1.º **Na função pública** – conta-se desde a aceitação ou, excepcionalmente, desde a data da data da publicitação do respectivo acto de nomeação (arts. 15.º e 18.º da LVCR);

2.º **Na carreira** – desde a aceitação na primeira categoria da carreira ou, excepcionalmente, desde a data da data da publicitação do respectivo acto de nomeação (arts. 15.º e 18.º da LVCR);

3.º **Na categoria** – desde a aceitação na categoria ou, excepcionalmente, desde a data da data da publicitação do respectivo acto de nomeação (arts. 15.º e 18.º da LVCR);

4.º **No mapa** – desde o ingresso no mapa de um determinado organismo ou serviço (o art. 5.º da LVCR substituiu a figura de quadro pela de mapa, pelo que se impõe assim aqui proceder a uma adequação da terminologia jurídica utilizada no Dec.-Lei n.º 100/99, de 31 de Março).

Quando na lei se faz referência à contagem de tempo de serviço para efeitos de antiguidade na carreira e aposentação pensa-se geralmente que se está a falar da mesma coisa. Contudo, existem neste âmbito 'nuances' importantes que ajudam a desfazer esta primeira impressão, errónea, desde logo porque as regras aplicáveis às duas situações são distintas. Nem sempre o tempo relevável para a antiguidade é coincidente com o que entra no cômputo da aposentação. Senão, vejamos!

Um trabalhador nomeado que se ausente ao serviço durante 2 meses seguidos por motivo de doença vê relevado para efeito de antiguidade na carreira apenas 335 dias (uma vez que, de acordo com o disposto no art. 29.º, n.º 3 do regime de FFL, os primeiros 30 dias de doença, seguidos ou interpolados, não descontam na antiguidade para efeitos de carreira) enquanto que em matéria de antiguidade para efeitos de aposentação já se lhe contam 365 dias. Recorde-se que para a aposentação não é exigida a prestação efectiva de serviço, mas apenas a contribuição com uma quota de modo a garantir ao trabalhador a pensão de aposentação (art. 35.º do Dec.-Lei n.º 498/72, de 9 de Dezembro, Estatuto da Aposentação).

Quando calculamos a antiguidade na carreira de um trabalhador uma coisa podemos estar certos: é que a contagem de tempo de serviço para esse efeito nunca é superior ao período cronológico, isto é, um ano de serviço de antiguidade é igual a um ano de calendário. Já o mesmo não se pode dizer quanto à antiguidade para efeitos de aposentação uma vez que o trabalhador pode encontrar-se numa situação que lhe dê direito a bonificação legal de tempo.

Ao falarmos assim em antiguidade importa precisar logo qual o fim ou efeito da sua contagem para evitar equívocos desnecessários nesta matéria.

No art. 41.º, n.º 2 do Código do Procedimento Administrativo faz-se uso diferente do conceito de antiguidade, nomeadamente ao determinar que «na falta de designação pela lei, a substituição cabe ao inferior hierárquico imediato, mais antigo, do titular a substituir».

A regra geral quanto à data que marca «o início das funções para todos os efeitos legais, designadamente os de percepção de remuneração e de contagem do tempo de serviço» (antiguidade) é a data da aceitação (vd. art. 18, n.º 1 da LVCR).

Há contudo **situações especiais em que esta regra geral é afastada**, a saber, **nos casos de:**

- **Maternidade, paternidade ou adopção (agora abrangidos no novo conceito genérico de parentalidade);**
- **Faltas por acidente em serviço ou de doença profissional;**
- **Prestação militar;**

Em que «a contagem do tempo de serviço decorrente de nomeação definitiva retroage (já) à data da publicitação do respectivo acto» (arts. 18.º, nº 3 da LVCR).

O art. 18.º, n.º 2 da LVCR, faz ainda questão de clarificar que naqueles casos, «a percepção da remuneração decorrente de nomeação definitiva (também) retroage à data da publicitação do respectivo acto».

No que toca à elaboração das **LISTAS DE ANTIGUIDADE** temos a referir ainda que:

1. Os serviços responsáveis pela organização anual das listas de antiguidade dos seus trabalhadores nomeados deverão ter sempre presente nessa tarefa quais as situações de faltas e licenças que dão lugar a desconto na antiguidade daquelas ausências que, pelo contrário, são equiparadas a serviço efectivo. Temos, assim, que:

- **As faltas dos trabalhadores nomeados por:**

  – **Casamento;**
  – **Maternidade ou paternidade;**
  – **Adopção;**
  – **Nascimento;**
  – **Falecimento de familiar;**
  – **Acidente em serviço ou doença profissional;**
  – **Tratamento ambulatório motivado por acidente de serviço;**
  – **Assistência a familiares menores de 10 anos (deve entender-se agora como reportada a menores de 12 anos por força do disposto nos arts. 35.º, n.º 1, al. j) e 49.º do Código do Trabalho);**
  – **Isolamento profilático;**
  – **Trabalhador-estudante;**
  – **Bolseiro ou equiparado;**
  – **Doação de sangue;**

– Cumprimento de obrigações legais ou resultante de imposição de autoridade judicial, policial ou militar;
– Prisão preventiva (quando revogada ou extinta);
– Prestação de provas de concurso;
– Conta do período de férias;
– Deslocação para a periferia;
– Motivos não imputáveis ao trabalhador nomeado;
– Participação nos órgãos e estruturas de administração e gestão dos estabelecimentos de ensino;
– Actividade sindical e greve;

E a licença sem vencimento para exercício de funções em organismos internacionais são, todas elas, situações de ausência que a lei equipara a serviço efectivo.

Todas as demais que ficaram aqui por enunciar descontam no tempo de serviço.

2. Os serviços e organismos devem organizar em cada ano listas de antiguidade dos seus trabalhadores com referência a 31 de Dezembro do ano anterior (art. 93.º, n.º 1 do regime de FFL).

3. As listas devem ordenar os trabalhadores nomeados pelas diversas categorias e, dentro delas, segundo a respectiva antiguidade (art. 93.º, n.º 2 do regime de FFL). Em caso de igualdade na categoria a indicação dos trabalhadores nomeados pode seguir a ordem alfabética.

4. As **LISTAS DE ANTIGUIDADE** «devem conter ainda as seguintes indicações:

a) Data da aceitação» ou, excepcionalmente, da publicitação do respectivo acto de nomeação;
c) «Número de dias descontados nos termos da lei;
e) Tempo contado para a antiguidade na categoria referido a anos, meses e dias e independentemente do serviço ou organismo onde as funções foram prestadas» (art. 93.º, n.º 2 do regime de FFL).

«Estas listas são acompanhadas das observações que se mostrem necessárias à boa compreensão do seu conteúdo ou ao esclarecimento da situação dos trabalhadores nomeados por elas abrangidos» (art. 93.º, n.º 3 do regime de FFL).

5. Quanto ao **cálculo de antiguidade** é ele feito em dias, devendo o tempo apurado ser depois convertido em anos, meses e dias. Para estes efeitos um ano equivale a 365 dias e um mês a 30 dias (art. 94.º, n.º 1 do regime de FFL).

No caso de estarmos perante um ano bissexto, de 366 dias, o cálculo da antiguidade deverá traduzir-se em 1 ano e 1 dia. Os meses com menos de 30 dias, caso apenas de Fevereiro, ou mais de 30 dias serão todos calculados com base no período legal de 30 dias, procedendo-se no final do ano ao acerto da contagem dos dias de tempo de serviço discriminando-os na coluna respectiva.

«Os dias de descanso semanal e complementar e feriados contam para efeitos de antiguidade, excepto se intercalados em licenças ou sucessão de faltas da mesma natureza que, nos termos de lei, sejam consideradas serviço efectivo» (art. 94.º, n.º 2 do regime de FFL).

6. «As listas de antiguidade, depois de aprovadas pelos dirigentes dos serviços, devem ser afixadas em local apropriado», para consulta dos interessados ou incluídas em publicação oficial dos respectivos serviços. Até 31 de Março de cada ano, deve ser publicado no Diário da República ou jornal oficial, no caso das Regiões Autónomas, o aviso da afixação ou publicação das listas de antiguidade (art. 95.º, n.ºs 2 e 3 do regime de FFL).

7. Das listas aprovadas há lugar a reclamação da sua organização por parte dos interessados **com fundamento em:**

a) **Omissão;**
b) **Indevida graduação ou situação na lista;**
c) **Erro na contagem do tempo de serviço** (art. 96.º, n.º 2 do regime de FFL).

A reclamação não pode fundamentar-se em contagem de tempo de serviço ou em outras circunstâncias que tenham sido consideradas em lista anterior (art. 96.º, n.º 3 do regime de FFL). Quanto à figura da reclamação veja-se o disposto sobre a matéria nos arts. 158.º e ss do CPA.

A reclamação deve ser dirigida à entidade que aprovou as listas, no prazo de 30 dias consecutivos (ou 60 dias para o pessoal das Regiões Autónomas ou que preste serviço no estrangeiro) a contar da publicação no Diário da República e Jornal Oficial do aviso da afixação ou publicação das listas de antiguidade (arts. 96.º, n.º 1 e 98.º do regime de FFL).

A decisão sobre a reclamação, por seu turno, deve ser tomada pelo dirigente do serviço no prazo de 30 dias úteis, «depois de obtido os necessários esclarecimentos e prestadas as convenientes informações», e ser posteriormente notificada ao reclamante no prazo de 8 dias úteis, por ofício entregue por protocolo ou remetido pelo correio, com aviso de recepção (a decisão deve ser fundamentada nos termos do Código do Procedimento Administrativo). – Vd. arts. 96.º, n.ºs 1, 4 e 5 e 98.º do regime de FFL.

Quanto aos recursos temos a referir:

a) O recurso hierárquico necessário – no prazo de 30 dias consecutivos (ou 60 para o pessoal que preste serviço nas Regiões Autónomas ou no estrangeiro) a contar da data da recepção da notificação da decisão do dirigente do serviço, pode o trabalhador interpor recurso para o membro do governo competente (arts. 97.º, n.º 1 e 98.º do regime de FFL). A decisão do membro do governo deve ser notificada ao recorrente no prazo de 8 dias úteis por ofício entregue por protocolo ou remetido pelo correio, com aviso de recepção (arts. 97.º e 98.º do regime de FFL; sobre a fundamentação dos actos administrativos veja-se o CPA).

b) O recurso contencioso – da decisão daquele membro do governo sobre a reclamação feita pelo trabalhador quanto à lista de antiguidade cabe recurso contencioso para os tribunais administrativos. Note-se que a impugnação aqui apenas pode ser feita por advogado.

8. O art. 99.º, n.º 1 do regime de FFL prescreve a obrigatoriedade de cada serviço «elaborar em duplicado, no fim de cada mês, uma relação manual ou informatizada, com discriminação das faltas e licenças de cada trabalhador nomeado e sua natureza, cujo original é submetido a visto do responsável máximo, servindo o duplicado de base à elaboração das folhas de vencimento». A elaboração da relação a que o número anterior faz referência encontra-se sujeita a uma série de orientações genéricas a estabelecer por despacho do membro do governo que tenha a seu cargo a função pública, para efeitos de apuramentos estatísticos (art. 99.º, n.º 2 do regime de FFL).

9. «O cômputo dos dias de férias a que o trabalhador nomeado tem direito em cada ano civil é realizado com base nas relações mensais de assiduidade relativas ao ano anterior» (art. 99.º, n.º 3 do regime de FFL).

II – Dos trabalhadores contratados

Através de uma leitura atenta da LVCR e do RCTFP verificamos que estes diplomas são parcos, para não dizer mesmo quase omissos, quanto a estas questões relacionadas com os diferentes conceitos de antiguidade e de elaboração das respectivas listas de antiguidade dos trabalhadores contratados. À falta de preceitos expressos sobre esta matéria na LVCR e no RCTFP somos forçados a socorrermo-nos, subsidiariamente, das normas das «leis gerais cujo âmbito de aplicação subjectivo se circunscreva aos então designados funcionários e agentes» (art. 81.º, n.º 1, al. e) da LVCR), isto é, ao Dec.-Lei n.º 100/99, de 31 de Março, uma vez que este diploma tinha originariamente como seu âmbito de aplicação subjectivo precisamente aqueles funcionários e agentes (a posterior redução do âmbito de aplicação subjectivo deste diploma apenas aos trabalhadores nomeados, operada pelo art. 26.º da Lei n.º 64-A/2008, de 31 de Dezembro, que aprovou o Orçamento do Estado para 2009, e que procedeu à alteração do regime de FFL, não é, na nossa opinião, uma alteração suficiente para retirar ao Dec.-Lei n.º 100/99, de 31 de Março, a sua natureza subsidiária, enquanto fonte normativa do contrato, prevista no supra citado art. 81.º, n.º 1, al. e) da LVCR). Consequentemente, somos da opinião que nos devemos socorrer aqui daquilo que sobre a matéria se dispõe no Dec.-Lei n.º 100/99, de 31 de Março, como forma de suprir a vacuidade normativa da LVCR e do RCTFP nestas matérias relacionadas com os diferentes conceitos de antiguidade e de elaboração das respectivas listas de antiguidade dos trabalhadores contratados, devendo assim a entidade empregadora pública organizar uma lista anual de antiguidade dos seus trabalhadores contratados, nomeadamente dos que possuem um contrato de trabalho em funções públicas por tempo indeterminado, a quem assiste assim o direito à carreira, com referência a 31 de Dezembro do ano anterior (vd. por analogia o disposto no art. 93.º do regime de FFL). Na elaboração destas listas de antiguidade dos trabalhadores contratados, a entidade empregadora pública deverá ter sempre em conta as situações de faltas e licenças que dão lugar a desconto na antiguidade daquelas ausências que, pelo contrário, são equiparadas a serviço efectivamente prestado (art. 191.º do Anexo I – «Regime», do RCTFP).

Enunciamos, de seguida, alguns preceitos do RCTFP que, de alguma forma, relevam para efeitos de antiguidade e da eventual elaboração das respectivas listas dos trabalhadores da Administração Pública com contrato de trabalho em funções públicas. Temos assim a referenciar aqui o seguinte:

1. De acordo com o disposto nos arts. 68.º, n.º 1, al. d) e 72.º, n.ºs 2, al. e) e 3 do Anexo I – «Regime», do RCTFP, a data que marca o início efectivo das funções é aquela que for acordada e fixada pelas partes em sede de contrato de trabalho em funções públicas; caso isso não aconteça, considera-se que o contrato tem início na data da sua celebração (sobre «Duração e organização do tempo de trabalho» vejam-se os arts. 117.º a 167.º do Anexo I -«Regime», do RCTFP).

2. No art. 125.º do Anexo I – «Regime», do RCTFP, determina-se que a «entidade empregadora pública deve manter um registo que permita apurar o número de horas de trabalho prestadas pelo trabalhador, por dia e por semana, com indicação da hora de início e termo do trabalho, bem como dos intervalos efectuados» (n.º 1).

3. No art. 35.º, n.º 1, al. a) da Portaria n.º 89-A/2009, de 22 de Janeiro, que regulamenta a tramitação do procedimento concursal, nos termos art. 54.º, n.º 2 da LVCR, faz-se apelo ao conceito de antiguidade para efeitos de desempate em caso de igualdade de valoração em concursos, quando aí se prescreve que, nesse caso, tem preferência «na ordenação final os candidatos que se encontrem na situação prevista no n.º 1 do art. 99.º do Regime de Contrato de Trabalho em Funções Públicas, aprovado pela Lei n.º 59/2008, de 11 de Setembro, ou seja «o trabalhador contratado a termo quem se candidate, nos termos legais, a procedimento concursal de recrutamento publicitado durante a execução do contrato ou até 90 dias a pós a cessação do mesmo, para ocupação de posto de trabalho com características idênticas às daquele para que foi contratado, na modalidade de contrato por tempo indeterminado, tem preferência, na lista de ordenação final dos candidatos, em caso de igualdade de classificação».

COLECTÂNEA
DE
LEGISLAÇÃO BÁSICA INCLUÍDA

REGIME DE FÉRIAS, FALTAS E LICENÇAS DOS TRABALHADORES NOMEADOS

DECRETO-LEI N.º 100/99, de 31 de Março

(actualizado com as alterações introduzidas pela Lei n.º 117/99,
de 11 de Agosto, pelo Dec.-Lei n.º 503/99, de 20 de Novembro,
pelo Dec.-Lei n.º 70-A/2000, de 5 de Maio, pelo Dec.-Lei n.º 157/2001,
de 11 de Maio, pelo Dec.-Lei n.º 169/2006, de 17 de Agosto,
pelo Dec.-Lei n.º 181/2007, de 9 de Maio, pela Lei n.º 59/2008,
de 11 de Setembro, e pela Lei n.º 64-A/2008, de 31 de Dezembro
(Orçamento do Estado para 2009).

O regime de férias, faltas e licenças dos *funcionários e agentes* da Administração Pública foi aprovado pelo Decreto-Lei n.º 497/88, de 30 de Dezembro, e sucessivamente alterado por legislação avulsa, como é o caso do Decreto-Lei n.º 178/95, de 26 de Julho, e do Decreto-Lei n.º 101-A/96, de 26 de Julho.

No acordo salarial para 1996 e compromissos de médio e longo prazos, o Governo e as organizações sindicais confluíram na revisão do regime de férias, faltas e licenças dos *funcionários e agentes*, desde logo com destaque para as matérias relativas à aquisição do direito a férias, regime das ausências por motivo de greve e actividade sindical, reformulação do regime da perda de vencimento de exercício em caso de faltas por doença e condições da sua recuperação.

No quadro daquele compromisso, o Governo e as organizações sindicais consensualizaram posições.

Inserindo-se a matéria na reserva relativa de competência da Assembleia da República, a esta o Governo submeteu a necessária proposta de autorização legislativa.

Após a pertinente e alargada discussão pública, a Assembleia da República concedeu ao Governo a por este peticionada autorização legislativa, a qual se encontra vazada na Lei n.º 76/98, de 19 de Novembro.

E assim, tendo sido também ouvidos os órgãos de governo próprio das Regiões Autónomas, a Associação Nacional de Municípios Portugueses e a Associação Nacional de Freguesias, edita-se o decreto-lei que aprova o regime de férias, faltas e licenças dos funcionários e agentes da Administração Pública.

Um dos objectivos prosseguidos é a concentração harmonizada de legislação dispersa por vários diplomas. Na verdade, embora se mantenham, no essencial, as figuras típicas do regime de férias, faltas e licenças, introduz-se um conjunto de melhorias no regime vigente, as quais visam as condições de prestação de trabalho dos *funcionários e agentes*.

De entre as inovações introduzidas merecem saliência:

a) O novo regime adoptado para o gozo de férias no 1.º ano de serviço, garantindo-se, no ano civil de ingresso, o gozo de 6 dias úteis de férias após a prestação de um mínimo de 60 dias de trabalho;
b) O regime de recuperação de vencimento perdido na sequência de faltas por doença;
c) s ajustamentos introduzidos no regime de verificação domiciliária da doença, em especial nos casos em que a doença não exige permanência no domicílio;
d) A revisão dos efeitos das faltas por isolamento profiláctico, na situação de equiparado a bolseiro e ao abrigo da Assistência a Funcionários Civis Tuberculosos;
e) A revisão dos limites de faltas por conta do período de férias;
f) A revisão das condições de concessão da licença sem vencimento até 90 dias;
g) A revisão da licença sem vencimento para o desempenho de funções em organismos internacionais;
h) O reconhecimento da possibilidade de apresentação a concurso para os funcionários em situação de licença sem vencimento de longa duração,

Especial destaque merece, ainda, o tratamento dado às ausências por greve, que deixam de ser qualificadas como faltas, suprimindo-se a referência às ausências por actividade sindical que constam de diploma próprio.

Assim:

No uso da autorização legislativa concedida pela Lei n.º 76/98, de 19 de Setembro, e nos termos da alínea b) do n.º 1 do artigo 198.º da Constituição, o Governo decreta, para valer como lei geral da República, o seguinte:

CAPÍTULO I
Âmbito

ARTIGO 1.º
Âmbito de aplicação

O presente diploma aplica-se aos trabalhadores nomeados, ainda que em regime de tempo parcial, da administração central, regional e local, incluindo os institutos públicos que revistam a natureza de serviços personalizados ou de fundos públicos.
(Redacção dada pelo art. 26.º da Lei n.º 64-A/2008, de 31 de Dezembro)

CAPÍTULO II
Férias

ARTIGO 2.º
Direito a férias

1 – O pessoal abrangido pelo presente diploma tem direito, em cada ano civil, a um período de férias calculado de acordo com as seguintes regras:

a) 25 dias de férias até completar 39 anos de idade;
b) 26 dias úteis de férias até completar 49 anos de idade;
c) 27 dias úteis de férias até completar 59 anos de idade;
d) 28 dias úteis de férias a partir dos 59 anos de idade.

2 – A idade relevante para efeitos de aplicação do número anterior é aquela que o trabalhador nomeado completar até 31 de Dezembro do ano em que as férias se vencem.

3 – Sem prejuízo do disposto no n.º 1, o pessoal abrangido pelo presente diploma tem ainda direito a mais um dia útil de férias por cada 10 anos de serviço efectivamente prestado.

4 – O direito a férias adquire-se com a constituição da relação jurídica de emprego público.

5 – O direito a férias deve efectivar-se de modo a possibilitar a recuperação física e psíquica dos trabalhadores nomeados e assegurar-lhes as condições mínimas de disponibilidade pessoal, de integração na vida familiar e de participação social e cultural.

6 – O direito a férias vence-se no dia 1 de Janeiro de cada ano e reporta-se, em regra, ao serviço prestado no ano civil anterior.

7 – Os dias de férias podem ser gozados em meios-dias, no máximo de quatro meios-dias, seguidos ou interpolados, por exclusiva iniciativa do trabalhador.

8 – O direito a férias é irrenunciável e imprescritível e o seu gozo efectivo não pode ser substituído por qualquer compensação económica, ainda que com o acordo do interessado, salvo nos casos expressamente previstos no presente diploma.

9 – Durante as férias não podes ser exercida qualquer actividade remunerada, salvo se a mesma já viesse sendo legalmente exercida.

(Redacção dada pelo Dec.-Lei n.º 157/2001, de 11 de Maio, e pelo art. 26.º da Lei n.º 64-A/2008, de 31 de Dezembro)

— — —//— — —

Dec.-Lei N.º 157/2001, de 11 de Maio

(...)

Artigo 2.º

A aplicação do disposto no n.º 1 do artigo 2.º do Decreto-Lei n.º 100/99, de 31 de Março, na redacção dada pelo n.º 1 do artigo 1.º do presente diploma é feita de forma progressiva, até 2003, de acordo com as seguintes regras:

a) 23, 24 e 25 dias úteis de férias até completar 39 anos de idade, respectivamente, nos anos de 2001, 2002 e 2003;
b) 24, 25 e 26 dias úteis de férias até completar 49 anos de idade, respectivamente, nos anos de 2001, 2002 e 2003;
c) 25, 26 e 27 dias úteis de férias até completar 59 anos de idade, respectivamente, nos anos de 2001, 2002 e 2003;
d) 26, 27 e 28 dias úteis de férias a partir dos 59 anos de idade, respectivamente, nos anos de 2001, 2002 e 2003.

Artigo 3.º

O presente diploma produz efeitos desde 1 de Janeiro de 2001.

— — —//— — —

ARTIGO 3.º
Direito a férias relativo ao 1.º ano de serviço

No ano civil de ingresso, decorrido um período de 60 dias de prestação efec-

tiva de serviço, o trabalhador nomeado tem direito a dois dias úteis de férias por cada um dos meses completos de serviço até 31 de Dezembro.
(Redacção dada pela Lei n.º 117/99, de 11 de Agosto e pelo art. 26.º
da Lei n.º 64-A/2008, de 31 de Dezembro)

ARTIGO 4.º
Retribuição durante as férias

1 – Durante o período de férias, o trabalhador nomeado é abonado das remunerações a que teria direito se se encontrasse em serviço efectivo, à excepção do subsídio de refeição.

2 – O gozo de férias em períodos de meios-dias, nos termos previstos no n.º 7 do artigo 2.º, implica a perda de um dia de subsídio de refeição por cada dois meios-dias de férias.

3 – Além das remunerações mencionadas no n.º 1, o trabalhador nomeado tem ainda direito a subsídio de férias nos termos da legislação em vigor, calculado através da multiplicação da remuneração base diária pelo coeficiente 1,365.

4 – O período de férias relevante, em cada ano civil, para efeitos do abono do subsídio de férias não pode exceder 22 dias úteis.

5 – Nos casos previstos no artigo anterior, o pagamento do subsídio de férias é efectuado no mês de Junho ou em conjunto com a remuneração mensal do mês anterior ao do gozo das férias, quando a aquisição do respectivo direito ocorrer em momento posterior.
(Redacção dada pelo Dec.-Lei n.º 157/2001, de 11 de Maio e pelo art. 26.º
da Lei n.º 64-A/2008, de 31 de Dezembro)

ARTIGO 5.º
Marcação das férias

1 – As férias podem ser gozadas seguida ou interpoladamente, não podendo ser gozados, seguidamente, mais de 22 dias úteis, sem prejuízo dos direitos já adquiridos pelo pessoal abrangido pelo presente diploma, nem, no caso de gozo interpolado, um dos períodos pode ser inferior a metade dos dias de férias a que o trabalhador nomeado tenha direito.

2 – Sem prejuízo do disposto no número anterior e salvo os casos de conveniência de serviço devidamente fundamentada, não pode ser imposto ao trabalhador nomeado o gozo interpolado das férias a que tem direito.

3 – Salvo o disposto na parte final do n.º 1 e sem prejuízo dos casos de conveniência de serviço, devidamente fundamentada, a Administração não pode limitar o número de períodos de férias que o trabalhador nomeado pretenda gozar.

4 – As férias devem ser marcadas de acordo com os interesses das partes, sem prejuízo de se assegurar, em todos os casos, o regular funcionamento dos serviços.

5 – Na falta de acordo, as férias são fixadas pelo dirigente competente entre 1 de Junho e 30 de Setembro, podendo ser ouvidas as organizações representativas dos trabalhadores que abranjam o local de trabalho em que o interessado desempenha funções.

6 – Na fixação das férias devem ser rateados, se necessário, os meses mais pretendidos, de modo a beneficiar alternadamente cada interessado, em função do mês gozado nos dois anos anteriores.

7 – Sem prejuízo do disposto no número anterior, aos cônjuges que trabalhem no mesmo serviço ou organismo é dada preferência na marcação de férias em períodos coincidentes.

8 – Sem prejuízo do disposto no n.º 2 do presente artigo, a preferência prevista no número anterior é extensiva ao pessoal cujo cônjuge, caso seja também trabalhador nomeado, tenha, por força da lei ou pela natureza do serviço, de gozar férias num determinado período do ano.

9 – O disposto nos n.ºs 7 e 8 é aplicável às pessoas que vivam há mais de dois anos em condições análogas às dos cônjuges.

(Redacção dada pelo Dec.-Lei n.º 157/2001, de 11 de Maio e pelo art. 26.º da Lei n.º 64-A/2008, de 31 de Dezembro)

ARTIGO 6.º
Mapa de férias

1 – Até 30 de Abril de cada ano, os serviços devem elaborar o mapa de férias e dele dar conhecimento aos respectivos trabalhadores nomeados.

2 – Salvo nos casos previstos no presente diploma, o mapa de férias só pode ser alterado, posteriormente a 30 de Abril, por acordo entre os serviços e os interessados.

(Redacção dada pelo art. 26.º da Lei n.º 64-A/2008, de 31 de Dezembro)

ARTIGO 7.º
Duração especial das férias

1 – Ao trabalhador nomeado que goze a totalidade do período normal de férias vencidas em 1 de Janeiro de um determinado ano até 31 de Maio e ou de 1 de Outubro a 31 de Dezembro é concedido, no próprio ano ou no ano imediatamente a seguir, consoante a sua opção, um período de cinco dias úteis de férias, o qual não pode ser gozado nos meses de Julho, Agosto e Setembro.

2 – Sem prejuízo do disposto na parte final do número anterior, o período complementar de férias pode ser gozado imediatamente a seguir ao período normal de férias, desde que não haja inconveniente para o serviço.

3 – O disposto no n.º 1, só é aplicável nos casos em que o trabalhador nomeado tenha direito a, pelo menos, 15 dias de férias, não relevando, para este efeito, o período complementar previsto nesse número.

4 – O período complementar de cinco dias úteis de férias não releva para efeitos de atribuição de subsídio de férias.

5 – Nos casos de acumulação de férias o período complementar de férias só pode ser concedido verificada a condição imposta pelo n.º 1.

6 – As faltas por conta do período de férias não afectam o direito ao período complementar de férias, desde que as não reduzam a menos de 15 dias.

(Redacção dada pela Lei n.º 117/99, de 11 de Agosto, e pelo art. 26.º da Lei n.º 64-A/2008, de 31 de Dezembro)

ARTIGO 8.º
Gozo de férias

Salvo nos casos previstos no presente diploma, as férias devem ser gozadas no decurso do ano civil em que se vencem.

ARTIGO 9.º
Acumulação de férias

1 – As férias respeitantes a determinado ano podem, por conveniência de serviço, ou por acordo entre o trabalhador nomeado e a Administração, ser gozadas no ano civil imediato, seguidas ou não das férias vencidas neste.

2 – No caso de acumulação de férias por conveniência de serviço, o trabalhador nomeado não pode, salvo acordo nesse sentido, ser impedido de gozar metade dos dias de férias a que tiver direito no ano a que as mesmas se reportam.

3 – A invocação da conveniência de serviço deve ser casuística e devidamente fundamentada.

(Redacção dada pelo art. 26.º da Lei n.º 64-A/2008, de 31 de Dezembro)

ARTIGO 10.º
Interrupção das férias

1 – As férias são interrompidas por motivo de maternidade, paternidade e adopção nos termos do disposto no artigo 5.º do Decreto-Lei n.º 194/96, de 16 de Outubro.

2 – As férias são, igualmente, interrompidas por doença e para assistência a familiares doentes, situações a que se aplicam, com as necessárias adaptações, os respectivos regimes.

3 – Ultrapassado o prazo de cinco dias úteis previsto no n.º 3 do artigo 30.º, salvo se por motivo fundamentado, as férias são interrompidas apenas a partir da data da entrada no serviço do documento comprovativo da doença.

4 – Os restantes dias de férias serão gozados em momento a acordar com o dirigente do serviço até ao termo do ano civil imediato ao do regresso ao serviço.

5 – Por razões imperiosas e imprevistas, decorrentes do funcionamento do serviço, pode ainda ser determinado o adiamento ou a interrupção das férias, sem prejuízo do disposto no n.º 2 do artigo anterior, por despacho fundamentado do dirigente máximo do serviço, podendo o período correspondente à interrupção ser gozado, com as devidas adaptações, nos termos do número anterior.

6 – O adiamento ou a interrupção das férias dos dirigentes máximos dos serviços, nas condições previstas no número anterior, é determinado por despacho fundamentado do respectivo membro do Governo.

7 – Nos casos previstos nos n.ºs 5 e 6, o trabalhador nomeado tem direito:

a) Ao pagamento das despesas de transporte efectuadas;
b) A uma indemnização igual ao montante das ajudas de custo por inteiro, relativas aos dias de férias não gozados, nos termos da tabela em vigor para as deslocações no continente, salvo se outra mais elevada for de atribuir ao trabalhador nomeado, no caso de este o demonstrar inequivocamente.

8 – O disposto na alínea b) do número anterior aplica-se independentemente do local em que o trabalhador nomeado gozar férias.

(Redacção dada pelo art. 26.º da Lei n.º 64-A/2008, de 31 de Dezembro)

ARTIGO 11.º
Alteração do período de férias

O disposto nos n.ºs 7 e 8 do artigo anterior é aplicável às situações de alteração de férias por conveniência de serviço.

ARTIGO 12.º
Impossibilidade de gozo de férias

O disposto no n.º 4 do artigo 10.º é aplicável aos casos em que o trabalhador nomeado não pode gozar, no respectivo ano civil, a totalidade ou parte das

férias já vencidas, nomeadamente por motivo de maternidade, paternidade, adopção ou doença.
(Redacção dada pelo art. 26.° da Lei n.° 64-A/2008, de 31 de Dezembro)

ARTIGO 13.°
Repercussão das faltas e licenças nas férias

1 – As faltas justificadas nos termos do presente diploma não implicam desconto nas férias, salvo as previstas na alínea t) do n.° 1 do artigo 21.°.
2 – As faltas injustificadas descontam nas férias do ano civil seguinte, na proporção de um dia de férias por cada falta.
3 – As licenças repercutem-se nas férias, nos termos do presente diploma.
4 – Da aplicação do disposto nos números anteriores não pode resultar um período de férias inferior a oito dias úteis consecutivos.

ARTIGO 14.°
Férias em caso de suspensão de funções em virtude de cumprimento do serviço militar

1 – Se o trabalhador nomeado for cumprir serviço militar antes de ter gozado as férias a que tenha direito, é abonado, nos 60 dias subsequentes ao início do cumprimento do serviço militar, da remuneração correspondente ao período de férias não gozado, bem como o respectivo subsídio, se ainda o não tiver percebido.
2 – Para além do disposto no número anterior, o trabalhador nomeado tem direito a receber a remuneração correspondente ao período de férias relativo ao tempo de serviço prestado no ano em que se verificar a suspensão de funções, bem como o subsídio de férias correspondente.
3 – O trabalhador nomeado que, no ano de regresso ao serviço, após a prestação de serviço militar, apresentar documento comprovativo de que não gozou, nesse ano, a totalidade ou parte das férias tem direito, respectivamente, a 25* dias úteis de férias ou aos dias restantes, não podendo verificar-se em qualquer caso duplicação de férias ou dos correspondentes abonos.

(*Redacção nossa responsabilidade que se impõe por força do disposto no art. 1.° do Dec.-Lei n.° 157/2001, de 11 de Maio, que passou o período mínimo de férias de 22 para 25 dias; redacção dada pelo art. 26.° da Lei n.° 64-A/2008, de 31 de Dezembro)

ARTIGO 15.º
Férias em caso de comissão de serviço e requisição em entidades sujeitas a regime diferente do da função pública

1 – O trabalhador nomeado que seja autorizado a exercer funções em comissão de serviço ou requisição em entidades sujeitas a regime diferente do vigente na função pública deve gozar as férias a que tenha direito antes do início da comissão de serviço ou requisição.

2 – Quando não seja possível gozar férias nos termos previstos no número anterior, tem direito a receber, nos 60 dias subsequentes ao início da comissão de serviço ou da requisição, a remuneração correspondente ao período de férias não gozado e o respectivo subsídio, se ainda o não tiver percebido.

3 – Para além do disposto nos números anteriores, o trabalhador nomeado tem direito a receber, nos 60 dias subsequentes ao início de qualquer daquelas situações, uma remuneração correspondente ao período de férias relativo ao tempo de serviço prestado nesse ano, bem como o subsídio de férias correspondente.

4 – O trabalhador nomeado que, no ano de regresso ao serviço, após a comissão de serviço ou requisição, apresentar documento comprovativo de que não gozou, nesse ano, a totalidade ou parte das férias tem direito, respectivamente, aos dias de férias que lhe cabem nos termos do artigo 2.º, n.º 1, ou aos dias restantes, não podendo verificar-se em qualquer caso duplicação de férias ou dos correspondentes abonos.
(Redacção dada pela Lei n.º 117/99, de 11 de Agosto, e pelo art. 26.º da Lei n.º 64-A/2008, de 31 de Dezembro)

ARTIGO 16.º
Férias em caso de cessação definitiva de funções

1 – No caso de a cessação definitiva de funções ocorrer antes do gozo de férias já vencidas, o trabalhador nomeado tem direito a receber a remuneração correspondente ao período de férias, bem como ao correspondente subsídio.

2 – Se a cessação ocorrer antes de gozado, total ou parcialmente, o período de férias vencido em 1 de Janeiro desse ano, o trabalhador nomeado tem ainda direito à remuneração prevista no n.º 2 do artigo 14.º do presente diploma.

3 – O disposto do n.º 1 anterior é aplicável a todas as férias a que o trabalhador nomeado tenha direito e que não tenha podido gozar até à data da cessação de funções.

4 – O período de férias a que se referem os números anteriores, ainda que não gozado, conta para efeitos de antiguidade, salvo disposição legal em contrário.
(Redacção dada pelo art. 26.º da Lei n.º 64-A/2008, de 31 de Dezembro)

ARTIGO 17.º
Contacto em período de férias

Antes do início das férias, o trabalhador nomeado deve indicar, se possível, ao respectivo serviço a forma como poderá ser eventualmente contactado.
(Redacção dada pelo art. 26.º da Lei n.º 64-A/2008, de 31 de Dezembro)

CAPÍTULO III
Faltas

SECÇÃO I
Disposições gerais

ARTIGO 18.º
Conceito de falta

1 – Considera-se falta a não comparência do trabalhador nomeado durante a totalidade ou parte do período de trabalho a que está obrigado, bem como a não comparência em local a que o mesmo deva deslocar-se por motivo de serviço.

2 – No caso de horários flexíveis, considera-se ainda como falta o período de tempo em débito apurado no final de cada período de aferição.

3 – As faltas contam-se por dias inteiros, salvo quando do presente diploma ou da legislação específica resultar o contrário.
(Redacção dada pelo art. 26.º da Lei n.º 64-A/2008, de 31 de Dezembro)

ARTIGO 19.º
Ausências por motivo de greve

1 – A ausência por exercício do direito à greve rege-se pelo disposto na Lei n.º 65/77, de 26 de Agosto, alterada pela Lei.º 30/92, de 20 de Outubro, considera-se justificada e implica sempre a perda das remunerações correspondentes ao período de ausência, mas não desconta para efeito de antiguidade, nem no cômputo do período de férias.

2 – As ausências durante o período de greve presumem-se motivadas pelo exercício do respectivo direito, salvo indicação em contrário dada pelo trabalhador.

ARTIGO 20.º
Tipos de faltas

As faltas podem ser justificadas ou injustificadas.

SECÇÃO II
Das faltas justificadas

ARTIGO 21.º
Faltas justificadas

1 – Consideram-se justificadas, desde que observado o respectivo condicionalismo legal, as seguintes faltas:

a) Por casamento;
b) Por maternidade ou paternidade;
c) Por nascimento;
d) Para consultas pré-natais e amamentação;
e) Por adopção;
f) Por falecimento de familiar;
g) Por doença;
h) Por doença prolongada;
i) Por acidente em serviço ou doença profissional;
j) Para reabilitação profissional;
l) Para tratamento ambulatório, realização de consultas médicas e exames complementares de diagnóstico;
m) Para assistência a familiares;
n) Por isolamento profiláctico;
o) Como trabalhador-estudante;
p) Como bolseiro ou equiparado;
q) Para doação de sangue e socorrismo;
r) Para cumprimento de obrigações;
s) Para prestação de provas de concurso;
t) Por conta do período de férias;
u) Com perda de vencimento;
v) Por deslocação para a periferia;
x) Por motivos não imputáveis ao trabalhador nomeado;
z) Por motivo de participação nos órgãos e estruturas de administração e gestão dos estabelecimentos de ensino nos termos previstos na lei.

2 – Nos casos em que a junção de meios de prova ou processos de justificação específicos não estejam legalmente previstos, o dirigente pode exigir, quando entender insuficiente a mera declaração, solicitação ou comunicação do interessado, a apresentação dos meios adequados à prova da ocorrência dos motivos justificativos das faltas.
(Redacção dada pelo art. 26.º da Lei n.º 64-A/2008, de 31 de Dezembro)

SUBSECÇÃO I
Faltas por casamento

ARTIGO 22.º
Faltas por casamento

1 – Por ocasião do casamento, o trabalhador nomeado pode faltar 11 dias úteis seguidos.

2 – O exercício da faculdade prevista no número anterior depende de comunicação ao dirigente do serviço feita com, pelo menos, 15 dias de antecedência relativamente à data em que pretende iniciar o período de faltas.

3 – As faltas por casamento são equiparadas a serviço efectivo, mas implicam a perda do subsídio de refeição.
(Redacção dada pelo art. 26.º da Lei n.º 64-A/2008, de 31 de Dezembro)

SUBSECÇÃO II
Faltas por maternidade ou paternidade

ARTIGO 23.º
Faltas por maternidade ou paternidade

A redacção original deste preceito encontra-se hoje totalmente prejudicada em virtude do regime jurídico sobre a protecção da maternidade e da paternidade, agora rebaptizado de protecção na parentalidade, se encontrar actualmente previsto e regulado no Código do Trabalho, aprovado pela Lei n.º 7/2009, de 12 de Fevereiro (anteriormente esta mesma matéria constava do Regime de Contrato de Trabalho em Funções Públicas, aprovado pela Lei n.º 59/2008, de 11 de Setembro; contudo, por força do disposto no art. 22.º deste último diploma, esta mesma matéria foi revogada e substituída por aquele Código do Trabalho, que entrou em vigor, neste particular, em 1 de Maio de 2009).

SUBSECÇÃO III
Faltas por nascimento

ARTIGO 24.º
Faltas por nascimento

(Este preceito deve considerar-se como estando tacitamente revogado pelo disposto no art. 43.º do Código do Trabalho, na sequência da remissão operada pelos arts. 8.º, al. d) e 22.º da Lei n.º 59/2008, de 11 de Setembro, que aprovou o RCTFP).

SUBSECÇÃO IV
Faltas para consultas pré-natais e amamentação

ARTIGO 25.º
Faltas para consultas pré-natais e amamentação

(As faltas para consultas pré-natais e amamentação regem-se hoje pelo disposto no Código do Trabalho, aprovado pela Lei n.º 7/2009, de 12 de Fevereiro).

SUBSECÇÃO V
Faltas por adopção

ARTIGO 26.º
Faltas por adopção

(As faltas por adopção regem-se hoje pelo disposto no Código do Trabalho, aprovado pela Lei n.º 7/2009, de 12 de Fevereiro).

SUBSECÇÃO VI
Faltas por falecimento de familiar

ARTIGO 27.º
Faltas por falecimento de familiar

1 – Por motivo de falecimento de familiar, o trabalhador nomeado pode faltar justificadamente:
   a) Até cinco dias consecutivos, por falecimento do cônjuge não separado de pessoas e bens ou de parente ou afim no 1.º grau da linha recta;

b) Até dois dias consecutivos, por falecimento de parente ou afim em qualquer outro grau da linha recta e no 2.º e 3.º graus da linha colateral.

2 – O disposto na primeira parte da alínea a) do número anterior é também aplicável em caso de falecimento de pessoa que viva há mais de dois anos em condições análogas à dos cônjuges com o trabalhador nomeado.
(Redacção dada pelo art. 26.º da Lei n.º 64-A/2008, de 31 de Dezembro)

ARTIGO 28.º
Contagem, forma de justificação e efeitos

1 – As faltas a que se refere o artigo anterior têm início, segundo opção do interessado, no dia do falecimento, no do seu conhecimento ou no da realização da cerimónia fúnebre e são utilizadas num único período.

2 – A ausência ao serviço por motivo de falecimento de familiar ou equiparado deve ser participada no próprio dia em que a mesma ocorra ou, excepcionalmente, no dia seguinte e justificada por escrito logo que o trabalhador nomeado se apresente ao serviço.

3 – As faltas por falecimento de familiar ou equiparado são consideradas serviço efectivo, mas implicam a perda do subsídio de refeição.
(Redacção dada pelo art. 26.º da Lei n.º 64-A/2008, de 31 de Dezembro)

SUBSECÇÃO VII
Faltas por doença

ARTIGO 29.º
Regime

1 – O trabalhador nomeado pode faltar ao serviço por motivo de doença devidamente comprovada.

2 – Salvo nos casos de internamento hospitalar, as faltas por doença determinam a perda do vencimento de exercício apenas nos primeiros 30 dias de ausência, seguidos ou interpolados, em cada ano civil.

3 – As faltas por doença descontam na antiguidade para efeitos de carreira quando ultrapassem 30 dias seguidos ou interpolados em cada ano civil.

4 – O disposto no número anterior não se aplica às faltas por doença dadas por deficientes quando decorrentes da própria deficiência.

5 – As faltas por doença implicam sempre a perda do subsídio de refeição.

6 – O dirigente máximo do serviço pode, a requerimento do interessado e tendo em conta a assiduidade e o mérito evidenciado no desempenho de funções,

nomeadamente através da última classificação de serviço, autorizar o abono do vencimento de exercício perdido nos termos do n.º 2.
(Redacção dada pela Lei n.º 117/99, de 11 de Agosto, e pelo art. 26.º da Lei n.º 64-A/2008, de 31 de Dezembro)

ARTIGO 30.º
Justificação da doença

1 – O trabalhador nomeado impedido de comparecer ao serviço por motivo de doença deve indicar o local onde se encontra e apresentar documento comprovativo no prazo de cinco dias úteis.

2 – A doença deve ser comprovada mediante declaração passada por estabelecimento hospitalar, centro de saúde, incluindo as modalidades de atendimento complementar e permanente, ou instituições destinadas à prevenção ou reabilitação de toxicodependência ou alcoolismo, integrados no serviço Nacional de Saúde, de modelo a aprovar por portaria conjunta dos membros do Governo responsáveis pelas áreas da saúde e da Administração Pública.

3 – A doença pode, ainda, ser comprovada, através do preenchimento do modelo referido no número anterior, por médico privativo dos serviços, por médico de outros estabelecimentos públicos de saúde, bem como por médicos ao abrigo de acordos com qualquer dos subsistemas de saúde da Administração Pública no âmbito da especialidade médica objecto do respectivo acordo.

4 – Nas situações de internamento, a comprovação pode, igualmente, ser efectuada por estabelecimento particular com autorização legal funcionamento, concedida pelo Ministério da Saúde.

5 – A falta de entrega do documento comprovativo da doença nos termos do n.º 1 implica, se não for devidamente fundamentada, a injustificação das faltas até à data da entrada do documento comprovativo nos serviços.

6 – Os documentos comprovativos da doença podem ser entregues directamente nos serviços ou enviados aos mesmos através do correio, devidamente registados, relevando, neste último caso, a data da respectiva expedição para efeitos de cumprimento dos prazos de entrega fixados neste artigo, se a data da sua entrada nos serviços for posterior ao limite dos referidos prazos.

7 – O documento comprovativo da doença pode ainda ser remetido por via electrónica pelas entidades referidas nos n.ºs 2, 3 e 4, no momento da certificação da situação de doença, ao serviço em que o trabalhador nomeado exerce funções ou a organismo ao qual seja cometida a competência de recolha centralizada de tais documentos, sendo de imediato facultado ao trabalhador nomeado cópia do referido documento ou documento comprovativo desse envio.
(Redacção dada pelo Dec.-Lei n.º 181/2007, de 9 de Maio, e pelo art. 26.º da Lei n.º 64-A/2008, de 31 de Dezembro)

ARTIGO 31.º
Meios de prova

1 – A declaração de doença deve ser devidamente assinada pelo médico, autenticada pelas entidades com competência para a sua emissão nos casos previstos no n.º 2 do artigo anterior e conter:

a) A identificação do médico;
b) O número de cédula profissional do médico;
c) A identificação do acordo com um subsistema de saúde ao abrigo do qual é comprovada a doença;
d) O número do bilhete de identidade do trabalhador nomeado;
e) A identificação do subsistema de saúde e o número de beneficiário do trabalhador nomeado;
f) A menção da impossibilidade de comparência ao serviço;
g) A duração previsível da doença;
h) O facto de ter havido ou não lugar a internamento;
i) A menção expressa de que a doença não implica a permanência na residência ou local em que se encontra doente, quando for o caso.

2 – Quando tiver havido lugar a internamento e este cessar, o trabalhador nomeado deve apresentar-se ao serviço com o respectivo documento de alta ou, no caso de ainda não estar apto a regressar, proceder à comunicação e apresentar documento comprovativo da doença nos termos do disposto no artigo anterior, contando-se os prazos respectivos a partir do dia em que teve alta.

3 – Cada declaração de doença é válida pelo período que o médico indicar como duração previsível da doença, o qual não pode exceder 30 dias.

4 – Se a situação de doença se mantiver para além do período previsto pelo médico, deve ser entregue nova declaração, sendo aplicável o disposto nos n.ºs 1 e 5 do artigo anterior.

(Redacção dada pelo Dec.-Lei n.º 181/2007, de 9 de Maio, e pelo art. 26.º da Lei n.º 64-A/2008, de 31 de Dezembro)

ARTIGO 32.º
Doença ocorrida no estrangeiro

1 – O trabalhador nomeado que adoeça no estrangeiro deve, por si ou por interposta pessoa, comunicar o facto ao serviço no prazo de sete dias úteis contados nos termos do artigo 72.º do Código do Procedimento Administrativo.

2 – Salvo a ocorrência de motivos que o impossibilitem ou dificultem em termos que afastem a sua exigibilidade, os documentos comprovativos de doença

ocorrida no estrangeiro devem ser visados pela autoridade competente da missão diplomática ou consular da área onde o interessado se encontra doente e entregues ou enviados ao respectivo serviço no prazo de 20 dias úteis contados nos termos do artigo 72.º do Código do Procedimento Administrativo.

3 – Se a comunicação e o documento comprovativo de doença foram enviados através do correio, sob registo, releva a data da respectiva expedição para efeitos do cumprimento dos prazos referidos nos números anteriores, se a data da sua entrada nos serviços for posterior ao limite daqueles prazos.

4 – A falta de comunicação referida no n.º 1 ou da entrega dos documentos comprovativos da doença nos termos dos números anteriores implica, se não for devidamente fundamentada, a injustificação das faltas dadas até à data da recepção da comunicação ou da entrada dos documentos.

(Aditamento da Lei n.º 117/99, de 11 de Agosto, e nova redacção dada pelo art. 26.º da Lei n.º 64-A/2008, de 31 de Dezembro)

ARTIGO 33.º
Verificação domiciliária da doença

1 – Salvo nos casos de internamento, de atestado médico passado nos termos do n.º 2 do artigo 30.º e de doença ocorrida no estrangeiro, pode o dirigente competente, se assim o entender, solicitar a verificação domiciliária da doença.

2 – Quando a doença não implicar a permanência no domicílio, o respectivo documento comprovativo deve conter referência a esse facto.

3 – Nos casos previstos no número anterior, o trabalhador nomeado deve fazer acompanhar o documento comprovativo da doença da indicação dos dias e das horas a que pode ser efectuada a verificação domiciliária, num mínimo de três dias por semana e de dois períodos de verificação diária, de duas horas e meia cada um, compreendidos entre as 9 e as 19 horas.

4 – Se o interessado não for encontrado no seu domicílio ou no local onde tiver indicado estar doente, todas as faltas dadas são injustificadas, por despacho do dirigente máximo do serviço, se o trabalhador nomeado não justificar a sua ausência, mediante apresentação de meios de prova adequados, no prazo de dois dias úteis a contar do conhecimento do facto, que lhe será transmitido por carta registada, com aviso de recepção.

5 – Se o parecer do médico competente para a inspecção domiciliária for negativo, serão consideradas injustificadas todas as faltas dadas desde o dia seguinte ao da comunicação do resultado da inspecção feita através de carta registada, com aviso de recepção, e considerada a dilação de três dias úteis, e até ao momento em que efectivamente retome funções.

(Redacção dada pelo art. 26.º da Lei n.º 64-A/2008, de 31 de Dezembro)

ARTIGO 34.º
Verificação domiciliária da doença pela ADSE

1 – A verificação domiciliária da doença do trabalhador nomeado nas zonas definidas por portaria do Ministro das Finanças é efectuada por médicos do quadro da ADSE ou por ela convencionados ou credenciados, neste caso por contrato de avença, de remuneração a fixar por despacho do Ministro das Finanças.

2 – O dirigente máximo do serviço requisita directamente à ADSE, por escrito ou pelo telefone, um médico para esse efeito, que efectuará um exame médico adequado, enviando logo as indicações indispensáveis.
(Redacção dada pelo art. 26.º da Lei n.º 64-A/2008, de 31 de Dezembro)

ARTIGO 35.º
Verificação domiciliária da doença pelas autoridades de saúde

1 – Fora das zonas a que se refere o n.º 1 do artigo anterior, a verificação domiciliária da doença do trabalhador nomeado é feita pelas autoridades de saúde da área da sua residência habitual ou daquela em que ele se encontre doente.

2 – Sempre que da verificação domiciliária da doença efectuada fora daquelas zonas resultarem despesas de transporte, deve o serviço de que depende o trabalhador nomeado inspeccionado promover a sua satisfação pela adequada verba orçamental.
(Redacção dada pelo art. 26.º da Lei n.º 64-A/2008, de 31 de Dezembro)

ARTIGO 36.º
Intervenção da junta

1 – Com excepção dos casos de internamento, bem como daqueles em que o trabalhador nomeado se encontre doente no estrangeiro, há lugar à intervenção da junta médica quando:
  a) O trabalhador nomeado tenha atingido o limite de 60 dias consecutivos de faltas por doença e não se encontre apto a regressar ao serviço;
  b) A actuação do trabalhador nomeado indicie, em matéria de faltas por doença, um comportamento fraudulento.

2 – No caso previsto na alínea b) do número anterior, o dirigente do serviço deve fundamentar o pedido de intervenção da junta.
(Redacção dada pelo art. 26.º da Lei n.º 64-A/2008, de 31 de Dezembro)

ARTIGO 37.º
Pedido de submissão à junta médica

1 – Para efeitos do disposto na alínea a) do artigo anterior, o serviço de que dependa o trabalhador nomeado deve, nos 5 dias imediatamente anteriores à data em que se completarem os 60 dias consecutivos de faltas por doença, notificá-lo para se apresentar à junta médica, indicando o dia, hora e local onde a mesma se realizará.

2 – Se a junta médica considerar o interessado apto para regressar ao serviço, as faltas dadas no período de tempo que mediar entre o termo do período de 60 dias e o parecer da junta são consideradas justificadas por doença.

3 – Para efeitos do disposto no artigo anterior, o período de 60 dias consecutivos de faltas conta-se seguidamente mesmo nos casos em que haja transição de um ano civil para o outro.
(Redacção dada pelo art. 26.º da Lei n.º 64-A/2008, de 31 de Dezembro)

ARTIGO 38.º
Limite de faltas

1 – A junta pode justificar faltas por doença dos trabalhadores nomeados por períodos sucessivos de 30 dias, até ao limite de 18 meses, sem prejuízo do disposto nos artigos 49.º e 50.º

2 – O disposto no número anterior não prejudica a possibilidade de o serviço denunciar, no seu termo, os contratos de pessoal celebrados ao abrigo da legislação em vigor sobre a matéria.
(Redacção dada pelo art. 26.º da Lei n.º 64-A/2008, de 31 de Dezembro)

ARTIGO 39.º
Submissão a junta médica independentemente da ocorrência de faltas por doença

1 – Quando o comportamento do trabalhador nomeado indiciar perturbação psíquica que comprometa o normal desempenho das suas funções, o dirigente máximo do serviço, por despacho fundamentado, pode mandar submetê-lo a junta médica, mesmo nos casos em que o trabalhador nomeado se encontre em exercício de funções.

2 – A submissão à junta médica considera-se, neste caso, de manifesta urgência.

3 – O trabalhador nomeado pode, se o entender conveniente, indicar o seu médico assistente para integrar a junta médica.
(Redacção dada pelo art. 26.º da Lei n.º 64-A/2008, de 31 de Dezembro)

ARTIGO 40.º
Falta de elementos clínicos e colaboração de médicos especialistas

1 – Se a junta não dispuser de elementos suficientes que lhe permitam deliberar, deve conceder ao funcionário ou agente um prazo para obtenção dos mesmos, decorrido o qual este deve submeter-se novamente à junta.

2 – O trabalhador nomeado é obrigado, nos prazos fixados pela junta, a:

a) Submeter-se aos exames clínicos que aquela considerar indispensáveis, que são, a sua solicitação, marcados pela mesma, e integralmente suportadas pela ADSE;
b) Apresentar-se à junta com os elementos por ela requeridos.

3 – O não cumprimento do disposto no número anterior implica a injustificação das faltas dadas desde o termo do período de faltas anteriormente concedido, a menos que não seja imputável ao trabalhador nomeado a obtenção dos exames fora do prazo.

4 – Sempre que seja necessário, a junta médica pode requerer a colaboração de médicos especialistas e de outros peritos ou recorrer aos serviços especializados dos estabelecimentos oficiais, sendo os encargos suportados nos termos previstos na alínea a) do n.º 2.
(Redacção dada pelo art. 26.º da Lei n.º 64-A/2008, de 31 de Dezembro)

ARTIGO 41.º
Obrigatoriedade de submissão à junta médica

1 – O trabalhador nomeado que, nos termos dos artigos anteriores, deva ser submetido a junta médica pode apresentar-se a) serviço antes que tal se tenha verificado, salvo nos casos previstos nos artigos 36.º, alínea b), e 39.º.

2 – Salvo impedimento justificado, a não comparência à junta médica para que o trabalhador nomeado tenha sido convocado implica que sejam consideradas injustificadas as faltas dadas desde o termo d0 período de faltas anteriormente concedido.

3 – O trabalhador nomeado que, nos termos do artigo 39.º, tenha sido mandado apresentar à junta médica e a ela não compareça é considerado na situação

de faltas injustificadas a partir da data em que a mesma deveria realizar-se, salvo se a não comparência for devidamente justificada, perante o serviço de que depende, no prazo de dois dias úteis a contar da data da não comparência.
(Redacção dada pelo art. 26.º da Lei n.º 64-A/2008, de 31 de Dezembro)

ARTIGO 42.º
Parecer da junta médica

1 – O parecer da junta médica deve ser comunicado ao trabalhador nomeado no próprio dia e enviado de imediato ao respectivo serviço.

2 – A junta deve pronunciar-se sobre se o trabalhador nomeado se encontra apto a regressar ao serviço e, nos casos em que considere que aquele se não encontra em condições de retomar a actividade, indicar a duração previsível da doença, com respeito do limite previsto no artigo 38.º, e marcar a data de submissão é, nova junta.

3 – No caso previsto no n.º 1 do artigo 40.º, as faltas dadas pelo trabalhador nomeado que venha a ser considerado apto para regressar ao serviço, desde a data do pedido da submissão à junta médica, são equiparadas a serviço efectivo.
(Redacção dada pelo art. 26.º da Lei n.º 64-A/2008, de 31 de Dezembro)

ARTIGO 43.º
Interrupção das faltas por doença

1 – O trabalhador nomeado que se encontre na situação de faltas por doença concedidas pela junta ou a aguardar a primeira apresentação à junta só pode regressar ao serviço antes do termo do período previsto mediante atestado médico que o considere apto a retomar a actividade, sem prejuízo de posterior apresentação à junta médica.

2 – Para efeitos do número anterior, a intervenção da junta considera-se de manifesta urgência.
(Redacção dada pelo art. 26.º da Lei n.º 64-A/2008, de 31 de Dezembro)

ARTIGO 44.º
Cômputo do prazo de faltas por doença

Para efeitos do limite máximo de 18 meses de faltas por doença previsto no n.º 1 do artigo 38.º, contam-se sempre, ainda que relativos a anos civis diferentes:

a) Todas as faltas por doença, seguidas ou interpoladas, quando entre elas não mediar um intervalo superior a 30 dias, no qual não se incluem os períodos de férias;
b) As faltas justificadas por doença correspondentes aos dias que medeiam entre o termo do período de 30 dias consecutivos de faltas por doença e o parecer da junta médica que considere o trabalhador nomeado capaz para o serviço.
(Redacção dada pelo art. 26.º da Lei n.º 64-A/2008, de 31 de Dezembro)

ARTIGO 45.º
Fim do prazo de faltas por doença do pessoal contratado em regime de contrato administrativo de provimento

1 – Findo o prazo de 18 meses de faltas por doença, e sem prejuízo do disposto no artigo 51.º, ao pessoal contratado em regime de contrato administrativo de provimento que não se encontre em condições de regressar ao serviço é aplicável, desde que preencha os requisitos para a aposentação, o disposto na alínea a) do n.º 1 do artigo 47.º, salvo se optar pela rescisão do contrato.

2 – Ao pessoal que ainda não reúna os requisitos para a aposentação é rescindido o contrato.

3 – Se o contratado tiver prestado mais de três anos de serviço efectivo, pode ser novamente contratado se as necessidades do serviço o justificarem e desde que o requeira no triénio posterior à rescisão, independentemente do disposto sobre restrições à admissão de pessoal na Administração Pública.

4 – A readmissão depende de parecer favorável da competente junta médica.

ARTIGO 46.º
Junta médica

1 – A junta médica a que se refere a presente subsecção funcionará na dependência da ADSE, sem prejuízo do disposto no n.º 3.

2 – A composição, competência e funcionamento da junta médica referida no número anterior são fixados em decreto regulamentar.

3 – Os ministérios que tiverem serviços desconcentrados e, bem assim, as autarquias locais poderão criar juntas médicas sedeadas junto dos respectivos serviços.

SUBSECÇÃO VIII
Junta médica da Caixa Geral de Aposentações

ARTIGO 47.º
Fim do prazo de faltas por doença do pessoal provido por nomeação

1 – Findo o prazo de 18 meses na situação de faltas por doença, o pessoal nomeado pode, sem prejuízo do disposto no artigo 51.º:

 a) Requerer, no prazo de 30 dias e através do respectivo serviço, a sua apresentação à junta médica da Caixa Geral de Aposentações, reunidas que sejam as condições mínimas para a aposentação;
 b) Requerer a passagem à situação de licença sem vencimento até 90 dias, por um ano ou de longa duração, independentemente do tempo de serviço prestado.

2 – No caso previsto na alínea a) do número anterior e até à data da decisão da junta médica da Caixa Geral de Aposentações, o trabalhador nomeado é considerado na situação de faltas por doença, com todos os direitos e deveres à mesma inerentes.

3 – O trabalhador nomeado que não requerer, no prazo previsto, a sua apresentação à junta médica da Caixa Geral de Aposentações passa automaticamente à situação de licença sem vencimento de longa duração.

4 – O trabalhador nomeado que não reunir os requisitos para apresentação à junta médica da Caixa Geral de Aposentações deve ser notificado pelo respectivo serviço para, no dia imediato ao da notificação, retomar o exercício de funções, sob pena de ficar abrangido pelo disposto na parte final do número anterior.

5 – Passa igualmente à situação de licença sem vencimento de longa duração o trabalhador nomeado que, tendo sido considerado apto pela junta médica da Caixa Geral de Aposentações, volte a adoecer sem que tenha prestado mais de 30 dias de serviço consecutivos, nos quais não se incluem férias.

6 – O trabalhador nomeado está obrigado a submeter-se aos exames clínicos que a junta médica da Caixa Geral de Aposentações determinar, implicando a recusa da sua realização a injustificação das faltas dadas desde a data que lhe tiver sido fixada para a respectiva apresentação.

7 – O regresso ao serviço do trabalhador nomeado que tenha passado a qualquer das situações de licença previstas na alínea b) do n.º 1 não está sujeito ao decurso de qualquer prazo.

8 – Os processos de aposentação previstos neste artigo têm prioridade absoluta sobre quaisquer outros, devendo tal prioridade ser invocada pelos serviços quando da remessa do respectivo processo à Caixa Geral de Aposentações.

(Redacção dada pelo art. 26.º da Lei n.º 64-A/2008, de 31 de Dezembro)

ARTIGO 48.º
Submissão à junta médica da Caixa Geral de Aposentações no decurso da doença

O trabalhador nomeado pode, no decurso da doença, requerer a sua apresentação a junta médica da Caixa Geral de Aposentações, aplicando-se, com as devidas adaptações, o disposto, respectivamente, nos artigos 47.º e 45.º, conforme os casos.

SUBSECÇÃO IX
Faltas por doença prolongada

ARTIGO 49.º
Faltas por doença prolongada

1 – As faltas dadas por doença incapacitante que exija tratamento oneroso e ou prolongado conferem ao trabalhador nomeado o direito à prorrogação, por 18 meses, do prazo máximo de ausência previsto no artigo 38.º.

2 – As doenças a que se refere o n.º 1 são definidas por despacho conjunto dos Ministros das Finanças e da Saúde *(Despacho Normativo n.º A-179/89, de 12 de Setembro)*.

3 – As faltas dadas ao abrigo da Assistência a Funcionários Civis Tuberculosos regem-se pelo disposto no Decreto-Lei n.º 48 359, de 27 de Abril de 1968.

4 – As faltas a que se referem os números anteriores não descontam para efeitos de antiguidade, promoção e progressão.
(Redacção dada pelo art. 26.º da Lei n.º 64-A/2008, de 31 de Dezembro)

SUBSECÇÃO X
Faltas por acidente em serviço ou doença profissional

ARTIGO 50.º
Regime

....

(Revogado pelo Dec.-Lei n.º 503/99, de 20 de Novembro)

SUBSECÇÃO XI
Faltas para reabilitação profissional

ARTIGO 51.º
Regime aplicável

1 – O trabalhador nomeado que for considerado, pela junta médica a que se refere o artigo 46.º, incapaz para o exercício das suas funções, mas apto para o desempenho de outras às quais não possa ser afecto através de mobilidade interna, tem o dever de se candidatar a todos os procedimentos concursais para ocupação de postos de trabalho previstos nos mapas de pessoal dos órgãos ou serviços, desde que reúna os requisitos exigidos e se encontre nas condições referidas nos n.ºs 2 e 3 do artigo 61.º da Lei n.º 12-A/2008, de 27 de Fevereiro, aplicáveis com as necessárias adaptações, bem como o direito de frequentar acções de formação para o efeito.

2 – *(Revogado)*
3 – *(Revogado)*
4 – *(Revogado)*
5 – Enquanto não haja reinício de funções nos termos do n.º 1, o trabalhador nomeado encontra-se em regime de faltas para reabilitação profissional.
6 – *(Revogado)*
7 – As faltas para reabilitação produzem os efeitos das faltas por doença, salvo quanto à perda do vencimento de exercício.
8 – *(Revogado)*
(Redacção dada pelo art. 26.º da Lei n.º 64-A/2008, de 31 de Dezembro;
o seu n.º 4 manda aplicar também este preceito revisto,
com as necessárias adaptações, aos trabalhadores contratados)

SUBSECÇÃO XII
*Faltas para tratamento ambulatório, realização de consultas médicas
e exames complementares de diagnóstico*

ARTIGO 52.º
**Faltas para tratamento ambulatório, realização de consultas médicas
e exames complementares de diagnóstico**

1 – O trabalhador nomeado que, encontrando-se ao serviço, careça, em virtude de doença, deficiência ou acidente em serviço, de tratamento ambulatório que não possa efectuar-se fora do período normal de trabalho pode faltar durante o tempo necessário para o efeito.

2 – Para poder beneficiar do regime de faltas previsto no número anterior, o trabalhador nomeado tem de apresentar declaração passada por qualquer das entidades referidas nos n.ºs 1 e 2 do artigo 30.º, a qual deve indicar a necessidade de ausência ao serviço para tratamento ambulatório e os termos em que a fruirá.

3 – O trabalhador nomeado tem de apresentar, no serviço de que depende, um plano de tratamento ou, na sua falta e, neste caso, por cada ausência para tratamento, documento comprovativo da sua presença no local da realização do mesmo.

4 – As horas utilizadas devem ser convertidas, através da respectiva soma, em dias completos de faltas, as quais são consideradas, para todos os efeitos legais, como serviço efectivo.

5 – O disposto nos n.ºs 1, 3 e 4 é aplicável, com as devidas adaptações, às situações de ausência para realização de consultas médicas e exames complementares de diagnóstico.
(Redacção dada pelo art. 26.º da Lei n.º 64-A/2008, de 31 de Dezembro)

ARTIGO 53.º
Tratamento ambulatório, realização de consultas médicas e exames complementares de diagnóstico do cônjuge, ascendentes, descendentes e equiparados

1 – O disposto no artigo anterior é extensivo à assistência ao cônjuge ou equiparado, ascendentes, descendentes, adoptandos, adoptados e enteados, menores ou deficientes, em regime de tratamento ambulatório, quando comprovadamente o trabalhador nomeado seja a pessoa mais adequada para o fazer.

2 – As horas utilizadas são justificadas e convertidas através da respectiva soma em dias completos de faltas e produzem os efeitos das faltas para assistência a familiares.

3 – O disposto nos números anteriores é aplicável, com as devidas adaptações, às situações de ausência para realização de consultas médicas e exames complementares de diagnóstico.
(Redacção dada pelo art. 26.º da Lei n.º 64-A/2008, de 31 de Dezembro)

SUBSECÇÃO XIII
Faltas para assistência a familiares

ARTIGO 54.º
Regime geral

1 – *As faltas para assistência a familiares doentes regem-se hoje pelo dis-*

posto no Regime de Contrato de Trabalho em Funções Públicas, aprovado pela Lei n.° 59/2008, de 11 de Setembro, e no Código do Trabalho, aprovado pela Lei n.° 7/2009, de 12 de Fevereiro (redacção nossa).

2 – As faltas para assistência especial a filhos, filhos do cônjuge ou de pessoa em união de facto que com este residam e adoptados, menores de 3 anos, regem-se pelo disposto, na parte aplicável, na legislação referida no número anterior.

3 – Nos casos previstos no número anterior, o trabalhador nomeado tem direito ao período de férias que normalmente lhe corresponderia caso não tivesse havido lugar às faltas para assistência especial nele prevista.

4 – O disposto nos números anteriores não prejudica o gozo de um período mínimo de oito dias úteis de férias consecutivos.

5 – As faltas a que se refere o presente artigo implicam ainda a perda do subsídio de refeição.

(Redacção dada pela Lei n.° 117/99, de 11 de Agosto, e pelo art. 26.°
da Lei n.° 64-A/2008, de 31 de Dezembro)

SUBSECÇÃO XIV
Faltas por isolamento profiláctico

ARTIGO 55.°
Processo de justificação

1 – As faltas dadas por trabalhador nomeado que, embora não atingido por doença infecto-contagiosa ou já restabelecido da mesma, estiver impedido de comparecer ao serviço em cumprimento de determinação emitida pela autoridade sanitária da respectiva área, ao abrigo da legislação em vigor sobre doenças dessa natureza, são justificadas mediante declaração passada por aquela autoridade.

2 – A declaração referida no número anterior deve conter obrigatoriamente a menção do período de isolamento e ser enviada aos serviços, pela autoridade sanitária, no prazo de oito dias úteis contados desde a primeira falta dada por aquele motivo.

(Redacção dada pelo art. 26.° da Lei n.° 64-A/2008, de 31 de Dezembro)

ARTIGO 56.°
Impossibilidade de determinação do termo do período de isolamento

1 – Se a autoridade sanitária não puder determinar data certa para termo do período de isolamento, deve marcar os exames laboratoriais ou de outra natureza

que entender serem necessários e fixar prazo para apresentação, pelo interessado, dos resultados desses exames.

2 – A mesma autoridade deve comunicar ao trabalhador nomeado e ao serviço de que este dependa a data certa para termo do período de isolamento logo que sejam apresentados os resultados dos exames.

3 – O prazo a que se refere o n.º 1 pode ser prorrogado, tendo em consideração a marcação e obtenção dos exames necessários.
(Redacção dada pelo art. 26.º da Lei n.º 64-A/2008, de 31 de Dezembro)

ARTIGO 57.º
Efeitos

As faltas dadas por isolamento profiláctico são equiparadas a serviço efectivo.

ARTIGO 58.º
Injustificação das faltas

São consideradas injustificadas as faltas dadas entre o termo do prazo determinado pela autoridade sanitária para apresentação dos resultados dos exames referidos no artigo 56.º e a data de apresentação dos mesmos, quando o atraso for da responsabilidade do trabalhador nomeado, e deverá ser comunicado aos serviços, pela autoridade sanitária, nos mesmos termos do n.º 2 do artigo 55.º.
(Redacção dada pelo art. 26.º da Lei n.º 64-A/2008, de 31 de Dezembro)

SUBSECÇÃO XV
Faltas ao abrigo do Estatuto de Trabalhador-Estudante

ARTIGO 59.º
Faltas dadas como trabalhador-estudante

1 – *As faltas dadas pelo trabalhador nomeado como trabalhador-estudante regem-se pelo disposto nos artigos 52.º a 58.º do Anexo I – «Regime» e 87.º a 96.º do Anexo II – «Regulamento», que constituem o Regime do Contrato de Trabalho em Funções Públicas aprovado pela Lei n.º 59/2008, de 11 de Setembro (redacção nossa).*

2 – Ao trabalhador nomeado não matriculado em estabelecimento de ensino é aplicável o *disposto no artigo 54.º do Anexo I – «Regime» e no art. 91.º do*

Anexo II – «Regulamento», que constituem o Regime do Contrato de Trabalho em Funções Públicas aprovado pela Lei n.º 59/2008, de 11 de Setembro (redacção nossa), para prestação de exames ou provas de avaliação, desde que satisfaça as seguintes condições:

    a) Indique, por cada disciplina, os dias pretendidos para a realização de provas de exame, testes ou provas de avaliação de conhecimentos, sempre que possível com a antecedência mínima de dois dias úteis;

    b) Comprove que os dias solicitados para a prestação das provas foram de facto utilizados para esse fim.

(Redacção dada pelo art. 26.º da Lei n.º 64-A/2008, de 31 de Dezembro)

SUBSECÇÃO XVI
Faltas dadas na situação de bolseiro ou equiparado

ARTIGO 60.º
Faltas dadas como bolseiro ou equiparado

As faltas dadas por trabalhador nomeado na situação de bolseiro ou de equiparado a bolseiro consideram-se justificadas e produzem os efeitos previstos nos Decretos-Leis n.ºs 220/84, de 4 de Julho, 272/88, de 3 de Agosto, e 282/89, de 23 de Agosto.

1 – O trabalhador nomeado que pretenda dar sangue benevolamente tem direito a faltar ao serviço pelo tempo necessário para o efeito, mediante prévia autorização.

2 – A autorização referida no número anterior só pode ser denegada com fundamento em motivos urgentes e inadiáveis decorrentes do funcionamento do serviço.

3 – As faltas por motivo de doação de sangue não implicam a perda de quaisquer direitos ou regalias.

(Redacção dada pelo art. 26.º da Lei n.º 64-A/2008, de 31 de Dezembro)

SUBSECÇÃO XVII
Faltas para doação de sangue e socorrismo

ARTIGO 61.º
Faltas para doação de sangue

ARTIGO 62.º
Faltas por socorrismo

1 – O trabalhador nomeado que pertença a associações de bombeiros voluntários ou a associações humanitárias, designadamente a Cruz Vermelha Portuguesa, tem direito a faltar ao serviço durante os períodos necessários para acorrer a incêndios ou quaisquer outros acidentes ou eventos em que a sua presença seja exigida pelos regulamentos aplicáveis.

2 – As faltas previstas no número anterior são justificadas mediante apresentação de declaração da respectiva associação no prazo de dois dias úteis contados após o regresso ao serviço do trabalhador nomeado.

3 – As faltas para socorrismo não implicam a perda de quaisquer direitos ou regalias.
(Redacção dada pelo art. 26.º da Lei n.º 64-A/2008, de 31 de Dezembro)

SUBSECÇÃO XVIII
Faltas para cumprimento de obrigações

ARTIGO 63.º
Regime

1 – Consideram-se justificadas as faltas motivadas pelo cumprimento de obrigações legais ou por imposição de autoridade judicial, policial ou militar.

2 – As faltas previstas no número anterior não importam a perda de quaisquer direitos e regalias.

ARTIGO 64.º
Situação de prisão

1 – As faltas dadas por motivo de prisão preventiva consideram-se justificadas e determinam a perda de vencimento de exercício e do subsídio de refeição.

2 – A perda do vencimento de exercício e do subsídio de refeição é reparada em caso de revogação ou extinção da prisão preventiva, salvo se o trabalhador nomeado vier a ser condenado definitivamente.

3 – O cumprimento de pena de prisão por trabalhador nomeado implica a perda total do vencimento e a não contagem do tempo para qualquer efeito.

4 – Nos casos em que, na sequência da prisão preventiva, o trabalhador nomeado venha a ser condenado definitivamente, aplica-se, ao período de prisão preventiva que não exceda a pena de prisão que lhe for aplicada, o disposto no número anterior.

(Redacção dada pelo art. 26.º da Lei n.º 64-A/2008, de 31 de Dezembro)

SUBSECÇÃO XIX
Faltas para prestação de provas de concurso

ARTIGO 65.º
Regime

1 – O trabalhador nomeado tem direito a faltar ao serviço pelo tempo necessário para prestação de provas de concurso público no âmbito dos serviços abrangidos pelo artigo 1.º do presente diploma, bem como de organismos internacionais, desde que se trate de lugares reservados a cidadãos de nacionalidade portuguesa ou sejam considerados de interesse para o País.

2 – As faltas referidas no número anterior não determinam a perda de quaisquer direitos ou regalias.

(Redacção dada pelo art. 26.º da Lei n.º 64-A/2008, de 31 de Dezembro)

SUBSECÇÃO XX
Faltas por conta do período de férias

ARTIGO 66.º
Regime

1 – O trabalhador nomeado pode faltar 2 dias por mês por conta do período de férias, até ao máximo de 13 dias por ano, os quais podem ser utilizados em períodos de meios dias.

2 – As faltas previstas no número anterior relevam, segundo opção do interessado, no período de férias do próprio ano ou do seguinte.

(Redacção dada pelo art. 26.º da Lei n.º 64-A/2008, de 31 de Dezembro)

ARTIGO 67.º
Processo de justificação

1 – O trabalhador nomeado que pretenda faltar ao abrigo do disposto no artigo anterior deve participar essa intenção ao superior hierárquico competente, por escrito, na véspera, ou, se não for possível, no próprio dia, oralmente, podendo este recusar, fundamentadamente, a autorização, atento o interesse do serviço.

2 – A participação oral deve ser reduzida a escrito no dia em que o trabalhador nomeado regressar ao serviço.
(Redacção dada pelo art. 26.º da Lei n.º 64-A/2008, de 31 de Dezembro)

SUBSECÇÃO XXI
Faltas com perda de vencimento

ARTIGO 68.º
Regime

1 – O trabalhador nomeado pode faltar excepcionalmente, mediante autorização do respectivo dirigente, a qual deve ser solicitada nos termos dos n n.ºs 1 e 2 do artigo 67.º.

2 – As faltas referidas no número anterior não podem ultrapassar seis dias em cada ano civil e um dia por mês.

3 – As faltas previstas neste artigo descontam para todos os efeitos legais, sendo o desconto da remuneração e do subsídio de refeição correspondentes aos dias de faltas efectuado no vencimento do mês de Dezembro ou no último vencimento percebido nos casos de suspensão ou cessação definitiva de funções.
(Redacção dada pelo art. 26.º da Lei n.º 64-A/2008, de 31 de Dezembro)

SUBSECÇÃO XXII
Faltas por deslocação para a periferia

ARTIGO 69.º
Faltas por deslocação para a periferia

1 – O trabalhador nomeado que se desloque para a periferia ao abrigo do disposto no *Decreto-Lei n.º 190/99, de 5 de Junho**, tem direito a faltar até cinco dias seguidos.

2 – As faltas referidas no número anterior não determinam a perda de quaisquer direitos ou regalias.

(*Redacção da nossa responsabilidade resultante do facto deste diploma ter revogado e substituído o Dec.-Lei n.º 45/84, de 3 de Fevereiro, e redacção resultante do disposto no art. 26.º da Lei n.º 64-A/2008, de 31 de Dezembro)

SUBSECÇÃO XXIII
Faltas por motivos não imputáveis ao trabalhador nomeado

ARTIGO 70.º
Faltas por motivos não imputáveis ao trabalhador nomeado

1 – São consideradas justificadas as faltas determinadas por facto qualificado como calamidade pública pelo Conselho de Ministros.

2 – Consideram-se igualmente justificadas as faltas ocasionadas por factos não imputáveis ao trabalhador nomeado e determinadas por motivos não previstos no presente diploma que impossibilitem o cumprimento do dever de assiduidade ou o dificultem em termos que afastem a sua exigibilidade.

3 – O trabalhador nomeado impedido de comparecer ao serviço nos termos do número anterior deve, por si ou por interposta pessoa, comunicar o facto ao dirigente competente logo que possível, preferencialmente no próprio dia ou no dia seguinte, devendo apresentar justificação por escrito no dia em que regressar ao serviço.

4 – As faltas previstas nos n.ºs 1 e 2 são equiparadas a serviço efectivo.
(Redacção dada pelo art. 26.º da Lei n.º 64-A/2008, de 31 de Dezembro)

SECÇÃO III
Faltas injustificadas

ARTIGO 71.º
Faltas injustificadas

1 – Consideram-se injustificadas:

a) Todas as faltas dadas por motivos não previstos no n.º 1 do artigo 21.º;
b) As faltas dadas ao abrigo do n.º 1 do artigo 21.º, não justificadas nos termos do presente capítulo, designadamente quando não seja apresentada a prova prevista no n.º 2 do mesmo artigo ou quando o motivo invocado seja comprovadamente falso.

2 – As faltas injustificadas, para além das consequências disciplinares a que possam dar lugar, determinam sempre a perda das remunerações correspondentes

aos dias de ausência, não contam para efeitos de antiguidade e descontam nas férias nos termos do artigo 13.º.

3 – O trabalhador nomeado que invocar motivos falsos para justificação das faltas pode ainda incorrer em infracção criminal nos termos da respectiva legislação.

(Redacção dada pelo art. 26.º da Lei n.º 64-A/2008, de 31 de Dezembro)

CAPÍTULO IV
Licenças

SECÇÃO I
Disposições gerais

ARTIGO 72.º
Conceito de licença

Considera-se licença a ausência prolongada do serviço mediante autorização.

ARTIGO 73.º
Tipos de licenças

1 – As licenças podem revestir as seguintes modalidades:

a) Licença sem vencimento até 90 dias;
b) Licença sem vencimento por um ano;
c) Licença sem vencimento de longa duração;
d) Licença sem vencimento para acompanhamento do cônjuge colocado no estrangeiro;
e) Licença sem vencimento para exercício de funções em organismos internacionais.

2 – A concessão das licenças depende de prévia ponderação da conveniência de serviço e, no caso das alíneas b) e e), da ponderação do interesse público, sendo motivo especialmente atendível a valorização profissional do trabalhador nomeado.

(Redacção dada pela Lei n.º 117/99, de 11 de Agosto, e pelo art. 26.º
     da Lei n.º 64-A/2008, de 31 de Dezembro)

ARTIGO 73.º-A
Autorização

1 – A concessão das licenças previstas nos artigos 76.º e 78.º carece do despacho do dirigente máximo do serviço, comunicado ao respectivo membro do Governo.

2 – O membro do Governo previsto no número anterior pode, no prazo de 10 dias e por motivos de conveniência de serviço, obstar a que sejam concedidas as referidas licenças.
(Artigo aditado pelo Dec.-Lei n.º 169/2006, de 17 de Agosto)

SUBSECÇÃO I
Licença sem vencimento até 90 dias

ARTIGO 74.º
Regime

1 – O trabalhador nomeado pode requerer, em cada ano civil, licença sem vencimento com a duração máxima de 90 dias, a gozar seguida ou interpoladamente.

2 – O limite máximo previsto no número anterior é aplicável mesmo nos casos em que, no decurso da licença, ocorra o final de um ano civil e o início do imediato.

3 – O trabalhador nomeado a quem a licença tenha sido concedida pode requerer o regresso antecipado ao serviço.
(Redacção dada pelo art. 26.º da Lei n.º 64-A/2008, de 31 de Dezembro)

ARTIGO 75.º
Efeitos da licença

1 – A licença sem vencimento implica a perda total das remunerações e o desconto na antiguidade para efeitos de carreira, aposentação e sobrevivência.

2 – Quando o início e o fim da licença ocorram no mesmo ano civil, o trabalhador nomeado tem direito, no ano seguinte, a um período de férias proporcional ao tempo de serviço prestado no ano da licença.

3 – Quando a licença abranja dois anos civis, o trabalhador nomeado tem direito, no ano de regresso e no seguinte, a um período de férias proporcional ao tempo de serviço prestado, respectivamente, no ano da suspensão de funções e no ano de regresso à actividade.

4 – O disposto no número anterior não prejudica o gozo de um período de oito dias úteis de férias consecutivos.
(Redacção dada pelo art. 26.º da Lei n.º 64-A/2008, de 31 de Dezembro)

SUBSECÇÃO II
Licença sem vencimento por um ano

ARTIGO 76.º
Regime

1 – Quando circunstâncias de interesse público o justifiquem, pode ser concedida aos trabalhadores nomeados licença sem vencimento pelo período de um ano, renovável até ao limite de três anos.
2 – *(Revogado)*.
3 – Quando as circunstâncias de interesse público que determinaram a concessão da licença cessarem, o trabalhador nomeado pode requerer o regresso antecipado ao serviço.
4 – O disposto na presente subsecção não se aplica aos agentes referidos no artigo 1.º.

(Redacção dada pelo art. 9.º do Dec.-Lei n.º 169/2006, de 17 de Agosto, e pelo art. 26.º da Lei n.º 64-A/2008, de 31 de Dezembro)

ARTIGO 77.º
Efeitos da licença

1 – A licença sem vencimento por um ano implica a perda total das remunerações e o desconto na antiguidade para efeitos de carreira, aposentação e sobrevivência.
2 – O período de tempo de licença pode, no entanto, contar para efeitos de aposentação, sobrevivência e fruição dos benefícios da ADSE se o interessado mantiver os correspondentes descontos com base na remuneração auferida à data da sua concessão.
3 – O trabalhador nomeado deve gozar as férias a que tem direito, no ano civil de passagem à situação de licença sem vencimento por um ano, antes do início da mesma.
4 – Quando haja manifesta impossibilidade do cumprimento do disposto no número anterior, o trabalhador nomeado tem direito a receber, nos 60 dias subsequentes ao início daquela situação, a remuneração correspondente ao período de

férias não gozado, bem como o respectivo subsídio, e a gozar as férias vencidas em 1 de Janeiro desse ano.

5 – No ano de regresso e no seguinte, o trabalhador nomeado tem direito a um período de férias proporcional ao tempo de serviço prestado no ano da suspensão de funções.

6 – O disposto no número anterior não prejudica o gozo de um período mínimo de oito dias úteis de férias.
(Redacção dada pelo art. 26.º da Lei n.º 64-A/2008, de 31 de Dezembro)

SUBSECÇÃO III
Licença sem vencimento de longa duração

ARTIGO 78.º
Regime

1 – Sem prejuízo do disposto na alínea b) do n.º 1 do artigo 47.º, os trabalhadores nomeados com provimento definitivo e pelo menos cinco anos de serviço efectivo prestado à Administração, ainda que em diversas situações e interpoladamente, podem requerer licença sem vencimento de longa duração.

2 – *(Revogado)*.

3 – Os trabalhadores nomeados em gozo de licença sem vencimento de longa duração não podem ser providos em lugares dos quadros dos serviços e organismos abrangidos pelo âmbito de aplicação do presente diploma, enquanto se mantiverem naquela situação.
(Redacção dada pelo art. 9.º do Dec.-Lei n.º 169/2006, de 17 de Agosto, e pelo art. 26.º da Lei n.º 64-A/2008, de 31 de Dezembro)

ARTIGO 79.º
Duração da licença

A licença prevista no artigo anterior não pode ter duração inferior a um ano.

ARTIGO 80.º
Efeitos da licença

1 – A concessão da licença determina abertura de vaga e a suspensão do vínculo com a Administração, a partir da data do despacho referido no n.º 2 do artigo 78.º, sem prejuízo do disposto no artigo 82.º.

2 – A licença sem vencimento de longa duração implica a perda total da remuneração e o desconto na antiguidade para efeitos de carreira, aposentação e sobrevivência, sem prejuízo do disposto no número seguinte.

3 – O trabalhador nomeado pode requerer que lhe continue a ser contado o tempo para efeitos de aposentação e sobrevivência, mediante o pagamento, nos termos legais aplicáveis, das respectivas quotas.

4 – O disposto no número anterior é aplicável às situações de licença de longa duração que estejam em curso à data da entrada em vigor do presente diploma, apenas relevando, para efeitos daquela contagem, o tempo que vier a decorrer após a sua vigência.

(Redacção dada pelo Dec.-Lei n.º 157/2001, de 11 de Maio, e pelo art. 26.º da Lei n.º 64-A/2008, de 31 de Dezembro)

ARTIGO 81.º
Férias nos anos de início e termo da licença sem vencimento de longa duração

1 – O trabalhador nomeado deve gozar as férias a que tem direito no ano civil de passagem à situação de licença sem vencimento de longa duração antes do início da mesma.

2 – Quando haja manifesta impossibilidade do cumprimento do disposto no número anterior, o trabalhador nomeado tem direito a receber, nos 60 dias subsequentes ao início daquela situação, a remuneração correspondente ao período de férias não gozado, bem como ao respectivo subsídio.

3 – Para além do disposto no número anterior, o trabalhador nomeado tem direito a receber a remuneração correspondente ao período de férias relativo ao tempo de serviço prestado nesse ano, bem como o subsídio de férias correspondente.

4 – Após o regresso ao serviço, o trabalhador nomeado tem direito a gozar férias nos termos do disposto nos artigos 2.º e 3.º.

(Redacção dada pelo art. 26.º da Lei n.º 64-A/2008, de 31 de Dezembro)

ARTIGO 82.º
Regresso da situação de licença sem vencimento de longa duração

1 – O trabalhador nomeado em gozo de licença sem vencimento de longa duração só pode requerer o regresso ao serviço ao fim de um ano nesta situação, cabendo-lhe uma das vagas existentes ou a primeira da sua categoria que venha a ocorrer no serviço de origem, podendo, no entanto, candidatar-se a concurso interno geral para a categoria que detêm, ou para categoria superior, se preencher

os requisitos legais, desde que o faça depois de ter manifestado vontade de regressar ao serviço efectivo, e sem prejuízo do disposto do artigo 83.°.

3 – O regresso do trabalhador nomeado da situação de licença sem vencimento de longa duração faz-se mediante despacho do respectivo membro do Governo publicado no Diário da República, quando se trate de trabalhadores nomeados da administração central, ou no jornal oficial, quando se trate de trabalhadores nomeados da administração regional.
(Redacção dada pelo art. 26.° da Lei n.° 64-A/2008, de 31 de Dezembro)

ARTIGO 83.°
Inspecção médica

O regresso ao serviço de trabalhador nomeado que tenha estado na situação de licença sem vencimento de longa duração por período superior a dois anos só pode ocorrer após inspecção médica pela entidade competente para inspeccionar os candidatos ao exercício de funções públicas.
(Redacção dada pelo art. 26.° da Lei n.° 64-A/2008, de 31 de Dezembro)

SUBSECÇÃO IV
Licença sem vencimento para acompanhamento do cônjuge colocado no estrangeiro

ARTIGO 84.°
Licença sem vencimento para acompanhamento do cônjuge colocado no estrangeiro

O trabalhador nomeado tem direito a licença sem vencimento para acompanhamento do respectivo cônjuge, quando este, tenha ou não a qualidade de trabalhador nomeado, for colocado no estrangeiro por período de tempo superior a 90 dias ou indeterminado, em missões de defesa ou representação de interesses do País ou em organizações internacionais de que Portugal seja membro.
(Redacção dada pela Lei n.° 117/99, de 11 de Agosto, e pelo art. 26.°
da Lei n.° 64-A/2008, de 31 de Dezembro)

ARTIGO 85.°
Concessão e efeitos de licença

1 – A licença é concedida pelo dirigente competente, a requerimento do interessado devidamente fundamentado.

2 – A concessão da licença por período superior a um ano a titular de um lugar do quadro determina a abertura de vaga.

3 – À licença prevista na presente subsecção aplica-se o disposto nos n.ºs 5 e 6 do artigo 77.º, se tiver sido concedida por período inferior a dois anos, e o disposto no artigo 80.º, se tiver sido concedida por período igualou superior àquele.

4 – O período de tempo de licença não conta para quaisquer efeitos, excepto para aposentação, sobrevivência e fruição dos benefícios da ADSE, se o trabalhador nomeado mantiver os correspondentes descontos com base na remuneração auferida à data da sua concessão.
(Redacção dada pelo art. 26.º da Lei n.º 64-A/2008, de 31 de Dezembro)

ARTIGO 86.º
Duração da licença

1 – A licença tem a mesma duração que a da colocação do cônjuge no estrangeiro, sem prejuízo do disposto nos números seguintes.

2 – A licença pode iniciar-se em data posterior à do início das funções do cônjuge no estrangeiro, desde que o interessado alegue conveniência nesse sentido.

3 – O regresso do trabalhador nomeado à efectividade de serviço pode ser antecipado a seu pedido.
(Redacção dada pelo art. 26.º da Lei n.º 64-A/2008, de 31 de Dezembro)

ARTIGO 87.º
Requerimento para regressar ao serviço

1 – Finda a colocação do cônjuge no estrangeiro, o trabalhador nomeado pode requerer ao dirigente máximo do respectivo serviço o regresso à actividade no prazo de 90 dias a contar da data do termo da situação de colocação daquele no estrangeiro.

2 – O não cumprimento do disposto no número anterior determina, conforme os casos, a exoneração ou a rescisão do contrato.
(Redacção dada pelo art. 26.º da Lei n.º 64-A/2008, de 31 de Dezembro)

ARTIGO 88.º
Situação após o termo da licença

1 – No caso de ter sido preenchida a respectiva vaga, o trabalhador nomeado fica a aguardar, na situação de supranumerário, com todos os direitos inerentes à

efectividade de funções, a primeira vaga existente ou que venha a ocorrer da sua categoria no serviço de origem.

2 – Ao regresso da situação de licença para acompanhamento do cônjuge colocado no estrangeiro é aplicável o disposto no n.º 2 do artigo 82.º.

3 – O trabalhador nomeado no gozo de licença sem vencimento cuja categoria foi, entretanto, revalorizada ou extinta tem direito, ao regressar, a ser integrado, respectivamente, na categoria resultante da revalorização ou noutra categoria equivalente à que possuía à data do início da licença.

4 – O disposto no n.º 2 aplica-se, com as necessárias adaptações, aos agentes.
(Redacção dada pelo art. 26.º da Lei n.º 64-A/2008, de 31 de Dezembro;
por força da entrada em vigor da LVCR, que pôs fim à figura
de agente administrativo, é de considerar o n.º 4 deste preceito
como tacitamente revogado)

SUBSECÇÃO V
Licença sem vencimento para exercício de funções em organismos internacionais

ARTIGO 89.º
Princípios gerais

1 – A licença sem vencimento para exercício de funções em organismos internacionais pode ser concedida aos trabalhadores nomeados, revestindo, conforme os casos, uma das seguintes modalidades:

a) Licença para o exercício de funções com carácter precário ou experimental com vista a uma integração futura no respectivo organismo;
b) Licença para o exercício de funções na qualidade de trabalhador nomeado do quadro de organismo internacional.

2 – O disposto na presente subsecção aplica-se aos agentes que tenham o contrato administrativo como forma normal de provimento.
(Redacção dada pelo art. 26.º da Lei n.º 64-A/2008, de 31 de Dezembro;
por força da entrada em vigor da LVCR, que pôs fim à figura
de agente administrativo, é de considerar o n.º 2 deste preceito
como tacitamente revogado)

ARTIGO 90.º
Licença para exercício de funções com carácter precário ou experimental em organismo internacional

1 – A licença prevista na alínea a) do artigo anterior tem a duração do exercício de funções com carácter precário ou experimental para que foi concedida, implicando a cessação das situações de requisição ou de comissão de serviço.

2 – A licença implica a perda total da remuneração, contando, porém, o tempo de serviço respectivo para todos os efeitos legais.

3 – O trabalhador nomeado continuará a efectuar os descontos para a aposentação ou reforma, sobrevivência e ADSE com base na remuneração auferida à data do início da licença.

4 – À licença prevista no presente artigo aplica-se o disposto nos n.os 4, 5 e 6 do artigo 77.º e no n.º 2* do artigo 82.º

5 – A concessão de licença por período superior a dois anos determina a abertura de vaga, tendo o trabalhador nomeado, no momento do regresso, direito a ser provido em vaga da sua categoria e ficando como supranumerário do *mapa** enquanto a mesma não ocorrer.

(*Errata: correcção da nossa responsabilidade resultante da entrada em vigor da LVCR, que substituiu a figura de quadro de pessoal pela de mapa de pessoal, e nova redacção dada pelo art. 26.º da Lei n.º 64-A/2008, de 31 de Dezembro)

ARTIGO 91.º
Licença para exercício de funções como funcionário ou agente de organismo internacional

1 – A licença prevista na alínea b) do artigo 89.º é concedida pelo período de exercício de funções e determina a abertura de vaga.

2 – O trabalhador nomeado tem, quando do seu regresso, direito a ser provido em vaga da sua categoria, ficando como supranumerário do *mapa** enquanto a mesma não ocorrer.

3 – É aplicável à licença prevista neste artigo o disposto nos n.os 2 e 3 do artigo anterior, no artigo 81.º e no artigo 82.º.

(*Errata: correcção da nossa responsabilidade resultante da entrada em vigor da LVCR, que substituiu a figura de quadro de pessoal pela de mapa de pessoal, e nova redacção dada pelo art. 26.º da Lei n.º 64-A/2008, de 31 de Dezembro)

ARTIGO 92.º
Concessão das licenças

1 – O despacho de concessão das licenças previstas nesta subsecção é da competência conjunta do Ministro dos Negócios Estrangeiros e do membro do Governo responsável pelo serviço a que pertence o requerente.

2 – O exercício de funções nos termos do artigo 89.º implica que o interessado faça prova, no requerimento a apresentar para concessão da licença ou para o regresso, da sua situação face à organização internacional, mediante documento comprovativo a emitir pela mesma.

CAPÍTULO V
Listas de antiguidade

ARTIGO 93.º
Organização das listas de antiguidade

1 – Os serviços e organismos devem organizar em cada ano listas de antiguidade dos seus trabalhadores nomeados, com referência a 31 de Dezembro do ano anterior.

2 – As listas de antiguidade devem ordenar os trabalhadores nomeados pelas diversas categorias e, dentro delas, segundo a respectiva antiguidade, devendo conter ainda as seguintes indicações:

   a) Data da aceitação, da posse ou do início do exercício de funções na categoria;
   b) Número de dias descontados nos termos da lei;
   c) Tempo contado para antiguidade na categoria referido a anos, meses e dias e independentemente do serviço ou organismo onde as funções foram prestadas.

3 – As listas são acompanhadas das observações que se mostrem necessárias à boa compreensão do seu conteúdo ou ao esclarecimento da situação dos trabalhadores nomeados por elas abrangidos.
(Redacção dada pelo art. 26.º da Lei n.º 64-A/2008, de 31 de Dezembro)

ARTIGO 94.º
Cálculo da antiguidade

1 – Para efeitos do disposto na alínea c) do n.º 2 do artigo anterior, a antigui-

dade dos trabalhadores nomeados é calculada em dias, devendo o tempo apurado ser depois convertido em anos, meses e dias e considerar-se o ano e o mês como períodos de, respectivamente, 365 e 30 dias.

2 – Os dias de descanso semanal e complementar e feriados contam para efeitos de antiguidade, excepto se intercalados em licenças ou sucessão de faltas da mesma natureza que, nos termos da lei, não sejam consideradas serviço efectivo.

(Redacção dada pelo art. 26.º da Lei n.º 64-A/2008, de 31 de Dezembro)

ARTIGO 95.º
Aprovação e distribuição das listas de antiguidade

1 – As listas de antiguidade, depois de aprovadas pelos dirigentes dos serviços, devem ser afixadas em local apropriado, de forma a possibilitar a consulta pelos interessados.

2 – A afixação pode ser substituída pela inclusão das listas em publicação oficial dos respectivos serviços.

3 – Até 31 de Março de cada ano, deve ser publicado no Diário da República o aviso da afixação ou publicação das listas de antiguidade.

ARTIGO 96.º
Reclamação das listas

1 – Da organização das listas cabe reclamação, a deduzir no prazo de 30 dias consecutivos a contar da data da publicação do aviso a que se refere o n.º 3 do artigo anterior.

2 – A reclamação pode ter por fundamento omissão, indevida graduação ou situação na lista ou erro na contagem de tempo de serviço.

3 – A reclamação não pode fundamentar-se em contagem de tempo de serviço ou em outras circunstâncias que tenham sido consideradas em listas anteriores.

4 – As reclamações são decididas pelo dirigente dos serviços, no prazo de 30 dias úteis, depois de obtidos os necessários esclarecimentos e prestadas as convenientes informações.

5 – As decisões são notificadas ao reclamante no prazo de oito dias úteis, por ofício entregue por protocolo ou remetido pelo correio, com aviso de recepção.

ARTIGO 97.º
Recurso da decisão sobre a reclamação

1 – Das decisões sobre as reclamações cabe recurso para o membro do Governo competente, a interpor no prazo de 30 dias consecutivos a contar da data da recepção da notificação.
2 – A decisão do recurso é notificada ao recorrente, aplicando-se o disposto no n.º 5 do artigo anterior.

ARTIGO 98.º
Prazos de reclamação e recurso dos trabalhadores nomeados que se encontrem a prestar serviço fora do continente

Os prazos estabelecidos no n.º 1 do artigo 96.º e no n.º 1 do artigo anterior são fixados em 60 dias consecutivos para os trabalhadores nomeados que prestem serviço nas Regiões Autónomas, em Macau ou no estrangeiro.
(Redacção dada pelo art. 26.º da Lei n.º 64-A/2008, de 31 de Dezembro)

ARTIGO 99.º
Instrumento de gestão da assiduidade

1 – Cada serviço deve elaborar em duplicado, no fim de cada mês, uma relação manual ou informatizada, com discriminação das faltas e licenças de cada trabalhador nomeado e sua natureza, cujo original é submetido a visto do responsável máximo, servindo o duplicado de base à elaboração das folhas de vencimento.
2 – Por despacho do membro do Governo que tenha a seu cargo a função pública, serão estabelecidas as orientações genéricas necessárias à elaboração, por parte de cada departamento ministerial, das relações a que se refere o número anterior, para efeitos de apuramentos estatísticos.
3 – O cômputo dos dias de férias a que o trabalhador nomeado tem direito em cada ano civil é realizado com base nas relações mensais de assiduidade relativas ao ano anterior.
(Redacção dada pelo art. 26.º da Lei n.º 64-A/2008, de 31 de Dezembro)

CAPÍTULO VI
Disposições finais e transitórias

ARTIGO 100.º
Relevância dos dias de descanso semanal e feriados

Os dias de descanso semanal ou complementar e os feriados, quando intercalados no decurso de uma licença ou de uma sucessão de faltas da mesma natureza, integram-se no cômputo dos respectivos períodos de duração, salvo se a lei se referir expressamente a dias úteis.

ARTIGO 101.º
Regresso da situação de licença sem vencimento de longa duração, da licença para acompanhamento do cônjuge colocado no estrangeiro e da licença para o exercício de funções em organismos internacionais

(Revogado pelo art. 26.º da Lei n.º 64-A/2008, de 31 de Dezembro)

ARTIGO 101-A.º
Licença especial para desempenho de funções em associação sindical

1 – A requerimento da associação sindical interessada, e para nela prestar serviço, pode ser concedida licença sem vencimento a trabalhador nomeado que conte mais de 3 anos de antiguidade no exercício de funções públicas.

2 – O requerimento previsto no número anterior é instruído com declaração expressa do trabalhador manifestando o seu acordo.

3 – A licença prevista no n.º 1 tem a duração de um ano e é sucessiva e tacitamente renovável.

(Artigo aditado pelo art. 13.º da Lei n.º 59/2008, de 11 de Setembro, que aprovou o RCTFP)

ARTIGO 102.º
Situações de licença ilimitada existentes à data da entrada em vigor deste diploma

O regime constante dos artigos 90.º e 91.º é aplicável aos trabalhadores nomeados que se encontrem nas situações de licença ali previstas, mediante

requerimento dos interessados aos membros do Governo competentes, a formular no prazo de 90 dias contados da data da entrada em vigor do presente diploma.
(Redacção dada pelo art. 26.º da Lei n.º 64-A/2008, de 31 de Dezembro)

ARTIGO 103.º
Situações de exercício de funções em organismos internacionais existentes à data da entrada em vigor deste diploma

1 – A situação dos trabalhadores nomeados que, à data da entrada em vigor do presente diploma, se encontrem a exercer funções em organismos internacionais continuará a reger-se pelo disposto no Decreto-Lei n.º 39.018, de 3 de Dezembro de 1952, salvo se o presente diploma for mais favorável.

2 – Até à publicação de legislação própria, aplicam-se, com as devidas adaptações, aos trabalhadores dos entes públicos não abrangidos por este diploma as disposições dos artigos 84.º e 89.º a 91.º do presente diploma.
(Redacção dada pelo art. 26.º da Lei n.º 64-A/2008, de 31 de Dezembro)

ARTIGO 104.º
Entidades e órgãos competentes na administração local

1 – As competências que no presente diploma são cometidas ao membro ou membros do Governo são, na administração local, referidas aos seguintes órgãos e entidades:

Presidente da câmara municipal, nos municípios;
Presidente da assembleia distrital, nas assembleias distritais;
Conselho de administração, nos serviços municipalizados;
Conselho de administração, nas associações de municípios;
Comissão administrativa, nas federações de municípios;
Junta de freguesia, nas freguesias.

2 – Exceptuam-se do disposto no n.º 1 as competências conferidas pelo n.º 2 do artigo 99.º e pelo n.º 2 do artigo 105.º aos membros do Governo neles mencionados.

ARTIGO 105.º
Junta de recurso

1 – Quando a junta da Caixa Geral de Aposentações, contrariamente ao parecer da junta médica competente, considerar o trabalhador nomeado apto para

o serviço, pode este ou o serviço de que depende requerer a sua apresentação a uma junta de recurso.

2 – A junta de recurso a que se refere o número anterior é constituída por um médico indicado pela Caixa Nacional de Previdência, um médico indicado pela ADSE ou pelas entidades a que alude o n.º 3 do artigo 46.º e um professor universitário das faculdades de medicina, que presidirá (designado por despacho do Ministro das Finanças).

(Redacção dada pelo art. 26.º da Lei n.º 64-A/2008, de 31 de Dezembro)

ARTIGO 106.º

O novo regime de recuperação de vencimento de exercício produz efeitos a 1 de Janeiro de 1998.

ARTIGO 107.º
Revogação

São revogados, pelo presente diploma, a segunda parte do artigo 16.º do Decreto-Lei n.º 48.359, de 27 de Abril de 1968, o Decreto-Lei n.º 497/88, de 30 de Dezembro, o Decreto-Lei n.º 178/95, de 26 de Julho, e o Decreto-Lei n.º 101-A/96, de 26 de Julho.

DECRETO-LEI N.º 181/2007,
de 9 de Maio

O regime sobre a justificação das faltas por doença e respectivos meios de prova aplicável aos *trabalhadores nomeados* da administração pública central, regional e local, previsto no Decreto-Lei n.º 100/99, de 31 de Março, consagra soluções diferentes das vigentes no âmbito do sector privado. Com efeito, enquanto na Administração Pública a comprovação da doença por atestado médico é suficiente para justificar a falta ao serviço, permitindo o abono das remunerações, nos termos legalmente devidos, já no sector privado apenas serve para justificar, perante a entidade patronal, a ausência ao trabalho, não constituindo meio idóneo para o pagamento do subsídio de doença substitutivo da retribuição perdida por motivo de doença. A solução consagrada no âmbito do sector privado encontra a sua lógica num sistema em que são bem distintas as responsabilidades da entidade patronal decorrentes da relação jurídica laboral e a responsabilidade da segurança social no âmbito da protecção social na eventualidade da doença a quem cabe o encargo do pagamento do subsídio de doença. Num sistema assim estruturado, compreende-se que a prova da falta por doença justificada perante a entidade patronal possa também ser feita por atestado médico e que a certificação da incapacidade para o trabalho, condição necessária para atribuição do subsídio de doença a pagar pela segurança social, deva ser feita pelas entidades competentes do Serviço Nacional de Saúde, através de documento emitido pelos respectivos médicos.

No regime estatutário da função pública, sendo a entidade patronal que suporta, nos termos legais, o encargo com o vencimento do *trabalhador nomeado*, a prova da situação de doença tem o duplo efeito de justificar a ausência ao trabalho e de fundamentar o abono do vencimento devido.

Assim sendo, e no sentido de dar um primeiro passo de aproximação do regime estatutário da função pública ao regime geral de protecção social na eventualidade da doença, no que à certificação da incapacidade temporária para o trabalho diz respeito, procede-se à alteração do actual regime sobre a justificação das faltas por doença e respectivos meios de prova aplicável aos *trabalhadores nomeados* da Administração Pública, passando a exigir-se, como único meio de prova idóneo para justificar as faltas por doença, uma declaração emitida pelas entidades competentes do Serviço Nacional de Saúde, por médico privativo dos serviços que dele disponham, por médico de outros estabelecimentos públicos de saúde e por médicos que tenham acordos com qualquer dos subsistemas de saúde da Administração Pública.

Foram observados os procedimentos decorrentes da Lei n.º 23/98, de 26 de Maio.

Assim:

Nos termos da alínea *a*) do n.º 1 do artigo 198.º da Constituição, o Governo decreta o seguinte:

ARTIGO 1.º
Alteração ao Decreto-Lei n.º 100/99, de 31 de Março

Os artigos 30.º e 31.º do Decreto-Lei n.º 100/99, de 31 de Março, passam a ter a seguinte redacção:

(...)

(as novas redacções dadas àqueles artigos já se encontram introduzidas no corpo do referido diploma, pelo que escusamos de as repetir aqui)

(...)

ARTIGO 2.º
Controlo e fiscalização

1 – A Direcção-Geral de Protecção Social aos Funcionários e Agentes da Administração Pública (ADSE), no exercício das suas competências de verificação domiciliária da doença e de auditoria e inspecção a prestadores convencionados, inclui acções de controlo e fiscalização no domínio das situações de ausência por doença comprovada por médicos ao abrigo de acordos com subsistemas de saúde.

2 – As competências e acções de auditoria e inspecção referidas no número anterior são igualmente cometidas aos serviços e organismos que gerem outros subsistemas de saúde da Administração Pública.

3 – As acções referidas nos números anteriores são desencadeadas oficiosamente ou por solicitação do serviço onde exerce funções o *trabalhador nomeado* impedido de comparecer por motivo de doença.

4 – Sem prejuízo do exercício de acção disciplinar por violação de deveres profissionais relativamente ao *trabalhador nomeado* que, invocando motivo de

doença, não comparece ao serviço, a violação do disposto no presente decreto-lei, bem como a desconformidade entre o resultado das acções referidas nos n.ᵒˢ 1 e 2 e a comprovação anteriormente apresentada, constituem fundamento de denúncia do acordo celebrado entre o subsistema de saúde da Administração Pública e o prestador convencionado, se este houver procedido com diligência e zelo inferiores àqueles a que estava obrigado.

ARTIGO 3.º
Prevalência

O disposto no presente decreto-lei prevalece sobre todas e quaisquer disposições especiais relativas às matérias reguladas no presente decreto-lei.

ARTIGO 4.º
Obrigação de remessa electrónica

A remessa electrónica do documento comprovativo de ausência por doença, prevista nos n.ᵒˢ 3 e 7 do artigo 30.º do Decreto-Lei n.º 100/99, de 31 de Março, é obrigatória para os médicos ao abrigo de acordo com subsistemas de saúde da Administração Pública 90 dias após a entrada em vigor do presente decreto-lei.

ARTIGO 5.º
Entrada em vigor

O presente decreto-lei entra em vigor no dia 1 do mês seguinte ao da sua publicação.

Visto e aprovado em Conselho de Ministros de 18 de Janeiro de 2007. – *José Sócrates Carvalho Pinto de Sousa – Fernando Teixeira dos Santos – António Fernando Correia de Campos.*

Promulgado em 27 de Abril de 2007.
Publique-se.
O Presidente da República, ANÍBAL CAVACO SILVA.

Referendado em 30 de Abril de 2007.
O Primeiro-Ministro, *José Sócrates Carvalho Pinto de Sousa.*

Modelo de Declaração Comprovativa da Doença a que se refere o n.º 2 do art. 30.º do Dec.-Lei n.º 100/99, de 31 de Março

PORTARIA N.º 666-A/2007, de 1 de Junho

O Decreto-Lei n.º 181/2007, de 9 de Maio, alterou o procedimento relativo à justificação da doença e respectivos meios de prova, constantes dos artigos 30.º e 31.º do Decreto-Lei n.º 100/99, de 31 de Março, consagrando a obrigatoriedade de comprovação da doença mediante declaração, de modelo a aprovar por portaria conjunta dos membros do Governo responsáveis pelas áreas da saúde e da Administração Pública, passada por estabelecimento hospitalar, centro de saúde ou instituições destinadas à prevenção ou reabilitação de toxicodependência ou alcoolismo, integrados no Serviço Nacional de Saúde, por médico privativo dos serviços que dele disponham, por médico de outros estabelecimentos públicos de saúde e por médicos que tenham acordos com qualquer dos subsistemas de saúde da Administração Pública.

Assim:

Ao abrigo do n.º 2 do artigo 30.º do Decreto-Lei n.º 100/99, de 31 de Março, na redacção dada pelo artigo 1.º do Decreto-Lei n.º 181/2007, de 9 de Maio, manda o Governo, pelos Ministros de Estado e das Finanças e da Saúde, o seguinte:

ARTIGO 1.º

1.º É aprovado em anexo à presente portaria, dela fazendo parte integrante, o modelo de declaração comprovativa da doença a que se refere o n.º 2 do artigo 30.º do Decreto-Lei n.º 100/99, de 31 de Março, na redacção dada pelo artigo 1.º do Decreto-Lei n.º 181/2007, de 9 de Maio.

2.º O reconhecimento e a duração da incapacidade temporária são fundamentados em exame clínico do *trabalhador nomeado*, sendo os respectivos elementos de informação anotados e arquivados no respectivo processo clínico.

3.º O modelo referido no n.º 1.º encontra-se disponível nos sítios das Direcções-Gerais da Administração e do Emprego Público e de Protecção Social aos *Funcionários e Agentes* da Administração Pública (ADSE).

ARTIGO 2.º

A presente portaria entra em vigor no dia seguinte ao da sua publicação. Em 9 de Maio de 2007.

O Ministro de Estado e das Finanças, *Fernando Teixeira dos Santos*. – O Ministro da Saúde, *António Fernando Correia de Campos*.

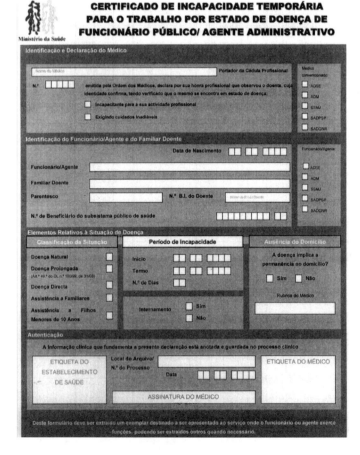

**Decreto Legislativo Regional n.º 3/2008/A
Regime sobre a justificação das faltas por doença
e respectivos meios de prova aplicável
aos *trabalhadores nomeados* da Administração Pública**

O Decreto-Lei n.º 181/2007, de 9 de Maio, veio consagrar um novo regime sobre a justificação das faltas por doença e respectivos meios de prova aplicável aos *trabalhadores nomeados* da administração pública central, regional e local, aproximando-o do regime estatuído para os trabalhadores do sector privado. Nesse sentido, procedeu-se à alteração dos artigos 30.º e 31.º do Decreto-Lei n.º 100/99, de 31 de Março, nos quais se estabelece que as situações de doença por parte dos *trabalhadores nomeados* deve ser comprovada mediante declaração passada por estabelecimento hospitalar, centro de saúde, instituições destinadas à prevenção ou reabilitação de toxicodependência ou alcoolismo podendo, ainda, ser comprovada por médico privativo dos serviços, por médico de outros estabelecimentos públicos de saúde, por médicos ao abrigo de acordos com qualquer dos subsistemas de saúde no âmbito da especialidade médica objecto do respectivo acordo ou, nas situações de internamento, em estabelecimento particular com autorização legal de funcionamento.

Todavia, a aplicação daquele diploma à Região carece de uma adequada adaptação porquanto a realidade arquipelágica diverge da verificada no restante território nacional, na medida em que não existem médicos privativos dos serviços públicos, nem acordos com médicos celebrados pela ADSE.

Além disso, a eventual aplicação daquele regime à Região sem ter em conta a especificidade regional nesta área, caracterizada pela carência de pessoal médico, designadamente no que diz respeito aos centros de saúde, iria determinar uma significativa afluência às unidades de saúde de *trabalhadores nomeados* que pretendem justificar as faltas por doença, dificultando, ainda mais, a prestação de cuidados de saúde à população. Assim, a Assembleia Legislativa da Região Autónoma dos Açores decreta, nos termos da alínea *a*) do n.º 1 do artigo 227.º da Constituição da República e da alínea *c*) do n.º 1 do artigo 31.º do Estatuto Político – Administrativo da Região Autónoma dos Açores, o seguinte:

ARTIGO 1.º
Adaptação à Região
do Decreto-Lei n.º 181/2007, de 9 de Maio

O Decreto-Lei n.º 181/2007, de 9 de Maio, aplica-se à Região Autónoma dos Açores de acordo com as adaptações introduzidas pelo presente diploma.

ARTIGO 2.º
Justificação da doença

1 – A doença pode, também, ser comprovada mediante declaração passada por estabelecimento hospitalar, unidade de saúde de ilha, centro de saúde, incluindo as modalidades de atendimento complementar e permanente, ou instituições destinadas à prevenção ou reabilitação de toxicodependência ou alcoolismo e instituições de saúde mental, integrados no Serviço Regional de Saúde, de modelo a aprovar por portaria conjunta dos membros do Governo Regional competentes, em matéria de saúde e de Administração Pública.

2 – A doença pode, ainda, ser comprovada por médico ou médico dentista inscrito na Direcção Regional da Saúde ao abrigo da legislação em vigor, através de preenchimento do modelo referido no número anterior.

ARTIGO 3.º
Referências a serviços e entidades

A referência feita no Decreto-Lei n.º 181/2007, de 9 de Maio, ao Ministério da Saúde reporta-se na Região Autónoma dos Açores à Secretaria Regional dos Assuntos Sociais.

ARTIGO 4.º
Controlo e fiscalização

Para efeitos do disposto no artigo 2.º do Decreto-Lei n.º 181/2007, de 9 de Maio, o controlo e fiscalização são exercidos na Região Autónoma dos Açores pela entidade que for designada por portaria conjunta dos membros do Governo Regional que tutelam as áreas da saúde e da Administração Pública.

ARTIGO 5.º
Entrada em vigor

O presente diploma entra em vigor no dia imediato ao da sua publicação.

Aprovado pela Assembleia Legislativa da Região Autónoma dos Açores, na Horta, em 22 de Janeiro de 2008.

O Presidente da Assembleia Legislativa, *Fernando Manuel Machado Menezes*.

Assinado em Angra do Heroísmo em 1 de Fevereiro de 2008.

Publique-se.

O Representante da República para a Região Autónoma dos Açores, *José António Mesquita*.

ESTATUTO SOBRE A PROTECÇÃO NA PARENTALIDADE

CÓDIGO DO TRABALHO
Aprovado pela Lei n.º 7/2009, de 12 de Fevereiro

LIVRO I
Parte geral

(...)

TÍTULO II
Contrato de trabalho

CAPÍTULO I
Disposições gerais

(...)

SECÇÃO II
Sujeitos

(...)

SUBSECÇÃO IV
Parentalidade

ARTIGO 33.º
Parentalidade

1 – A maternidade e a paternidade constituem valores sociais eminentes.

2 – Os trabalhadores têm direito à protecção da sociedade e do Estado na realização da sua insubstituível acção em relação ao exercício da parentalidade.

ARTIGO 34.º
Articulação com regime de protecção social

1 – A protecção social nas situações previstas na presente subsecção, designadamente os regimes de concessão de prestações sociais para os diferentes períodos de licença por parentalidade, consta de legislação específica.

2 – Para efeitos do disposto na presente subsecção, consideram-se equivalentes a períodos de licença parental os períodos de concessão das prestações sociais correspondentes, atribuídas a um dos progenitores no âmbito do subsistema de solidariedade e do sistema previdencial da segurança social ou outro regime de protecção social de enquadramento obrigatório.

ARTIGO 35.º
Protecção na parentalidade

1 – A protecção na parentalidade concretiza-se através da atribuição dos seguintes direitos:

a) Licença em situação de risco clínico durante a gravidez;
b) Licença por interrupção de gravidez;
c) Licença parental, em qualquer das modalidades;
d) Licença por adopção;
e) Licença parental complementar em qualquer das modalidades;
f) Dispensa da prestação de trabalho por parte de trabalhadora grávida, puérpera ou lactante, por motivo de protecção da sua segurança e saúde;
g) Dispensa para consulta pré-natal;
h) Dispensa para avaliação para adopção;
i) Dispensa para amamentação ou aleitação;
j) Faltas para assistência a filho;
l) Faltas para assistência a neto;
m) Licença para assistência a filho;
n) Licença para assistência a filho com deficiência ou doença crónica;
o) Trabalho a tempo parcial de trabalhador com responsabilidades familiares;
p) Horário flexível de trabalhador com responsabilidades familiares;
q) Dispensa de prestação de trabalho em regime de adaptabilidade;
r) Dispensa de prestação de trabalho suplementar;
s) Dispensa de prestação de trabalho no período nocturno.

2 – Os direitos previstos no número anterior apenas se aplicam, após o nascimento do filho, a trabalhadores progenitores que não estejam impedidos ou inibidos totalmente do exercício do poder paternal, com excepção do direito de a mãe gozar 14 semanas de licença parental inicial e dos referentes a protecção durante a amamentação.

ARTIGO 36.º
Conceitos em matéria de protecção da parentalidade

1 – No âmbito do regime de protecção da parentalidade, entende-se por:

a) Trabalhadora grávida, a trabalhadora em estado de gestação que informe o empregador do seu estado, por escrito, com apresentação de atestado médico;
b) Trabalhadora puérpera, a trabalhadora parturiente e durante um período de 120 dias subsequentes ao parto que informe o empregador do seu estado, por escrito, com apresentação de atestado médico ou certidão de nascimento do filho;
c) Trabalhadora lactante, a trabalhadora que amamenta o filho e informe o empregador do seu estado, por escrito, com apresentação de atestado médico.

2 – O regime de protecção da parentalidade é ainda aplicável desde que o empregador tenha conhecimento da situação ou do facto relevante.

ARTIGO 37.º
Licença em situação de risco clínico durante a gravidez

1 – Em situação de risco clínico para a trabalhadora grávida ou para o nascituro, impeditivo do exercício de funções, independentemente do motivo que determine esse impedimento e esteja este ou não relacionado com as condições de prestação do trabalho, caso o empregador não lhe proporcione o exercício de actividade compatível com o seu estado e categoria profissional, a trabalhadora tem direito a licença, pelo período de tempo que por prescrição médica for considerado necessário para prevenir o risco, sem prejuízo da licença parental inicial.

2 – Para o efeito previsto no número anterior, a trabalhadora informa o empregador e apresenta atestado médico que indique a duração previsível da licença, prestando essa informação com a antecedência de 10 dias ou, em caso de urgência comprovada pelo médico, logo que possível.

3 – Constitui contra-ordenação muito grave a violação do disposto no n.º 1.

ARTIGO 38.º
Licença por interrupção da gravidez

1 – Em caso de interrupção da gravidez, a trabalhadora tem direito a licença com duração entre 14 e 30 dias.

2 – Para o efeito previsto no número anterior, a trabalhadora informa o empregador e apresenta, logo que possível, atestado médico com indicação do período da licença.

3 – Constitui contra-ordenação muito grave a violação do disposto no n.º 1.

ARTIGO 39.º
Modalidades de licença parental

A licença parental compreende as seguintes modalidades:

a) Licença parental inicial;
b) Licença parental inicial exclusiva da mãe;
c) Licença parental inicial a gozar pelo pai por impossibilidade da mãe;
d) Licença parental exclusiva do pai.

ARTIGO 40.º
Licença parental inicial

1 – A mãe e o pai trabalhadores têm direito, por nascimento de filho, a licença parental inicial de 120 ou 150 dias consecutivos, cujo gozo podem partilhar após o parto, sem prejuízo dos direitos da mãe a que se refere o artigo seguinte.

2 – A licença referida no número anterior é acrescida em 30 dias, no caso de cada um dos progenitores gozar, em exclusivo, um período de 30 dias consecutivos, ou dois períodos de 15 dias consecutivos, após o período de gozo obrigatório pela mãe a que se refere o n.º 2 do artigo seguinte.

3 – No caso de nascimentos múltiplos, o período de licença previsto nos números anteriores é acrescido de 30 dias por cada gémeo além do primeiro.

4 – Em caso de partilha do gozo da licença, a mãe e o pai informam os respectivos empregadores, até sete dias após o parto, do início e termo dos períodos a gozar por cada um, entregando para o efeito, declaração conjunta.

5 – Caso a licença parental não seja partilhada pela mãe e pelo pai, e sem prejuízo dos direitos da mãe a que se refere o artigo seguinte, o progenitor que gozar a licença informa o respectivo empregador, até sete dias após o parto, da duração da licença e do início do respectivo período, juntando declaração do outro

progenitor da qual conste que o mesmo exerce actividade profissional e que não goza a licença parental inicial.

6 – Na falta da declaração referida nos n.os 4 e 5 a licença é gozada pela mãe.

7 – Em caso de internamento hospitalar da criança ou do progenitor que estiver a gozar a licença prevista nos n.os 1, 2 ou 3 durante o período após o parto, o período de licença suspende-se, a pedido do progenitor, pelo tempo de duração do internamento.

8 – A suspensão da licença no caso previsto no número anterior é feita mediante comunicação ao empregador, acompanhada de declaração emitida pelo estabelecimento hospitalar.

9 – Constitui contra-ordenação muito grave a violação do disposto nos n.os 1, 2, 3, 7 ou 8.

ARTIGO 41.º
Períodos de licença parental exclusiva da mãe

1 – A mãe pode gozar até 30 dias da licença parental inicial antes do parto.

2 – É obrigatório o gozo, por parte da mãe, de seis semanas de licença a seguir ao parto.

3 – A trabalhadora que pretenda gozar parte da licença antes do parto deve informar desse propósito o empregador e apresentar atestado médico que indique a data previsível do parto, prestando essa informação com a antecedência de 10 dias ou, em caso de urgência comprovada pelo médico, logo que possível.

4 – Constitui contra-ordenação muito grave a violação do disposto nos n.os 1 ou 2.

ARTIGO 42.º
Licença parental inicial a gozar por um progenitor em caso de impossibilidade do outro

1 – O pai ou a mãe tem direito a licença, com a duração referida nos n.os 1, 2 ou 3 do artigo 40.º, ou do período remanescente da licença, nos casos seguintes:

a) Incapacidade física ou psíquica do progenitor que estiver a gozar a licença, enquanto esta se mantiver;
b) Morte do progenitor que estiver a gozar a licença.

2 – Apenas há lugar à duração total da licença referida no n.º 2 do artigo 40.º caso se verifiquem as condições aí previstas, à data dos factos referidos no número anterior.

3 – Em caso de morte ou incapacidade física ou psíquica da mãe, a licença parental inicial a gozar pelo pai tem a duração mínima de 30 dias.

4 – Em caso de morte ou incapacidade física ou psíquica de mãe não trabalhadora nos 120 dias a seguir ao parto, o pai tem direito a licença nos termos do n.º 1, com a necessária adaptação, ou do número anterior.

5 – Para efeito do disposto nos números anteriores, o pai informa o empregador, logo que possível e, consoante a situação, apresenta atestado médico comprovativo ou certidão de óbito e, sendo caso disso, declara o período de licença já gozado pela mãe.

6 – Constitui contra-ordenação muito grave a violação do disposto nos n.ºs 1 a 4.

ARTIGO 43.º
Licença parental exclusiva do pai

1 – É obrigatório o gozo pelo pai de uma licença parental de 10 dias úteis, seguidos ou interpolados, nos 30 dias seguintes ao nascimento do filho, cinco dos quais gozados de modo consecutivos imediatamente a seguir a este.

2 – Após o gozo da licença prevista no número anterior, o pai tem ainda direito a 10 dias úteis de licença, seguidos ou interpolados, desde que gozados em simultâneo com o gozo da licença parental inicial por parte da mãe.

3 – No caso de nascimentos múltiplos, à licença prevista nos números anteriores acrescem dois dias por cada gémeo além do primeiro.

4 – Para efeitos do disposto nos números anteriores, o trabalhador deve avisar o empregador com a antecedência possível que, no caso previsto no n.º 2, não deve ser inferior a cinco dias.

5 – Constitui contra-ordenação muito grave a violação do disposto nos n.ºs 1, 2 ou 3.

ARTIGO 44.º
Licença por adopção

1 – Em caso de adopção de menor de 15 anos, o candidato a adoptante tem direito à licença referida nos n.ºs 1 ou 2 do artigo 40.º

2 – No caso de adopções múltiplas, o período de licença referido no número anterior é acrescido de 30 dias por cada adopção além da primeira.

3 – Havendo dois candidatos a adoptantes, a licença deve ser gozada nos termos dos n.ºs 1 e 2 do artigo 40.º

4 – O candidato a adoptante não tem direito a licença em caso de adopção de filho do cônjuge ou de pessoa com quem viva em união de facto.

5 – Em caso de incapacidade ou falecimento do candidato a adoptante durante a licença, o cônjuge sobrevivo, que não seja candidato a adoptante e com quem o adoptando viva em comunhão de mesa e habitação, tem direito a licença correspondente ao período não gozado ou a um mínimo de 14 dias.

6 – A licença tem início a partir da confiança judicial ou administrativa, nos termos do regime jurídico da adopção.

7 – Quando a confiança administrativa consistir na confirmação da permanência do menor a cargo do adoptante, este tem direito a licença, pelo período remanescente, desde que a data em que o menor ficou de facto a seu cargo tenha ocorrido antes do termo da licença parental inicial.

8 – Em caso de internamento hospitalar do candidato a adoptante ou do adoptando, o período de licença é suspenso pelo tempo de duração do internamento, devendo aquele comunicar esse facto ao empregador, apresentando declaração comprovativa passada pelo estabelecimento hospitalar.

9 – Em caso de partilha do gozo da licença, os candidatos a adoptantes informam os respectivos empregadores, com a antecedência de 10 dias ou, em caso de urgência comprovada, logo que possível, fazendo prova da confiança judicial ou administrativa do adoptando e da idade deste, do início e termo dos períodos a gozar por cada um, entregando para o efeito declaração conjunta.

10 – Caso a licença por adopção não seja partilhada, o candidato a adoptante que gozar a licença informa o respectivo empregador, nos prazos referidos no número anterior, da duração da licença e do início do respectivo período.

11 – Constitui contra-ordenação muito grave a violação do disposto nos n.os 1 a 3, 5, 7 ou 8.

ARTIGO 45.º
Dispensa para avaliação para a adopção

Para efeitos de realização de avaliação para a adopção, os trabalhadores têm direito a três dispensas de trabalho para deslocação aos serviços da segurança social ou recepção dos técnicos em seu domicílio, devendo apresentar a devida justificação ao empregador.

ARTIGO 46.º
Dispensa para consulta pré-natal

1 – A trabalhadora grávida tem direito a dispensa do trabalho para consultas pré-natais, pelo tempo e número de vezes necessários.

2 – A trabalhadora deve, sempre que possível, comparecer a consulta pré-natal fora do horário de trabalho.

3 – Sempre que a consulta pré-natal só seja possível durante o horário de trabalho, o empregador pode exigir à trabalhadora a apresentação de prova desta circunstância e da realização da consulta ou declaração dos mesmos factos.

4 – Para efeito dos números anteriores, a preparação para o parto é equiparada a consulta pré-natal.

5 – O pai tem direito a três dispensas do trabalho para acompanhar a trabalhadora às consultas pré-natais.

6 – Constitui contra-ordenação grave a violação do disposto neste artigo.

ARTIGO 47.º
Dispensa para amamentação ou aleitação

1 – A mãe que amamenta o filho tem direito a dispensa de trabalho para o efeito, durante o tempo que durar a amamentação.

2 – No caso de não haver amamentação, desde que ambos os progenitores exerçam actividade profissional, qualquer deles ou ambos, consoante decisão conjunta, têm direito a dispensa para aleitação, até o filho perfazer um ano.

3 – A dispensa diária para amamentação ou aleitação é gozada em dois períodos distintos, com a duração máxima de uma hora cada, salvo se outro regime for acordado com o empregador.

4 – No caso de nascimentos múltiplos, a dispensa referida no número anterior é acrescida de mais 30 minutos por cada gémeo além do primeiro.

5 – Se qualquer dos progenitores trabalhar a tempo parcial, a dispensa diária para amamentação ou aleitação é reduzida na proporção do respectivo período normal de trabalho, não podendo ser inferior a 30 minutos.

6 – Na situação referida no número anterior, a dispensa diária é gozada em período não superior a uma hora e, sendo caso disso, num segundo período com a duração remanescente, salvo se outro regime for acordado com o empregador.

7 – Constitui contra-ordenação grave a violação do disposto neste artigo.

ARTIGO 48.º
Procedimento de dispensa para amamentação ou aleitação

1 – Para efeito de dispensa para amamentação, a trabalhadora comunica ao empregador, com a antecedência de 10 dias relativamente ao início da dispensa, que amamenta o filho, devendo apresentar atestado médico se a dispensa se prolongar para além do primeiro ano de vida do filho.

2 – Para efeito de dispensa para aleitação, o progenitor:

  a) Comunica ao empregador que aleita o filho, com a antecedência de 10 dias relativamente ao início da dispensa;

b) Apresenta documento de que conste a decisão conjunta;
  c) Declara qual o período de dispensa gozado pelo outro progenitor, sendo caso disso;
  d) Prova que o outro progenitor exerce actividade profissional e, caso seja trabalhador por conta de outrem, que informou o respectivo empregador da decisão conjunta.

ARTIGO 49.º
Falta para assistência a filho

1 – O trabalhador pode faltar ao trabalho para prestar assistência inadiável e imprescindível, em caso de doença ou acidente, a filho menor de 12 anos ou, independentemente da idade, a filho com deficiência ou doença crónica, até 30 dias por ano ou durante todo o período de eventual hospitalização.

2 – O trabalhador pode faltar ao trabalho até 15 dias por ano para prestar assistência inadiável e imprescindível em caso de doença ou acidente a filho com 12 ou mais anos de idade que, no caso de ser maior, faça parte do seu agregado familiar.

3 – Aos períodos de ausência previstos nos números anteriores acresce um dia por cada filho além do primeiro.

4 – A possibilidade de faltar prevista nos números anteriores não pode ser exercida simultaneamente pelo pai e pela mãe.

5 – Para efeitos de justificação da falta, o empregador pode exigir ao trabalhador:
  a) Prova do carácter inadiável e imprescindível da assistência;
  b) Declaração de que o outro progenitor tem actividade profissional e não falta pelo mesmo motivo ou está impossibilitado de prestar a assistência;
  c) Em caso de hospitalização, declaração comprovativa passada pelo estabelecimento hospitalar.

6 – No caso referido no n.º 3 do artigo seguinte, o pai ou a mãe informa o respectivo empregador da prestação de assistência em causa, sendo o seu direito referido nos n.ºs 1 ou 2 reduzido em conformidade.

7 – Constitui contra-ordenação grave a violação do disposto nos n.ºs 1, 2 ou 3.

ARTIGO 50.º
Falta para assistência a neto

1 – O trabalhador pode faltar até 30 dias consecutivos, a seguir ao nascimento de neto que consigo viva em comunhão de mesa e habitação e que seja filho de adolescente com idade inferior a 16 anos.

2 – Se houver dois titulares do direito, há apenas lugar a um período de faltas, a gozar por um deles, ou por ambos em tempo parcial ou em períodos sucessivos, conforme decisão conjunta.

3 – O trabalhador pode também faltar, em substituição dos progenitores, para prestar assistência inadiável e imprescindível, em caso de doença ou acidente, a neto menor ou, independentemente da idade, com deficiência ou doença crónica.

4 – Para efeitos dos n.os 1 e 2, o trabalhador informa o empregador com a antecedência de cinco dias, declarando que:

   a) O neto vive consigo em comunhão de mesa e habitação;
   b) O neto é filho de adolescente com idade inferior a 16 anos;
   c) O cônjuge do trabalhador exerce actividade profissional ou se encontra física ou psiquicamente impossibilitado de cuidar do neto ou não vive em comunhão de mesa e habitação com este.

5 – O disposto neste artigo é aplicável a tutor do adolescente, a trabalhador a quem tenha sido deferida a confiança judicial ou administrativa do mesmo, bem como ao seu cônjuge ou pessoa em união de facto.

6 – No caso referido no n.° 3, o trabalhador informa o empregador, no prazo previsto nos n.os 1 ou 2 do artigo 253.°, declarando:

   a) O carácter inadiável e imprescindível da assistência;
   b) Que os progenitores são trabalhadores e não faltam pelo mesmo motivo ou estão impossibilitados de prestar a assistência, bem como que nenhum outro familiar do mesmo grau falta pelo mesmo motivo.

7 – Constitui contra-ordenação grave a violação do disposto nos n.os 1, 2 ou 3.

ARTIGO 51.°
Licença parental complementar

1 – O pai e a mãe têm direito, para assistência a filho ou adoptado com idade não superior a seis anos, a licença parental complementar, em qualquer das seguintes modalidades:

   a) Licença parental alargada, por três meses;
   b) Trabalho a tempo parcial durante 12 meses, com um período normal de trabalho igual a metade do tempo completo;
   c) Períodos intercalados de licença parental alargada e de trabalho a tempo parcial em que a duração total da ausência e da redução do tempo de trabalho seja igual aos períodos normais de trabalho de três meses;

d) Ausências interpoladas ao trabalho com duração igual aos períodos normais de trabalho de três meses, desde que previstas em instrumento de regulamentação colectiva de trabalho.

2 – O pai e a mãe podem gozar qualquer das modalidades referidas no número anterior de modo consecutivo ou até três períodos interpolados, não sendo permitida a cumulação por um dos progenitores do direito do outro.

3 – Se ambos os progenitores pretenderem gozar simultaneamente a licença e estiverem ao serviço do mesmo empregador, este pode adiar a licença de um deles com fundamento em exigências imperiosas ligadas ao funcionamento da empresa ou serviço, desde que seja fornecida por escrito a respectiva fundamentação.

4 – Durante o período de licença parental complementar em qualquer das modalidades, o trabalhador não pode exercer outra actividade incompatível com a respectiva finalidade, nomeadamente trabalho subordinado ou prestação continuada de serviços fora da sua residência habitual.

5 – O exercício dos direitos referidos nos números anteriores depende de informação sobre a modalidade pretendida e o início e o termo de cada período, dirigida por escrito ao empregador com antecedência de 30 dias relativamente ao seu início.

6 – Constitui contra-ordenação grave a violação do disposto nos n.os 1, 2 ou 3.

ARTIGO 52.º
Licença para assistência a filho

1 – Depois de esgotado o direito referido no artigo anterior, os progenitores têm direito a licença para assistência a filho, de modo consecutivo ou interpolado, até ao limite de dois anos.

2 – No caso de terceiro filho ou mais, a licença prevista no número anterior tem o limite de três anos.

3 – O trabalhador tem direito a licença se o outro progenitor exercer actividade profissional ou estiver impedido ou inibido totalmente de exercer o poder paternal.

4 – Se houver dois titulares, a licença pode ser gozada por qualquer deles ou por ambos em períodos sucessivos.

5 – Durante o período de licença para assistência a filho, o trabalhador não pode exercer outra actividade incompatível com a respectiva finalidade, nomeadamente trabalho subordinado ou prestação continuada de serviços fora da sua residência habitual.

6 – Para exercício do direito, o trabalhador informa o empregador, por escrito e com a antecedência de 30 dias:

a) Do início e do termo do período em que pretende gozar a licença;
b) Que o outro progenitor tem actividade profissional e não se encontra ao mesmo tempo em situação de licença, ou que está impedido ou inibido totalmente de exercer o poder paternal;
c) Que o menor vive com ele em comunhão de mesa e habitação;
d) Que não está esgotado o período máximo de duração da licença.

7 – Na falta de indicação em contrário por parte do trabalhador, a licença tem a duração de seis meses.
8 – À prorrogação do período de licença pelo trabalhador, dentro dos limites previstos nos n.os 1 e 2, é aplicável o disposto no n.º 6.
9 – Constitui contra-ordenação grave a violação do disposto nos n.os 1 ou 2.

ARTIGO 53.º
Licença para assistência a filho com deficiência ou doença crónica

1 – Os progenitores têm direito a licença por período até seis meses, prorrogável até quatro anos, para assistência de filho com deficiência ou doença crónica.
2 – Caso o filho com deficiência ou doença crónica tenha 12 ou mais anos de idade a necessidade de assistência é confirmada por atestado médico.
3 – É aplicável à licença prevista no n.º 1 o regime constante dos n.os 3 a 8 do artigo anterior.
4 – Constitui contra-ordenação grave a violação do disposto no n.º 1.

ARTIGO 54.º
**Redução do tempo de trabalho para assistência
a filho menor com deficiência ou doença crónica**

1 – Os progenitores de menor com deficiência ou doença crónica, com idade não superior a um ano, têm direito a redução de cinco horas do período normal de trabalho semanal, ou outras condições de trabalho especiais, para assistência ao filho.
2 – Não há lugar ao exercício do direito referido no número anterior quando um dos progenitores não exerça actividade profissional e não esteja impedido ou inibido totalmente de exercer o poder paternal.
3 – Se ambos os progenitores forem titulares do direito, a redução do período normal de trabalho pode ser utilizada por qualquer deles ou por ambos em períodos sucessivos.

4 – O empregador deve adequar o horário de trabalho resultante da redução do período normal de trabalho tendo em conta a preferência do trabalhador, sem prejuízo de exigências imperiosas do funcionamento da empresa.

5 – A redução do período normal de trabalho semanal não implica diminuição de direitos consagrados na lei, salvo quanto à retribuição, que só é devida na medida em que a redução, em cada ano, exceda o número de faltas substituíveis por perda de gozo de dias de férias.

6 – Para redução do período normal de trabalho semanal, o trabalhador deve comunicar ao empregador a sua intenção com a antecedência de 10 dias, bem como:

  a) Apresentar atestado médico comprovativo da deficiência ou da doença crónica;
  b) Declarar que o outro progenitor tem actividade profissional ou que está impedido ou inibido totalmente de exercer o poder paternal e, sendo caso disso, que não exerce ao mesmo tempo este direito.

7 – Constitui contra-ordenação grave a violação do disposto nos n.os 1, 3, 4 ou 5.

ARTIGO 55.º
Trabalho a tempo parcial de trabalhador com responsabilidades familiares

1 – O trabalhador com filho menor de 12 anos ou, independentemente da idade, filho com deficiência ou doença crónica que com ele viva em comunhão de mesa e habitação tem direito a trabalhar a tempo parcial.

2 – O direito pode ser exercido por qualquer dos progenitores ou por ambos em períodos sucessivos, depois da licença parental complementar, em qualquer das suas modalidades.

3 – Salvo acordo em contrário, o período normal de trabalho a tempo parcial corresponde a metade do praticado a tempo completo numa situação comparável e, conforme o pedido do trabalhador, é prestado diariamente, de manhã ou de tarde, ou em três dias por semana.

4 – A prestação de trabalho a tempo parcial pode ser prorrogada até dois anos ou, no caso de terceiro filho ou mais, três anos, ou ainda, no caso de filho com deficiência ou doença crónica, quatro anos.

5 – Durante o período de trabalho em regime de tempo parcial, o trabalhador não pode exercer outra actividade incompatível com a respectiva finalidade, nomeadamente trabalho subordinado ou prestação continuada de serviços fora da sua residência habitual.

6 – A prestação de trabalho a tempo parcial cessa no termo do período para que foi concedida ou no da sua prorrogação, retomando o trabalhador a prestação de trabalho a tempo completo.

7 – Constitui contra-ordenação grave a violação do disposto neste artigo.

ARTIGO 56.º
Horário flexível de trabalhador com responsabilidades familiares

1 – O trabalhador com filho menor de 12 anos ou, independentemente da idade, filho com deficiência ou doença crónica que com ele viva em comunhão de mesa e habitação tem direito a trabalhar em regime de horário de trabalho flexível, podendo o direito ser exercido por qualquer dos progenitores ou por ambos.

2 – Entende-se por horário flexível aquele em que o trabalhador pode escolher, dentro de certos limites, as horas de início e termo do período normal de trabalho diário.

3 – O horário flexível, a elaborar pelo empregador, deve:

   a) Conter um ou dois períodos de presença obrigatória, com duração igual a metade do período normal de trabalho diário;

   b) Indicar os períodos para início e termo do trabalho normal diário, cada um com duração não inferior a um terço do período normal de trabalho diário, podendo esta duração ser reduzida na medida do necessário para que o horário se contenha dentro do período de funcionamento do estabelecimento;

   c) Estabelecer um período para intervalo de descanso não superior a duas horas.

4 – O trabalhador que trabalhe em regime de horário flexível pode efectuar até seis horas consecutivas de trabalho e até dez horas de trabalho em cada dia e deve cumprir o correspondente período normal de trabalho semanal, em média de cada período de quatro semanas.

5 – Constitui contra-ordenação grave a violação do disposto no n.º 1.

ARTIGO 57.º
**Autorização de trabalho a tempo parcial
ou em regime de horário flexível**

1 – O trabalhador que pretenda trabalhar a tempo parcial ou em regime de horário de trabalho flexível deve solicitá-lo ao empregador, por escrito, com a antecedência de 30 dias, com os seguintes elementos:

a) Indicação do prazo previsto, dentro do limite aplicável;
b) Declaração da qual conste:

   i) Que o menor vive com ele em comunhão de mesa e habitação;
   ii) No regime de trabalho a tempo parcial, que não está esgotado o período máximo de duração;
   iii) No regime de trabalho a tempo parcial, que o outro progenitor tem actividade profissional e não se encontra ao mesmo tempo em situação de trabalho a tempo parcial ou que está impedido ou inibido totalmente de exercer o poder paternal;

c) A modalidade pretendida de organização do trabalho a tempo parcial.

2 – O empregador apenas pode recusar o pedido com fundamento em exigências imperiosas do funcionamento da empresa, ou na impossibilidade de substituir o trabalhador se este for indispensável.

3 – No prazo de 20 dias contados a partir da recepção do pedido, o empregador comunica ao trabalhador, por escrito, a sua decisão.

4 – No caso de pretender recusar o pedido, na comunicação o empregador indica o fundamento da intenção de recusa, podendo o trabalhador apresentar, por escrito, uma apreciação no prazo de cinco dias a partir da recepção.

5 – Nos cinco dias subsequentes ao fim do prazo para apreciação pelo trabalhador, o empregador envia o processo para apreciação pela entidade competente na área da igualdade de oportunidades entre homens e mulheres, com cópia do pedido, do fundamento da intenção de o recusar e da apreciação do trabalhador.

6 – A entidade referida no número anterior, no prazo de 30 dias, notifica o empregador e o trabalhador do seu parecer, o qual se considera favorável à intenção do empregador se não for emitido naquele prazo.

7 – Se o parecer referido no número anterior for desfavorável, o empregador só pode recusar o pedido após decisão judicial que reconheça a existência de motivo justificativo.

8 – Considera-se que o empregador aceita o pedido do trabalhador nos seus precisos termos:

a) Se não comunicar a intenção de recusa no prazo de 20 dias após a recepção do pedido;
b) Se, tendo comunicado a intenção de recusar o pedido, não informar o trabalhador da decisão sobre o mesmo nos cinco dias subsequentes à notificação referida no n.º 6 ou, consoante o caso, ao fim do prazo estabelecido nesse número;
c) Se não submeter o processo à apreciação da entidade competente na área da igualdade de oportunidades entre homens e mulheres dentro do prazo previsto no n.º 5.

9 – Ao pedido de prorrogação é aplicável o disposto para o pedido inicial.
10 – Constitui contra-ordenação grave a violação do disposto nos n.os 2, 3, 5 ou 7.

ARTIGO 58.º
Dispensa de algumas formas de organização do tempo de trabalho

1 – A trabalhadora grávida, puérpera ou lactante tem direito a ser dispensada de prestar trabalho em horário de trabalho organizado de acordo com regime de adaptabilidade, de banco de horas ou de horário concentrado.

2 – O direito referido no número anterior aplica-se a qualquer dos progenitores em caso de aleitação, quando a prestação de trabalho nos regimes nele referidos afecte a sua regularidade.

3 – Constitui contra-ordenação grave a violação do disposto neste artigo.

ARTIGO 59.º
Dispensa de prestação de trabalho suplementar

1 – A trabalhadora grávida, bem como o trabalhador ou trabalhadora com filho de idade inferior a 12 meses, não está obrigada a prestar trabalho suplementar.

2 – A trabalhadora não está obrigada a prestar trabalho suplementar durante todo o tempo que durar a amamentação se for necessário para a sua saúde ou para a da criança.

3 – Constitui contra-ordenação grave a violação do disposto neste artigo.

ARTIGO 60.º
Dispensa de prestação de trabalho no período nocturno

1 – A trabalhadora tem direito a ser dispensada de prestar trabalho entre as 20 horas de um dia e as 7 horas do dia seguinte:
  a) Durante um período de 112 dias antes e depois do parto, dos quais pelo menos metade antes da data previsível do mesmo;
  b) Durante o restante período de gravidez, se for necessário para a sua saúde ou para a do nascituro;
  c) Durante todo o tempo que durar a amamentação, se for necessário para a sua saúde ou para a da criança.

2 – À trabalhadora dispensada da prestação de trabalho nocturno deve ser atribuído, sempre que possível, um horário de trabalho diurno compatível.

3 – A trabalhadora é dispensada do trabalho sempre que não seja possível aplicar o disposto no número anterior.

4 – A trabalhadora que pretenda ser dispensada de prestar trabalho nocturno deve informar o empregador e apresentar atestado médico, no caso da alínea *b*) ou *c*) do n.º 1, com a antecedência de 10 dias.

5 – Em situação de urgência comprovada pelo médico, a informação referida no número anterior pode ser feita independentemente do prazo.

6 – Sem prejuízo do disposto nos números anteriores, a dispensa da prestação de trabalho nocturno deve ser determinada por médico do trabalho sempre que este, no âmbito da vigilância da saúde dos trabalhadores, identificar qualquer risco para a trabalhadora grávida, puérpera ou lactante.

7 – Constitui contra-ordenação grave a violação do disposto nos n.ºs 1, 2 ou 3.

ARTIGO 61.º
Formação para reinserção profissional

O empregador deve facultar ao trabalhador, após a licença para assistência a filho ou para assistência a pessoa com deficiência ou doença crónica, a participação em acções de formação e actualização profissional, de modo a promover a sua plena reinserção profissional.

ARTIGO 62.º
Protecção da segurança e saúde de trabalhadora grávida, puérpera ou lactante

1 – A trabalhadora grávida, puérpera ou lactante tem direito a especiais condições de segurança e saúde nos locais de trabalho, de modo a evitar a exposição a riscos para a sua segurança e saúde, nos termos dos números seguintes.

2 – Sem prejuízo de outras obrigações previstas em legislação especial, em actividade susceptível de apresentar um risco específico de exposição a agentes, processos ou condições de trabalho, o empregador deve proceder à avaliação da natureza, grau e duração da exposição de trabalhadora grávida, puérpera ou lactante, de modo a determinar qualquer risco para a sua segurança e saúde e as repercussões sobre a gravidez ou a amamentação, bem como as medidas a tomar.

3 – Nos casos referidos no número anterior, o empregador deve tomar a medida necessária para evitar a exposição da trabalhadora a esses riscos, nomeadamente:

a) Proceder à adaptação das condições de trabalho;

b) Se a adaptação referida na alínea anterior for impossível, excessivamente demorada ou demasiado onerosa, atribuir à trabalhadora outras tarefas compatíveis com o seu estado e categoria profissional;
c) Se as medidas referidas nas alíneas anteriores não forem viáveis, dispensar a trabalhadora de prestar trabalho durante o período necessário.

4 – Sem prejuízo dos direitos de informação e consulta previstos em legislação especial, a trabalhadora grávida, puérpera ou lactante tem direito a ser informada, por escrito, dos resultados da avaliação referida no n.º 2 e das medidas de protecção adoptadas.

5 – É vedado o exercício por trabalhadora grávida, puérpera ou lactante de actividades cuja avaliação tenha revelado riscos de exposição a agentes ou condições de trabalho que ponham em perigo a sua segurança ou saúde ou o desenvolvimento do nascituro.

6 – As actividades susceptíveis de apresentarem um risco específico de exposição a agentes, processos ou condições de trabalho referidos no n.º 2, bem como os agentes e condições de trabalho referidos no número anterior, são determinados em legislação específica.

7 – A trabalhadora grávida, puérpera ou lactante, ou os seus representantes, têm direito de requerer ao serviço com competência inspectiva do ministério responsável pela área laboral uma acção de fiscalização, a realizar com prioridade e urgência, se o empregador não cumprir as obrigações decorrentes deste artigo.

8 – Constitui contra-ordenação muito grave a violação
 do disposto nos n.ºs 1, 2, 3 ou 5 e constitui contra-ordenação grave a violação do disposto no n.º 4.

ARTIGO 63.º
Protecção em caso de despedimento

1 – O despedimento de trabalhadora grávida, puérpera ou lactante ou de trabalhador no gozo de licença parental carece de parecer prévio da entidade competente na área da igualdade de oportunidades entre homens e mulheres.

2 – O despedimento por facto imputável a trabalhador que se encontre em qualquer das situações referidas no número anterior presume-se feito sem justa causa.

3 – Para efeitos do número anterior, o empregador deve remeter cópia do processo à entidade competente na área da igualdade de oportunidade entre homens e mulheres:

a) Depois das diligências probatórias referidas no n.º 2 do artigo 356.º, no despedimento por facto imputável ao trabalhador;

b) Depois da fase de informações e negociação prevista no artigo 361.º, no despedimento colectivo;
c) Depois das consultas referidas no n.º 1 do artigo 370.º, no despedimento por extinção de posto de trabalho;
d) Depois das consultas referidas no artigo 377.º, no despedimento por inadaptação.

4 – A entidade competente deve comunicar o parecer referido no n.º 1 ao empregador e ao trabalhador, nos 30 dias subsequentes à recepção do processo, considerando-se em sentido favorável ao despedimento quando não for emitido dentro do referido prazo.

5 – Cabe ao empregador provar que solicitou o parecer a que se refere o n.º 1.

6 – Se o parecer for desfavorável ao despedimento, o empregador só o pode efectuar após decisão judicial que reconheça a existência de motivo justificativo, devendo a acção ser intentada nos 30 dias subsequentes à notificação do parecer.

7 – A suspensão judicial do despedimento só não é decretada se o parecer for favorável ao despedimento e o tribunal considerar que existe probabilidade séria de verificação da justa causa.

8 – Se o despedimento for declarado ilícito, o empregador não se pode opor à reintegração do trabalhador nos termos do n.º 1 do artigo 392.º e o trabalhador tem direito, em alternativa à reintegração, a indemnização calculada nos termos do n.º 3 do referido artigo.

9 – Constitui contra-ordenação grave a violação do disposto nos n.os 1 ou 6.

ARTIGO 64.º
Extensão de direitos atribuídos a progenitores

1 – O adoptante, o tutor, a pessoa a quem for deferida a confiança judicial ou administrativa do menor, bem como o cônjuge ou a pessoa em união de facto com qualquer daqueles ou com o progenitor, desde que viva em comunhão de mesa e habitação com o menor, beneficia dos seguintes direitos:
a) Dispensa para aleitação;
b) Licença parental complementar em qualquer das modalidades, licença para assistência a filho e licença para assistência a filho com deficiência ou doença crónica;
c) Falta para assistência a filho ou a neto;
d) Redução do tempo de trabalho para assistência a filho menor com deficiência ou doença crónica;
e) Trabalho a tempo parcial de trabalhador com responsabilidades familiares;
f) Horário flexível de trabalhador com responsabilidades familiares.

2 – Sempre que o exercício dos direitos referidos nos números anteriores dependa de uma relação de tutela ou confiança judicial ou administrativa do menor, o respectivo titular deve, para que o possa exercer, mencionar essa qualidade ao empregador.

ARTIGO 65.º
Regime de licenças, faltas e dispensas

1 – Não determinam perda de quaisquer direitos, salvo quanto à retribuição, e são consideradas como prestação efectiva de trabalho as ausências ao trabalho resultantes de:

a) Licença em situação de risco clínico durante a gravidez;
b) Licença por interrupção de gravidez;
c) Licença parental, em qualquer das modalidades;
d) Licença por adopção;
e) Licença parental complementar em qualquer das modalidades;
f) Falta para assistência a filho;
g) Falta para assistência a neto;
h) Dispensa de prestação de trabalho no período nocturno;
i) Dispensa da prestação de trabalho por parte de trabalhadora grávida, puérpera ou lactante, por motivo de protecção da sua segurança e saúde;
j) Dispensa para avaliação para adopção.

2 – A dispensa para consulta pré-natal, amamentação ou aleitação não determina perda de quaisquer direitos e é considerada como prestação efectiva de trabalho.

3 – As licenças por situação de risco clínico durante a gravidez, por interrupção de gravidez, por adopção e licença parental em qualquer modalidade:

a) Suspendem o gozo das férias, devendo os dias remanescentes ser gozados após o seu termo, mesmo que tal se verifique no ano seguinte;
b) Não prejudicam o tempo já decorrido de estágio ou acção ou curso de formação, devendo o trabalhador cumprir apenas o período em falta para o completar;
c) Adiam a prestação de prova para progressão na carreira profissional, a qual deve ter lugar após o termo da licença.

4 – A licença parental e a licença parental complementar, em quaisquer das suas modalidades, por adopção, para assistência a filho e para assistência a filho com deficiência ou doença crónica:

a) Suspendem-se por doença do trabalhador, se este informar o empregador e apresentar atestado médico comprovativo, e prosseguem logo após a cessação desse impedimento;
b) Não podem ser suspensas por conveniência do empregador;
c) Não prejudicam o direito do trabalhador a aceder à informação periódica emitida pelo empregador para o conjunto dos trabalhadores;
d) Terminam com a cessação da situação que originou a respectiva licença que deve ser comunicada ao empregador no prazo de cinco dias.

5 – No termo de qualquer situação de licença, faltas, dispensa ou regime de trabalho especial, o trabalhador tem direito a retomar a actividade contratada, devendo, no caso previsto na alínea *d)* do número anterior, retomá-la na primeira vaga que ocorrer na empresa ou, se esta entretanto se não verificar, no termo do período previsto para a licença.

6 – A licença para assistência a filho ou para assistência a filho com deficiência ou doença crónica suspende os direitos, deveres e garantias das partes na medida em que pressuponham a efectiva prestação de trabalho, designadamente a retribuição, mas não prejudica os benefícios complementares de assistência médica e medicamentosa a que o trabalhador tenha direito.

7 – Constitui contra-ordenação grave a violação do disposto nos n.os 1, 2, 3 ou 4.

PROTECÇÃO DA PARENTALIDADE
NO REGIME DA PROTECÇÃO SOCIAL CONVERGENTE

DECRETO-LEI N.º 89/2009,
de 9 de Abril

No âmbito da concretização do direito à segurança social de todos os trabalhadores, a Lei n.º 4/2009, de 29 de Janeiro, definiu a protecção social dos trabalhadores que exercem funções públicas. Para o efeito, determinou a integração no regime geral de segurança social de todos os trabalhadores cuja relação jurídica de emprego público tenha sido constituída após 1 de Janeiro de 2006 e bem assim a manutenção dos trabalhadores que, àquela data, nele se encontravam inscritos.

Quanto aos trabalhadores que até 31 de Dezembro de 2005 se encontravam abrangidos pelo denominado regime de protecção social da função pública, foi criado o regime de protecção social convergente, inequivocamente enquadrado no sistema de segurança social, com respeito pelos seus princípios, conceitos, objectivos e condições gerais, bem como os específicos do seu sistema previdencial, visando, num plano de igualdade, uma protecção efectiva e integrada em todas as eventualidades.

O regime de protecção social convergente possui, assim, uma disciplina jurídica idêntica à do regime geral de segurança social no que se refere à regulamentação da protecção nas diferentes eventualidades, designadamente quanto aos respectivos objectos, objectivos, natureza, condições gerais e específicas, regras de cálculo dos montantes e outras condições de atribuição das prestações. Por razões de aproveitamento de meios, foi mantido o modelo de organização e gestão actualmente existente, bem como o sistema de financiamento próprio, não resultando, no entanto, qualquer aumento da taxa das quotizações presentemente aplicável aos trabalhadores nele integrados.

Neste quadro, importa agora dar cumprimento às determinações daquela lei no domínio da sua regulamentação.

Consciente da complexidade e da delicadeza do tema, o Governo optou por iniciar a regulamentação relativa à parentalidade, no âmbito da eventualidade maternidade, paternidade e adopção, por ser aquela em que as diferenças entre o regime geral e o da protecção social da função pública são mais profundas, ultrapassando assim as injustiças que actualmente se verificam entre os trabalhadores que exercem funções públicas.

Destaque-se que o presente decreto-lei obedece aos princípios e regras do regime geral de segurança social, na protecção da parentalidade, no âmbito da eventualidade maternidade, paternidade e adopção, pretendendo-se, tão-só e em convergência com aquele, garantir os mesmos direitos, procedendo às adaptações tidas por necessárias em face da organização e financiamento próprios.

Assim, introduz-se uma abordagem completamente diferente, distinguindo as prestações pagas como contrapartida do trabalho prestado (a remuneração), que relevam do direito laboral, das prestações sociais substitutivas do rendimento de trabalho, quando este não é prestado, que relevam do direito da segurança social.

No entanto, de acordo com a organização própria do regime de protecção social convergente, as duas áreas de competências, embora legalmente distintas, permanecem sob a responsabilidade da mesma entidade, a entidade empregadora.

Por outro lado, sendo mantido o esquema de financiamento anterior, não são devidos descontos para esta eventualidade por parte do trabalhador, nem da entidade empregadora, suportando esta, porém, os respectivos encargos.

A não prestação de trabalho efectivo, por motivo de maternidade, paternidade e adopção, constitui, assim, uma situação legalmente equiparada à entrada de contribuições em relação às eventualidades cujo direito dependa do pagamento destas.

Constitui igualmente aspecto inovador, o facto de os subsídios passarem a ser calculados com base nos valores ilíquidos das respectivas remunerações, donde resultam, na maior parte das situações protegidas, montantes superiores aos anteriormente auferidos.

Face aos novos direitos concedidos pela legislação laboral no âmbito da parentalidade, o presente decreto-lei concretiza a protecção social dos trabalhadores que exercem funções públicas integrados no regime de protecção social convergente, em articulação com aquela legislação. Neste sentido, os meios de prova previstos naquela legislação, a apresentar pelos trabalhadores para efeitos de justificação das suas ausências ao trabalho, são considerados idóneos para efeitos de atribuição das prestações sociais, evitando-se, deste modo, a duplicação de documentos que seriam apresentados ao mesmo serviço, na dupla qualidade de entidade empregadora e entidade gestora da protecção social.

É ainda prevista a atribuição de um subsídio para assistência a familiares para os trabalhadores nomeados, face ao direito já consagrado no Regime do Contrato de Trabalho em Funções Públicas.

Finalmente, dá-se execução ao III Plano Nacional para a Igualdade, Cidadania e Género (2007-2010), através de medidas que contribuem significativamente para a melhoria da conciliação entre a vida familiar e profissional e a promoção da igualdade de género. São ainda reforçados os direitos do pai perante as várias situações protegidas, com acentuado incentivo à partilha das responsabilidades familiares nesta eventualidade.

Foram ouvidos os órgãos de governo próprio das Regiões Autónomas, a Associação Nacional de Municípios Portugueses e a Associação Nacional de Freguesias.

Foram observados os procedimentos decorrentes da Lei n.º 23/98, de 26 de Maio.

Assim:

No desenvolvimento do regime jurídico estabelecido pela Lei n.º 4/2009, de 29 de Janeiro, e nos termos da alínea c) do n.º 1 do artigo 198.º da Constituição, o Governo decreta o seguinte:

CAPÍTULO I
Disposições gerais

ARTIGO 1.º
Objecto

O presente decreto-lei regulamenta a protecção na parentalidade, no âmbito da eventualidade maternidade, paternidade e adopção, no regime de protecção social convergente.

ARTIGO 2.º
Âmbito subjectivo

São beneficiários do regime de protecção social convergente os trabalhadores previstos no artigo 11.º da Lei n.º 4/2009, de 29 de Janeiro.

ARTIGO 3.º
Objectivo e natureza da protecção social

A protecção na parentalidade, no âmbito da eventualidade maternidade, paternidade e adopção, adiante designada por protecção, destina-se a compensar a perda de remuneração presumida, em consequência da ocorrência de situações determinantes de impedimento temporário para o trabalho, previstas na legislação laboral.

ARTIGO 4.º
Âmbito material

1 – A protecção é efectivada através da atribuição de prestações pecuniárias, denominadas por subsídios, cujas modalidades são as seguintes:

a) Subsídio de risco clínico durante a gravidez;
b) Subsídio por interrupção da gravidez;
c) Subsídio por adopção;
d) Subsídio parental, inicial ou alargado;
e) Subsídio por risco específico;
f) Subsídio por assistência a filho em caso de doença ou acidente;
g) Subsídio para assistência a neto;
h) Subsídio para assistência a filho com deficiência ou doença crónica.

2 – O subsídio parental inicial compreende as seguintes modalidades:

a) Subsídio parental inicial;
b) Subsídio parental inicial exclusivo da mãe;
c) Subsídio parental inicial de um progenitor em caso de impossibilidade do outro;
d) Subsídio parental inicial exclusivo do pai.

ARTIGO 5.º
Carreira contributiva

1 – Os períodos de impedimento temporário para o trabalho pela ocorrência das situações previstas no artigo anterior são equivalentes à entrada de contribuições e quotizações para efeitos das eventualidades invalidez, velhice e morte.

2 – Os períodos de impedimento temporário para o trabalho são ainda equivalentes a exercício de funções equiparado a carreira contributiva para efeitos das eventualidades doença e desemprego.

3 – Os períodos correspondentes ao gozo de licença para assistência a filho, prevista no artigo 52.º do Código do Trabalho, são equivalentes à entrada de contribuições e quotizações para efeitos da taxa de formação das pensões de invalidez, velhice e morte, correspondente à segunda parcela com a designação «P2», nos termos da Lei n.º 60/2005, de 29 de Dezembro, mediante a comunicação do facto por parte da entidade empregadora à Caixa Geral de Aposentações (CGA).

4 – Durante os períodos de trabalho a tempo parcial do trabalhador com responsabilidades familiares, nos termos previstos no artigo 55.º do Código do Trabalho, para efeitos das eventualidades invalidez, velhice e morte, são conside-

radas as remunerações correspondentes ao trabalho a tempo completo, havendo lugar à equivalência à entrada de contribuições relativamente à diferença entre a remuneração auferida e a que auferiria se estivesse a tempo completo, mediante a comunicação do facto por parte da entidade empregadora à CGA.

CAPÍTULO II
Condições de atribuição dos subsídios

SECÇÃO I
Condições gerais

ARTIGO 6.º
Reconhecimento do direito

1 – O reconhecimento do direito aos subsídios previstos no presente decreto-lei depende do cumprimento das condições de atribuição à data do facto determinante da protecção.

2 – Considera-se data do facto determinante da protecção o 1.º dia de impedimento para o trabalho.

3 – Constituem condições gerais de reconhecimento do direito:

a) O impedimento para o trabalho, que determine a perda de remuneração, em virtude da ocorrência das situações previstas no artigo 4.º, nos termos da legislação laboral aplicável;
b) O cumprimento do prazo de garantia.

4 – A protecção conferida aos progenitores nos termos do presente decreto-lei é extensiva aos beneficiários adoptantes, tutores, pessoa a quem for deferida a confiança judicial ou administrativa do menor, bem como cônjuges ou pessoas em união de facto com qualquer daqueles ou com o progenitor, desde que vivam em comunhão de mesa e habitação com o menor, sempre que, nos termos da legislação laboral, lhes seja reconhecido o direito às correspondentes licenças, faltas e dispensas.

5 – Os direitos previstos no presente decreto-lei apenas se aplicam aos beneficiários que não estejam impedidos ou inibidos totalmente do exercício do poder paternal, com excepção do direito da mãe a gozar 14 semanas de licença parental inicial e dos referentes à protecção durante a amamentação.

ARTIGO 7.º
Prazo de garantia

1 – A atribuição dos subsídios depende de o beneficiário, à data do facto determinante da protecção, ter cumprido um prazo de garantia de seis meses civis, seguidos ou interpolados, com prestação de trabalho efectivo ou equivalente a exercício de funções.

2 – Para efeitos do número anterior, releva, se necessário, o mês em que ocorre o facto determinante desde que no mesmo se verifique prestação de trabalho efectivo.

3 – Nos casos de não prestação de trabalho efectivo durante seis meses consecutivos, a contagem do prazo de garantia tem início a partir da data em que ocorra nova prestação de trabalho efectivo.

4 – Para efeitos do n.º 1, consideram-se equivalentes a exercício de funções os períodos:

a) De não prestação de trabalho efectivo decorrente das demais eventualidades;

b) Em que, nos termos legais, haja percepção de remuneração sem a correspondente prestação de trabalho efectivo.

ARTIGO 8.º
Totalização de períodos contributivos ou situação equiparada

Para efeitos do cumprimento do prazo de garantia são considerados, desde que não se sobreponham, os períodos de registo de remunerações ou de situação legalmente equiparada, em quaisquer regimes obrigatórios de protecção social, nacionais ou estrangeiros, que assegurem prestações pecuniárias de protecção na eventualidade maternidade, paternidade e adopção.

SECÇÃO II
Caracterização e condições específicas de atribuição

ARTIGO 9.º
Subsídio por risco clínico durante a gravidez

O subsídio por risco clínico durante a gravidez é atribuído nas situações em que se verifique a existência de risco clínico, para a grávida ou para o nascituro, certificado por médico da especialidade, durante o período de tempo necessário para prevenir o risco, o qual deve constar expressamente do certificado.

ARTIGO 10.º
Subsídio por interrupção da gravidez

O subsídio por interrupção da gravidez é atribuído nas situações de interrupção da gravidez, durante um período variável entre 14 e 30 dias consecutivos, nos termos da correspondente certificação médica.

ARTIGO 11.º
Subsídio parental inicial

1 – O subsídio parental inicial é atribuído pelo período até 120 ou 150 dias consecutivos, que os progenitores podem partilhar livremente após o parto, consoante opção dos mesmos, sem prejuízo dos direitos da mãe a que se refere o artigo seguinte.

2 – Aos períodos de 120 e de 150 dias podem acrescer 30 dias consecutivos de atribuição do subsídio, no caso de partilha da licença em que cada um dos progenitores goze, em exclusivo, um período de 30 dias consecutivos ou dois períodos de 15 dias consecutivos, após o período obrigatório de licença parental inicial exclusiva da mãe.

3 – No caso de nascimentos múltiplos, aos períodos previstos nos números anteriores acrescem 30 dias consecutivos por cada gémeo além do primeiro.

4 – A atribuição do subsídio parental inicial depende de declaração dos beneficiários dos períodos a gozar, de modo exclusivo ou partilhado.

5 – No caso em que não seja apresentada declaração de partilha da licença parental inicial e sem prejuízo dos direitos da mãe a que se refere o artigo seguinte, há lugar à atribuição do subsídio parental inicial ao progenitor que justifique, perante a entidade empregadora, o gozo da respectiva licença, desde que o outro progenitor exerça actividade profissional e não a tenha gozado.

6 – Quando o outro progenitor seja trabalhador independente, a justificação a que se refere o número anterior é substituída pela apresentação de certificado de não ter sido requerido o correspondente subsídio, emitido pelas respectivas entidades competentes.

7 – Caso não seja apresentada declaração de partilha e o pai não justifique o gozo da licença, o direito ao subsídio parental inicial é reconhecido à mãe.

8 – O subsídio parental inicial pelos períodos de 150, 180 ou o acréscimo de 30 dias por cada gémeo além do primeiro é atribuído apenas no caso de nado-vivo.

ARTIGO 12.º
Subsídio parental inicial exclusivo da mãe

O subsídio parental inicial exclusivo da mãe pode ser atribuído por um período de até 30 dias antes do parto e, obrigatoriamente, por um período de seis semanas após o parto, os quais se integram no período de atribuição de subsídio parental inicial.

ARTIGO 13.º
Subsídio parental inicial de um progenitor em caso de impossibilidade do outro

1 – O subsídio parental inicial de um progenitor em caso de impossibilidade do outro é atribuído até ao limite do período remanescente que corresponda ao período de licença parental inicial não gozada, em caso de:

a) Incapacidade física ou psíquica, medicamente certificada, enquanto se mantiver;
b) Morte.

2 – Apenas há lugar à atribuição do subsídio pela totalidade do período previsto no n.º 2 do artigo 11.º caso se verifiquem as condições aí previstas à data dos factos referidos no número anterior.

3 – Em caso de morte ou incapacidade física ou psíquica da mãe, o subsídio parental inicial a gozar pelo pai tem a duração mínima de 30 dias.

4 – Em caso de morte ou incapacidade física ou psíquica de mãe não trabalhadora nos 120 dias a seguir ao parto, o pai tem direito ao remanescente do subsídio parental inicial nos termos do n.º 1, com as devidas adaptações, ou do número anterior.

5 – O disposto no n.º 1 é aplicável apenas no caso de nado-vivo.

ARTIGO 14.º
Subsídio parental inicial exclusivo do pai

1 – O subsídio parental inicial exclusivo do pai é atribuído pelos períodos seguintes:

a) 10 dias úteis obrigatórios, seguidos ou interpolados, nos 30 dias seguintes ao nascimento do filho, cinco dos quais gozados de modo consecutivo imediatamente a seguir a este;

b) 10 dias úteis facultativos, seguidos ou interpolados, desde que coincidam com a licença parental inicial gozada pela mãe.

2 – No caso de nascimentos múltiplos, o subsídio previsto no número anterior é acrescido de dois dias úteis por cada gémeo além do primeiro, a gozar imediatamente seguir a cada um dos períodos.

3 – O subsídio previsto na alínea *b)* do n.º 1 bem como o correspondente aos dias acrescidos em caso de nascimentos múltiplos só são atribuídos no caso de nado – vivo.

ARTIGO 15.º
Subsídio por adopção

1 – O subsídio por adopção é atribuído aos candidatos a adoptantes nas situações de adopção de menores de 15 anos, devidamente comprovadas, excepto se se tratar de adopção de filho do cônjuge do beneficiário ou da pessoa com quem este viva em união de facto, e corresponde, com as devidas adaptações, ao subsídio parental inicial.

2 – Em caso de incapacidade física ou psíquica, medicamente comprovada, ou de morte, do beneficiário candidato a adoptante, sem que este tenha esgotado o direito ao subsídio, o cônjuge que seja beneficiário tem direito ao subsídio pelo período remanescente ou a um mínimo de 14 dias, ainda que não seja candidato a adoptante, desde que viva em comunhão de mesa e habitação com o adoptado.

3 – No caso de adopções múltiplas, aos períodos previstos nos números anteriores acrescem 30 dias por cada adopção além da primeira.

ARTIGO 16.º
Subsídio parental alargado

O subsídio parental alargado é atribuído por período até três meses a qualquer um ou a ambos os progenitores ou adoptantes, alternadamente, durante o gozo de licença parental complementar alargada para assistência a filho integrado no agregado familiar, desde que gozada imediatamente após o período de atribuição do subsídio parental inicial ou do subsídio parental alargado do outro progenitor.

ARTIGO 17.º
Subsídio por riscos específicos

1 – Constituem riscos específicos para a segurança e a saúde da grávida,

puérpera ou lactante as actividades condicionadas ou proibidas, bem como a prestação de trabalho nocturno, nos termos de legislação especial.

2 – O subsídio por riscos específicos é atribuído nas situações em que haja lugar a dispensa do exercício da actividade laboral, determinada pela existência de risco específico para a grávida, puérpera ou lactante, bem como dispensa de prestação de trabalho nocturno.

ARTIGO 18.º
Subsídio para assistência a filho em caso de doença ou acidente

1 – O subsídio para assistência a filho é atribuído nas situações de necessidade de lhe prestar assistência inadiável e imprescindível, em caso de doença ou acidente, medicamente certificadas, nos seguintes termos:

a) Menor de 12 anos ou, independentemente da idade, no caso de filho com deficiência ou doença crónica, um período máximo de 30 dias, seguidos ou interpolados, em cada ano civil, ou durante todo o período de eventual hospitalização;

b) Maior de 12 anos, um período máximo de 15 dias, seguidos ou interpolados, em cada ano civil.

2 – Aos períodos referidos no número anterior acresce um dia por cada filho além do primeiro.

3 – A atribuição do subsídio para assistência a filho depende de:

a) O outro progenitor ter actividade profissional e não exercer o direito ao respectivo subsídio pelo mesmo motivo ou, em qualquer caso, estar impossibilitado de prestar assistência; e

b) No caso de filho maior, de este se integrar no agregado familiar do beneficiário.

4 – No caso de filho com deficiência ou com doença crónica, a certificação médica apenas é exigida a primeira vez.

5 – Relevam para o cômputo dos períodos máximos de atribuição do subsídio os períodos de atribuição do subsídio para assistência a netos, nos termos da alínea *b)* do n.º 1 do artigo 19.º

ARTIGO 19.º
Subsídio para assistência a neto

1 – O subsídio para assistência a neto concretiza-se nas seguintes modalidades:

a) Subsídio para assistência em caso de nascimento de neto, correspondente a um período de até 30 dias consecutivos, após o nascimento de neto que resida com o beneficiário em comunhão de mesa e habitação e seja filho de adolescente menor de 16 anos;
b) Subsídio para assistência a neto menor ou, independentemente da idade, com deficiência ou doença crónica, correspondente aos dias de faltas remanescentes não gozados pelos progenitores nos termos previstos no artigo anterior, com as devidas adaptações.

2 – A atribuição do subsídio para assistência em caso de nascimento de neto depende de declaração médica comprovativa do parto e de declaração dos beneficiários relativa aos períodos a gozar ou gozados, de modo exclusivo ou partilhado.

3 – O subsídio para assistência em caso de nascimento de neto, nas situações em que não é partilhado pelos avós, é atribuído desde que o outro avô exerça actividade profissional e não tenha requerido o subsídio ou, em qualquer caso, esteja impossibilitado de prestar assistência.

4 – O subsídio para assistência a neto é atribuído desde que os progenitores exerçam actividade profissional e não exerçam o direito ao respectivo subsídio pelo mesmo motivo ou, em qualquer caso, estejam impossibilitados de prestar a assistência.

ARTIGO 20.º
Subsídio para assistência a filho
com deficiência ou doença crónica

1 – O subsídio para assistência a filho com deficiência ou doença crónica é atribuído nas situações de necessidade de lhe prestar assistência por período até 6 meses, prorrogável até ao limite de quatro anos.

2 – A atribuição do subsídio depende de:

a) O filho viver em comunhão de mesa e habitação com o beneficiário;
b) O outro progenitor ter actividade profissional e não exercer o direito ao respectivo subsídio pelo mesmo motivo ou, em qualquer caso, estar impossibilitado de prestar assistência.

CAPÍTULO III
Cálculo e montante dos subsídios

ARTIGO 21.º
Cálculo dos subsídios

O montante diário dos subsídios previstos no presente decreto-lei é calculado pela aplicação de uma percentagem ao valor da remuneração de referência do beneficiário.

ARTIGO 22.º
Remuneração de referência

1 – A remuneração de referência a considerar é definida por $R/180$, em que R representa o total das remunerações auferidas nos seis meses civis imediatamente anteriores ao segundo anterior ao da data do facto determinante da protecção.

2 – Nos meses em que não tenha sido auferida remuneração, durante o período referido no número anterior, devido à ocorrência de outra eventualidade, é considerado o montante da remuneração de referência que serviu de base de cálculo à atribuição da correspondente prestação social, sem prejuízo do disposto no n.º 5.

3 – Nas situações em que se verifique a totalização de períodos contributivos ou de situação legalmente equiparada, se o beneficiário não apresentar, no período em referência previsto no n.º 1, seis meses de remunerações auferidas, a remuneração de referência é definida por $R/(30 \times n)$, em que R representa o total de remunerações auferidas desde o início do período de referência até ao início do mês em que se verifique o facto determinante da protecção e no número de meses a que as mesmas se reportam.

4 – Para efeitos dos números anteriores, consideram-se as remunerações que constituem base de incidência contributiva nos termos fixados em diploma próprio.

5 – Na determinação do total das remunerações auferidas são considerados os montantes relativos aos subsídios de férias e de Natal.

ARTIGO 23.º
Montante dos subsídios

1 – O montante diário dos subsídios por risco clínico durante a gravidez e por interrupção da gravidez corresponde a 100% da remuneração de referência da beneficiária.

2 – O montante diário do subsídio parental inicial corresponde às seguintes percentagens da remuneração de referência do beneficiário:

a) No período relativo à licença de 120 dias, nos termos do n.º 1 do artigo 11.º, 100%;
b) No período relativo à licença de 150 dias, nos termos do n.º 1 do artigo 11.º, 80%;
c) No período relativo à licença de 150 dias, nos termos do n.º 2 do artigo 11.º, 100%;
d) No período relativo à licença de 180 dias, nos termos do n.º 2 do artigo 11.º, 83%.

3 – O montante diário do subsídio parental inicial devido pelos períodos acrescidos, nos termos do n.º 3 do artigo 11.º, é de 100% da remuneração de referência do beneficiário.

4 – O montante diário dos restantes subsídios previstos no presente decreto-lei corresponde às seguintes percentagens da remuneração de referência do beneficiário:

a) Subsídio parental exclusivo do pai, 100%;
b) Subsídio parental alargado, 25%;
c) Subsídio por adopção é igual ao previsto nos n.ºs 2 e 3;
d) Subsídios por riscos específicos e para assistência a filho, 65%;
e) Subsídio para assistência a filho com deficiência ou doença crónica, 65%, tendo como limite máximo mensal o valor correspondente a duas vezes o indexante dos apoios sociais (IAS);
f) Subsídio para assistência a neto:

　　i) Nos casos previstos na alínea a) do n.º 1 do artigo 19.º, 100%;
　　ii) Nos casos previstos na alínea b) do n.º 1 do artigo 19.º, 65%.

ARTIGO 24.º
Montante mínimo dos subsídios

1 – O montante diário mínimo dos subsídios previstos no presente decreto-lei não pode ser inferior a 80% de 1/30 do valor do IAS, sem prejuízo do disposto no número seguinte.

2 – O montante diário mínimo do subsídio parental alargado não pode ser inferior a 40% de 1/30 do IAS.

CAPÍTULO IV
Suspensão, cessação e articulação dos subsídios

SECÇÃO I
Suspensão e cessação

ARTIGO 25.º
Suspensão

A atribuição do subsídio parental inicial é suspensa durante o período de internamento hospitalar do progenitor que estiver a gozar a licença ou da criança, mediante comunicação do beneficiário acompanhada de certificação do respectivo estabelecimento.

ARTIGO 26.º
Cessação

1 – O direito aos subsídios cessa quando terminarem as causas que lhes deram origem.

2 – O direito aos subsídios cessa ainda nos casos de reinício da actividade profissional, independentemente da prova de inexistência de remuneração.

SECÇÃO II
Articulação e acumulação dos subsídios

ARTIGO 27.º
Articulação com a protecção na eventualidade desemprego

1 – A protecção dos beneficiários que estejam a receber prestações de desemprego concretiza-se através da atribuição dos seguintes subsídios:

a) Subsídio por risco clínico durante a gravidez;
b) Subsídio por interrupção da gravidez;
c) Subsídio por parentalidade inicial;
d) Subsídio por adopção.

2 – A atribuição dos subsídios referidos no número anterior determina a suspensão do pagamento das prestações de desemprego, durante o período de duração daqueles subsídios, nos termos do respectivo regime jurídico.

ARTIGO 28.º
Inacumulabilidade com rendimentos de trabalho e com prestações sociais

1 – Os subsídios previstos no presente decreto-lei não são acumuláveis com:

a) Rendimentos de trabalho ou outras prestações pecuniárias regulares pagas pelas entidades empregadoras sem a correspondente prestação de trabalho efectivo;

b) Prestações sociais substitutivas de rendimento de trabalho, excepto com pensões de invalidez, velhice e sobrevivência concedidas no âmbito do regime de protecção social convergente, do regime geral de segurança social ou de outros regimes obrigatórios de protecção social;

c) Prestações sociais concedidas no âmbito do subsistema de solidariedade, excepto com o rendimento social de inserção e com o complemento solidário para idosos;

d) Prestações de pré-reforma, sem prejuízo do disposto n.º 3.

2 – Para efeitos do disposto no número anterior, são tomadas em consideração prestações sociais concedidas por sistemas de segurança social estrangeiros, sem prejuízo do disposto em instrumentos internacionais aplicáveis.

3 – Na situação de pré-reforma em que haja lugar a prestação de trabalho podem ser atribuídas as prestações previstas no presente decreto-lei, calculadas com base na remuneração correspondente ao trabalho prestado, nos termos a definir em diploma próprio.

ARTIGO 29.º
Acumulação com indemnizações e pensões por riscos profissionais

Os subsídios previstos no presente decreto-lei são cumuláveis com pensões, atribuídas no âmbito da protecção na eventualidade acidente de trabalho e doença profissional, ou com outras pensões a que seja reconhecida natureza indemnizatória.

CAPÍTULO V
Deveres dos beneficiários

ARTIGO 30.º
Deveres

1 – Os factos determinantes da cessação do direito aos subsídios previstos no presente decreto-lei são obrigatoriamente comunicados pelos beneficiários à entidade empregadora, no prazo de cinco dias úteis subsequentes à data da verificação dos mesmos.

2 – O incumprimento dos deveres previstos no presente decreto-lei, por acção ou omissão, bem como a utilização de qualquer meio fraudulento de que resulte a atribuição indevida dos subsídios, determina responsabilidade disciplinar e financeira dos beneficiários.

CAPÍTULO VI
Organização e gestão do regime

ARTIGO 31.º
Responsabilidades

1 – A organização e a gestão do regime de protecção são da responsabilidade da entidade empregadora do beneficiário.

2 – A atribuição das prestações não depende da apresentação de requerimento.

3 – Em caso de falecimento de beneficiário, os montantes relativos aos subsídios previstos no presente decreto-lei, vencidos e não recebidos à data do facto, devem ser pagos aos titulares do direito ao subsídio por morte ou, não os havendo, aos herdeiros nos termos da lei geral.

ARTIGO 32.º
Comunicação da atribuição dos subsídios

A entidade empregadora deve comunicar ao beneficiário as decisões sobre a atribuição dos subsídios, nos termos do Código do Procedimento Administrativo.

ARTIGO 33.º
Pagamento dos subsídios

Os subsídios previstos no presente decreto-lei são pagos mensalmente na data do pagamento das remunerações dos trabalhadores, com referência expressa aos dias e mês a que corresponde o impedimento para o trabalho.

ARTIGO 34.º
Articulações

1 – As entidades empregadoras promovem a articulação entre si ou com serviços competentes em matéria de protecção social, com vista a comprovar a verificação dos requisitos de que depende a atribuição e manutenção dos subsídios e o correcto enquadramento das situações a proteger.

2 – Para efeitos do disposto no número anterior, a comprovação pode ser efectuada por troca de informação, designadamente através de utilização de suporte electrónico.

CAPÍTULO VII
Disposições complementares

SECÇÃO I
Salvaguarda do nível de protecção

ARTIGO 35.º
Benefício complementar dos subsídios

Para efeitos do disposto no n.º 4 do artigo 29.º da Lei n.º 4/2009, de 29 de Janeiro, sempre que, em cada caso concreto, o montante dos subsídios previstos no presente decreto-lei resulte inferior ao valor da remuneração líquida que seria devida nos termos do regime aplicável em 31 de Dezembro de 2008, a entidade empregadora atribui um benefício complementar de valor igual à diferença.

SECÇÃO II
Beneficiários cujo regime de vinculação seja a nomeação

ARTIGO 36.º
Subsídio por assistência a familiares

1 – Ao beneficiário, cujo regime de vinculação seja a nomeação, é atribuído o subsídio por assistência a familiares que visa compensar a perda de remuneração presumida motivada pela necessidade de assistência inadiável e imprescindível a membros do seu agregado familiar que determine incapacidade temporária para o trabalho.

2 – Para efeitos do disposto no número anterior, integram o agregado familiar:

a) O cônjuge ou equiparado;

b) Parente ou afim na linha recta ascendente ou do 2.º grau da linha colateral.

3 – Para efeitos do cálculo e montante do subsídio, é aplicável o disposto nos artigos 21.º, 22.º, na alínea *d)* do n.º 4 do artigo 23.º e no artigo 24.º.

4 – Mantêm-se em vigor os artigos 85.º e 86.º do Regulamento constante do anexo II da Lei n.º 59/2008, de 11 de Setembro, até à revisão do Regime do Contrato de Trabalho em Funções Públicas.

CAPÍTULO VIII
Disposições transitórias e finais

ARTIGO 37.º
Regime subsidiário

Em tudo o que não se encontre especificamente regulado no presente decreto-lei é subsidiariamente aplicável o disposto na legislação do regime geral de segurança social relativa à protecção na parentalidade, no âmbito da eventualidade maternidade, paternidade e adopção, salvo no que respeita à organização e ao financiamento.

ARTIGO 38.º
Regime transitório

1 – A atribuição dos subsídios previstos na alínea *c)* do n.º 1 e nas alíneas *a)*, *b)* e *c)* do n.º 2 do artigo 4.º, nos termos do disposto no presente decreto-lei, é aplicável às situações em que esteja a ser paga a remuneração correspondente à

licença por maternidade, paternidade ou adopção, ao abrigo da legislação anterior, desde que tenha sido efectuada nova declaração pelo trabalhador dos períodos a gozar, nos termos do n.º 2 do artigo 13.º da Lei n.º 7/2009, de 12 de Fevereiro, que aprova a revisão do Código do Trabalho.

2 – Sem prejuízo do disposto no número anterior, nas situações de licenças ou de faltas, em curso à data de entrada em vigor do Código do Trabalho, revisto pela Lei n.º 7/2009, de 12 de Fevereiro, em que esteja a ser paga remuneração nos termos da legislação anterior, passa a ser atribuído subsídio, calculado com base na remuneração de referência.

3 – Para efeitos de delimitação dos períodos de atribuição dos subsídios, são tidas em consideração as licenças ou faltas já gozadas até à data de entrada em vigor do Código do Trabalho, revisto pela Lei n.º 7/2009, de 12 de Fevereiro.

4 – A atribuição do subsídio parental inicial exclusivo do pai pelo período a que se refere o n.º 1 do artigo 14.º, apenas é aplicável nas situações em que o facto determinante do direito tenha ocorrido após a entrada em vigor do Código do Trabalho, revisto pela Lei n.º 7/2009, de 12 de Fevereiro.

5 – As diferenças entre os montantes das remunerações efectivamente pagas, após a entrada em vigor do Código do Trabalho, revisto pela Lei n.º 7/2009, de 12 de Fevereiro, e os valores apurados em relação a cada um dos subsídios nos termos dos números anteriores, são pagos pelas respectivas entidades empregadoras.

6 – Nos casos em que não tenha sido entregue a nova declaração prevista no n.º 1, a entidade empregadora notifica o trabalhador, nos três dias úteis seguintes à data de entrada em vigor do presente decreto-lei, da possibilidade de exercer aquele direito no prazo de 15 dias.

ARTIGO 39.º
Entrada em vigor

O presente decreto-lei entra em vigor no 1.º dia do mês seguinte ao da sua publicação.

Visto e aprovado em Conselho de Ministros de 11 de Março de 2009. – *José Sócrates Carvalho Pinto de Sousa – Emanuel Augusto dos Santos – José António Fonseca Vieira da Silva – Ana Maria Teodoro Jorge.*

Promulgado em 1 de Abril de 2009.
Publique-se.
O Presidente da República, ANÍBAL CAVACO SILVA.

Referendado em 3 de Abril de 2009.
O Primeiro-Ministro, *José Sócrates Carvalho Pinto de Sousa.*

PROTECÇÃO DA PARENTALIDADE NO SISTEMA PREVIDENCIAL

DECRETO-LEI N.º 91/2009, de 9 de Abril

O XVII Governo Constitucional reconhece, no seu Programa, o contributo imprescindível das famílias para a coesão, equilíbrio social e o desenvolvimento sustentável do País.

Reconhecendo a importância e a necessidade de criar medidas que contribuam para a criação de condições favoráveis ao aumento da natalidade, por um lado, mas também à melhoria da conciliação da vida familiar e profissional e aos cuidados da primeira infância, o Governo elaborou um conjunto de medidas de alteração do regime de protecção na parentalidade, primeiro no âmbito do Acordo Tripartido para um Novo Sistema de Regulação das Relações Laborais, das Políticas de Emprego e da Protecção Social em Portugal e mais recentemente plasmadas no Código do Trabalho.

Também no III Plano Nacional para a Igualdade-Cidadania e Género (2007- -2010) está prevista a adopção de medidas e acções destinadas a combater as desigualdades de género, promover a igualdade entre mulheres e homens bem como a conciliação entre a vida profissional, familiar e pessoal, elegendo-se como prioridade, nomeadamente, a criação de condições de paridade na harmonização das responsabilidades profissionais e familiares.

No âmbito da protecção à parentalidade, que constitui um direito constitucionalmente reconhecido, a segurança social intervém através da atribuição de subsídios de natureza pecuniária que visam a substituição dos rendimentos perdidos por força da situação de incapacidade ou indisponibilidade para o trabalho por motivo de maternidade, paternidade e adopção.

O novo regime de protecção social elege como prioridades o incentivo à natalidade e a igualdade de género através do reforço dos direitos do pai e do incentivo à partilha da licença, ao mesmo tempo que promove a conciliação entre a vida profissional e familiar e melhora os cuidados às crianças na primeira infância através da atribuição de prestações pecuniárias na situação de impedimento para o exercício de actividade profissional.

O presente decreto-lei alarga o esquema de protecção social na parentalidade dos trabalhadores independentes, que passam a beneficiar do subsídio parental exclusivo do pai e do subsídio para assistência a filho com deficiência ou doença crónica.

Por outro lado, por força das sucessivas alterações à lei da maternidade, o regime por adopção tem hoje uma protecção menor do que a prevista para a maternidade, pelo que se impõe, por uma questão de justiça social, o reconhecimento ao instituto da adopção do estatuto que lhe é devido através da equiparação deste regime ao regime de protecção na parentalidade, corrigindo-se assim uma injustiça que se vinha verificando desde há alguns anos a esta parte.

São reforçados os direitos do pai por nascimento de filho, quer no que se refere aos direitos de gozo obrigatório quer no que se refere aos direitos de gozo facultativo, e aumenta-se o período de licença parental no caso de partilha da licença parental por ambos os progenitores, garantindo-se um maior período de acompanhamento da criança nos primeiros tempos de vida e possibilitando-se uma maior partilha e flexibilização dos progenitores na conciliação da vida familiar com a gestão da sua carreira profissional.

Ademais, cria-se a possibilidade de prolongamento da licença parental inicial por mais seis meses adicionais subsidiados pela segurança social. O subsídio parental alargado com a duração de três meses é concedido a um ou a ambos os cônjuges alternadamente, desde que a respectiva licença seja gozada no período imediatamente subsequente à licença parental inicial ou à licença complementar, na «modalidade de alargada, pelo outro cônjuge.

Com o objectivo de incentivar a natalidade e melhorar os cuidados às crianças na primeira infância o trabalho a tempo parcial para acompanhamento de filho durante os 12 primeiros anos de vida é contado em dobro para efeitos de atribuições de prestações de segurança social, com o limite da remuneração correspondente ao tempo completo.

No âmbito da assistência a filhos, em caso de doença ou acidente, procede-se ao alargamento das situações passíveis de protecção através da atribuição de subsídio durante o correspondente período de faltas e reforça-se a protecção conferida em caso de filho com deficiência ou doença crónica.

Assim, as faltas para assistência a menor de 12 anos ou, independentemente da idade, no caso de filho com deficiência ou doença crónica, são subsidiadas durante o período máximo de 30 dias por ano civil ou durante todo o período de eventual hospitalização, sendo as faltas para assistência a maiores de 12 anos subsidiadas durante o período máximo de 15 dias também por ano civil, acrescidos de um dia por cada filho além do primeiro.

Reforçam-se os direitos dos avós e promove-se a possibilidade de uma melhor flexibilização da gestão e organização da vida familiar através da criação de um subsídio para as faltas dos avós que, em substituição dos pais, prestam assistência aos netos menores doentes ou, independentemente da idade, com deficiência ou doença crónica.

Aumenta-se em dobro o limite máximo do subsídio para assistência a filho com deficiência ou doença crónica discriminando positivamente as situações em que se verificam necessidades especiais na assistência à família.

São ainda simplificados os meios de prova no sentido de permitir uma maior facilidade ao cidadão em requerer as respectivas prestações, prevendo-se a possibilidade de dispensa de requerimento quando as situações são certificadas através do Certificado de Incapacidade Temporária para o Trabalho, sem prejuízo de se manter a possibilidade de requerimento em papel e *online* através da segurança social directa. Deixa de ser exigível a comprovação do período de impedimento pelas respectivas entidades empregadoras, excepto na situação de risco específico.

Neste contexto, o presente decreto-lei estabelece o regime de protecção social na parentalidade em adequação à recente alteração do quadro jurídico-laboral, constante do Código do Trabalho, e promove a consolidação jurídica, num único texto normativo, do regime de protecção social do sistema previdencial e do subsistema de solidariedade tendo em vista assegurar uma maior equidade, clareza e facilidade no acesso aos direitos que assistem aos seus destinatários.

Foram ouvidos os órgãos de governo próprio das Regiões Autónomas.

Foram ouvidos, a título facultativo, os parceiros sociais com assento na Comissão Permanente de Concertação Social.

Assim:

No desenvolvimento do regime jurídico estabelecido na Lei n.º 4/2007, de 16 de Janeiro, e nos termos das alíneas *a*) e *c*) do n.º 1 do artigo 198.º da Constituição, o Governo decreta o seguinte:

CAPÍTULO I
Disposições gerais

ARTIGO 1.º
Objecto e âmbito

O presente decreto-lei define e regulamenta a protecção na parentalidade no âmbito da eventualidade maternidade, paternidade e adopção do sistema previdencial e do subsistema de solidariedade.

ARTIGO 2.º
Protecção na parentalidade no âmbito do sistema previdencial

1 – A protecção prevista no âmbito do sistema previdencial concretiza-se na atribuição de prestações pecuniárias destinadas a compensar a perda de rendimentos de trabalho em consequência da ocorrência da eventualidade.

2 – A protecção estabelecida no âmbito do sistema previdencial abrange as situações de risco clínico durante a gravidez, de interrupção da gravidez, de parentalidade, de adopção, de risco específico, de assistência a filho, em caso de doença ou acidente, de assistência a filho com deficiência ou doença crónica e de assistência a neto determinantes de impedimento temporário para o trabalho.

ARTIGO 3.º
Protecção na parentalidade no âmbito do subsistema de solidariedade

1 – A protecção prevista no âmbito do subsistema de solidariedade concretiza-se na atribuição de prestações pecuniárias destinadas a garantir rendimentos substitutivos da ausência ou da perda de rendimentos de trabalho, em situações de carência económica, determinadas pela inexistência ou insuficiência de carreira contributiva em regime de protecção social de enquadramento obrigatório ou no seguro social voluntário que garanta protecção na eventualidade, ou pela exclusão da atribuição dos correspondentes subsídios no âmbito do sistema previdencial.

2 – A protecção estabelecida no âmbito do subsistema de solidariedade abrange as situações de risco clínico durante a gravidez, de interrupção da gravidez, de parentalidade, de adopção e de riscos específicos.

CAPÍTULO II
Protecção no âmbito do sistema previdencial

SECÇÃO I
Âmbito, caracterização dos subsídios e registo de remunerações por equivalência

SUBSECÇÃO I
Âmbito pessoal e material

ARTIGO 4.º
Âmbito pessoal

1 – A protecção regulada no presente capítulo abrange os beneficiários do

sistema previdencial integrados no regime dos trabalhadores por conta de outrem e no regime dos trabalhadores independentes.

2 – Estão igualmente abrangidos pelo disposto no presente capítulo os beneficiários enquadrados no regime do seguro social voluntário desde que o respectivo esquema de protecção social integre a eventualidade.

ARTIGO 5.º
Extensão dos direitos atribuídos aos progenitores

1 – A protecção conferida aos progenitores através dos subsídios previstos no presente capítulo é extensiva aos beneficiários do regime geral dos trabalhadores por conta de outrem, adoptantes, tutores, pessoas a quem for deferida a confiança judicial ou administrativa do menor, bem como cônjuges ou pessoas em união de facto com qualquer daqueles ou com o progenitor desde que vivam em comunhão de mesa e habitação com o menor, sempre que, nos termos do Código de Trabalho, lhes seja reconhecido direito às correspondentes faltas, licenças e dispensas.

2 – O previsto no número anterior aplica-se, em igualdade de circunstâncias, aos beneficiários do regime de segurança social dos trabalhadores independentes e do seguro social voluntário.

ARTIGO 6.º
Beneficiários em situação de pré-reforma

Os titulares de prestações de pré-reforma têm direito aos subsídios previstos no presente capítulo, desde que exerçam actividade enquadrada em qualquer dos regimes a que se refere o artigo 4.º, sendo os respectivos subsídios calculados com base na remuneração do trabalho efectivamente auferida.

ARTIGO 7.º
Âmbito material

1 – A protecção regulada no presente capítulo concretiza-se na atribuição dos seguintes subsídios:

a) Subsídio por risco clínico durante a gravidez;
b) Subsídio por interrupção da gravidez;
c) Subsídio parental;
d) Subsídio parental alargado;

e) Subsídio por adopção;
f) Subsídio por riscos específicos;
g) Subsídio para assistência a filho;
h) Subsídio para assistência a filho com deficiência ou doença crónica;
i) Subsídio para assistência a neto.

2 – O direito aos subsídios previstos nas alíneas *c)* a *h)* do número anterior apenas é reconhecido, após o nascimento do filho, aos beneficiários que não estejam impedidos ou inibidos totalmente do exercício do poder paternal, com excepção do direito da mãe ao subsídio parental inicial de 14 semanas e do subsídio por riscos específicos durante a amamentação.

3 – A protecção conferida aos trabalhadores independentes não integra os subsídios previstos nas alíneas *g)* e *i)* do número anterior.

ARTIGO 8.º
**Articulação com o regime de protecção
social no desemprego**

1 – A protecção dos beneficiários que estejam a receber prestações de desemprego concretiza-se na atribuição dos seguintes subsídios:

a) Subsídio por risco clínico durante a gravidez;
b) Subsídio por interrupção da gravidez;
c) Subsídio parental;
d) Subsídio por adopção.

2 – A atribuição dos subsídios referidos no número anterior determina a suspensão do pagamento das prestações de desemprego, durante o período de concessão daqueles subsídios, nos termos regulados no respectivo regime jurídico.

SUBSECÇÃO II
Caracterização dos subsídios

ARTIGO 9.º
Subsídio por risco clínico durante a gravidez

O subsídio por risco clínico durante a gravidez é concedido nas situações em que se verifique a existência de risco clínico, para a grávida ou para o nascituro, medicamente certificado, impeditivo do exercício de actividade laboral, durante o período de tempo considerado necessário para prevenir o risco.

ARTIGO 10.º
Subsídio por interrupção da gravidez

O subsídio por interrupção da gravidez é concedido nas situações de interrupção de gravidez impeditivas do exercício de actividade laboral, medicamente certificadas, durante um período variável entre 14 e 30 dias.

ARTIGO 11.º
Subsídio parental

O subsídio parental é concedido durante o período de impedimento para o exercício da actividade laboral e compreende as seguintes modalidades:

a) Subsídio parental inicial;
b) Subsídio parental inicial exclusivo da mãe;
c) Subsídio parental inicial de um progenitor em caso de impossibilidade do outro;
d) Subsídio parental inicial exclusivo do pai.

ARTIGO 12.º
Subsídio parental inicial

1 – O subsídio parental inicial é concedido pelo período até 120 ou 150 dias consecutivos, consoante opção dos progenitores, cujo gozo podem partilhar após o parto, sem prejuízo dos direitos da mãe a que se refere o artigo seguinte.

2 – Os períodos referidos no número anterior são acrescidos de 30 dias consecutivos nas situações de partilha da licença, no caso de cada um dos progenitores gozar, em exclusivo, um período de 30 dias consecutivo, ou dois períodos de 15 dias consecutivos, após o período de gozo de licença parental inicial exclusiva da mãe, correspondente a seis semanas após o parto.

3 – No caso de nascimentos múltiplos, aos períodos previstos nos números anteriores acrescem 30 dias por cada gémeo além do primeiro.

4 – A concessão do subsídio parental inicial depende de declaração dos beneficiários dos períodos a gozar ou gozados pelos progenitores, de modo exclusivo ou partilhado.

5 – Caso a licença parental inicial não seja partilhada pela mãe e pelo pai, e sem prejuízo dos direitos da mãe a que se refere o artigo seguinte, há lugar à concessão do subsídio parental inicial ao progenitor que o requeira nas situações em que o outro progenitor exerça actividade profissional e não tenha requerido o correspondente subsídio.

6 – Caso não seja apresentada a declaração de partilha, o direito ao subsídio parental inicial é reconhecido à mãe.

ARTIGO 13.º
Subsídio parental inicial exclusivo da mãe

O subsídio parental inicial exclusivo da mãe é concedido por um período facultativo até 30 dias antes do parto e seis semanas obrigatórias após o parto, os quais se integram no período de concessão correspondente ao subsídio parental inicial.

ARTIGO 14.º
Subsídio parental inicial de um progenitor em caso de impossibilidade do outro

1 – O subsídio parental inicial de um progenitor em caso de impossibilidade do outro é concedido até ao limite do período remanescente que corresponda à licença parental inicial não gozada, em caso de:

a) Incapacidade física ou psíquica, medicamente certificada, enquanto se mantiver;
b) Morte.

2 – Apenas há lugar ao período total de concessão previsto no n.º 2 do artigo 12.º caso se verifiquem as condições aí previstas, à data dos factos referidos no número anterior.

3 – Em caso de morte ou incapacidade física ou psíquica de mãe o subsídio parental inicial a gozar pelo pai tem a duração mínima de 30 dias.

4 – Em caso de morte ou incapacidade física ou psíquica de mãe não trabalhadora nos 120 dias a seguir ao parto o pai tem direito ao remanescente do subsídio parental inicial nos termos do n.º 1, com as devidas adaptações, ou do número anterior.

ARTIGO 15.º
Subsídio parental inicial exclusivo do pai

1 – O subsídio parental inicial exclusivo do pai é concedido pelos períodos seguintes:

a) 10 dias úteis de gozo obrigatório, seguidos ou interpolados, dos quais 5

gozados de modo consecutivo imediatamente após o nascimento e os restantes 5 nos 30 dias seguintes a este;
b) 10 dias úteis de gozo facultativo, seguidos ou interpolados, desde que gozados, após o período referido na alínea anterior e em simultâneo com a licença parental inicial por parte da mãe.

2 – No caso de nascimentos múltiplos, aos períodos previstos no número anterior acrescem dois dias por cada gémeo além do primeiro, a gozar imediatamente após os referidos períodos.

3 – A atribuição do subsídio parental inicial exclusivo do pai depende de declaração dos períodos a gozar ou gozados pelo mesmo.

ARTIGO 16.º
Subsídio parental alargado

O subsídio parental alargado é concedido por um período até três meses a qualquer um ou a ambos os progenitores alternadamente, nas situações de exercício de licença parental alargada para assistência a filho integrado no agregado familiar, impeditivas do exercício de actividade laboral, desde que gozado imediatamente após o período de concessão do subsídio parental inicial ou subsídio parental alargado do outro progenitor.

ARTIGO 17.º
Subsídio por adopção

1 – O subsídio por adopção é concedido aos candidatos a adoptantes nas situações de adopção de menor de 15 anos, impeditivas do exercício de actividade laboral, excepto se se tratar de adopção de filho do cônjuge do beneficiário ou da pessoa com quem o beneficiário viva em união de facto e corresponde, com as devidas adaptações, ao subsídio parental inicial e ao subsídio parental alargado.

2 – Em caso de incapacidade física ou psíquica, medicamente comprovada, ou de morte do beneficiário candidato a adoptante sem que este tenha esgotado o direito ao subsídio, o cônjuge que seja beneficiário tem direito ao subsídio pelo período remanescente ou a um mínimo de 14 dias, ainda que não seja candidato a adoptante, desde que viva em comunhão de mesa e habitação com o adoptado.

3 – No caso de adopções múltiplas, aos períodos previstos nos números anteriores acrescem 30 dias por cada adopção além da primeira.

ARTIGO 18.º
Subsídio por riscos específicos

1 – O subsídio por riscos específicos é concedido nas situações de impedimento para o exercício de actividade laboral determinadas pela existência de risco específico para a beneficiária grávida, puérpera e lactante que desempenhe trabalho nocturno ou esteja exposta a agentes, processos ou condições de trabalho, que constituam risco para a sua segurança e saúde nos termos definidos na lei, durante o período necessário para prevenir o risco e na impossibilidade de o empregador lhe conferir outras tarefas.

2 – No caso de trabalhadoras independentes ou abrangidas pelo seguro social voluntário, a comprovação do risco de desempenho de trabalho nocturno ou de exposição a agente ou processos ou condições de trabalho é efectuada por médico do trabalho ou por instituição ou serviço integrado no Serviço Nacional de Saúde.

ARTIGO 19.º
Subsídio para assistência a filho

1 – O subsídio para assistência a filho é concedido, nas situações de impedimento para o exercício de actividade laboral determinadas pela necessidade de prestar assistência inadiável e imprescindível a filhos, em caso de doença ou acidente, medicamente certificadas, nos seguintes termos:

  a) Menor de 12 anos ou, independentemente da idade, no caso de filho com deficiência ou doença crónica, um período máximo de 30 dias, seguidos ou interpolados, em cada ano civil ou durante todo o período de eventual hospitalização;
  b) Maior de 12 anos, um período máximo de 15 dias, seguidos ou interpolados, em cada ano civil.

2 – Aos períodos referidos no número anterior acresce um dia por cada filho além do primeiro.

3 – A concessão do subsídio para assistência a filho depende de o outro progenitor ter actividade profissional, não exercer o direito ao respectivo subsídio pelo mesmo motivo ou estar impossibilitado de prestar a assistência e, ainda, no caso de filho maior, este se integrar no agregado familiar do beneficiário.

4 – Relevam para o cômputo dos períodos máximos de concessão do subsídio para assistência a filho os períodos de concessão do subsídio para assistência a netos, nos termos da alínea b) do n.º 1 do artigo 21.º.

ARTIGO 20.º
Subsídio para assistência a filho com deficiência ou doença crónica

1 – O subsídio para assistência a filho com deficiência ou doença crónica, concedido nas situações de impedimento para o exercício de actividade laboral determinadas pela necessidade de prestar assistência a filho com deficiência ou doença crónica é concedido por período até seis meses, prorrogável até ao limite de quatro anos.

2 – A concessão do subsídio para assistência a filho com deficiência ou doença crónica depende de:

a) O filho viver em comunhão de mesa e habitação com o beneficiário;
b) O outro progenitor ter actividade profissional e não exercer o direito ao respectivo subsídio pelo mesmo motivo ou estar impossibilitado de prestar a assistência.

ARTIGO 21.º
Subsídio para assistência a neto

1 – O subsídio para assistência a neto concretiza-se nas seguintes modalidades de prestações garantidas durante o período de impedimento para o exercício de actividade laboral:

a) Subsídio para assistência em caso de nascimento de neto, correspondente a um período até 30 dias consecutivos após o nascimento de neto que resida com o beneficiário em comunhão de mesa e habitação e seja filho de adolescente menor de 16 anos;
b) Subsídio para assistência a neto menor ou, independentemente da idade, com deficiência ou doença crónica, pelo período correspondente aos dias de faltas remanescentes não gozados pelos progenitores, nos termos previstos no artigo 19.º, com as devidas adaptações.

2 – A concessão do subsídio para assistência em caso de nascimento de neto depende de declaração dos beneficiários dos períodos a gozar ou gozados pelos avós, de modo exclusivo ou partilhado.

3 – O subsídio para assistência em caso de nascimento de neto, nas situações em que não é partilhado pelos avós, é concedido desde que o outro avô exerça actividade profissional, esteja impossibilitado de prestar assistência e não tenha requerido o correspondente subsídio.

4 – O subsídio para assistência a neto é concedido desde que os progenitores exerçam actividade profissional, estejam impossibilitados de prestar a assis-

tência e não exerçam o direito ao respectivo subsídio pelo mesmo motivo, e, ainda, que nenhum outro familiar do mesmo grau falte pelo mesmo motivo.

SUBSECÇÃO III
Registo de remunerações por equivalência

ARTIGO 22.º
Registo de remunerações por equivalência à entrada de contribuições

1 – O reconhecimento do direito aos subsídios previstos neste capítulo dá lugar ao registo de remunerações por equivalência à entrada de contribuições durante o respectivo período de concessão, sendo considerado como trabalho efectivamente prestado.

2 – Durante os períodos de trabalho a tempo parcial de trabalhador com responsabilidades familiares, nos termos previstos no artigo 55.º do Código do Trabalho, há lugar a registo adicional de remunerações por equivalência à entrada de contribuições por valor igual ao das remunerações registadas a título de trabalho a tempo parcial efectivamente prestado, com o limite do valor da remuneração média registada a título de trabalho a tempo completo, mediante comunicação do facto, por parte do trabalhador, à instituição de segurança social que o abranja, nos termos a regulamentar em legislação própria.

3 – Os períodos de licença para assistência a filho, previstos no artigo 52.º do Código do Trabalho, são tomados em consideração para a taxa de formação no cálculo das pensões de invalidez e velhice do regime geral de segurança social, mediante comunicação do facto, por parte do trabalhador, à instituição de segurança social que o abranja.

SECÇÃO II
Condições de atribuição

ARTIGO 23.º
Disposição geral

1 – O reconhecimento do direito aos subsídios previstos no presente capítulo depende do cumprimento das condições de atribuição à data do facto determinante da protecção.

2 – Considera-se como data do facto determinante da protecção o 1.º dia de impedimento para o trabalho.

ARTIGO 24.º
Condições comuns

1 – Constituem condições comuns do reconhecimento do direito:

a) O gozo das respectivas licenças, faltas e dispensas não retribuídas nos termos do Código do Trabalho ou de períodos equivalentes;
b) O cumprimento do prazo de garantia.

2 – Para efeitos do disposto na alínea *a)* do número anterior consideram-se equivalentes os períodos em que não se verifique o gozo das licenças, faltas ou dispensas atentas as características específicas do exercício de actividade profissional, designadamente no caso de actividade independente, ou pela sua inexistência, nas situações de desemprego subsidiado.

3 – A opção pelo subsídio parental inicial por 150 dias prevista no n.º 1 do artigo 12.º bem como o disposto nas disposições constantes nos n.ºs 2 e 3 do mesmo artigo, no artigo 14.º, na alínea *b)* do n.º 1 e no n.º 2 do artigo 15.º e no artigo 16.º apenas são aplicáveis em situação de nado vivo.

ARTIGO 25.º
Prazo de garantia

1 – O prazo de garantia para atribuição dos subsídios previstos no presente capítulo é de seis meses civis, seguidos ou interpolados, com registo de remunerações, à data do facto determinante da protecção.

2 – Para efeitos do número anterior releva, se necessário, o mês em que ocorre o evento desde que no mesmo se verifique registo de remunerações.

3 – Na ausência de registo de remunerações durante seis meses consecutivos, a contagem do prazo de garantia tem início a partir da data em que ocorra um novo registo de remunerações.

ARTIGO 26.º
Totalização de períodos contributivos

Para efeitos de cumprimento do prazo de garantia para atribuição dos subsídios previstos no presente capítulo são considerados, desde que não se sobreponham, os períodos de registo de remunerações em quaisquer regimes obrigatórios de protecção social, nacionais ou estrangeiros, que assegurem prestações pecuniárias de protecção na eventualidade, incluindo o da função pública.

SECÇÃO III
Montantes dos subsídios

ARTIGO 27.º
Determinação dos montantes dos subsídios

O montante diário dos subsídios previstos no presente capítulo é calculado pela aplicação de uma percentagem ao valor da remuneração de referência do beneficiário.

ARTIGO 28.º
Remuneração de referência

1 – A remuneração de referência a considerar é definida por $R/180$, em que R representa o total das remunerações registadas nos primeiros seis meses civis que precedem o segundo mês anterior ao da data do facto determinante da protecção.

2 – Nas situações em que se verifique a totalização de períodos contributivos, se os beneficiários não apresentarem no período de referência previsto no número anterior seis meses com registo de remunerações, a remuneração de referência é definida por $R/(30 \times n)$, em que R representa o total das remunerações registadas desde o início do período de referência até ao início do mês em que se verifique o facto determinante da protecção e n o número de meses a que as mesmas se reportam.

3 – Na determinação do total de remunerações registadas são consideradas as importâncias relativas aos subsídios de férias, de Natal ou outros de natureza análoga.

ARTIGO 29.º
Montante dos subsídios por risco clínico durante a gravidez e por interrupção da gravidez

O montante diário dos subsídios por risco clínico durante a gravidez e por interrupção da gravidez é igual a 100% da remuneração de referência da beneficiária.

ARTIGO 30.º
Montante do subsídio parental inicial

O montante diário do subsídio parental inicial é o seguinte:

a) No período correspondente à licença de 120 dias, o montante diário é igual a 100% da remuneração de referência do beneficiário;
b) No caso de opção pelo período de licença de 150 dias, o montante diário é igual a 80% da remuneração de referência do beneficiário;
c) No caso de opção pelo período de licença de 150 dias nas situações em que cada um dos progenitores goze pelo menos 30 dias consecutivos, ou dois períodos de 15 dias igualmente consecutivos, o montante diário é igual a 100% da remuneração de referência do beneficiário;
d) No caso de opção pelo período de licença de 180 dias, nas situações em que cada um dos progenitores goze pelo menos 30 dias consecutivos, ou dois períodos de 15 dias igualmente consecutivos, o montante diário é igual a 83% da remuneração de referência do beneficiário.

ARTIGO 31.º
Montante do subsídio parental exclusivo do pai

O montante diário do subsídio parental exclusivo do pai é igual a 100% da remuneração de referência do beneficiário.

ARTIGO 32.º
Montante do acréscimo ao valor dos subsídios por nascimentos múltiplos

O montante diário dos subsídios devido nos períodos de acréscimo à licença parental inicial pelo nascimento de gémeos é igual a 100% da remuneração de referência do beneficiário.

ARTIGO 33.º
Montante do subsídio parental alargado

O montante diário do subsídio parental alargado é igual a 25% da remuneração de referência do beneficiário.

ARTIGO 34.º
Montante do subsídio por adopção

O montante diário do subsídio por adopção é igual ao previsto em cada uma das alíneas do artigo 30.º, consoante a modalidade a que corresponda, e no artigo 32.º em caso de adopções múltiplas.

ARTIGO 35.º
Montante dos subsídios por riscos específicos e para assistência a filho

O montante diário dos subsídios por riscos específicos e para assistência a filho é igual a 65% da remuneração de referência do beneficiário.

ARTIGO 36.º
Montante do subsídio para assistência a filho com deficiência ou doença crónica

O montante diário do subsídio para assistência a filho com deficiência ou doença crónica é igual a 65% da remuneração de referência do beneficiário, tendo como limite máximo mensal o valor correspondente a duas vezes o indexante dos apoios sociais (IAS).

ARTIGO 37.º
Montante do subsídio para assistência a neto

O montante diário do subsídio para assistência a neto é, consoante a modalidade, o seguinte:

a) No caso de subsídio para assistência em caso de nascimento de neto, igual a 100% da remuneração de referência do beneficiário;
b) No caso de subsídio para assistência a neto, igual a 65% da remuneração de referência do beneficiário.

ARTIGO 38.º
Montante mínimo

1 – O montante diário mínimo dos subsídios previstos no presente capítulo não pode ser inferior a 80% de um 30 avos do valor do IAS, sem prejuízo do disposto no número seguinte.

2 – O montante diário mínimo do subsídio parental alargado não pode ser inferior a 40% de um 30 avos do valor do IAS.

SECÇÃO IV
Duração e acumulação dos subsídios

SUBSECÇÃO I
Início e duração dos subsídios

ARTIGO 39.º
Início dos subsídios

Os subsídios previstos no presente capítulo têm início no 1.º dia de impedimento para o trabalho a que não corresponda retribuição.

ARTIGO 40.º
Período de concessão

Os subsídios previstos no presente capítulo são concedidos:

a) Durante os períodos de duração das faltas, licenças ou dispensas previstas no Código do Trabalho;
b) Durante o período de impedimento para o trabalho no caso de exercício de actividade independente ou de enquadramento no regime do seguro social voluntário;
c) Durante o período de concessão das prestações de desemprego, nos termos do artigo 8.º.

ARTIGO 41.º
Suspensão do período de concessão dos subsídios

1 – Em caso de doença de beneficiário que esteja a receber subsídios parental, parental alargado, por adopção, para assistência a filho com deficiência ou doença crónica, a prestação é suspensa, mediante comunicação do interessado à instituição de segurança social competente e apresentação de certificação médica.

2 – Em caso de internamento hospitalar do progenitor ou da criança, a concessão do subsídio parental inicial é suspensa, mediante comunicação do interessado e certificação do hospital.

SUBSECÇÃO II
Acumulação dos subsídios

ARTIGO 42.º
Inacumulabilidade com rendimentos de trabalho

Os subsídios previstos no presente capítulo não são acumuláveis com rendimentos de trabalho.

ARTIGO 43.º
Inacumulabilidade com prestações

1 – Os subsídios previstos no presente capítulo não são acumuláveis com prestações emergentes do mesmo facto desde que respeitantes ao mesmo interesse protegido, ainda que atribuídas por outros regimes de protecção social.

2 – Os subsídios previstos no presente capítulo não são acumuláveis com outras prestações compensatórias da perda de retribuição, excepto com pensões de invalidez, velhice e sobrevivência concedidas no âmbito do sistema previdencial ou de outros regimes obrigatórios de protecção social.

3 – Os subsídios previstos no presente capítulo não são acumuláveis com prestações concedidas no âmbito do subsistema de solidariedade, excepto com o rendimento social de inserção e com o complemento solidário para idosos.

4 – Para efeitos do disposto nos números anteriores são tomadas em consideração prestações concedidas por sistemas de segurança social estrangeiros, sem prejuízo do disposto em instrumentos internacionais aplicáveis.

ARTIGO 44.º
Acumulação com indemnizações e pensões
por riscos profissionais

Os subsídios previstos no presente capítulo são acumuláveis com indemnizações e pensões por doença profissional ou por acidente de trabalho.

CAPÍTULO III
Protecção no âmbito do subsistema
de solidariedade

(...)

CAPÍTULO IV
Deveres dos beneficiários

ARTIGO 63.º
Deveres dos titulares do direito aos subsídios

1 – Constitui dever dos beneficiários a comunicação, às instituições gestoras, dos factos determinantes da cessação do direito aos subsídios, relativamente às situações previstas na alínea *a*) do n.º 1 do artigo 24.º, no artigo 51.º e nas alíneas *a*) e *b*) do n.º 1 do artigo 78.º, no prazo de cinco dias úteis subsequentes à data da verificação dos mesmos.

2 – O incumprimento dos deveres previstos no número anterior, por acção ou omissão, bem como a utilização de qualquer meio fraudulento de que resulte a concessão indevida dos subsídios, determinam a sua restituição nos termos da legislação aplicável.

CAPÍTULO V
Disposições complementares

SECÇÃO I
Regime sancionatório

(...)

SECÇÃO II
Gestão e organização dos processos

ARTIGO 65.º
Entidades competentes

A gestão dos subsídios previstos no presente decreto-lei compete, no âmbito das respectivas atribuições:

a) Ao Instituto da Segurança Social, I. P., através dos centros distritais da área de residência dos beneficiários;
b) Às caixas de actividade ou de empresa subsistentes;
c) Aos órgãos competentes das administrações das Regiões Autónomas.

ARTIGO 66.º
Requerimento e prazo

1 – A atribuição dos subsídios previstos neste decreto-lei depende da apresentação de requerimento, em formulário de modelo próprio, junto das entidades competentes ou *online*, no sítio da Internet da segurança social, através do serviço segurança social directa, caso a entidade competente seja o Instituto da Segurança Social, I. P., ou os órgãos competentes das administrações das Regiões Autónomas.

2 – O requerimento deve ser apresentado no prazo de seis meses a contar da data da ocorrência do facto determinante da protecção.

3 – A entrega do requerimento fora do prazo previsto no número anterior nos casos em que a mesma seja efectuada durante o período legal de concessão dos subsídios determina a redução no período de concessão pelo período de tempo respeitante ao atraso verificado.

4 – O requerimento é subscrito pelos titulares do direito, ou, em seu nome, pelos respectivos representantes legais.

5 – Consideram-se válidos para a atribuição dos subsídios sociais previstos no capítulo III os requerimentos dos correspondentes subsídios previstos no capítulo II que tenham sido indeferidos.

ARTIGO 67.º
Dispensa de requerimento

1 – A apresentação do requerimento é dispensada nas situações em que a certificação médica seja emitida pelos estabelecimentos ou serviços de saúde competentes do Serviço Nacional de Saúde através de formulário próprio para efeitos de atribuição dos seguintes subsídios:

  a) Subsídio por risco clínico durante a gravidez;
  b) Subsídio por interrupção da gravidez;
  c) Subsídio para assistência a filho;
  d) Subsídio para assistência a neto, na modalidade prevista na alínea *b*) do artigo 21.º.

2 – O disposto no número anterior é aplicável aos correspondentes subsídios sociais concedidos no âmbito do subsistema de solidariedade.

3 – Para efeitos do n.º 1, consideram-se serviços competentes as entidades prestadoras de cuidados de saúde, designadamente centros de saúde e hospitais, com excepção dos serviços de urgência.

SECÇÃO III
Instrução do processo

ARTIGO 68.º
Meios de prova

1 – Os factos determinantes da atribuição dos subsídios, bem como os períodos de impedimento para o trabalho, são declarados no requerimento, o qual, consoante os casos, é acompanhado dos documentos de identificação civil e ou da certificação médica, nas situações em que esta não seja emitida pelos estabelecimentos ou serviços de saúde competentes nos termos dos n.ºs 1 e 3 do artigo anterior e, ainda, de outros documentos comprovativos previstos no presente decreto-lei.

2 – Nas situações em que o requerimento seja apresentado *online*, os meios de prova que o instruem podem ser apresentados pela mesma via desde que correctamente digitalizados e integralmente apreensíveis.

3 – Os beneficiários têm o dever de conservar os originais dos meios de prova, pelo prazo de cinco anos, bem como o dever de os apresentar sempre que solicitados pelos serviços competentes.

ARTIGO 69.º
Dispensa de apresentação de meios de prova

1 – É dispensada a apresentação dos meios de prova que instruem o requerimento sempre que as entidades gestoras possam, com base nos elementos constantes do requerimento e da certificação médica ou hospitalar, comprovar oficiosamente os requisitos de atribuição dos subsídios.

2 – Os requerentes podem ser dispensados da apresentação dos elementos exigíveis caso esteja salvaguardado o acesso à informação em causa por parte da segurança social, designadamente por efeito de processos de interconexão de dados com outros organismos da Administração Pública.

ARTIGO 70.º
Meios de prova do subsídio por risco clínico durante a gravidez e por interrupção da gravidez

A atribuição dos subsídios por risco clínico durante a gravidez e por interrupção da gravidez depende da apresentação de certificação médica que indique o período de impedimento.

ARTIGO 71.º
Meios de prova do subsídio parental inicial, parental inicial exclusivo do pai e do subsídio para assistência em caso de nascimento de neto

A atribuição dos subsídios parentais iniciais e do subsídio para assistência em caso de nascimento de neto depende da apresentação de declaração do médico do estabelecimento ou serviço de saúde comprovativa do parto ou de documento de identificação civil do descendente.

ARTIGO 72.º
Meios de prova do subsídio parental inicial por impossibilidade do outro progenitor

A atribuição do subsídio parental inicial por impossibilidade do outro progenitor depende da apresentação de certificação médica da incapacidade física ou psíquica do outro progenitor ou de certidão de óbito.

ARTIGO 73.º
Meios de prova do subsídio por adopção

1 – A atribuição do subsídio por adopção depende da apresentação da declaração da confiança administrativa ou judicial do menor adoptado.
2 – Nas situações a que se refere o n.º 2 do artigo 17.º são exigidos os meios de prova previstos no artigo anterior.

ARTIGO 74.º
Meios de prova do subsídio por riscos específicos

A atribuição do subsídio por riscos específicos depende da apresentação dos seguintes elementos:

a) Declaração do empregador da impossibilidade de atribuição de outras tarefas à beneficiária grávida, puérpera ou lactante que desempenhe trabalho nocturno ou esteja exposta a agentes ou processos ou condições de trabalho que constituam risco;
b) No caso dos trabalhadores independentes e abrangidos pelo seguro social voluntário a comprovação de desempenho de trabalho nocturno ou de exposição a agente ou processos ou condições de trabalho que constituam

risco é efectuada por médico do trabalho ou por instituição ou serviço integrado no Serviço Nacional de Saúde.

ARTIGO 75.º
Meios de prova do subsídio para assistência a filho

1 – A atribuição do subsídio para assistência a filho depende da apresentação de certificação médica ou declaração hospitalar.

2 – A certificação médica de deficiência, na situação de filho com deficiência com 12 ou mais anos de idade, é dispensada no caso de estar a ser atribuída uma prestação por deficiência.

3 – A certificação médica de doença crónica, na situação de filho com doença crónica com 12 ou mais anos de idade, apenas é exigível aquando da apresentação do primeiro requerimento.

ARTIGO 76.º
Meios de prova do subsídio para assistência a filho
com deficiência ou doença crónica

1 – A atribuição do subsídio para assistência a filho com deficiência ou doença crónica depende de apresentação da certificação médica que comprove a necessidade de assistência.

2 – É aplicável à concessão deste subsídio o disposto nos n.ºs 2 e 3 do artigo anterior.

3 – A prorrogação da concessão do subsídio depende de comunicação do beneficiário de que a licença para assistência a filho com deficiência ou doença crónica se mantém, no prazo de 10 dias úteis antes do termo do período de concessão.

ARTIGO 77.º
Meios de prova do subsídio para assistência a neto

A atribuição do subsídio para assistência a neto depende de apresentação de certificação médica com indicação dos períodos de impedimento para o trabalho necessários para garantir a assistência inadiável e imprescindível ao neto.

ARTIGO 78.º
Meios de prova dos subsídios sociais

1 – Para além dos meios de prova exigidos para os correspondentes subsídios do sistema previdencial a atribuição dos subsídios sociais depende, ainda, dos seguintes elementos obtidos oficiosamente:

  a) Composição do agregado familiar e respectivos rendimentos;
  b) Comprovação de residência em território nacional.

2 – Na impossibilidade de obtenção oficiosa dos elementos referidos no número anterior os serviços competentes notificam os beneficiários para efectuarem a respectiva apresentação.

ARTIGO 79.º
Articulações

1 – As instituições gestoras das prestações devem promover a articulação com as entidades e serviços com competência para comprovar os requisitos de que depende a atribuição e manutenção dos subsídios, com vista a assegurar o correcto enquadramento das situações a proteger.

2 – Para os efeitos referidos no número anterior, a comprovação pode ser efectuada por troca de informação, designadamente através da utilização de suporte electrónico.

ARTIGO 80.º
Comunicação da atribuição dos subsídios

As instituições gestoras devem comunicar aos titulares do direito as decisões sobre a atribuição dos subsídios de acordo com o disposto no Código do Procedimento Administrativo.

SECÇÃO IV
Pagamento dos subsídios

ARTIGO 81.º
Disposição geral

1 – Os subsídios previstos no presente decreto-lei são pagos mensalmente

aos titulares do direito ou aos seus representantes legais, salvo se, pela especificidade da sua duração, se justificar o pagamento de uma só vez.

2 – O pagamento do acréscimo devido por nascimento de gémeos e por adopções múltiplas é reportado aos últimos dias do período de concessão do respectivo subsídio.

ARTIGO 82.º
Prescrição

O direito aos subsídios previstos neste decreto-lei prescreve a favor das instituições gestoras devedoras no prazo de cinco anos contados a partir da data em que a prestação é posta a pagamento com conhecimento do credor.

CAPÍTULO VI
Disposições transitórias e finais

(...)

PROTECÇÃO SOCIAL DOS TRABALHADORES QUE EXERCEM FUNÇÕES PÚBLICAS

LEI N.º 4/2009, de 29 de Janeiro

Define a protecção social dos trabalhadores que exercem funções públicas

A Assembleia da República decreta, nos termos da alínea *c*) do artigo 161.º da Constituição, o seguinte:

CAPÍTULO I
Disposições gerais

SECÇÃO I
Objecto e âmbito

ARTIGO 1.º
Objecto

A presente lei define a protecção social dos trabalhadores que exercem funções públicas.

ARTIGO 2.º
Enquadramento no sistema de segurança social

A protecção social dos trabalhadores que exercem funções públicas enquadra-se no sistema de segurança social, aprovado pela lei de bases da segurança social, adiante designada por lei de bases.

ARTIGO 3.º
Âmbito subjectivo de aplicação

1 – A presente lei aplica-se a todos os trabalhadores que exercem funções públicas, independentemente da modalidade de vinculação e de constituição da relação jurídica de emprego público ao abrigo da qual exercem as respectivas funções.

2 – A presente lei aplica-se ainda aos trabalhadores previstos no número anterior que, ao abrigo de instrumentos de mobilidade, não desempenham funções públicas, mas que, nos termos da lei, mantêm o respectivo regime de protecção social.

ARTIGO 4.º
Âmbito objectivo de aplicação

1 – A presente lei é aplicável aos serviços da administração directa e indirecta do Estado, da administração regional autónoma e da administração autárquica.

2 – A presente lei é igualmente aplicável aos órgãos e serviços de apoio do Presidente da República, da Assembleia da República, dos tribunais e do Ministério Público e respectivos órgãos de gestão e outros órgãos independentes.

3 – A presente lei aplica-se ainda a outras entidades não previstas nos números anteriores que tenham ao seu serviço trabalhadores referidos no artigo anterior.

ARTIGO 5.º
Entidades empregadoras

Para efeitos do disposto na presente lei, os órgãos, serviços e outras entidades referidos no artigo anterior são considerados entidades empregadoras.

SECÇÃO II
Concretização da protecção social

ARTIGO 6.º
Regimes da protecção social

A protecção social dos trabalhadores que exercem funções públicas concretiza-se pela integração:

a) No regime geral de segurança social dos trabalhadores por conta de outrem, adiante designado por regime geral de segurança social;
b) No regime de protecção social convergente, definido pela presente lei, que enquadra os trabalhadores numa organização e sistema de financiamento próprios, com regulamentação de todas as eventualidades, quanto ao âmbito material, regras de formação de direitos e de atribuição das prestações, incluindo o cálculo dos respectivos montantes, em convergência com o regime geral de segurança social.

CAPÍTULO II
Integração no regime geral de segurança social

ARTIGO 7.º
Âmbito pessoal

São integrados no regime geral de segurança social:

a) Os trabalhadores titulares de relação jurídica de emprego público, independentemente da modalidade de vinculação, constituída a partir de 1 de Janeiro de 2006;
b) Os demais trabalhadores, titulares de relação jurídica de emprego constituída até 31 de Dezembro de 2005 com entidade empregadora, enquadrados no regime geral de segurança social.

ARTIGO 8.º
Enquadramento no regime geral de segurança social

Os trabalhadores previstos no artigo anterior e as respectivas entidades empregadoras são obrigatoriamente inscritos nas instituições de segurança social na qualidade de beneficiários e de contribuintes, respectivamente.

ARTIGO 9.º
Obrigações contributivas

Os beneficiários e os contribuintes estão sujeitos às obrigações contributivas, nos termos da lei de bases e demais legislação aplicável.

ARTIGO 10.º
Protecção no desemprego

1 – Sem prejuízo do disposto no número seguinte, a protecção na eventualidade de desemprego dos trabalhadores que exerçam funções públicas, nas condições referidas no artigo 10.º da Lei n.º 12-A/2008, de 27 de Fevereiro, é efectuada nos termos do regime geral de segurança social.

2 – O pagamento do montante das prestações sociais na eventualidade de desemprego é efectuado pelas entidades empregadoras competentes, nos termos da regulamentação prevista no artigo 29.º.

3 – O disposto nos números anteriores é aplicável aos trabalhadores referidos no n.º 4 do artigo 88.º da Lei n.º 12-A/2008, de 27 de Fevereiro, cuja relação jurídica de emprego foi constituída a partir de 1 de Janeiro de 2006.

CAPÍTULO III
Regime de protecção social convergente

SECÇÃO I
Disposições gerais

ARTIGO 11.º
Âmbito pessoal

O regime de protecção social convergente aplica-se aos trabalhadores que sejam titulares de relação jurídica de emprego público, independentemente da modalidade de vinculação, constituída até 31 de Dezembro de 2005 e que não estejam abrangidos pelo disposto na alínea *b*) do artigo 7.º

ARTIGO 12.º
Objectivos

1 – O regime de protecção social convergente concretiza os objectivos do sistema previdencial, através de prestações pecuniárias substitutivas de rendimentos de trabalho perdidos, as quais assumem a natureza de prestações sociais.

2 – O regime de protecção social convergente concretiza ainda os objectivos do subsistema de solidariedade relativos a situações de compensação social ou económica, em virtude de insuficiências contributivas ou equivalentes ou de insuficiências prestacionais do sistema previdencial.

ARTIGO 13.º
Âmbito material

O regime de protecção social convergente integra as eventualidades previstas no sistema previdencial, nomeadamente:

a) Doença;
b) Maternidade, paternidade e adopção;
c) Desemprego;
d) Acidentes de trabalho e doenças profissionais;
e) Invalidez;
f) Velhice;
g) Morte.

ARTIGO 14.º
Conceitos

Para os efeitos do disposto no presente capítulo e nos capítulos IV e V da presente lei e respectiva regulamentação, entende-se por:

a) «Carreira contributiva» os períodos de tempo correspondentes:

   i) À entrada de contribuições ou situação legalmente equiparada;
   ii) À equivalência à entrada de contribuições;

b) «Equivalência à entrada de contribuições» os períodos de tempo em que, não havendo prestação de trabalho efectivo por ocorrência das eventualidades referidas no artigo 13.º, não é devido o pagamento de contribuições por não haver remuneração e que, conferindo ou não direito à atribuição das correspondentes prestações, nos termos da lei, são registados para efeitos de carreira contributiva, bem como outras situações previstas na lei;
c) «Prazo de garantia» um período mínimo de contribuições ou situação legalmente equiparada que constitui condição geral de atribuição das prestações;
d) «Regime de protecção social da função pública» a protecção social, em vigor em 31 de Dezembro de 2005, aplicável aos funcionários e agentes e a outros trabalhadores da Administração Pública, constituída pelas componentes de regime especial de segurança social, subsistemas de saúde e acção social complementar;
e) «Remuneração de referência» o valor médio das remunerações registadas durante um determinado período de tempo, variável de acordo com a

regulamentação de cada eventualidade, que constitui a base de cálculo das respectivas prestações;

f) «Situação legalmente equiparada a entrada de contribuições» o exercício de funções equiparado a carreira contributiva relativamente às eventualidades que não exigem o pagamento de contribuições;

g) «Totalização de períodos contributivos» a solução utilizada na articulação entre regimes de protecção social, que se traduz no facto de períodos contributivos ou situação equivalente verificados num regime sejam relevantes noutro, quer para abertura do direito à protecção, designadamente o cumprimento de prazo de garantia, quer para o cálculo do valor das prestações;

h) «Trabalho efectivo» o trabalho realmente prestado pelo trabalhador nas entidades empregadoras.

ARTIGO 15.º
Beneficiários e contribuintes

1 – Consideram-se beneficiários e contribuintes do regime de protecção social convergente, respectivamente, os trabalhadores previstos no artigo 11.º e as correspondentes entidades empregadoras.

2 – Os trabalhadores previstos no número anterior que vejam alterada a sua relação jurídica de emprego público, designadamente por mudança da modalidade de vinculação ou por aplicação de instrumentos de mobilidade, não perdem a qualidade de beneficiários do regime de protecção social convergente.

ARTIGO 16.º
Natureza contributiva

1 – Para efeitos do direito às prestações sociais relativas às eventualidades referidas nas alíneas *a)*, *b)*, *c)* e *d)* do artigo 13.º, o exercício de funções dos trabalhadores é equiparado a carreira contributiva.

2 – O direito às prestações sociais das eventualidades referidas nas alíneas *e)*, *f)* e *g)* do artigo 13.º depende do pagamento à Caixa Geral de Aposentações (CGA) de quotizações, por parte dos beneficiários, e de contribuições, por parte dos contribuintes.

3 – A falta de pagamento de quotizações e contribuições relativas a períodos de exercício de actividade profissional dos beneficiários que não lhes seja imputável não prejudica o direito às prestações sociais a que se refere o número anterior.

SECÇÃO II
Enquadramento no sistema previdencial

ARTIGO 17.º
Princípios

1 – Ao regime de protecção social convergente aplicam-se os princípios gerais constantes da lei de bases.

2 – Ao regime de protecção social convergente aplicam-se ainda os princípios e restantes disposições referentes ao sistema previdencial, constantes designadamente dos capítulos III, IV e VI da Lei n.º 4/2007, de 16 de Janeiro, sem prejuízo das necessárias adaptações decorrentes da sua organização e sistema de financiamento próprios.

SECÇÃO III
Prestações

ARTIGO 18.º
Natureza das prestações

1 – As prestações sociais são exigíveis administrativa e judicialmente, com regime idêntico ao das prestações do regime geral de segurança social.

2 – As prestações sociais não são consideradas, em quaisquer casos, como remuneração.

ARTIGO 19.º
Equivalência à entrada de quotizações e contribuições

Os períodos em que não há prestação de trabalho efectivo, nos termos previstos na presente lei e demais legislação aplicável, bem como os correspondentes a outras situações previstas na lei, consideram-se equivalentes à entrada de quotizações e contribuições para a CGA, não havendo lugar ao pagamento das mesmas.

ARTIGO 20.º
Responsabilidade civil de terceiros

Quando o beneficiário do regime de protecção social convergente tenha recebido, como lesado, pelo mesmo facto, as prestações sociais e a indemnização suportada por terceiros, as entidades empregadoras exercem o direito de regresso com reembolso até ao limite do valor das prestações por que são responsáveis, sem prejuízo do disposto no artigo 70.° da Lei n.° 4/2007, de 16 de Janeiro.

SECÇÃO IV
Organização e financiamento

ARTIGO 21.°
Responsabilidades pela gestão

1 – Sem prejuízo do disposto no número seguinte, a atribuição e o pagamento das prestações sociais relativas às eventualidades previstas nas alíneas *a)*, *b)*, *c)* e *d)* do artigo 13.° são da responsabilidade directa das entidades empregadoras.

2 – A atribuição e o pagamento das prestações sociais relativas às eventualidades previstas nas alíneas *e)*, *f)* e *g)* do artigo 13.° são da responsabilidade da CGA, bem como das prestações por incapacidades permanentes e morte, resultantes de acidentes de trabalho e doenças profissionais.

3 – As entidades empregadoras reembolsam ainda a CGA dos encargos por esta suportados relativamente às prestações sociais referidas na parte final do número anterior.

ARTIGO 22.°
Financiamento

1 – As prestações sociais relativas às eventualidades previstas nas alíneas *a)*, *b)*, *c)* e *d)* do artigo 13.° constituem encargos das entidades empregadoras.

2 – As prestações sociais relativas às eventualidades previstas nas alíneas *e)*, *f)* e *g)* do artigo 13.° são financiadas através de quotizações dos trabalhadores e de contribuições das entidades empregadoras.

3 – A insuficiência das prestações substitutivas dos rendimentos de trabalho ou da carreira contributiva dos beneficiários, relativas às eventualidades referidas nos números anteriores, é financiada por transferências do Orçamento do Estado.

4 – São ainda fonte de financiamento do regime de protecção social convergente outras receitas legalmente previstas.

ARTIGO 23.º
Determinação do montante das quotizações e das contribuições

1 – Os montantes das quotizações e contribuições, previstas no n.º 2 do artigo anterior, resultam da aplicação das respectivas taxas sobre as remunerações que constituem base de incidência contributiva.

2 – As remunerações e as taxas previstas no número anterior são definidas por decreto-lei em convergência com os critérios do regime geral de segurança social.

CAPÍTULO IV
Concepção e coordenação da protecção social

ARTIGO 24.º
Concepção e coordenação

1 – A coordenação da aplicação da protecção social dos trabalhadores que exercem funções públicas, em especial do regime de protecção social convergente, é da responsabilidade dos membros do Governo responsáveis pelas áreas da Administração Pública, das finanças e da segurança social.

2 – Compete à Direcção-Geral da Administração e do Emprego Público (DGAEP), relativamente ao regime de protecção social convergente:

- *a)* O apoio técnico à concepção e coordenação, em articulação com as entidades responsáveis pela respectiva gestão;
- *b)* A articulação com os serviços competentes em matéria de coordenação internacional sobre segurança social.

3 – Para efeitos do cumprimento das obrigações legais relativas à obtenção e disponibilização de dados relativos à protecção social, a DGAEP articula-se com os serviços competentes.

ARTIGO 25.º
Conselho Nacional de Segurança Social

1 – A Administração Pública, na qualidade de entidade empregadora, integra o Conselho Nacional de Segurança Social, previsto no artigo 95.º da Lei n.º 4/2007, de 16 de Janeiro.

2 – Para efeitos do disposto no número anterior a designação de representante compete ao membro do Governo responsável pela área da Administração Pública.

CAPÍTULO V
Disposições complementares, finais e transitórias

ARTIGO 26.º
Acidentes de trabalho

1 – O regime jurídico da protecção dos acidentes de trabalho de todos os trabalhadores abrangidos pela presente lei consta de decreto-lei.

2 – O decreto-lei previsto no número anterior acolhe os princípios e direitos consagrados na lei geral, adaptando-os às especificidades da Administração Pública, definindo ainda os termos da responsabilidade da entidade empregadora pela reparação dos danos emergentes dos acidentes de trabalho, afastando o princípio da obrigatoriedade da sua transferência.

3 – Aos trabalhadores que, ao abrigo dos instrumentos de mobilidade, venham a prestar serviço às entidades previstas no n.º 3 do artigo 4.º aplica-se a lei geral.

ARTIGO 27.º
Salvaguarda de direitos

1 – Nas situações em que não se verifique prestação de trabalho efectivo, decorrentes das eventualidades referidas nas alíneas *a*), *b*) e *d*) do artigo 13.º, independentemente do regime de protecção social aplicável, a inexistência de remuneração não determina a perda ou o prejuízo de quaisquer direitos e regalias nos termos consagrados na lei.

2 – O disposto na presente lei não afecta os regimes dos benefícios sociais usufruídos pelos trabalhadores, designadamente no âmbito da saúde e da acção social complementar.

ARTIGO 28.º
Direito subsidiário

Ao regime de protecção social convergente é subsidiariamente aplicável a lei de bases.

ARTIGO 29.º
Regulamentação

1 – A regulamentação das eventualidades referidas no artigo 13.º, no regime de protecção social convergente, é feita por decreto-lei, de acordo com os princípios, conceitos e condições gerais do sistema de segurança social e os específicos do seu sistema previdencial.

2 – A regulamentação, prevista no número anterior, inclui a definição do objecto, objectivo, natureza, condições gerais e especiais, regras de cálculo de montantes e outras condições de atribuição das prestações que efectivam o direito à protecção em todas as eventualidades, referidas no artigo 13.º, de forma idêntica à respectiva legislação aplicável no regime geral, sem prejuízo das especificidades decorrentes da organização e sistema de financiamento próprio do regime de protecção social convergente.

3 – A regulamentação do regime referido nos números anteriores, no que respeita às regras de financiamento, designadamente quanto à determinação da taxa global das contribuições, segue os critérios estabelecidos na lei de bases e legislação complementar.

4 – A regulamentação referida no n.º 2 prevê que, se, em casos concretos e em qualquer das eventualidades, dela resultar nível de protecção inferior ao assegurado pelo regime de protecção social da função pública anteriormente em vigor, é mantido esse nível de protecção, através da atribuição de benefícios sociais pela entidade empregadora.

5 – Até ao início da vigência da regulamentação prevista no presente artigo, mantêm-se em vigor os regimes legais e regulamentares que regulam as várias eventualidades do regime de protecção social convergente.

ARTIGO 30.º
Regime transitório

1 – Aos trabalhadores, abrangidos pelo regime de protecção social da função pública à data de entrada em vigor da presente lei e que se encontrem a exercer funções em entidades referidas no n.º 3 do artigo 4.º, aplica-se o regime de protecção social convergente.

2 – Aos trabalhadores referidos na alínea a) do artigo 7.º, cuja relação jurídica de emprego tenha sido constituída entre 1 de Janeiro de 2006 e a data de entrada em vigor prevista no n.º 1 do artigo 32.º, é aplicável o regime constante do Decreto-Lei n.º 117/2006, de 20 de Junho, caso ocorram as eventualidades de doença, maternidade, paternidade e adopção, desemprego e doença profissional, sempre que necessário.

ARTIGO 31.º
Norma revogatória

1 – Sem prejuízo do disposto no número seguinte, são revogados os artigos 9.º e 10.º da Lei n.º 11/2008, de 20 de Fevereiro.

2 – A revogação prevista no número anterior só produz efeitos a partir da entrada em vigor da regulamentação da eventualidade de desemprego, do regime de protecção social convergente.

3 – É prorrogada a vigência do artigo 10.º da Lei n.º 11/2008, de 20 de Fevereiro, até à data de entrada em vigor da regulamentação prevista no número anterior.

4 – Os diplomas que regulamentam, no regime de protecção social convergente, as eventualidades previstas no artigo 13.º procedem à revogação de todas as normas que contrariem o disposto na presente lei.

ARTIGO 32.º
Entrada em vigor

1 – Sem prejuízo do disposto nos números seguintes, a presente lei entra em vigor na data de entrada em vigor do regime do contrato de trabalho em funções públicas previsto no artigo 87.º da Lei n.º 12-A/2008, de 27 de Fevereiro.

2 – O capítulo III entra em vigor, relativamente a cada uma das eventualidades referidas no artigo 13.º, na data de início de vigência dos decretos-lei que procedem à sua regulamentação.

3 – Os artigos 19.º, 29.º e 31.º entram em vigor no dia seguinte ao da publicação da presente lei.

Aprovada em 5 de Dezembro de 2008.
O Presidente da Assembleia da República, *Jaime Gama*.

Promulgada em 21 de Janeiro de 2009.
Publique-se.
O Presidente da República, ANÍBAL CAVACO SILVA.

Referendada em 22 de Janeiro de 2009.
O Primeiro-Ministro, *José Sócrates Carvalho Pinto de Sousa*.

REGIME DOS ACIDENTES EM SERVIÇO E DAS DOENÇAS INCAPACITANTES

DECRETO-LEI N.º 503/99,
de 20 de Novembro

1 – O regime dos acidentes em serviço e das doenças profissionais no âmbito da Administração Pública consta fundamentalmente do Decreto-Lei n.º 38.523, de 23 de Novembro de 1951, reconhecendo-se que se encontra manifestamente desajustado, tendo em conta a evolução social e legislativa entretanto ocorridas.

Por outro lado, o regime geral constante da Lei n.º 2127, de 3 de Agosto de 1965, que vem sendo aplicável, em alguns aspectos e situações, por remissão legal à Administração Pública, foi alterado pela Lei n.º 100/97, de 13 de Setembro, em cujo âmbito de aplicação não se incluem directamente os trabalhadores ao serviço da Administração Pública.

2 – A Constituição da República Portuguesa, no artigo 63.º, reconhece o direito à segurança social, que abrange a protecção nos acidentes de trabalho e nas doenças profissionais. Por sua vez, o artigo 59.º da Constituição consagra o direito de todos os trabalhadores à assistência e justa reparação, quando vítimas de acidente de trabalho ou de doença profissional, bem como à prestação de trabalho em condições de segurança, higiene e saúde, o que envolve a adopção de políticas de prevenção dos acidentes de trabalho e das doenças profissionais.

3 – De realçar, ainda, que se tiveram em conta os normativos comunitários e internacionais vigentes, em especial o Código Europeu de Segurança Social, o Regulamento (CE) n.º 1408/71 e as Convenções n.ºs 102 e 121, a Recomendação n.º 121 e o Relatório da Reunião n.º 261, de Novembro de 1964, da Organização Internacional do Trabalho (OIT).

4 – O presente diploma acolhe, na generalidade, os princípios consagrados na referida Lei n.º 100/97 (lei geral), adaptando-os às especificidades da Administração Pública, e assenta nos seguintes princípios:

    a) Adopção dos conceitos e regras da lei geral respeitantes à caracterização ou descaracterização do acidente e, bem assim, à qualificação da doença

profissional, introduzindo-se dois conceitos novos – o de incidente e o de acontecimento perigoso;
b) Garantia do direito às mesmas prestações, quer em espécie, quer de natureza pecuniária;
c) Aplicação deste regime a todos os trabalhadores ao serviço da Administração Pública, com excepção dos vinculados por contrato individual de trabalho com ou sem termo, obrigatoriamente enquadrados no regime geral de segurança social;
d) Atribuição à entidade empregadora da responsabilidade pela reparação dos danos emergentes dos acidentes e doenças profissionais, bem como da competência exclusiva para a qualificação do acidente;
e) Manutenção do princípio da não transferência da responsabilidade para entidades seguradoras, salvo em casos devidamente justificados, desde que mais vantajosos, e que salvaguardem os direitos garantidos pelo presente diploma;
f) Intervenção do Centro Nacional de Protecção contra os Riscos Profissionais na qualificação das doenças profissionais;
g) Atribuição à Caixa Geral de Aposentações da responsabilidade pela reparação em todos os casos de incapacidade permanente;
h) Afectação de verbas do orçamento dos serviços autónomos ou do orçamento do Ministério das Finanças, no capítulo consignado à Secretaria-geral, para fazer face aos encargos resultantes da aplicação deste regime.

5 – Comparativamente com o anterior regime de reparação, salientam-se as seguintes modificações:

a) Afasta-se a solução prevista no Estatuto da Aposentação para os subscritores da Caixa Geral de Aposentações, pensão extraordinária de aposentação ou reforma, consubstanciada no acréscimo à pensão ordinária de uma parcela indemnizatória que tinha em conta o número de anos e meses que faltassem para o tempo máximo de serviço contável para aposentação e o grau de desvalorização atribuído;
b) Assegura-se, por sua vez, uma efectiva reparação da desvalorização na capacidade geral de ganho, ao contrário do que se verificava nos casos em que o trabalhador viesse a completar 36 anos de serviço no momento da aposentação, adoptando-se a forma de indemnização consagrada no regime geral;
c) Estabelece-se uma diferente constituição das juntas médicas para verificação das incapacidades temporárias ou permanentes, que, no caso de acidente, passam a integrar peritos médico-legais, prevendo-se ainda a possibilidade de o sinistrado indicar um médico da sua escolha, em qualquer dos casos;

d) Consagra-se o direito de recurso da decisão da junta médica que intervém nas situações de incapacidade temporária;
e) Atribui-se a competência para a qualificação da doença profissional ao Centro Nacional de Protecção contra os Riscos Profissionais, organismo tutelado pelo Ministério do Trabalho e da Solidariedade;
f) Regulam-se as situações decorrentes de acidente ou de doença profissional, em caso de acumulação de actividades profissionais, enquadradas ou não num mesmo regime de protecção social de inscrição obrigatória;
g) Prevê-se a figura da acção para o reconhecimento do direito ou interesse legalmente protegido como meio de garantir a efectivação dos direitos dos trabalhadores contra os actos ou omissões relativos à aplicação do presente regime.

Com o presente diploma o XIII Governo Constitucional dá cumprimento ao Acordo Salarial para 1996 e Compromissos de Médio e Longo Prazos (Mesa Parcelar n.º 13).

Foram observados os procedimentos decorrentes da Lei n.º 23/98, de 26 de Maio.

Foram ouvidas a Associação Nacional de Municípios Portugueses (ANMP) e a Associação Nacional de Freguesias (ANAFRE), bem como os órgãos de governo próprios das Regiões Autónomas.

Assim:

No uso da autorização legislativa concedida pelo artigo 1.º da Lei n.º 105/99, de 26 de Julho, e nos termos da alínea b) do n.º 1 do artigo 198.º da Constituição, o Governo decreta, para valer como lei geral da República, o seguinte:

CAPÍTULO I
Disposições gerais

ARTIGO 1.º
Objecto

O presente decreto-lei estabelece o regime jurídico dos acidentes de trabalho e das doenças profissionais ocorridos ao serviço de entidades empregadoras públicas.

(Redacção dada pela Lei n.º 59/2008, de 11 de Setembro, que aprovou o RCTFP)

ARTIGO 2.º
Âmbito de aplicação

1 – O disposto no presente decreto-lei é aplicável a todos os trabalhadores que exercem funções públicas, nas modalidades de nomeação ou de contrato de trabalho em funções públicas, nos serviços da administração directa e indirecta do Estado.

2 – O disposto no presente decreto-lei é também aplicável aos trabalhadores que exercem funções públicas nos serviços das administrações regionais e autárquicas e nos órgãos e serviços de apoio do Presidente da República, da Assembleia da República, dos tribunais e do Ministério Público e respectivos órgãos de gestão e de outros órgãos independentes.

3 – O disposto no presente decreto-lei é ainda aplicável aos membros dos gabinetes de apoio quer dos membros do Governo quer dos titulares dos órgãos referidos no número anterior.

4 – Aos trabalhadores que exerçam funções em entidades públicas empresariais ou noutras entidades não abrangidas pelo disposto nos números anteriores é aplicável o regime de acidentes de trabalho previsto no Código do Trabalho, aprovado pela Lei n.º 99/2003, de 27 de Agosto, devendo as respectivas entidades empregadoras transferir a responsabilidade pela reparação dos danos emergentes de acidentes de trabalho nos termos previstos naquele Código.

(Esta remissão deve ser vista cum grano salis no contexto do novo Código do Trabalho, aprovado pela Lei n.º 7/2009, de 12 de Fevereiro).

5 – O disposto nos números anteriores não prejudica a aplicação do regime de protecção social na eventualidade de doença profissional aos trabalhadores inscritos nas instituições de segurança social.

6 – As referências legais feitas a acidentes em serviço consideram-se feitas a acidentes de trabalho.

(Redacção dada pela Lei n.º 59/2008, de 11 de Setembro, que aprovou o RCTFP)

ARTIGO 3.º
Conceitos

1 – Para efeitos de aplicação do presente diploma, considera-se:

a) Regime geral – o regime jurídico dos acidentes de trabalho e das doenças profissionais constante da Lei n.º 100/97, de 13 de Setembro, e legislação complementar;

b) Acidente em serviço – o acidente de trabalho que se verifique no decurso da prestação de trabalho pelos trabalhadores da Administração Pública;

c) Doença profissional – a lesão corporal, perturbação funcional ou doença que seja consequência necessária e directa da actividade exercida pelo trabalhador e não represente normal desgaste do organismo;
d) Empregador ou entidade empregadora – o dirigente máximo do serviço ou organismo da Administração Pública que tenha a competência própria prevista na lei para gestão e administração do pessoal;
e) Incidente – todo o evento que afecta determinado trabalhador, no decurso do trabalho ou com ele relacionado, de que não resultem lesões corporais diagnosticadas de imediato, ou em que estas só necessitem de primeiros socorros;
f) Acontecimento perigoso – todo o evento que, sendo facilmente reconhecido, possa constituir risco de acidente ou de doença para os trabalhadores, no decurso do trabalho, ou para a população em geral;
g) Participação – o procedimento previsto na lei, mediante o qual são prestadas as informações relativas ao acontecimento perigoso, ao incidente, ao acidente em serviço ou à doença profissional;
h) Registo – o procedimento mediante o qual é anotada a informação relativa aos incidentes, acidentes em serviço, doenças profissionais e acontecimentos perigosos;
i) Incapacidade temporária parcial – a situação em que o sinistrado ou doente pode comparecer ao serviço, embora se encontre ainda impossibilitado para o pleno exercício das suas funções habituais;
j) Incapacidade temporária absoluta – a situação que se traduz na impossibilidade temporária do sinistrado ou doente comparecer ao serviço, por não se encontrar apto para o exercício das suas funções;
l) Incapacidade permanente parcial – a situação que se traduz numa desvalorização permanente do trabalhador, que implica uma redução definitiva na respectiva capacidade geral de ganho;
m) Incapacidade permanente absoluta – a situação que se traduz na impossibilidade permanente do trabalhador para o exercício das suas funções habituais ou de todo e qualquer trabalho;
n) Alta – a certificação médica do momento a partir do qual se considera que as lesões ou doença desapareceram totalmente ou se apresentam insusceptíveis de modificação com terapêutica adequada;
o) Recidiva – lesão ou doença ocorridas após a alta relativa a acidente em serviço em relação às quais seja estabelecido nexo de causalidade com o mesmo;
p) Agravamento – lesão ou doença que, estando a melhorar ou estabilizadas, pioram ou se agravam;
q) Recaída – lesão ou doença que, estando aparentemente curadas, reaparecem.

2 – Na administração local, considera-se empregador ou entidade empregadora:

a) O presidente da câmara, nas câmaras municipais;
b) O conselho de administração, nos serviços municipalizados e nas associações de municípios;
c) A junta de freguesia, nas juntas de freguesia;
d) O presidente da mesa da assembleia distrital, nas assembleias distritais;
e) A junta metropolitana, nas juntas metropolitanas.

ARTIGO 4.º
Reparação

1 – Os trabalhadores têm direito, independentemente do respectivo tempo de serviço, à reparação, em espécie e em dinheiro, dos danos resultantes de acidentes em serviço e de doenças profissionais, nos termos previstos neste diploma.

2 – Confere ainda direito à reparação a lesão ou doença que se manifeste durante o tratamento de lesão ou doença resultante de um acidente em serviço ou doença profissional e que seja consequência de tal tratamento.

3 – O direito à reparação em espécie compreende, nomeadamente:

a) Prestações de natureza médica, cirúrgica, de enfermagem, hospitalar, medicamentosa e quaisquer outras, incluindo tratamentos termais, fisioterapia e o fornecimento de próteses e ortóteses, seja qual for a sua forma, desde que necessárias e adequadas ao diagnóstico ou ao restabelecimento do estado de saúde físico ou mental e da capacidade de trabalho ou de ganho do sinistrado e à sua recuperação para a vida activa;
b) O transporte e estada, designadamente para observação, tratamento, comparência a juntas médicas ou a actos judiciais;
c) A readaptação, reclassificação e reconversão profissional.

4 – O direito à reparação em dinheiro compreende:

a) Remuneração, no período das faltas ao serviço motivadas por acidente em serviço ou doença profissional;
b) Indemnização em capital ou pensão vitalícia correspondente à redução na capacidade de trabalho ou de ganho, no caso de incapacidade permanente;
c) Subsídio por assistência de terceira pessoa;
d) Subsídio para readaptação de habitação;
e) Subsídio por situações de elevada incapacidade permanente;
l) Despesas de funeral e subsídio por morte;
g) Pensão aos familiares, no caso de morte.

ARTIGO 5.º
Responsabilidade pela reparação

1 – O empregador ou entidade empregadora é responsável pela aplicação do regime dos acidentes em serviço e doenças profissionais previsto neste diploma.

2 – O serviço ou organismo da Administração Pública ao serviço do qual ocorreu o acidente ou foi contraída a doença profissional é responsável pelos encargos com a reparação dos danos deles emergentes, nos termos previstos no presente diploma.

3 – Nos casos em que se verifique incapacidade permanente ou morte, compete à Caixa Geral de Aposentações a avaliação e a reparação, nos termos previstos neste diploma.

ARTIGO 6.º
Pagamento de despesas

1 – Os serviços, organismos e fundos autónomos da Administração Pública e os que, independentemente do grau de autonomia, tenham receitas próprias que possam ser afectadas a esse fim devem inscrever, nos respectivos orçamentos, verbas destinadas ao pagamento das despesas decorrentes de acidentes em serviço e doenças profissionais.

2 – *As despesas decorrentes de acidentes em serviço e doenças profissionais, respeitantes aos serviços não abrangidos pelo número anterior, são suportadas por verba a inscrever no orçamento do Ministério das Finanças, no capítulo consignado à Secretaria-Geral, que deve transferir para aqueles as verbas correspondentes às despesas entretanto documentadas, no prazo de 90 dias consecutivos a contar da apresentação do respectivo pedido.*

3 – *Sem prejuízo do disposto no número anterior, as despesas com a prestação de primeiros socorros e outras despesas, designadamente de carácter urgente, são suportadas pelo orçamento de cada serviço, podendo para o efeito ser autorizada a constituição de fundos de maneio ou permanentes, consoante o grau de autonomia que o serviço detenha.*

4 – Os estabelecimentos da rede oficial de saúde que prestem assistência aos trabalhadores abrangidos pelo presente diploma devem, no prazo de seis meses a contar da mesma, apresentar a facturação das despesas efectuadas ao respectivo serviço ou organismo para efeitos de pagamento.

5 – As despesas com saúde resultantes de acidentes em serviço e doenças profissionais não são abrangi das pelo esquema de benefícios concedidos pela Direcção-Geral de Protecção Social aos Funcionários e Agentes da Administração Pública, adiante designada por ADSE, devendo as despesas por esta suportadas ser objecto de reembolso nos termos do número seguinte.

6 – As despesas com acidentes em serviço e doenças profissionais, que tenham sido eventualmente suportadas pelo próprio ou por outras entidades, são objecto de reembolso pelas entidades legalmente responsáveis pelo seu pagamento, no prazo, respectivamente, de 30 e de 90 dias consecutivos, contado a partir da data da apresentação dos documentos.

7 – Para efeitos do disposto nos números anteriores, nas prescrições médicas e respectivos documentos de facturação deve constar a situação de acidente em serviço ou doença profissional.

(os n.ºs 2 e 3 deste artigo mantêm a sua aplicação suspensa por força do disposto no art. 35.º do Dec.-Lei n.º 50-C/2007, de 6 de Março, que procede à repristinação das «normas que permitem à Secretaria-Geral do Ministério das Finanças e da Administração Pública continuar a pagar directamente aos interessados as despesas decorrentes de acidentes em serviço e doenças profissionais»; cfra. Dec.-Lei n.º 77/2001, de 5 de Março)

CAPÍTULO II
Acidentes em serviço

SECÇÃO I
Da qualificação e participação do acidente

ARTIGO 7.º
Qualificação do acidente em serviço

1 – Acidente em serviço é todo o que ocorre nas circunstâncias em que se verifica o acidente de trabalho, nos termos do regime geral, incluindo o ocorrido no trajecto de ida e de regresso para e do local de trabalho.

2 – Se a lesão corporal, perturbação funcional ou doença for reconhecida a seguir a um acidente, presume-se consequência deste.

3 – Caso a lesão corporal, perturbação funcional ou doença não seja reconhecida a seguir a um acidente, compete ao sinistrado ou aos beneficiários legais provar que foi consequência dele.

4 – Pode considerar-se ainda como acidente em serviço o incidente ou o acontecimento perigoso de que venha a resultar lesão corporal, perturbação funcional ou doença, em que se comprove a existência do respectivo nexo de causalidade.

5 – A predisposição patológica ou a incapacidade anterior ao acidente não implica a sua descaracterização, nem prejudica o direito à reparação, salvo quando tiverem sido ocultadas.

6 – Não se considera acidente em serviço aquele em que se verifique qualquer das condições de descaracterização do acidente de trabalho previstas no regime geral, sem prejuízo da obrigação de o empregador garantir a prestação dos primeiros socorros ao trabalhador e o seu transporte ao local onde possa ser clinicamente assistido.

7 – A qualificação do acidente compete à entidade empregadora, no prazo máximo de 30 dias consecutivos, contado da data em que do mesmo teve conhecimento e, nos casos previstos no n.º 4, da data em que se comprovou a existência do respectivo nexo de causalidade.

8 – Excepcionalmente e em casos devidamente fundamentados, o prazo referido no número anterior pode ser prorrogado.

ARTIGO 8.º
**Participação do acidente,
do incidente e do acontecimento perigoso pelo trabalhador**

1 – Ocorrido um acidente, o trabalhador, por si ou interposta pessoa, deve participá-lo, por escrito ou verbalmente, no prazo de dois dias úteis ao respectivo superior hierárquico, salvo se este o tiver presenciado.

2 – A participação por escrito deve, em princípio, ser feita mediante utilização de impresso próprio fornecido pelo serviço.

3 – No caso de o estado do trabalhador acidentado ou outra circunstância, devidamente comprovada, não permitir o cumprimento do disposto no n.º 1, o prazo nele referido contar-se-á a partir da cessação do impedimento.

4 – Ocorrido um incidente, o trabalhador deve participá-lo, por escrito, no impresso referido no n.º 2, ao seu superior hierárquico, no prazo de dois dias úteis.

5 – O acontecimento perigoso é participado, nos termos do número anterior, à entidade empregadora.

6 – O prazo para a participação do acidente caracterizado nos termos do n.º 4 do artigo anterior conta-se a partir da comprovação clínica da respectiva lesão corporal, perturbação funcional ou doença.

ARTIGO 9.º
Participação institucional

1 – O superior hierárquico deve participar, no impresso referido no artigo anterior, ao respectivo dirigente máximo os acidentes e incidentes ocorridos com os seus trabalhadores, bem como os acontecimentos perigosos, no prazo de um dia útil a contar da data em que, dos mesmos, teve conhecimento.

2 – Os serviços de saúde, públicos ou privados, que tenham prestado assistência a um acidentado devem participar a ocorrência à entidade empregadora do mesmo, no prazo de um dia útil, pela via mais expedita.

3 – O empregador deve participar o acidente:

a) No prazo de vinte e quatro horas após a ocorrência, à respectiva delegação ou subdelegação do Instituto de Desenvolvimento e Inspecção das Condições de Trabalho, no caso de acidente mortal ou que evidencie uma situação particularmente grave;
b) No prazo de seis dias úteis após o conhecimento da ocorrência, ao delegado de saúde concelhio da área onde tenha ocorrido o acidente;
c) Nos termos da legislação em vigor, ao competente departamento de estatística do ministério responsável pela área do trabalho;
d) No prazo de seis dias úteis após o conhecimento da ocorrência, à ADSE;
e) No prazo de seis dias úteis, à Caixa Geral de Aposentações, nos casos previstos no n.º 5 do artigo 20.º.

4 – O empregador deve ainda participar, de imediato, o acidente, o incidente e o acontecimento perigoso aos respectivos serviços de segurança e saúde no trabalho, tendo em vista assegurar o respectivo registo, a adopção de medidas correctivas, sempre que necessárias, e, no caso de acidente com incapacidade superior a três dias, a elaboração do respectivo relatório.

SECÇÃO II
Da reparação

SUBSECÇÃO I
Prestações em espécie

ARTIGO 10.º
Primeiros socorros

1 – A entidade empregadora deve assegurar a existência dos mecanismos indispensáveis de assistência aos sinistrados que sejam vítimas de acidente.

2 – Logo que ocorra um acidente, o superior hierárquico ou quem o substitua deve garantir ao sinistrado a prestação imediata dos primeiros socorros e adequado transporte para hospital ou outro serviço de saúde onde possa receber tratamento.

3 – Quando o acidente ocorra fora do local habitual de trabalho, os primeiros socorros devem ser assegurados pelo responsável do serviço onde o acidente

se tenha verificado, que comunicará, de imediato, a ocorrência ao superior hierárquico do acidentado ou a quem o substitua.

ARTIGO 11.º
Assistência médica

1 – A assistência médica, com excepção dos socorros de urgência, deve ser prestada, sempre que possível, em instituições ou serviços oficiais prestadores de cuidados de saúde, tendo em conta a natureza das lesões e a proximidade da residência do sinistrado.

2 – Quando não seja possível a prestação dos cuidados de saúde de harmonia com o previsto no número anterior, o estabelecimento oficial de saúde deve promover a transferência do sinistrado para estabelecimento de saúde do sector privado e suportar o acréscimo de encargos que daí possa resultar.

3 – No caso de internamento, este verifica-se em enfermaria, podendo o sinistrado, quando possível, ser tratado em quarto particular, suportando ele a diferença das despesas.

4 – A assistência referida no n.º 1 pode, no entanto, ser prestada, por opção do sinistrado, em estabelecimento de saúde privado não integrado no serviço nacional de saúde.

5 – O recurso à assistência médica no estrangeiro só pode verificar-se quando for devidamente comprovada pelos serviços competentes do Ministério da Saúde a impossibilidade de tratamento em território nacional, nos termos previstos na lei para os utentes do serviço nacional de saúde.

6 – O sinistrado deve submeter-se às prescrições médicas e cirúrgicas necessárias à cura da lesão ou doença e à recuperação da capacidade para o trabalho.

7 – Em caso de intervenção cirúrgica, o sinistrado tem o direito de a ela não ser submetido sem previamente consultar um médico da sua escolha, excepto nos casos de urgência e dos que, pela demora desta formalidade, possam pôr em perigo a vida do sinistrado ou agravar as suas lesões.

8 – O sinistrado pode escolher o cirurgião privado que o venha a operar, suportando o acréscimo dos encargos eventualmente daí resultantes.

9 – A recusa do sinistrado à observação das prescrições médicas ou cirúrgicas só é justificada por motivos religiosos ou quando, pela sua natureza ou pelo estado do sinistrado, ponham em risco a vida deste.

10 – Se o sinistrado, sem justificação, não se submeter às prescrições clínicas ou cirúrgicas, perde os direitos e regalias previstos neste diploma, excepto os relativos à reparação por incapacidade permanente, e desde que a junta médica prevista no artigo 38.º reconheça que a incapacidade para o trabalho subsistiria em qualquer caso.

11 – Quando o sinistrado optar por assistência médica particular, tem direito ao pagamento da importância que seria despendida em estabelecimento do serviço nacional de saúde, devendo, para efeitos de reembolso, apresentar os documentos justificativos de todas as despesas efectuadas com o tratamento das lesões, doença ou perturbação funcional resultantes do acidente.

ARTIGO 12.º
Boletim de acompanhamento médico

1 – A situação clínica do sinistrado, até à alta, deve ser registada, conforme os casos, pelo médico que o assista ou pela junta médica, no boletim de acompanhamento médico de modelo próprio, fornecido pelo serviço ou organismo em que o mesmo exercia funções à data do acidente.

2 – O registo referido no número anterior deve conter, nomeadamente, os seguintes elementos:

a) A identificação do sinistrado e do serviço ou organismo onde exerce funções;
b) A sintomatologia, as lesões ou doenças diagnosticadas e o eventual tipo de incapacidade;
c) Eventuais restrições temporárias para o exercício da actividade habitual;
d) Data do internamento, quando ocorra, e da respectiva alta;
e) Data da alta e, se for caso disso, respectivo grau de incapacidade permanente proposto.

3 – Para efeitos do n.º 1 e caso se revele necessário, incumbe ao empregador garantir a entrega do boletim de acompanhamento médico ao trabalhador ou à entidade prestadora da assistência médica.

ARTIGO 13.º
Aparelhos de prótese e ortótese

1 – O direito aos aparelhos de prótese e ortótese previstos na alínea a) do n.º 3 do artigo 4.º abrange, também, os destinados à correcção ou compensação visual, auditiva ou ortopédica, bem como a prótese dentária e, ainda, a estética, se justificada.

2 – A aquisição, renovação ou substituição dos aparelhos referidos no número anterior carecem de prescrição médica fundamentada.

3 – Quando do acidente resultar a inutilização ou a danificação de prótese ou ortótese de que o trabalhador já era portador, este tem direito à respectiva reparação ou substituição.

4 – Todas as despesas resultantes da aquisição, manutenção, reparação ou substituição dos aparelhos referidos nos números anteriores constituem encargo do serviço ou organismo ao serviço do qual ocorreu o acidente, salvo nos casos de manifesta negligência na sua utilização.

ARTIGO 14.º
Transportes e estada

1 – Sempre que o sinistrado necessitar de assistência médica, observação ou tratamento ou de comparecer a juntas médicas ou a actos judiciais, a entidade empregadora deve assegurar o necessário transporte.

2 – De entre os transportes adequados ao estado de saúde do trabalhador, deve optar-se pelo que envolva menor encargo.

3 – No caso de deslocação da residência ou do local onde o trabalhador se encontre com vista a assistência médica, observação, tratamento, comparência a juntas médicas ou a actos judiciais que implique estada, este tem direito ao pagamento da correspondente despesa, até ao limite do valor previsto para as ajudas de custo dos funcionários e agentes com remuneração superior ao valor do índice 405 da escala salarial do regime geral, salvo se a sua condição de saúde, medicamente fundamentada, justificar despesas de montante mais elevado.

4 – O pagamento das despesas com transporte e estada para comparência a actos judiciais será objecto de reposição, caso o pedido do sinistrado venha a ser julgado totalmente improcedente.

5 – Nos casos referidos nos números anteriores, quando o médico assistente ou a junta médica declarar que o estado de saúde do trabalhador o exige, há lugar ao pagamento das despesas de um acompanhante nas mesmas condições das estabelecidas para o trabalhador.

SUBSECÇÃO II
Prestações em dinheiro

ARTIGO 15.º
Direito à remuneração e outras regalias

No período de faltas ao serviço, em resultado de acidente, o trabalhador mantém o direito à remuneração, incluindo os suplementos de carácter permanente sobre os quais incidam descontos para o respectivo regime de segurança social, e ao subsídio de refeição.

ARTIGO 16.º
Subsídio por assistência de terceira pessoa

1 – Confere direito ao subsídio por assistência de terceira pessoa a situação resultante de acidente que não permita ao trabalhador praticar com autonomia os actos indispensáveis à satisfação das necessidades básicas da vida quotidiana sem a assistência permanente de outra pessoa.

2 – Consideram-se necessidades básicas os actos relativos à alimentação, locomoção e cuidados de higiene pessoal.

3 – A situação referida no n.º 1 é certificada pelo médico assistente ou pela junta médica nos casos, respectivamente, de incapacidade temporária absoluta ou permanente.

4 – A assistência de terceira pessoa considera-se permanente quando implique um atendimento de, pelo menos, seis horas diárias, podendo ser assegurada através da participação sucessiva e conjugada de várias pessoas, incluindo a prestação no âmbito do apoio domiciliário.

5 – O familiar do dependente ou quem com ele coabite, que lhe preste assistência permanente, é considerado terceira pessoa.

6 – Não se considera terceira pessoa quem se encontre igualmente carecido de autonomia para a realização dos actos básicos da vida diária.

ARTIGO 17.º
Condições de atribuição e montante do subsídio por assistência de terceira pessoa

1 – A atribuição do subsídio depende de requerimento do interessado ou de quem o represente, dirigido à entidade responsável pelo seu pagamento, acompanhado da certificação médica e de declaração passada por quem lhe preste assistência.

2 – O montante mensal do subsídio corresponde ao valor da remuneração paga a quem preste a assistência, com o limite da remuneração mínima mensal garantida para os trabalhadores do serviço doméstico.

3 – Na falta de prova de pagamento da remuneração, o montante do subsídio corresponde ao valor estabelecido para prestação com idêntica finalidade, no âmbito do regime jurídico das prestações familiares.

4 – O pagamento do subsídio inicia-se no mês seguinte ao da apresentação do requerimento, com efeitos a partir da data da efectiva prestação da assistência, e cessa no fim do mês da verificação do facto determinante da extinção do direito.

5 – O direito ao subsídio suspende-se durante o internamento em hospital ou estabelecimento similar, por período superior a 30 dias consecutivos, em hospital ou estabelecimento similar, desde que não determine encargo, para o trabalhador.

ARTIGO 18.º
Despesas de funeral e subsídio por morte

1 – Se do acidente resultar a morte do trabalhador, as despesas com o funeral são encargo do serviço ou organismo até ao limite de quatro vezes a remuneração mínima mensal garantida mais elevada, que será aumentado para o dobro se houver trasladação.

2 – O pagamento referido no número anterior é feito a quem provar ter efectuado as despesas de funeral e não é acumulável com outro benefício de idêntica finalidade, com excepção do previsto no artigo 14.º do Decreto-Lei n.º 223/95, de 8 de Setembro, na parte em que este exceda o montante daquele, com o limite da quantia efectivamente despendida.

3 – O subsídio por morte destina-se a compensar o acréscimo de encargos resultante do falecimento de um membro do agregado familiar, em consequência de acidente em serviço, sendo de montante igual a 12 vezes a remuneração mínima mensal garantida mais elevada e é atribuído nos termos seguintes:

  a) Ao cônjuge ou à pessoa que vivia em união de facto com o falecido, nas condições referidas no n.º 1 do artigo 2020.º do Código Civil;
  b) Aos filhos, incluindo os nascituros, os adoptados plena ou restritamente e os enteados com direito à prestação de alimentos que tiverem direito à pensão prevista no artigo 34.º.

4 – Os beneficiários a que se refere cada uma das alíneas do número anterior recebem metade ou a totalidade do subsídio por morte, consoante concorram ou não com beneficiários previstos na outra alínea.

5 – O subsídio por morte referido no n.º 3 é acumulável com o previsto no Decreto-Lei n.º 223/95, de 8 de Setembro, na parte em que este exceda aquele.

6 – Se o falecimento, em consequência de acidente em serviço, ocorrer na situação de aposentação, as prestações previstas nos números anteriores são pagas pela Caixa Geral de Aposentações.

SUBSECÇÃO III
Incapacidade temporária

ARTIGO 19.º
Faltas ao serviço

1 – As faltas ao serviço, resultantes de incapacidade temporária absoluta motivadas por acidente, são consideradas como exercício efectivo de funções, não

implicando, em caso algum, a perda de quaisquer direitos ou regalias, nomeadamente o desconto de tempo ele serviço para qualquer efeito.

2 – As faltas por acidente em serviço devem ser justificadas, no prazo de cinco dias úteis, a contar do 1.º dia de ausência ao serviço, mediante apresentação dos seguintes documentos:

    a) Declaração emitida pelo médico que o assistiu ou por estabelecimento de saúde, quando ao sinistrado tenham sido prestados cuidados que não determinem incapacidade para o exercício de funções por período superior a três dias;
    b) Boletim de acompanhamento médico previsto no artigo 12.º

3 – No caso de o estado do trabalhador acidentado ou de outra circunstância, devidamente comprovada, não permitir o cumprimento do prazo previsto no número anterior, este contar-se-á a partir da cessação do impedimento.

4 – No caso de a ausência ao serviço por motivo de acidente exceder 90 dias consecutivos, é promovida, pela entidade empregadora, a apresentação do sinistrado a exame de junta médica com competência para justificar as faltas subsequentes, sem prejuízo da possibilidade de verificação do seu estado de saúde pela mesma junta, sempre que a entidade empregadora o julgue conveniente.

5 – Para efeitos do n.º 1, consideram-se motivadas por acidente em serviço as faltas para realização de quaisquer exames com vista à qualificação do acidente ou para tratamento, bem como para a manutenção, substituição ou reparação de próteses e ortóteses a que se refere o artigo 13.º, desde que devidamente comprovadas, e as ocorridas até à qualificação do acidente nos termos do n.º 7 do artigo 7.º ou entre o requerimento e o reconhecimento da recidiva, agravamento ou recaída previsto no artigo 24.º.

6 – As faltas para comparência a actos judiciais, desde que devidamente comprovadas, consideram-se justificadas e não implicam a perda de quaisquer direitos ou regalias.

ARTIGO 20.º
Alta

1 – Quando o trabalhador for considerado clinicamente curado ou as lesões ou a doença se apresentarem insusceptíveis de modificação com terapêutica adequada, o médico assistente ou a junta médica prevista no artigo 21.º, conforme os casos, dar-lhe-á alta, formalizada no boletim de acompanhamento médico, devendo o trabalhador apresentar-se ao serviço no 1.0 dia útil seguinte, excepto se lhe tiver sido reconhecida uma incapacidade permanente absoluta para o tra-

balho habitual ou para todo e qualquer trabalho, caso em que se consideram justificadas as faltas dadas até à realização da junta médica da Caixa Geral de Aposentações.

2 – Se após a alta concedida pelo médico assistente o trabalhador não se sentir em condições de retomar a sua actividade habitual, pode requerer à entidade empregadora a sua apresentação à junta médica prevista no artigo 21.º, que deverá realizar-se no prazo máximo de 15 dias úteis, considerando-se justificadas as faltas dadas até à sua realização.

3 – A junta médica prevista no número anterior deve declarar se o sinistrado está em condições de retomar o serviço ou indicar a data de apresentação a nova junta médica, devendo a respectiva decisão ser notificada pessoalmente ao interessado, no próprio dia, e à entidade empregadora, pela via mais expedita, no prazo de dois dias úteis.

4 – Após a alta, caso a ausência ao serviço tiver sido superior a 30 dias consecutivos, o trabalhador deve ser examinado pelo médico do trabalho, para confirmação da sua aptidão relativa ao respectivo posto de trabalho, devendo, no caso de ser declarada inaptidão temporária, ser presente à junta médica prevista no artigo 21.º e, no caso de declaração de incapacidade permanente, ser comunicado o facto à Caixa Geral de Aposentações, sem prejuízo do disposto no artigo 23.º.

5 – Após a alta, se for reconhecido ao acidentado uma incapacidade permanente ou se a incapacidade temporária tiver durado mais de 36 meses, seguidos ou interpolados, a entidade empregadora deve comunicar o facto à Caixa Geral de Aposentações, que o submeterá a exame da respectiva junta médica para efeitos de confirmação ou de verificação de eventual incapacidade permanente resultante do acidente e de avaliação do respectivo grau de desvalorização.

6 – No caso de não ter sido reconhecida ao acidentado uma incapacidade permanente e este não se conformar com tal decisão, pode requerer à Caixa Geral de Aposentações, no prazo de 90 dias consecutivos após a alta, a realização de junta médica, para os fins previstos no número anterior.

ARTIGO 21.º
Junta médica

1 – A verificação e confirmação da incapacidade temporária, a atribuição da alta ou a sua revisão, previstas nos artigos 19.º e 20.º, e a emissão do parecer referido no artigo 23.º competem a uma junta médica composta por dois médicos da ADSE, um dos quais preside, e um médico da escolha do sinistrado.

2 – Caso se demonstre necessário, a ADSE poderá fazer substituir um dos seus representantes na junta médica por um perito médico-legal.

3 – A constituição e o funcionamento da junta prevista no número anterior são da responsabilidade da ADSE, que deverá promover a sua realização na secção que corresponda à área de residência do sinistrado.

4 – Compete à entidade empregadora ao serviço da qual ocorreu o acidente requerer à ADSE a realização do exame da junta médica e suportar os respectivos encargos, incluindo os relativos à eventual participação do médico indicado pelo sinistrado.

5 – Se o sinistrado não indicar à ADSE o médico da sua escolha, no prazo verá realizar-se no prazo máximo de 15 dias úteis, considerando-se justificadas as faltas dadas até à sua realização.

3 – A junta médica prevista no número anterior deve declarar se o sinistrado está em condições de retomar o serviço ou indicar a data de apresentação a nova junta médica, devendo a respectiva decisão ser notificada pessoalmente ao interessado, no próprio dia, e à entidade empregadora, pela via mais expedita, no prazo de dois dias úteis.

4 – Após a alta, caso a ausência ao serviço tiver sido superior a 30 dias consecutivos, o trabalhador deve ser examinado pelo médico do trabalho, para confirmação da sua aptidão relativa ao respectivo posto de trabalho, devendo, no caso de ser declarada inaptidão temporária, ser presente à junta médica prevista no artigo 21.º e, no caso de declaração de incapacidade permanente, ser comunicado o facto à Caixa Geral de Aposentações, sem prejuízo do disposto no artigo 23.º.

5 – Após a alta, se for reconhecido ao acidentado uma incapacidade permanente ou se a incapacidade temporária tiver durado mais de 36 meses, seguidos ou interpolados, a entidade empregadora deve comunicar o facto à Caixa Geral de Aposentações, que o submeterá a exame da respectiva junta médica para efeitos de confirmação ou de verificação de eventual incapacidade permanente resultante do acidente e de avaliação do respectivo grau de desvalorização.

6 – No caso de não ter sido reconhecida ao acidentado uma incapacidade permanente e este não se conformar com tal decisão, pode requerer à Caixa Geral de Aposentações, no prazo de 90 dias consecutivos após a alta, a realização de junta médica, para os fins previstos no número anterior.

ARTIGO 21.º
Junta médica

1 – A verificação e confirmação da incapacidade temporária, a atribuição da alta ou a sua revisão, previstas nos artigos 19.º e 20.º, e a emissão do parecer referido no artigo 23.º competem a uma junta médica composta por dois médicos da ADSE, um dos quais preside, e um médico da escolha do sinistrado.

2 – Caso se demonstre necessário, a ADSE poderá fazer substituir um dos seus representantes na junta médica por um perito médico-legal.

3 – A constituição e o funcionamento da junta prevista no número anterior são da responsabilidade da ADSE, que deverá promover a sua realização na secção que corresponda à área de residência do sinistrado.

4 – Compete à entidade empregadora ao serviço da qual ocorreu o acidente requerer à ADSE a realização do exame da junta médica e suportar os respectivos encargos, incluindo os relativos à eventual participação do médico indicado pelo sinistrado.

5 – Se o sinistrado não indicar à ADSE o médico da sua escolha, no prazo de 10 dias úteis contado da notificação da data da realização da junta médica, este será substituído por um médico designado pela ADSE.

6 – Os hospitais, estabelecimentos de saúde ou quaisquer outras entidades devem prestar à junta médica a informação que lhes seja solicitada e fornecer-lhes os elementos de natureza clínica relativos aos trabalhadores sinistrados.

7 – As decisões da junta médica são notificadas ao sinistrado e à respectiva entidade empregadora.

ARTIGO 22.º
Junta de recurso

1 – O sinistrado pode solicitar à entidade empregadora a realização de junta de recurso, mediante requerimento fundamentado com parecer médico, no prazo de 10 dias úteis a contar da notificação da decisão da junta médica referida no artigo 21.º.

2 – A junta de recurso tem a mesma composição da junta médica prevista no artigo anterior, devendo ser integrada por médicos diferentes, à excepção do médico da escolha do sinistrado, que pode ser o mesmo.

3 – À junta de recurso aplica-se o disposto nos n.ºs 2, 3, 4 e 6 do artigo anterior.

4 – A junta médica, cuja decisão é objecto de recurso, deve facultar ao sinistrado, a solicitação deste, as informações constantes do respectivo processo no prazo de dois dias úteis.

5 – Se a junta de recurso declarar o sinistrado em condições de regressar ao serviço, as faltas dadas até à notificação dessa decisão são consideradas justificadas.

ARTIGO 23.º
Reintegração profissional

1 – No caso de incapacidade temporária parcial que não implica ausência ao serviço, o superior hierárquico deve atribuir ao sinistrado trabalho compatível com o seu estado, em conformidade com o parecer do médico que o assista, do médico do trabalho ou da junta médica, dispensando-o do serviço para comparecer às consultas e tratamentos que tenha de efectuar dentro do seu horário de trabalho.

2 – O trabalho compatível inclui a atribuição de tarefas e a duração e o horário de trabalho adequados ao estado de saúde do trabalhador.

3 – Quando se verifique incapacidade permanente que impossibilite o trabalhador de exercer plenamente as suas anteriores funções ou quando destas possa resultar o agravamento do seu estado de saúde, este tem direito a ocupação em funções compatíveis com o respectivo estado, a formação profissional, a adaptação do posto de trabalho e a trabalho a tempo parcial e o dever de se candidatar a todos os procedimentos concursais para ocupação de postos de trabalho previstos nos mapas de pessoal dos órgãos ou serviços, desde que reúna os requisitos exigidos e se encontre nas condições referidas nos n.ºs 2 e 3 do artigo 61.º da Lei n.º 12-A/ 2008, de 27 de Fevereiro, aplicáveis com as necessárias adaptações.

4 – As situações referidas no número anterior não implicam, em caso algum, a redução de remuneração nem perda de quaisquer regalias.

5 – Enquanto não haja reinício de funções nos termos do n.º 3, é aplicável o regime de faltas previsto nos artigos 15.º e 19.º.
(Redacção dada pelo art. 27.º da Lei n.º 64-A/2008, de 31 de Dezembro)

ARTIGO 24.º
Recidiva, agravamento e recaída

1 – No caso de o trabalhador se considerar em situação de recidiva, agravamento ou recaída, ocorrida no prazo de 10 anos contado da alta, deve apresentar à entidade empregadora requerimento de submissão à junta médica referida no artigo 21.º, fundamentado em parecer médico.

2 – O reconhecimento da recidiva, agravamento ou recaída pela junta médica determina a reabertura do processo, que seguirá, com as necessárias adaptações, os trâmites previstos para o acidente confere ao trabalhador o direito à reparação prevista no artigo 4.º.

CAPÍTULO III
Doenças profissionais

SECÇÃO I
Da qualificação e participação da doença profissional

ARTIGO 25.º
Doença profissional

São doenças profissionais as constantes da lista de doenças profissionais publicada no Diário da República e as lesões, perturbações funcionais ou doenças não incluídas na referida lista, desde que sejam consequência necessária e directa da actividade exercida pelo trabalhador e não representem normal desgaste do organismo.

ARTIGO 26.º
Qualificação da doença profissional

1 – O diagnóstico e a caracterização como doença profissional e, se for caso disso, a atribuição da incapacidade temporária ou a proposta do grau de incapacidade permanente são da responsabilidade dos serviços médicos do Centro Nacional de Protecção contra os Riscos Profissionais, adiante designado por Centro Nacional.

2 – A confirmação e a graduação da incapacidade permanente são da competência da junta médica prevista na alínea b) do n.º 1 do artigo 38.º.

ARTIGO 27.º
Participação da doença profissional

1 – Os médicos devem participar obrigatoriamente ao Centro Nacional todos os casos clínicos em que seja de presumir a existência de doença profissional, em impresso próprio fornecido por aquele, no prazo de oito dias úteis a contar da data do diagnóstico.

2 – O trabalhador deve entregar ao respectivo superior hierárquico cópia da participação referida no número anterior ou declaração ou atestado médico de que conste o diagnóstico presuntivo, no prazo de dois dias úteis, contado da data da participação ou da emissão do documento médico.

ARTIGO 28.º
Participação institucional

1 – Sem prejuízo das demais comunicações previstas na lei, o Centro Nacional deve comunicar os casos por ele confirmados de doença profissional às seguintes entidades:

   a) Entidade empregadora;
   b) Caixa Geral de Aposentações;
   c) ADSE;
   d) Delegado de saúde concelhio.

2 – Nos casos de existência de indícios inequívocos de especial gravidade da situação laboral, a participação a que se reterem as alíneas a) e d) do número anterior deve ser antecipada, relativamente à confirmação da doença, a fim de serem tomadas as necessárias medidas de prevenção.

3 – O Centro nacional deve também comunicar à respectiva entidade empregadora qualquer caso não confirmado de doença profissional.

4 – Recebida a comunicação prevista na alínea a) do n.º 1, a entidade empregadora deve participar:

   a) Nos termos da legislação em vigor, ao competente departamento do ministério responsável pela área do trabalho;
   b) Aos respectivos serviços de segurança e saúde no trabalho.

SECÇÃO II
Da reparação

ARTIGO 29.º
Prestações em espécie

1 – Às doenças profissionais aplica-se, com as necessárias adaptações, o disposto nos artigos 11.º a 14.º, 23.º e 24.º.

2 – No caso de doença profissional de carácter evolutivo, não se aplica o prazo previsto no n.º 1 do artigo 24.º.

ARTIGO 30.º
Faltas ao serviço

1 – As faltas ao serviço motivadas por doença profissional regulam-se, com as necessárias adaptações, pelo disposto nos n.ºs 1, 3 e 6 do artigo 19.º.

2 – As faltas com fundamento em doença profissional devem ser comprovadas pela cópia da participação ao Centro Nacional referida no artigo 27.º ou, até à sua apresentação, por declaração ou atestado médico com o diagnóstico presuntivo, no prazo máximo de cinco dias úteis contado a partir do 1.º dia de ausência ao serviço.

3 – As faltas subsequentes são justificadas mediante a apresentação do boletim de acompanhamento médico previsto no artigo 12.º.

4 – Consideram-se motivadas por doença profissional as faltas para realização de quaisquer exames com vista à qualificação da doença ou para tratamento, desde que devidamente comprovadas, bem como as ocorridas até à alta dada pelo médico assistente ou pela junta médica prevista no artigo 21.º ou entre o requerimento e o reconhecimento do agravamento ou recaída.

5 – No diagnóstico e caracterização da doença profissional previstos no artigo 26.º deve o Centro Nacional certificar, sempre que possível, quais os períodos de faltas ao serviço anteriores ao diagnóstico presuntivo que foram determinados pela doença profissional, para efeitos de aplicação do presente diploma.

6 – As faltas não consecutivas, medicamente atestadas, como tendo origem em doença profissional participada nos termos do artigo 27.º, dadas até à conclusão do processo pelo Centro Nacional ou pela Caixa Geral de Aposentações, são consideradas faltas por doença profissional.

7 – Sempre que as faltas por incapacidade temporária excedam 18 meses, a entidade empregadora deve promover a apresentação do trabalhador à junta médica prevista no artigo 21.º.

8 – A junta médica pode confirmar a situação de incapacidade temporária, a sua duração previsível e marcar a data de submissão a nova junta, se for caso disso.

9 – Para efeitos do limite máximo de faltas previstas no n.º 7, contam-se todas as faltas, seguidas ou interpoladas, quando entre estas não se verifique um intervalo superior a 30 dias, excluindo o período de férias.

10 – No caso de a incapacidade temporária exceder 36 meses, seguidos ou interpolados, a entidade empregadora deve comunicar o facto à Caixa Geral de Aposentações, que submeterá o trabalhador a exame da respectiva junta médica para efeitos de confirmação ou de verificação de eventual incapacidade permanente e avaliação do respectivo grau de desvalorização.

11 – Se o Centro Nacional não propuser uma incapacidade permanente e o trabalhador não se conformar, pode requerer à Caixa Geral de Aposentações, no prazo de 90 dias consecutivos após a comunicação prevista na alínea a) do n.º 1 do artigo 28.º, a realização de junta médica para os fins previstos no número anterior.

12 – Às faltas dadas pelo trabalhador que, após a comunicação do Centro Nacional prevista no n.º 3 do artigo 28.º, não se sentir em condições de retomar a sua actividade habitual, é aplicável o disposto na lei relativamente às faltas por doença.

ARTIGO 31.º
Alta

O disposto nos n.ºs 1 a 4 do artigo 20.º é aplicável, com as necessárias adaptações, às doenças profissionais.

ARTIGO 32.º
Prestações em dinheiro

Às doenças profissionais aplica-se, com as necessárias adaptações, o disposto nos artigos 15.º a 18.º.

ARTIGO 33.º
Cessação do direito à reparação

1 – O direito à reparação previsto no presente diploma cessa na data da recepção pela entidade empregadora da comunicação do Centro Nacional, prevista no artigo 28.º, caso este não confirme o diagnóstico da doença profissional.

2 – A cessação do direito referido no número anterior não prejudica os efeitos produzidos até àquela data.

CAPÍTULO IV
Responsabilidade da Caixa Geral de Aposentações

ARTIGO 34.º
Incapacidade permanente ou morte

1 – Se do acidente em serviço ou da doença profissional resultar incapacidade permanente ou morte, haverá direito às pensões e outras prestações previstas no regime geral.

2 – Quando a lesão ou doença resultante de acidente em serviço ou doença profissional for agravada por lesão ou doença anterior, ou quando esta for agravada pelo acidente ou doença profissional, a incapacidade avaliar-se-á como se tudo dele resultasse, salvo se, por lesão ou doença anterior, o trabalhador já estiver a receber pensão ou tiver recebido um capital de remição.

3 – No caso de o trabalhador estar afectado de incapacidade permanente anterior ao acidente ou doença profissional, a reparação será apenas a correspondente à diferença entre a incapacidade anterior e a que for calculada como se tudo fosse imputado ao acidente ou doença profissional.

4 – As pensões e outras prestações previstas no n.º 1 são atribuídas e pagas pela Caixa Geral de Aposentações, regulando-se pelo regime nele referido quanto às condições de atribuição, aos beneficiários, ao montante e à fruição.

5 – No cálculo das pensões é considerada a remuneração sujeita a desconto para o respectivo regime de segurança social.

6 – A pensão por morte referida no n.º 1 não é acumulável com a pensão de preço de sangue ou com qualquer outra destinada a reparar os mesmos danos, sem prejuízo do disposto no n.º 3 do artigo 41.º.

7 – Se do uso da faculdade de recusa de observância das prescrições médicas ou cirúrgicas prevista no n.º 9 do artigo 11.º resultar para o sinistrado uma incapacidade permanente com um grau de desvalorização superior ao que seria previsível se o tratamento tivesse sido efectuado, a indemnização devida será correspondente ao grau provável de desvalorização adquirida na situação inversa.

8 – Se não houver beneficiários com direito a pensão por morte, não há lugar ao respectivo pagamento.

ARTIGO 35.º
Subsídio por assistência de terceira pessoa

1 – O subsídio por assistência a terceira pessoa é concedido e pago pela Caixa Geral de Aposentações a partir da passagem à situação de aposentação.

2 – À atribuição do subsídio aplica-se, com as necessárias adaptações, o disposto nos artigos 16.º e 17.º.

ARTIGO 36.º
Subsídio para readaptação de habitação

1 – Quando seja atribuída uma incapacidade permanente absoluta pela junta médica da Caixa Geral de Aposentações e por esta reconhecida a necessidade de readaptação da habitação do trabalhador, este tem direito a um subsídio para pagamento das respectivas despesas.

2 – O subsídio é de montante correspondente às despesas com a readaptação da habitação, até ao limite de 12 vezes a remuneração mínima mensal garantida mais elevada, em vigor à data do acidente ou da atribuição da incapacidade permanente resultante de doença profissional.

3 – O subsídio é pago pela Caixa Geral de Aposentações, no prazo de 30 dias contado da data da apresentação da prova dos encargos suportados.

ARTIGO 37.º
Subsídio por situações de elevada incapacidade permanente

A incapacidade permanente absoluta ou a incapacidade permanente parcial que impliquem uma redução na capacidade geral de ganho igualou superior a 70% conferem ao sinistrado ou doente direito a um subsídio cujo valor é igual a 12 vezes a remuneração mínima mensal garantida em vigor à data do acidente ou da atribuição da incapacidade permanente resultante de doença profissional, na proporção do grau de incapacidade fixado, sendo pago de uma só vez.

ARTIGO 38.º
Juntas médicas

1 – A confirmação e a graduação da incapacidade permanente é da competência da junta médica da Caixa Geral de Aposentações, que terá a seguinte composição:

a) No caso de acidente em serviço, um médico da Caixa Geral de Aposentações, que preside, um perito médico-legal e um médico da escolha do sinistrado;
b) No caso de doença profissional, um médico da Caixa Geral de Aposentações, que preside, um médico do Centro Nacional e um médico da escolha do doente.

2 – Se o sinistrado ou o doente não indicar o médico da sua escolha no prazo de 10 dias úteis contado da notificação da data da realização da junta médica, este será substituído por um médico designado pela Caixa Geral de Aposentações.

3 – A composição e funcionamento das juntas médicas é da responsabilidade da Caixa Geral de Aposentações, que requisitará o perito médico-legal ao respectivo instituto de medicina legal ou o médico ao Centro Nacional e suportará os inerentes encargos, incluindo os relativos à eventual participação do médico indicado pelo sinistrado ou doente.

4 – Os encargos relativos à participação do médico indicado pelo sinistrado ou doente não podem ultrapassar um quarto da remuneração mínima mensal garantida mais elevada, sendo os relativos aos demais médicos os constantes das respectivas tabelas, caso existam, ou fixados por despacho do Ministro das Finanças.

5 – A determinação das incapacidades permanentes é efectuada de acordo com a Tabela Nacional de Incapacidades por Acidentes de Trabalho e Doenças Profissionais.

6 – Nos casos previstos na alínea a) do n.º 1, em que o sinistrado seja militar ou equiparado, o perito médico-legal é substituído, sempre que possível, por um médico indicado pelo competente serviço de saúde militar, com formação específica em medicina legal.

7 – As decisões da junta médica são notificadas ao trabalhador e à entidade empregadora.

ARTIGO 39.º
Juntas de recurso

1 – O sinistrado ou o doente pode solicitar à Caixa Geral de Aposentações a realização de junta de recurso, mediante requerimento, devidamente fundamentado, a apresentar no prazo de 60 dias consecutivos a contar da notificação da decisão da junta médica.

2 – A junta de recurso tem a mesma composição da competente junta médica prevista no artigo anterior, devendo ser integrada por médicos diferentes dos que intervieram na junta inicial, à excepção do médico da escolha do sinistrado ou doente, que pode ser o mesmo.

3 – À junta de recurso aplica-se o disposto no artigo anterior.

ARTIGO 40.º
Revisão da incapacidade e das prestações

1 – Quando se verifique modificação da capacidade de ganho do trabalhador proveniente de agravamento, recidiva, recaída ou melhoria da lesão ou doença que deu origem à reparação, ou de intervenção clínica ou de aplicação de prótese ou ortótese, as prestações da responsabilidade da Caixa Geral de Aposentações poderão ser revistas e, em consequência, aumentadas, reduzidas ou extintas, de harmonia com a alteração verificada.

2 – As prestações podem ser revistas por iniciativa da Caixa Geral de Aposentações ou mediante requerimento do interessado, fundamentado em parecer médico.

3 – A revisão pode ser efectuada no prazo de 10 anos contado da data da fixação das prestações:

a) Uma vez em cada semestre, nos dois primeiros anos;
b) Uma vez por ano, nos anos subsequentes.

4 – No caso de doença profissional de carácter evolutivo, a revisão pode ser requerida a todo o tempo, excepto nos dois primeiros anos, em que só poderá ser requerida uma vez no fim de cada ano.

5 – A verificação da modificação da capacidade geral de ganho é da competência da correspondente junta médica prevista no artigo 38.º.

6 – A não comparência injustificada do sinistrado ou doente a exame da junta médica referida no número anterior determina a suspensão das prestações devidas nos termos do presente diploma a partir do dia I do mês seguinte ao da primeira falta e até à submissão do interessado a novo exame, que deverá realizar-se no prazo máximo de 30 dias consecutivos a contar da não comparência.

ARTIGO 41.º
Acumulação de prestações

1 – As prestações periódicas por incapacidade permanente não são acumuláveis:

a) Com remuneração correspondente ao exercício da mesma actividade, em caso de incapacidade permanente absoluta resultante de acidente;
b) Com remuneração correspondente a actividade exercida em condições de exposição ao mesmo risco, sempre que esta possa contribuir para o aumento de incapacidade já adquirida.

2 – O incumprimento do disposto no número anterior determina a perda das prestações correspondentes ao período do exercício da actividade, sem prejuízo de revisão do grau de incapacidade nos termos do presente diploma.

3 – São acumuláveis, sem prejuízo das regras de acumulação próprias dos respectivos regimes de protecção social obrigatórios:

a) As pensões por incapacidade permanente com as atribuídas por invalidez ou velhice;
b) A pensão por morte com a pensão de sobrevivência, na parte em que esta exceda aquela.

ARTIGO 42.º
Actualização das pensões

Os valores das pensões previstas no presente diploma são actualizados nos mesmos termos em que o forem os das correspondentes pensões do regime geral.

ARTIGO 43.º
O Reembolso

A Caixa Geral de Aposentações é reembolsada das despesas e prestações que tenha suportado, caso o serviço ou o organismo da Administração Pública possua autonomia administrativa e financeira.

CAPÍTULO V
Outras responsabilidades

ARTIGO 44.º
Responsabilização

1 – O dirigente máximo ou superior hierárquico que não cumpra, ainda que por mera negligência, as obrigações impostas neste diploma incorre, consoante a gravidade da infracção, nas sanções disciplinares de multa ou suspensão, previstas no Estatuto Disciplinar, ou cessação da comissão de serviço, nos termos da lei.
2 – A aplicação das sanções previstas no número anterior não prejudica a responsabilidade civil ou criminal, nos termos da lei.
3 – O trabalhador com vínculo à Administração que, fraudulentamente, tente beneficiar ou beneficie de qualquer protecção ou reparação prevista no presente diploma incorre em infracção disciplinar punível com as penas de suspensão ou de inactividade, conforme a gravidade da infracção, nos termos do Estatuto Disciplinar.
4 – No caso de trabalhador vinculado por contrato individual de trabalho, aplicam-se, com as necessárias adaptações, as disposições correspondentes às previstas no número anterior.
5 – O dirigente ou superior hierárquico que tenha sido conivente ou encobridor de situação fraudulenta, por forma a conseguir para o trabalhador qualquer prestação em espécie ou em dinheiro ao abrigo deste diploma, incorre nas penas de suspensão ou cessação da comissão de serviço referidas no n.º 1, consoante a gravidade da infracção.
6 – Sem prejuízo das sanções referidas nos números anteriores, o Estado exercerá obrigatoriamente o direito de regresso relativamente aos responsáveis, nos casos em que se comprove que a violação das obrigações previstas neste diploma determinou o pagamento de indemnizações ou a concessão de quaisquer benefícios.
7 – Na administração local, a responsabilidade do empregador de acordo com o regime jurídico da tutela administrativa não prejudica a sua responsabilização civil e criminal nos termos gerais, em caso de incumprimento do presente diploma.

ARTIGO 45.º
Seguro de acidente em serviço

1 – Os serviços e organismos não devem, em princípio, transferir a responsabilidade pela reparação dos acidentes em serviço prevista neste diploma para entidades seguradoras.

2 – Os serviços e organismos referidos no artigo 2.º que entendam vantajosa a celebração de contratos de seguro podem realizá-los, excepcionalmente, mediante autorização prévia dos Ministros das Finanças e da tutela ou dos competentes secretários regionais, sob proposta devidamente fundamentada, sendo tal autorização igualmente exigível em caso de alteração dos mesmos.

3 – Os serviços e organismos da administração local podem transferir a responsabilidade por acidentes em serviço prevista neste diploma para entidades seguradoras.

4 – Os contratos de seguro que venham a ser celebrados devem respeitar a apólice uniforme de seguro de acidentes em serviço para os trabalhadores da Administração Pública, a estabelecer mediante convenção entre o Instituto de Seguros de Portugal, o membro do Governo que tenha a seu cargo a Administração Pública e o Ministro das Finanças.

5 – É aplicável à apólice uniforme referida no número anterior o disposto nos n.ºs 2 e 3 do artigo 38.º da Lei n.º 100/97, de 13 de Setembro.

6 – A apólice uniforme deve garantir as prestações e despesas previstas neste diploma, sendo nulas as cláusulas adicionais que impliquem a redução de quaisquer direitos ou regalias.

ARTIGO 46.º
Responsabilidade de terceiros

1 – Os serviços e organismos que tenham pago aos trabalhadores ao seu serviço quaisquer prestações previstas no presente diploma têm direito de regresso, contra terceiro civilmente responsável pelo acidente ou doença profissional, incluindo seguradoras, relativamente às quantias pagas.

2 – O direito de regresso abrange, nomeadamente, as quantias pagas a título de assistência médica, remuneração, pensão e outras prestações de carácter remuneratório respeitantes ao período de incapacidade para o trabalho.

3 – Uma vez proferida decisão definitiva sobre o direito às prestações da sua responsabilidade, a Caixa Geral de Aposentações tem direito de regresso contra terceiro responsável, incluindo seguradoras, por forma a dele obter o valor do respectivo capital, sendo o correspondente às pensões determinado por cálculo actuarial.

4 – Nos casos em que os beneficiários das prestações tenham já sido indemnizados pelo terceiro responsável, não há lugar ao seu pagamento até que nelas se esgote o valor da indemnização correspondente aos danos patrimoniais futuros, sem prejuízo do direito de regresso referido no número anterior, relativamente à eventual responsabilidade não abrangida no acordo celebrado com terceiro responsável.

5 – Quando na indemnização referida no número anterior não seja discriminado o valor referente aos danos patrimoniais futuros, presume-se que o mesmo corresponde a dois terços do valor da indemnização atribuída.

ARTIGO 47.º
Exercício do direito de regresso

1 – Nas acções cíveis em que seja formulado pedido de indemnização por danos decorrentes de acidente em serviço ou de doença profissional, o autor, se se tratar de trabalhador da Administração Pública ou de subscritor da Caixa Geral de Aposentações, deve indicar na petição inicial a respectiva qualidade, sendo notificado o organismo ou serviço no qual ocorreu o acidente, ou a Caixa Geral de Aposentações, conforme os casos, para, no prazo da contestação, deduzir pedido de reembolso das quantias a que se refere o artigo anterior.

2 – Quando o acta de terceiro dê origem a processo crime e o Ministério Público deduza acusação ou se pronuncie sobre acusação particular, deve ser indicado o vínculo do trabalhador à Administração Pública e a sua eventual qualidade de subscritor da Caixa Geral de Aposentações.

3 – O serviço ou organismo ao serviço do qual ocorreu o acidente ou foi contraída a doença profissional e a Caixa Geral de Aposentações são tidos como lesados nos termos e para os efeitos do artigo 74.º do Código de Processo Penal, observando-se, nesta matéria, o disposto nos artigos 71.º a 84.º do mesmo diploma.

ARTIGO 48.º
Acção para reconhecimento do direito

1 – O interessado pode intentar, no prazo de um ano, nos tribunais administrativos, acção para reconhecimento do direito ou interesse legalmente protegido contra os actos ou omissões relativos à aplicação do presente diploma, que segue os termos previstos na lei de processo nos tribunais administrativos e tem carácter de urgência.

2 – Nas acções referidas no número anterior, o interessado está isento de custas, sendo representado por defensor oficioso a nomear pelo tribunal, nos termos da lei, salvo quando tiver advogado constituído.

3 – O prazo referido no n.º 1 conta-se:

a) Da data da notificação, em caso de acto expresso;
b) Da data da formação de acto tácito de indeferimento da pretensão formulada.

ARTIGO 49.º
Acumulação de actividades

1 – Quando um trabalhador, autorizado nos termos da lei a exercer simultaneamente actividade em mais de um serviço ou organismo abrangido pelo disposto no n.º 1 do artigo 2.º, for vítima de um acidente ao serviço de um deles, deve observar-se o seguinte:

a) A entidade empregadora ao serviço da qual ocorreu o acidente é responsável pela aplicação do regime constante deste diploma;
b) O respectivo serviço ou organismo é responsável pelos encargos emergentes do acidente, com excepção dos relativos às remunerações correspondentes à outra actividade;
c) A entidade empregadora ao serviço da qual não ocorreu o acidente deve garantir ao trabalhador, na parte que lhe diga respeito, os direitos e garantias previstos nos artigos 15.º, 19.º, 23.º e 24.º;
d) A entidade ao serviço da qual ocorreu o acidente deve comunicar, de imediato, o facto à outra entidade empregadora interessada, bem como prestar-lhe todas as informações relativas à situação do sinistrado.

2 – Quando um trabalhador vinculado à Administração Pública e autorizado, nos termos da lei, a exercer simultaneamente outra actividade pela qual não se encontre abrangido pelo regime estabelecido neste diploma for vítima de um acidente ao serviço de uma das entidades empregadoras, deve observar-se o seguinte:

a) Se o acidente ocorrer no exercício da actividade sujeita ao regime do presente diploma, a outra entidade empregadora deve garantir ao sinistrado os direitos estabelecidos no respectivo regime jurídico aplicável, correspondentes aos previstos na alínea c) do número anterior;
b) Se o acidente ocorrer no exercício de actividade a que corresponda regime diferente do presente diploma, a outra entidade deve observar o disposto na alínea c) do número anterior;
c) O disposto na alínea d) do número anterior é aplicável aos casos de acumulação de funções públicas com actividade privada.

3 – A entidade empregadora que tenha suportado encargos da responsabilidade de outra fica com direito de regresso ou de reembolso nos termos da legislação aplicável.

4 – O disposto nos números anteriores é aplicável, com as necessárias adaptações, às doenças profissionais.

5 – Nos casos de acumulação referidos nos números anteriores, se do acidente ou doença resultar incapacidade permanente ou morte, a pensão ou capital de remição, calculados com base na remuneração auferida pelo sinistrado ou doente, são fixados tendo em conta a paga pelas diversas entidades empregadoras, ficando, porém, a Caixa Geral de Aposentações com o direito a receber das restantes entidades responsáveis a respectiva quota-parte.

ARTIGO 50.º
Serviços de segurança e saúde no trabalho

1 – Os serviços de segurança e saúde no trabalho devem, nomeadamente:

a) Propor e organizar os meios destinados à prestação dos primeiros socorros;
b) Analisar as causas dos acidentes em serviço, doenças profissionais, incidentes e acontecimentos perigosos e propor as correspondentes medidas de natureza preventiva;
c) Elaborar as estatísticas relativas aos eventos referidos na alínea anterior;
d) Elaborar relatórios sobre os acidentes em serviço que tenham ocasionado ausência superior a três dias úteis.

2 – Os serviços de segurança e saúde no trabalho devem manter actualizados os seguintes elementos:

a) Lista dos factos referidos na alínea b) do número anterior;
b) Lista dos acidentes em serviço que tenham originado ausência ao serviço;
c) Lista de todas as situações de falta por doença e do correspondente número de dias de ausência ao serviço e, no caso de doença profissional, a respectiva identificação;
d) Lista das medidas propostas ou das recomendações formuladas.

3 – O dirigente máximo do serviço ou organismo onde ainda não tenham sido implementados serviços de segurança e saúde no trabalho deve assegurar o cumprimento do disposto nos números anteriores.

CAPÍTULO VI
Disposições finais e transitórias

ARTIGO 51.º
Formulários obrigatórios

1 – Os impressos relativos à participação do acidente, incidente e acontecimento perigoso e ao boletim de acompanhamento médico constam dos anexos I e 11 ao presente diploma, do qual fazem parte integrante, e podem ser reproduzidos por meios informáticos ou outros.

2 – Os restantes modelos para os registos e participações referidos neste diploma que não constem de legislação específica são da responsabilidade das entidades competentes.

ARTIGO 52.º
Prescrição

1 – As prestações fixadas pela Caixa Geral de Aposentações prescrevem no prazo de cinco anos contado do respectivo vencimento.

2 – O prazo de prescrição não começa a correr enquanto os beneficiários não forem notificados da fixação das prestações.

ARTIGO 53.º
Aplicação subsidiária

Em tudo o que não se encontre especificamente regulado neste diploma aplicam-se, subsidiariamente, as regras do Código do Procedimento Administrativo.

ARTIGO 54.º
Alteração do Estatuto da Aposentação

Os artigos 36.º, 37.º, 39.º, 40.º, 49.º, 89.º, 101.º e 118.º do Estatuto da Aposentação, aprovado pelo Decreto-Lei n.º 498/72, de 9 de Dezembro, passam a ter a seguinte redacção:

«Artigo 36.º
Formas de aposentação

1 – A aposentação pode ser voluntária ou obrigatória.

2 – A aposentação é voluntária quando tem lugar a requerimento do subscritor, nos casos em que a lei a faculta; é obrigatória quando resulta de simples determinação da lei ou de imposição da autoridade competente.

Artigo 37.º
Condições de aposentação

1 – A aposentação pode verificar-se, independentemente de qualquer outro requisito, quando o subscrito r contar, pelo menos, 60 anos de idade e 36 de serviço.

2 – Há ainda lugar a aposentação quando o subscritor, tendo, pelo menos, cinco anos de serviço:
3 –
4 –

Artigo 39.º
Aposentação voluntária

1 – A aposentação depende necessariamente de requerimento do interessado nos casos previstos no n.º 1 do artigo 37.º e no artigo 40.º

2 – A aposentação pode ser requerida pelo subscritor nas hipóteses previstas na alínea a) do n.º 2 do artigo 37.º.
3 –
4 –

Artigo 40.º
Aposentação de antigo subscritor

1 – A eliminação da qualidade de subscritor não extingue o direito de requerer a aposentação nos casos previstos no n.º 1 e nas alíneas a) e b) do n.º 2 do artigo 37.º, quando a cessação definitiva de funções ocorra após cinco anos de subscritor.
2 –
3 –

Artigo 49.º
Subscritores em serviço militar

No caso de aposentação por incapacidade motivada pela prestação de serviço militar, a pensão, observado o disposto nos artigos anteriores, tem por base as remunerações correspondentes a esse serviço, se forem superiores às do cargo pelo qual o subscritor é aposentado.

Artigo 89.º
Exame médico

1 – O subscritor será submetido a exame da junta médica da Caixa sempre que, preenchidos os demais requisitos da aposentação, esta dependa da verificação da incapacidade.
2 –

Artigo 101.º
Revisão das resoluções

1 – As resoluções finais podem, oficiosamente ou mediante requerimento, ser objecto de revisão quando, por facto não imputável ao interessado, tenha havido falta de apresentação, em devido tempo, de elementos de prova relevantes.
2 –

Artigo 118.º
Casos de reforma

Transitam para a situação de reforma os subscritores que estejam nas condições do n.º 1 do artigo 37.º e o requeiram e aqueles que, verificados os requisitos mínimos de idade e de tempo de serviço exigidos pelo n.º 2 do artigo 37.º:

a) Atinjam o limite de idade;
b) Sejam julgados incapazes de todo o serviço militar, mediante exame da junta médica dos competentes serviços de saúde militar;
c) Revelem incapacidade para o desempenho das funções do seu posto, mediante o exame médico referido na alínea anterior;
d) Sejam punidos com a pena disciplinar de separação do serviço ou de reforma, ainda que em substituição de outra sanção mais grave;
e) Sejam mandados reformar por deliberação do Conselho de Ministros, nos termos de lei especial;
f) Devam ser reformados, segundo a lei, por efeito da aplicação de outra pena.»

———————————

ARTIGO 55.º
Pessoal militar e militarizado

1 – O capítulo IV, relativo à responsabilidade da Caixa Geral de Aposentações, aplica-se aos militares das Forças Armadas, incluindo os que se encontram no cumprimento do serviço militar obrigatório, bem como ao pessoal das forças de segurança não abrangido pelo artigo 2.º, com ressalva dos números seguintes.

2 – O disposto no número anterior não se aplica aos deficientes das Forças Armadas a que se refere o Decreto-Lei n.º 43/76, de 20 de Janeiro.

3 – O disposto no artigo 37.º não se aplica aos grandes deficientes das Forças Armadas, nos termos do disposto no Decreto-Lei n.º 314/90, de 13 de Outubro.

4 – Na determinação da remuneração a considerar para efeitos do n.º 5 do artigo 34.º será observado o seguinte:

a) Tratando-se de remuneração inferior à que corresponde a um marinheiro do quadro permanente, é esta que se considera;
b) O limite mínimo a que se refere a alínea anterior será substituído pela remuneração correspondente ao posto de alferes dos quadros permanentes, quando se trate de alunos da Academia Militar, da Escola Naval, da Academia da Força Aérea ou de outros cursos de preparação para oficiais daqueles quadros, ou de furriel dos quadros permanentes, quando se trate de alunos de cursos de alistamento ou preparação para sargento, que não estejam a prestar serviço militar obrigatório.

ARTIGO 56.º
Regime transitório

1 – O presente diploma aplica-se:

a) Aos acidentes em serviço que ocorram após a respectiva entrada em vigor;
b) Às doenças profissionais cujo diagnóstico final se faça após a data referida na alínea anterior;
c) Às situações de recidiva, recaída ou agravamento decorrentes de acidentes em serviço, ocorridos antes da data referida nas alíneas anteriores, com excepção dos direitos previstos nos artigos 34.º a 37.º relativos às incapacidades permanentes da responsabilidade da Caixa Geral de Aposentações.

2 – As disposições do Estatuto da Aposentação revogadas ou alteradas mantêm-se em vigor em relação às pensões extraordinárias de aposentação ou reforma, bem como às pensões de invalidez atribuídas ou referentes a factos ocorridos antes da entrada em vigor do presente diploma.

3 – Os serviços, organismos e fundos autónomos continuam a suportar os encargos da sua responsabilidade, nos termos da legislação anterior, relativamente aos acidentes, doenças e demais situações não abrangidos pelo n.º 1.

ARTIGO 57.º
Revogação

1 – São revogadas todas as disposições legais e regulamentares que contrariem o presente diploma, designadamente:

a) O Decreto-Lei n.º 38 523, de 23 de Novembro de 1951;
b) O Decreto-Lei n.º 45 004, de 27 de Abril de 1963;
c) Os artigos 1.º, n.º 1, alíneas b) e e), e 4.º, n.º 2, do Decreto-Lei n.º 74/70, de 2 de Março;
d) O artigo 50.º do Decreto-Lei n.º 100/99, de 31 de Março;
e) O artigo 7.º do Decreto Regulamentar n.º 41/90, de 29 de Novembro.

2 – São revogados os artigos 38.º, 41.º, n.º 3, 54.º, 55.º, 60.º, 61.º, 62.º, 94.º, 119.º, 123.º e 127.º a 131.º do Estatuto da Aposentação, aprovado pelo Decreto-Lei n.º n.º 498/72, de 9 de Dezembro.

3 – As referências feitas na lei ao Decreto-Lei n.º 38.523, de 23 de Novembro de 1951, devem entender-se como reportadas ao presente diploma.

ARTIGO 58.º
Entrada em vigor

O presente diploma entra em vigor no dia 1 do 6.º mês seguinte á data da sua publicação.

DOENÇAS INCAPACITANTES

DESPACHO CONJUNTO A-179/89-IX
de 12 de Setembro

As faltas dadas por doença incapacitante que exija tratamento oneroso e prolongado, previstas no artigo 48.º do Decreto-Lei n.º 497/88, de 30 de Dezembro, conferem aos funcionários e agentes o direito à prorrogação, por dezoito meses, do prazo máximo de ausência previsto no artigo 36.º do mesmo diploma.

A definição das referidas doenças deverá ser, nos termos da lei, efectuada por despacho conjunto dos Ministros das Finanças e da Saúde.

Nestes termos, ao abrigo do n.º 2 do artigo 48.º do Decreto-Lei n.º 497/88, de 30 de Dezembro, determina-se:

São consideradas doenças incapacitantes para efeitos do n.º 1 do artigo 48.º do Decreto-Lei n.º 497/88, de 30 de Dezembro, as seguintes:

Sarcoidose.
Doença de Hansen.
Tumores malignos.
Hemopatias graves.
Doenças graves e invalidantes do sistema nervoso central e periférico e dos órgãos dos sentidos.
Cardiopatias reumatismais crónicas graves.
Hipertensão arterial maligna.
Cardiopatias isquémicas graves.
Coração pulmonar crónico.
Cardiomiopatias graves.
Acidentes vasculares cerebrais com acentuadas limitações.
Vasculopatias periféricas graves.
Doença pulmonar crónica obstrutiva grave.
Hepatopatias graves.
Doenças difusas do tecido conectivo.

Espondilite anquilosante.
Artroses graves invalidantes.
Pelo Ministro das Finanças, o Secretário de Estado do Orçamento, a Ministra da Saúde, em 12 de Setembro de 1989.

ASSISTÊNCIA NA TUBERCULOSE AOS FUNCIONÁRIOS CIVIS E SEUS FAMILIARES

DECRETO-LEI N.º 48.359,
de 27 de Abril de 1968

As profundas alterações que o tratamento e a profilaxia da tuberculose sofreram nos últimos anos e a vantagem de uniformizar, na medida do possível, as regalias concedidas na assistência à tuberculose aos militares das forças armadas com as dos servidores civis do Estado, tornaram aconselhável a elaboração de um novo diploma.

Aproveitou-se a oportunidade para rever alguns dos critérios anteriormente adoptados, de modo a imprimir à assistência prestada maior eficiência, disciplina e amplitude.

Na redacção do novo diploma houve a preocupação de tornar mais fácil a consulta das normas legais, agrupando os assuntos em capítulos e respeitando, tanto quanto possível, o antigo texto, bem conhecido por todo o funcionalismo.

No que diz respeito à amplitude, possibilitou-se a concessão de assistência ao pessoal de outras Misericórdias, além da de Lisboa, que já usufruía desta regalia.

Ainda no mesmo campo e com vista a equiparar as regalias concedidas aos servidores civis com as dos militares no que se refere à assistência na tuberculose, estendeu-se esta aos ascendentes do próprio beneficiário e do respectivo cônjuge que se encontrem em determinadas condições, bem como às viúvas e filhos dos servidores falecidos, quando a sua situação económica o justificar. Por outro lado, foi alargada a concessão de assistência aos descendentes e prolongado, sob condicionamento, o tempo de assistência de que os beneficiários poderão usufruir.

No que se refere às condições de admissão, a prática demonstrou ser aconselhável a alteração de algumas disposições contidas nos diplomas anteriores, com vista a facilitar aos interessados a obtenção de certos documentos.

Com esse fim, estabelece-se que os certificados antituberculosos possam ser obtidos não só nos dispensários do Instituto de Assistência Nacional aos Tuberculosos, mas ainda nas consultas-dispensários dele tecnicamente dependentes.

Prevê-se ainda que certos encargos eventuais possam ser de conta do Instituto quando as condições económicas do candidato o justifiquem.

No sentido de respeitar o princípio de livre escolha do médico pelo doente, faculta-se que este seja assistido por clínico da sua confiança.

Estabelecem-se condições que permitam a necessária vigilância do servidor ou familiar assim assistido, sem quebra das normas da deontologia médica.

Pelo presente diploma, a assistência em regime de internamento do servidor ou dos seus familiares que a ela tenham direito não fica condicionada a desconto na remuneração ou pensão do beneficiário.

Com esta medida pretende-se evitar um possível desequilíbrio na economia familiar durante o internamento de qualquer dos seus membros e, consequentemente, uma melhor aceitação do tratamento em regime sanatorial.

De acordo com as lições da experiência, alarga-se o campo de acção das juntas médicas, anteriormente bastante limitado, e estabelecem-se novos preceitos sobre a sua constituição e funcionamento.

O actual tratamento da tuberculose permite, em muitos casos, a rápida regressão da doença, mas exige, em geral, a manutenção da terapêutica durante um longo período.

Adaptou-se o diploma a estes princípios, estabelecendo-se que o servidor possa, sempre que a sua situação clínica, o permita, retomar o serviço, embora continuando o tratamento de consolidação.

No aspecto disciplinar, também o actual diploma difere dos anteriores.

De um modo geral, as alterações feitas tiveram em vista facilitar a manutenção da disciplina sanatorial e dispensarial assegurando-se ao servidor doente, em todas as condições, a continuidade do tratamento.

Por a quotização permitir largamente a cobertura das despesas com o tratamento dos assistidos, suprimiu-se a participação que, pelo artigo 11.° do Decreto--Lei n.° 42953, de 27 de Abril de 1960, cabia ao Instituto de Assistência Nacional aos Tuberculosos. Deste modo, irá beneficiar-se o tratamento dos doentes indigentes a cargo do Instituto.

Com vista a uma mais perfeita prevenção da doença, estabelecem-se novas regras de profilaxia, entre as quais devemos salientar a obrigatoriedade da vacinação BCG. Para os candidatos a funcionários tuberculino-negativos, a vigilância do pessoal e dos familiares que estiveram em contacto com o assistido, o condicionamento para os assistidos poderem frequentar estabelecimentos de ensino, etc.

Com estas medidas profilácticas espera-se obter redução de despesas por diminuição do número de assistidos, principalmente, dar uma mais ampla contribuição à luta antituberculosa no País.

Finalmente, conservou-se a designação de "Assistência na Tuberculose aos Funcionários Civis e seus familiares", que, embora não traduzindo a extensão da assistência concedida, consagra um serviço sobejamente conhecido e apreciado, sob esse nome, por todos os servidores civis do Estado.

Nestes termos:

Usando da faculdade conferida pela parte do n.º 2.º do artigo 109.º da Constituição, o Governo decreta e eu promulgo, para valer como lei, o seguinte:

CAPÍTULO I
Denominação e fins

ARTIGO 1.º

A Assistência na Tuberculose aos Funcionários Civis e seus familiares, com a abreviatura AFCT, destina-se a efectuar o tratamento e recuperação dos funcionários civis e seus equiparados para efeitos do presente decreto-lei, e respectivos familiares, que sofram de tuberculose em qualquer grau, modalidade ou localização, nos termos estabelecidos por este diploma, bem como a promover a profilaxia da doença entre os seus beneficiários e respectivos agregados familiares, através do radiorrastreio, provas tuberculínicas, vacinação BCG e outros meios julgados convenientes.

CAPÍTULO II
Dos beneficiários

ARTIGO 2.º

Consideram-se beneficiários da AFCT, desde que sejam subscritores da Caixa Geral de Aposentações ou de outra caixa legalmente equiparada:

a) Os servidores civis do Estado e das autarquias locais;
b) Os servidores da Polícia de Segurança Pública, Guarda Nacional Republicana, Polícia Internacional e de Defesa do Estado, Guarda Fiscal e Polícia de Viação e Trânsito não abrangidos pelo Estatuto da Assistência aos Tuberculosos das Forças Armadas, posto em execução pelo Decreto-Lei n.º 44.131, de 30 de Dezembro de 1961;
c) Os empregados da Santa Casa da Misericórdia de Lisboa e das outras pessoas colectivas de utilidade pública administrativa de que trata o artigo 433.º do Código Administrativo.

§ 1.º Os serventuários, que embora nas condições previstas neste artigo, não façam parte do pessoal permanente com ocupação regular só poderão beneficiar da assistência depois de contarem 365 dias de serviço efectivo, prestado contínua ou interpoladamente dentro de um período de três anos.

§ 2.º Mantém o direito à assistência:

a) O pessoal a que se refere este artigo quando na situação de aposentado;
b) O pessoal que presentemente se encontre ao abrigo da AFCT ou para ela desconte, embora não seja subscritor da Caixa Geral de Aposentações ou de outra caixa a ela equiparada.

CAPÍTULO III
Das condições de admissão

Os Artigos 3.º, 4.º e 5.º foram revogados pelo Decreto-Lei n.º 319/99, de 11 de Agosto, cujas disposições a seguir se transcrevem:

ARTIGO 1.º
Exercício de funções públicas

Sem prejuízo do disposto em legislação especial quanto à submissão a exame médico enquanto método de selecção, a robustez física e o perfil psíquico exigidos para o exercício de funções públicas são comprovados por atestado emitido por médico no exercício da sua profissão.

ARTIGO 2.º
Exercício de actividades privadas

Sem prejuízo do disposto no Decreto-Lei n.º 26/94, de 1 de Fevereiro, o documento comprovativo dos requisitos de robustez e aptidão física previstos nos diplomas legais e regulamentares em vigor para o exercício de quaisquer actividades é um atestado passado por médico no exercício da sua profissão.

ARTIGO 3.º
Revogação

São revogados os artigos 3.º, 4.º e 5.º do Decreto-Lei n.º 48.359, de 27 de Abril de 1968, e todas as demais disposições legais e regulamentares que contrariam o disposto no presente diploma.

ARTIGO 4.º
Entrada em vigor

O presente diploma entra em vigor 60 dias após a sua publicação.

———————————————————

CAPÍTULO IV
Da contribuição dos beneficiários

CAPÍTULO V
Da concessão de assistência

ARTIGO 8.º

Pela AFCT têm direito a ser assistidos:

a) Os respectivos beneficiários;
b) Os familiares dos beneficiários que com ele vivam em comunhão de mesa e habitação e que se encontrem numa das seguintes condições:

1.º Cônjuges, se não tiverem direito próprio à assistência;
2.º Filhos legítimos e perfilhados:

Sendo do sexo feminino, quando solteiros ou viúvos, e não possuam meios de subsistência ou se encontrem impossibilitados de os angariar; quando casados, os maridos não possuam meios de subsistência e se encontrem impossibilitados de os angariar pelo trabalho, e, existindo separação judicial ou não, seja impossível exigir dos cônjuges pensão de alimentos;

Sendo do sexo masculino, até aos 18 anos, ou até aos 21 e 25 anos, desde que estejam matriculados, respectivamente, num curso médio ou superior, ou ainda, quando de idade superior à inicialmente indicada, não possuam meios de subsistência e se encontrem reconhecida e definitivamente incapazes de os angariar, não podendo legalmente exigir de outrem a sua subsistência e assistência na doença.

3.º Netos, nas mesmas condições dos filhos, quando se encontrem numa das seguintes situações:

Órfãos de pai e mãe:

Sendo órfão de pai, ou havendo impossibilidade de exigir deste pensão de alimentos, a mãe não possua meios de prover à subsistência dos filhos;

Sendo órfão de mãe, o pai esteja incapaz de trabalhar e não possua meios para prover à subsistência dos filhos.

4.º Ascendentes do beneficiário e do cônjuge, a respeito dos quais se verifique:

Sendo do sexo feminino, quando solteiros ou viúvos, não exerçam actividade remunerada; quando casados, os maridos não possuam meios de subsistência e se encontrem impossibilitados de os angariar pelo trabalho; existindo separação judicial ou não, que não tenham possibilidades de exigir dos cônjuges pensão de alimentos;

Sendo do sexo masculino, não possuam meios de subsistência e estejam incapazes de os angariar pelo trabalho,

c) Viúvas e filhos dos servidores falecidos, quando as suas condições económicas justificarem o auxílio da AFCT,

§ 1.1 É dispensada a comunhão de mesa e habitação:

1.º Aos servidores sujeitos ao regime de internato ou que exerçam funções de fiscalização ou outras análogas que obriguem a deslocações periódicas, desde que, tendo domicílio próprio, nele residam, a seu cargo, os familiares nas condições dos n.ᵒˢ 2.º, 3.º e 4.º da alínea b) deste artigo;

2.º Aos filhos e netos, quando estejam internados em qualquer estabelecimento de ensino, assistência ou outros análogos;

3.º Aos filhos ilegítimos, perfilhados antes do matrimónio, desde que o servidor viva com a família legítima;

4.º Aos filhos que não vivam com o servidor do Estado, em consequência de separação dos pais, judicial ou não, desde que aquele contribua para o seu sustento com pensão de alimentos;

5.º Aos ascendentes, quando internados em estabelecimentos de assistência ou equiparados.

§ 2.º Quando na situação de assistidos, e sem ter obtido a cura, os descendentes do sexo masculino atinjam a idade limite para beneficiar da AFCT, poderão continuar a usufruir de tal regalia durante o período que lhes faltar para atingir o tempo previsto na alínea b) do artigo 19, º, bem como das prorrogações indicadas ao artigo 20.º, se tais lhes forem aplicáveis.

ARTIGO 9.º

O servidor suspeito de haver contraído a tuberculose deverá requerer a concessão de assistência, se a ela tiver direito, nos termos deste diploma, sendo desde logo desligado do serviço.

O requerente será considerado em regime de faltas dadas por motivo de doença, de harmonia com a legislação vigente, até que seja conhecido o resultado do exame médico a que se sujeitar, beneficiando do disposto na parte final do § 2.º deste artigo no caso de vir a confirmar-se a doença por aquele exame.

§ 1.º Se o beneficiário não requerer a assistência, deverão os servidores promover que lhe seja aplicado o respectivo regime.

§ 2.º Na hipótese prevista no parágrafo anterior, se a suspeita não vier a confirmar-se pelo exame médico, serão relevadas todas as faltas do servidor enquanto esteve afastado do serviço.

§ 3.º O resultado do exame deverá ser dado a conhecer aos serviços a que o interessado pertencer no prazo de oito dias, a contar da sua conclusão,

ARTIGO 10.º

A concessão de assistência para os familiares deverá ser requerida pelo respectivo beneficiário com excepção dos casos previstos na alínea c) do artigo 8.º, em que será pedida pelo próprio interessado, ou, em caso de menoridade, pela pessoa a cargo de quem se encontre.

ARTIGO 11.º

A data do início da assistência será a do exame clínico comprovativo da doença, feito por médico do Instituto de Assistência Nacional aos Tuberculosos ou de serviço dele tecnicamente dependente.

§ Único. Poderá considerar-se o início da assistência a partir da data em que foi requerida ou em que o servidor foi afastado do serviço nos termos do artigo 9.º, sempre que o exame médico previsto no corpo deste artigo confirme a doença.

ARTIGO 12.º

Quando um servidor haja contraído a tuberculose, deverão os serviços a que pertence solicitar do Instituto de Assistência Nacional aos Tuberculosos o exame do pessoal que tenha estado em contacto directo com aquele.

CAPÍTULO VI
Dos direitos

ARTIGO 13.º

A AFCT abrange:

a) Para o beneficiário: a dispensa total ou parcial do serviço, quando exigida pelo tratamento ou pelo perigo de contágio;
b) Para o beneficiário e seus familiares:

1.º O tratamento da tuberculose e suas complicações;

2.º O internamento em sanatório ou estabelecimento hospitalar adequado, pelo tempo que for julgado conveniente;

3.º O tratamento ambulatório ou no domicílio, se o internamento for julgado desnecessário;

4.º As despesas de transportes, sempre que o assistido haja de se deslocar para fora do conselho da sua residência, por motivo estranho à sua vontade, que não seja de carácter disciplinar e se relacione com o tratamento a que está submetido.

§ Único. O tratamento em regime ambulatório ou no domicílio será efectuado desde que, assegurada uma eficiente acção terapêutica, não haja contra-indicação clínica de natureza profiláctica e o permitam as condições económicas do doente e a salubridade da habitação.

ARTIGO 14.º

Mediante autorização do director do Instituto de Assistência Nacional aos Tuberculoses, podem os assistidos ser tratados por médico particular da sua livre escolha, correndo por sua conta todas as despesas com a assistência feita nestas condições.

§ 1.º Os assistidos ao abrigo desta disposição comprometem-se a comparecer nas juntas médicas da AFCT sempre que convocados, fazendo-se acompanhar dos relatórios clínicos passados pelos respectivos assistentes.

§ 2.º O director do Instituto de Assistência Nacional aos Tuberculoses poderá mandar cessar a assistência feita por médico particular, quando:

1.º O assistido o requeira,

2.º A junta médica se pronuncie desfavoravelmente sobre esta modalidade de assistência;

3.º O assistido falte, por motivos não justificados, à junta médica da AFCT.

ARTIGO 15.°

Os servidores, quando assistidos, mantêm o direito à remuneração ou pensão de aposentação.

§ 1.° As remunerações ou pensões de aposentação dos assistidos ser-lhe-ão pagas directamente pelos respectivos serviços ou pela Caixa Geral de Aposentações ou outra equiparada.

§ 2.° Serão consideradas como faltas injustificadas, para o efeito de desconto na respectiva remuneração ou pensão de aposentação:

a) Os dias em que o servidor assistido se ausentar do sanatório ou estabelecimento hospitalar onde esteja internado, sem a necessária licença ou autorização
b) Os dias em que o servidor assistido não compareça na junta médica, serviço dispensarial ou outro onde tenha sido mandado apresentar por escrito, sem motivo justificado.

ARTIGO 16.°

Os funcionários assistidos mantêm os direitos inerentes ao serviço do cargo, salvo as seguintes restrições:

a) O tempo que estiverem totalmente dispensados do serviço não é contado para o efeito de antiguidade nas respectivas listas, nem como de «serviço efectivo, quando a lei o exija para efeitos de promoção ou de concurso;
b) Só terão direito à promoção que resultar de facto anterior ao seu afastamento do serviço e a mesma apenas se tornará efectiva após o seu regresso;
c) A prestação de provas em concurso dependerá de autorização do director do Instituto de Assistência Nacional aos Tuberculosos.

ARTIGO 17.°

Quando a necessidade do serviço o imponha, poderão os serventuários ao abrigo da assistência ser substituídos interinamente no desempenho das suas funções por indivíduos que possuam as condições legais exigi das para o provimento dos respectivos lugares, se a remuneração puder ser processada pelos saldos de verbas orçamentais inscritas para pessoal do respectivo serviço.

ARTIGO 18.º

Os assistidos só poderão frequentar estabelecimentos de ensino, oficiais ou particulares, mediante autorização do director do Instituto de Assistência Nacional aos Tuberculosos.

ARTIGO 19.º

A assistência prevista neste diploma terminará quando o assistido:

a) For julgado clinicamente curado;
b) Haja fruído os benefícios durante quatro anos, seguidos ou interpolados.

§ Único. No caso de familiares do servidor, são ainda motivos para suspender a assistência concedida:

1.º A prática de acções ou omissões notoriamente nocivas ao tratamento e classificáveis de indisciplina grave ou relaxamento moral;

2.º A prestação de falsas declarações sobre a situação económica, omitindo bens ou rendimentos, nos casos em que aquela condicione a concessão de assistência;

3.º A falta de comunicação, em devido tempo, das modificações das condições económicas que possam influir na prestação da assistência;

4.º A omissão do facto de ter direito próprio à assistência na tuberculose por outras entidades ou instituições.

ARTIGO 20.º

Quando do estado do doente seja lícito esperar a cura em curto prazo, poderá o tempo indicado na alínea b) do artigo 19.º ser prorrogado até um ano, por períodos de seis meses, mediante despacho do director do Instituto de Assistência Nacional aos Tuberculosos, sob parecer favorável da junta médica da AFCT.

§ 1.º O disposto no corpo deste artigo será aplicável aos beneficiários e seus familiares que, tendo sido dados como clinicamente curados, adoeçam novamente, findo o prazo de quatro anos, previsto na alínea b) do artigo 19.º.

§ 2.º Mediante despacho do director do Instituto de Assistência Nacional aos Tuberculosos, poderá ainda ser concedido aos beneficiários uma segunda prorrogação pelo prazo de dois anos, desde que a junta médica da AFCT seja de parecer que a cura possa ser obtida em tal espaço de tempo e aqueles reúnam as seguintes condições:

a) Hajam anteriormente usufruído da assistência e entre a última alta, por cura clínica, e o início de novo período de assistência tenha decorrido um mínimo de dois anos;
b) Não tenham praticado, durante todo o tempo de assistência, acções ou omissões prejudiciais ao tratamento da doença, pelas quais lhes tenham sido aplicadas penas superiores a repreensão escrita;
c) Hajam cumprido correctamente as prescrições clínicas quando assistidos em regime sanatorial, ambulatório ou domiciliário, ou ainda, quando ao serviço, mas em tratamento, ao abrigo do disposto no § único do artigo 22.º.

ARTIGO 21.º

O servidor que, esgotado o tempo de assistência, não for julgado pela junta médica da AFCT em condições de permanecer ou retomar o serviço será aposentado com a pensão correspondente aos anos de serviço prestado.

§ 1.º Se o servidor não tiver o mínimo de tempo de serviço legalmente exigido para a aposentação, abrirá vaga, desde logo, nos serviços a que pertence e ser-lhe-á concedido, como subsídio de tratamento, o equivalente a pensão mínima de aposentação, até haver alcançado o direito a recebê-la.

§ 2.º O doente que, em regime de subsídio, se curar das suas lesões antes de passar à situação de aposentado deverá ser readmitido no seu lugar ou noutro equivalente, com prioridade absoluta sobre outros candidatos, logo que ocorra a primeira vaga no respectivo serviço.

ARTIGO 22.º

As altas dos assistidos são determinadas pelo director do Instituto de Assistência Nacional aos Tuberculosos.

§ Único. Mediante proposta da junta médica da AFCT, e durante o período determinado pela mesma, será concedido aos assistidos que tiverem alta em condições de retomar o serviço o necessário tratamento, cuja duração poderá prolongar-se para além do tempo de assistência previsto na alínea b) do artigo 19.º.

ARTIGO 23.º

Os servidores clinicamente curados poderão gozar um período de convalescença até três meses, para consolidação da cura e gradual adaptação à vida profissional; quando regressarem ao serviço, ser-lhes-ão atribuídas funções compatíveis, quanto possível, com o seu estado de saúde, devendo sujeitar-se para este efeito a exames periódicos de revisão durante o tempo que for julgado conveniente.

§ Único Os servidores dos estabelecimentos de educação e assistência serão colocados, de preferência, nos serviços externos ou naqueles em que for menor o perigo de contágio.

CAPÍTULO VII
Dos deveres

ARTIGO 24.º

É obrigatória a apresentação dos beneficiários e respectivos familiares aos exames periódicos para rastreio radiológico que o Instituto de Assistência Nacional aos Tuberculosos levar a efeito, para o que os servidores serão convocados através dos respectivos serviços.

§ Único Os familiares dos beneficiários ficam ainda sujeitos a rastreio tuberculínico, com vista à vacinação pela BCG.

ARTIGO 25.º

O servidor assistido é, nessa qualidade, disciplinarmente responsável pelas acções ou omissões prejudiciais ao tratamento médico que lhe estiver prescrito ou contrários às disposições regulamentares do estabelecimento onde estiver assistido.

§ Único. As infracções disciplinares que transcendam o restrito domínio das indicadas neste artigo serão punidas nos termos da lei geral, sem prejuízo das sanções que lhe couberem por força do regulamento interno dos sanatórios ou estabelecimentos hospitalares onde o assistido, eventualmente, se encontre internado.

ARTIGO 26.º

Às infracções disciplinares a que alude o corpo do artigo anterior são aplicáveis, exclusivamente, as seguintes penas:

1.º Advertência;
2.º Repreensão por escrito;

3.º Transferência do assistido para outro sanatório ou estabelecimento hospitalar, sem prejuízo do tratamento;
4.º Perda, para efeitos de antiguidade e aposentação, de 5 até 30 dias de serviço;
5.º Multa correspondente à remuneração de 5 até 30 dias, com perda de igual tempo de serviço para efeitos de antiguidade e aposentação;
6.º Suspensão de remunerações de 10 até 60 dias, com as consequências previstas no artigo 13.º, § único, n.º 3.º, do Estatuto Disciplinar dos Funcionários Civis do Estado:
7.º Suspensão de remuneração de mais de 60 até 180 dias, com as consequências previstas no artigo 13.º, § único, n.º 4.º, do Estatuto citado no número anterior e, se for necessário, o internamento ou transferência compulsória para estabelecimento de recuperação social, onde continuará o tratamento.

§ Único. Na hipótese de o assistido se encontrar na situação de aposentado, a pena dos n.ºs 6.º e 7.º, abrangerá a suspensão do pagamento da pensão respectiva.

ARTIGO 27.º

A aplicação das penas dos n.ºs 1.º a 3.º do artigo anterior é da competência do director do Instituto de Assistência Nacional aos Tuberculosos e, do Ministro da Saúde e Assistência, a dos n.ºs 4.º a 7.º, sob proposta daquele devidamente fundamentada.

§ Único O Ministro pode, porém, delegar a aplicação das penas dos n.ºs 4.º a 6.º no director do Instituto de Assistência Nacional aos Tuberculosos.

ARTIGO 28.º

A aplicação das penas dos n.ºs 4.º a 7.º do artigo 26.º depende de processo disciplinar e será sempre comunicada aos serviços a que o assistido pertencer.

ARTIGO 29.º

Na graduação das penas previstas no artigo 26.º observar-se-á o seguinte:
1.º As penas dos n.ºs 1.º a 3.º serão aplicadas por faltas de pequena gravidade, prejudiciais ao tratamento da doença, da disciplina sanatorial ou dispensarial;
2.º As penas dos n.ºs 4.º a 6.º serão aplicadas à reincidência nas faltas previstas no número anterior, a acções ou omissões notoriamente nocivas ao tratamento ou a actos de indisciplina, de acordo com a respectiva gravidade;

3.º A pena do n.º 7.º será somente aplicada em casos de completa rebeldia ao tratamento ou ainda nos de grave indisciplina ou relaxamento moral.

CAPÍTULO VIII
Das juntas médicas da AFCT

ARTIGO 30.º

Para os fins previstos no presente diploma, serão criadas juntas médicas nas zonas norte, centro e sul.

ARTIGO 31.º

As juntas serão constituídas por três médicos com a especialidade de pneumotisiologia, dos quadros do Instituto de Assistência Nacional aos Tuberculosos, um dos quais servirá de presidente, nomeados pelo Ministro da Saúde e Assistência, sob proposta daquele Instituto.

§ 1.º Para cada zona serão nomeados três médicos suplentes com as habilitações e do modo previsto no corpo do artigo, que substituirão os clínicos respectivos nos seus impedimentos e faltas.

§ 2.º Em casos clínicos fora do âmbito da pneumotisiologia poderá o director do Instituto de Assistência Nacional aos Tuberculosos autorizar, sob proposta do presidente da junta, que à mesma seja adstrito, como consultor, sem direito a voto, um clínico da respectiva especialidade.

ARTIGO 32.º

Pela assistência à reunião das juntas médicas da AFCT os respectivos membros, bem como os especialistas previstos no § 2.º do artigo anterior, têm direito a senhas de presença de valor a fixar por despacho dos Ministros das Finanças e da Saúde e Assistência.

CAPÍTULO IX
Da administração

ARTIGO 33.º

Ao Instituto de Assistência Nacional aos Tuberculosos, no qual a AFCT está integrada, compete ainda:

a) Prestar aos respectivos beneficiários e seus familiares a assistência a que tiverem direito nos termos deste diploma, por intermédio dos seus próprios serviços e estabelecimentos ou utilizando, mediante a celebração de acordos homologados pelo Ministro da Saúde e Assistência, os de outras entidades oficiais ou particulares;
b) Autorizar, por intermédio do seu director, ou de funcionário em quem este delegar, todas as despesas relacionadas com o disposto na alínea anterior, dentro dos limites fixados por lei ao Instituto de Assistência Nacional aos Tuberculosos;
c) Fiscalizar o funcionamento dos estabelecimentos e serviços em que a assistência for prestada, e bem assim o regime geral, terapêutico e disciplinar neles adoptado;
d) Tomar as providências necessárias para assegurar a observância dos acordos celebrados.

ARTIGO 34.º

As quotizações mensais descontadas nas remunerações ou pensões dos beneficiários, bem como outras contribuições eventuais, serão entregues nos cofres do Estado para serem escrituradas em conta de depósito em operações de tesouraria, só passando para receita efectiva do Estado, sob a rubrica "Assistência na Tuberculose aos Funcionários Civis e seus familiares", à medida que o levantamento de fundos para pagamento das despesas se realizar e por correspondente valor.

ARTIGO 35.º

O subsídio inscrito no orçamento do Ministério da Saúde e Assistência sob a rubrica "Assistência na Tuberculose aos Funcionários Civis e seus familiares" será, dentro do regime de duodécimos e mediante requisição de fundos, entregue ao Instituto de Assistência Nacional aos Tuberculosos, que procederá à liquidação dos seguintes encargos:

a) Despesas com o pessoal contratado e outros encargos de administração incluindo despesas com material e de expediente, que, em conformidade com discriminação aprovada pelo Ministro da Saúde e Assistência e com prévio acordo do Ministro das Finanças, estiverem atribuídas à assistência prevista neste, diploma;
b) Despesas com o pessoal supranumerário destinado à execução de trabalhos que eventualmente venham a ser considerados necessários, seguindo-se na sua admissão as disposições legais aplicáveis ao pessoal do Ministério da Saúde e Assistência;

c) Despesas com o tratamento dos assistidos, em regime de internamento e ambulatório, bem como com o transporte dos mesmos e, inclusive de acompanhante, quando a idade do assistido ou a forma ou gravidade da doença plenamente o justifiquem;
d) Despesas correspondentes aos subsídios de tratamento;
e) Outras despesas relacionadas com a mesma assistência e que constam do previamente aprovado pelos Ministros da Saúde e Assistência e das Finanças.

ARTIGO 36.º

O Instituto de Assistência Nacional aos Tuberculosos promoverá o apuramento anual do saldo que se verificar entre o total das importâncias recebidas e pagas, nos termos do artigo anterior, o qual transitará para o ano seguinte, consignado a iguais encargos.

CAPÍTULO X
Disposição final

ARTIGO 37.º

São revogados os Decretos – Lei n.ºs 40.385, de 29 de Outubro de 1955, 42.953, de 27 de Abril de 1960, e 45.462, de 26 de Dezembro de 1963.

Publique-se e cumpra-se como nele se contém.
Paços do Governo da República, 27 de Abril de 1968
(Os artigos 6.º e 7.º que integravam o Capítulo IV foram suprimidos por terem sido extintos os descontos para a AFCT, com efeitos a partir de 1 de Janeiro de 1990, pelo Decreto-Lei n.º 353-A/89, de 16 de Outubro).

BOLSEIRO

DECRETO-LEI N.º 220/84, de 4 de Julho

Após a publicação do Decreto-Lei n.º 420/78, de 21 de Dezembro, foram introduzidas diversas alterações na orgânica do Governo e da Secretaria de Estado da Cultura, entretanto transformada em Ministério da Cultura. Impõe-se, por isso, ajustar o referido diploma à presente situação.

Pretende-se, com a publicação do novo texto legal, introduzir ligeiras alterações, que a aplicação daquele diploma e legislação complementar têm mostrado convenientes.

O Governo decreta, nos termos da alínea a) do n.º 1 do artigo 201.º da Constituição, o seguinte:

ARTIGO 1.º

A concessão pelo Ministério da Cultura, através do Gabinete das Relações Culturais Internacionais, de subsídios ou bolsas para a frequência no estrangeiro de cursos, estágios ou seminários e realização de estudos ou trabalhos de reconhecido interesse cultural será regulamentada por portaria do Ministério da Cultura.

ARTIGO 2.º

O quantitativo dos subsídios e bolsas de estudo é fixado, com referência a dado país ou grupo de países, por despacho do Ministro da Cultura.

ARTIGO 3.º

A concessão de subsídios e bolsas de estudo a funcionários e agentes da administração central, regional e local ou de institutos públicos personalizados carece de autorização do respectivo superior hierárquico e envolve dispensa temporária do exercício das respectivas funções, conservando as regalias inerentes ao efectivo desempenho dos seus cargos, designadamente o abono da respectiva remuneração e a contagem de tempo de serviço para todos os efeitos legais.

ARTIGO 4.º

1 – Os funcionários e agentes referidos no artigo anterior podem ser colocados na situação de equiparados a bolseiro por despacho do Ministro da Cultura, precedido de autorização do respectivo superior hierárquico, quando se proponham frequentar cursos, estágios ou seminários e realizar estudos ou trabalhos de reconhecido interesse cultural no estrangeiro.

2 – A situação de equiparado a bolseiro não confere direito à atribuição de qualquer bolsa ou subsídio, implicando tão-somente a aplicação do regime do artigo anterior.

ARTIGO 5.º

1 – A aceitação da bolsa constitui o bolseiro na obrigação de regressar ao País no termo da bolsa e de colaborar com o Estado nos termos a definir na portaria a que se refere o artigo 1.º.

2 – O bolseiro, se para tanto apresentar motivo justificado, poderá ser dispensado de qualquer das obrigações referidas no número anterior por despacho do Ministro da Cultura.

3 – O bolseiro que, injustificadamente, deixar de cumprir as obrigações constantes do n.º 1 constitui-se na obrigação de reembolsar o Gabinete das Relações Culturais Internacionais de todas as importâncias que dele haja recebido durante o período em que beneficiou da situação de bolseiro, não podendo beneficiar de nova bolsa ou subsídio do Ministério da Cultura.

4 – Sem prejuízo do disposto no número anterior sendo o bolseiro funcionário ou agente da administração central, regional ou local ou de institutos públicos personalizados, terá de regressar ao País e manter o vínculo ao Estado por um período mínimo de 1 ano ou igual ao da duração da bolsa, se esta tiver sido concedido por tempo superior, sob pena de não lhe ser concedido qualquer outra bolsa ou subsídio pelo Ministério da Cultura.

ARTIGO 6.º

1 – A selecção dos candidatos à concessão de bolsas de estudo a que se refere o presente diploma é realizada por comissão ad hoc de especialistas, cons-

tituída para o efeito, da qual constarão um elemento efectivo e um suplente por cada domínio de conhecimento objecto da concessão.

2 – A composição e nomeação da comissão referida no número anterior e o pagamento dos pareceres que forem solicitados aos respectivos membros serão objecto de despacho do Ministro da Cultura.

ARTIGO 7.º

A portaria para a concessão de bolsas de estudo a que se refere o artigo 1.º e os despachos mencionados no artigo 2.º e no artigo 6.º, n.º 2, serão publicados no prazo de 60 dias.

ARTIGO 8.º

O disposto no presente diploma é aplicável às bolsas de estudo já concebidas e aos processos de concessão em curso, com salvaguarda dos direitos adquiridos pelos bolseiros ao abrigo da legislação anterior.

ARTIGO 9.º

É revogado o Decreto-Lei n.º 420/78, de 21 de Dezembro.

EQUIPARAÇÃO A BOLSEIRO NO PAÍS

DECRETO-LEI N.º 272/88, de 3 de Agosto

Tendo o Governo definido uma política de modernização da Administração Pública, importa dignificar os respectivos recursos humanos, criando condições que estimulem o mérito e a capacidade, bem como os inerentes mecanismos de valorização, permitindo, designadamente, a realização de estudos complementares.

E porque a valorização dos recursos humanos passa pelo incentivo à criatividade e formação complementar, impõe-se materializar, em letra de lei, os meios adequados.

Se o ordenamento jurídico português, e nomeadamente o Decreto-Lei n.º 220/84, de 4 de Julho, possibilita aos funcionários e agentes da Administração Pública que requeiram a equiparação a bolseiro para a frequência de curso e estágios, bem como a realização de estudos ou trabalhos de reconhecido interesse público, no estrangeiro, entende o Governo que se impõe consagrar idêntico regime para a realização das referidas actividades no País, regime esse que já preexistiu nos termos do Decreto-Lei n.º 420/78, de 21 de Dezembro, hoje revogado.

O presente diploma, ao disciplinar aquele regime, visa transformá-lo num instrumento eficaz de formação de recursos humanos, precisando o seu conteúdo, explicitando os princípios a que está sujeito, disciplinando o respectivo processo de autorização.

Assim:

Nos termos da alínea a) do n.º 1 do artigo 201.º da Constituição, o Governo decreta o seguinte:

ARTIGO 1.º

1 – Aos funcionários e agentes do Estado e das demais pessoas colectivas de direito público poderá ser concedida a equiparação a bolseiro no País, quando se proponham realizar programas de trabalho e estudo, bem como frequentar cursos ou estágios de reconhecido interesse público.

2 – A autorização referida no número anterior não poderá ser concedida para a realização de programas de trabalho e estudo, cursos ou estágios, com duração inferior a três meses.

ARTIGO 2.º

1 – A equiparação a bolseiro caracteriza-se pela dispensa temporária, total ou parcial, do exercício das funções, sem prejuízo das regalias inerentes ao seu efectivo desempenho, designadamente o abono da respectiva remuneração e a contagem de tempo de serviço para todos os efeitos legais.

2 – A equiparação a bolseiro é temporária e não dá origem à abertura de vaga, podendo, no entanto, o respectivo lugar ser preenchido em regime de substituição nos ternos gerais, no caso de se tratar de cargos dirigentes.

ARTIGO 3.º

1 – Compete ao membro do Governo responsável pelo sector, mediante requerimento do interessado e parecer da unidade orgânica em que este está integrado, autorizar, com faculdade de delegação, a equiparação a bolseiro, mediante despacho que fixará a respectiva duração, condições e ternos.

2 – A autorização de equiparação a bolseiro é revogável a todo o tempo, com fundamento no incumprimento das obrigações a que ficou sujeito o equiparado.

3 – O despacho que concede a equiparação a bolseiro será objecto de publicação na 2: série do Diário da República, quando envolva dispensa total do exercício das respectivas funções ou seja concedida por período igualou superior a seis meses.

ARTIGO 4.º

1 – O disposto no presente diploma não prejudica o regime constante do Decreto-Lei n.º 29/83, de 22 de Janeiro, e do Decreto-Lei n.º 323/84, de 9 de Outubro.

2 – É revogado o Decreto-Lei n.º 218/83, de 25 de Maio.

EQUIPARAÇÃO A BOLSEIRO FORA DO PAÍS

DECRETO-LEI N.º 282/89 de 23 de Agosto

O Decreto-Lei n.º 272/88, de 3 de Agosto, disciplina o regime de equiparação a bolseiro no País dos funcionários e agentes do Estado e demais pessoas colectivas de direito público que se proponham realizar programas de trabalho e estudo, bem como frequentar cursos ou estágios de reconhecido interesse público, transformando aquele regime num instrumento eficaz de formação e recursos humanos.

Sucede, porém, que o aludido diploma apenas contempla as situações de equiparação a bolseiro no País, sendo, portanto, necessário completar a reformulação por ele empreendida quanto ao instituto jurídico em causa, através da aprovação de normas animadas pelos mesmos princípios, mas dirigidas à concessão da equiparação a bolseiro fora do País.

Assim:

Nos termos da alínea a) do n.º 1 do artigo 201.º da Constituição, o Governo decreta o seguinte:

ARTIGO 1.º

Aos funcionários e agentes do Estado e das demais pessoas colectivas de direito público poderá ser concedida a equiparação a bolseiro fora do País, quando se proponham realizar programas de trabalho e estudo ou frequentar cursos ou estágios, desde que tais iniciativas se revistam de reconhecido interesse público.

ARTIGO 2.º

1 – O regime aplicável à duração e situação de equiparação a bolseiro, bem como a competência para a respectiva autorização, regulam-se pelo disposto no n.º 2 do artigo 1.º e nos artigos 2.º e 3.º do Decreto-Lei n.º 272/88, de 3 de Agosto.

2 – Para a participação em congressos, seminários ou reuniões de carácter análogo, de reconhecido interesse público, pode ser concedida a equiparação a bolseiro prevista no artigo anterior, ainda que de duração inferior a três meses.

3 – A cada requerente só pode ser concedida a equiparação a bolseiro referida no número anterior uma vez em cada ano civil.

ARTIGO 3.º

A equiparação a bolseiro só será concedida desde que não origine acréscimo de encargos com pessoal, salvo o disposto no n.º 2 do artigo 2.º do Decreto-Lei n.º 272/88, de 3 de Agosto.

ARTIGO 4.º

O disposto no presente diploma não prejudica o regime constante do Decreto-Lei n.º 29/83, de 22 de Janeiro.

ASSEMBLEIA DA REPÚBLICA

Lei n.º 59/2008, de 11 de Setembro

Aprova o Regime do Contrato de Trabalho em Funções Públicas

A Assembleia da República decreta, nos termos da alínea c) do artigo 161.º da Constituição, o seguinte:

ARTIGO 1.º
Objecto

1 – É aprovado o Regime do Contrato de Trabalho em Funções Públicas, abreviadamente designado por RCTFP, e respectivo Regulamento, que se publicam em anexo à presente lei e que dela fazem parte integrante.

2 – Os anexos a que se refere o número anterior são identificados como anexos I, «Regime», e II, «Regulamento».

ARTIGO 2.º
Cessação da comissão de serviço

1 – A infracção do disposto nos artigos 93.º e 103.º do Regime pode constituir causa de destituição judicial dos dirigentes responsáveis pela celebração e, ou, renovação do contrato a termo.

2 – Os serviços de inspecção, quando se verifique a existência da infracção referida no número anterior, cumprem os trâmites previstos no artigo 15.º do Decreto-Lei n.º 276/2007, de 31 de Julho.

ARTIGO 3.º
Âmbito de aplicação objectivo

1 – O âmbito de aplicação objectivo da presente lei é o que se encontra definido no artigo 3.º da Lei n.º 12-A/2008, de 27 de Fevereiro, com as especialidades constantes dos números seguintes.

2 – A emissão de regulamentos de extensão a trabalhadores representados por associações sindicais de âmbito regional e a entidades empregadoras públicas regionais é da competência da respectiva região autónoma.

3 – As regiões autónomas podem estabelecer, de acordo com as suas tradições, outros feriados, para além dos fixados na presente lei, desde que correspondam a usos e práticas já consagrados.

ARTIGO 4.º
Duração dos contratos a termo certo para a execução de projectos de investigação e desenvolvimento

1 – Nos contratos a termo certo para a execução de projectos de investigação e desenvolvimento a que se refere o artigo 122.º da Lei n.º 62/2007, de 10 de Setembro, o termo estipulado deve corresponder à duração previsível dos projectos, não podendo exceder seis anos.

2 – Os contratos a que se refere o número anterior podem ser renovados uma única vez, por período igual ou inferior ao inicialmente contratado, desde que a duração máxima do contrato, incluindo a renovação, não exceda seis anos.

3 – Os contratos de duração superior a três anos estão sujeitos a autorização dos membros do Governo responsáveis pelas áreas das finanças e da Administração Pública e da tutela:

  a) No momento da celebração do contrato, quando o período inicialmente contratado seja superior a três anos; ou
  b) No momento da renovação do contrato, quando a duração do mesmo, incluindo a renovação, seja superior a três anos.

ARTIGO 5.º
Duração e organização do tempo de trabalho do pessoal das carreiras de saúde

O regime de duração e organização do tempo de trabalho aplicável ao pessoal das carreiras de saúde é o estabelecido nos respectivos diplomas legais.

ARTIGO 6.º
Aplicação do estatuto do pessoal dirigente aos trabalhadores contratados

1 – O estatuto do pessoal dirigente dos serviços e organismos da administração central, regional e local do Estado, aprovado pela Lei n.º 2/2004, de 15 de Janeiro, é aplicável, com as necessárias adaptações, aos trabalhadores que exercem funções públicas na modalidade de contrato.

2 – As comissões de serviço exercidas ao abrigo dos artigos 244.º a 248.º do Código do Trabalho, aprovado pela Lei n.º 99/2003, de 27 de Agosto, mantêm-se até ao final do respectivo prazo ou até à revisão do estatuto referido no número anterior.

ARTIGO 7.º
Aplicação da Lei n.º 23/2004, de 22 de Junho

1 – Em caso de reorganização de órgão ou serviço, observados os procedimentos previstos no artigo 10.º do Decreto-Lei n.º 200/2006, de 25 de Outubro, e na Lei n.º 53/2006, de 7 de Dezembro, quando for o caso, aplica-se excepcionalmente o estatuído nos artigos 16.º a 18.º da Lei n.º 23/2004, de 22 de Junho, sem prejuízo do disposto no artigo 33.º da Lei n.º 12-A/2008, de 27 de Fevereiro.

2 – A racionalização de efectivos ocorre, mediante proposta do dirigente máximo do serviço, por despacho conjunto dos membros do Governo da tutela e responsáveis pelas áreas das finanças e da Administração Pública.

ARTIGO 8.º
Disposições aplicáveis aos trabalhadores que exercem funções públicas na modalidade de nomeação

Sem prejuízo do disposto em lei especial, são aplicáveis aos trabalhadores que exercem funções públicas na modalidade de nomeação, com as necessárias adaptações, as seguintes disposições do RCTFP:

a) Artigos 6.º a 12.º do Regime e 1.º a 3.º do Regulamento, sobre direitos de personalidade;
b) Artigos 13.º a 20.º, 22.º e 23.º do Regime e 4.º a 14.º do Regulamento, sobre igualdade e não discriminação;
c) Artigos 21.º do Regime e 15.º a 39.º do Regulamento, sobre protecção do património genético;

d) Artigos 24.º a 43.º do Regime e 40.º a 86.º do Regulamento, sobre protecção da maternidade e da paternidade;
e) Artigos 52.º a 58.º do Regime e 87.º a 96.º do Regulamento, sobre estatuto do trabalhador-estudante;
f) Artigos 221.º a 229.º do Regime e 132.º a 204.º do Regulamento, sobre segurança, higiene e saúde no trabalho;
g) Artigos 298.º a 307.º do Regime e 205.º a 239.º do Regulamento, sobre constituição de comissões de trabalhadores;
h) Artigos 308.º a 339.º do Regime e 240.º a 253.º do Regulamento, sobre liberdade sindical;
i) Artigos 392.º a 407.º do Regime, sobre direito à greve.

ARTIGO 9.º
Alteração ao Decreto-Lei n.º 503/99, de 20 de Novembro

São alterados os artigos 1.º e 2.º do Decreto-Lei n.º 503/99, de 20 de Novembro, que passam a ter a seguinte redacção:

«Artigo 1.º
[...]

O presente decreto-lei estabelece o regime jurídico dos acidentes de trabalho e das doenças profissionais ocorridos ao serviço de entidades empregadoras públicas.

Artigo 2.º
[...]

1 – O disposto no presente decreto-lei é aplicável a todos os trabalhadores que exercem funções públicas, nas modalidades de nomeação ou de contrato de trabalho em funções públicas, nos serviços da administração directa e indirecta do Estado.

2 – O disposto no presente decreto-lei é também aplicável aos trabalhadores que exercem funções públicas nos serviços das administrações regionais e autárquicas e nos órgãos e serviços de apoio do Presidente da República, da Assembleia da República, dos tribunais e do Ministério Público e respectivos órgãos de gestão e de outros órgãos independentes.

3 – O disposto no presente decreto-lei é ainda aplicável aos membros dos gabinetes de apoio quer dos membros do Governo quer dos titulares dos órgãos referidos no número anterior.

4 – Aos trabalhadores que exerçam funções em entidades públicas empresariais ou noutras entidades não abrangidas pelo disposto nos números anteriores

é aplicável o regime de acidentes de trabalho previsto no Código do Trabalho, aprovado pela Lei n.º 99/2003, de 27 de Agosto, devendo as respectivas entidades empregadoras transferir a responsabilidade pela reparação dos danos emergentes de acidentes de trabalho nos termos previstos naquele Código.

5 – O disposto nos números anteriores não prejudica a aplicação do regime de protecção social na eventualidade de doença profissional aos trabalhadores inscritos nas instituições de segurança social.

6 – As referências legais feitas a acidentes em serviço consideram-se feitas a acidentes de trabalho».

ARTIGO 10.º
**Alteração ao Estatuto
dos Tribunais Administrativos e Fiscais**

É alterado o artigo 4.º do Estatuto dos Tribunais Administrativos e Fiscais, aprovado pela Lei n.º 13/2002, de 19 de Fevereiro, que passa a ter a seguinte redacção:

«Artigo 4.º
[...]

1 – ....
2 – ....
3 – Ficam igualmente excluídas do âmbito da jurisdição administrativa e fiscal:
   a) ....
   b) ....
   c) ....
   d) A apreciação de litígios emergentes de contratos individuais de trabalho, ainda que uma das partes seja uma pessoa colectiva de direito público, com excepção dos litígios emergentes de contratos de trabalho em funções públicas.»

ARTIGO 11.º
**Alteração ao Código de Processo
nos Tribunais Administrativos**

São alterados os artigos 180.º e 187.º do Código de Processo nos Tribunais Administrativos, aprovado pela Lei n.º 15/2002, de 22 de Fevereiro, que passam a ter a seguinte redacção:

«Artigo 180.º
[...]

1 – Sem prejuízo do disposto em lei especial, pode ser constituído tribunal arbitral para o julgamento de:

a) ....
b) ....
c) ....
d) Litígios emergentes de relações jurídicas de emprego público, quando não estejam em causa direitos indisponíveis e quando não resultem de acidente de trabalho ou de doença profissional.

2 – ....

Artigo 187.º
[...]

1 – O Estado pode, nos termos da lei, autorizar a instalação de centros de arbitragem permanente destinados à composição de litígios no âmbito das seguintes matérias:

a) ....
b) ....
c) Relações jurídicas de emprego público;
d) ....
e) ....

2 – ....
3 – ....»

ARTIGO 12.º
Alteração ao Código dos Contratos Públicos

É alterado o artigo 4.º do Código dos Contratos Públicos, aprovado pelo Decreto-Lei n.º 18/2008, de 29 de Janeiro, que passa a ter a seguinte redacção:

«Artigo 4.º
[...]

1 – ....
2 – O presente Código não é igualmente aplicável aos seguintes contratos:

a) Contratos de trabalho em funções públicas e contratos individuais de trabalho;
b) ....
c) ....
d) ....»

ARTIGO 13.º
Aditamento ao Decreto-Lei n.º 100/99, de 31 de Março

É aditado ao Decreto-Lei n.º 100/99, de 31 de Março, o artigo 101.º-A, com a seguinte redacção:

«Artigo 101.º-A
Licença especial para desempenho de funções em associação sindical

1 – A requerimento da associação sindical interessada, e para nela prestar serviço, pode ser concedida licença sem vencimento a trabalhador nomeado que conte mais de três anos de antiguidade no exercício de funções públicas.

2 – O requerimento previsto no número anterior é instruído com declaração expressa do trabalhador manifestando o seu acordo.

3 – A licença prevista no n.º 1 tem a duração de um ano e é sucessiva e tacitamente renovável.»

ARTIGO 14.º
Contratos a termo resolutivo certo em execução

1 – Aos contratos a termo certo em execução à data da entrada em vigor da presente lei cujo prazo inicial seja superior a dois anos ou que, tendo sido objecto de renovação, tenham uma duração superior a dois anos aplica – se o regime constante dos números seguintes.

2 – Decorrido o período de três anos ou verificado o número máximo de renovações a que se refere o artigo 103.º do Regime, o contrato pode, no entanto, ser objecto de mais uma renovação desde que a respectiva duração não seja inferior a um nem superior a três anos.

3 – A renovação prevista no número anterior deve ser objecto de especial fundamentação e depende de autorização dos membros do Governo responsáveis pelas áreas das finanças e da Administração Pública.

4 – Nas situações previstas nas alíneas *f)*, *h)* e *i)* do n.º 1 do artigo 93.º do Regime, a renovação prevista no n.º 2, quando implique que a duração do contrato seja superior a cinco anos, equivale ao reconhecimento pela entidade empre-

gadora pública da necessidade de ocupação de um posto de trabalho com recurso à constituição de uma relação jurídica de emprego público por tempo indeterminado, determinando:

   a) A alteração do mapa de pessoal do órgão ou serviço, de forma a prever aquele posto de trabalho;
   b) A imediata publicitação de procedimento concursal para recrutamento de trabalhadores com relação jurídica de emprego público por tempo indeterminado;

5 – O procedimento concursal para recrutamento de trabalhadores com relação jurídica de emprego público por tempo determinado ou determinável ou sem relação jurídica de emprego público previamente estabelecida depende de parecer favorável dos membros do Governo responsáveis pelas áreas das finanças e da Administração Pública, nos termos previstos no n.º 6 do artigo 6.º da Lei n.º 12-A/2008, de 27 de Fevereiro.

ARTIGO 15.º
Convenções vigentes

É aplicável aos instrumentos de regulamentação colectiva de trabalho negociais vigentes o disposto no artigo 364.º do Regime.

ARTIGO 16.º
Remissões

As remissões de normas contidas em diplomas legais ou regulamentares para a legislação revogada por efeito do artigo 18.º consideram-se feitas para as disposições correspondentes do Regime e do Regulamento.

ARTIGO 17.º
Transição entre modalidades de relação jurídica de emprego público

1 – As disposições do capítulo VII do título II do Regime, sobre cessação do contrato, não são aplicáveis aos actuais trabalhadores nomeados definitivamente que, nos termos do n.º 4 do artigo 88.º da Lei n.º 12-A/2008, de 27 de Fevereiro, devam transitar para a modalidade de contrato por tempo indeterminado.

2 – Sem prejuízo do disposto no artigo 109.º da Lei n.º 12-A/2008, de 27 de Fevereiro, a transição dos trabalhadores que, nos termos daquele diploma, se deva operar, designadamente das modalidades de nomeação e de contrato individual de trabalho, para a modalidade de contrato de trabalho em funções públicas é feita sem dependência de quaisquer formalidades, considerando-se que os documentos que suportam a relação jurídica anteriormente constituída são título bastante para sustentar a relação jurídica de emprego público constituída por contrato.

3 – É obrigatoriamente celebrado contrato escrito, nos termos do artigo 72.º do Regime, quando ocorra qualquer alteração da situação jurídica-funcional do trabalhador.

4 – O disposto no n.º 2 é aplicável, com as necessárias adaptações, à transição dos trabalhadores que se deva operar para a modalidade de nomeação.

ARTIGO 18.º
Norma revogatória

Com a entrada em vigor do RCTFP são revogados os seguintes diplomas e disposições:

a) O n.º 3 do artigo 1.º da Lei n.º 23/98, de 26 de Maio;
b) O Decreto-Lei n.º 84/99, de 19 de Março;
c) O Decreto-Lei n.º 488/99, de 17 de Novembro;
d) O artigo 5.º da Lei n.º 99/2003, de 27 de Agosto;
e) Os n.ºs 2 do artigo 1.º e 3 do artigo 452.º da Lei n.º 35/2004, de 29 de Julho;
f) A Lei n.º 23/2004, de 22 de Junho, com excepção dos seus artigos 16.º, 17.º e 18.º

ARTIGO 19.º
Regras especiais de aplicação no tempo relativas à protecção social dos trabalhadores que exercem funções públicas

1 – As normas do Regime e do Regulamento relativa a regimes de segurança social ou protecção social aplicam-se aos trabalhadores que exercem funções públicas que sejam beneficiários do regime geral de segurança social e que estejam inscritos nas respectivas instituições para todas as eventualidades.

2 – Os demais trabalhadores a integrar no regime de protecção social convergente mantêm-se sujeitos às normas que lhes eram aplicáveis à data de entrada em vigor da presente lei em matéria de protecção social ou segurança social, designadamente nas eventualidades de maternidade, paternidade e adopção e de doença.

3 – Até à regulamentação do regime de protecção social convergente, os trabalhadores referidos no número anterior mantêm-se sujeitos às demais normas que lhes eram aplicáveis à data de entrada em vigor da presente lei, designadamente as relativas à manutenção do direito à remuneração, justificação, verificação e efeitos das faltas por doença e por maternidade, paternidade e adopção.

4 – A aplicação das normas previstas no n.º 1 aos trabalhadores referidos nos n.ºs 2 e 3 é feita nos termos dos diplomas que venham a regulamentar o regime de protecção social convergente, em cumprimento do disposto no artigo 104.º da Lei n.º 4/2007, de 16 de Janeiro, e no n.º 2 do artigo 114.º da Lei n.º 12-A/2008, de 27 de Fevereiro.

5 – O disposto no n.º 1 do artigo 232.º do Regime, quando a suspensão resultar de doença, aplica-se aos trabalhadores referidos nos n.ºs 2 e 3 a partir da data da entrada em vigor dos diplomas previstos no número anterior.

6 – Em caso de faltas para assistência a membros do agregado familiar previstas na lei, o trabalhador integrado no regime de protecção social convergente tem direito a um subsídio nos termos da respectiva legislação.

ARTIGO 20.º
Validade das convenções colectivas

1 – As disposições constantes de instrumentos de regulamentação colectiva de trabalho que disponham de modo contrário às normas do Regime e do Regulamento têm de ser alteradas no prazo de 12 meses após a entrada em vigor da presente lei, sob pena de nulidade.

2 – O disposto no número anterior não convalida as disposições de instrumento de regulamentação colectiva de trabalho nulas ao abrigo da legislação revogada.

ARTIGO 21.º
Trabalho nocturno

O trabalhador que tenha prestado, nos 12 meses anteriores à publicação da presente lei, pelo menos cinquenta horas entre as 20 e as 22 horas ou cento e cinquenta horas de trabalho nocturno depois das 22 horas mantém o direito ao acréscimo de remuneração sempre que realizar a sua prestação entre as 20 e as 22 horas.

ARTIGO 22.º
Protecção da maternidade, paternidade e adopção

A entrada em vigor do diploma que regular a matéria da protecção da maternidade e da paternidade, revogando as disposições dos artigos 33.º a 52.º do Código do Trabalho, aprovado pela Lei n.º 99/2003, de 27 de Agosto, e dos artigos 66.º a 113.º da respectiva regulamentação, aprovada pela Lei n.º 35/2004, de 29 de Julho, determina a cessação da vigência dos artigos 24.º a 43.º do Regime e 40.º a 86.º do Regulamento, aplicando-se de imediato aos trabalhadores que exerçam funções públicas, nas modalidades de contrato de trabalho em funções públicas e de nomeação, com as necessárias adaptações, o disposto naqueles diplomas sobre a mesma matéria.

ARTIGO 23.º
Entrada em vigor

A presente lei entra em vigor em 1 de Janeiro de 2009.

Aprovada em 18 de Julho de 2008.
O Presidente da Assembleia da República, *Jaime Gama*.

Promulgada em 27 de Agosto de 2008.
Publique-se.
O Presidente da República, ANÍBAL CAVACO SILVA.

Referendada em 27 de Agosto de 2008.
O Primeiro-Ministro, *José Sócrates Carvalho Pinto de Sousa*.

ESTATUTO DO TRABALHADOR-ESTUDANTE

ANEXO I
REGIME

(…)

TÍTULO II
Contrato

CAPÍTULO I
Disposições gerais

SECÇÃO I
Sujeitos

(…)

SUBSECÇÃO VI
Trabalhador – estudante

ARTIGO 52.º
Noção

1 – Considera-se trabalhador-estudante aquele que frequenta qualquer nível de educação escolar, bem como curso de pós-graduação, mestrado ou doutoramento em instituição de ensino, ou ainda curso de formação profissional com duração igual ou superior a seis meses.

2 – A manutenção do estatuto do trabalhador – estudante é condicionada pela obtenção de aproveitamento escolar, nos termos previstos no anexo II, «Regulamento».

ARTIGO 53.º
Horário de trabalho

1 – O trabalhador-estudante deve beneficiar de horários de trabalho específicos, com flexibilidade ajustável à frequência das aulas e à inerente deslocação para os respectivos estabelecimentos de ensino.

2 – Quando não seja possível a aplicação do regime previsto no número anterior, o trabalhador-estudante beneficia de dispensa de trabalho para frequência de aulas, nos termos previstos em legislação especial.

ARTIGO 54.º
Prestação de provas de avaliação

O trabalhador-estudante tem direito a ausentar-se para prestação de provas de avaliação, nos termos previstos em legislação especial.

ARTIGO 55.º
Regime de turnos

1 – O trabalhador-estudante que preste serviço em regime de turnos tem os direitos conferidos no artigo 53.º desde que o ajustamento dos períodos de trabalho não seja totalmente incompatível com o funcionamento daquele regime.

2 – Nos casos em que não seja possível a aplicação do disposto no número anterior, o trabalhador tem preferência na ocupação de postos de trabalho compatíveis com a sua aptidão profissional e com a possibilidade de participar nas aulas que se proponha frequentar.

ARTIGO 56.º
Férias e licenças

1 – O trabalhador-estudante tem direito a marcar as férias de acordo com as suas necessidades escolares, salvo se daí resultar comprovada incompatibilidade com o mapa de férias elaborado pela entidade empregadora pública.

2 – O trabalhador-estudante tem direito, em cada ano civil, a beneficiar de licença prevista no anexo II, «Regulamento».

ARTIGO 57.º
Efeitos profissionais da valorização escolar

Ao trabalhador-estudante devem ser proporcionadas oportunidades de promoção profissional adequadas à valorização obtida nos cursos ou pelos conhecimentos adquiridos.

ARTIGO 58.º
Legislação complementar

O desenvolvimento do regime previsto na presente subsecção consta do anexo II, «Regulamento».

(...)

ANEXO II
REGULAMENTO

(...)

CAPÍTULO IV
Trabalhador-estudante

ARTIGO 87.º
Âmbito

O presente capítulo regula o artigo 58.º, bem como a alínea c) do n.º 2 artigo 185.º do Regime.

ARTIGO 88.º
Concessão do estatuto de trabalhador-estudante

1 – Para poder beneficiar do regime previsto nos artigos 52.º a 58.º do Regime, o trabalhador-estudante deve comprovar perante a entidade empregadora pública a sua condição de estudante, apresentando igualmente o respectivo horário escolar.

2 – Para efeitos do n.º 2 do artigo 52.º do Regime, o trabalhador deve comprovar:

a) Perante a entidade empregadora pública, no final de cada ano lectivo, o respectivo aproveitamento escolar;
b) Perante o estabelecimento de ensino, a sua qualidade de trabalhador.

3 – Para efeitos do número anterior considera-se aproveitamento escolar o trânsito de ano ou a aprovação em, pelo menos, metade das disciplinas em que o trabalhador-estudante esteja matriculado ou, no âmbito do ensino recorrente por unidades capitalizáveis no 3.º ciclo do ensino básico e no ensino secundário, a capitalização de um número de unidades igual ou superior ao dobro das disciplinas em que aquele se matricule, com um mínimo de uma unidade de cada uma dessas disciplinas.

4 – É considerado com aproveitamento escolar o trabalhador que não satisfaça o disposto no número anterior por causa de ter gozado a licença por maternidade ou licença parental não inferior a um mês ou devido a acidente de trabalho ou doença profissional.

5 – O trabalhador-estudante tem o dever de escolher, de entre as possibilidades existentes no respectivo estabelecimento de ensino, o horário escolar compatível com as suas obrigações profissionais, sob pena de não poder beneficiar dos inerentes direitos.

ARTIGO 89.º
Dispensa de trabalho

1 – Para efeitos do n.º 2 do artigo 53.º do Regime, o trabalhador-estudante beneficia de dispensa de trabalho até seis horas semanais, sem perda de quaisquer direitos, contando como prestação efectiva de serviço, se assim o exigir o respectivo horário escolar.

2 – A dispensa de trabalho para frequência de aulas prevista no n.º 1 pode ser utilizada de uma só vez ou fraccionadamente, à escolha do trabalhador-estudante, dependendo do período normal de trabalho semanal aplicável, nos seguintes termos:

a) Igual ou superior a vinte horas e inferior a trinta horas – dispensa até três horas semanais;
b) Igual ou superior a trinta horas e inferior a trinta e quatro horas – dispensa até quatro horas semanais;
c) Igual ou superior a trinta e quatro horas – dispensa até cinco horas semanais.

3 – A entidade empregadora pública pode, nos 15 dias seguintes à utilização da dispensa de trabalho, exigir a prova da frequência de aulas, sempre que o estabelecimento de ensino proceder ao controlo da frequência.

ARTIGO 90.º
Trabalho extraordinário e adaptabilidade

1 – Ao trabalhador-estudante não pode ser exigida a prestação de trabalho extraordinário, excepto por motivo de força maior, nem exigida a prestação de trabalho em regime de adaptabilidade, sempre que colidir com o seu horário escolar ou com a prestação de provas de avaliação.

2 – No caso de o trabalhador realizar trabalho em regime de adaptabilidade tem direito a um dia por mês de dispensa de trabalho, sem perda de quaisquer direitos, contando como prestação efectiva de serviço.

3 – No caso de o trabalhador-estudante realizar trabalho extraordinário, o descanso compensatório previsto no artigo 163.º do Regime é, pelo menos, igual ao número de horas de trabalho extraordinário prestado.

ARTIGO 91.º
Prestação de provas de avaliação

1 – Para efeitos do artigo 54.º do Regime, o trabalhador-estudante tem direito a faltar justificadamente ao trabalho para prestação de provas de avaliação nos seguintes termos:
- *a)* Até dois dias por cada prova de avaliação, sendo um o da realização da prova e o outro o imediatamente anterior, aí se incluindo sábados, domingos e feriados;
- *b)* No caso de provas em dias consecutivos ou de mais de uma prova no mesmo dia, os dias anteriores são tantos quantas as provas de avaliação a efectuar, aí se incluindo sábados, domingos e feriados;
- *c)* Os dias de ausência referidos nas alíneas anteriores não podem exceder um máximo de quatro por disciplina em cada ano lectivo.

2 – O direito previsto no número anterior só pode ser exercido em dois anos lectivos relativamente a cada disciplina.

3 – Consideram-se ainda justificadas as faltas dadas pelo trabalhador-estudante na estrita medida das necessidades impostas pelas deslocações para prestar provas de avaliação, não sendo remuneradas, independentemente do número de disciplinas, mais de 10 faltas.

4 – Para efeitos de aplicação deste artigo, consideram-se provas de avaliação os exames e outras provas escritas ou orais, bem como a apresentação de trabalhos, quando estes os substituem ou os complementam, desde que determinem directa ou indirectamente o aproveitamento escolar.

ARTIGO 92.º
Férias e licenças

1 – Para efeitos do n.º 1 do artigo 56.º do Regime, o trabalhador-estudante tem direito a marcar o gozo de 15 dias de férias interpoladas, sem prejuízo do número de dias de férias a que tem direito.

2 – Para efeitos do n.º 2 do artigo 56.º do Regime, o trabalhador-estudante, justificando-se por motivos escolares, pode utilizar em cada ano civil, seguida ou interpoladamente, até 10 dias úteis de licença sem remuneração, desde que o requeira nos seguintes termos:

  a) Com quarenta e oito horas de antecedência ou, sendo inviável, logo que possível, no caso de pretender um dia de licença;
  b) Com oito dias de antecedência, no caso de pretender dois a cinco dias de licença;
  c) Com 15 dias de antecedência, caso pretenda mais de 5 dias de licença.

ARTIGO 93.º
Cessação de direitos

1 – Os direitos conferidos ao trabalhador-estudante em matéria de horário de trabalho, de férias e licenças, previstos nos artigos 53.º e 56.º do Regime e nos artigos 89.º e 92.º, cessam quando o trabalhador-estudante não conclua com aproveitamento o ano escolar ao abrigo de cuja frequência beneficiou desses mesmos direitos.

2 – Os restantes direitos conferidos ao trabalhador-estudante cessam quando este não tenha aproveitamento em dois anos consecutivos ou três interpolados.

3 – Os direitos dos trabalhadores-estudantes cessam imediatamente no ano lectivo em causa em caso de falsas declarações relativamente aos factos de que depende a concessão do estatuto ou a factos constitutivos de direitos, bem como quando tenham sido utilizados para fins diversos.

4 – No ano lectivo subsequente àquele em que cessaram os direitos previstos no Regime e neste capítulo, pode ao trabalhador-estudante ser novamente concedido o exercício dos mesmos, não podendo esta situação ocorrer mais do que duas vezes.

ARTIGO 94.º
Excesso de candidatos à frequência de cursos

1 – Sempre que a pretensão formulada pelo trabalhador-estudante no sentido de lhe ser aplicado o disposto no artigo 53.º do Regime e no artigo 89.º se revele, manifesta e comprovadamente, comprometedora do normal funcionamento do órgão ou serviço, fixa-se, por acordo entre a entidade empregadora pública, trabalhador interessado e comissão de trabalhadores ou, na sua falta, comissão intersindical, comissões sindicais ou delegados sindicais, as condições em que é decidida a pretensão apresentada.
2 – Na falta do acordo previsto na segunda parte do número anterior, a entidade empregadora pública decide fundamentadamente, informando por escrito o trabalhador interessado.

ARTIGO 95.º
Especificidades da frequência de estabelecimento de ensino

1 – O trabalhador-estudante não está sujeito à frequência de um número mínimo de disciplinas de determinado a regimes de prescrição ou que impliquem mudança de estabelecimento de ensino.
2 – O trabalhador-estudante não está sujeito a qualquer disposição legal que faça depender o aproveitamento escolar de frequência de um número mínimo de aulas por disciplina.
3 – O trabalhador-estudante não está sujeito a limitações quanto ao número de exames a realizar na época de recurso.
4 – No caso de não haver época de recurso, o trabalhador-estudante tem direito, na medida em que for legalmente admissível, a uma época especial de exame em todas as disciplinas.
5 – O estabelecimento de ensino com horário pós-laboral deve assegurar que os exames e as provas de avaliação, bem como serviços mínimos de apoio ao trabalhador-estudante decorram, na medida do possível, no mesmo horário.
6 – O trabalhador-estudante tem direito a aulas de compensação ou de apoio pedagógico que sejam consideradas imprescindíveis pelos órgãos do estabelecimento de ensino.

ARTIGO 96.º
Cumulação de regimes

O trabalhador-estudante não pode cumular perante o estabelecimento de ensino e a entidade empregadora pública os benefícios conferidos no Regime e neste capítulo com quaisquer regimes que visem os mesmos fins, nomeadamente no que respeita à inscrição, dispensa de trabalho para frequência de aulas, licenças por motivos escolares ou prestação de provas de avaliação.

ESTATUTO DOS FERIADOS, FÉRIAS, FALTAS E LICENÇAS DOS TRABALHADORES CONTRATADOS

ANEXO I
REGIME

(...)

TÍTULO II
Contrato

(...)

CAPÍTULO II
Prestação do trabalho

(...)

SECÇÃO III
Duração e organização do tempo de trabalho

SUBSECÇÃO IX
Feriados

ARTIGO 168.º
Feriados obrigatórios

1 – São feriados obrigatórios:

1 de Janeiro;

Sexta-Feira Santa;
Domingo de Páscoa;
25 de Abril;
1 de Maio;
Corpo de Deus (festa móvel);
10 de Junho;
15 de Agosto;
5 de Outubro;
1 de Novembro;
1, 8 e 25 de Dezembro.

2 – O feriado de Sexta-Feira Santa pode ser observado noutro dia com significado local no período da Páscoa.

3 – Mediante legislação especial, determinados feriados obrigatórios podem ser observados na segunda – feira da semana subsequente.

ARTIGO 169.º
Feriados facultativos

1 – Além dos feriados obrigatórios, apenas podem ser observados a terça--feira de Carnaval e o feriado municipal da localidade.

2 – Em substituição de qualquer dos feriados referidos no número anterior, pode ser observado, a título de feriado, qualquer outro dia em que acordem entidade empregadora pública e trabalhador.

ARTIGO 170.º
Imperatividade

São nulas as disposições de contrato ou de instrumento de regulamentação colectiva de trabalho que estabeleçam feriados diferentes dos indicados nos artigos anteriores.

SUBSECÇÃO X
Férias

ARTIGO 171.º
Direito a férias

1 – O trabalhador tem direito a um período de férias remuneradas em cada ano civil.

2 – O direito a férias deve efectivar-se de modo a possibilitar a recuperação física e psíquica do trabalhador e assegurar-lhe condições mínimas de disponibilidade pessoal, de integração na vida familiar e de participação social e cultural.

3 – O direito a férias é irrenunciável e, fora dos casos previstos na lei, o seu gozo efectivo não pode ser substituído, ainda que com o acordo do trabalhador, por qualquer compensação económica ou outra.

4 – O direito a férias reporta-se, em regra, ao trabalho prestado no ano civil anterior e não está condicionado à assiduidade ou efectividade de serviço, sem prejuízo do disposto no n.º 2 do artigo 193.º

ARTIGO 172.º
Aquisição do direito a férias

1 – O direito a férias adquire-se com a celebração do contrato e vence-se no dia 1 de Janeiro de cada ano civil, salvo o disposto nos números seguintes.

2 – No ano da contratação, o trabalhador tem direito, após seis meses completos de execução do contrato, a gozar 2 dias úteis de férias por cada mês de duração do contrato, até ao máximo de 20 dias úteis.

3 – No caso de sobrevir o termo do ano civil antes de decorrido o prazo referido no número anterior ou antes de gozado o direito a férias, pode o trabalhador usufruí-lo até 30 de Junho do ano civil subsequente.

4 – Da aplicação do disposto nos n.ºs 2 e 3 não pode resultar para o trabalhador o direito ao gozo de um período de férias, no mesmo ano civil, superior a 30 dias úteis, sem prejuízo do disposto em instrumento de regulamentação colectiva de trabalho.

ARTIGO 173.º
Duração do período de férias

1 – O período anual de férias tem, em função da idade do trabalhador, a seguinte duração:

a) 25 dias úteis até o trabalhador completar 39 anos de idade;
b) 26 dias úteis até o trabalhador completar 49 anos de idade;
c) 27 dias úteis até o trabalhador completar 59 anos de idade;
d) 28 dias úteis a partir dos 59 anos de idade.

2 – A idade relevante para efeitos de aplicação do número anterior é aquela que o trabalhador completar até 31 de Dezembro do ano em que as férias se vencem.

3 – Ao período de férias previsto no n.º 1 acresce um dia útil de férias por cada 10 anos de serviço efectivamente prestado.

4 – A duração do período de férias pode ainda ser aumentada no quadro de sistemas de recompensa do desempenho, nos termos previstos na lei ou em instrumento de regulamentação colectiva de trabalho.

5 – Para efeitos de férias, são úteis os dias da semana de segunda-feira a sexta-feira, com excepção dos feriados, não podendo as férias ter início em dia de descanso semanal do trabalhador.

6 – O trabalhador pode renunciar parcialmente ao direito a férias, recebendo a remuneração e o subsídio respectivos, sem prejuízo de ser assegurado o gozo efectivo de 20 dias úteis de férias.

ARTIGO 174.º
Direito a férias nos contratos de duração inferior a seis meses

1 – O trabalhador admitido com contrato cuja duração total não atinja seis meses tem direito a gozar dois dias úteis de férias por cada mês completo de duração do contrato.

2 – Para efeitos da determinação do mês completo devem contar-se todos os dias, seguidos ou interpolados, em que foi prestado trabalho.

3 – Nos contratos cuja duração total não atinja seis meses, o gozo das férias tem lugar no momento imediatamente anterior ao da cessação, salvo acordo das partes.

ARTIGO 175.º
Cumulação de férias

1 – As férias devem ser gozadas no decurso do ano civil em que se vencem, não sendo permitido acumular no mesmo ano férias de dois ou mais anos.

2 – As férias podem, porém, ser gozadas no 1.º trimestre do ano civil seguinte, em acumulação ou não com as férias vencidas no início deste, por acordo entre entidade empregadora pública e trabalhador ou sempre que este pretenda gozar as férias com familiares residentes no estrangeiro.

3 – Entidade empregadora pública e trabalhador podem ainda acordar na acumulação, no mesmo ano, de metade do período de férias vencido no ano anterior com o vencido no início desse ano.

ARTIGO 176.º
Marcação do período de férias

1 – O período de férias é marcado por acordo entre entidade empregadora pública e trabalhador.

2 – Na falta de acordo, cabe à entidade empregadora pública marcar as férias e elaborar o respectivo mapa, ouvindo para o efeito a comissão de trabalhadores ou, na sua falta, a comissão sindical ou intersindical ou os delegados sindicais.

3 – A entidade empregadora pública só pode marcar o período de férias entre 1 de Maio e 31 de Outubro, salvo parecer favorável em contrário das estruturas representativas referidas no número anterior ou disposição diversa de instrumento de regulamentação colectiva de trabalho.

4 – Na marcação das férias, os períodos mais pretendidos devem ser rateados, sempre que possível, beneficiando, alternadamente, os trabalhadores em função dos períodos gozados nos dois anos anteriores.

5 – Salvo se houver prejuízo grave para a entidade empregadora pública, devem gozar férias em idêntico período os cônjuges que trabalhem no mesmo órgão ou serviço, bem como as pessoas que vivam em união de facto ou economia comum nos termos previstos em legislação especial.

6 – O gozo do período de férias pode ser interpolado, por acordo entre a entidade empregadora pública e o trabalhador e desde que, num dos períodos, sejam gozados, no mínimo, 11 dias úteis consecutivos.

7 – O mapa de férias, com indicação do início e termo dos períodos de férias de cada trabalhador, deve ser elaborado até 15 de Abril de cada ano e afixado nos locais de trabalho entre esta data e 31 de Outubro.

ARTIGO 177.º
Alteração da marcação do período de férias

1 – Se, depois de marcado o período de férias, exigências imperiosas do funcionamento do órgão ou serviço determinarem o adiamento ou a interrupção das férias já iniciadas, o trabalhador tem direito a ser indemnizado pela entidade empregadora pública dos prejuízos que comprovadamente haja sofrido na pressuposição de que gozaria integralmente as férias na época fixada.

2 – A interrupção das férias não pode prejudicar o gozo seguido de metade do período a que o trabalhador tenha direito.

3 – Há lugar a alteração do período de férias sempre que o trabalhador, na data prevista para o seu início, esteja temporariamente impedido por facto que não lhe seja imputável, cabendo à entidade empregadora pública, na falta de acordo, a nova marcação do período de férias, sem sujeição ao disposto no n.º 3 do artigo anterior.

4 – Terminando o impedimento antes de decorrido o período anteriormente marcado, o trabalhador deve gozar os dias de férias ainda compreendidos neste, aplicando – se quanto à marcação dos dias restantes o disposto no número anterior.

5 – Nos casos em que a cessação do contrato esteja sujeita a aviso prévio, a entidade empregadora pública pode determinar que o período de férias seja antecipado para o momento imediatamente anterior à data prevista para a cessação do contrato.

ARTIGO 178.º
Doença no período de férias

1 – No caso de o trabalhador adoecer durante o período de férias, são as mesmas suspensas desde que a entidade empregadora pública seja do facto informada, prosseguindo, logo após a alta, o gozo dos dias de férias compreendidos ainda naquele período, cabendo à entidade empregadora pública, na falta de acordo, a marcação dos dias de férias não gozados, sem sujeição ao disposto no n.º 3 do artigo 176.º.

2 – Cabe à entidade empregadora pública, na falta de acordo, a marcação dos dias de férias não gozados, que caso o n.º 3 do artigo seguinte.

3 – A prova da doença prevista no n.º 1 é feita por estabelecimento hospitalar, por declaração do centro de saúde ou por atestado médico.

4 – A doença referida no número anterior pode ser fiscalizada por médico designado pela segurança social, mediante requerimento da entidade empregadora pública.

5 – No caso de a segurança social não indicar o médico a que se refere o número anterior no prazo de vinte e quatro horas, a entidade empregadora pública designa o médico para efectuar a fiscalização, não podendo este ter qualquer vínculo contratual anterior à entidade empregadora pública.

6 – Em caso de desacordo entre os pareceres médicos referidos nos números anteriores, pode ser requerida por qualquer das partes a intervenção de junta médica.

7 – Em caso de incumprimento das obrigações previstas no artigo anterior e nos n.os 1 e 2, bem como de oposição, sem motivo atendível, à fiscalização referida nos n.os 4, 5 e 6, os dias de alegada doença são considerados dias de férias.

8 – O desenvolvimento do disposto no presente artigo consta do anexo II, «Regulamento».

ARTIGO 179.º
Efeitos da suspensão do contrato por impedimento prolongado

1 – No ano da suspensão do contrato por impedimento prolongado, respeitante ao trabalhador, se se verificar a impossibilidade total ou parcial do gozo do direito a férias já vencido, o trabalhador tem direito à remuneração correspondente ao período de férias não gozado e respectivo subsídio.

2 – No ano da cessação do impedimento prolongado o trabalhador tem direito às férias nos termos previstos no n.º 2 do artigo 172.º

3 – No caso de sobrevir o termo do ano civil antes de decorrido o prazo referido no número anterior ou antes de gozado o direito a férias, pode o trabalhador usufruí-lo até 30 de Abril do ano civil subsequente.

4 – Cessando o contrato após impedimento prolongado respeitante ao trabalhador, este tem direito à remuneração e ao subsídio de férias correspondentes ao tempo de serviço prestado no ano de início da suspensão.

ARTIGO 180.º
Efeitos da cessação do contrato

1 – Cessando o contrato, o trabalhador tem direito a receber a remuneração correspondente a um período de férias proporcional ao tempo de serviço prestado até à data da cessação, bem como ao respectivo subsídio.

2 – Se o contrato cessar antes de gozado o período de férias vencido no início do ano da cessação, o trabalhador tem ainda direito a receber a remuneração e o subsídio correspondentes a esse período, o qual é sempre considerado para efeitos de antiguidade.

3 – Da aplicação do disposto nos números anteriores ao contrato cuja duração não atinja, por qualquer causa, 12 meses não pode resultar um período de férias superior ao proporcional à duração do vínculo, sendo esse período considerado para efeitos de remuneração, subsídio e antiguidade.

4 – O disposto no número anterior aplica-se ainda sempre que o contrato cesse no ano subsequente ao da admissão.

ARTIGO 181.º
Violação do direito a férias

Caso a entidade empregadora pública, com culpa, obste ao gozo das férias nos termos previstos nos artigos anteriores, o trabalhador recebe, a título de compensação, o triplo da remuneração correspondente ao período em falta, que deve obrigatoriamente ser gozado no 1.º trimestre do ano civil subsequente.

ARTIGO 182.º
Exercício de outra actividade durante as férias

1 – O trabalhador não pode exercer durante as férias qualquer outra actividade remunerada, salvo se já a viesse exercendo cumulativamente ou a entidade empregadora pública o autorizar a isso.

2 – A violação do disposto no número anterior, sem prejuízo da eventual responsabilidade disciplinar do trabalhador, dá à entidade empregadora pública o direito de reaver a remuneração correspondente às férias e respectivo subsídio, da qual metade reverte para o Instituto de Gestão Financeira da Segurança Social, no caso de o trabalhador ser beneficiário do regime geral de segurança social para todas as eventualidades, ou constitui receita do Estado nos restantes casos.

3 – Para os efeitos previstos no número anterior, a entidade empregadora pública pode proceder a descontos na remuneração do trabalhador até ao limite de um sexto, em relação a cada um dos períodos de vencimento posteriores.

ARTIGO 183.º
Contacto em período de férias

Antes do início das férias, o trabalhador deve indicar, se possível, à respectiva entidade empregadora pública, a forma como pode ser eventualmente contactado.

SUBSECÇÃO XI
Faltas

ARTIGO 184.º
Noção

1 – Falta é a ausência do trabalhador no local de trabalho e durante o período em que devia desempenhar a actividade a que está adstrito.

2 – Nos casos de ausência do trabalhador por períodos inferiores ao período de trabalho a que está obrigado, os respectivos tempos são adicionados para determinação dos períodos normais de trabalho diário em falta.

3 – Para efeito do disposto no número anterior, caso os períodos de trabalho diário não sejam uniformes, considera-se sempre o de menor duração relativo a um dia completo de trabalho.

ARTIGO 185.º
Tipos de faltas

1 – As faltas podem ser justificadas ou injustificadas.

2 – São consideradas faltas justificadas:

a) As dadas, durante 15 dias seguidos, por altura do casamento;
b) As motivadas por falecimento do cônjuge, parentes ou afins, nos termos do artigo 187.º;
c) As motivadas pela prestação de provas em estabelecimento de ensino, nos termos da legislação especial;
d) As motivadas por impossibilidade de prestar trabalho devido a facto que não seja imputável ao trabalhador, nomeadamente doença, acidente ou cumprimento de obrigações legais;
e) As motivadas pela necessidade de prestação de assistência inadiável e imprescindível a membros do seu agregado familiar, nos termos previstos neste Regime e no anexo II, «Regulamento»;
f) As motivadas pela necessidade de tratamento ambulatório, realização de consultas médicas e exames complementares de diagnóstico que não possam efectuar-se fora do período normal de trabalho e só pelo tempo estritamente necessário;
g) As motivadas por isolamento profiláctico;
h) As ausências não superiores a quatro horas e só pelo tempo estritamente necessário, justificadas pelo responsável pela educação de menor, uma vez por trimestre, para deslocação à escola tendo em vista inteirar-se da situação educativa do filho menor;
i) As dadas para doação de sangue e socorrismo;
j) As motivadas pela necessidade de submissão a métodos de selecção em procedimento concursal;
l) As dadas por conta do período de férias;
m) As dadas pelos trabalhadores eleitos para as estruturas de representação colectiva, nos termos do artigo 293.º;
n) As dadas por candidatos a eleições para cargos públicos, durante o período legal da respectiva campanha eleitoral;
o) As que por lei forem como tal qualificadas, designadamente as previstas nos Decretos-Leis n.ºs 220/84, de 4 de Julho, 272/88, de 3 de Agosto, 282/89, de 23 de Agosto, e 190/99, de 5 de Junho.

3 – O disposto na alínea *f*) do número anterior é extensivo à assistência ao cônjuge ou equiparado, ascendentes, descendentes, adoptandos, adoptados e enteados, menores ou deficientes, em regime de tratamento ambulatório, quando comprovadamente o trabalhador seja a pessoa mais adequada para o fazer.

4 – São consideradas injustificadas as faltas não previstas nos n.ºs 2 e 3.

ARTIGO 186.º
Imperatividade

As disposições relativas aos tipos de faltas e à sua duração não podem ser objecto de instrumento de regulamentação colectiva de trabalho, salvo tratando-se das situações previstas na alínea *m*) do n.º 2 do artigo anterior.

ARTIGO 187.º
Faltas por motivo de falecimento de parentes ou afins

1 – Nos termos da alínea *b*) do n.º 2 do artigo 185.º, o trabalhador pode faltar justificadamente:

a) Cinco dias consecutivos por falecimento de cônjuge não separado de pessoas e bens ou de parente ou afim no 1.º grau na linha recta;

b) Dois dias consecutivos por falecimento de outro parente ou afim na linha recta ou em 2.º grau da linha colateral.

2 – Aplica-se o disposto na alínea *a*) do número anterior ao falecimento de pessoa que viva em união de facto ou economia comum com o trabalhador nos termos previstos em legislação especial.

ARTIGO 188.º
Faltas por conta do período de férias

1 – Sem prejuízo do disposto em lei especial, o trabalhador pode faltar 2 dias por mês por conta do período de férias, até ao máximo de 13 dias por ano, os quais podem ser utilizados em períodos de meios dias.

2 – As faltas previstas no número anterior relevam, segundo opção do interessado, no período de férias do próprio ano ou do seguinte.

3 – As faltas por conta do período de férias devem ser comunicadas com a antecedência mínima de vinte e quatro horas ou, se não for possível, no próprio dia e estão sujeitas a autorização, que pode ser recusada se forem susceptíveis de causar prejuízo para o normal funcionamento do órgão ou serviço.

ARTIGO 189.º
Comunicação da falta justificada

1 – As faltas justificadas, quando previsíveis, são obrigatoriamente comunicadas à entidade empregadora pública com a antecedência mínima de cinco dias.

2 – Quando imprevisíveis, as faltas justificadas são obrigatoriamente comunicadas à entidade empregadora pública logo que possível.

3 – A comunicação tem de ser reiterada para as faltas justificadas imediatamente subsequentes às previstas nas comunicações indicadas nos números anteriores.

ARTIGO 190.º
Prova da falta justificada

1 – A entidade empregadora pública pode, nos 15 dias seguintes à comunicação referida no artigo anterior, exigir ao trabalhador prova dos factos invocados para a justificação.

2 – A prova da situação de doença prevista na alínea *d*) do n.º 2 do artigo 185.º é feita por estabelecimento hospitalar, por declaração do centro de saúde ou por atestado médico.

3 – A doença referida no número anterior pode ser fiscalizada por médico, mediante requerimento da entidade empregadora pública dirigido à segurança social.

4 – No caso de a segurança social não indicar o médico a que se refere o número anterior no prazo de vinte e quatro horas, a entidade empregadora pública designa o médico para efectuar a fiscalização, não podendo este ter qualquer vínculo contratual anterior à entidade empregadora pública.

5 – Em caso de desacordo entre os pareceres médicos referidos nos números anteriores, pode ser requerida a intervenção de junta médica.

6 – Em caso de incumprimento das obrigações previstas no artigo anterior e nos n.ºs 1 e 2 deste artigo, bem como de oposição, sem motivo atendível, à fiscalização referida nos n.ºs 3, 4 e 5, as faltas são consideradas injustificadas.

7 – O desenvolvimento do disposto no presente artigo consta do anexo II, «Regulamento».

ARTIGO 191.º
Efeitos das faltas justificadas

1 – As faltas justificadas não determinam a perda ou prejuízo de quaisquer direitos do trabalhador, salvo o disposto no número seguinte.

2 – Sem prejuízo de outras previsões legais, determinam a perda de remuneração as seguintes faltas ainda que justificadas:

a) Por motivo de doença, desde que o trabalhador beneficie de um regime de protecção social na doença;

b) As previstas na alínea *o*) do n.º 2 do artigo 185.º, quando superiores a 30 dias por ano.

3 – Nos casos previstos na alínea *d*) do n.º 2 do artigo 185.º, se o impedimento do trabalhador se prolongar efectiva ou previsivelmente para além de um mês, aplica-se o regime de suspensão da prestação do trabalho por impedimento prolongado.

4 – No caso previsto na alínea *n*) do n.º 2 do artigo 185.º, as faltas justificadas conferem, no máximo, direito à remuneração relativa a um terço do período de duração da campanha eleitoral, só podendo o trabalhador faltar meios dias ou dias completos com aviso prévio de quarenta e oito horas.

ARTIGO 192.º
Efeitos das faltas injustificadas

1 – As faltas injustificadas constituem violação do dever de assiduidade e determinam perda da remuneração correspondente ao período de ausência, o qual será descontado na antiguidade do trabalhador.

2 – Tratando-se de faltas injustificadas a um ou meio período normal de trabalho diário, imediatamente anteriores ou posteriores aos dias ou meios dias de descanso ou feriados, considera-se que o trabalhador praticou uma infracção grave.

3 – No caso de a apresentação do trabalhador, para início ou reinício da prestação de trabalho, se verificar com atraso injustificado superior a trinta ou sessenta minutos, pode a entidade empregadora pública recusar a aceitação da prestação durante parte ou todo o período normal de trabalho, respectivamente.

ARTIGO 193.º
Efeitos das faltas no direito a férias

1 – As faltas não têm efeito sobre o direito a férias do trabalhador, salvo o disposto no número seguinte.

2 – Nos casos em que as faltas determinem perda de remuneração, as ausências podem ser substituídas, se o trabalhador expressamente assim o preferir, por dias de férias, na proporção de 1 dia de férias por cada dia de falta, desde que seja salvaguardado o gozo efectivo de 20 dias úteis de férias ou da correspondente proporção, se se tratar de férias no ano de admissão.

3 – O disposto no número anterior não é aplicável às faltas previstas na alínea *l*) do n.º 2 do artigo 185.º.

(...)

ANEXO II
REGULAMENTO

CAPÍTULO X
Fiscalização de doenças durante as férias

SECÇÃO I
Âmbito

ARTIGO 115.º
Âmbito

O presente capítulo regula o n.º 8 do artigo 178.º do Regime.

SECÇÃO II
Verificação da situação de doença por médico designado pela segurança social

ARTIGO 116.º
Requerimento

1 – Para efeitos de verificação da situação de doença do trabalhador, a entidade empregadora pública deve requerer a designação de médico aos serviços da segurança social da área da residência habitual do trabalhador.

2 – A entidade empregadora pública deve, na mesma data, informar o trabalhador do requerimento referido no número anterior.

ARTIGO 117.º
Designação de médico

1 – Os serviços da segurança social devem, no prazo de vinte e quatro horas a contar da recepção do requerimento:

  a) Designar o médico de entre os que integram comissões de verificação de incapacidade temporária;
  b) Comunicar a designação do médico à entidade empregadora pública;
  c) Convocar o trabalhador para o exame médico, indicando o local, dia e hora da sua realização, que deve ocorrer nas setenta e duas horas seguintes;

d) Informar o trabalhador de que a sua não comparência ao exame médico, sem motivo atendível, tem como consequência que os dias de alegada doença são considerados dias de férias, bem como que deve apresentar, aquando da sua observação, informação clínica e os elementos auxiliares de diagnóstico de que disponha, comprovativos da sua incapacidade.

2 – Os serviços de segurança social, caso não possam cumprir o disposto no número anterior, devem, dentro do mesmo prazo, comunicar essa impossibilidade à entidade empregadora pública.

SECÇÃO III
Verificação da situação de doença por médico designado pela entidade empregadora pública

ARTIGO 118.º
Designação de médico

1 – A entidade empregadora pública pode designar um médico para efectuar a verificação da situação de doença do trabalhador:

a) Não se tendo realizado o exame no prazo previsto na alínea *c)* do n.º 1 do artigo 117.º por motivo não imputável ao trabalhador ou, sendo caso disso, do n.º 2 do artigo 122.º;

b) Tendo recebido a comunicação prevista no n.º 2 do artigo 117.º ou, na falta desta, se não tiver obtido indicação do médico por parte dos serviços da segurança social nas vinte e quatro horas após a apresentação do requerimento previsto no n.º 1 do artigo 116.º

2 – Na mesma data da designação prevista no número anterior a entidade empregadora pública deve dar cumprimento ao disposto nas alíneas *c)* e *d)* do n.º 1 do artigo 117.º.

SECÇÃO IV
Reavaliação da situação de doença

ARTIGO 119.º
Comissão de reavaliação

1 – Para efeitos do n.º 6 do artigo 178.º do Regime, a reavaliação da situação de doença do trabalhador é feita por intervenção de comissão de reavaliação dos serviços da segurança social da área da residência habitual deste.

2 – Sem prejuízo do previsto no número seguinte, a comissão de reavaliação é constituída por três médicos, um designado pelos serviços da segurança social, que preside com o respectivo voto de qualidade, devendo ser, quando se tenha procedido à verificação da situação de doença ao abrigo do artigo 117.º, o médico que a realizou, um indicado pelo trabalhador e outro pela entidade empregadora pública.

3 – A comissão de reavaliação é constituída por apenas dois médicos no caso de:

a) O trabalhador ou entidade empregadora pública não ter procedido à respectiva designação;
b) O trabalhador e entidade empregadora pública não terem procedido à respectiva designação, cabendo aos serviços de segurança social a designação de outro médico.

ARTIGO 120.º
Requerimento

1 – Qualquer das partes pode requerer a reavaliação da situação de doença nas vinte e quatro horas subsequentes ao conhecimento do resultado da verificação da mesma, devendo, na mesma data, comunicar esse pedido à contraparte.

2 – O requerente deve indicar o médico referido no n.º 3 do artigo anterior ou declarar que prescinde dessa faculdade.

3 – A contraparte pode indicar o médico nas vinte e quatro horas seguintes ao conhecimento do pedido.

ARTIGO 121.º
Procedimento

1 – Os serviços da segurança social devem, no prazo de vinte e quatro horas a contar da recepção do requerimento, dar cumprimento ao disposto nas alíneas c) e d) do n.º 1 do artigo 117.º

2 – No prazo de oito dias a contar da apresentação do requerimento, a comissão deve proceder à reavaliação da situação de doença do trabalhador e comunicar o resultado da mesma a este e à entidade empregadora pública.

SECÇÃO V
Disposições comuns

ARTIGO 122.º
Impossibilidade de comparência ao exame médico

1 – O trabalhador convocado para exame médico fora do seu domicílio que, justificadamente, não se possa deslocar deve, em qualquer caso, informar dessa impossibilidade a entidade que o tiver convocado, até à data prevista para o exame ou, se não tiver sido possível, nas vinte e quatro horas seguintes.

2 – Consoante a natureza do impedimento do trabalhador, é determinada nova data para o exame e, se necessário, a sua realização no domicílio do trabalhador, dentro das quarenta e oito horas seguintes.

ARTIGO 123.º
Comunicação do resultado da verificação

1 – O médico que proceda à verificação da situação de doença só pode comunicar à entidade empregadora pública se o trabalhador está ou não apto para desempenhar a actividade, salvo autorização deste.

2 – O médico que proceda à verificação da situação de doença deve proceder à comunicação prevista no número anterior nas vinte e quatro horas subsequentes.

ARTIGO 124.º
Comunicações

As comunicações previstas no presente capítulo devem ser efectuadas por escrito e por meio célere, designadamente telegrama, telefax ou correio electrónico.

ARTIGO 125.º
Eficácia do resultado da verificação da situação de doença

A entidade empregadora pública não pode fundamentar qualquer decisão desfavorável para o trabalhador no resultado da verificação da situação de doença do mesmo, efectuada nos termos dos artigos 117.º ou 118.º, enquanto decorrer o prazo para requerer a intervenção da comissão de reavaliação, nem até à decisão final, se esta for requerida.

SECÇÃO VI
Taxas

ARTIGO 126.º
Taxas

O requerente da nomeação de médico pelos serviços da segurança social ou da intervenção da comissão de reavaliação está sujeito a taxa, a fixar por portaria conjunta dos ministros responsáveis pelas áreas das finanças e laboral.

CAPÍTULO XI
Faltas para assistência à família

ARTIGO 127.º
Âmbito

O presente capítulo regula a alínea *e*) do n.º 2 do artigo 185.º do Regime.

ARTIGO 128.º
Faltas para assistência a membros do agregado familiar

1 – O trabalhador tem direito a faltar ao trabalho até 15 dias por ano para prestar assistência inadiável e imprescindível em caso de doença ou acidente ao cônjuge, parente ou afim na linha recta ascendente ou no 2.º grau da linha colateral, filho, adoptado ou enteado com mais de 10 anos de idade.

2 – Aos 15 dias previstos no número anterior acresce um dia por cada filho, adoptado ou enteado além do primeiro.

3 – O disposto nos números anteriores é aplicável aos trabalhadores a quem tenha sido deferida a tutela de outra pessoa ou confiada a guarda de menor com mais de 10 anos, por decisão judicial ou administrativa.

4 – Para justificação de faltas, a entidade empregadora pública pode exigir ao trabalhador:

   a) Prova do carácter inadiável e imprescindível da assistência;
   b) Declaração de que os outros membros do agregado familiar, caso exerçam actividade profissional, não faltaram pelo mesmo motivo ou estão impossibilitados de prestar a assistência.

ARTIGO 129.º
Efeitos

As faltas previstas no artigo anterior não determinam a perda de quaisquer direitos e são consideradas, salvo quanto à remuneração, como prestação efectiva de serviço.

CAPÍTULO XII
Fiscalização de doença

ARTIGO 130.º
Âmbito

O presente capítulo regula o n.º 7 do artigo 190.º do Regime.

ARTIGO 131.º
Regime

1 – Aplica-se ao presente capítulo o regime previsto nos artigos 116.º a 126.º, sem prejuízo do disposto no número seguinte.

2 – A entidade que proceder à convocação do trabalhador para o exame médico deve informá-lo de que a sua não comparência ao exame médico, sem motivo atendível, tem como consequência a não justificação das faltas dadas por doença, bem como que deve apresentar, aquando da sua observação, informação clínica e os elementos auxiliares de diagnóstico de que disponha, comprovativos da sua incapacidade.

LIBERDADE SINDICAL

ANEXO I
REGIME

(…)

TÍTULO III
Direito colectivo

SUBTÍTULO I
Sujeitos

CAPÍTULO I
Estruturas de representação colectiva dos trabalhadores

(…)

SECÇÃO III
Associações sindicais

SUBSECÇÃO I
Disposições preliminares

ARTIGO 308.º
Direito de associação sindical

1 – Os trabalhadores têm o direito de constituir associações sindicais a todos os níveis para defesa e promoção dos seus interesses sócio-profissionais.

2 – As associações sindicais abrangem sindicatos, federações, uniões e confederações.

3 – Os estatutos das federações, uniões ou confederações podem admitir a representação directa dos trabalhadores não representados em sindicatos.

ARTIGO 309.º
Noções

Entende-se por:

a) «Sindicato» – associação permanente de trabalhadores para defesa e promoção dos seus interesses sócio-profissionais;
b) «Federação» – associação de sindicatos de trabalhadores da mesma profissão ou do mesmo sector de actividade;
c) «União» – associação de sindicatos de base regional;
d) «Confederação» – associação nacional de sindicatos;
e) «Secção sindical de órgão ou serviço» – conjunto de trabalhadores de um órgão ou serviço, estabelecimento periférico ou unidade orgânica desconcentrada filiados no mesmo sindicato;
f) «Comissão sindical de órgão ou serviço» – organização dos delegados sindicais do mesmo sindicato no órgão ou serviço, estabelecimento periférico ou unidade orgânica desconcentrada;
g) «Comissão intersindical de órgão ou serviço» – organização os delegados das comissões sindicais do órgão ou serviço de uma confederação, desde que abranjam no mínimo cinco delegados sindicais, ou de todas as comissões sindicais do órgão ou serviço, estabelecimento periférico ou unidade orgânica desconcentrada.

ARTIGO 310.º
Direitos

1 – As associações sindicais têm, nomeadamente, o direito de:

a) Celebrar acordos colectivos de trabalho;
b) Prestar serviços de carácter económico e social aos seus associados;
c) Participar na elaboração da legislação do trabalho;
d) Participar nos procedimentos relativos aos trabalhadores no âmbito de processos de reorganização de órgãos ou serviços;
e) Estabelecer relações ou filiar-se em organizações sindicais internacionais.

2 – É reconhecida às associações sindicais legitimidade processual para defesa dos direitos e interesses colectivo se para a defesa colectiva dos direitos e interesses individuais legalmente protegidos dos trabalhadores que representem.

3 – As associações sindicais beneficiam da isenção do pagamento das custas para defesa dos direitos e interesses colectivos, aplicando-se no demais o regime previsto no Regulamento das Custas Processuais.

ARTIGO 311.º
Princípios

As associações sindicais devem reger-se pelos princípios da organização e da gestão democráticas.

ARTIGO 312.º
Liberdade sindical individual

1 – No exercício da liberdade sindical, é garantida aos trabalhadores, sem qualquer discriminação, a liberdade de inscrição em sindicato que, na área da sua actividade, represente a categoria respectiva.

2 – O trabalhador não pode estar simultaneamente filiado a título da mesma profissão ou actividade em sindicatos diferentes.

3 – Pode manter a qualidade de associado o prestador de trabalho que deixe de exercer a sua actividade, mas não passe a exercer outra não representada pelo mesmo sindicato ou não perca a condição de trabalhador subordinado.

4 – O trabalhador pode retirar-se a todo o tempo do sindicato em que esteja filiado, mediante comunicação escrita enviada com a antecedência mínima de 30 dias.

SUBSECÇÃO II
Organização sindical

ARTIGO 313.º
Auto-regulamentação, eleição e gestão

As associações sindicais regem-se por estatutos e regulamentos por elas aprovados, elegem livre e democraticamente os titulares dos corpos sociais de entre os associados e organizam a sua gestão e actividade.

ARTIGO 314.º
Independência

É incompatível o exercício de cargos de direcção de associações sindicais com o exercício de quaisquer cargos de direcção em partidos políticos, instituições religiosas ou outras associações relativamente às quais exista conflito de interesses.

ARTIGO 315.º
Regime subsidiário

1 – As associações sindicais estão sujeitas ao regime geral do direito de associação em tudo o que não contrarie este Regime ou a natureza específica da autonomia sindical.

2 – Não são aplicáveis às associações sindicais as normas do regime geral do direito de associação susceptíveis de determinar restrições inadmissíveis à liberdade de organização dos sindicatos.

ARTIGO 316.º
Registo e aquisição de personalidade

1 – As associações sindicais adquirem personalidade jurídica pelo registo dos seus estatutos no ministério responsável pela área laboral.

2 – O requerimento do registo de qualquer associação sindical, assinado pelo presidente da mesa da assembleia constituinte ou de assembleia de representantes de associados, deve ser acompanhado dos estatutos aprovados, de certidão ou cópia certificada da acta da assembleia, com as folhas de presenças e respectivos termos de abertura e encerramento.

3 – O ministério responsável pela área laboral, após o registo:

a) Publica os estatutos no *Boletim do Trabalho e Emprego* nos 30 dias posteriores à sua recepção;

b) Remete certidão ou fotocópia certificada da acta da assembleia constituinte ou de assembleia de representantes de associados, dos estatutos e do pedido de registo, acompanhados de uma apreciação fundamentada sobre a legalidade da constituição da associação e dos estatutos, dentro do prazo de oito dias a contar da publicação, ao magistrado do Ministério Público no tribunal competente.

4 – No caso de a constituição ou os estatutos da associação serem desconformes com a lei, o magistrado do
Ministério Público promove, dentro do prazo de 15 dias, a contar da recepção, a declaração judicial de extinção da associação.

5 – As associações sindicais só podem iniciar o exercício das respectivas actividades depois da publicação dos estatutos no *Boletim do Trabalho e Emprego* ou, na falta desta, depois de decorridos 30 dias após o registo.

6 – O ministério responsável pela área laboral remete, oficiosamente, ao membro do Governo responsável pela área da Administração Pública cópia dos estatutos da associação sindical.

ARTIGO 317.º
Alterações dos estatutos

1 – A alteração dos estatutos fica sujeita a registo e ao disposto nos n.ºs 2 a 4 e 6 do artigo anterior, com as necessárias adaptações.

2 – As alterações a que se refere o número anterior só produzem efeitos em relação a terceiros após a publicação dos estatutos no *Boletim do Trabalho e Emprego* ou, na falta desta, depois de decorridos 30 dias a contar do registo.

ARTIGO 318.º
Conteúdo dos estatutos

1 – Com os limites dos artigos seguintes, os estatutos devem conter e regular:

- *a)* A denominação, a localidade da sede, o âmbito subjectivo, objectivo e geográfico, os fins e a duração, quando a associação não se constitua por período indeterminado;
- *b)* A aquisição e a perda da qualidade de associado, bem como os respectivos direitos e deveres;
- *c)* Os princípios gerais em matéria disciplinar;
- *d)* Os respectivos órgãos, entre os quais deve haver uma assembleia geral ou uma assembleia de representantes de associados, um órgão colegial de direcção e um conselho fiscal, bem como o número de membros e o funcionamento daqueles;
- *e)* No caso de estar prevista uma assembleia de representantes, os princípios reguladores da respectiva eleição, tendo em vista a representatividade desse órgão;
- *f)* O exercício do direito de tendência;
- *g)* O regime de administração financeira, o orçamento e as contas;

h) O processo de alteração dos estatutos;
i) A extinção, dissolução e consequente liquidação, bem como o destino do respectivo património.

2 – A denominação deve identificar o âmbito subjectivo, objectivo e geográfico da associação e não pode confundir-se com a denominação de outra associação existente.

3 – As associações sindicais têm obrigatoriamente sede em território nacional.

4 – No caso de os estatutos preverem a existência de uma assembleia de representantes de associados, nomeadamente um congresso ou conselho geral, esta exerce os direitos previstos na lei para a assembleia geral.

ARTIGO 319.º
Princípios da organização e da gestão democráticas

No respeito pelos princípios da organização e da gestão democráticas, as associações sindicais devem reger-se, nomeadamente, em obediência às seguintes regras:

a) Todo o associado no gozo dos seus direitos sindicais tem o direito de participar na actividade da associação, incluindo o de eleger e ser eleito para a direcção e ser nomeado para qualquer cargo associativo, sem prejuízo de poderem estabelecer-se requisitos de idade e de tempo de inscrição;

b) A assembleia geral reúne-se ordinariamente, pelo menos, uma vez por ano;

c) Deve ser possibilitado a todos os associados o exercício efectivo do direito de voto, podendo os estatutos prever para tanto a realização simultânea de assembleias gerais por áreas regionais ou secções de voto, ou outros sistemas compatíveis com as deliberações a tomar;

d) Nenhum associado pode estar representado em mais do que um dos órgãos electivos;

e) São asseguradas iguais oportunidades a todas as listas concorrentes às eleições para a direcção, devendo constituir-se para fiscalizar o processo eleitoral uma comissão eleitoral composta pelo presidente da mesa da assembleia geral e por representantes de cada uma das listas concorrentes;

f) Com as listas, os proponentes apresentam o seu programa de acção, o qual, juntamente com aquelas, deve ser amplamente divulgado, por forma que todos os associados dele possam ter conhecimento prévio, nomeadamente pela sua exposição em lugar bem visível na sede da associação durante o prazo mínimo de oito dias;

g) O mandato dos membros da direcção não pode ter duração superior a quatro anos, sendo permitida a reeleição para mandatos sucessivos;
h) Os corpos sociais podem ser destituídos por deliberação da assembleia geral, devendo os estatutos regular os termos da destituição e da gestão da associação sindical até ao início de funções de novos corpos sociais;
i) As assembleias gerais devem ser convocadas com ampla publicidade, indicando-se a hora, local e objecto, e devendo ser publicada a convocatória com antecedência mínima de três dias em um dos jornais da localidade da sede da associação sindical ou, não o havendo, em um dos jornais aí mais lidos;
j) A convocação das assembleias gerais compete ao presidente da respectiva mesa, por sua iniciativa ou a pedido da direcção, ou de 10% ou 200 dos associados.

ARTIGO 320.º
Participação nos processos eleitorais

Os associados têm os direitos previstos no anexo II, «Regulamento», em matéria de participação em processos eleitorais que se desenvolvam no âmbito da associação sindical.

ARTIGO 321.º
Regime disciplinar

O regime disciplinar deve assegurar o procedimento escrito e o direito de defesa do associado, devendo a sanção de expulsão ser apenas aplicada aos casos de grave violação de deveres fundamentais.

ARTIGO 322.º
Aquisição e impenhorabilidade de bens

1 – Os bens móveis e imóveis cuja utilização seja estritamente indispensável ao funcionamento das associações sindicais são impenhoráveis.
2 – Os bens imóveis destinados ao exercício de actividades compreendidas nos fins próprios das associações sindicais não gozam da impenhorabilidade estabelecida no número anterior sempre que, cumulativamente, se verifiquem as seguintes condições:

a) A aquisição, construção, reconstrução, modificação ou beneficiação desses bens seja feita mediante recurso a financiamento por terceiros com garantia real, previamente registada;
b) O financiamento por terceiros e as condições de aquisição sejam objecto de deliberação da assembleia geral de associados ou de órgão deliberativo estatutariamente competente.

ARTIGO 323.º
Publicidade dos membros da direcção

1 – O presidente da mesa da assembleia geral deve remeter a identificação dos membros da direcção, bem como cópia da acta da assembleia que os elegeu, ao ministério responsável pela área laboral no prazo de 10 dias após a eleição, para publicação imediata no *Boletim do Trabalho e Emprego*.

2 – O ministério responsável pela área laboral remete, oficiosamente, ao membro do Governo responsável pela área da Administração Pública cópia da documentação referida no número anterior.

ARTIGO 324.º
Dissolução e destino dos bens

Em caso de dissolução de uma associação sindical, os respectivos bens não podem ser distribuídos pelos associados.

ARTIGO 325.º
Cancelamento do registo

1 – A extinção judicial ou voluntária da associação sindical deve ser comunicada ao ministério responsável pela área laboral que procede ao cancelamento do respectivo registo, produzindo efeitos a partir da respectiva publicação no *Boletim do Trabalho e Emprego*.

2 – O ministério responsável pela área laboral comunica, oficiosamente, ao membro do Governo responsável pela área da Administração Pública o cancelamento do registo da associação sindical.

SUBSECÇÃO III
Quotização sindical

ARTIGO 326.º
Garantias

1 – O trabalhador não pode ser obrigado a pagar quotas para associação sindical em que não esteja inscrito.

2 – A aplicação do sistema de cobrança e entrega de quotas sindicais não pode implicar para o trabalhador qualquer discriminação, nem o pagamento de outras quotas ou indemnizações, ou provocar-lhe sanções que, de qualquer modo, atinjam a sua liberdade de trabalho.

3 – A entidade empregadora pública pode proceder ao tratamento automatizado de dados pessoais dos trabalhadores, referentes a filiação sindical, desde que, nos termos da lei, sejam exclusivamente utilizados no processamento do sistema de cobrança e entrega de quotas sindicais, previsto nesta secção.

ARTIGO 327.º
Carteiras profissionais

A falta de pagamento das quotas não pode prejudicar a passagem de carteiras profissionais ou de quaisquer outros documentos essenciais à actividade profissional do trabalhador, quando a emissão desses documentos seja da competência das associações sindicais.

ARTIGO 328.º
Cobrança de quotas

1 – O sistema de cobrança e entrega de quotas sindicais determina para a entidade empregadora pública a obrigação de proceder à dedução do valor da quota sindical na remuneração do trabalhador, entregando essa quantia à associação sindical em que aquele está inscrito até ao dia 15 do mês seguinte.

2 – A responsabilidade pelas despesas necessárias para a entrega à associação sindical do valor da quota deduzida pela entidade empregadora pública pode ser definida por instrumento de regulamentação colectiva de trabalho ou por acordo entre entidade empregadora pública e trabalhador.

3 – O sistema de cobrança e entrega de quotas sindicais referido no n.º 1 pode resultar de:

a) Instrumento de regulamentação colectiva de trabalho;
b) Pedido expresso do trabalhador dirigido à entidade empregadora pública.

4 – Na situação prevista na alínea *a*) do número anterior, a cobrança de quotas por dedução na remuneração do trabalhador com a consequente entrega à respectiva associação sindical depende ainda de declaração do trabalhador autorizando a referida dedução.

5 – Na situação prevista na alínea *b*) do n.º 3, o pedido expresso do trabalhador constitui manifestação inequívoca da sua vontade de lhe serem descontadas na remuneração as quotas sindicais.

ARTIGO 329.º
Declaração, pedido e revogação

1 – O sistema de cobrança e entrega de quotas sindicais, previsto no artigo anterior, mantém-se em vigor enquanto o trabalhador não revogar a sua declaração com as seguintes indicações:

a) Nome e assinatura do trabalhador;
b) Sindicato em que o trabalhador está inscrito;
c) Valor da quota estatutariamente estabelecida.

2 – O trabalhador deve enviar cópia ao sindicato respectivo da declaração de autorização ou do pedido de cobrança, previstos no artigo anterior, bem como da respectiva revogação.

3 – A declaração de autorização ou o pedido de cobrança, previstos no artigo anterior, bem como a respectiva revogação, produzem efeitos a partir do 1.º dia do mês seguinte ao da sua entrega à entidade empregadora pública.

SUBSECÇÃO IV
Exercício da actividade sindical no órgão ou serviço

ARTIGO 330.º
Acção sindical no órgão ou serviço

1 – Os trabalhadores e os sindicatos têm direito a desenvolver actividade sindical no interior do órgão ou serviço, nomeadamente através de delegados sindicais, comissões sindicais e comissões intersindicais.

2 – O exercício do direito referido no número anterior não pode comprometer a realização do interesse público e o normal funcionamento dos órgãos ou serviços.

ARTIGO 331.º
Reuniões de trabalhadores

1 – Os trabalhadores podem reunir-se nos locais de trabalho, fora do horário de trabalho observado pela generalidade dos trabalhadores, mediante convocação do órgão competente da associação sindical, do delegado sindical ou da comissão sindical ou intersindical, sem prejuízo do normal funcionamento, no caso de trabalho por turnos ou de trabalho extraordinário.

2 – Os trabalhadores podem reunir-se durante o horário de trabalho observado pela generalidade dos trabalhadores até um período máximo de quinze horas por ano, que contam como tempo de serviço efectivo, desde que assegurem o funcionamento dos serviços de natureza urgente e essencial.

3 – A convocação das reuniões referidas nos números anteriores é regulada nos termos previstos no anexo II, «Regulamento».

ARTIGO 332.º
Delegado sindical, comissão sindical
e comissão intersindical

1 – Os delegados sindicais são eleitos e destituídos nos termos dos estatutos dos respectivos sindicatos, em escrutínio directo e secreto.

2 – Nos órgãos ou serviços em que o número de delegados o justifique, ou que compreendam estabelecimentos periféricos ou unidades orgânicas desconcentradas, podem constituir-se comissões sindicais de delegados.

3 – Sempre que num órgão ou serviço existam delegados de mais de um sindicato pode constituir-se uma comissão intersindical de delegados.

ARTIGO 333.º
Comunicação à entidade empregadora pública sobre eleição
e destituição dos delegados sindicais

1 – As direcções dos sindicatos comunicam por escrito à entidade empregadora pública a identificação dos delegados sindicais, bem como daqueles que fazem parte de comissões sindicais e intersindicais de delegados, sendo o teor dessa comunicação publicitado nos locais reservados às informações sindicais.

2 – O mesmo deve ser observado no caso de substituição ou cessação de funções.

ARTIGO 334.º
Número de delegados sindicais

O número máximo de delegados sindicais que beneficiam do regime de protecção previsto neste Regime é determinado da seguinte forma:

   a) Órgão ou serviço, estabelecimento periférico ou unidade orgânica desconcentrada com menos de 50 trabalhadores sindicalizados – um membro;
   b) Órgão ou serviço, estabelecimento periférico ou unidade orgânica desconcentrada com 50 a 99 trabalhadores sindicalizados – dois membros;
   c) Órgão ou serviço, estabelecimento periférico ou unidade orgânica desconcentrada com 100 a 199 trabalhadores sindicalizados – três membros;
   d) Órgão ou serviço, estabelecimento periférico ou unidade orgânica desconcentrada com 200 a 499 trabalhadores sindicalizados – seis membros;
   e) Órgão ou serviço, estabelecimento periférico ou unidade orgânica desconcentrada com 500 ou mais trabalhadores sindicalizados – seis membros, acrescendo um por cada 200 trabalhadores sindicalizados.

ARTIGO 335.º
Direito a instalações

Os titulares de cargos dirigentes dos órgãos ou serviços, estabelecimentos periféricos ou unidades orgânicas desconcentradas põem à disposição dos delegados sindicais, sempre que estes o requeiram e as condições físicas das instalações o permitam, um local apropriado ao exercício das suas funções.

ARTIGO 336.º
Direito de afixação e informação sindical

Os delegados sindicais têm o direito de afixar, no interior do órgão ou serviço e em local apropriado, para o efeito reservado pela entidade empregadora pública, textos, convocatórias, comunicações ou informações relativos à vida sindical e aos interesses sócio-profissionais dos trabalhadores, bem como proceder à sua distribuição, mas sem prejuízo, em qualquer dos casos, do funcionamento normal do órgão ou serviço.

ARTIGO 337.º
Direito a informação e consulta

1 – Os delegados sindicais gozam do direito a informação e consulta relativamente às matérias constantes das suas atribuições.

2 – O direito a informação e consulta abrange, para além de outras referidas na lei ou identificadas em acordo colectivo de trabalho, as seguintes matérias:

    a) A informação sobre a evolução recente e a evolução provável das actividades do órgão ou serviço, do estabelecimento periférico ou da unidade orgânica desconcentrada e a sua situação financeira;

    b) A informação e consulta sobre a situação, a estrutura e a evolução provável do emprego no órgão ou serviço e sobre as eventuais medidas de antecipação previstas, nomeadamente em caso de ameaça para o emprego;

    c) A informação e consulta sobre as decisões susceptíveis de desencadear mudanças substanciais a nível da organização do trabalho ou dos contratos de trabalho.

3 – Os delegados sindicais devem requerer, por escrito, respectivamente, ao órgão de direcção do órgão ou serviço ou ao dirigente do estabelecimento periférico ou da unidade orgânica desconcentrada, os elementos de informação respeitantes às matérias referidas nos números anteriores.

4 – As informações são-lhes prestadas, por escrito, no prazo de 10 dias, salvo se, pela sua complexidade, se justificar prazo maior, que nunca deve ser superior a 30 dias.

5 – Quando esteja em causa a tomada de decisões por parte da entidade empregadora pública no exercício dos poderes de direcção e de organização decorrentes do contrato de trabalho, os procedimentos de informação e consulta deverão ser conduzidos, por ambas as partes, no sentido de alcançar, sempre que possível, o consenso.

ARTIGO 338.º
Crédito de horas dos delegados sindicais

1 – Cada delegado sindical dispõe, para o exercício das suas funções, de um crédito de doze horas por mês.

2 – O crédito de horas a que se refere o número anterior é atribuído nos termos previstos no n.º 8 do artigo 250.º do anexo II, «Regulamento», com as necessárias adaptações.

SUBSECÇÃO V
Membros da direcção das associações sindicais

ARTIGO 339.º
Crédito de horas e faltas dos membros da direcção

1 – Para o exercício das suas funções cada membro da direcção beneficia de um crédito de horas por mês e do direito a faltas justificadas para o exercício de funções sindicais.

2 – O crédito de horas a que se refere o número anterior, bem como o regime aplicável às faltas justificadas para o exercício de funções sindicais, é definido nos termos previstos no anexo II, «Regulamento».

(…)

ANEXO II
REGULAMENTO

(…)

CAPÍTULO XVI
Exercício da actividade sindical

SECÇÃO I
Actos eleitorais

ARTIGO 240.º
Âmbito

A presente secção regula o artigo 320.º do Regime.

ARTIGO 241.º
Participação nos processos eleitorais

1 – Para a realização de assembleias constituintes de associações sindicais ou para efeitos de alteração dos estatutos ou eleição dos corpos gerentes, os trabalhadores gozam dos seguintes direitos:

a) Dispensa de serviço para os membros da assembleia geral eleitoral e da

comissão fiscalizadora eleitoral, até ao limite de sete membros, pelo período máximo de 10 dias úteis, com possibilidade de utilização de meios dias;
  b) Dispensa de serviço para os elementos efectivos e suplentes que integram as listas candidatas pelo período máximo de seis dias úteis, com possibilidade de utilização de meios dias;
  c) Dispensa de serviço para os membros da mesa, até ao limite de três ou até ao limite do número de listas concorrentes, se o número destas for superior a três, por período não superior a um dia;
  d) Dispensa de serviço aos trabalhadores com direito de voto, pelo tempo necessário para o exercício do respectivo direito;
  e) Dispensa de serviço aos trabalhadores que participem em actividades de fiscalização do acto eleitoral durante o período de votação e contagem dos votos.

2 – A pedido das associações sindicais ou das comissões promotoras da respectiva constituição, é permitida a instalação e funcionamento de mesas de voto nos locais de trabalho durante as horas de serviço.

3 – As dispensas de serviço previstas no n.º 1 não são imputadas noutros créditos previstos na lei.

4 – As dispensas de serviço previstas no n.º 1 são equiparadas a serviço efectivo, para todos os efeitos legais.

5 – O exercício dos direitos previstos no presente artigo só pode ser impedido com fundamento, expresso e por escrito, em grave prejuízo para a realização do interesse público.

ARTIGO 242.º
Formalidades

1 – A comunicação para a instalação e funcionamento das mesas de voto deve ser, por meios idóneos e seguros, apresentada ao dirigente máximo do órgão ou serviço com antecedência não inferior a 10 dias, e dela deve constar:
  a) A identificação do acto eleitoral;
  b) A indicação do local pretendido;
  c) A identificação dos membros da mesa ou substitutos;
  d) O período de funcionamento.

2 – A instalação e o funcionamento das mesas de voto consideram-se autorizados se nos três dias imediatos à apresentação da comunicação não for proferido despacho em contrário e notificado à associação sindical ou comissão promotora.

ARTIGO 243.º
Votação

1 – A votação decorre dentro do período normal de funcionamento do órgão ou serviço.

2 – O funcionamento das mesas não pode prejudicar o normal funcionamento dos órgãos e serviços.

ARTIGO 244.º
Votação em local diferente

Os trabalhadores que devam votar em local diferente daquele em que exerçam funções só nele podem permanecer pelo tempo indispensável ao exercício do seu direito de voto.

ARTIGO 245.º
Extensão

No caso de consultas eleitorais estatutariamente previstas ou de outras respeitantes a interesses colectivos dos trabalhadores, designadamente congressos ou outras de idêntica natureza, podem ser concedidas facilidades aos trabalhadores, em termos a definir, caso a caso, por despacho do membro do Governo responsável pela área da Administração Pública.

SECÇÃO II
Reuniões de trabalhadores

ARTIGO 246.º
Âmbito

A presente secção regula o n.º 3 do artigo 331.º do Regime.

ARTIGO 247.º
Convocação de reuniões de trabalhadores

1 – Para efeitos do n.º 2 do artigo 331.º do Regime, as reuniões podem ser convocadas:

a) Pela comissão sindical ou pela comissão intersindical;
b) Excepcionalmente, pelas associações sindicais ou os respectivos delegados.

2 – Cabe exclusivamente às associações sindicais reconhecer a existência das circunstâncias excepcionais que justificam a realização da reunião.

ARTIGO 248.º
Procedimento

1 – Os promotores das reuniões devem comunicar à entidade empregadora pública, com a antecedência mínima de vinte e quatro horas, a data, hora, número previsível de participantes e local em que pretendem que elas se efectuem, devendo afixar as respectivas convocatórias.

2 – No caso das reuniões a realizar durante o horário de trabalho, os promotores devem apresentar uma proposta que assegure o funcionamento dos serviços de natureza urgente e essencial.

3 – Após a recepção da comunicação referida no n.º 1 e, sendo caso disso, da proposta prevista no número anterior, a entidade empregadora pública deve pôr à disposição dos promotores das reuniões, desde que estes o requeiram e as condições físicas das instalações o permitam, um local apropriado à realização das mesmas, tendo em conta os elementos da comunicação e da proposta, bem como a necessidade de respeitar o disposto na parte final dos n.ºs 1 e 2 do artigo 331.º do Regime.

4 – Os membros da direcção das associações sindicais que não trabalhem no órgão ou serviço podem participar nas reuniões mediante comunicação dos promotores à entidade empregadora pública com a antecedência mínima de seis horas.

CAPÍTULO XVII
Associações sindicais

ARTIGO 249.º
Âmbito

O presente capítulo regula o n.º 2 do artigo 339.º do Regime.

ARTIGO 250.º
Crédito de horas dos membros da direcção

1 – Sem prejuízo do disposto em instrumento de regulamentação colectiva de trabalho, o número máximo de membros da direcção da associação sindical que beneficiam do crédito de horas é determinado da seguinte forma:

   a) Associações sindicais com um número igual ou inferior a 200 associados – 1 membro;
   b) Associações sindicais com mais de 200 associados – 1 membro por cada 200 associados ou fracção, até ao limite máximo de 50 membros.

2 – Nas associações sindicais cuja organização interna compreenda estruturas de direcção de base regional ou distrital beneficiam ainda do crédito de horas, numa das seguintes soluções:

   a) Nas estruturas de base regional, até ao limite máximo de sete – 1 membro por cada 200 associados ou fracção correspondente a, pelo menos, 100 associados, até ao limite máximo de 20 membros da direcção de cada estrutura;
   b) Nas estruturas de base distrital, até ao limite máximo de 18 – 1 membro por cada 200 associados ou fracção correspondente a, pelo menos, 100 associados, até ao limite máximo de 7 membros da direcção de cada estrutura.

3 – Da aplicação conjugada dos n.ºs 1 e 2 deve corrigir-se o resultado por forma a que não se verifique um número inferior a 1,5 do resultado da aplicação do disposto na alínea *b)* do n.º 1, considerando-se, para o efeito, que o limite máximo aí referido é de 100 membros.

4 – Quando as associações sindicais compreendam estruturas distritais no continente e estruturas nas regiões autónomas aplica-se-lhes o disposto na alínea *b)* do n.º 2 e o disposto na alínea *a)* do mesmo número até ao limite máximo de 2 estruturas.

5 – Em alternativa ao disposto nos números anteriores, sem prejuízo do disposto em instrumento de regulamentação colectiva de trabalho, o número máximo de membros da direcção de associações sindicais representativas de trabalhadores das autarquias locais que beneficiam do crédito de horas é determinado da seguinte forma:

   a) Município em que exercem funções entre 25 e 50 trabalhadores sindicalizados – 1 membro;
   b) Município em que exercem funções 50 a 99 trabalhadores sindicalizados – 2 membros;

c) Município em que exercem funções 100 a 199 trabalhadores sindicalizados – 3 membros;
d) Município em que exercem funções 200 a 499 trabalhadores sindicalizados – 4 membros;
e) Município em que exercem funções 500 a 999 trabalhadores sindicalizados – 6 membros;
f) Município em que exercem funções 1000 a 1999 trabalhadores sindicalizados – 7 membros;
g) Município em que exercem funções 2000 a 4999 trabalhadores sindicalizados – 8 membros;
h) Município em que exercem funções 5000 a 9999 trabalhadores sindicalizados – 10 membros;
i) Município em que exercem funções 10 000 ou mais trabalhadores sindicalizados – 12 membros.

6 – Para o exercício das suas funções, cada membro da direcção beneficia, nos termos dos números anteriores, do crédito de horas correspondente a quatro dias de trabalho por mês, que pode utilizar em períodos de meio dia, mantendo o direito à remuneração.

7 – A associação sindical deve comunicar a identificação dos membros que beneficiam do crédito de horas à Direcção-Geral da Administração e do Emprego Público e ao órgão ou serviço em que exercem funções, até 15 de Janeiro de cada ano civil e nos 15 dias posteriores a qualquer alteração da composição da respectiva direcção, salvo se especificidade do ciclo de actividade justificar calendário diverso.

8 – A associação sindical deve comunicar aos órgãos ou serviços onde exercem funções os membros da direcção referidos nos números anteriores as datas e o número de dias de que os mesmos necessitam para o exercício das respectivas funções com um dia de antecedência ou, em caso de impossibilidade, num dos dois dias úteis imediatos.

9 – O previsto nos números anteriores não prejudica a possibilidade de a direcção da associação sindical atribuir créditos de horas a outros membros da mesma, ainda que pertencentes a serviços diferentes, e independentemente de estes se integrarem na administração directa ou indirecta do Estado, na administração regional, na administração autárquica ou noutra pessoa colectiva pública, desde que, em cada ano civil, não ultrapasse o montante global do crédito de horas atribuído nos termos dos n.os 1 a 3 e comunique tal facto à Direcção-Geral da Administração e do Emprego Público e ao órgão ou serviço em que exercem funções com a antecedência mínima de 15 dias.

10 – Os membros da direcção de federação, união ou confederação não beneficiam de crédito de horas, aplicando-se-lhes o disposto no número seguinte.

11 – Os membros da direcção de federação, união ou confederação podem celebrar acordos de cedência de interesse público para o exercício de funções sindicais naquelas estruturas de representação colectiva, sendo as respectivas remunerações asseguradas pela entidade empregadora pública cedente até ao seguinte número máximo de membros da direcção:

  a) 4 membros, no caso das confederações sindicais que representem pelo menos 5% do universo dos trabalhadores que exercem funções públicas;
  b) No caso de federações, 2 membros por cada 10 000 associados ou fracção correspondente, pelo menos, a 5000 associados, até ao limite máximo de 10 membros;
  c) 1 membro quando se trate de união de âmbito distrital ou regional e represente pelo menos 5% do universo dos trabalhadores que exerçam funções na respectiva área.

12 – Para os efeitos previstos na alínea *b)* do número anterior, deve atender-se ao número de trabalhadores filiados nas associações que fazem parte daquelas estruturas de representação colectiva de trabalhadores.

13 – A Direcção-Geral da Administração e do Emprego Público, bem como entidade em que esta em razão da especificidade das carreiras delegue essa função, mantém actualizado mecanismos de acompanhamento e controlo do sistema de créditos previstos nos números anteriores.

ARTIGO 251.º
Não cumulação de crédito de horas

Não pode haver lugar a cumulação do crédito de horas pelo facto de o trabalhador pertencer a mais de uma estrutura de representação colectiva dos trabalhadores.

ARTIGO 252.º
Faltas

1 – Os membros da direcção referidos nos n.ºs 6 e 9 do artigo 250.º cuja identificação é comunicada à Direcção-Geral da Administração e do Emprego Público e ao órgão ou serviço em que exercem funções, nos termos do n.ºs 7 e 9 do mesmo artigo, para além do crédito de horas, usufruem ainda do direito a faltas justificadas, que contam para todos os efeitos legais como serviço efectivo, salvo quanto à remuneração.

2 – Os demais membros da direcção usufruem do direito a faltas justificadas até ao limite de 33 faltas por ano, que contam para todos os efeitos legais como serviço efectivo, salvo quanto à remuneração.

ARTIGO 253.º
Suspensão do contrato

1 – Quando as faltas determinadas pelo exercício de actividade sindical, previstas no artigo anterior, se prolongarem para além de um mês aplica-se o regime de suspensão do contrato por facto respeitante ao trabalhador.

2 – O disposto no número anterior não é aplicável aos membros da direcção cuja ausência no local de trabalho, para além de um mês, seja determinada pela cumulação do crédito de horas.

DIREITO À GREVE

ANEXO I
REGIME

(…)

TÍTULO III
Direito colectivo

(…)

SUBTÍTULO III
Conflitos colectivos

(…)

CAPÍTULO II
Greve

ARTIGO 392.º
Direito à greve

1 – A greve constitui, nos termos da Constituição, um direito dos trabalhadores.

2 – Compete aos trabalhadores definir o âmbito de interesses a defender através da greve.

3 – O direito à greve é irrenunciável.

ARTIGO 393.º
Competência para declarar a greve

1 – O recurso à greve é decidido pelas associações sindicais.

2 – Sem prejuízo do direito reconhecido às associações sindicais no número anterior, as assembleias de trabalhadores podem decidir do recurso à greve, por voto secreto, desde que no respectivo órgão ou serviço a maioria dos trabalhadores não esteja representada por associações sindicais e que a assembleia seja expressamente convocada para o efeito por 20% ou 200 trabalhadores.

3 – As assembleias referidas no número anterior deliberam validamente desde que participe na votação a maioria dos trabalhadores do órgão ou serviço e que a declaração de greve seja aprovada pela maioria dos votantes.

ARTIGO 394.º
Representação dos trabalhadores

1 – Os trabalhadores em greve serão representados pela associação ou associações sindicais ou por uma comissão eleita para o efeito, no caso a que se refere o n.º 2 do artigo anterior.

2 – As entidades referidas no número anterior podem delegar os seus poderes de representação.

ARTIGO 395.º
Piquetes de greve

A associação sindical ou a comissão de greve pode organizar piquetes para desenvolver actividades tendentes a persuadir os trabalhadores a aderirem à greve, por meios pacíficos, sem prejuízo do reconhecimento da liberdade de trabalho dos não aderentes.

ARTIGO 396.º
Aviso prévio

1 – As entidades com legitimidade para decidirem o recurso à greve devem dirigir à entidade empregadora pública, ao membro do Governo responsável pela área da Administração Pública e aos restantes membros do Governo competentes, por meios idóneos, nomeadamente por escrito ou através dos meios de comunicação social, um aviso prévio, com o prazo mínimo de cinco dias úteis.

2 – Para os casos dos n.ᵒˢ 1 e 2 do artigo 399.º, o prazo de aviso prévio é de 10 dias úteis.

3 – O aviso prévio deve conter uma proposta de definição dos serviços necessários à segurança e manutenção do equipamento e instalações, bem como, sempre que a greve se realize em órgão ou serviço que se destine à satisfação de necessidades sociais impreteríveis, uma proposta de definição de serviços mínimos.

ARTIGO 397.º
Proibição de substituição dos grevistas

1 – A entidade empregadora pública não pode, durante a greve, substituir os grevistas por pessoas que à data do aviso prévio referido no número anterior não trabalhavam no respectivo órgão ou serviço, nem pode, desde aquela data, admitir novos trabalhadores para aquele efeito.

2 – A concreta tarefa desempenhada pelo trabalhador em greve não pode, durante esse período, ser realizada por empresa especialmente contratada para o efeito, salvo no caso de não estarem garantidos a satisfação das necessidades sociais impreteríveis ou os serviços necessários à segurança e manutenção do equipamento e instalações.

ARTIGO 398.º
Efeitos da greve

1 – A greve suspende, no que respeita aos trabalhadores que a ela aderirem, as relações emergentes do contrato, consequência, desvincula-os dos deveres de subordinação e assiduidade.

2 – Relativamente aos vínculos laborais dos grevistas, mantêm-se, durante a greve, os direitos, deveres e garantias das partes na medida em que não pressuponham a efectiva prestação do trabalho, assim como os direitos previstos na legislação sobre protecção social e as prestações devidas por acidentes de trabalho e doenças profissionais.

3 – O período de suspensão não pode prejudicar a antiguidade e os efeitos dela decorrentes, nomeadamente no que respeita à contagem de tempo de serviço.

ARTIGO 399.º
Obrigações durante a greve

1 – Nos órgãos ou serviços que se destinem à satisfação de necessidades sociais impreteríveis ficam as associações sindicais e os trabalhadores obrigados

a assegurar, durante a greve, a prestação dos serviços mínimos indispensáveis para ocorrer à satisfação daquelas necessidades.

2 – Para efeitos do disposto no número anterior, consideram-se órgãos ou serviços que se destinam à satisfação de necessidades sociais impreteríveis os que se integram, nomeadamente, em alguns dos seguintes sectores:

a) Segurança pública, quer em meio livre quer em meio institucional;
b) Correios e telecomunicações;
c) Serviços médicos, hospitalares e medicamentosos;
d) Salubridade pública, incluindo a realização de funerais;
e) Serviços de energia e minas, incluindo o abastecimento de combustíveis;
f) Distribuição e abastecimento de água;
g) Bombeiros;
h) Serviços de atendimento ao público que assegurem a satisfação de necessidades essenciais cuja prestação incumba ao Estado;
i) Transportes relativos a passageiros, animais e géneros alimentares deterioráveis e a bens essenciais à economia nacional, abrangendo as respectivas cargas e descargas;
j) Transporte e segurança de valores monetários.

3 – As associações sindicais e os trabalhadores ficam obrigados a prestar, durante a greve, os serviços necessários à segurança e manutenção do equipamento e instalações.

ARTIGO 400.º
Definição dos serviços mínimos

1 – Os serviços mínimos previstos nos n.ºs 1 e 3 do artigo anterior devem ser definidos por instrumento de regulamentação colectiva de trabalho ou por acordo com os representantes dos trabalhadores.

2 – Na ausência de previsão em instrumento de regulamentação colectiva de trabalho e não havendo acordo anterior ao aviso prévio quanto à definição dos serviços mínimos previstos no n.º 1 do artigo anterior, o membro do Governo responsável pela área da Administração Pública convoca os representantes dos trabalhadores referidos no artigo 394.º e os representantes das entidades empregadoras públicas interessadas, tendo em vista a negociação de um acordo quanto aos serviços mínimos e quanto aos meios necessários para os assegurar.

3 – Na falta de um acordo até ao termo do 3.º dia posterior ao aviso prévio de greve, a definição dos serviços e dos meios referidos no número anterior compete a um colégio arbitral composto por três árbitros constantes das listas de árbitros previstas no artigo 375.º, nos termos previstos no anexo II, «Regulamento».

4 – A decisão do colégio arbitral produz efeitos imediatamente após a sua notificação aos representantes referidos no n.º 2 e deve ser afixada nas instalações do órgão ou serviço, nos locais habitualmente destinados à informação dos trabalhadores.

5 – Os representantes dos trabalhadores a que se refere o artigo 394.º devem designar os trabalhadores que ficam adstritos à prestação dos serviços referidos no artigo anterior, até vinte e quatro horas antes do início do período de greve, e, se não o fizerem, deve a entidade empregadora pública proceder a essa designação.

6 – A definição dos serviços mínimos deve respeitar os princípios da necessidade, da adequação e da proporcionalidade.

ARTIGO 401.º
Regime de prestação dos serviços mínimos

1 – Os trabalhadores afectos à prestação de serviços mínimos mantêm-se, na estrita medida necessária à prestação desses serviços, sob a autoridade e direcção da entidade empregadora pública, tendo direito, nomeadamente, à remuneração.

2 – O disposto no número anterior é aplicável a trabalhadores que prestem durante a greve os serviços necessários à segurança e manutenção do equipamento e instalações.

ARTIGO 402.º
Incumprimento da obrigação de prestação dos serviços mínimos

No caso de não cumprimento da obrigação de prestação de serviços mínimos, sem prejuízo dos efeitos gerais, o Governo pode determinar a requisição ou mobilização, nos termos previstos em legislação especial.

ARTIGO 403.º
Termo da greve

A greve termina por acordo entre as partes ou por deliberação das entidades que a tiverem declarado, cessando imediatamente os efeitos previstos no artigo 398.º.

ARTIGO 404.º
Proibição de discriminações devidas à greve

É nulo e de nenhum efeito todo o acto que implique coacção, prejuízo ou discriminação sobre qualquer trabalhador por motivo de adesão ou não à greve.

ARTIGO 405.º
Inobservância da lei

1 – A greve declarada ou executada de forma contrária à lei faz incorrer os trabalhadores grevistas no regime de faltas injustificadas.

2 – O disposto no número anterior não prejudica a aplicação, quando a tal haja lugar, dos princípios gerais em matéria de responsabilidade civil.

ARTIGO 406.º
Lock-out

1 – É proibido o *lock-out*.

2 – Considera-se *lock-out* qualquer decisão unilateral da entidade empregadora pública que se traduza na paralisação total ou parcial do órgão ou serviço ou na interdição do acesso aos locais de trabalho a alguns ou à totalidade dos trabalhadores e, ainda, na recusa em fornecer trabalho, condições e instrumentos de trabalho que determine ou possa determinar a paralisação de todos ou alguns sectores do órgão ou serviço ou desde que, em qualquer caso, vise atingir finalidades alheias à normal actividade do órgão ou serviço.

ARTIGO 407.º
Contratação colectiva

1 – Para além das matérias referidas no n.º 1 do artigo 400.º, pode a contratação colectiva estabelecer normas especiais relativas a procedimentos de resolução dos conflitos susceptíveis de determinar o recurso à greve, assim como limitações, durante a vigência do instrumento de regulamentação colectiva de trabalho, à declaração de greve por parte dos sindicatos outorgantes com a finalidade de modificar o conteúdo desse acordo colectivo de trabalho.

2 – As limitações previstas na segunda parte do número anterior não prejudicam, nomeadamente a declaração de greve com fundamento:

a) Na alteração anormal das circunstâncias a que se refere o n.º 2 do artigo 368.º;
b) No incumprimento do acordo colectivo de trabalho.

3 – O trabalhador não pode ser responsabilizado pela adesão a greve declarada em incumprimento das limitações previstas no n.º 1.

DURAÇÃO E HORÁRIO DE TRABALHO DOS TRABALHADORES NOMEADOS

DECRETO-LEI N.º 259/98, de 18 de Agosto

(Com a redacção actualizada na sequência da Declaração de Rectificação n.º 13-E/98, de 31 de Agosto, do Dec.-Lei n.º 169/2006, de 17 de Agosto, e do Dec.-Lei n.º 64-A/2008, de 31 de Dezembro, que aprovou o Orçamento do Estado para 2009)

Com a publicação do Decreto-Lei n.º 187/88, de 27 de Maio, consagrou-se, pela primeira vez na Administração Pública, um instrumento legal que, de modo sistemático, reuniu os princípios fundamentais enformadores do regime jurídico da duração de trabalho.

Decorridos cerca de 10 anos sobre a sua aplicação, impõe-se adaptar este regime às transformações sócio-laborais que se têm vindo a verificar, bem como às alterações que a experiência vem ditando, no sentido de melhorar o funcionamento e a operacionalidade dos serviços e organismos da Administração Pública, tendo em vista a sua adequação às necessidades e à disponibilidade dos cidadãos.

De entre as alterações introduzidas merecem realce: a distinção entre o período de funcionamento e o período de atendimento, com a obrigatoriedade de afixação pública deste, a uniformização da duração do horário de trabalho, sem prejuízo da fixação de um período transitório, a consagração da audição dos trabalhadores, através das suas organizações representativas, na fixação das condições de prestação de trabalho, a faculdade da abertura dos serviços em dias de feiras e mercados relevantes, a criação do regime de prestação de trabalho sujeito apenas ao cumprimento de objectivos, situação que facilita a concretização do designado «teletrabalho», o alargamento do âmbito de aplicação do trabalho a meio tempo e a atribuição dos dirigentes máximos dos serviços da responsabilidade de gestão dos regimes de prestação de trabalho, entre outras.

As alterações, ora propostas, foram negociadas com as organizações representativas dos trabalhadores da função pública, no quadro do acordo salarial para 1996 e compromissos de médio e longo prazos.

Foram ouvidos os órgãos de Governo próprio das Regiões Autónomas e a Associação Nacional de Municípios Portugueses.

Assim:

No uso da autorização legislativa concedida pelo n.º 1 do artigo único da Lei n.º 11/98, de 24 de Fevereiro, e nos termos do n.º 5 do artigo 112.º. e da alínea b) do n.º 1 do artigo 198.º da Constituição, o Governo decreta o seguinte:

CAPÍTULO I
Objecto, âmbito e princípios gerais

ARTIGO 1.º
Objecto e âmbito

1 – O presente diploma estabelece as regras e os princípios gerais em matéria de duração e horário de trabalho na Administração Pública.

2 – O regime instituído no presente diploma aplica-se a todos os serviços da Administração Pública, incluindo os institutos públicos que revistam a natureza de serviços personalizados ou de fundos públicos.

ARTIGO 2.º
Período de funcionamento

1 – Entende-se por período de funcionamento o período diário durante o qual os serviços exercem a sua actividade.

2 – Sem prejuízo do disposto no artigo 10.º, o período normal de funcionamento dos serviços não pode iniciar-se antes das 8 horas, nem terminar depois das 20 horas, sendo obrigatoriamente afixado de modo visível aos trabalhadores nomeados.

ARTIGO 3.º
Período de atendimento

1 – Entende-se por período de atendimento o período durante o qual os serviços estão abertos para atender o público, podendo este período ser igual ou inferior ao período de funcionamento.

2 – O período de atendimento deve, tendencialmente, ter a duração mínima de sete horas diárias, abranger o período da manhã e da tarde e ter obrigatoriamente afixadas, de modo visível ao público, nos locais de atendimento, as horas do seu início e do seu termo.

3 – Na definição e fixação do período de atendimento deve atender-se aos interesses dos utentes dos serviços e respeitar-se os direitos dos respectivos trabalhadres nomeados.

4 – Os serviços podem estabelecer um período excepcional de atendimento, sempre que o interesse do público fundamentadamente o justifique, designadamente nos dias de feiras e mercados localmente relevantes, ouvindo-se as organizações representativas dos trabalhadores e sem prejuízo do disposto nos artigos 26.º e 33.º.

5 – Fora dos períodos de atendimento, os serviços colocam ao dispor dos utentes meios adequados a permitir a comunicação, através da utilização de tecnologias próprias que permitam o seu registo para posterior resposta.

ARTIGO 4.º
Regimes de prestação de trabalho

O trabalho pode, de acordo com as atribuições do serviço ou organismo e com a natureza da actividade desenvolvida, ser prestado nos seguintes regimes:

a) Sujeito ao cumprimento do horário diário;
b) Sujeito ao cumprimento de objectivos definidos.

ARTIGO 5.º
Fixação e compatibilização dos períodos de funcionamento e de atendimento com os regimes de prestação de trabalho

Compete ao dirigente máximo dos serviços fixar os períodos de funcionamento e atendimento dos serviços, assegurando a sua compatibilidade com a existência de diversos regimes de prestação de trabalho, por forma a garantir o regular cumprimento das missões que lhes estão cometidas.

ARTIGO 6.º
Responsabilidade da gestão dos regimes de prestação de trabalho

1 – Compete ao dirigente máximo do serviço, em função das atribuições e competências de cada serviço ou organismo:

a) Determinar os regimes de prestação de trabalho e horários mais adequados;
b) Aprovar o número de turnos e respectiva duração;
c) Aprovar as escalas nos horários por turnos;
d) Autorizar os horários específicos previstos no artigo 22.º

2 – As matérias constantes nas alíneas a) e b) do número anterior devem ser fixadas em regulamento interno após consulta prévia dos trabalhadores nomeados, através das suas organizações representativas.

3 – Compete ao pessoal dirigente e de chefia autorizar os trabalhadores nomeados hierarquicamente dependentes a ausentar-se do serviço durante o período de presença obrigatória.

CAPÍTULO II
Duração do trabalho

SECÇÃO I
Regime geral da duração de trabalho

ARTIGO 7.º
Duração semanal do trabalho

1 – A duração semanal do trabalho nos serviços abrangidos pelo presente diploma é de trinta e cinco horas.

2 – O disposto no número anterior não prejudica a existência de regimes de duração semanal inferior já estabelecidos, nem os que se venham a estabelecer mediante despacho conjunto do membro do Governo responsável pelo serviço e do membro do Governo que tiver a seu cargo a Administração Pública.

ARTIGO 8.º
Limite máximo do período normal de trabalho

1 – O período normal de trabalho diário tem a duração de sete horas.

2 – O limite previsto no número anterior não é aplicável no caso de horários flexíveis.

ARTIGO 9.º
Semana de trabalho e descanso semanal

1 – A semana de trabalho é, em regra, de cinco dias.

2 – Os trabalhadores nomeados têm direito a um dia de descanso semanal, acrescido de um dia de descanso complementar que devem coincidir com o domingo e o sábado, respectivamente.

3 – Os dias de descanso referidos no número anterior podem deixar de coincidir com o domingo e o sábado nos seguintes casos:

- a) Pessoal dos serviços que encerrem a sua actividade noutros dias da semana;
- b) Pessoal dos serviços cuja continuidade de actividade não possa ser interrompida;
- c) Pessoal dos serviços de limpeza e de outros serviços preparatórios ou complementares que devem necessariamente ser efectuados nos dias de descanso do restante pessoal;
- d) Pessoal dos serviços de inspecção de actividades que não encerrem ao sábado e ao domingo;
- e) Pessoal de outros serviços em que o interesse público o justifique, designadamente nos dias de feiras ou de mercados.

4 – Quando a natureza do serviço ou razões de interesse do público o exijam, pode o dia de descanso complementar ser gozado, segundo opção do trabalhador, do seguinte modo:

- a) Dividido em dois períodos imediatamente anteriores ou posteriores ao dia de descanso semanal;
- b) Meio-dia imediatamente anterior ou posterior ao dia de descanso semanal, sendo o tempo restante deduzido na duração normal de trabalho dos restantes dias úteis, sem prejuízo da duração semanal de trabalho.

SECÇÃO II
Regimes especiais da duração de trabalho

ARTIGO 10.º
Regime dos serviços de funcionamento especial

1 – Nos serviços de regime de funcionamento especial, a semana de trabalho é de cinco dias e meio, sendo reconhecido ao respectivo pessoal o direito a um dia de descanso semanal, acrescido de meio-dia de descanso semanal complementar.

2 – Consideram-se serviços de regime de funcionamento especial:

a) Os serviços de laboração contínua;
b) Os estabelecimentos de ensino;
c) Os serviços de saúde e os serviços médico-legais;
d) Os mercados e demais serviços de abastecimento;
e) Os cemitérios;
f) Os serviços de luta contra incêndios e de ambulâncias;
g) Os serviços de recolha e tratamento de lixos;
h) Os museus, palácios, monumentos nacionais, sítios e parques arqueológicos, salas de espectáculo e serviços de produção artística, dependentes do Ministério da Cultura;
i) Os serviços de leitura das bibliotecas, arquivos e secções abertos ao público dependentes do Ministério da Cultura;
j) Os postos de turismo.

3 – Nos serviços de regime de funcionamento especial, o meio dia de descanso complementar é sempre gozado no período imediatamente anterior ou posterior ao dia de descanso semanal o qual, por determinação do dirigente máximo do serviço, pode deixar de coincidir com o domingo.

4 – Relativamente a certos grupos profissionais que exerçam funções nos serviços de regime de funcionamento especial, pode, em alternativa, ser determinada a adopção do regime previsto nos n.os 2 a 4 do artigo anterior por despacho do dirigente máximo do serviço.

5 – O regime da semana de cinco dias deve ser progressivamente estendido aos serviços com regime de funcionamento especial, por portaria do membro do Governo competente, do Ministro das Finanças e do membro do Governo que tutela a Administração Pública, desde que daí não resulte o encerramento dos serviços aos utentes nem agravamento dos encargos com o pessoal.

ARTIGO 11.º
Regime do trabalho a meio tempo

1 – Os trabalhadores nomeados podem requerer o exercício de funções a tempo parcial, o qual corresponde a um período normal de trabalho semanal inferior ao praticado a tempo completo, podendo aquele ser autorizado desde que não implique qualquer prejuízo para o serviço e as características da actividade desenvolvida pelos requerentes o permitam.

2 – Deve ser dada preferência, para o exercício de funções a tempo parcial, aos trabalhadores com responsabilidades familiares, com capacidade de trabalho

reduzida, com deficiência ou doença crónica ou que frequentem estabelecimentos e ensino médio ou superior.

3 – Conforme haja sido requerido, o trabalho a tempo parcial pode ser prestado em todos ou em alguns dias da semana, sem prejuízo do descanso semanal, devendo a autorização fixar o número de dias de trabalho, assim como a indicação do período normal de trabalho diário e semanal com referência comparativa ao trabalho a tempo completo.

4 – O trabalhador a tempo parcial pode passar a trabalhar a tempo completo, ou o inverso, por período determinado, renovável, mediante autorização do dirigente máximo do órgão ou serviço.

5 – Quando a passagem de trabalho a tempo completo para trabalho a tempo parcial, nos termos do número anterior, se verificar por período determinado até ao máximo de três anos, o trabalhador tem direito a retomar a prestação de trabalho a tempo completo.

6 – As reduções de duração de trabalho a tempo parcial superiores a seis meses conferem aos órgãos ou serviços a possibilidade de nomear transitoriamente um trabalhador, por período idêntico ao autorizado para a redução, com vista ao desempenho de funções no restante tempo parcial.

7 – No caso previsto no n.º 5, o trabalhador nomeado não pode retomar antecipadamente a prestação de trabalho a tempo completo quando, nos termos do número anterior, se tenha verificado a sua substituição por um trabalhador nomeado transitoriamente e enquanto esta nomeação durar.

8 – O limite anual de horas de trabalho extraordinário para fazer face a acréscimos eventuais de trabalho, aplicável e trabalhador a tempo parcial, é de 80 horas por ano ou o correspondente à proporção entre o respectivo período normal de trabalho e o de trabalhador a tempo completo, quando superior.

9 – O trabalhador a tempo parcial tem direito à remuneração base prevista na lei, em proporção do respectivo período normal de trabalho semanal, e ao subsídio de refeição, excepto quando a sua prestação de trabalho diário seja inferior a metade da duração diária do trabalho a tempo completo, sendo então calculado em proporção do respectivo período normal de trabalho semanal.

10 – São ainda calculados, em proporção do período normal de trabalho semanal do trabalhador a tempo parcial, os suplementos remuneratórios devidos pelo exercício de funções em postos de trabalho que apresentem condições mais exigentes de forma permanente, bem como os prémios de desempenho, previstos na lei.

11 – O trabalho a tempo parcial conta, proporcionalmente para efeitos de antiguidade na carreira e categoria.

ARTIGO 12.º
Outros regimes especiais de duração de trabalho

1 – Sempre que a política de emprego público o justifique, designadamente a renovação dos efectivos da Administração Pública, podem ser estabelecidos outros regimes de trabalho a tempo parcial.

2 – Quando as características de risco, penosidade e insalubridade decorrentes da actividade exercida o exijam, devem ser fixados regimes de duração semanal inferiores aos previstos no presente diploma.

CAPÍTULO III
Regimes de trabalho e condições da sua prestação

SECÇÃO I
Princípios gerais

ARTIGO 13.º
Horário de trabalho

1 – Entende-se por horário de trabalho a determinação das horas do início e do termo do período normal de trabalho diário ou dos respectivos limites, bem como dos intervalos de descanso.

2 – O período normal de trabalho diário é interrompido por um intervalo de descanso de duração não inferior a uma hora nem superior a duas, excepto em casos excepcionais devidamente fundamentados, de modo que os trabalhadores nomeados não prestem mais do que cinco horas de trabalho consecutivo, salvo no caso de jornada contínua.

3 – Pode ser fixado para os funcionários e agentes portadores de deficiência, pelo respectivo dirigente máximo e a pedido do interessado, mais do que um intervalo de repouso e com duração diferente da prevista no número anterior, mas sem exceder no total o limite nele estabelecido.

4 – Ao pessoal encarregado da limpeza dos serviços deve ser fixado um horário especial que recaia apenas num dos períodos do dia e evite a completa coincidência do exercício das suas funções com os períodos normais do serviço ou plataformas fixas.

ARTIGO 14.º
Modo de verificação dos deveres de assiduidade e de pontualidade

1 – Os trabalhadores nomeados devem comparecer regularmente ao serviço às horas que lhes forem designadas e aí permanecer continuamente, não podendo ausentar-se salvo nos termos e pelo tempo autorizados pelo respectivo superior hierárquico, sob pena de marcação de falta, de acordo com a legislação aplicável.

2 – O cumprimento dos deveres de assiduidade e pontualidade, bem como do período normal de trabalho, deve ser verificado por sistemas de registo automáticos, mecânicos ou de outra natureza.

3 – No caso de horários flexíveis, a verificação a que se refere o número anterior deve ser feita, no local de trabalho, através de sistemas de registo automáticos ou mecânicos.

4 – Nos serviços com mais de 50 trabalhadores, a verificação dos deveres de assiduidade e de pontualidade é efectuada por sistemas de registo automáticos ou mecânicos, salvo casos excepcionais, devidamente fundamentados e autorizados pelo dirigente máximo do serviço, com a anuência do respectivo Ministro da tutela e do membro do Governo que tenha a seu cargo a Administração Pública, mediante despacho conjunto.

SECÇÃO II
Modalidades de horário de trabalho

ARTIGO 15.º
Modalidades de horário

1 – Em função da natureza das suas actividades, podem os serviços adopta uma ou, simultaneamente, mais do que uma das seguintes modalidades de horário de trabalho:

a) Horários flexíveis;
b) Horário rígido;
c) Horários desfasados;
d) Jornada contínua;
e) Trabalho por turnos.

2 – Para além dos horários referidos no número anterior, podem ser fixados horários específicos de harmonia com o previsto no artigo 22.º.

ARTIGO 16.º
Horários flexíveis

1 – Horários flexíveis são aqueles que permitem aos trabalhadores nomeados de um serviço gerir os seus tempos de trabalho, escolhendo as horas de entrada e de saída.

2 – A adopção de qualquer horário flexível está sujeita às seguintes regras:

   a) A flexibilidade não pode afectar o regular e eficaz funcionamento dos serviços, especialmente no que respeita às relações com o público;
   b) É obrigatória a previsão de plataformas fixas da parte da manhã e da parte da tarde, as quais não podem ter, no seu conjunto, duração inferior a quatro horas;
   c) Não podem ser prestadas, por dia, mais de nove horas de trabalho;
   d) O cumprimento da duração do trabalho deve ser aferido à semana, à quinzena ou ao mês.

3 – O débito de horas, apurado no final de cada período de aferição, dá lugar à marcação de uma falta, que deve ser justificada nos termos da legislação aplicável, por cada período igual ou inferior à duração média diária do trabalho.

4 – Relativamente aos trabalhadores nomeados portadores de deficiência, o excesso ou débito de horas apurado no final de cada um dos períodos de aferição pode ser transportado para o período imediatamente seguinte e nele compensado, desde que não ultrapasse o limite de cinco e dez horas, respectivamente, para a quinzena e para o mês.

5 – Para efeitos do disposto no n.º 3, a duração média do trabalho é de sete horas e, nos serviços com funcionamento ao sábado de manhã, a que resultar do respectivo regulamento.

6 – As faltas a que se refere o n.º 3 são reportadas ao último dia ou dias do período de aferição a que o débito respeita.

ARTIGO 17.º
Horário rígido

1 – Horário rígido é aquele que, exigindo o cumprimento da duração semanal do trabalho, se reparte por dois períodos diários, com horas de entrada e de saída fixas idênticas, separados por um intervalo de descanso.

2 – O horário rígido é o seguinte:

   a) Serviços de regime de funcionamento comum que encerram ao sábado:
   Período da manhã – das 9 horas às 12 horas e 30 minutos; Período da tarde – das 14 horas às 17 horas e 30 minutos;

b) Serviços de regime de funcionamento especial que funcionam ao sábado de manhã:

Período da manhã – das 9 horas e 30 minutos às 12 horas e 30 minutos de segunda-feira a sexta-feira, e até às 12 horas aos sábados;
Período da tarde – das 14 horas às 17 horas e 30 minutos de segunda-feira a sexta-feira.

3 – A adopção do horário rígido não prejudica o estabelecido no 11.º 3 do artigo 13.º.

ARTIGO 18.º
Horários desfasados

Horários desfasados são aqueles que, embora mantendo inalterado o período normal de trabalho diário, permitem estabelecer, serviço a serviço ou para determinado grupo ou grupos de pessoal, e sem possibilidade de opção, horas fixas diferentes de entrada e de saída.

ARTIGO 19.º
Jornada contínua

1 – A jornada contínua consiste na prestação ininterrupta de trabalho, salvo um período de descanso nunca superior a trinta minutos, que, para todos os efeitos, se considera tempo de trabalho.

2 – A jornada contínua deve ocupar, predominantemente, um dos períodos do dia e determinar uma redução do período normal de trabalho diário nunca superior a uma hora, a fixar na regulamentação a que se refere o n.º 2 do artigo 6.º.

3 – A jornada contínua pode ser adoptada nos casos previstos no artigo 22.º e em casos excepcionais devidamente fundamentados.

ARTIGO 20.º
Trabalho por turnos

1 – O trabalho por turnos é aquele em que, por necessidade do regular e normal funcionamento do serviço, há lugar à prestação de trabalho em pelo menos dois períodos diários e sucessivos, sendo cada um de duração não inferior à duração média diária do trabalho.

2 – A prestação de trabalho por turnos deve obedecer às seguintes regras:

a) Os turnos são rotativos, estando o respectivo pessoal sujeito à sua variação regular;
b) Nos serviços de funcionamento permanente não podem ser prestados mais de seis dias consecutivos de trabalho;
c) As interrupções a observar em cada turno devem obedecer ao princípio de que não podem ser prestadas mais de cinco horas de trabalho consecutivo;
d) As interrupções destinadas a repouso ou refeição, quando não superiores a 30 minutos, consideram-se incluídas no período de trabalho;
e) O dia de descanso semanal deve coincidir com o domingo, pelo menos uma vez em cada período de quatro semanas;
f) Salvo casos excepcionais, como tal reconhecidos pelo dirigente do serviço e aceites pelo interessado, a mudança de turno só pode ocorrer após o dia de descanso.

ARTIGO 21.º
Subsídio de turno

1 – O pessoal em regime de trabalho por turnos, desde que um dos turnos seja total ou parcialmente coincidente com o período nocturno, tem direito a um subsídio correspondente a um acréscimo de remuneração.

2 – O montante do subsídio de turno é variável em função do número de turnos adoptados, bem como do carácter permanente ou não do funcionamento do serviço.

3 – As percentagens fixadas para o subsídio de turno incluem a remuneração devida por trabalho nocturno.

4 – A prestação de trabalho em regime de turnos confere direito a atribuição de um subsídio correspondente a um acréscimo de remuneração calculada sobre o vencimento fixado no índice remuneratório da categoria onde o trabalhador estiver posicionado de acordo com as seguintes percentagens:

a) A *25% a 22% quando o regime de turnos for permanente, total ou parcial;
b) A *22% a 20% quando o regime de turnos for semanal prolongado, total ou parcial;
c) A *20% a 15% quando o regime de turnos for semanal total ou parcial.

5 – As percentagens de acréscimo de remuneração referidas no número anterior são estabelecidas no regulamento interno a que se refere o n.º 2 do artigo 6.º, tendo em conta o regime de turnos.

6 – O regime de turnos será permanente quando o trabalho for prestado em todos os sete dias da semana, semanal prolongado quando for prestado em todos os cinco dias úteis e no sábado ou domingo e semanal quando for prestado apenas de segunda-feira a sexta-feira.

7 – O regime de turnos será total quando for prestado em, pelos menos, três períodos de trabalho diário e parcial quando for prestado apenas em dois períodos.

8 – A percepção do subsídio de turno não afasta a remuneração por trabalho extraordinário e em dias de descanso semanal ou complementar, nos termos da lei geral, sempre que haja necessidade de prolongar o período de trabalho.

9 – Só há lugar a subsídio de turno enquanto for devido o vencimento de exercício.

10 – O subsídio de um turno está sujeito ao desconto da quota legal para a Caixa Geral de Aposentações e intervém no cálculo da pensão de aposentação pela forma prevista na alínea b) do n.º 1 do artigo 47.º do Estatuto da Aposentação.

(*Declaração de Rectificação n.º 13-E/98, de 31 de Agosto)

ARTIGO 22.º
Horários específicos

1 – Os dirigentes dos serviços devem fixar aos trabalhadores-estudantes, nos termos da Lei n.º 116/97, de 4 de Novembro, horários de trabalho adequados à frequência das aulas e às inerentes deslocações para os respectivos estabelecimentos de ensino.

2 – De igual modo, aos trabalhadores nomeados com descendentes ou afins na linha recta descendente, adoptandos ou adaptados a cargo, com idade inferior a 12 anos ou que sejam portadores de deficiência e se encontrem em alguma das situações previstas no artigo 5.º do Decreto-Lei n.º 170/80, de 29 de Maio, devem ser fixados, nos termos do artigo 15.º da Lei n.º 4/84, de 5 de Abril, alterada pela Lei n.º 17/95, de 9 de Junho, pelo Decreto-Lei n.º 194/96, de 16 de Outubro, e pela Lei n.º 102/97, de 13 de Setembro, horários de trabalho ajustados, na medida do possível, ao acompanhamento dos mesmos.

(Nota: esta remissão deve considerar-se, hoje, como feita para o Código do Trabalho)

3 – No interesse dos trabalhadores nomeados, podem ainda ser fixados horários específicos sempre que outras circunstâncias relevantes, devidamente fundamentadas, o justifiquem.

4 – Os horários referidos nos números anteriores são fixados pelos dirigentes dos serviços, a requerimento dos interessados, e podem incluir, para além da jornada contínua, regimes de flexibilidade mais amplos, sem prejuízo da observância do disposto no artigo 13.º.

5 – Podem ainda ser fixados outros horários específicos sempre que circunstâncias relevantes relacionadas com a natureza das actividades desenvolvidas, devidamente fundamentadas e sujeitas a consulta prévia dos trabalhadores nomeados, através das suas organizações representativas, o justifiquem.

SECÇÃO III
Não sujeição a horário de trabalho e isenção de horário de trabalho

ARTIGO 23.º
Não sujeição a horário de trabalho

1 – Entende-se por não sujeição a horário de trabalho a prestação de trabalho não sujeita ao cumprimento de qualquer das modalidades de horário previstas no presente diploma, nem à observância do dever geral de assiduidade e de cumprimento da duração semanal de trabalho.

2 – A adopção de qualquer regime de prestação de trabalho não sujeita a horário obedece às seguintes regras:

a) Concordância expressa do trabalhador nomeado relativamente às tarefas e aos prazos da sua realização;
b) Destinar-se à realização de tarefas constantes do plano de actividades do serviço, desde que calendarizadas, e cuja execução esteja atribuída ao trabalhador nomeado não sujeito a horário;
c) Fixação de um prazo certo para a realização da tarefa a executar, que não eleve exceder o limite máximo de 10 dias úteis;
d) Não autorização ao mesmo trabalhador nomeado mais do que uma vez por trimestre.

3 – O não cumprimento da tarefa no prazo acordado, sem motivos justificados, impede o trabalhador nomeado de utilizar este regime durante o prazo de um ano a contar da data do incumprimento.

4 – A não sujeição a horário de trabalho não dispensa o contacto regular do trabalhador nomeado com o serviço, nem a sua presença no local do trabalho, sempre que tal se mostre necessário.

ARTIGO 24.º
Isenção de horário de trabalho

1 – Gozam da isenção de horário de trabalho o pessoal dirigente, bem como os chefes de repartição e de secção e o pessoal de categorias legalmente equipa-

radas, bem como o pessoal cujas funções não conferem direito a trabalho extraordinário.

2 – A isenção de horário não dispensa a observância do dever geral de assiduidade, nem o cumprimento da duração semanal de trabalho legalmente estabelecida.

CAPÍTULO IV
Trabalho extraordinário, nocturno, em dias de descanso e em feriados

SECÇÃO I
Trabalho extraordinário

ARTIGO 25.º
Noção

1 – Considera-se extraordinário o trabalho que for prestado:
a) Fora do período normal de trabalho diário;
b) Nos casos de horário flexível, para além do número de horas a que o trabalhador se encontra obrigado em cada um dos períodos de aferição ou fora do período de funcionamento normal do serviço.

2 – Não há lugar a trabalho extraordinário no regime de isenção de horário e no regime de não sujeição a horário de trabalho.

ARTIGO 26.º
Prestação de trabalho extraordinário

1 – Só é admitida a prestação de trabalho extraordinário quando as necessidades do serviço imperiosamente o exigirem, em virtude da acumulação anormal ou imprevista de trabalho ou da urgência na realização de tarefas especiais não constantes do plano de actividades e, ainda, em situações que resultem de imposição legal.

2 – Salvo o disposto no número seguinte, os trabalhadores nomeados não podem recusar-se ao cumprimento de trabalho extraordinário.

3 – Não são obrigados à prestação de trabalho extraordinário os trabalhadores nomeados que:
a) Sejam portadores de deficiência;

b) Estejam em situação de gravidez;
c) Tenham à sua guarda descendentes ou afins na linha recta, adoptandos ou adoptados de idade inferior a 12 anos ou que, sendo portadores de deficiência, careçam de acompanhamento dos progenitores;
d) Gozem do estatuto de trabalhador-estudante;
e) Invoquem motivos atendíveis.

ARTIGO 27.º
Limites ao trabalho extraordinário

1 – O trabalho extraordinário não pode exceder duas horas por dia, nem ultrapassar *cem horas por ano.

2 – A prestação de trabalho extraordinário não pode determinar um período de trabalho diário superior a nove horas.

3 – Os limites fixados nos números anteriores podem, no entanto, ser ultrapassados:

a) Em casos especiais, regulados em diploma próprio, a negociar com as associações sindicais;
b) Quando se trate de motoristas, telefonistas e outro pessoal auxiliar que seja indispensável manter ao serviço;
c) Quando se trate de pessoal administrativo e auxiliar que preste serviço nos gabinetes dos membros do Governo ou equiparados e de pessoal da Presidência da República destacado para, normal ou eventualmente, prestar apoio ao Gabinete do Presidente da República;
d) Em circunstâncias excepcionais e delimitadas no tempo, mediante autorização do membro do Governo competente ou, quando esta não for possível, mediante confirmação da mesma entidade, a proferir nos 15 dias posteriores à ocorrência.

4 – Nos casos das alíneas b) e d) a não oposição dos trabalhadores vale como assentimento à prestação do trabalho.

5 – Na administração local, os limites fixados nos n.ºs 1 e 2 do presente artigo podem ser ultrapassados quando se trate de pessoal administrativo ou auxiliar que preste apoio às reuniões ou sessões dos órgãos autárquicos, bem como motoristas, telefonistas e outro pessoal auxiliar ou operário, cuja manutenção em serviço seja expressamente fundamentada e reconhecida como indispensável.

(*Redacção do Dec.-Lei n.º 169/2006, de 17 de Agosto)

ARTIGO 28.º
Compensação do trabalho extraordinário

1 – As horas extraordinárias são compensadas, de acordo com a opção do trabalhador nomeado, por um dos seguintes sistemas:

a) Dedução posterior no período normal de trabalho, conforme as disponibilidades de serviço, a efectuar dentro do ano civil em que o trabalho foi prestado, acrescida de 25% ou de 50%, respectivamente, nos casos de trabalho extraordinário diurno e nocturno;
b) Acréscimo na retribuição horária, com as seguintes percentagens: 25% para a primeira hora de trabalho extraordinário diurno, 50% para as horas subsequentes de trabalho extraordinário diurno, 60% para a primeira hora de trabalho extraordinário nocturno e 90% para as restantes horas de trabalho extraordinário nocturno.

2 – Na remuneração por trabalho extraordinário só são de considerar, em cada dia, períodos mínimos de meia hora, sendo sempre remunerados os períodos de duração inferior como correspondentes a meia hora.

3 – Quando o trabalho extraordinário diurno se prolongar para além das 20 horas, a meia hora que abranger o período de trabalho diurno e nocturno é remunerada como extraordinária diurna ou nocturna, consoante não haja ou haja efectiva prestação de trabalho para além daquele limite horário, conferindo, ainda, direito ao subsídio de refeição.

4 – As percentagens referidas na alínea b) do n.º 1 para o trabalho extraordinário nocturno são mantidas quando, no prosseguimento daquele, se transitar para trabalho extraordinário diurno.

5 – Nos primeiros oito dias do mês seguinte àquele em que foi realizado trabalho extraordinário, o trabalhador nomeado deve comunicar aos serviços o sistema por que tenha optado.

ARTIGO 29.º
Compensação por dedução do período normal de trabalho

1 – O sistema previsto na alínea a) do n.º 1 do artigo anterior pode revestir uma das seguintes formas:

a) Dispensa, até ao limite de um dia de trabalho por semana;
b) Acréscimo do período de férias no mesmo ano ou no ano seguinte até ao limite máximo de cinco dias úteis seguidos.

2 – Nos horários flexíveis, a compensação das horas extraordinárias faz-se, em regra, por dedução no período normal de trabalho, salvo quando se mostrar inviável por razões de exclusiva conveniência do serviço e nos casos previstos na alínea d) do n.º 3 do artigo 27.º, em que o pessoal mantém o direito de opção.

3 – As horas extraordinárias que não possam ser compensadas nos termos dos números anteriores são remuneradas de acordo com o disposto na alínea b) do n.º 1 do artigo anterior.

ARTIGO 30.º
Limites remuneratórios

1 – Os trabalhadores nomeados não podem, em cada mês, receber por trabalho extraordinário mais do que um terço do índice remuneratório respectivo, pelo que não pode ser exigida a sua realização quando implique a ultrapassagem desse limite.

2 – Exceptua-se do disposto no número anterior o pessoal referido na alínea c) do n.º 3 do artigo 27.º, bem como os motoristas afectos a directores-gerais ou a pessoal de cargos equiparados, os quais podem receber pelo trabalho extraordinário realizado até 60% do vencimento do índice remuneratório respectivo.

3 – O disposto nos números anteriores não prejudica os limites fixados para o pessoal operário e auxiliar afecto às residências oficiais do Presidente da República e do Primeiro-Ministro, nos termos da legislação em vigor.

4 – Na administração local podem ser abonadas importâncias até 60% do respectivo índice remuneratório do pessoal administrativo ou auxiliar que preste apoio a reuniões ou sessões dos órgãos autárquicos, bem como aos motoristas, telefonistas e outro pessoal auxiliar, afectos, por deliberação expressa, ao serviço da presidência dos órgãos executivos e ainda aos motoristas afectos a pessoal de cargos equiparados a director-geral.

ARTIGO 31.º
Registo de horas extraordinárias

Os serviços devem preencher e enviar mensalmente à Direcção-Geral do Orçamento em impresso próprio a indicação do número de horas extraordinárias por cada trabalhador nomeado, o respectivo fundamento legal e as correspondentes remunerações.

SECÇÃO II
Trabalho nocturno

ARTIGO 32.º
Noção e regime

1 – Considera-se trabalho nocturno o prestado entre as 20 horas de um dia e as 7 horas do dia seguinte.

2 – O trabalho nocturno pode ser normal ou extraordinário.

3 – A retribuição do trabalho normal nocturno é calculada através da multiplicação do valor da hora normal de trabalho pelo coeficiente 1,25.

4 – O disposto no número anterior não se aplica às categorias cujas funções, pela sua natureza, só possam ser exercidas em período predominantemente nocturno, salvo casos excepcionais devidamente autorizados pelos Ministros da tutela, das Finanças e do membro do Governo responsável pela Administração Pública, mediante despacho conjunto.

SECÇÃO III
Trabalho em dias de descanso semanal, de descanso complementar e em feriados

ARTIGO 33.º
Regime

1 – A prestação de trabalho em dia de descanso semanal, de descanso complementar e em feriado pode ter lugar nos casos e nos termos previstos no artigo 26.º, não podendo ultrapassar a duração normal de trabalho diário.

2 – O trabalho prestado em dia de descanso semanal é compensado por um acréscimo de remuneração calculado através da multiplicação do valor da hora normal de trabalho pelo coeficiente 2 e confere ainda direito a um dia completo de descanso na semana de trabalho seguinte.

3 – A prestação de trabalho em dia de descanso complementar ou feriado é compensada apenas pelo acréscimo de remuneração referido no número anterior.

4 – Nos casos em que o feriado recaia em dia de descanso semanal aplica-se na íntegra o regime previsto no n.º 2.

5 – O regime previsto nos n.ºs 2, 3 e 4 pode ser aplicado ao pessoal dirigente e de chefia, desde que a prestação de trabalho seja autorizada pelo membro do Governo competente.

6 – O disposto no n.º 1 é aplicável aos trabalhadores nomeados que se deslocam ao estrangeiro em representação do Estado Português.

7 – A prestação de trabalho efectuada nos termos do número anterior confere o direito a um dia completo de descanso, a gozar de acordo com a conveniência do serviço.

SECÇÃO IV
Autorização e responsabilização

ARTIGO 34.º
Autorização

1 – A prestação de trabalho extraordinário e em dia de descanso semanal, descanso complementar e feriado deve ser previamente autorizado pelo dirigente do respectivo serviço ou organismo ou pelas entidades que superintendem nos gabinetes a que alude a alínea c) do n.º 3 do artigo 27.º

2 – Exceptuam-se do disposto no número anterior, quanto aos feriados, os serviços que, por força da actividade exercida, laborem normalmente nesse dia.

3 – Os trabalhadores nomeados interessados devem ser informados, salvo casos excepcionais, com a antecedência de quarenta e oito horas, da necessidade de prestarem trabalho extraordinário e em dia de descanso semanal ou complementar e em feriado.

ARTIGO 35.º
Responsabilização

1 – Os dirigentes devem limitar ao estritamente indispensável a autorização de trabalho nas modalidades previstas no presente capítulo.

2 – Os trabalhadores nomeados que tenham recebido indevidamente quaisquer abonos são obrigados à sua reposição, pela qual ficam solidariamente responsáveis os dirigentes dos respectivos serviços.

CAPÍTULO V
Disposições finais e transitórias

ARTIGO 36.º
Cálculo da remuneração horária normal

A remuneração horária é calculada através da fórmula $(R \times 12)/(52 \times N)$, sendo R o vencimento mensal auferido e N o número de horas correspondente à normal duração semanal do trabalho.

ARTIGO 37.º
Pessoal dirigente

1 – As referências feitas no presente diploma aos dirigentes máximos dos serviços entendem-se reportadas aos secretários-gerais, directores-gerais e pessoal de cargos equiparados, bem como ao pessoal dirigente directamente dependente de qualquer membro do Governo.

2 – As competências atribuídas no presente diploma aos dirigentes máximos dos serviços são, na administração local, cometidas:

a) Ao presidente da câmara municipal – nas câmaras municipais;
b) Ao presidente do conselho de administração – nas associações de municípios e nos serviços municipalizados;
c) À junta de freguesia – nas juntas de freguesia;
d) Ao presidente da mesa da assembleia distrital – nas assembleias distritais.

ARTIGO 38.º
Pessoal docente, saúde e justiça

Mantêm-se em vigor os regimes de trabalho e condições da sua prestação fixados em legislação especial para o pessoal docente e da saúde e, bem assim, para o sector da justiça, sem prejuízo do previsto artigo 15.º.

ARTIGO 39.º
Pessoal dos grupos operário e auxiliar

1 – Para o pessoal dos grupos operário e auxiliar, a duração semanal do trabalho é, transitoriamente, a seguinte:

a) Em 1998: trinta e sete horas semanais;
b) Em 1999: trinta e seis horas semanais.

2 – A duração semanal de trabalho referida no número anterior produz efeitos a partir do dia 1 de Janeiro de cada ano.

3 – O disposto no n.º 1 não prejudica a existência de regimes de duração semanal de trabalho inferiores já estabelecidos.

4 – O limite máximo do período normal de trabalho diário é, em função da duração semanal, o constante do anexo A ao presente diploma, que dele faz parte integrante.

5 – O horário rígido a que se refere o artigo 17.º do presente diploma é, nos anos de 1997 a 1999, o que consta dos anexos B e C ao presente diploma, que dele fazem parte integrante, consoante se trate de serviços de regime de funcionamento normal que encerrem ao sábado ou de serviços de regime de funcionamento especial que funcionam ao sábado de manhã, respectivamente.

6 – Transitoriamente até à generalização da duração de trabalho de trinta e cinco horas semanais, no caso de horários flexíveis devem seguir-se as seguintes regras:

a) É obrigatória a previsão das plataformas fixas da parte da manhã e da parte da tarde, as quais não podem ter, no seu conjunto, duração inferior a quatro horas, no caso de horários até trinta e sete horas, e de cinco horas, nos restantes casos;

b) Não podem ser prestados, por dia, mais de nove horas de trabalho, no caso de horários até trinta e sete horas, ou de dez horas, nos restantes casos.

7 – Para efeitos do disposto no n.º 3 do artigo 16.º, a duração média de trabalho é de sete ou oito horas para o pessoal abrangido por uma duração semanal inferior a trinta e sete horas, ou superior a este limite, respectivamente, e ainda a que resultar do respectivo regulamento, nos serviços com funcionamento ao sábado de manhã.

8 – Em caso de jornada contínua, até à generalização da duração de trabalho de trinta e cinco horas semanais, a redução referida no n.º 2 do artigo 19.º do presente diploma não pode ser superior a uma hora ou a uma hora e trinta minutos por dia, conforme a duração semanal de trabalho seja, respectivamente, inferior, ou não, a trinta e sete horas.

9 – Ao pessoal a quem, nos termos do artigo 7.º do Decreto-Lei n.º 159/96, de 4 de Setembro, foi concedido um crédito de não trabalho de três dias é mantido o direito ao subsídio de refeição durante o uso deste crédito.

10 – O crédito de não trabalho de três dias, referido no número anterior, que não foi usado até ao termo do ano civil de 1996, por razões de conveniência de serviço ou interesse relevante do próprio trabalhador, deve ser gozado durante o ano civil de 1997.

11 – Os créditos de não trabalho que não foram usados até ao termo do ano civil de 1996 podem ser gozados seguida ou interpoladamente, repartidos por meios dias ou não, e ser associados ao gozo de férias ou a um período de faltas, de qualquer natureza, mantendo-se, também, o direito ao subsídio de refeição.

ARTIGO 40.º
**Revisão do regime de trabalho a meio tempo
e da não sujeição a horário de trabalho**

Os regimes de trabalho a meio tempo e da não sujeição a horário de trabalho, constantes dos artigos 8.º e 23.º, serão obrigatoriamente revistos no prazo máximo de dois anos a contar da data da entrada em vigor do presente diploma.

ARTIGO 41.º
Legislação revogada

É revogada a Lei n.º 17/89, de 5 de Julho, e o Decreto-Lei n.º 167/80, de 29 de Maio, o Decreto-Lei n.º 235/81, de 6 de Agosto, o Decreto-Lei n.º 187/88, de 27 de Maio, o Decreto-Lei n.º 263/91, de 26 de Julho, e o Decreto-Lei n.º 159/96, de 4 de Setembro.

ARTIGO 42.º
Entrada em vigor

O presente diploma entra em vigor no dia seguinte ao da sua publicação.

ANEXO A

Ano	Duração semanal	Limite máximo do período normal de trabalho diário					
		Dias da semana					
		Segunda – -Feira	Terça – -Feira	Quarta – -Feira	Quinta – -Feira	Sexta – -Feira
1997	38	8	8	8	7	7
1998	37	8	8	7	7	7
1999	36	8	7	7	7	7

ANEXO B

Dia da semana	Manhã			Tarde		
	1997	1998	1999	1997	1998	1999
Segunda--feira	8.30-12.30	8.30-12.30	9-12.30	14-18	14-18	14-18
Terca--feira	8.30-12.30	9-12.30	9-12.30	14-18	14-18	14-18
Ouarta--feira	9-12.30	9-12.30	9-12.30	14-18	14-18	14-17.30
Quinta--feira	9-12.30	9-12.30	9-12.30	14-18	14-17.30	14-17.30
Sexta-- feira	9-12.30	9-12.30	9-12.30	14-17.30	14-17.30	14-17.30

ANEXO C

'O Dia da semana	Manhã			Tarde		
	1997	1998	1999	1997	1998	1999
Segunda--feira	9-12.30	9.30-12.30	9.30-12.30	14-17.30	14-17.30	14-17.30
Terca--feira	9-12.30	9.30-12.30	9.30-12.30	14-17.30	14-17.30	14-17.30
Ouarta--feira	9-12.30	9-12.30	9-12.30	14-17.30	14-17.30	14-17.30
Ouinta- feira	9-12.30	9-12.30	9-12.30	14-17.30	14-17.30	14-17.30
Sexta--feira	9-12.30	9-12.30	9-12.30	14-17.30	14-17.30	14-17.30
Sábado	9-12	9-12	9-12	–	–	–

SUBSÍDIO DE REFEIÇÃO

DECRETO-LEI N.º 57-B/84,
de 20 de Fevereiro

1 – O Decreto-Lei n.º 305/77, de 29 de Julho, instituiu a atribuição de um subsídio de refeição uniforme a todos os funcionários e agentes da Administração Pública, desde que exercessem funções a tempo completo.

O seu fundamental objectivo foi o de pôr termo às desigualdades detectadas resultantes da concessão discricionária e diversificada de esquemas de subvenção de refeições e de alimentação em espécie.

O regime deste subsídio, que determinou o seu pagamento constante pelos 12 meses do ano, ainda que reportado a 11 meses, levou a que tal benefício fosse configurado como um verdadeiro complemento de vencimento.

Contudo, a atribuição do subsídio de refeição não foi acompanhada das necessárias medidas para implantação racionalizada de refeitórios e redimensionamento dos existentes, o que na prática ocasionou situações de injustiça relativa, que urge corrigir.

Assim, entende o Governo dever proceder à revisão do regime do subsídio de refeição, atribuindo-lhe a natureza de benefício social a conceder como comparticipação nas despesas resultantes de uma refeição tomada fora da residência habitual, nos dias de prestação efectiva de trabalho.

No entanto, e atenta a peculiaridade de situações de horário especial, houve que as contemplar autonomamente, ainda que na sua maioria se julguem enquadráveis nos requisitos de atribuição genericamente exigidos no presente diploma.

Como medida correctiva das distorções que afectam a situação social dos trabalhadores da Administração Pública, atenuando os encargos com as refeições suportados por aqueles que não têm ainda acesso a refeitórios, aproximou-se o montante do subsídio de refeição do preço global das refeições, estimulando-se ainda a gestão coordenada dos equipamentos existentes.

2 – O presente diploma, interessa sublinhá-lo, na parte relativa ao novo montante do subsídio de refeição, filosofia geral do seu regime – atribuição por dias de trabalho efectivo – e salvaguarda da situação do pessoal docente e de outro

pessoal com horário especial, dá forma legal ao acordo celebrado entre os representantes do Governo e os da FESAP – Frente Sindical da Administração Pública, aprovado em Conselho de Ministros.
Assim:
O Governo decreta, nos termos da alínea a) do n.º 1 do artigo 201.º da Constituição, o seguinte:

ARTIGO 1.º
Âmbito

1 – Aos funcionários e agentes da administração central e local, bem como dos organismos de coordenação económica e demais institutos públicos que revistam a natureza de serviços personalizados ou de fundos públicos, é atribuído um subsídio diário de refeição.

2 – O presente diploma não se aplica ao pessoal em regime de contrato de prestação de serviços, designadamente tarefa e avença.

3 – O pessoal civil ao serviço das Forças Armadas e militarizadas não é abrangido pelo presente diploma.

ARTIGO 2.º
Requisitos de atribuição

1 – São requisitos de atribuição do subsídio de refeição:
a) A prestação diária de serviço;
b) O cumprimento de, pelo menos, metade da duração diária normal de trabalho.*

2 – Não haverá lugar à atribuição do subsídio de refeição designadamente nas seguintes situações de faltas e licenças:
a) Férias;
b) Doença;
c) Casamento;
d) Nojo;
e) Assistência a familiares;
f) Doenças infecto-contagiosas;
g) Ao abrigo da AFCT;
h) Ao abrigo do artigo 4.º do Decreto com força de lei n.º 19478, de 18 de Março de 1931;

i) Injustificadas;
j) No exercício do direito à greve;
l) Ao abrigo da Lei n.º 116/97, de 4 de Novembro**;
m) Por aplicação de suspensão preventiva e no cumprimento de penas disciplinares.

(* Redacção dada pelo Dec.-Lei n.º 70-A/2000, de 5 de Maio)
(** Novo diploma que revogou e substituiu a Lei nº 26/81, de 21 de Agosto)

ARTIGO 3.º
Docentes

1 – Ao pessoal docente com horário de trabalho completo ou equivalente será atribuído o subsídio de refeição, independentemente dos requisitos consignados no n.º 1 do artigo 2.º.

2 – Ao pessoal docente com horário de trabalho incompleto será atribuído o subsídio de refeição desde que:

a) O exercício das respectivas funções se distribua por 2 períodos diários;
b) Preste serviço por um período total mínimo diário de 4 horas.

3 – Em caso de horário nocturno incompleto, não abrangido pelo número anterior, o subsídio de refeição será atribuído quando se observe o período mínimo referido na alínea b) do mesmo número.

4 – Ao pessoal docente é aplicável o disposto no n.º 2 do artigo anterior.

ARTIGO 4.º
Outras situações de horário especial

A regulamentação da atribuição do subsídio de refeição a outros funcionários e agentes com horário especial será objecto de decreto regulamentar dos Ministros das Finanças e do Plano e da tutela e do membro do Governo que tiver a seu cargo a Administração Pública.

ARTIGO 5.º
Montante

1 – O subsídio de refeição é de 150$00 por dia de prestação de serviço.

2 – O subsídio de refeição está isento de quaisquer taxas, contribuições ou impostos e é inalienável e impenhorável.

3 – O montante do subsídio será anualmente revisto, com efeitos a partir de 1 de Janeiro, por portaria conjunta do Ministro das Finanças e do Plano e do membro do Governo que tiver a seu cargo a Administração Pública.

ARTIGO 6.º
Proibição de acumulação

Não é permitida a acumulação do subsídio de refeição com qualquer outra prestação de idêntica natureza ou finalidade, independentemente da sua denominação, ainda que atribuída pelo sector público empresarial ou pelo sector privado.

ARTIGO 7.º
Entidade processadora

1 – O subsídio de refeição é abonado, sem dependência de requerimento, pela entidade processadora do vencimento, salvo o disposto nos números seguintes.

2 – Nos casos em que o funcionário ou agente preste serviço a mais de uma entidade das referidas no n.º 1 do artigo 1.º, o subsídio de refeição é processado na totalidade por aquela em que a prestação de serviço inclua o período da refeição a que o subsídio se reporte.

3 – Para efeitos do disposto no número anterior o pagamento do subsídio de refeição depende de pedido do interessado, acompanhado dos documentos comprovativos de que idêntica prestação não lhe é concedida por outra entidade.

ARTIGO 8.º
Preço de venda da refeição

1 – O preço de venda da refeição a fornecer aos funcionários e agentes nos refeitórios dos serviços e organismos referidos no n.º 1 do artigo 1.º, bem como a regulamentação aplicável a esses refeitórios, será aprovado por portaria conjunta do Ministro das Finanças e do Plano e do membro do Governo que tiver a seu cargo a Administração Pública.

2 – É proibido o fornecimento gratuito de refeições ou a sua venda a preços inferiores aos que forem fixados, nos termos do presente diploma, pelos serviços e organismos referidos no n.º 1 do artigo 1.º, salvo o disposto no n.º 3.º da Portaria n.º 428/78, de 29 de Julho.

ARTIGO 9.º
Criação de refeitórios na administração central

1 – A criação ou redimensionamento dos refeitórios dos serviços da administração central, bem como dos organismos de coordenação económica e demais institutos públicos que revistam a natureza de serviços personalizados ou de fundos públicos, deverá obedecer a critérios de racionalidade e carece de parecer prévio dos serviços competentes dos Ministérios das Finanças e do Plano e do Equipamento Social e da Secretaria de Estado da Administração Pública, ouvida a Comissão Interministerial da Acção Social Complementar.

2 – Os refeitórios deverão ser dimensionados de acordo com uma planificação integrada das necessidades a satisfazer e numa perspectiva de economias de escala, de forma a atingirem a máxima rentabilidade.

ARTIGO 10.º

1 – Ficam congeladas as verbas consignadas no Orçamento do Estado e nos orçamentos de quaisquer serviços personalizados ou fundos públicos na parte a indicar pelos serviços e obras sociais da administração central destinadas a subsidiar refeições.

2 – As delegações da contabilidade pública não poderão expedir autorizações de pagamento relativas às requisições de fundos dos serviços e obras sociais da administração central sem que pelos mesmos sejam prestadas as informações respeitantes ao congelamento das verbas a que se refere o número anterior que sejam consideradas suficientes pela Direcção-Geral da Contabilidade Pública.

3 – Os serviços e obras sociais deverão, ainda que para tanto tenham de eliminar outras prestações que vinham concedendo, afectar prioritariamente as suas receitas ao fornecimento de refeições, designadamente desenvolvendo a celebração de acordos com serviços e organismos da Administração Pública, sector cooperativo e privado, para a maximização do aproveitamento dos refeitórios existentes.

ARTIGO 11.º
Obrigatoriedade de informações

O Ministério das Finanças e do Plano e a Secretaria de Estado da Administração Pública poderão requerer a todos os serviços e obras sociais da administração central quaisquer elementos e informações respeitantes a receitas e despesas com o fornecimento de refeições e funcionamento de refeitórios, bem como os relativos a outros benefícios sociais conferidos por aqueles serviços.

ARTIGO 12.º
Revogação

1 – É revogado o Decreto-Lei n.º 305/77, de 29 de Julho, bem como todas as normas especiais que contrariem o disposto no presente diploma.

2 – São mantidas em vigor as Portarias n.ºs 426/78, de 29 de Julho, e 1078/83, de 31 de Dezembro.

ARTIGO 13.º
Entrada em vigor

O presente diploma produz efeitos a partir de 1 de Janeiro de 1984.

ÍNDICE

PREFÁCIO	7
NOTA PRÉVIA	9
SIGLAS UTILIZADAS	13
Cap. I – Algumas considerações introdutórias. A relação jurídica de emprego público na Administração Pública	15
Cap. II – Âmbito de aplicação subjectivo e objectivo do regime jurídico de férias, faltas e licenças da Função Pública	37
Cap. III – Situações de ausência legítima ao serviço. As férias	47
Cap. IV – As Situações de Ausência Legítima ao Serviço. As Faltas Justificadas..	77
Cap. V – Situações de ausência ilegítima ao serviço. As faltas injustificadas	267
Cap. VI – Situações de ausência legítima ao serviço. As licenças	271
Cap. VII – Antiguidade. Conceitos. Listas de antiguidade	287

COLECTÂNEA DE LEGISLAÇÃO BÁSICA INCLUÍDA

REGIME DE FÉRIAS, FALTAS E LICENÇAS DOS TRABALHADORES NOMEADOS

Decreto-Lei n.º 100/99, de 31 de Março – (actualizado com as alterações introduzidas pela Lei n.º 117/99, de 11 de Agosto, pelo Dec.-Lei n.º 503/99, de 20 de Novembro, pelo Dec.-Lei n.º 70-A/2000, de 5 de Maio, pelo Dec.-Lei n.º 157/2001, de 11 de Maio, pelo Dec.-Lei n.º 169/2006, de 17 de Agosto, pelo Dec.-Lei n.º 181/2007, de 9 de Maio, pela Lei n.º 59/2008, de 11 de Setembro, e pela Lei n.º 64-A/2008, de 31 de Dezembro (Orçamento do Estado para 2009)	297
Cap. I – Âmbito	299
Cap. II – Férias	299
Dec.-Lei n.º 157/2001, de 11 de Maio	300
Cap. III – Faltas	307
Secção I – Disposições gerais	307
Secção II – Das faltas justificadas	308
Secção III – Faltas injustificadas	330
Cap. IV – Licenças	331
Secção I – Disposições gerais	331
Cap. V – Listas de antiguidade	340

Cap. VI – Disposições finais e transitórias 343
Decreto-Lei n.º 181/2007, de 9 de Maio 347

MODELO DE DECLARAÇÃO COMPROVATIVA DA DOENÇA
a que se refere o n.º 2 do art. 30.º do Dec.-Lei n.º 100/99,
de 31 de Março

Portaria n.º 666-A/2007, de 1 de Junho 351
Decreto Legislativo Regional n.º 3/2008/A Regime sobre a justificação das faltas por doença e respectivos meios de prova aplicável aos *trabalhadores nomeados* da Administração Pública 353

ESTATUTO SOBRE A PROTECÇÃO
NA PARENTALIDADE

Código do Trabalho – Aprovado pela Lei n.º 7/2009, de 12 de Fevereiro 357
Livro I – Parte geral 357
Título II – Contrato de trabalho 357
Cap. I – Disposições gerais 357
    Secção II – Sujeitos 357

PROTECÇÃO DA PARENTALIDADE NO REGIME
DA PROTECÇÃO SOCIAL CONVERGENTE

Decreto-Lei n.º 89/2009, de 9 de Abril 379
Cap. I – Disposições gerais 381
Cap. II – Condições de atribuição dos subsídios 383
    Secção I – Condições gerais 383
    Secção II – Caracterização e condições específicas de atribuição 384
Cap. III – Cálculo e montante dos subsídios 390
Cap. IV – Suspensão, cessação e articulação dos subsídios 392
    Secção I – Suspensão e cessação 392
Cap. V – Deveres dos beneficiários 394
Cap. VI – Organização e gestão do regime 394
Cap. VII – Disposições complementares 395
    Secção I – Salvaguarda do nível de protecção 395
    Secção II – Beneficiários cujo regime de vinculação seja a nomeação 396
Cap. VIII – Disposições transitórias e finais 396

PROTECÇÃO DA PARENTALIDADE NO SISTEMA PREVIDENCIAL

Decreto-Lei n.º 91/2009, de 9 de Abril 399

Cap. I – Disposições gerais	401
Cap. II – Protecção no âmbito do sistema previdencial	402
Secção I – Âmbito, caracterização dos subsídios e registo de remunerações por equivalência	402
Secção II – Condições de atribuição	410
Secção III – Montantes dos subsídios	412
Secção IV – Duração e acumulação dos subsídios	415
Cap. III – Protecção no âmbito do subsistema de solidariedade	416
Cap. IV – Deveres dos beneficiários	417
Cap. V – Disposições complementares	417
Secção I – Regime sancionatório	417
Secção II – Gestão e organização dos processos	417
Secção III – Instrução do processo	419
Secção IV – Pagamento dos subsídios	422
Cap. VI – Disposições transitórias e finais	423

PROTECÇÃO SOCIAL DOS TRABALHADORES QUE EXERCEM FUNÇÕES PÚBLICAS

Lei n.º 4/2009, de 29 de Janeiro – Define a protecção social dos trabalhadores que exercem funções públicas	425
Cap. I – Disposições gerais	425
Secção I – Objecto e âmbito	425
Secção II – Concretização da protecção social	426
Cap. II – Integração no regime geral de segurança social	427
Cap. III – Regime de protecção social convergente	428
Secção I – Disposições gerais	428
Secção II – Enquadramento no sistema previdencial	431
Secção III – Prestações	431
Secção IV – Organização e financiamento	432
Cap. IV – Concepção e coordenação da protecção social	433
Cap. V – Disposições complementares, finais e transitórias	434

REGIME DOS ACIDENTES EM SERVIÇO E DAS DOENÇAS INCAPACITANTES

Decreto-Lei n.º 503/99, de 20 de Novembro	437
Cap. I – Disposições gerais	439
Cap. II – Acidentes em serviço	444
Secção I – Da qualificação e participação do acidente	444
Secção II – Da reparação	446
Cap. III – Doenças profissionais	457
Secção I – Da qualificação e participação da doença profissional	457

Secção II – Da reparação 458
Cap. IV – Responsabilidade da Caixa Geral de Aposentações 460
Cap. V – Outras responsabilidades 465
Cap. VI – Disposições finais e transitórias 470

DOENÇAS INCAPACITANTES

Despacho Conjunto A-179/89-IX de 12 de Setembro 475

ASSISTÊNCIA NA TUBERCULOSE
AOS FUNCIONÁRIOS CIVIS E SEUS FAMILIARES

Decreto-Lei n.º 48.359, de 27 de Abril de 1968 477
Cap. I – Denominação e fins 479
Cap. II – Dos beneficiários 479
Cap. III – Das condições de admissão 480
Cap. IV – Da contribuição dos beneficiários 481
Cap. V – Da concessão de assistência 481
Cap. VI – Dos direitos 484
Cap. VII – Dos deveres 488
Cap. VIII – Das juntas médicas da AFCT 490
Cap. IX – Da administração 490
Cap. X – Disposição final 492

BOLSEIRO

Decreto-Lei n.º 220/84, de 4 de Julho 493

EQUIPARAÇÃO A BOLSEIRO NO PAÍS

Decreto-Lei n.º 272/88, de 3 de Agosto 497

EQUIPARAÇÃO A BOLSEIRO FORA DO PAÍS

Decreto-Lei n.º 282/89 de 23 de Agosto 499

ASSEMBLEIA DA REPÚBLICA

Lei n.º 59/2008, de 11 de Setembro – Aprova o Regime do Contrato de Trabalho em Funções Públicas 501

ESTATUTO DO TRABALHADOR-ESTUDANTE

Anexo I – **Regime**	513
Título II – Contrato	513
Cap. I – Disposições gerais	513
Secção I – Sujeitos	513
Anexo II – **Regulamento**	515
Cap. IV – Trabalhador-estudante	515

ESTATUTO DOS FERIADOS, FÉRIAS, FALTAS E LICENÇAS DOS TRABALHADORES CONTRATADOS

Anexo I – **Regime**	521
Título II – Contrato	521
Cap. II – Prestação do trabalho	521
Secção III – Duração e organização do tempo de trabalho	521
Anexo II – **Regulamento**	533
Cap. X – Fiscalização de doenças durante as férias	533
Secção I – Âmbito	533
Secção II – Verificação da situação de doença por médico designado pela segurança social	533
Secção III – Verificação da situação de doença por médico designado pela entidade empregadora pública	534
Secção IV – Reavaliação da situação de doença	534
Secção V – Disposições comuns	536
Secção VI – Taxas	537
Cap. XI – Faltas para assistência à família	537
Cap. XII – Fiscalização de doença	538

LIBERDADE SINDICAL

Anexo I – **Regime**	539
Título III – Direito colectivo	539
Subtítulo I – *Sujeitos*	539
Cap. I – Estruturas de representação colectiva dos trabalhadores	539
Secção III – Associações sindicais	539
Anexo II – **Regulamento**	552
Cap. XVI – Exercício da actividade sindical	552
Secção I – Actos eleitorais	552
Secção II – Reuniões de trabalhadores	554
Cap. XVII – Associações sindicais	555

DIREITO À GREVE

Anexo I – **Regime** 561
Título III – Direito colectivo 561
Subtítulo III – *Conflitos colectivos* 561
Cap. II – Greve 561

DURAÇÃO E HORÁRIO DE TRABALHO
DOS TRABALHADORES NOMEADOS

Decreto-Lei n.º 259/98, de 18 de Agosto 569
(Com a redacção actualizada na sequência da Declaração de Rectificação n.º 13--E/98, de 31 de Agosto, do Dec.-Lei n.º 169/2006, de 17 de Agosto, e do Dec.--Lei n.º 64-A/2008, de 31 de Dezembro, que aprovou o Orçamento do Estado para 2009) 569
Cap. I – Objecto, âmbito e princípios gerais 570
Cap. II – Duração do trabalho 572
    Secção I – Regime geral da duração de trabalho 572
    Secção II – Regimes especiais da duração de trabalho 573
Cap. III – Regimes de trabalho e condições da sua prestação 576
    Secção I – Princípios gerais 576
    Secção II – Modalidades de horário de trabalho 577
    Secção III – Não sujeição a horário de trabalho e isenção de horário de trabalho 582
Cap. IV – Trabalho extraordinário, nocturno, em dias de descanso e em feriados... 583
    Secção I – Trabalho extraordinário 583
    Secção II – Trabalho nocturno 587
    Secção III – Trabalho em dias de descanso semanal, de descanso complementar e em feriados 587
    Secção IV – Autorização e responsabilização 588
Cap. V – Disposições finais e transitórias 588

SUBSÍDIO DE REFEIÇÃO

Decreto-Lei n.º 57-B/84, de 20 de Fevereiro 595